LIRE
LES *RECHERCHES LOGIQUES*
DE HUSSERL

DANS LA MÊME COLLECTION

Lire Les âges du monde *de Schelling*, sous la direction de P. Cerutti, avec les contributions de R. Authier, P. Cerutti, S. Gourdain Castaing, A. Longneaux, M. Ivaldo, M. Maesschalck, P. Slama, C. Théret et S. Toussaint, 236 p., 2023.

Lire L'être et le néant *de Sartre*, sous la direction de Y. Malinge et O. D'Jeranian, 278 p., 2022.

*La fabrique de l'*Émile. *Commentaires du manuscrit Favre*, sous la direction de F. Brahami et L. Guerpillon, 408 p., 2022.

*Lire l'*Enquête sur l'entendement humain, sous la direction de C. Etchegaray et Ph. Hamou, 328 p., 2022.

*Lire l'*Initiation à la vie bienheureuse *de Johann Gottlieb Fichte*, sous la direction de P. Cerutti, 204 p., 2018.

Lire le Principe d'individuation *de Duns Scot*, par O. Boulnois, 224 p., 2014.

Lire le Tractatus logico-philosophicus – *Wittgenstein*, sous la direction de Ch. Chauviré, avec les contributions de J. Bouveresse, S. Gandon, S. Laugier, E. Halais, L. Soutif, J.-Ph. Narboux, D. Perrin, L. Raïd, 288 p., 2009.

*L'*Introduction à la métaphysique *de Heidegger*, sous la direction de J.Fr. Courtine, avec les contributions de M. Crépon, F. Dastur, É. Escoubas, S. Jollivet, J. Greich, J. Grondin, M. Roesner, Ch. Sommer, F. Volpi, 240 p., 2007.

Les Méditations cartésiennes *de Husserl*, sous la direction de J.-Fr. Lavigne, 224 p., 2008.

L'unité de l'intellect *de Thomas d'Aquin. Commentaire du* De unitate intellectus contra avveroistas, par A. de Libera, 560 p., 2007.

Religion, liberté, justice. Sur les Lettres écrites de la montagne *de J.-J. Rousseau*, sous la direction de B. Bernardi, 320 p., 2005.

L'évolution créatrice *de Bergson*, sous la direction d'A. François, 352 p., 2010.

Lectures de la Krisis *de Husserl*, édité par F. de Gandt et C. Majolino, 304 p., 2008.

ÉTUDES & COMMENTAIRES

Directeur : Dan ARBIB

Jean-Baptiste FOURNIER et Dominique PRADELLE (dir.)

LIRE
LES *RECHERCHES LOGIQUES*
DE HUSSERL

Ouvrage publié avec le concours
des Archives Husserl de Paris (CNRS - PSL - UMR 8547)
et de l'Unité de recherche « Métaphysique : histoires,
transformations, actualité » (UR 3552) de Sorbonne Université

PARIS
LIBRAIRIE PHILOSOPHIQUE J. VRIN
6 place de la Sorbonne, V^e^
2025

À Jean-François Courtine, Jocelyn Benoist et Dan Zahavi,
dont les travaux ont contribué à renouveler la lecture
des Recherches logiques.

Imprimé en France

ISSN 1769-5716

ISBN 978-2-7116-3224-4

www.vrin.fr

ABRÉVIATIONS

Afin de ne pas surcharger la mémoire du lecteur, pour désigner les titres d'ouvrages nous n'avons pas utilisé d'acronymes, mais des abréviations assez intelligibles :

Kr. d. r. Vern.	*Kritik der reinen Vernunft*
Form. u. transz. Logik	*Formale und transzendentale Logik*
Cart. Medit.	*Cartesianische Meditationen*
Krisis	*Die Krisis der europäischen Wissenschaften und die transzendentale Phänomenologie*
Ideen	*Ideen zu einer reinen Phänomenologie und phänomenologischen Philosophie*
Phil. d. Arithm.	*Philosophie der Arithmetik*
Psychol. Stud.	*Psychologische Studien zur elementaren Logik*
Phänom. Psychol.	*Phänomenologische Psychologie*
Log. Unters.	*Logische Untersuchungen*

Pour les *Recherches logiques*, nous employons la notation suivante : « *Log. Unters.*, V. Unters., § x, Hua XIX/2, p. x; trad. fr. *RL* II/1, p. x ». Nous renvoyons donc d'abord au texte en langue allemande tel que publié dans les volumes XVIII (pour les *Prolégomènes à la logique pure*) et XIX/1 et XIX/2 (respectivement pour les Recherches I à V et pour la Sixième Recherche) ; la traduction citée est celle de H. Élie, A. L. Kelkel et R. Schérer aux Puf, publiée en quatre tomes (I pour les *Prolégomènes*,

II/1 pour les Recherches I et II, II/2 pour les Recherches III à V et III pour la Sixième Recherche et les Appendices). Aussi le lecteur devra-t-il prêter attention au fait que *RL* I ne désigne pas la Première Recherche mais le tome I de la traduction, donc les *Prolégomènes*, et que *RL* III ne désigne pas la Troisième, mais bien la (traduction de la) Sixième Recherche.

Lorsque nous citons un texte écrit en langue étrangère, nous donnons le titre en langue originale avant d'indiquer la référence dans la (les) traduction(s) existante(s). Passé la première occurrence, la traduction française des ouvrages cités est désignée par « trad. fr. ». Nous consultons toujours le texte original et le (re)traduisons ; nous donnons la référence à la traduction française même lorsque nous jugeons opportun de la modifier (sans le mentionner systématiquement).

ŒUVRES DE HUSSERL

Hua I, *Cartesianische Meditationen und Pariser Vorträge*, S. Strasser (Hrsg.), Den Haag, M. Nijhoff, 1973 ; trad. fr. M. de Launay (dir.), *Méditations cartésiennes et les* [sic] *Conférences de Paris*, Paris, Puf, 1994 ; trad. fr. E. Levinas, G. Peiffer, *Méditations cartésiennes*, Paris, Vrin, 1947, 2008.

Hua II, *Die Idee der Phänomenologie*, W. Biemel (Hrsg.), Den Haag, M. Nijhoff, 1973 ; trad. fr. A. Lowit, *L'idée de la phénoménologie*, Paris, Puf, 1978.

Hua III/1, *Ideen zu einer reinen Phänomenologie und phänomenologischen Philosophie*, Erstes Buch, K. Schuhmann (Hrsg.), Den Haag, M. Nijhoff, 1976 ; trad. fr. P. Ricœur, *Idées directrices pour une phénoménologie et une philosophie phénoménologique pures*, Paris, Gallimard, 1950.

Hua III/2, *Ideen zu einer reinen Phänomenologie und phänomenologischen Philosophie*, Erstes Buch, Ergänzende Texte (1912-1929), K. Schuhmann (Hrsg.), Den Haag, M. Nijhoff, 1976, trad. fr. J.-F. Lavigne, *Idées directrices pour une phénoménologie pure et une philosophie phénoménologique*, Paris, Gallimard, 2018.

Hua V, *Ideen zu einer reinen Phänomenologie und phänomenologischen Philosophie*, Drittes Buch : *Die Phänomenologie und die Fundamente der Wissenschaften*, M. Biemel (Hrsg.), Den Haag, M. Nijhoff, 1971 ; trad. fr. D. Tiffeneau, Paris, Puf, 1992.

Hua VI, *Die Krisis der europäischen Wissenschaften und die transzendentale Phänomenologie*, W. Biemel (Hrsg.), Den Haag, M. Nijhoff, 1976 ; trad. fr. G. Granel, *La crise des sciences européennes et la phénoménologie transcendantale*, Paris, Gallimard, 1976 ; ce volume contient le texte posthume

Die Frage nach dem Ursprung der Geometrie als intentionalhistorisches Problem, trad. fr. J. Derrida, *L'origine de la géométrie*, Paris, Puf, 1962.

Hua VII, *Erste Philosophie*, Band I : *Kritische Ideengeschichte*, R. Bœhm (Hrsg.), Den Haag, M. Nijhoff, 1956 ; trad. fr. A.-L. Kelkel, *Philosophie première*, I, *Histoire critiques des idées*, Paris, Puf, 1970.

Hua IX, *Phänomenologische Psychologie*, W. Biemel (Hrsg.), Den Haag, M. Nijhoff, 1968 ; trad. fr. P. Cabestan, N. Depraz et A. Mazzù revue par F. Dastur, *Psychologie phénoménologique*. Paris, Vrin, 2001.

Hua XI, *Analysen zur passiven Synthesis*, M. Fleischer (Hrsg.), Den Haag, M. Nijhoff, 1966 ; trad. fr. B. Bégout et J. Kessler, *De la synthèse passive*, Grenoble, J. Millon, 1998.

Hua XII, *Philosophie der Arithmetik*, L. Eley (Hrsg.), Den Haag, M. Nijhoff, 1970 ; trad. fr. J. English, *Philosophie de l'arithmétique*, Paris, Puf, 1992 ; la VI. Abhandlung, intitulée *Das Imaginäre in der Mathematik*, a donné lieu à une édition corrigée par E. et K. Schuhmann, « Husserls Manuskripte zu seinem Göttinger Vortrag », *Husserl Studies* 17, 2001, p. 87-123.

Hua XVI, *Ding und Raum*, U. Clæsges (Hrsg.), Den Haag, M. Nijhoff, 1973 ; trad. fr. J.-F. Lavigne, *Chose et espace*, Paris, Puf, 1989.

Hua XVII, *Formale und transzendentale Logik*, P. Janssen (Hrsg.), Den Haag, M. Nijhoff, 1974 ; trad. fr. S. Bachelard, *Logique formelle et logique transcendantale*, Paris, Puf, 1957.

Hua XVIII, *Logische Untersuchungen*, I, *Prolegomena zur reinen Logik*, E. Holenstein (Hrsg.), Den Haag, M. Nijhoff, 1975 ; trad. fr. H. Élie, A.-L. Kelkel et R. Schérer, *Recherches logiques*, t. I, *Prolégomènes à la logique pure*, Paris, Puf, 1969.

Hua XIX/1, *Logische Untersuchungen*, II, Erste bis fünfte Untersuchung, U. Panzer (Hrsg.), Den Haag-Boston-Lancaster, M. Nijhoff, 1984 ; trad. fr. H. Élie, A.-L. Kelkel et R. Schérer, *Recherches logiques*, t. II, part. 1 (Recherches I et II) et part. 2 (Recherches II à V), Paris, Puf, 1969 et 1972.

Hua XIX/2, *Logische Untersuchungen*, III, Sechste Untersuchung, U. Panzer (Hrsg.), Den Haag-Boston-Lancaster, M. Nijhoff, 1984 ; trad. fr. H. Élie, A.-L. Kelkel et R. Schérer, *Recherches logiques*, t. III, Paris, Puf, 1974.

Hua XX/1, *Logische Untersuchungen*, Ergänzungsband, Erster Teil, *Entwürfe zur Umarbeitung der VI. Untersuchung und zur Vorrede für die Neuauflage der Logischen Untersuchungen (1913)*, U. Melle (Hrsg.), Dordrecht-Boston-London, Kluwer Academic Publishers, 2002 ; trad. fr. partielle J. English, « Esquisse d'une préface aux *Recherches logiques* (1913) », § 6, dans *Articles sur la logique*, Paris, Puf, 1975, p. 352-407.

Hua XXI, *Studien zur Arithmetik und Geometrie (1886-1901)*, I. Strohmeier (Hrsg.), Den Haag-Boston-Lancaster, M. Nijhoff, 1983.

Hua XXII, *Aufsätze und Vorträge (1890-1910)*, B. Rang (Hrsg.), Den Haag-Boston-London, M. Nijhoff, 1979; trad. fr. partielle J. English, *Articles sur la logique (1890-1913)*, Paris, Puf, 1975; E. Husserl et K. Twardowski, *Sur les objets intentionnels*, Paris, Vrin, 1993.

Hua XXVIII, *Vorlesungen über Ethik und Wertlehre* 1908-1914, U. Melle (Hrsg.), Dordrecht-Boston-London, Kluwer Academic Publishers, 1988; trad. fr. P. Ducat, P. Lang et C. Lobo, *Leçons sur l'éthique et la théorie de la valeur*, Paris, Puf, 2009.

Hua XXX, *Logik und allgemeine Wissenschaftstheorie. Vorlesungen 1917/18 mit ergänzenden Texten aus der ersten Fassung 1910/11*, U. Panzer (Hrsg.), Dordrecht, Kluwer Academic Publishers, 1996.

Hua XXXVIII, *Wahrnehmung und Aufmerksamkeit. Texte aus dem Nachlass (1893-1912)*, T. Vongher und R. Giuliani (Hrsg.), Dordrecht, Springer, 2004; trad. fr. partielle N. Depraz, *Phénoménologie de l'attention*, Paris, Vrin, 2009.

Hua Materialien I, *Logik. Vorlesung 1896*, E. Schuhmann (Hrsg.), Dordrecht, Springer, 2001.

Hua Materialien II, *Logik. Vorlesung 1902/03*, E. Schuhmann (Hrsg.), Dordrecht, Springer, 2001.

Hua Dokumente III, *Briefwechsel* III : Die Göttinger Schule, K. Schuhmann und E. Schuhmann (Hrsg.), Dordrecht-Boston-London, Springer, 1994.

N'est pas cité d'après un volume des *Husserliana* :

Erfahrung und Urteil, L. Landgrebe (Hrsg.), Hamburg, Glaassen & Goverts, 1948; trad. fr. D. Souche-Dagues, *Expérience et jugement*, Paris, Puf, 1970.

Nous remercions très chaleureusement les contributeurs qui ont saisi cette occasion pour apporter une lecture profondément renouvelée de ce texte fondateur de la phénoménologie. Notre reconnaissance va également à Dan Arbib d'avoir accepté de prendre cette publication dans cette collection et pour sa patience durant la gestation de cet ouvrage. Nous remercions également notre collègue Emmanuel Cattin pour l'aide apportée par l'UR 3552 : « Métaphysique : histoires, transformations, actualité », ainsi que les Archives Husserl de Paris et la défunte EUR Translitterae.

INTRODUCTION

LES *RECHERCHES LOGIQUES*, ENTRE RÉALISME DES IDÉALITÉS ET VOIE VERS LA PHÉNOMÉNOLOGIE TRANSCENDANTALE

Jean-Baptiste Fournier et Dominique Pradelle

L'AUTO-INTERPRÉTATION HUSSERLIENNE RÉTROSPECTIVE ET TÉLÉOLOGIQUE

Dans son esquisse de préface aux *Recherches logiques* de 1913, Husserl avait lui-même caractérisé ces dernières comme une « œuvre de percée » (*Durchbruchswerk*)[1]. C'était évidemment faire acte de lecture rétrospective et téléologique : si Husserl a ultérieurement déclaré que l'*a priori* de corrélation entre l'objet et ses modes de donnée subjectifs constituait le centre thématique de sa pensée[2], caractériser les *Recherches* comme une œuvre de percée revenait à en faire une *anticipation encore hésitante de la phénoménologie transcendantale,* c'est-à-dire de la question de la constitution transcendantale de tous les types d'étant par les visées intentionnelles et les actes d'évidence de la conscience pure, ainsi que de la thèse ontologique fondamentale selon laquelle seule cette dernière est absolue, tandis que tout autre étant lui est relatif et lui est redevable de son sens et de son être.

Dans cette même esquisse, Husserl interprète le caractère spécifiquement *logique* des *Recherches* au fil conducteur de l'Idée de

1. *Log. Unters.*, Hua XX/1, Text Nr. 5, Zwei Fragmente zum Entwurf einer Vorrede zur zweiten Aflage der *Logischen Untersuchungen*, Zweites Fragm., § 1, p. 293 *sq.* ; trad. fr. J. English, « Esquisse d'une préface aux *Recherches logiques* (1913) », § 6, p. 373 *sq.*

2. *Krisis*, § 48, Fußnote, Hua VI, p. 169; trad. fr., p. 189.

logique pure, c'est-à-dire de la *mathesis universalis* entrevue dans la pensée de Leibniz et conçue comme étant l'unité de la logique apophantique (logique des propositions et des prédicats) et de l'ontologie formelle (doctrine des pures formes de l'objet en général, dépourvu de tout contenu), des catégories formelles de la signification (sujet, prédicat, relation, formes syntaxiques, modalités) et des catégories formelles de l'objet au sens large (substrat, propriété, relation, nombre entier, ensemble, groupe, etc.) [1]. Mais cette *mathesis universalis* déployée sur le versant noématique ou objectal demeure affectée de naïveté et appelle le déploiement, sur le versant subjectif, de la théorie de la connaissance logico-mathématique et de la phénoménologie constitutive en général [2].

Est-on fondé à suivre Husserl dans cette perspective herméneutique à la fois *rétrospective et téléologique*? Les *Recherches* doivent-elles être lues comme une préfiguration incomplète de la phénoménologie transcendantale qui resterait encore sur le seuil de celle-ci, en vertu de leur neutralité métaphysique et du refus d'admettre un Je pur qui fût au fondement de tous les vécus et actes de la conscience? Partant, doit-on privilégier dans ce massif les *Recherches* qui se déploient dans une orientation subjective, pour lire la Première Recherche comme une théorie des actes du signifier anticipant celle des actes intentionnels objectivants; la Deuxième, comme une théorie des visées d'objets généraux préfigurant la méthode d'intuition d'essence (*Wesenschau*) comme outil essentiel de la future phénoménologie; la Cinquième, comme le centre de gravité de toutes les *Recherches*, où se donnerait à lire un exposé de la doctrine de l'intentionnalité qui serait une première étape vers la thématisation de la constitution transcendantale; enfin la Sixième, comme la thèse du double élargissement des notions de perception et d'objet aux intuitions et objets suprasensibles, qui conduirait à l'élargissement du problème de la constitution transcendantale à tous les types d'objet en général (essences matériales, idéalisées et purement catégoriales)?

Un tel parti pris se heurte cependant à un problème de taille : loin de relever d'une orientation subjective, plusieurs textes du massif se déploient dans une perspective réaliste et presque unilatéralement objectale.

Ainsi les *Prolégomènes à la logique pure*, dans le sillage de Bolzano, Lotze et Frege, sont-ils animés en priorité par le souci de récuser le psychologisme en logique – à savoir la théorie qui réduit les objectités

1. *Log. Unters.*, Hua XX/1, Text Nr. 5, Zwei Fragmente, Erstes Fragm., § 5, p. 285-286; trad. fr., § 5, p. 369-370; Zweites Fragm., § 2, p. 301-303; trad. fr., p. 383-385.

2. *Log. Unters.*, Hua XX/1, Text Nr. 5, Zwei Fragmente, Erstes Fragm., § 5, p. 286-287; trad. fr., p. 371-372; Zweites Fragm., § 2, p. 303-305; trad. fr., p. 385-387.

logiques (concepts, jugements, raisonnements, lois) à des constellations d'actes ou des formations intrapsychiques (acte de concevoir, de juger, de raisonner, loi de compatibilité d'actes en une même conscience) – pour reconnaître l'objectualité idéale des significations, et conduire par là à un réalisme des significations. De même, la Troisième Recherche semble, à partir du concept de fondation (*Fundierung*), vouloir constituer une ontologie formelle élucidant dans une généralité formelle les relations d'implication, d'enveloppement, de présupposition et de structuration qui régissent les diverses strates de l'objectualité – sans aucune considération des actes subjectifs correspondants. Quant à la Quatrième Recherche, elle a pour objet de s'affranchir de la contingence factuelle des langues existantes pour dégager les lois de la grammaire pure, c'est-à-dire des lois qui régissent l'enchaînement correct des catégories de signification et des formes syntaxiques, de manière à produire un sens unitaire – et ce, derechef, sans qu'il soit question de l'évidence subjective de telles lois syntaxiques pures, laquelle a été ultérieurement thématisée dans *Logique formelle et logique transcendantale*. Tout un pan des *Recherches* semble donc totalement indépendant des considérations subjectives.

Quel est donc le lien exact qui relie les *Recherches* menées dans une orientation subjective et celles qui le sont dans une perspective réaliste?

La revendication de « neutralité métaphysique » [1] suffit-elle à garantir la cohérence des unes et des autres, comme si une telle neutralité autorisait par avance à mettre entre parenthèses toute nécessité de trancher entre l'idéalisme et le réalisme? Husserl est-il réaliste, et l'expression selon laquelle les objets se constituent (*sich konstituieren*) dans la conscience signifie-t-elle simplement que dans les *Recherches* d'ordre subjectif, Husserl partirait d'objectités existant en soi pour examiner comment elles peuvent devenir représentables pour la conscience, ou comment cette dernière parvient en miroir à les « rendre représentables » (*vorstellig machen*) [2] ? Husserl présuppose-t-il donc un monde d'entités existant en soi et se borne-t-il à poser la question du devenir-évident de telles entités?

1. *Log. Unters.*, Zweiter Band, I. Teil, Einleitung, § 1, Hua XIX/1, p. 6 : « La phénoménologie *pure* représente un domaine de recherches neutres [*Gebiet beutraler Forschungen*] » (trad. fr. *RL* II/2, p. 3). *Cf.* J Benoist, *Phénoménologie, sémantique, ontologie. Husserl et la tradition logique autrichienne*, Paris, Puf, 1997, p. 207 *sq.*

2. Ainsi que Husserl l'écrit dans la lettre à Hocking du 25 I. 1903 : « L'expression qui revient tant de fois, que des "objets se constituent" dans un acte [*daß sich in einem Acte „Gegenstände constituiren"*], signifie toujours la propriété que possède l'acte de *rendre représentable l'objet* [*die Eigenschaft des Actes, den* Gegenstand vorstellig zu machen] ; il ne s'agit pas de "constituer" au sens propre [*nicht „constituiren" im eigentlichen Sinne*] ! » (Brief an William Ernest Hocking, *Briefwechsel* III : Die Göttinger Schule, Dordrecht-Boston-London, Kluwer, 1994, p. 132).

PERSPECTIVES HERMÉNEUTIQUES

L'objectif des études qui vont suivre relève d'un triple parti pris herméneutique.

Premièrement, le souci des différents contributeurs a été de donner une *lecture immanente* des textes tour à tour commentés des *Recherches* : on ne présuppose par conséquent ni que le centre des *Recherches logiques* se trouverait dans la lutte contre le psychologisme, ni qu'il résiderait dans la thèse de l'idéalité de la signification ou d'un objectivisme sémantique issu de Bolzano, ni qu'il serait à lire dans une préfiguration de la future phénoménologie transcendantale et constitutive. Chacun s'est efforcé de suivre le texte et d'éclairer les problèmes qui s'y donnaient à découvrir et à développer. C'est du reste la raison pour laquelle certains commentaires s'avèrent fort longs; c'est qu'il est fort difficile, voire impossible d'embrasser en vingt pages la totalité des problèmes posés par la Deuxième, la Cinquième ou la Sixième Recherche ! Les commentateurs précédents avaient certes pu le faire, parce que l'objectif était alors de présenter les grandes lignes de textes qui, pour avoir été recouverts par les grands textes de la période transcendantale, étaient jugés encore mal connus[1]; à présent que le travail a été fait, il s'avérait nécessaire d'en approfondir, d'en préciser et d'en développer les problématiques.

Deuxièmement, il n'était cependant pas interdit d'adopter parfois pour *fils conducteurs herméneutiques* des *problématiques* et des *thèses que Husserl a développées et posées ultérieurement*, dans le cadre de la logique transcendantale.

Ainsi la lecture de la Première Recherche peut-elle se laisser guider par les *Leçons sur la théorie de la signification* et les considérations sur la conscience de signe dans *Logique formelle et logique transcendantale*; de même, celle de la Deuxième ne s'interdira pas de prêter attention aux considérations de *Philosophie première* sur les philosophies empiristes; celle de la Quatrième, de jeter un œil sur le problème des catégories de signification et des lois de l'enchaînement syntaxique dans les divers cours de logique professés par Husserl, ainsi que dans *Logique formelle et logique transcendantale*; celle de la Cinquième, de confronter la conception de la conscience et de la conscience d'objet qui y est exposée avec les futurs développements sur la conscience pure et l'identité du

1. Citons notamment les collectifs suivants : D. Zahavi and F. Stjernfelt (eds.), *One Hundred Years of Phenomenology. Husserl's* Logical Investigations *Revisited*, Dordrecht, Springer, 2002; J.-F. Courtine et J. Benoist (éd.), *La représentation vide. Les* Recherches Logiques, *une œuvre de percée*, Paris, Puf, 2003; V. Mayer (Hrsg.), *Edmund Husserl. Logische Untersuchungen*, Berlin, Akademie Verlag, 2008.

Je pur dans le cadre de la phénoménologie transcendantale ; enfin celle de la Sixième, de confronter les diverses formes de l'intuition eidétique (intuition d'essence matériale, d'essence idéalisée et d'essence purement formelle) avec ce que Husserl a ultérieurement écrit sur l'intuition d'essence et la variation eidétique.

Encore une fois, il ne s'agit nullement de souscrire d'emblée à une perspective téléologique qui ferait de la phénoménologie transcendantale le *terminus ad quem* dont les *Recherches* ne seraient que le *terminus a quo* ou l'ébauche encore timide ; les textes ultérieurs servent seulement de fils conducteurs herméneutiques susceptibles d'aiguiller la lecture vers certains problèmes qui ont ensuite été prolongés par Husserl.

Troisièmement, il n'était pas non plus interdit d'*adopter pour fils conducteurs herméneutiques des interprétations et controverses philosophiques plus récentes* qui jettent une lumière rétrospective sur les textes des différentes *Recherches*.

Ainsi l'interprétation des *Prolégomènes*, loin de souscrire aveuglément à l'argumentation husserlienne contre le psychologisme, peut-elle interroger la validité des arguments husserliens et s'inspirer du renouvellement des études brentaniennes sur la psychologie descriptive pour redonner une place à la psychologie en logique ; celle de la Première Recherche peut difficilement faire l'impasse sur la lecture proposée par Derrida dans *La voix et le phénomène*, ainsi que sur le problème central posé par les significations occasionnelles et les indexicaux pour la thèse de l'idéalité de la signification ; celle de la Deuxième, sur les controverses contemporaines sur l'essentialisme, le réalisme des universaux, les tropes, ainsi que les tentatives contemporaines de faire de la méréologie une méthode pour dégager les idéalités à partir des objets individuels concrets ; celle de la Troisième, sur le développement considérable de la méréologie qui a été l'œuvre de Barry Smith et quelques autres ; celle de la Quatrième, sur les questions d'ordre linguistique sur le statut de la grammaticalité ; celle de la Cinquième, sur le renouvellement des études brentaniennes qui place au premier plan la psychologie descriptive et la question de l'accessibilité des états mentaux ; enfin celle de la Sixième, sur les problèmes plus contemporains portant sur le statut et la nature de l'intuition mathématique, ainsi que sur l'équivalence centrale, mais toujours problématique, entre intuition et remplissement.

Bref, en tant que « tard venue » dans le commentarisme husserlien, la génération d'exégètes qui a participé à ce volume a tenté la quadrature du cercle : effectuer la lecture la plus immanente possible des *Recherches* tout en gardant un œil ouvert sur des problématiques et développements ultérieurs de Husserl, de la phénoménologie, voire d'autres courants philosophiques – exemple même de la méthode de *lecture en zigzag* dont Husserl a lui-même pointé la nécessité [1].

PRÉSENTATION DE ANALYSES DES DIVERSES *RECHERCHES* POINTS DE REPÈRE ET INTENTIONS HERMÉNEUTIQUES

Dans les *Prolégomènes à la logique pure*, premier volume des *Recherches*, Husserl défend un antipsychologisme logique inconditionnel. Sa thèse est que la logique est tout à la fois une discipline théorique, indépendante, formelle et déductive. Ce chapitre discute les trois principaux arguments avancés dans les *Prolégomènes* en faveur de cette conception. D'abord deux arguments épistémologiques : aucune connaissance *a priori* ne peut être inférée validement d'une connaissance empirique ; le psychologisme logique implique le relativisme, qui est nécessairement faux. Ensuite un argument ontologique : les objets de la psychologie sont temporels et ceux de la logique intemporels, donc psychologie et logique n'ont aucun objet en commun. L'argumentation antipsychologiste de Husserl a rarement été remise en question, et toujours de façon partielle. Elle soulève pourtant des problèmes de fond que la contribution de Denis Seron examine dans le détail. Sa conclusion est qu'aucun des trois arguments n'est valide – ce qui a pour effet d'affaiblir sensiblement l'antipsychologisme logique des *Prolégomènes*.

Dans le chapitre consacré à la Première Recherche, Pierre-Jean Renaudie tente de rendre compte des raisons pour lesquelles ce second tome des *Recherches logiques* s'ouvre en prenant pour objet la signification (plutôt que la conscience ou les vécus intentionnels) en mettant d'abord en évidence les liens qui permettent à Husserl d'articuler cette théorie de la signification avec la critique du psychologisme menée dans le tome 1, et en montrant ensuite en quoi l'étude de la signification et la description des *intentions* qui l'animent constituent la voie royale d'une analyse non psychologique de l'intentionnalité des vécus. Cette lecture de la Première Recherche prend ainsi au sérieux les difficultés rencontrées par les premiers lecteurs des *Recherches Logiques*, décontenancés par l'écart entre la théorie antipsychologiste des idéalités soutenue dans les *Prolégomènes* et l'orientation vers les actes intentionnels qui constituent

1. *Log. Unters.*, Zweiter Band, I. Teil, Einleitung, § 6, p. 2. Zusatz, Hua XIX/1, p. 22; trad. fr. *RL* II/2, p. 19. *Krisis*, § 91, Hua VI, p. 59 ; trad. fr., p. 68.

le cœur des descriptions phénoménologiques du second tome des *Recherches*, commençant par accorder dès la Première Recherche un rôle fondamental aux *actes* du signifier. Une fois justifié le choix de Husserl de commencer par la signification, ce chapitre s'attache à mettre en évidence la façon dont s'articulent, dans cette Première Recherche, les trois thèses cardinales sur lesquelles repose la théorie husserlienne de la signification :

1) La signification engage toujours des *actes* du signifier qui s'accomplissent comme des *intentions* de signification et déploient ainsi une modalité intentionnelle originale et irréductible de la conscience.

2) Cette caractérisation intentionnelle du signifier ne remet pas pour autant en question l'autonomie des significations, dont l'idéalité demeure indépendante des actes psychiques au sein desquels sont exprimées ces significations.

3) Si les intentions de signification décrivent une modalité de l'intentionnalité propre au signifier (une façon de viser l'objet qui ne le donne pas pour autant) et qui ne saurait être repliée sur aucune autre, celle-ci est toutefois articulée de façon intrinsèque à l'intuition susceptible de remplir la visée en lui donnant ce qu'elle vise tel qu'elle le vise.

Enfin, la dernière partie de l'article analyse les difficultés que soulève cette théorie (cas des « expressions essentiellement occasionnelles », des noms propres, de la non-convergence des modèles d'identité de la signification que Husserl envisage à la toute fin de la Première Recherche, en traitant la signification comme espèce d'acte puis comme unité logique ...), en s'efforçant de proposer une lecture généreuse des efforts de Husserl pour intégrer ces difficultés à sa conception générale de la signification.

À rebours des lectures de la Première Recherche qui en ont pointé les insuffisances en mettant en avant ses points d'achoppement (à commencer par la relecture ultérieure de Husserl lui-même), Pierre-Jean Renaudie défend ici l'idée selon laquelle la force de cette première théorie de la signification tient moins à sa systématicité qu'à sa capacité d'intégrer sans les nier de tels cas limites, en leur appliquant un traitement plus souple dont la vertu essentielle est de maintenir ouvertes différentes pistes de résolution possibles des difficultés que soulèvent ces cas litigieux.

Dans la Deuxième Recherche, Husserl s'acquitte de la justification de la thèse d'idéalité des significations telle qu'elle a été posée dès les *Prolégomènes* puis réaffirmée dans la deuxième partie de la Première

Recherche, qui identifie les significations à des espèces (*species*), elles-mêmes conçues comme des objets généraux. Cette justification s'effectue par la mise en évidence, sous le titre de l'idéalité, de la consistance ontologique propre des objets généraux, mais aussi par la démonstration de l'irréductibilité de l'abstraction idéatrice, l'acte dont ces objets sont les corrélats, à une quelconque forme de visée individuelle. Sur cette base, pour mettre à l'épreuve et consolider ces thèses, la Deuxième Recherche déploie une critique systématique des conceptions de l'abstraction défendues, dans une perspective globalement nominaliste, par les empiristes modernes de Locke à Mill en passant par Berkeley et Hume.

Par contraste avec la littérature secondaire qui a tendance à survoler cette vaste confrontation avec l'empirisme pour ne retenir que quelques thèses avancées dans les premiers paragraphes, le commentaire que propose ici Julien Farges de cette Recherche est attentif à l'intrication permanente, sous la plume de Husserl, des perspectives ontologique, phénoménologique et polémique, ainsi qu'à la grande variété des distinctions et des arguments mis en œuvre par Husserl pour justifier sur ces différents plans la thèse d'idéalité des significations qui structure les *Recherches logiques*.

La reconstruction précise de l'argumentation husserlienne permet notamment de montrer que l'opposition simple entre individualité et généralité se trouve complexifiée par la distinction entre plusieurs formes de conscience d'individualité (conscience d'objet, de moment d'objet, de collection d'objets), plusieurs formes logiques de la généralité (indétermination, universalité, spécificité), et par la thèse selon laquelle la visée du général comme tel s'édifie sur celle de l'individuel; que le nominalisme n'est pas tant compris par Husserl comme une thèse ontologique que comme une variante de psychologisme se méprenant sur la nature de la conscience de généralité; et que la longue et tortueuse réfutation des différentes formes de l'empirisme nominaliste à l'époque moderne fournit à Husserl l'occasion 1/ d'engager l'élucidation de la complexité de l'abstraction idéatrice, à la rencontre de la sensibilité et de la pensée, et 2/ de montrer que l'ontologie des objets généraux est inséparable d'une thèse particulariste défendant la consistance individuelle des moments qui les instancient. C'est en tenant compte de tous ces éléments qu'on peut comprendre que l'« idéalisme » revendiqué par les *Recherches* correspond à un conceptualisme original qui, aux antipodes de tout nominalisme mais sans se laisser reconduire à un réalisme, tente de frayer une voie intermédiaire ente les conceptions platonicienne et aristotélicienne de l'universel.

La Troisième Recherche de Husserl est consacrée à la théorie pure des touts et des parties. Dans l'article consacré à cette Recherche, Sébastien Richard s'attache à éclaircir le sens de cette théorie à trois niveaux distincts. Premièrement, de manière interne, il éclaircit les différentes notions méréologiques exposées par Husserl et montre comment elles s'articulent les unes aux autres. Deuxièmement, il explicite le statut de cette théorie dans l'économie d'ensemble des *Recherches logiques*, en exposant dans quelle mesure celle-ci est de nature ontologico-formelle, par opposition à une théorie qui serait de nature logico-formelle ou ontologico-matérielle. Troisièmement, il montre dans quelle mesure la théorie husserlienne des touts et des parties – et plus spécifiquement, la notion de tout au sens prégnant – est également conçue comme une réponse aux différentes réflexions méréologiques menées au sein de l'École de Brentano.

Dans la Quatrième Recherche, Husserl expose les formes primitives de signification et les lois qui commandent leurs modifications et leurs combinaisons. Puisque ce travail porte sur des unités idéales distinctes des actes de conscience et des objets intentionnels, il ne relève ni de l'étude des grammaires empiriques, ni de la psychologie : il s'agit de mettre à jour un système de *lois universelles* et *pures* ou *a priori*, dont l'architecture idéale constitue une « grammaire pure logique » qui s'impose aux grammaires des langues vernaculaires et qui commande les opérations du locuteur. La « grammaire pure logique », dont Husserl jette ici les bases, n'est donc ni une grammaire empirique attachée à la structure d'une langue particulière, ni une psychologie décrivant les opérations mentales des interlocuteurs. C'est une science *éidétique* qui porte sur l'essence des unités idéales de signification présentes, sous une forme ou une autre, dans toutes les langues; autrement dit, un système général *a priori* de toutes les connexions possibles de significations. Ce domaine est également distinct de la logique pure, puisqu'en incluant aussi bien le vrai que le faux (*l'actuel roi de France*, *le cercle carré*…), le sens déborde largement en dehors de la région de la vérité formelle.

Ce projet a le mérite de mettre en avant une distinction fondamentale entre significations indépendantes et significations dépendantes. Après l'avoir analysé en détail, Alain Gallerand s'attache à mettre en évidence les difficultés qu'il soulève : y a-t-il une armature logique idéale qui soit commune à toutes les langues réelles, comme l'envisage Husserl, ou chaque langue invente-t-elle ses propres règles grammaticales en fonction de ses besoins dans un contexte historique chaque fois contingent et particulier ?

Après les Recherches III et IV, la Cinquième Recherche, qui traite *Des vécus intentionnels et de leurs « contenus »*, marque assurément un nouveau tournant au sein de l'ensemble, et elle inaugure la séquence des deux dernières Recherches, décrites par Husserl dès la parution (et encore au § 68 de la *Krisis*) comme étant les plus importantes pour la phénoménologie et la théorie de la connaissance. Claudia Serban insiste sur la fonction propédeutique et méthodologique décisive qui revient à la Recherche V, dont l'une des finalités est de préparer le terrain pour la dernière Recherche par la mise en place d'un outillage théorique adéquat. Cette finalité se reflète dans l'effort long et soutenu de clarification conceptuelle et de dissolution d'équivoques terminologiques lourdes et tenaces déployé par Husserl. En examinant de près les différents débats dans lesquels il s'engage au cours de cette entreprise, C. Serban porte également une attention particulière au travail de réécriture qu'il a mené en 1913, pour la deuxième édition des *Recherches*, et qui est particulièrement important pour la Cinquième Recherche. Cela lui permet de mieux faire ressortir l'unité de cette Recherche à même la diversité des questions qu'elle soulève, ainsi que la manière dont ses thèses principales s'infléchissent, s'affinent ou se modifient radicalement à l'époque des *Ideen* I. La lecture proposée met au jour également les tensions irréductibles qui traversent certaines des positions de Husserl et qui expliquent que cette Recherche ait pu être à l'origine d'interprétations antithétiques de la démarche phénoménologique naissante – par exemple, celles qui y décèlent un net parti pris réaliste, et à l'inverse celles qui y trouvent une proto-théorie de la constitution.

Le point de départ de la Cinquième Recherche est l'élucidation du concept suprême de la psychologie qu'est la conscience, et cette tâche inaugure une longue démarche de clarification de la structure du vécu qui s'appuie sur la distinction rigoureuse des versants subjectif et objectif de l'acte psychique. Avec cette distinction, c'est le site propre du phénomène et le domaine de la phénoménologie qui se précisent d'entrée de jeu : le phénomène n'est pas l'objet apparaissant, mais le vécu où il apparaît, et la phénoménologie est la science des vécus. En 1901, la compréhension du vécu se passe de toute référence à un moi pur qui serait le pôle unificateur de la vie de conscience et serait distinct du moi empirique. C'est là l'un des points décisifs de la critique que Husserl adresse à Natorp dans la Cinquième Recherche, tout en lui reprochant de ne pas avoir su reconnaître, avec Brentano, la variété irréductible des modalités de la vie de conscience. Cependant, Husserl remanie également en profondeur les deux partages fondamentaux et rigoureusement parallèles opérés par Brentano entre phénomènes psychiques et phénomènes physiques et entre perception interne et perception externe : d'une part, en rapatriant les sensations parmi les vécus, d'autre part en montrant que la perception interne n'est pas toujours adéquate et évidente, mais peut reposer elle aussi sur l'interprétation, l'appréhension ou l'aperception transcendante d'un contenu sensoriel.

L'importance du débat avec Brentano dans la Cinquième Recherche est confirmée par la centralité qui revient à l'étude de l'intentionnalité. Si Husserl approuve l'insistance de son maître viennois sur la diversité modale de la relation intentionnelle, il s'emploie cependant à dissiper les deux malentendus funestes qui sont susceptibles d'affecter le statut de l'objet intentionnel : sa dissolution parmi les composantes réelles du vécu et son assimilation à un objet immanent ayant une existence mentale. Une valeur paradigmatique revient dès lors à l'objet inexistant, pour autant qu'il désactive également la tentation de penser le corrélat intentionnel du vécu comme le résultat d'une action ou d'une affection exercée par un objet existant en dehors de la conscience. L'intentionnalité est une relation qui peut se passer entièrement de l'existence de l'objet et qui n'a pas besoin de pouvoir atteindre celui-ci dans sa plénitude concrète pour pouvoir le viser et se rapporter à lui. Ainsi, Husserl met un signe d'équivalence entre tous les types de corrélats intentionnels, qu'il s'agisse d'objets empiriques ou suprasensibles, d'objets idéaux ou de fictions, et préfère soutenir la nullité ontologique de l'objet intentionnel plutôt que de consentir, à l'instar de son condisciple Kasimir Twardowski, à sa psychologisation à titre d'objet immanent.

L'élucidation du statut de l'objet intentionnel fait ressortir les lourdes équivoques qui pèsent sur l'idée même d'un « contenu » de l'acte et requiert une analyse plus poussée de la structure du vécu. La distinction cardinale qu'avance à cette fin la Cinquième Recherche est celle qui oppose la qualité et la matière de l'acte, la première désignant la modalité *sui generis* de la relation intentionnelle, et la deuxième, le soubassement de l'orientation déterminée vers un objet. Le fait que la possibilité même de la relation intentionnelle repose sur la matière exige de porter une attention particulière au statut de celle-ci, qui fait que sa fonction se rapproche fortement de celle que Brentano conférait à la représentation. La matière est-elle l'équivalent de la représentation, et son statut permet-il d'entériner la thèse fondamentale de Brentano selon laquelle tout vécu intentionnel ou bien est une représentation, ou bien a une représentation pour base ?

La dernière séquence de la Cinquième Recherche tâche de répondre à cette question en plusieurs temps.

L'étude du rapport de fondation entre représentations et jugements fait apparaître, tout d'abord, la diversité intrinsèque des actes positionnels, qui peuvent conférer la position d'existence à un objet comme à un état de choses, et le statut fondateur des actes nominaux, en tant qu'actes positionnels qui se dirigent vers un seul objet, sur le modèle de la nomination. La prise en compte du fait que tout acte de représentation n'est pas un acte positionnel (pour autant que le fait de se représenter un objet ne requiert pas de le poser comme existant) exige ensuite l'élaboration d'un concept plus englobant de représentation, à savoir celui d'acte objectivant, à l'aide duquel la thèse de Brentano peut être réhabilitée à l'abri de tout risque d'équivoque terminologique. Le concept d'acte objectivant fournit ainsi le sens fondamental de la représentation à même la polysémie irréductible de celle-ci, et l'acte objectivant simple qu'est l'acte nominal apparaît comme l'acte ultimement fondateur qui fournit sa matière à tout vécu intentionnel.

La première partie de la Sixième Recherche porte sur les processus de remplissement et les degrés de connaissance de l'objet qu'ils permettent d'atteindre. Repartant du rapport entre expression et signification déjà étudié dans la Première Recherche, Husserl insiste sur l'écart existant entre l'intention signitive et l'intuition correspondante, écart dont le recouvrement, rendu possible par des actes de niveau supérieur, constituera le lieu même de la connaissance. Mais une étude plus approfondie des « actes intuitifs » pouvant servir de remplissement aux intuitions vides (mais également à d'autres actes intuitifs incomplets) révèle que ces derniers ne sont généralement pas « purs », mais qu'un acte intuitif possède en réalité un contenu intuitif *et un contenu signitif*. La part respective des contenus intuitif et signitif détermine le degré de plénitude et l'essence cognitive de l'acte, cette dernière devenant, à côté de l'essence intentionnelle, une *dimension* des actes en question. Tendant vers l'adéquation parfaite, le recouvrement progressif de l'intention d'abord vide par de tels actes, dont les parts non intuitives déterminent à leur tour de nouveaux remplissements possibles, devient le mouvement même de la connaissance. Préparant les réflexions de la seconde partie de la Sixième Recherche sur la théorie de l'évidence et de la vérité, Husserl s'intéresse donc ici à la dynamique de la connaissance, quoique le modèle du recouvrement statique du mot et de l'intuition demeure toujours prégnant, « connaître » ne signifiant finalement pas autre chose que « reconnaître comme … ».

Dans sa lecture de ce texte, Jean-Baptiste Fournier s'intéresse particulièrement à son rapport aux thèses, résolument transcendantales, de la phénoménologie postérieure de Husserl. Il montre ainsi que le propos sur le remplissement répond bel et bien à un problème transcendantal, celui de la « source ultime des formations de connaissance » décrit par Husserl au § 26 de la *Krisis*, mais précisément sans jamais s'engager dans l'idéalisme qui semble y être attaché. La première partie de la sixième *Recherche* peut ainsi être lue comme une archéologie du rapport entre les deux termes présupposés par Kant comme radicalement et d'emblée distincts : la pensée ou les concepts et l'intuition – mais l'analyse de Husserl se situe précisément à un niveau inférieur, pré-transcendantal, où, au sein même des actes intuitifs, se constitue la phénoménalité même des phénomènes. Les *Recherches logiques* en resteront à la description métaphysiquement neutre de ce niveau ultime de l'élucidation de la connaissance, mais lire les analyses de Husserl comme relevant d'un niveau *pré-transcendantal* permet de comprendre la continuité relevée par Husserl lui-même entre le réalisme des *Recherches* et son idéalisme transcendantal postérieur, sans sous-estimer leur différence et la radicalité du tournant accompli dans les années 1907-1913.

La lecture que propose Dominique Pradelle de la seconde moitié de la Sixième Recherche (§ 36-72) tente d'en renouveler la lecture sur plusieurs points.

On la lit en effet généralement à partir des déclarations de l'introduction à cette Recherche, où Husserl déclare qu'il est nécessaire de procéder à un élargissement de l'intuition au-delà du sensible. En conséquence, la théorie de l'évidence exposée dans les § 36-39 est lue comme un élargissement de la notion d'évidence de l'individuel à celle des objets généraux et des vérités générales ; dans la foulée, la notion d'intuition catégoriale est fréquemment repliée sur celles d'intuition eidétique et d'intuition d'état de choses mis en forme syntaxique sur fond de perception sensible.

Le premier effort sera ici d'interroger la cohérence entre les *Prolégomènes à la logique pure* et la Sixième Recherche. Les premiers lecteurs avaient en effet été frappés par l'abîme qui semblait séparer le platonisme des *Prolégomènes* (le réalisme des idéalités lié à l'antipsychologisme défendu par Husserl) et l'orientation subjective des Recherches I, II, V et VI : la reconnaissance de l'objectualité idéale des significations n'était-elle pas difficile à harmoniser avec l'étude de la corrélation entre significations et actes de signifier (Recherche I), concepts et actes de visée eidétique (Recherche II), objet apparaissant et visée intentionnelle (Recherche V), enfin entre objectité formelle et intuition catégoriale (Recherche VI) ? Heidegger reprochait ainsi aux lecteurs de l'époque d'avoir cru lire dans les *Prolégomènes* la doctrine husserlienne de la vérité, alors qu'elle se trouvait en réalité dans les § 36-39 de la Sixième Recherche. Afin de reconstituer la cohérence entre ces deux textes, on sera conduit à élucider la théorie des conditions noétiques de l'évidence dans le premier, pour en voir ensuite, dans le second, le prolongement dans la théorie des rapports entre évidence et vérité.

Le second sera d'interroger les différents concepts phénoménologiques d'*adaequatio* exposés par Husserl aux § 36-39, qui répondent à la question de savoir comment des vérités idéales (omnitemporelles et intersubjectives) peuvent entrer en relation avec une conscience intratemporelle. Tout d'abord, que reprend Husserl des thèses de Saint Thomas dans le *De veritate* ? Mais surtout, *quel est le véritable concept phénoménologique d'*adaequatio, et quels sont les termes qu'il met en corrélation ? Est-ce un rapport entre la conscience et l'objet, entre l'acte de visée et l'être-donné subjectif, ou encore entre le sens visé et l'objet donné ? Est-ce donc une corrélation d'ordre intranoétique, intranoématique ou noético-noématique ? En définissant l'évidence par l'*adaequatio*, Husserl fraie-t-il par conséquent la voie à la thématisation transcendantale de l'*a priori* de corrélation entre l'objet et ses modes de donnée, qu'il reconnaît ultérieurement comme étant le centre de sa pensée ?

En troisième lieu, dans l'Introduction à la Sixième Recherche, Husserl évoque la nécessité d'élargir le concept d'intuition à la saisie des essences, et celui d'objet aux objets généraux ; cela semble inviter à concevoir l'intuition eidétique (et, plus spécifiquement, la catégoriale) comme résultant d'un élargissement à partir de l'intuition sensible. Simplement, l'ordre de la découverte ne doit pas ici être confondu avec celui du droit et de la fondation : si les intuitions sensible, eidétique et purement catégoriale peuvent recevoir à l'identique le nom d'intuition, c'est en vertu d'une communauté d'essence ou d'une univocité de fond. Comment Husserl parvient-il donc à élaborer une *théorie formelle de l'évidence ou de l'intuition* comme genre commun à toutes les espèces mentionnées ?

Le quatrième point concerne la relation de *fondation entre les perceptions suprasensible et sensible* : tandis que la seconde est immédiate et constituée d'un seul rayon intentionnel, la première s'avère médiate, fondée sur la première et constituée de plusieurs rayons. De là découlent deux questions. D'une part, cette fondation du suprasensible sur le sensible – qui interdit de concevoir l'intuition eidétique comme un acte mystique de fusion de l'entendement avec l'intelligible dépourvu d'attache dans le sensible, et qui vaut à la fois sur le plan noétique des actes et le plan noématique des objets corrélatifs – doit-elle être conçue comme relevant en priorité du premier ou du second plan ? Y a-t-il là une hiérarchie ou les deux niveaux sont-ils cooriginaires ? D'autre part, comment faut-il entendre la fondation : comme un *principe de réductibilité* des évidences de degré supérieur à des évidences ultimes de niveau sensible, ou simplement comme une *rétro-référence* ?

Enfin, en suivant les indications terminologiques vagues de Husserl dans la *Krisis*, on a souvent interprété la notion d'intuition catégoriale en la repliant sur l'intuition eidétique en général ou sur une intuition enveloppant un acte syntaxique (par exemple, celle de l'état de choses « que le papier est blanc »). Or c'est là un abus de langage qui contrevient à la rigueur terminologique dont Husserl fait preuve au § 60 de la Sixième Recherche : il y opère une distinction nette entre concepts sensibles, mixtes et purement catégoriaux, de même qu'entre les modes d'intuition corrélatifs (intuition d'essence matériale, idéalisation ou intuition fondée sur un acte syntaxique, intuition catégoriale). Aussi convient-il de confronter des trois formes de l'intuition d'essence, afin de déterminer si l'intuition purement catégoriale peut encore être conçue sur le modèle de l'évidence donatrice d'objet : dans le cas de la saisie catégoriale, *le remplissement est-il encore synonyme de l'intuition donatrice*, elle-même saisie sur le modèle de l'intuition sensible immédiate ?

De telles questions semblent de nature à renouveler en profondeur l'interprétation de la théorie phénoménologique de l'évidence.

LA CRITIQUE DU PSYCHOLOGISME LOGIQUE DANS LES *PROLÉGOMÈNES À LA LOGIQUE PURE*

DENIS SERON

INTRODUCTION

Dans l'Introduction des *Prolégomènes à la logique pure* qui ouvrent les *Recherches logiques*, Husserl énonce quatre *quaestiones disputatae* qu'il entend prendre pour fils conducteurs [1] :

[1] La logique est-elle une discipline théorique – ou bien une discipline pratique ?

[2] La logique est-elle indépendante – ou bien dépendante d'autres sciences, en particulier de la psychologie ou de la métaphysique ?

[3] La logique est-elle une discipline formelle – ou bien traite-t-elle aussi de la « matière » de la connaissance ?

[4] La logique est-elle déductive et apriorique – ou bien inductive et empirique ?

Dans ces controverses, poursuit Husserl, il n'y a que deux « partis » possibles : soit on soutient que la logique est théorique, indépendante, formelle et déductive, soit on pense que la logique est une discipline pratique, dépendante et inductive, qui n'est pas purement formelle. Le premier camp est celui de la logique pure de Kant, le second, celui des psychologistes logiques. Les *Prolégomènes* dans leur presque totalité sont consacrés à une critique frontale du psychologisme logique.

La question [1] ci-dessus fait l'objet des deux premiers chapitres. Husserl distingue entre les disciplines théoriques, qui ont à voir avec l'être et la vérité, et les disciplines normatives, qui s'intéressent

1. *Log. Unters., Proleg.*, § 3, Hua XVIII, p. 22-23 ; trad. fr. *RL* I, p. 5-6. Je traduis toutes les citations et mentionne les traductions existantes à titre indicatif.

non à ce que leurs objets sont, mais à ce qu'ils doivent être. Parmi les disciplines normatives, il qualifie de « technologies » (*Kunstlehren*) ou de disciplines « pratiques » celles dont les normes assignent des *buts* à l'activité scientifique. Une première question est de savoir si la logique est une technologie en ce sens. Contrairement à une interprétation couramment défendue, les *Prolégomènes* ne remettent nullement en cause l'idée traditionnelle que la logique est une technologie dont la fonction est de guider l'activité scientifique. Tout au contraire, annonce Husserl au § 3, « nous prendrons pour point de départ la caractérisation – presque unanimement admise à l'heure actuelle – de la logique comme étant une technologie, et nous en fixerons le sens et la justification » [1]. Aussi la question n'est-elle pas tant de savoir si la logique est pratique ou théorique : « La véritable question litigieuse, celle qui importe fondamentalement, [...] est de savoir si la définition de la logique comme technologie capture son *caractère essentiel* » [2]. Ce que conteste Husserl n'est pas la caractérisation de la logique comme technologie de la science, mais plutôt l'idée que la logique serait *seulement* une telle technologie ou, en d'autres termes, qu'elle ne serait pas aussi et plus fondamentalement une discipline théorique.

Le point central de son argumentation, exposé aux § 14 et 16, est que « toute discipline normative réclame la connaissance de certaines vérités non normatives » [3]. Plus précisément, tout énoncé normatif, pour autant qu'il prescrit des critères permettant de discriminer entre un « bon » et un « mauvais » X, suppose une « norme fondamentale » qui elle-même n'est pas normative, mais théorique. Par exemple, l'énoncé normatif et pratique « un combattant *doit être* courageux » suppose l'énoncé « un bon combattant *est* courageux ». Dire qu'un combattant doit être courageux, c'est plus fondamentalement, à suivre Husserl, dire ce qu'est essentiellement un bon combattant, c'est-à-dire exprimer un trait définitoire. Toute discipline normative est en ce sens fondée sur un certain nombre d'énoncés théoriques, à savoir sur une ou plusieurs définitions ou caractérisations énonçant des « conditions nécessaires ou suffisantes, ou nécessaires et suffisantes pour la possession d'un prédicat » [4].

Admettons donc, avec Husserl, que toute discipline normative et *a fortiori* pratique est fondée sur un ensemble de vérités théoriques. Alors,

1. *Log. Unters.*, *Proleg.*, § 3, Hua XVIII, p. 23 ; trad. fr. *RL* I, p. 6. Sur ces distinctions, voir *Log. Unters.*, *Proleg.*, § 15, Hua XVIII, p. 59 ; trad. fr. *RL* I, p. 50.

2. *Log. Unters.*, *Proleg.*, § 13, Hua XVIII, p. 45-46 ; trad. fr. *RL* I, p. 34.

3. *Log. Unters.*, *Proleg.*, § 16, Hua XVIII, p. 61 ; trad. fr. *RL* I, p. 53.

4. *Log. Unters.*, *Proleg.*, § 14, Hua XVIII, p. 56 ; trad. fr. *RL* I, p. 47.

il doit en être ainsi de la logique. Ce point nous achemine directement vers la question [2], qui est la grande question des *Prolégomènes* : de quelle nature sont les énoncés théoriques qui fondent ceux de la logique normative et pratique ? En d'autres termes, quelle discipline théorique est au fondement de la logique normative ? Husserl n'envisage que deux réponses possibles à cette question. Soit la logique comme technologie est fondée dans une science empirique, et particulièrement dans la psychologie empirique ; soit la logique renferme elle-même une partie théorique qui sert de fondement à sa partie normative et pratique. La première option est celle défendue par les empiristes logiques et plus spécialement, si la science empirique en question est la psychologie, par les psychologistes logiques. La seconde option est celle retenue par les « idéalistes » Leibniz, Kant, Herbart et Lotze [1]. Husserl choisit résolument cette dernière et c'est là le fond de sa critique du psychologisme logique dans les *Prolégomènes*. En termes kantiens, sa position est qu'il existe une « logique pure » et que celle-ci fonde la logique pratique. Le principe de non-contradiction n'est pas seulement l'interdiction de juger que *p* et non-*p*, mais un authentique énoncé théorique, doté d'une valeur de vérité. Comme tel, il nous fait *connaître* ce que sont la négation, la vérité, etc. Ce qui implique, entre autres choses, qu'il n'est pas tautologique [2].

Cette position consiste à proclamer l'autonomie épistémologique de la logique envers les sciences empiriques, à défendre « l'idée d'une logique pure en tant que science théorique, indépendante de toute empirie, donc aussi de toute psychologie, qui avant toute autre chose rend possible une technologie de la connaissance scientifique (la logique au sens théorético-pratique courant) » [3]. Elle apporte donc une réponse à la question [2] énoncée plus haut : la logique est-elle indépendante – ou bien dépendante d'autres sciences ? Cependant, comme je l'expliquerai un peu plus loin, on aurait tort d'y voir le dernier mot de Husserl. L'originalité des *Recherches* est précisément qu'elles n'en restent pas à la conception « idéaliste », mais que, tout en approuvant celle-ci sur l'idée d'une logique pure et épistémologiquement indépendante, elles l'enrichissent d'une fondation *phénoménologique*. C'est pourquoi Husserl qualifie sa propre position, sur la question du fondement de la logique, de « position moyenne »,

1. Sur cette distinction entre empiristes et idéalistes, voir *Log. Unters.*, *Proleg.*, § 51, Hua XVIII, p. 191 ; trad. fr. *RL* I, p. 208. L'idéalisme, déclare Husserl, « représente l'unique possibilité pour une théorie de la connaissance en accord avec elle-même » (*Log. Unters.*, II. Unters., Introd., Hua XIX/1, p. 112 ; trad. fr. *RL* II/1, p. 126).

2. *Log. Unters.*, *Proleg.*, § 25, Hua XVIII, p. 90 ; trad. fr. *RL* I, p. 89.

3. *Log. Unters.*, *Proleg.*, § 57, Hua XVIII, p. 214 ; trad. fr. *RL* I, p. 234.

préconisant une fondation non psychologiste de la logique pure dans la psychologie empirique, c'est-à-dire une fondation psychologique qui préserve l'autonomie épistémologique de la logique.

Les développements qui suivent ont pour ambition de clarifier et de discuter l'argumentation antipsychologiste de Husserl dans les *Prolégomènes*. Dans la première moitié, je considère successivement ses trois principaux arguments : d'une part deux *arguments épistémologiques*, l'un visant à démontrer que les connaissances logiques ne peuvent pas être dérivées de connaissances psychologiques, l'autre que le psychologisme logique implique le relativisme et que le relativisme est faux ; d'autre part un *argument ontologique* visant à prouver que logique et psychologie n'ont aucun objet en commun. La deuxième partie est consacrée à une discussion détaillée et à une évaluation d'ensemble de l'argumentation de Husserl.

TROIS ARGUMENTS

L'argumentation antipsychologiste des *Prolégomènes* repose sur quatre « distinctions décisives » :

> Il existe une différence essentielle, absolument infranchissable entre les sciences idéales et les sciences réelles. Les premières sont aprioriques, les secondes empiriques. Si les premières exposent les généralités pourvues d'un caractère de loi idéale, qui se fondent avec une certitude intuitive [*einsichtiger*] dans des concepts authentiquement génerels [*generellen*], les secondes, en revanche, établissent les généralités qui ont un caractère de loi réelle, et cela avec une probabilité intuitive [*einsichtiger*] qui se rapporte à une sphère de faits. L'extension des concepts généraux est là une extension de différences spécifiques ultimes, ici une extension de singularités individuelles, déterminées temporellement ; ultimement, les objets sont donc là des espèces idéales, ici des faits empiriques. Manifestement, on présuppose par là les différences essentielles entre loi naturelle et loi idéale, entre les propositions universelles sur des faits (qui sont peut-être travesties en propositions génerelles : tous les corbeaux sont noirs – le corbeau est noir) et les propositions authentiquement génerelles (comme sont les propositions générales de la mathématique pure), entre un concept empirique de classe et un concept idéal de genre [*Genusbegriff*], etc. [1]

1. *Log. Unters.*, *Proleg.*, § 48, Hua XVIII, p. 181 ; trad. fr. *RL* I, p. 197.

Premièrement, Husserl oppose les « lois idéales » de la mathématique et de la logique aux « lois réelles » des sciences empiriques. Les premières sont exactes ou aprioriques, les secondes vagues et inductives. Deuxièmement, Husserl distingue les sciences idéales des sciences empiriques. La mathématique est une science idéale, la psychologie (scientifique) une science empirique. Troisièmement, il distingue entre objets généraux (ou idéaux) et objets individuels. Le nombre 4, le rouge en général sont des objets généraux, ce rouge-ci que je vois un objet individuel. Quatrièmement, il distingue encore entre les concepts « génerels » (*generell*) ou « authentiquement généraux » (*echt allgemein*) et les concepts empiriques. Un concept empirique est un concept dont toute l'extension est composée d'objets individuels ; un concept authentiquement général est un concept dont toute l'extension est composée d'objets généraux. Par exemple, le concept « pair » a pour extension {2, 4, 6…}, qui a pour éléments des « singularités idéales », tandis que l'extension du concept « rouge » rassemble tous les objets individuels rouges.

Husserl estime que ces quatre distinctions sont équivalentes, dans le sens suivant : nécessairement, toutes les lois des sciences empiriques sont des lois réelles, tous leurs concepts sont empiriques et tous leurs objets sont individuels ; nécessairement, toutes les lois des sciences idéales sont des lois idéales, tous leurs concepts sont « génerels » et tous leurs objets sont généraux. Comme je le suggérerai dans la suite, cette équivalence pose certaines difficultés.

L'argument de la dérivation

Une première objection adressée au psychologisme dans les *Prolégomènes* est une variante d'un argument anti-empiriste classique, emblématiquement kantien et postkantien[1]. Sommairement, l'idée est que, comme l'expérience ne donne aucun accès à la nécessité ni à la généralité authentique – par exemple mathématique, par opposition aux régularités inductives –, il est impossible de dériver d'une connaissance

1. Par exemple I. Kant, *Kritik der reinen Vernunft*, Einleitung, B 3-6 (Ak. III, p. 28-30), trad. fr. A. J.-L. Delamarre, F. Marty, *Critique de la raison pure*, dans *Œuvres philosophiques*, vol. 1, Paris, Gallimard, 1980, p. 759-761). De même F. Brentano, *Logik EL80*, R. Rollinger (Hrsg.), Franz Brentano Archiv Graz, 2010, EL80-13.361-364, contre l'empirisme de J. S. Mill.

empirique une connaissance nécessaire et authentiquement générale. Appliqué au psychologisme, l'argument est le suivant [1] :

[5] Toutes les lois logiques sont des « lois idéales », c'est-à-dire aprioriques ou exactes.

[6] Aucune loi de la psychologie empirique n'est exacte ; toutes sont des « lois réelles », c'est-à-dire inductives et « vagues ».

[7] Le psychologisme logique est la thèse selon laquelle il est possible de dériver toutes les lois logiques de lois de la psychologie empirique.

[8] Or, il est impossible de dériver une loi idéale d'une loi réelle.

[9] Donc le psychologisme logique est faux.

Par exemple, il n'est pas permis d'inférer le principe de non-contradiction de la loi empirique de Spencer « l'apparition d'un mode de conscience positif ne peut se produire sans exclure un mode négatif corrélatif » [2].

La cible de Husserl n'est pas indistinctement toute forme d'empirisme logique, mais spécialement ce qu'on dénomme aujourd'hui l'empirisme cognitif (*knowledge empiricism*), c'est-à-dire la thèse suivant laquelle toute connaissance dérive de l'expérience. Comme on le verra dans la suite, la critique de l'empirisme cognitif coexiste, dans les *Recherches*, avec un empirisme conceptuel (*concept empiricism*) suivant lequel les concepts logiques dérivent de l'expérience.

L'argument du relativisme

Une deuxième objection, développée longuement au chapitre 7 des *Prolégomènes*, est que le psychologisme logique implique une certaine variété de relativisme et que le relativisme est inconsistant. Husserl propose plusieurs démonstrations de l'inconsistance du relativisme, qui forment autant d'arguments distincts contre le psychologisme logique [3].

1. Voir *Log. Unters.*, *Proleg.*, § 21, 28 et 37, Hua XVIII, p. 72-73, 105, 129 ; trad. fr. *RL* I, p. 67-69, 107, 135.

2. Cité d'après J. S. Mill dans Husserl, *Log. Unters.*, *Proleg.*, § 25, p. 90 ; trad. fr. *RL* I, p. 89. Voir H. Spencer, *Essays : Scientific, Political, and Speculative*, vol. 2, London, Williams and Norgate, 1891, p. 192.

3. Pour un commentaire plus détaillé, voir M. Farber, *The Foundation of Phenomenology. Edmund Husserl and the Quest for a Rigorous Science of Philosophy*, Cambridge (Mass.), Harvard University Press, 1943, p. 120-127 ; M. Sukale, *Comparative Studies in Phenomenology*, The Hague, Nijhoff, 1976, p. 35-39 ; G. Soffer, *Husserl and the Question of Relativism*, Dordrecht, Springer, 1991, p. 1-27 ; D. Seron, « Objectivité et subjectivité dans la critique husserlienne du relativisme », dans M. Gyemant (éd.), *Psychologie et psychologisme*, Paris, Vrin, 2015, p. 177-201.

La première est celle-ci : le relativisme implique nécessairement le scepticisme; or le scepticisme se contredit lui-même en ceci qu'il revient à affirmer, déclare Husserl, qu'« il existe la vérité qu'aucune vérité n'existe » [1]; donc le relativisme et avec lui le psychologisme logique sont nécessairement faux.

Sous une forme simplifiée, le deuxième argument est le suivant :

[10] Le psychologisme logique implique nécessairement la thèse relativiste suivant laquelle une même proposition *p* peut être vraie pour (un individu, une espèce animale, etc.) *a* et non pour *b*.

[11] Donc, d'après le psychologiste, une même proposition *p* peut être à la fois vraie et fausse.

[12] Il est impossible qu'une même proposition *p* soit à la fois vraie et fausse.

[13] Donc le psychologisme logique est faux.

L'impossibilité [12], insiste Husserl, est purement conceptuelle : le principe de non-contradiction – dont [12] est une interprétation – « appartient simplement au sens des mots "vrai" et "faux" » [2]. Ainsi, en n'excluant pas la possibilité qu'une même proposition soit à la fois vraie et fausse, le psychologiste logique contredit la définition même de « vrai », ce qui signifie que [11] est soit absurde, soit (les mots « vrai » et « faux » y étant employés en un sens nouveau) équivoque et hors de propos : « Le psychologisme en vient par là à changer totalement le sens du mot "vérité", tout en prétendant parler de vérité au sens qui est établi par les principes logiques et que nous avons tous exclusivement à l'esprit là où il est question de vérité » [3].

Le troisième argument antirelativiste s'en prend à ce que Husserl dénomme le « relativisme spécifique », selon lui la seule forme de relativisme vraiment défendue parmi les philosophes. La thèse du relativisme spécifique est que la vérité est nécessairement relative à une espèce (animale), par exemple – Husserl parle alors d'« anthropologisme » – à l'espèce humaine. Le problème, selon lui, concerne les vérités nécessaires telles que le principe de non-contradiction. Si le principe de non-contradiction est nécessairement vrai, alors, pour le relativiste spécifique, sa vérité doit être relative à une espèce dont l'existence est nécessaire. Mais cette conséquence est manifestement vide de sens : « De fait, observe Husserl, il n'est encore venu à l'idée de personne de rejeter

1. *Log. Unters.*, *Proleg.*, § 36, Hua XVIII, p. 127; trad. fr. *RL* I, p. 132.
2. *Log. Unters.*, *Proleg.*, § 36, Hua XVIII, p. 124-125; trad. fr. *RL* I, p. 129-130.
3. *Log. Unters.*, *Proleg.*, § 36, Hua XVIII, p. 126; trad. fr. *RL* I, p. 131.

comme *absurdes* les théories géologiques et physiques bien connues qui assignent au genre humain un début et une fin dans le temps »[1]. Donc, relativisme et psychologisme logique doivent être rejetés. En clair :

[14] Le psychologisme logique implique nécessairement la thèse relativiste suivant laquelle, si une proposition *p* est vraie, alors il existe nécessairement une espèce animale au moins pour laquelle elle est vraie.

[15] Le principe de non-contradiction est nécessairement vrai.

[16] Donc, pour le psychologiste logique, il existe nécessairement au moins une espèce animale pour laquelle il est vrai.

[17] L'existence d'une espèce animale pour laquelle le principe de non-contradiction est vrai est manifestement contingente.

[18] Donc le psychologisme logique est faux.

L'argument ontologique

Un troisième argument, tout aussi central dans les *Prolégomènes*, est de nature ontologique. Cet argument est que les lois vagues de la psychologie ont nécessairement pour objets des objets individuels, « temporellement déterminés », et celles exactes de la logique des objets idéaux, intemporels. En conséquence, psychologie et logique ne peuvent partager les mêmes objets et le psychologisme logique résulte d'une « confusion des domaines » (*Gebietsvermengung*)[2]. Comme l'affirme univoquement Husserl au § 50 :

> L'affaire de la psychologie, en tant que science naturelle des vécus psychiques, est d'explorer le conditionnement naturel de ces vécus. À son domaine appartiennent donc, plus spécialement, les relations naturelles (causales) des activités mathématiques et logiques. Mais leurs *relations* et lois *idéales* forment un royaume à part (*ein Reich für sich*)[3].

La thèse « les objets idéaux existent véritablement » (*die idealen Gegenstände existieren wahrhaft*)[4] compte certainement parmi celles qui ont le plus marqué la réception des *Recherches logiques* et le plus contribué à isoler Husserl – ainsi que Meinong – de l'école brentanienne. Dans les *Recherches*, Husserl entend centralement « prendre la défense de la légitimité propre des objets spécifiques (ou idéaux) à côté des objets individuels (ou réels) », à l'encontre de l'empirisme[5]. Et les *Prolégomènes*

1. *Log. Unters.*, *Proleg.*, § 36, Hua XVIII, p. 127 ; trad. fr. *RL* I, p. 132.
2. *Log. Unters.*, *Proleg.*, § 2, Hua XVIII, p. 22 ; trad. fr. *RL* I, p. 4.
3. *Log. Unters.*, *Proleg.*, § 50, Hua XVIII, p. 189 ; trad. fr. *RL* I, p. 206.
4. *Log. Unters.*, II. Unters., § 8, Hua XIX/1, p. 130 ; trad. fr. *RL* II/1, p. 146.
5. *Log. Unters.*, II. Unters., Einleitung, Hua XIX/1, p. 112 ; trad. fr. *RL* II/1, p. 126.

tirent de cette thèse un argument robuste contre le psychologisme logique.

L'argument, qui sera discuté plus en détail plus loin, suppose à la fois un correspondantisme assez radical et la thèse que les lois logiques sont des vérités nécessaires. Husserl commence par supposer que toute proposition vraie est rendue vraie par l'existence d'un objet. Par ailleurs, le principe de non-contradiction est nécessairement vrai. En conséquence, il doit exister au moins un objet le rendant vrai, dont l'existence doit être nécessaire. À côté des objets individuels, déterminés dans le temps, il faut donc supposer un domaine d'objets généraux – propositions et parties de propositions – qui composent l'extension des concepts logiques. Voici une formulation schématique de l'argument :

[19] Pour toute proposition, si elle est vraie, alors il existe un objet au moins qui la rend vraie.

Partant,

[20] pour toute proposition, si elle est nécessairement vraie, alors il existe un objet qui nécessairement la rend vraie.

[21] Donc tous les objets de la logique existent nécessairement.

[22] Or aucun objet de la psychologie empirique n'existe nécessairement.

[23] Donc logique et psychologie empirique n'ont aucun objet en commun.

[24] Or le psychologisme logique prétend que les objets de la logique sont des objets de psychologie empirique.

[25] Donc le psychologisme logique est faux.

Cet argument, il faut le remarquer, implique certes un réalisme logique, mais non un platonisme logique. La position ultime des *Recherches* semble plutôt un réalisme modéré ou « aristotélicien », suivant lequel les objets idéaux de la logique comme les concepts et les propositions sont des parties essentiellement *inséparables* d'actes mentaux. Une proposition, déclare Husserl, est aux actes de jugement ce que le rouge en général est aux objets rouges individuels [1]. Il reste que *le logicien*,

1. *Log. Unters.*, I. Unters., § 31, Hua XIX/1, p. 105-106 ; trad. fr. *RL* II/1, p. 115-116. Voir K. Mulligan and B. Smith, « A Husserlian theory of indexicality », *Grazer Philosophische Studien* 28, 1986, p. 133-163 ; B. Smith, « Logic and formal ontology », *in* J. N. Mohanty and W. McKenna (eds.), *Husserl's Phenomenology : A Textbook*, Lanham, University Press of America, 1989, p. 62 ; D. Seron, « Fondation phénoménologique et analyse conceptuelle », dans J. Farges et D. Pradelle (éd.), *Husserl : Phénoménologie et fondements des sciences*, Paris, Hermann, 2019, p. 54-56. *Cf.* en sens contraire R. Rollinger, *Meinong and Husserl on*

pour Husserl, doit être platoniste au sujet des significations. La logique pure est autonome parce que le logicien procède par « idéation », c'est-à-dire en considérant ses objets « *in specie* », « en soi », indépendamment de leur réalisation psychique, bref, comme des objets séparables. Par exemple, la vérité de « il est impossible que *p* et non*p* » est absolument indépendante du fait qu'il existe des sujets capables d'affirmer ou de nier que *p*. Aussi est-il important, pour comprendre l'argumentation des *Prolégomènes*, de garder à l'esprit que le logicien et le phénoménologue y sont deux personnes distinctes. Cette distinction est au centre (de la première édition) des *Recherches* et son omission a souvent conduit à des malentendus. La phénoménologie, déclare Husserl, est une discipline « neutre » qui

> met au jour les « sources » d'où « naissent » les concepts fondamentaux et les lois idéales de la logique pure, et jusqu'auxquelles on devra les faire remonter en vue de leur procurer « la clarté et la distinction » requises pour comprendre la logique pure du point de vue de la critique de la connaissance [1].

DISCUSSION

Comme on l'a vu plus haut, l'argumentation antipsychologiste des *Prolégomènes* suppose quatre distinctions cruciales : entre lois idéales et lois réelles ; entre sciences idéales et sciences empiriques ; entre objets généraux et objets individuels ; entre concepts « véritablement généraux » et concepts empiriques. Une bonne part des difficultés intrinsèques à l'argumentation husserlienne ainsi que des critiques qui lui ont été

Abstraction and Universals. From Hume Studies I to Logical Investigations II, Amsterdam, Rodopi, 1993 ; C. Beyer, *Von Bolzano zu Husserl. Eine Untersuchung über den Ursprung der phänomenologischen Bedeutungslehre*, Dordrecht, Springer, 1996, p. 159.

1. *Log. Unters.*, Einleitung zum zweiten Band, § 1, Hua XVIII, p. 6-7 ; trad. fr. *RL* II/1, p. 3. Cette caractérisation de la phénoménologie comme « neutre » – c'est-à-dire comme logiquement antérieure aux théories comme la logique et la psychologie (*ibid.*) – est aussi celle de C. Stumpf, *Zur Einteilung der Wissenschaften*, Berlin, Verlag der königlichen Akademie der Wissenschaften, 1907, p. 26 ; trad. fr. D. Fisette, « De la classification des sciences », dans *Renaissance de la philosophie. Quatre articles*, Paris, Vrin, p. 191. Elle contredit bizarrement l'identification de la phénoménologie à la psychologie descriptive dans l'introduction au deuxième volume (voir *infra*), ce qui explique peut-être la rétractation de la deuxième édition (*Log. Unters.*, Einleitung zum zweiten Band, § 6, Hua XVIII, p. 24 ; trad. fr. *RL* II/2, p. 19) et sûrement la réaction de Stumpf (*Zur Einteilung der Wissenschaften*, p. 35, trad. fr., p. 200 ; *cf.* le commentaire du traducteur dans le même recueil, p. 90).

adressées s'expliquent par le fait que Husserl tient ces distinctions pour équivalentes et que leur supposée équivalence pose problème. Comme on l'a vu, cette équivalence signifie, entre autres, que les trois impossibilités suivantes sont vraies [1] :

[26] Il est impossible qu'une loi idéale se compose de concepts empiriques.

[27] Il est impossible qu'une science empirique énonce une loi idéale.

[28] Il est impossible qu'une loi idéale se rapporte à (c'est-à-dire s'instancie dans) des objets individuels.

Or, ces trois propositions présentent des difficultés.

La « position moyenne »

Considérons, pour commencer, les impossibilités [26] et [27], qui sont au centre de l'argument épistémologique. La question, ici, est de savoir si tout empirisme logique est par nécessité condamné aux mêmes apories que celui, fruste et éminemment discutable, de John Stuart Mill. Pourquoi, après tout, serait-il impossible de former une loi idéale avec des concepts empiriques ? Pourquoi une science empirique, par exemple la psychologie, ne pourrait-elle renfermer des lois idéales ?

À la différence de l'arithmétique « pure », la botanique est une science dite empirique, dont les objets ne sont pas, comme les nombres, « idéaux » (au sens de Husserl), mais individuels. Pourtant, on ne voit pas pourquoi « toute angiosperme porte des fruits » serait moins apriorique que « a + b = b + a ». Ce n'est pas « avec une probabilité évidente » qu'on attribue le caractère « porter des fruits » à tous les individus de la classe des angiospermes. Si un zoologiste découvre un jour qu'un végétal qu'il croit être un spécimen d'angiosperme ne porte pas de fruits, il n'en conclura pas que certaines angiospermes sont dépourvues de fruits – ce qui démontrerait que « toute angiosperme porte des fruits » est révisable. Comme on appelle précisément « angiosperme » un végétal qui porte des fruits, il conclura plutôt qu'il a pris par erreur pour une angiosperme un spécimen qui n'en est pas une. On pourrait multiplier les exemples dans le même sens. Bien que « vert » soit sans l'ombre d'un doute un concept empirique, « le vert est entre le bleu et le jaune » est sans l'ombre d'un doute une loi idéale, dont la négation est une contradiction. Or, si « toute angiosperme porte des fruits » et « le vert est entre le bleu et le jaune » ne

1. Ces trois impossibilités sont clairement affirmées par Husserl dans les *Prolégomènes*, voir surtout *Log. Unters.*, *Proleg.*, Hua XVIII, § 46.

sont pas des régularités inductives, mais des lois idéales, alors les deux propositions [26] et [27] ci-dessus sont fausses.

Cette objection est typiquement le genre de contre-argument qu'inspire la comparaison avec la psychologie descriptive de Brentano et de ses continuateurs, qui se veut précisément une psychologie empirique capable d'énoncer des lois *a priori*. La psychologie descriptive, clamait emblématiquement Brentano dans ses leçons de Vienne, « appartient aux sciences exactes »[1]. Aussi le caractère empirique de tous nos concepts, y compris ceux qui composent nos lois *a priori*, ainsi que la possibilité d'avoir des connaissances *a priori* d'objets individuels – par exemple « toutes les plantes existantes qui sont angiospermes portent des fruits », « toutes les choses existantes qui sont colorées sont spatialement étendues » – sont-elles au centre des critiques issues des empiristes et spécialement de l'école brentanienne.

Dans son *Essai sur la connaissance* de 1903, Brentano déclare qu'« il ne peut exister de science *a priori* qui exclue tout élément empirique », pour la simple raison que toutes nos connaissances *a priori* viennent de l'analyse conceptuelle et que tous nos concepts, y compris les prétendus « concepts purs de l'entendement » de Kant, sont empiriques[2]. De même, en opposition explicite à Husserl, Anton Marty rejette les trois propositions [26-28] au motif que les lois *a priori* doivent être issues de l'expérience seule et, pour cette raison, composées de concepts empiriques et se rapporter à des objets empiriques : « Déjà D. Hume a vu que l'apriorité de certains jugements n'a rien à voir avec l'apriorité des concepts ou des représentations dont l'analyse nous permet d'acquérir ces intuitions *a priori* (*apriorischen Einsichten*) »[3]. Dans une lettre à Husserl datée de janvier 1905, Brentano objecte à celui-ci que la loi des harmoniques de Helmholtz – mettons « tout son musical entendu présente une harmonique à la quinte de l'octave supérieure » – est une loi empirique tout aussi exacte et nécessaire que « 7 × 7 = 49 ». En réalité, toutes deux présentent un même caractère de nécessité qui dérive du principe de non-contradiction[4]. Ainsi, si quelqu'un prétend devant moi qu'il entend un do1 sans sol2, j'en conclurai, non que la note qu'il entend

1. F. Brentano, *Deskriptive Psychologie*, Hamburg, Meiner, 1982, p. 1 ; trad. fr. A. Dewalque, *Psychologie descriptive*, Paris, Gallimard, 2017, p. 68.

2. F. Brentano, *Versuch über die Erkenntnis*, Hamburg, Meiner, 1970, p. 51.

3. A. Marty, *Untersuchungen zur Grundlegung der allgemeinen Grammatik und Sprachphilosophie*, vol. 1, Halle, Niemeyer, 1908, p. 57.

4. F. Brentano, *Wahrheit und Evidenz*, Hamburg, Meiner, 1974, p. 154-155. *Cf.* F. Brentano, *Versuch über die Erkenntnis*, *op. cit.*, p. 10.

est un do1 sans sol2, mais plutôt soit qu'elle n'est pas un do1 au sens fixé par la loi de Helmholtz, soit que mon interlocuteur n'a pas l'ouïe assez entraînée pour discerner le sol2. De même, je n'éprouverai pas le besoin d'aller vérifier par moi-même l'allégation de quelqu'un qui me dirait avoir vu un vert qui n'est pas entre le bleu et le jaune : il me suffira de lui présenter un dictionnaire, etc. Quelques années plus tard, Moritz Schlick objectait dans le même sens à Husserl que son argument [5-9] reposait sur une pétition de principe. En effet, l'inférence inverse eût été tout aussi valide : puisque la logique est exacte et qu'elle est fondée dans la psychologie, la psychologie est au moins partiellement exacte. Si tel n'est pas le raisonnement de Husserl, c'est précisément parce que ce dernier présuppose qu'il est impossible à la psychologie d'être exacte : or cette dernière thèse – la prémisse [6] ci-dessus – n'est nulle part démontrée dans les *Prolégomènes*[1].

Il ne fait aucun doute que Husserl était conscient de ce point et que celui-ci lui a causé un certain embarras. Au § 24, il envisage un contre-argument qui correspond clairement au point de vue des brentaniens :

> Peut-être certains chercheront-ils à échapper aux conséquences que nous tirons en objectant ceci : toutes les lois concernant des faits ne naissent pas de l'expérience et de l'induction. [...] Ainsi, en particulier, les lois logiques sont des lois empiriques, mais non inductives. C'est dans l'expérience psychologique que nous dégageons par abstraction les concepts logiques fondamentaux et les relations purement conceptuelles qui sont données avec eux. [...] Et de même que nous n'avons pas besoin ici de l'induction, de même le résultat [...] a un caractère de certitude apodictique, il n'est pas délimité de manière vague, mais exacte [...][2].

Husserl approuve cette idée dans une large mesure. Sans doute, il proclame que la logique est indépendante de la psychologie et que ses concepts ne sont pas empiriques. Mais il admet, lui aussi, que les concepts

1. M. Schlick, « Das Wesen der Wahrheit nach der modernen Logik », dans *Philosophische Logik*, Frankfurt a. M., Suhrkamp, 1986, p. 50 : « Pour le partisan de la logique "absolue", la simple affirmation du caractère vague de toutes les lois psychologiques ne peut être d'aucun secours pour défendre sa position, car il ne peut la prouver sans *petitio principii*. [...] On voit immédiatement qu'on peut conclure, avec un droit exactement égal, dans la direction inverse : comme les formations, raisonnements, jugements et concepts logiques naissent indubitablement de processus psychiques, la consistance des lois logiques entraîne qu'il y a aussi des lois psychiques pleinement exactes ». M. Kusch, dans *Psychologism. A Case Study in the Sociology of Philosophical Knowledge*, London-New York, Routledge, 1995, p. 66-67, cite d'autres auteurs ayant formulé la même objection.

2. *Log. Unters.*, *Proleg.*, § 24, Hua XVIII, p. 85 ; trad. fr. *RL* I, p. 83.

logiques ont leur origine dans l'expérience interne et, sur ce point, il adhère au programme de la psychologie descriptive brentanienne [1]. La tâche du phénoménologue, dans les *Recherches*, est de clarifier les concepts de la logique pure en exhibant leur « origine phénoménologique », c'est-à-dire en révélant ce qui leur correspond dans l'expérience interne. Au logicien dont l'usage du concept de « proposition » est purement symbolique, le phénoménologue révèle qu'une proposition est quelque chose qu'on affirme ou nie – le contenu d'un jugement. Le fameux « retour aux choses mêmes » préconisé par Husserl n'a pas d'autre signification [2].

Ce que Husserl conteste n'est pas l'idée que les concepts logiques ont leur origine dans l'expérience, mais strictement son interprétation psychologiste : « Nous admettons comme allant de soi le fait que les concepts logiques ont une origine psychologique, mais nous nions la conséquence psychologiste qu'on veut fonder sur lui » [3]. En clair, Husserl rejette l'idée psychologiste qu'il serait possible d'inférer ou de justifier des lois logiques à partir de leurs clarifications psychologiques. S'agissant de la connaissance logique, Husserl conserve l'empirisme conceptuel (tout concept logique dérive de l'expérience) tout en rejetant l'empirisme cognitif (toute connaissance logique dérive de l'expérience). C'est en ces termes qu'il s'approprie la maxime kantienne selon laquelle toute connaissance commence avec l'expérience, mais n'en dérive pas pour autant [4].

Partant, la conception des *Prolégomènes* pourrait être récapitulée comme suit. En un premier temps, la logique normative doit être fondée dans une logique pure, purement théorique. Mais Husserl ne s'en tient pas à cette position « idéaliste ». En un second temps, l'originalité des *Recherches* est d'exiger une fondation pour la logique pure elle-même – de préconiser une « fondation gnoséologique, ou phénoménologique, de la logique pure » (*erkenntnistheoretische, bzw. phänomenologische*

1. Cf. *Log. Unters.*, Einleitung zum zweiten Band, § 6, Hua XIX/1, p. 24; trad. fr. *RL* II/2, p. 263 : « La phénoménologie, c'est de la psychologie descriptive ».

2. *Log. Unters.*, Einleitung zum zweiten Band, § 2, p. 10; trad. fr. *RL* II/2, p. 6 : « Les concepts logiques comme unités de pensée valides doivent avoir leur origine dans l'intuition. [...] Autrement dit : nous ne voulons en aucun cas nous satisfaire de "simples mots", c'est-à-dire d'une simple compréhension verbale symbolique. Des significations qui ne sont vivifiées – si même c'est le cas – que par des intuitions impropres, diffuses, éloignées, ne peuvent nous satisfaire. Nous voulons retourner aux " choses mêmes" » (*auf die „Sachen selbst" zurückgehen*).

3. *Log. Unters.*, *Proleg.*, § 46, Hua XVIII, p. 176; trad. fr. *RL* I, p. 191.

4. *Log. Unters.*, *Proleg.*, § 24, Hua XVIII, p. 86; trad. fr. *RL* I, p. 84. *Cf.* Kant, *Kritik der reinen Vernunft*, Einleitung, B 1 (Ak. III, p. 27); trad. fr., p. 757.

Grundlegung der reinen Logik), c'est-à-dire sa fondation dans la psychologie descriptive [1]. Cependant, cette fondation ne doit pas porter atteinte à l'autonomie épistémologique de la logique pure. Elle doit être telle que les lois logiques ne soient pas dérivées des clarifications conceptuelles de la psychologie descriptive : clarifier n'est pas justifier ni expliquer ; l'« origine phénoménologique » des connaissances logiques n'est ni une prémisse dont on pourrait les dériver, ni une « genèse » capable de les expliquer [2]. Tel est le sens de la « position moyenne » (*Mittelstellung*) entre idéalisme et empirisme que préconise finalement Husserl [3]. Ce dernier s'accorde avec les psychologistes logiques sur l'idée d'une fondation psychologique de la logique, tout en rejetant leur idée que cette fondation a le sens d'une justification.

Cependant, cette position nous confronte à des problèmes de fond.

D'abord, le « retour aux choses mêmes » de Husserl – qui, on vient de le voir, se rattache à son « empirisme conceptuel » – semble incompatible avec sa thèse [26] : si les concepts logiques s'enracinent dans l'expérience interne, alors pourquoi ne seraient-ils pas des concepts empiriques ? Dire comme Husserl que « les concepts logiques [...] doivent avoir leur origine dans l'intuition », que par exemple les concepts de vérité et de proposition trouvent leur origine phénoménologique respectivement dans le vécu de l'évidence et dans des « espèces de jugement », cela ne revient-il pas à faire d'eux des concepts empiriques avec lesquels le logicien forme des lois *a priori* ?

Ensuite, la question est maintenant de savoir de quel type sont les lois de la phénoménologie ou « théorie de la connaissance », c'est-à-dire de la psychologie descriptive. Husserl, on l'a vu, ne reconnaît aucun tiers terme entre lois réelles et idéales : soit donc les lois de la psychologie descriptive sont des lois réelles (inductives) ; soit elles sont des lois idéales. Or on peut exclure d'emblée, comme le fait Husserl dans le passage cité, la première option, car on voit mal en quel sens une clarification *conceptuelle* pourrait être inductive. Reste donc la seconde option. Mais cette option pose problème. Outre qu'elle semble contredire l'impossibilité [26] ci-dessus – il est impossible qu'une loi idéale se compose de concepts empiriques –, le problème est que, si les lois de

1. *Log. Unters.*, Einleitung zum zweiten Band, § 1, Hua XIX/1, p. 7 ; trad. fr. *RL* II/1, p. 3.

2. *Log. Unters.*, *Proleg.*, § 24, Hua XVIII, p. 85-86 et § 67, p. 246 ; trad. fr. *RL* I, p. 84 et 269.

3. *Log. Unters.*, *Proleg.*, § 43, Hua XVIII, p. 167 ; trad. fr. *RL* I, p. 181.

la psychologie descriptive sont des lois idéales, alors l'argument [5-9] commenté plus haut s'effondre. Car l'argument était précisément qu'on ne peut inférer validement une loi logique idéale d'une loi psychologique inductive. S'il existe une psychologie exacte, pourquoi le psychologiste ne pourrait-il pas en dériver des connaissances logiques ?

Il semble que ces considérations aient poussé Husserl à se rabattre sur une troisième option et à supposer ceci : la phénoménologie n'est ni une théorie exacte ni une théorie inductive, elle n'est tout simplement pas une théorie et ne délivre aucune connaissance dont on pourrait dériver d'autres connaissances. À la différence des lois logiques, les clarifications de la phénoménologie, comme les jugements analytiques du type « toute angiosperme porte des fruits », sont analytiques au sens de Kant, c'est-à-dire tautologiques et non informatives. Cette réponse est assez nettement suggérée dans les *Recherches*, où Husserl reproche à Kant d'assimiler erronément les lois logiques à des jugements analytiques [1]. À la différence de la logique pure qui est une « théorie des théories », « la théorie de la connaissance, à proprement parler, n'est pas du tout une théorie. Elle n'est pas une science au sens prégnant d'une unité résultant d'une explication théorique » [2]. La philosophie, déclare non sans profondeur Husserl dans la quatrième *Recherche*, se distingue de la logique pure en ceci qu'elle est la « science des trivialités » [3]. Ce qui s'accorde assez bien avec le fait que *pas une fois*, dans la première édition des *Recherches*, il n'est question de lois idéales de nature *phénoménologique*. Seulement, l'idée est difficilement conciliable avec ce que Husserl lui-même nous dit des lois logiques. Car, on l'a vu, Husserl affirme – et doit affirmer sous peine de voir s'effondrer son argumentation antirelativiste – que le principe de non-contradiction « appartient simplement au sens des mots "vrai" et "faux" ». À tout le moins, il est permis de se demander où est la différence entre d'une part

1. *Log. Unters.*, VI. Unters., § 66, Hua XIX/2, p. 732; trad. fr. *RL* III, p. 243. Selon les *Prolégomènes*, les lois logiques ne sont pas tautologiques, voir *supra*. Cette conception kantienne des jugements analytiques comme non informatifs s'oppose frontalement à celle défendue par Brentano. Voir F. Brentano, *Versuch über die Erkenntnis*, *op. cit.*, p. 10.

2. *Log. Unters.*, Einleitung zum zweiten Band, § 7, Hua XIX/1, p. 26; trad. fr. *RL* II/1, p. 22. *Cf.* aussi sa caractérisation de la phénoménologie comme « neutre » (voir *supra*), le mot signifiant chez Stumpf « préscientifique » (*vorwissenschaftlich*).

3. *Log. Unters.*, IV. Unters., § 14, Hua XIX/1, p. 350; trad. fr. *RL* II/2, p. 137. Voir K. Mulligan, *Wittgenstein et la philosophie austro-allemande*, Paris, Vrin, 2012, p. 30 *sq.* Pourtant, Husserl évoque aussi les « trivialités fondamentales de la logique et de l'arithmétique » (*Log. Unters.*, *Proleg.*, § 26, Hua XVIII, p. 95; trad. fr. *RL* I, p. 95). Le caractère tautologique et circulaire de la fondation phénoménologique dans les *Recherches* est au centre de la critique de F.-P. Hansen, *Geschichte der Logik des 19. Jahrhunderts. Eine kritische Einführung in die Anfänge der Erkenntnis- und Wissenschaftstheorie*, Würzburg, Königshausen & Neumann, 2000, p. 188 *sq.*

dire que le principe de non-contradiction est vrai en vertu du sens du mot « vrai » et, d'autre part, dire que « toute angiosperme porte des fruits » l'est en vertu du sens du mot « angiosperme » [1]. La conclusion de l'argumentation antirelativiste de Husserl n'est pas tant que le relativiste se trompe au sujet de la vérité, mais que son usage du mot « vérité » est équivoque et qu'en réalité – comme l'ignorant qui prétend avoir vu de ses yeux une angiosperme incapable de porter des fruits – *il parle d'autre chose.*

Réalisme logique

Tournons-nous maintenant vers l'impossibilité [28] ci-dessus : il est impossible qu'une loi idéale se rapporte à des objets individuels. Cette impossibilité joue un rôle central dans l'argumentation de Husserl. Le psychologiste logique, on l'a vu, se rend coupable d'une « confusion des domaines » en attribuant à la logique pure des objets individuels. Cependant, la conception de Husserl soulève au moins deux difficultés.

La première, que je ne discuterai pas, est que, si les objets logiques sont aux actes mentaux ce que le rouge en général est aux objets rouges individuels (voir *supra*), on ne voit pas bien, à nouveau, pourquoi les concepts logiques tels que « proposition », « implication », etc., ne seraient pas, comme « rouge », des concepts empiriques – ce qui contredirait les propositions [26] et [28].

La seconde difficulté est argumentative. Force est de constater que le raisonnement dont use Husserl pour démontrer que les objets de la logique sont idéaux, non individuels, est pour le moins discutable. Ce raisonnement est en substance le suivant. D'abord, Husserl admet comme un principe général que

[19] pour toute proposition, si elle est vraie, alors il existe un objet qui la rend vraie [2].

1. Une difficulté inverse mais apparentée, que je ne développerai pas, est que cette caractérisation du principe de non-contradiction – vrai en vertu du sens de « vrai » – est difficilement conciliable avec la thèse [20].

2. Ce principe, naturellement, n'est pas sans poser problème. Compris au sens maximaliste où l'entend Husserl, il implique par exemple la thèse très lourde selon laquelle il existerait des états de choses négatifs rendant vraies les propositions négatives. Brentano – pour qui l'existence de jugements négatifs est précisément un argument contre [19] – a consacré quelques textes à démontrer que son renoncement au correspondantisme n'impliquait pas le psychologisme logique. Voir *Psychologie vom empirischen Standpunkt*, vol. 2 : *Von der Klassifikation der psychischen Phänomene*, Leipzig, Meiner, 1925, p. 179-182, trad. fr. M. de Gandillac, J.-F. Courtine, *Psychologie du point de vue empirique*, Paris, Vrin, 2008, p. 316-318 ; *Wahrheit und Evidenz*, *op. cit.*, p. 153 *sq.* ; *Versuch über die Erkenntnis*, *op. cit.*, p. 194-195.

Or, on l'a vu, Husserl tient la logique pour une authentique théorie et les lois logiques pour vraies au sens plein du mot. Telle que la comprend Husserl, cette thèse témoigne d'un réalisme assez extrême, dont la démonstration dans les *Prolégomènes* – l'argument du combattant courageux – demeure discutable. Husserl ne démontre nulle part que les « définitions » à la base des énoncés normatifs[1] sont nécessairement théoriques et non, mettons, des règles pratiques prescrivant un certain usage d'expressions données. Par ailleurs, maints auteurs ont remis en cause l'antinomie husserlienne de la logique pure et du psychologisme logique, arguant qu'une logique purement normative n'était pas nécessairement psychologiste[2]. Quoi qu'il en soit, si l'on accepte cette caractérisation ainsi que le principe [19], alors celui-ci doit s'appliquer aux vérités nécessaires de la logique, c'est-à-dire qu'il implique (en vertu de la règle *ab necesse ad esse*) que

[20*] pour toute proposition, si elle est nécessairement vraie, alors il existe nécessairement un objet qui la rend vraie.

Il n'y aurait jusque-là rien à redire, du moins sur la forme, si Husserl ne franchissait un pas de plus. Car il ne se contente pas d'inférer (validement) de [19] que toute loi logique doit avoir un vérifacteur, mais encore que

[20] pour toute proposition, si elle est nécessairement vraie, alors il existe un objet qui nécessairement la rend vraie.

Cette dernière proposition fait fonction de *nervus demonstrandi* en ceci qu'elle implique directement que les objets qui rendent vraies les lois logiques ne peuvent pas être des objets individuels[3]. En effet, la proposition [20] signifie par exemple qu'un *même* objet au moins rend vrai le principe de non-contradiction dans tous les mondes possibles – ce qui est exclu si son existence est contingente, c'est-à-dire individuelle ou temporellement déterminée. Les objets de la logique doivent donc être des objets idéaux (non individuels). Comme l'affirme Husserl au sujet des vérités arithmétiques :

> Si ces vérités <*a priori*> sont valides (*gelten*), alors tout ce que présuppose objectivement leur validité doit être. Si je vois que 4 est un nombre pair, que le prédicat énoncé s'applique réellement à l'objet idéal 4, alors cet

1. *Log. Unters.*, *Proleg.*, § 14, Hua XVIII, p. 58 ; trad. fr. *RL* I, p. 49.

2. Par exemple *Log. Unters.*, *Proleg.*, § 21, Hua XVIII, p. 75 ; trad. fr. *RL* I, p. 71. Voir M. Kusch, *Psychologism*, *op. cit.*, p. 63-66.

3. *Log. Unters.*, *Proleg.*, § 23, Hua XVIII, p. 80-81 ; trad. fr. *RL* I, p. 77.

objet ne peut pas être une simple fiction, une simple *façon de parler*, en vérité un néant [1].

Cependant, l'inférence husserlienne de [19] à [20] n'est pas valide, car elle consiste à dériver une nécessité *de re* d'une nécessité *de dicto*. Sans doute, le principe de non-contradiction est vrai dans tous les mondes possibles. Donc, en vertu du principe [19], il doit exister dans tous les mondes possibles au moins un objet qui rend vrai le principe de non-contradiction. Cependant, ce dernier énoncé n'est pas équivalent à « il y a au moins un objet qui rend vrai le principe de non-contradiction dans tous les mondes possibles » [2]. Le second énoncé implique qu'un objet au moins – donc *idéal* – existe dans tous les mondes possibles. Le premier laisse ouverte la possibilité que le principe de non-contradiction soit rendu vrai par des objets *individuels* qui différeraient numériquement d'un monde possible à l'autre. La conjonction de [15] et de [19] implique certes un réalisme (il existe nécessairement un objet au moins), mais non un réalisme des universaux.

Absolutisme

Le deuxième argument antipsychologiste de Husserl commenté plus haut était que le psychologisme logique implique le relativisme et que le relativisme est faux. D'abord, le psychologiste logique défend la thèse relativiste suivant laquelle une même proposition *p* peut être vraie pour un individu *a* et non pour un autre *b*, ce qui revient à violer le principe de non-contradiction. Or, le principe de non-contradiction est vrai en vertu du sens même des mots « vrai » et « faux ». En conséquence, il y va de deux choses l'une : soit le psychologiste logique use du mot « vérité » dans le même sens que ses adversaires non relativistes, et dans ce cas ce qu'il en dit est absurde; soit il l'utilise en un autre sens et dans ce cas sa théorie est hors de propos. Mohanty a très justement fait remarquer que l'argument manquait sa cible :

> Quand Husserl argue que la position du relativiste suivant laquelle ce qui est vrai pour quelqu'un peut être faux pour quelqu'un d'autre ne contredit pas seulement le sens du mot « vérité », mais qu'elle est absurde en ceci que la même proposition ne peut être à la fois vraie et fausse, il est

1. *Log. Unters.*, II. Unters., § 8, Hua XIX/1, p. 130; trad. fr. *RL* II/1, p. 146-147.

2. La proposition [20*] se ramène à la forme *de dicto* « pour tout *p*, si *p* est nécessairement vrai, alors il existe nécessairement un *x* tel que *x* rend vrai *p* », la proposition [20] à la forme *de re* « pour tout *p*, si *p* est nécessairement vrai, alors il existe un *x* tel que nécessairement *x* rend vrai *p* ».

> facile de voir que Husserl *soit* affirme simplement, contre le relativiste, que « vérité » signifie vérité absolue, non relative, *soit* devrait en appeler pour appuyer cette affirmation – et comme il le fait d'ailleurs – au fait que sa propre acception de « vérité » est évidente [1].

En d'autres termes, il ne suffit pas, pour réfuter le relativisme, de dire que le concept relativiste de vérité contredit le concept non relativiste (husserlien) de vérité « que nous avons tous exclusivement à l'esprit là où il est question de vérité ». En réalité, le relativiste peut sans aucune difficulté concéder à Husserl que le principe de non-contradiction est valide en vertu du sens des mots « vrai » et « faux ». Quoi que suggère l'argument de Husserl, le fait que le relativiste croit à la possibilité [10] qu'une même proposition *p* soit à la fois vraie-pour-*a* et non vraie-pour-*b* n'implique pas qu'il croit qu'une même proposition peut être à la fois vraie et non vraie au sens usuel du mot. Par exemple, il pourra accepter [12] sous la forme relativiste suivante : il est (conceptuellement) impossible que *p* soit à la fois vrai-pour-*a* et non vrai-pour-*a*. Il dira alors qu'un individu qui tient pour vraie la proposition « ceci est rectangulaire et non rectangulaire » a nécessairement tort, mais qu'un autre qui tient pour vraie la proposition « ceci est rectangulaire pour moi, mais pas pour tout le monde » peut fort bien avoir raison. Or, cela signifie que le relativiste peut, sans contredire sa propre position, accepter le principe de non-contradiction. Partant, l'objection de Husserl ne serait plus valide : il est faux de dire que le relativiste, parce que sa propre position viole le principe de non-contradiction, est forcé de contredire la définition même de la vérité et d'employer le mot « vérité » en un sens qui n'est pas celui où l'emploient ses adversaires non relativistes. (Ou bien l'objection n'est valide qu'à supposer, comme le fait également Husserl, que *de toute évidence* « vérité » implique conceptuellement « vérité en soi » et que « *p* est vrai-pour-*a* et non vrai-pour-*b* », en conséquence, implique conceptuellement « *p* est vrai (en soi) et non vrai (en soi) ». Mais alors –

1. J. N. Mohanty, *Husserl and Frege*, Bloomington, Indiana University Press, 1982, p. 28. Une contre-argumentation apparentée est proposée par G. Soffer, *Husserl and the Question of Relativism*, *op. cit.*, p. 26-27, qui déplore « le caractère *ad hominem* et peu convaincant d'un argument qui présuppose simplement comme étant "propre" ou "valide" le concept de vérité que le relativisme met en question ("réfutant" de la sorte le relativisme en niant que le caractère absolu de la vérité soit susceptible d'être débattu intelligiblement) », et observe que « la justification phénoménologique du concept de vérité <chez Husserl> est en fait circulaire ».

c'est le fond du contre-argument de Mohanty –, elle revient à dire que le relativisme est faux parce qu'il est évident que le relativisme est faux [1]).

Le contre-argument de Mohanty atteint plausiblement aussi l'objection antirelativiste [14-18] commentée plus haut : pour le psychologiste logique, toute vérité est relative à une espèce *E;* or le principe de non-contradiction est vrai ; donc le psychologiste logique est forcé de tenir soit la vérité du principe de non-contradiction pour contingente, soit l'existence de *E* pour nécessaire ; comme les deux options sont absurdes, le relativisme est nécessairement faux. Autrement dit, si le principe de non-contradiction est nécessairement vrai et si « vrai » signifie « vrai-pour-*E* », alors il doit être vrai-pour-*E* aussi dans les mondes possibles où *E* n'existe pas, ce qui est manifestement contradictoire. L'unique échappatoire, dès lors, serait de reconnaître dans le principe de non-contradiction une vérité non relative à une espèce *E*, c'est-à-dire d'admettre qu'il existe au moins une vérité absolue et donc de renoncer au relativisme. Mais en est-il vraiment ainsi ? Le relativiste pourrait rétorquer, dans la ligne du contre-argument de Mohanty, que de son point de vue, quoi qu'en pense Husserl, la vérité nécessaire d'une proposition *p* n'implique pas le moins du monde l'existence nécessaire d'une espèce *E* pour laquelle *p* est vrai – ce que contredirait la possibilité évidente que *E* n'existe pas. La thèse du relativiste serait plutôt que la vérité nécessaire de *p* implique l'existence d'une espèce *E* pour laquelle *p* est nécessairement vrai.

En résumé, la réponse du relativiste consisterait à dénoncer dans la prémisse [15] de Husserl une pétition de principe et à substituer à la proposition [16] la formulation suivante :

[16*] Si le principe de non-contradiction est nécessairement vrai (au sens relativiste de « nécessairement vrai pour une espèce animale *E* »), alors il existe au moins une espèce *E* pour laquelle il est nécessairement vrai,

qui ne contredit nullement la vérité évidente [17] selon laquelle l'existence d'une telle espèce est contingente. La prétendue contradiction est l'effet d'une pétition de principe : Husserl interprète les deux propositions [15] et [16] en un sens antirelativiste, comprenant à chaque fois le mot « vrai » au sens antirelativiste de « vrai en soi ».

1. Voir *Log. Unters.*, *Proleg.*, § 36, Hua XVIII, p. 124-125; trad. fr. *RL* I, p. 130. Le même problème se pose naturellement aussi pour le premier argument antirelativiste : la thèse relativiste « il n'existe aucune vérité en soi » n'implique la thèse sceptique « il n'existe aucune vérité » que si « vérité » implique « vérité en soi ». *Cf.* J. N. Mohanty, *Husserl and Frege*, *op. cit.*

Ce contre-argument a été avancé par le philosophe berlinois Julius Schultz, peu après la parution des *Prolégomènes* :

> Que voulons-nous dire quand nous disons : « Dans tel ou tel cas il n'existerait pas de vérité ? » Assurément pas : « Il existerait la vérité qu'il n'existerait aucune vérité » ; mais plutôt « il existe la vérité que dans ce cas il n'existerait aucune vérité ». Elle *existe, maintenant, pour moi* qui possède la constitution humaine requise et qui pour un instant me transporte en pensée dans cette possibilité irréelle. La vérité *présente* que sans personne capable de jugement, un jugement et donc une vérité ne se réaliseraient pas, cette vérité est fallacieusement transformée par notre opposant en une vérité *hypothétique* de la non-réalisation de n'importe quelle vérité sous certaines conditions. À suivre la recette de Husserl, on pourrait aussi bien raisonner comme suit : quand il n'existait aucun être parlant, il n'existait aucune phrase ; mais alors il existait la phrase disant qu'il n'existait aucune phrase [1].

1. J. Schultz, « Über die Fundamente der formalen Logik », *Vierteljahresschrift für wissenschaftliche Philosophie und Soziologie* 27, 1903, p. 31.

PHÉNOMÉNOLOGIE DE LA SIGNIFICATION
LES INTENTIONS DU SIGNIFIER ET LEUR REMPLISSEMENT

SUR LA PREMIÈRE RECHERCHE

PIERRE-JEAN RENAUDIE

POURQUOI LA SIGNIFICATION ?

Il peut sembler déroutant à plus d'un titre que Husserl ait choisi de commencer ses *Recherches Logiques* par une première étude consacrée à la question de la signification. Les premières pages du second volume de l'ouvrage rassemblant les six études avec lesquelles Husserl fonde et inaugure la phénoménologie en avaient en effet annoncé le programme de recherche en l'indexant sur une analyse descriptive des vécus psychiques et des rapports intentionnels qui les lient à leurs objets. Il pouvait alors sembler naturel de s'attendre à ce que ces *Recherches* commencent par une étude des vécus intentionnels, et on peut dans ces conditions avoir une certaine difficulté à comprendre que le texte fondateur de la phénoménologie doive s'ouvrir sur une longue et minutieuse analyse des différents types de signes et des formes de signification auxquels ils sont susceptibles de renvoyer. S'il n'est de phénomène que pour une conscience, la phénoménologie n'aurait-elle pas dû commencer par une analyse de la conscience à laquelle Husserl ne donne pourtant pas la priorité dans l'ordre des études qui composent son ouvrage, et que le lecteur ne découvrira véritablement qu'avec la Cinquième Recherche logique ? Ajoutons à cela que les remarques introductives de Husserl, qui opposaient aux formes vides du langage et à la compréhension purement symbolique des mots une exigence d'intuitivité qui deviendra le mot d'ordre de la phénoménologie husserlienne, pouvaient sembler orienter son enquête dans une direction contraire, susceptible de la conduire plus directement « aux choses elles-mêmes » en remontant des significations aux intuitions qui peuvent seules les rendre vivantes [1]. C'est sur ce point qu'insistera encore Husserl douze années plus tard, alors qu'il préparera une esquisse de préface qui ne sera publiée qu'après sa mort, en 1939, dans laquelle Husserl décrit avant toute chose la phénoménologie comme l'« exigence d'une méthode INTUITIVE de la philosophie dans le retour à l'intuition » [2].

Lire cette première Recherche suppose ainsi, avant toute chose, que nous comprenions les raisons pour lesquelles la phénoménologie, au sens nouveau et original que Husserl donne pour la première fois à ce terme dans les *Recherches*, *devait* commencer par une étude de la signification et ne pouvait commencer que par là. Peut-on se contenter de dire, comme on pourrait être tenté de le faire en empruntant les mots de Ricœur, que le vouloir-dire dans lequel s'élabore la signification constitue tout simplement « l'acte premier de la conscience » [3] ? Encore faudrait-il préciser ce que l'on doit entendre par là. Quel sens peut-on prêter à une telle affirmation, étant entendu qu'il ne saurait être question d'identifier l'acte *chronologiquement* premier de la conscience ?

À cette première difficulté se rajoute une seconde, non moins épineuse et d'autant plus préoccupante qu'elle a, selon les dires de l'auteur lui-même, très largement contribué à compromettre l'accès des premiers lecteurs des *Recherches logiques* à leur second volume, et aurait été la source de nombreuses mécompréhensions [4]. Cette difficulté apparait de façon particulièrement vive si l'on adopte le point de vue du lecteur de 1901 découvrant la phénoménologie en ouvrant ce second volume, après avoir suivi Husserl dans la critique sans concessions du psychologisme qu'il avait mise en place dans les *Prolégomènes à la logique pure*, publiés une année plus tôt. N'est-il pas alors pour le moins troublant de voir Husserl déployer dans cette Première Recherche une analyse de la signification qui, délaissant l'étude des concepts et des lois formelles constituant le domaine de la logique pure, s'intéresse prioritairement à

1. *Log. Unters.*, Einleitung, § 2, Hua XIX/1, p. 10 ; trad. fr. *RL* II/1, p. 6.

2. « Entwurf einer „Vorrede" zu den „Logischen Untersuchungen" (1913) », *Tijdschrift voor Philosophie* 1, 1939, p. 116 ; trad. fr. J. English dans E. Husserl, *Articles sur la logique*, Paris, Puf, 1975, p. 363 (les lettres capitales sont, bien sûr, le fait de Husserl).

3. P. Ricœur, *À l'école de la phénoménologie*, Paris, Vrin, 1986, p. 10.

4. Voir à ce sujet les remarques de Husserl dans *Form. u. transz. Logik*, § 56, Hua XVII, p. 160 ; trad. fr., p. 207.

l'activité même du signifier ? Le propre de la théorie *phénoménologique* de la signification qui voit le jour dans cette Première Recherche est en effet de mettre constamment en avant le rôle fondamental des *actes* conférant la signification (*bedeutungsverleihenden Akte*), c'est-à-dire des *intentions* de signification (*Bedeutungsintentionen*)[1] ou visées intentionnelles donnant aux signes la valeur expressive qui fait d'eux les véhicules du signifier. Comment comprendre, après la récusation sans appel du psychologisme menée dans le tome précédent des *Recherches*, le mode de traitement que Husserl réserve à la question de la signification en l'analysant à partir d'une description des *actes* dans lesquels s'accomplit le signifier ? Les *Prolégomènes* n'avaient-ils pas au contraire démontré que la logique pure ne s'occupait que de significations et d'objets idéaux, indépendants de tout contenu empirique et détachés des prestations subjectives au moyen desquelles se met en œuvre l'activité de penser ? Comment la description des vécus de signification déployée dans cette Première Recherche peut-elle encore être compatible avec la définition de la logique pure que Husserl donnait au dernier chapitre du tome introductif des *Recherches*, comme science *a priori* des formes de significations, de propositions et de théories et des formes corrélatives d'objets, d'états-de-choses, de multiplicités et de relations ? On peut ainsi aisément comprendre que cette Première Recherche ait, dès le départ, suscité les nombreux malentendus que Husserl dénoncera non sans aigreur, d'abord dans l'esquisse de préface avortée et non publiée, puis dans *Logique formelle et logique transcendantale* : en identifiant dans l'introduction la phénoménologie à une psychologie descriptive, puis en inaugurant les six recherches qui composent le second tome par une analyse des *actes* de signification, les *Recherches Logiques* semblaient offrir le spectacle d'un retour paradoxal à une forme de psychologisme que les efforts de Husserl dans les *Prolégomènes* auraient été incapables de congédier définitivement.

DE LA PSYCHOLOGIE DESCRIPTIVE À LA THÉORIE DE LA SIGNIFICATION : L'INTRODUCTION AU SECOND TOME DES *RECHERCHES LOGIQUES*

Répondre aux difficultés que soulèvent ces deux séries de remarques implique de comprendre qu'elles constituent deux aspects d'un seul et même problème, et que c'est précisément *pour* dépasser le psychologisme

1. *Log. Unters.*, I. Unters. § 9, Hua XIX/1, p. 44 ; trad. fr. *RL* II/1, p. 43-44.

sévèrement critiqué et rejeté dans les *Prolégomènes* que la théorie de la connaissance doit justement prendre la forme d'une étude de la signification, laquelle ne peut être conduite qu'au moyen d'une analyse descriptive des vécus dans lesquels s'accomplissent les actes du signifier. Lorsque Husserl énonce au terme des *Prolégomènes* le programme de recherche de la phénoménologie, en lui donnant pour objectif l'analyse descriptive des vécus psychiques concrets de la pensée et de la connaissance, il est essentiel de comprendre que ce programme va de pair avec une entreprise de « dépsychologisation » de la psychologie qui s'inscrit dans le droit fil du premier volume des *Recherches logiques* et en poursuit le cours. Ce sont bien les vécus psychiques que la phénoménologie se donne pour tâche de décrire. Mais ces vécus concrets (*konkrete Denkerlebnisse*) qui portent la marque de l'exercice effectif de la pensée logique et sont accessibles à l'intuition ne sont justement plus traités et analysés comme des évènements réels ou faits d'expérience (*reale Fakten*) [1]. L'analyse phénoménologique commence précisément là où la description permet de délaisser l'explication causale et de désactiver la dimension psychologique (« génétique-psychologique », écrivait Husserl en 1901) des vécus [2], c'est-à-dire là où la question de la genèse des vécus cède la place à la mise en évidence de leur structure. Une phénoménologie qui a seulement en vue « la simple analyse descriptive des vécus dans leur fonds réel [*nach ihrem reellen Bestande*] », écrit Husserl, ne requiert en aucune façon « leur analyse génétique selon leurs relations causales » [3].

Si la phénoménologie des *Recherches logiques* se présente encore à de nombreux égards comme une « psychologie descriptive », portant l'héritage des travaux de Brentano et de son école [4], c'est donc pourtant en arrachant le vécu au domaine de juridiction de la psychologie qu'elle se donnera les moyens d'en décrire les structures essentielles. Ce ne sont plus en effet les « phénomènes psychiques », qui constituaient l'objet et délimitaient le domaine de la psychologie descriptive chez Brentano,

1. *Log. Unters.*, Einleitung § 2, Hua XIX/1, p. 9-10; trad. fr., p. 5-7.
2. *Log. Unters.*, Einleitung § 2, Hua XIX/1, p. 10, note 1; trad. fr., p. 260.
3. *Log. Unters.*, Einleitung § 7, Hua XIX/1, p. 28, note 1; trad. fr., p. 265.
4. Ce sera l'enjeu de la réécriture de l'appendice 3 au § 6 de l'introduction générale de ce second volume des *Recherches* lors de leur seconde édition de 1913 que de lever les équivoques et les difficultés soulevées par les formulations de la première édition. Sur l'ensemble de ce dossier, on pourra consultera l'article de Jean-François Lavigne, « *La prétendue neutralité des* Recherches Logiques » dans J.-F. Courtine et J. Benoist (éd.), *La représentation vide. Les Recherches Logiques, une œuvre de percée*, Paris, Puf, 2003, ainsi que toute la première partie, très riche et documentée, de la première section de son ouvrage, *Husserl et la naissance de la phénoménologie (1900-1913)*, Paris, Puf, 2005.

que la phénoménologie des *Recherches logiques* se donne pour objectif de décrire. Critiquant sévèrement celui qu'il considère pourtant comme son maître, Husserl refusera ce mode de caractérisation de la conscience en rejettant, conformément à l'exigence de neutralité métaphysique sous la contrainte de laquelle il place la phénoménologie dès le tout premier paragraphe de son introduction à ce second volume[1], la distinction entre le physique et le psychique qu'elle présuppose[2]. En faisant du vécu (*Erlebnis*) l'objet de la description phénoménologique, Husserl entend ne s'appuyer sur rien d'autre que sur des « classes de descriptions » qui, certes, sont aussi celles qui constituent le soubassement des recherches théoriques de la psychologie, mais dont le sens n'est nullement fixé par la science psychologique. C'est d'autant moins le cas que ce sont ces mêmes classes de descriptions qui constituent aussi la base des « abstractions fondamentales dans lesquelles le logicien saisit avec évidence l'essence de ses objets et de ses rapports idéaux »[3]. C'est ainsi sur la même « sphère de description pure » que la logique et la psychologie se fondent, ce qui ne saurait évidemment remettre en cause l'indépendance réciproque de ces deux sciences.

En conséquence, loin d'entrer en conflit avec l'antipsychologisme des *Prolégomènes*, l'analyse descriptive des vécus de la pensée et de la connaissance en constitue le prolongement : c'est précisément cette description phénoménologique des vécus qui permettra d'« élucider » (*Aufklären*) les concepts et les lois fondamentales qui « confèrent à toute connaissance une objectivité et une unité théorique »[4], et constituent le domaine de la logique pure (*des rein Logischen*)[5]. Cette *Aufklärung* doit s'entendre en opposition à toute forme d'explication (*Erklärung*) génétique ou causale du processus psychologique de la connaissance : il s'agit, au moyen de la description, de ramener les concepts logiques fondamentaux à la signification qu'ils trouvent dans les actes au moyen desquels s'accomplit l'évidence intellectuelle. La description n'est donc plus à proprement parler psychologique – au sens de la psychologie descriptive de Brentano – mais bien *phénoménologique*, dans la mesure

1. *Log. Unters.*, Einleitung § 1, Hua XIX/1, p. 6; trad. fr., p. 3.

2. Les § 9 à 11 de la Cinquième Recherche constituent le texte de référence à ce sujet; voir dans ce volume les commentaires de Claudia Serban consacrés à ces sections, p. 235-243 et p 249-253.

3. *Log. Unters.*, Einleitung zum zweiten Band, § 7, Hua XIX/1, p. 24, note 1 ; trad. fr., p. 263.

4. *Log. Unters.*, Einleitung, § 1, Hua XIX/1, p. 6; trad. fr., p. 3.

5. *Log. Unters.*, Einleitung, § 2, Hua XIX/1, p. 13, note 3.

où elle ne décrit rien d'autre que les rapports entre des actes de visée et de remplissement qui lui permettent de mener à bien cette élucidation des concepts logiques fondamentaux[1].

L'entreprise de « dépsychologisation » du vécu qui accompagne l'inauguration de la phénoménologie et légitime ses prétentions à poursuivre et à étendre la portée de la critique du psychologisme doit ainsi s'appuyer sur un *autre* modèle, non-psychologique, d'analyse du vécu, afin d'éviter que ses descriptions ne tombent dans le domaine d'une psychologie de la connaissance. Or, ce modèle alternatif d'analyse des actes au moyen desquels se réalise la connaissance, c'est la théorie de la signification qui va le fournir à Husserl. D'abord, parce que la relation sémantique de référence qui rapporte une signification à l'objet qu'elle vise permet comme nous le verrons de rendre compte de l'intentionnalité des vécus – de leur orientation vers un objet – et ce, sans l'adosser, comme le faisait Brentano, à une délimitation des phénomènes psychiques. La théorie de la signification de la Première Recherche constituera à cet égard le point depuis lequel il est possible de donner une traduction en termes strictement *logiques* des modes de rapport à l'objet que Brentano a analysés sur un terrain *psychologique*. Ensuite, parce que les actes impliqués dans la connaissance sont des actes essentiellement liés à la fonction de signification : ce sont des actes qui tantôt « visent », tantôt « remplissent » les significations.

> Les objets vers lesquels s'oriente la recherche de la logique pure sont donnés tout d'abord sous le vêtement grammatical. Pour parler plus exactement, ils sont donnés comme enrobés pour ainsi dire dans des vécus psychiques concrets, qui, dans leur fonction d'intention de signification ou de remplissement de signification [...] relèvent de certaines expressions linguistiques et forment avec elles une unité phénoménologique[2].

La description des rapports entre l'intention de signification [*Bedeutungsintention*] et l'intuition susceptible de lui apporter un remplissement [*Bedeutungserfüllung*] doit ainsi permettre, sur le fondement d'une analyse logique et non plus psychologique du vécu, la mise en évidence (l'« élucidation ») des lois et des concepts fondamentaux de toute connaissance théorique possible. C'est en effet sur la *vitalité* des significations que repose l'évidence en laquelle s'atteste la validité de la connaissance ; elle renvoie, ainsi que l'écrit Husserl, à des significations « vivantes [*lebendig*] dans l'accomplissement de l'acte de juger »[3], et

1. *Log. Unters.*, Einleitung, § 2, Hua XIX/1, p. 11 ; trad. fr., p. 7.
2. *Log. Unters.*, Einleitung, § 2, Hua XIX/1, p. 7 ; trad. fr., p. 4.
3. *Log. Unters.*, Einleitung, § 2, Hua XIX/1, p. 9 ; trad. fr., p. 5-6.

dont la description permettra de révéler le lien avec les intuitions qui les animent – l'intuition étant ici elle-même pensée *dans l'horizon* d'une signification à laquelle elle vient répondre.

On comprend mieux ainsi pourquoi l'analyse du phénomène de la signification constitue le terrain par excellence sur lequel doit se déployer, dans la continuité des analyses des *Prolégomènes*, la description phénoménologique du vécu. La Première Recherche est donc première en un sens non seulement chronologique (le lecteur la découvrant en premier), mais d'abord et surtout logique : cette théorie de la signification donne ses gages de légitimité à la phénoménologie en lui fournissant un modèle d'analyse descriptive non-psychologique des vécus intentionnels. Elle ne peut toutefois le faire qu'en marquant significativement son écart par rapport aux théories psychologiques de la signification, et en refusant en particulier la voie d'analyse du phénomène de la signification que la psychologie descriptive de Brentano avait rendue possible. Avant d'entrer enfin dans les divisions de cette Première Recherche, il nous faut ainsi préciser les termes de cette critique qui constitue le soubassement de la Première Recherche et qui, à travers la figure de Twardowski, permet à Husserl de récuser toute psychologie descriptive de la signification et de faire valoir la légitimité et la nécessité d'une analyse phénoménologique du signifier.

ANALYSES PSYCHOLOGIQUE ET PHÉNOMÉNOLOGIQUE DE LA SIGNIFICATION

Dans sa *Théorie du contenu et de l'objet des représentations* de 1894, Twardowski avait en effet apporté des développements importants à l'analyse brentanienne des phénomènes psychiques en insistant sur la nécessité d'appliquer à toute représentation la distinction entre acte, contenu et objet[1]. Cette triple distinction s'applique en particulier aux représentations linguistiques, que Twardowski étudie en suivant les analyses du nom et des fonctions nominales de John Stuart Mill et d'Anton Marty[2]. Cette analyse lui permet ainsi de définir le statut de la signification en lui appliquant la triple distinction qui vaut pour toute

1. K. Twardowski, *Zur Lehre vom Inhalt und Gegenstand der Vorstellungen: eine psychologische Untersuchung*, Wien, A. Hölder, 1894; trad. fr. J. English dans E. Husserl et K. Twardowski, *Sur les objets intentionnels (1893-1901)*, Paris, Vrin, 1993.

2. K. Twardowski, *Théorie du contenu et de l'objet des représentations*, § 3, dans E. Husserl, K. Twardowski, *Sur les objets intentionnels*, *op. cit.*, p. 96; J. S. Mill, *A system of logic : ratiocinative and inductive, being a connected view of the principles of evidence, and the methods of scientific investigation*, London, John W. Parker, 1843; A. Marty, « Les propositions sans sujet », *Revue Philosophique de la France et de l'Etranger* 27, 1889, p. 430.

représentation, et en distinguant entre l'acte de nommer, le « contenu psychique déterminé » que le nom éveille, et l'objet qu'il dénomme. Le rôle de la signification dans le phénomène psychique à l'intérieur duquel elle se manifeste peut ainsi être identifié, selon Twardowski, à celui du « contenu psychique » de la représentation linguistique : ce qui permet à un nom de signifier, c'est sa capacité à ne pas simplement se manifester comme un phénomène physique (un ensemble de lettres tracées sur le papier ou un mot prononcé et entendu), mais à évoquer par association un contenu psychique déterminé, en vertu duquel le nom « signifie » quelque chose, et se rapporte à un objet. Le contenu sémantique et le contenu psychique d'une représentation linguistique seraient donc identiques. Twardowski pense pouvoir étendre cette analyse du modèle nominal à l'ensemble des significations de façon à rendre compte avec les mêmes outils de la dimension de généralité, qui caractérise par exemple l'usage des noms communs.

Or, Husserl a très tôt identifié et mis en avant les insuffisances de cette théorie, en discutant les thèses de Twardowski dès l'année de parution de son ouvrage. Un texte daté de 1896 exclusivement consacré à l'analyse critique de son ouvrage [1] insiste en particulier sur deux points fondamentaux. Adoptant une ligne d'analyse qui annonce les arguments des *Prolégomènes*, Husserl dénonce d'abord le relativisme subjectiviste inhérent à cette théorie, qui traite la signification comme un contenu psychique immanent appartenant *réellement* à la conscience. Si tel était le cas, les significations seraient des représentations mentales singulières et à chaque fois diverses, dépendant, en chacune de leur occurrence, de la production d'images mentales auxquelles les significations seraient associées. Or, comme le note Husserl, des représentations mentales aussi singulières et diverses ne sauraient être partagées à un niveau intersubjectif et comprises par d'autres, ce qui rend difficilement explicable le mode de fonctionnement de la communication. Le problème que soulève Husserl est alors le suivant : si le contenu sémantique des significations s'identifiait à un contenu psychique, il serait impossible de comprendre qu'un mot ou un énoncé puisse maintenir la même signification indépendamment des vécus de conscience à chaque fois singuliers à l'intérieur desquels se détermine leur signification. Ce problème fait manifestement apparaitre une seconde conséquence inacceptable de toute théorie psychologique de la signification : si les significations des concepts et des propositions

1. E. Husserl, « Discussion de Twardowski », trad. fr. J. English dans *Sur les objets intentionnels*, *op. cit.*, p. 349 *sq.*

sont suspendues à la production d'images singulières et dépendent de contenus psychiques immanents, alors non seulement les propositions générales, mais les lois de la logique et des sciences doivent se réduire à des règles psychologiques empiriques relatives aux actes et aux vécus psychiques particuliers de ceux qui les comprennent. C'est ainsi la validité de toute la « logique pure » qui est en question.

L'IDÉALITÉ DE LA SIGNIFICATION

Contre Twardowski, Husserl fait alors valoir la dimension d'*idéalité* de la signification, laquelle est attestée par son insensibilité à la variation des contenus psychiques au moyen ou à travers lesquels elle s'actualise. Peu importent les représentations particulières auxquelles nous associons le mot « encrier » ou les signes oraux ou écrits au moyen desquels le mot se manifeste à nous (écriture cursive, écriture imprimée, etc.), il garde pour nous la même signification que celle qu'il possède pour un autre, qui l'associerait à des représentations différentes des nôtres. Il convient donc d'opposer l'unité *idéale* de la signification et la production *réelle* des actes multiples et variés au moyen desquels nous actualisons à chaque fois cette signification. La « teneur logique idéale » de la signification peut toujours en droit être distinguée de la teneur psychologique réelle des vécus[1]. Quelle que soit la variété des images mentales particulières qu'engage la compréhension d'un mot ou d'une expression, cette variation n'est pas de nature à affecter l'unité de la signification visée. Les contenus psychiques réels à partir desquels s'actualise la référence à l'objet signifié peuvent varier sans pour autant que la teneur idéale de la signification ne change.

Cette distinction permet à Husserl de faire apparaitre deux aspects fondamentaux du phénomène de la signification qui échappent à la teneur psychologique des vécus psychiques dans lesquels la signification s'actualise. 1) Plusieurs vécus psychiques différents mobilisant des contenus représentants distincts peuvent tout d'abord viser le même objet, irréductible à la particularité et à la pluralité des actes psychiques qui le visent. De tels actes de signification, bien que divers, possèdent ainsi une « teneur objective » identique. 2) Mais le même objet peut, d'autre part, être visé au moyen de significations diverses, comme c'est par exemple le cas lorsque nous usons d'expressions différentes, « le triangle dont les trois côtés sont égaux », ou « le triangle dont les trois

1. E. Husserl, « Discussion de Twardowski », trad. fr. J. English dans *Sur les objets intentionnels*, *op. cit.*, p. 349-350.

angles ont la même mesure », qui désignent, en dépit de leurs différences, le même objet : le triangle équilatéral. Outre leur teneur objective, les actes de signification possèdent ainsi une « teneur de signification » qui leur est propre, elle aussi idéale, et ne relevant nullement des composantes psychiques réelles du vécu [1].

La mise en relief de ces deux aspects du phénomène de la signification qui débordent l'analyse psychologique permet ainsi à Husserl de poser les fondements et d'établir les objectifs d'une théorie de la signification nouvelle et originale, proprement phénoménologique. C'est cette théorie que nous livre la Première Recherche, où Husserl tente d'articuler l'une à l'autre ces deux dimensions de la signification à partir d'une description des modalités de visée et de donation (c'est-à-dire de « remplissement » de la visée) de l'objet signifié. Husserl montre de cette façon qu'une description de la signification qui l'analyse à partir du type d'actes qu'elle engage (des visées, ou des intentions), loin de remettre en cause l'indépendance de la signification à l'égard de ces actes du signifier, permet au contraire de mettre en évidence la dimension d'idéalité de la signification, c'est-à-dire le type d'« unité idéale » qu'elle recouvre.

INDICATION ET EXPRESSION

Afin d'isoler le phénomène qu'il s'agit de décrire, cette théorie phénoménologique de la signification commence par marquer les différences à l'intérieur desquelles s'inscrit le type d'usage des signes (*Zeichen*) sur lequel se fonde l'acte de signifier. Renouant avec l'idée bolzanienne de l'équivocité indépassable et radicale du signe [2], Husserl en propose une interprétation originale en insistant sur le fait que cette équivocité ne repose pas tant sur une différence entre signes volontaires et involontaires, que sur une distinction « plus fonctionnelle que substantielle », selon le mot de Derrida [3], et beaucoup plus profonde, entre deux *fonctions* irréductibles du signe (§ 1). Un signe peut d'abord avoir

1. Pour un traitement plus ample de ces questions, on consultera les études de R. Rollinger, *Husserl's position in the school of Brentano*, Dordrecht, Kluwer Academic Publishers, 1999 ; J. Cavallin, *Content and Object: Husserl, Twardowski and Psychologism*, Dordrecht, Kluwer Academic Publishers, 1997; et, en français, la première partie de l'ouvrage d'A. Gallerand, *Husserl et le phénomène de la signification*, Paris, Vrin, 2014, qui détaille l'ensemble de ces distinctions.

2. C. Majolino, « Structure de l'indice et équivocité du signe. À l'origine du partage *Anzeigen / Ausdrücken* dans les *Recherches logiques* », *Histoire Épistémologie Langage* 32, 2010, p. 75-91.

3. J. Derrida, *La voix et le phénomène*, Paris, Puf, 1967, p. 20.

une fonction purement indicative lorsque son existence donne un motif empirique de croire en l'existence d'une autre chose, que précisément il *indique* : les fossiles sont par exemple les signes de l'existence des animaux dont ils enregistrent la marque, de même qu'un cairn au sommet d'une montagne est le signe du passage d'un alpiniste. Ce rapport d'indication (*Anzeige*) entre le signe et ce qu'il indique correspond, comme Husserl ne manque pas de le souligner, à une « relation réelle » entre deux choses ayant autant d'existence l'une que l'autre [1] (§ 2) : la carte perforée qui fait croire au directeur de l'usine que son employé a pris son poste à telle heure un jour donné a certes pu être poinçonnée par un autre que lui, mais il faut bien qu'une perforation ait effectivement eu lieu pour que la carte en porte la marque. C'est la raison pour laquelle Husserl distingue immédiatement le type de renvoi (*Hinweis*) opéré par le signe indicatif du rapport idéal qui lie dans une démonstration différents contenus de jugement (les prémisses et la conclusion, s'il s'agit par exemple d'un syllogisme) : le renvoi que l'indication opère ne saurait avoir l'évidence que permet d'obtenir l'acte de démontrer (*Beweisen*), dans la mesure précisément où ce qui est en jeu est une relation empirique réelle et non idéale (§ 3). La perforation de la carte indique qu'elle a été poinçonnée mais ne nous autorise nullement à conclure avec une certitude absolue que l'employé en question a bien pris son poste à l'heure dite.

La fonction indicative du signe lui permet ainsi de *montrer* quelque chose sans pour autant *dire* à proprement parler quoi que ce soit : « tout signe est signe de quelque chose, mais tout signe n'a pas une « *signification* », un « *sens* » qui soit « *exprimé* » avec le signe » [2]. L'analyse de l'indication permet ainsi à Husserl de révéler en négatif ce qu'elle laisse de côté : la capacité des signes à *exprimer* un sens et à avoir une signification en droit irréductible à ce que ces signes indiquent. Lorsque Haddock affirme d'un ton passablement courroucé à Tintin qu'il est très content des randonnées en montagne que lui fait faire son jeune ami, ses paroles indiquent sa lassitude et trahissent son énervement, alors même qu'elles expriment pourtant un sentiment contraire : le mode de manifestation du discours est ici le symptôme d'un sentiment totalement différent de celui qu'exprime son contenu.

1. *Log. Unters.*, I. Unters., § 2, Hua XIX/1, p. 32 ; trad. fr., p. 29.
2. *Log. Unters.*, I. Unters., § 1, Hua XIX/1, p. 30 ; trad. fr., p. 27.

LA FONCTION EXPRESSIVE DU DISCOURS ET LA COMMUNICATION

À partir de ce point, l'analyse de Husserl se déploie sur fond de l'hypothèse selon laquelle, si ces deux fonctions de l'usage des signes s'entremêlent *de fait* le plus souvent dans la communication et l'usage intersubjectif habituel que nous faisons des signes linguistiques, il reste cependant toujours *en droit* possible de les distinguer l'une de l'autre et de maintenir leur irréductibilité. La mise au jour du mode de fonctionnement de l'indication permet ainsi de mettre en évidence et de révéler la spécificité de la fonction significative ou « expressive » des signes (§ 5), que Husserl définit en l'opposant d'une part à la fonction indicative et en la rattachant d'autre part à la notion de « discours » (*Rede*). Ces deux aspects de son analyse vont de pair : si l'expressivité est une dimension du signe qui se dégage du mode de renvoi caractéristique de la fonction indicative des signes, il faut alors exclure du domaine des « expressions » (*Ausdrücke*) au sens strict toutes les formes d'extériorisations (*Äußerungen*) telles que les gestes corporels qui accompagnent nos paroles ou la façon particulière, pour reprendre l'exemple qui vient d'être cité, dont nous prononçons nos discours. Cette exclusion aboutit ainsi à réserver le terme d'expression au seul discours, abstraction faite de ses conditions et de ses modalités concrètes de manifestation ou de profération.

C'est alors le discours *pur*, c'est-à-dire un discours auquel il est parfaitement inessentiel d'être prononcé ou non, qui constitue selon Husserl le modèle de la fonction expressive des signes. La délimitation du domaine d'application des « signes signifiants » (*bedeutsamen Zeichen*) obéissant à une fonction purement expressive n'implique donc pas seulement de définir l'expression à partir de la notion de « discours », elle opère une restriction très importante sur les formes de discours qu'elle prend pour modèle de ce type d'usage des signes. C'est en mettant à l'écart les formes de communication à l'intérieur desquelles nous faisons le plus souvent usage du discours que nous pourrons faire apparaitre la fonction purement expressive de celui-ci, qui se trouve parasitée par les usages communicatifs des signes linguistiques dans lesquels entre toujours des formes d'indication. Le signifier, écrivait Husserl dès le premier paragraphe de cette Recherche, est en effet, « dans le discours communicatif, […] toujours engagé dans une relation avec cette fonction d'être indice »[1]; dans la communication, en effet, le discours ne se limite pas à exprimer ce qu'il signifie; le choix des mots employés par celui qui s'exprime peut par exemple nous informer (*kundgeben*) sur ses vécus psychiques, et jouer ce faisant à l'égard de ces derniers le rôle de signe indicatif. C'est donc en mettant entre parenthèses la fonction communicative du discours qu'il sera possible de mettre au jour dans toute sa pureté la dimension expressive des signes, afin d'analyser à partir de là le mode de fonctionnement de la signification, c'est-à-dire la façon dont ces signes, précisément, n'indiquent pas mais « signifient ». C'est la raison pour laquelle, si le modèle de la fonction expressive des signes est fourni par le discours, le modèle de discours à partir duquel cette fonction peut être isolée est le soliloque intérieur, qui se déploie et s'accomplit dans ce que Husserl appelle « *la vie psychique solitaire* » (*im einsamen Seelenleben*)[2] : dans le soliloque en effet, le discours, n'étant plus proféré ni extériorisé en aucune façon, n'étant plus adressé à personne ni soumis aux règles et aux modalités de la communication, s'accomplit comme une forme d'expression qui ne peut plus avoir valeur d'indice – une expression sans extériorisation dans laquelle les signes linguistiques ont perdu toute fonction indicative (§ 8).

LES INTENTIONS DE SIGNIFICATION ET CE QU'ELLES VISENT

En distinguant fermement l'expression de signification de toute forme d'extériorisation ou de manifestation des vécus psychiques, dans laquelle les signes linguistiques auraient toujours aussi pour fonction d'indiquer les pensées qui les animent, Husserl noue une forme d'identité indissoluble entre l'expression (*Ausdrück*) et l'intention (*Intention*). Les formes d'extériorisation de nos pensées ou de nos états mentaux que traduisent par exemple les gestes dont nous accompagnons notre discours présupposent la possibilité de tenir séparées ces formes de manifestation et ce qu'elles manifestent. Un geste d'impatience reste en principe distinct et séparable de l'énervement qu'il trahit, et c'est très précisément la raison pour laquelle il est reproductible à loisir par un acteur sur une scène de théâtre sans qu'il soit nécessaire d'exiger de ce

1. *Log. Unters.*, I. Unters., § 1, p. 30; trad. fr., p. 27-28. « Toutes les expressions, écrira un peu plus loin Husserl, fonctionnent dans le discours *communicatif* comme *indices* », dans la mesure où elles font office pour celui qui les entend de signes des pensées, et plus généralement des vécus psychiques de celui qui parle (*Log. Unters.*, I. Unters. § 7, p. 40; trad. fr., p. 38).

2. *Log. Unters.*, I. Unters., § 1, Hua XIX/1, p. 30; trad. fr., p. 28.

dernier qu'il éprouve au moment où il le joue le sentiment que traduit son jeu. Cette possibilité de maintenir une séparation entre le signe et ce à quoi il renvoie est très précisément, selon Husserl, ce qui fait défaut dans le cas des expressions de signification que véhicule le discours. Pourquoi ? Parce que le discours ne peut avoir lieu que pour autant qu'il « constitue, dans la conscience de celui qui s'extériorise, une unité phénoménale avec les vécus extériorisés » [1], laquelle interdit rigoureusement de séparer à ce niveau le discours des vécus qui s'y expriment. Le discours n'est, à cet égard, justement pas une simple manifestation extérieure de vécus de signification qui s'opéreraient indépendamment de l'expression qu'il leur donne : ces vécus de signification et leur expression discursive sont une seule et même chose; ils participent, comme l'écrit Husserl, d'une même « unité phénoménale ». Ce qui permet au discours de signifier, et qui le désigne comme le modèle par excellence de l'expression de signification, c'est cette unité qu'il forme avec la conscience dont il exprime la visée ou l'intention. Au contraire, si les gestes ou les signes extérieurs qui accompagnent notre discours trouvent une signification, c'est dans la seule mesure où ils peuvent être interprétés, par nous-mêmes ou un autre; mais cela revient à reconnaitre dans ce cas qu'ils « n'ont pas de signification au sens prégnant des signes linguistiques, mais seulement au sens d'indices » [2]; il leur manque, écrit Husserl, ce lien intime avec les intentions du signifier (avec « l'intention d'exposer de manière expresse quelque pensée que ce soit ») qui fait la spécificité de l'expression.

C'est donc sur son unité avec les intentions de la conscience que repose la dimension expressive du discours, et c'est à partir d'elle que Husserl peut déployer son analyse de l'expression de signification. L'expression unit intimement ce que la théorie psychologique-descriptive de la signification avait coutume de distinguer, à savoir la face physique (le signe visible ou audible, le complexe phonique, les caractères écrits...) et la face psychique de la signification (les vécus grâce auxquels ces signes prennent sens). L'analyse phénoménologique peut alors décrire le rapport entre le mot ou le signe physique et le sens comme un rapport « intimement homogène » (*innig eineitliche*) au moyen de laquelle s'accomplissent les intentions de signification, et qui rend ainsi compte de la dimension de visée intentionnelle des vécus. Pour que la signification ait lieu, il faut qu'un certain sens soit visé au moyen d'un signe, et le sens constitue alors

1. *Log. Unters.*, I. Unters., § 5, Hua XIX/1, p. 37; trad. fr., p. 36.
2. *Log. Unters.*, I. Unters., § 5, Hua XIX/1, p. 38; trad. fr., p. 36.

« ce qu'on a en vue [*abgesehen*] avec le mot »[1]. Cela suppose que cette visée du sens que l'intention de signification accomplit dépasse toujours la matérialité du signe physique pour se projeter au-delà du signe, vers ce qu'il signifie. Le signe ne participe à la visée que dans la mesure où celle-ci peut en dépasser la matérialité : « l'expression semble détourner l'intérêt d'elle-même et le diriger sur le sens »[2]. Contrairement aux signes indicatifs, qui ne peuvent accomplir leur fonction que pour autant qu'ils sont perçus « comme *existant* », l'expression n'engage pas nécessairement l'existence ou la concrétisation matérielle des signes au moyen desquels elle se réalise. Un signe verbal représenté de façon purement imaginative et qui n'a aucune existence réelle renvoie tout autant à ce qu'il signifie qu'une parole entendue dans la bouche d'un autre ou un mot lu dans un livre ; c'est très précisément la raison pour laquelle les expressions fonctionnent tout autant, selon Husserl, dans le « discours solitaire », où le lien intime qui les rattache aux visées intentionnelles qui les sous-tendent apparait de la façon la plus manifeste.

La signification (*Bedeutung*) repose ainsi d'abord sur le signifier, compris comme l'acte intentionnel de visée ou l'intention (*Intention*) au moyen de laquelle l'expression signifie. C'est la raison pour laquelle Jacques Derrida suggère de définir et de traduire *Bedeutung*, dans cette Première Recherche, non par signification mais en recourant à l'expression française de « vouloir dire » : la signification n'a lieu que là précisément où se manifeste l'intention d'une conscience[3]. Il faut toutefois noter aussitôt que cela ne peut être le cas que parce que, du point de vue de la description phénoménologique, l'intention et l'expression de signification ne font qu'un : ils se donnent dans un vécu caractérisé, comme le souligne Husserl, par son unité et son homogénéité (*Eineitlichkeit*). Les analyses de Husserl font ainsi apparaitre l'intentionnalité comme une dimension intrinsèque de l'expression, qui la caractérise en propre et ne vient pas seulement l'animer de l'extérieur[4], comme si l'expressivité supposait que des intentions préalables viennent pour ainsi dire à être « plaquées » sur des signes linguistiques distincts de ces intentions et extérieurs à elles. C'est dans le rapport au signe que s'élabore la visée intentionnelle, dès lors que la représentation (la *Vorstellung* perceptive ou simplement

1. *Log. Unters.*, I. Unters., § 8, Hua XIX/1, p. 42 ; trad. fr., p. 41.
2. *Ibid.*
3. J. Derrida, *La voix et le phénomène*, *op. cit.*, p. 18.
4. Voir à ce sujet les commentaires de J. Benoist, *Intentionnalité et langage dans les Recherches Logiques de Husserl*, Paris, Puf, 2001, p. 47.

imaginative [1]) d'un signe le décharge de sa fonction indicative de façon à permettre à la conscience qui se le représente de viser, au-delà de ce signe même, un certain « sens » (*Sinn*). C'est aussi la raison pour laquelle la conscience de signification constitue le modèle par l'étude duquel Husserl peut reprendre à sa charge l'analyse de l'intentionnalité des vécus : en décrivant le mode de fonctionnement des *bedeutsamen Zeichen* (signes signifiants ou expressions) se dévoile la façon dont se *constitue* l'intentionnalité de la visée.

LE REMPLISSEMENT DES VISÉES DE SIGNIFICATION ET LA VISÉE « À VIDE »

C'est donc à partir de la visée intentionnelle qui traverse l'expression et l'anime d'un sens que doit s'analyser le phénomène de la signification (§ 9). Outre les caractères physiques propres à la manifestation sensible de l'expression, la description phénoménologique va ainsi mettre l'accent sur les *actes* au moyen desquels celle-ci reçoit une signification, c'est-à-dire sur les intentions qui accomplissent le signifier (*Bedeutungsintentionen*). « L'expression, écrit Husserl, *vise* quelque chose, et, en le visant, elle se rapporte à quelque chose d'objectif » [2]. Une expression n'est animée d'un sens (*sinnbelebt*) que dans la mesure où l'intentionnalité qui la traverse lui permet d'établir un certain type de rapport (*Beziehung*) à un objet, qui prend d'abord la forme d'une « visée » (*Meinung*). Or, cet acte de visée intentionnelle de l'objet engage deux possibilités fondamentales, qui ne doivent pas simplement être comprises comme des accidents ou des aléas de la signification, mais comme des possibilités décrivant la structure essentielle et indépassable de tout signifier. Si une expression est toujours la visée d'un « objet » ou objectité (*Gegenständlichkeit*) déterminés, ce quelque chose d'objectif peut *ou bien* nous être donné dans l'intuition comme actuellement présent (*aktuell gegenwärtig*) ou présentifié (*vergegenwärtig*) ; et dans ce cas, « la référence [*Beziehung*] à

1. *Log. Unters.*, I. Unters., § 8, Hua XIX/1, p. 42 ; trad. fr., p. 41.

2. *Log. Unters.*, I. Unters., § 9, Hua XIX/1, p. 44 ; trad. fr., p. 43. Voir également la Cinquième Recherche, où Husserl précise que lorsque nous effectuons un acte d'expression, « nous ne vivons pas dans les actes qui constituent l'expression en tant qu'objet physique ; notre « intérêt » n'appartient pas à cet objet, nous vivons au contraire dans les actes signifiants, nous sommes exclusivement *tournés vers* l'objet qui apparait en eux, c'est cet objet que nous *avons en vue*, c'est lui que nous *visons* en prenant ce mot dans son sens particulier, son sens *fort* » (*Log. Unters.*, V. Unters., § 19, Hua XIX/2, p. 422-23 ; trad. fr. *RL* II/2, p. 214).

l'objectité est réalisée »[1]. *Ou bien*, ce n'est pas le cas : l'expression conserve son sens et demeure une *visée* d'objet, mais en l'absence de toute intuition susceptible de pourvoir cette visée de l'objet auquel elle se rapporte, elle est vouée à demeurer une visée *à vide*, se comprenant négativement par l'absence de donation intuitive de l'objet qu'elle ne cesse pas pour autant de prendre en vue.

Cette double possibilité constitue du point de vue descriptif un caractère fondamental et indépassable de toute expression, qui se définit donc (1) comme une visée d'objet en elle-même vide mais (2) toujours orientée vers la possibilité d'une donation intuitive de ce qu'elle vise. L'une des thèses cardinales de la Première Recherche est que c'est le lien de réciprocité qui unit ces deux aspects inséparables de l'expression de signification qui permet d'en décrire le phénomène : une visée de signification n'est visée que dans la mesure où elle peut viser *à vide* l'objet qu'elle vise (c'est-à-dire de façon seulement *présomptive*, et sans que celui ne soit intuitivement donné) ; mais elle ne peut être visée *à vide* que sous l'horizon d'un remplissement intuitif toujours en droit possible, c'est-à-dire dans la mesure où il est *a priori* tenu pour acquis que cet objet pourrait aussi bien nous être donné. Quant au remplissement, de façon réciproque, il n'est et ne peut être remplissement que d'une visée qu'il présuppose toujours logiquement.

Husserl prend à cet égard l'exemple du nom, qui accomplit toujours sa fonction, nous dit-il, dans la mesure où il lui suffit de viser l'objet qu'il nomme pour accomplir la nomination. Il est alors seulement question d'une « simple visée » (*bloße Meinung*), définie privativement par l'absence de donation intuitive de l'objet nommé. C'est donc la possibilité de son remplissement (*Erfüllung*) intuitif qui donne à la visée son sens en déterminant, en quelque sorte, ce dont la visée manque et qui la caractérise comme « vide » (*leer*). C'est, en d'autres termes, la possibilité de la donation intuitive de l'objet visé qui détermine en creux la référence de la visée. Savoir ce qu'un acte de signification vise, c'est savoir quel remplissement lui fait défaut pour n'être plus une simple visée « à vide »[2]. Par le fait que l'intention de signification, tout d'abord vide, se remplit, « la référence objective se réalise (*realisiert sich die gegenständliche Beziehung*) »[3]. L'analyse phénoménologique du signifier souligne sa

1. *Log. Unters.*, I. Unters., § 9, Hua XIX/1, p. 44 ; trad. fr., p. 43.

2. Voir plus loin nos commentaires sur la notion de « sens remplissant » (*Log. Unters.*, I. Unters. §14).

3. *Log. Unters.*, I. Unters., § 9, Hua XIX/1, p. 44 ; trad. fr., p. 43.

dimension intrinsèquement référentielle en mettant en évidence ce lien entre visée et remplissement de signification et en établissant ainsi que la signification repose sur la possibilité d'une actualisation de la référence à l'objet. L'originalité de cette théorie consiste à mettre en évidence à la fois l'indépendance des actes intentionnels du signifier à l'égard de la donation de l'objet (dans la mesure où il n'est nullement nécessaire que l'objet soit donné pour que la visée puisse fonctionner à vide) et leur intrication réciproque (puisque la *possibilité* d'un acte de remplissement intuitif donne à la visée la mesure de ce qu'elle vise, tandis qu'inversement la visée détermine ce que cette intuition vient remplir).

LES DISTINCTIONS LOGIQUES ET PHÉNOMÉNOLOGIQUES FONDAMENTALES

L'analyse descriptive de l'expression de signification aboutit ainsi à deux séries de distinctions fondamentales.

A. D'un côté, une distinction *phénoménologique* entre trois types d'actes impliqués dans l'accomplissement de la signification et susceptibles d'être rassemblés dans un même vécu (§ 9-10).

A1. L'expression suppose d'abord un acte de perception ou de représentation d'un signe sensible (parlé, écrit, présent à l'esprit sur le mode de l'imagination [1]) nous permettant de nous rapporter à ce signe *indépendamment* de son mode de présentation sensible, et ce, en dépit du fait qu'il nous soit toujours présenté de façon particulière (avec telle ou telle police de caractères s'il s'agit de signes écrits, prononcé de telle ou telle façon, ou représenté imaginativement avec tels ou tels traits particuliers de sa manifestation sensible). Le signifier sait ainsi s'accommoder de modes de manifestation toujours singuliers et différents des signes sur la base desquels il opère et dont il dépasse toujours la particularité et la multiplicité sensibles, en visant *au-delà d'elle* une signification idéale.

A2. C'est donc aux actes de visée intentionnelle, c'est-à-dire aux intentions de signification, qu'il revient d'animer ces signes en leur donnant un sens; et ce sont eux qui doivent recevoir le titre d'« actes conférant la signification » (*bedeutungsverleihenden Akte*). « L'acte de signifier constitue le mode déterminé de visée de l'objet », écrira plus loin Husserl [2].

1. « In der Phantasie schwebt uns ein gesprochenes oder gedrucktes Wortzeichen vor » (*Log. Unters.*, I. Unters. § 8, Hua XIX/1, p. 42; trad. fr., p. 41).

2. *Log. Unters.*, I. Unters., § 13, Hua XIX/1, p. 54-55; trad. fr., p. 56.

A3. Ces intentions de signification ont pour corrélat une troisième catégorie d'actes, qui ne sont certes pas aussi essentiels à l'expression que les intentions auxquelles ils répondent, mais dont nous avons vu qu'ils leur sont logiquement liés, et donc intimement associés : il s'agit des « actes remplissant la signification » (*bedeutungerfüllende Akte*) qui actualisent la référence de l'intention à l'objet qu'elle vise en venant la renforcer, l'illustrer ou en lui apportant une confirmation plus ou moins adéquate, laquelle donne à ce vécu l'unité d'une connaissance. Si les actes conférant la signification sont toujours du type de la visée ou de l'intention, les actes obéissant à la fonction de remplissement de la signification sont toujours quant à eux des intuitions (soit des actes de présentation – *Gegenwärtigung* – donnant l'objet de façon originaire, soit des actes de présentification – *Vergenwärtigung* – faisant apparaitre l'objet en son absence et non plus en chair et en os). Il faut toutefois insister sur le fait que ces derniers actes ne se surajoutent pas aux intentions qu'ils remplissent, comme s'ils venaient simplement les compléter de l'extérieur : le remplissement de signification, lorsqu'il a lieu, se produit toujours dans un vécu formant une « unité intimement homogène » (*innig verschmolzene*) [1], au sein de laquelle les actes remplissant « fusionnent » (*verschmelzen*) avec les actes conférant la signification de façon à ne former avec eux qu'un seul et même vécu [2]. On comprend donc que Husserl puisse affirmer que l'acte remplissant manifeste très précisément *ce qu'exprime l'expression* [3], dans la mesure où inversement, l'intuition remplissante nous donne l'objet très exactement *tel qu'il est visé*. L'acte remplissant n'est donc pas un nouvel acte se superposant à la visée et à l'intuition, mais une synthèse d'identification assurant l'unité phénoménologique de ces actes [4].

B. Cette première série de distinctions phénoménologiques obtenues en décrivant les vécus de signification doit être complétée d'un autre côté par une distinction *logique*, qui ne concerne plus les actes impliqués

1. *Log. Unters.*, I. Unters., § 10, Hua XIX/1, p. 45; trad. fr., p. 45.

2. *Log. Unters.*, I. Unters., § 9, Hua XIX/1, p. 44; trad. fr., p. 44, ainsi que §15, Hua XIX/1 p. 62; trad. fr., p. 64. Cette notion de fusionnement (*Verschmelzung*), que Husserl emprunte à Stumpf, constitue un terme technique de la phénoménologie des *Recherches logiques*, et elle sera appelée à jouer un rôle particulièrement important dans la Troisième Recherche où elle permet à Husserl de rendre compte des relations entre contenus sensibles (voir à ce sujet le chap. II de notre ouvrage *Husserl et les catégories: langage, pensée et perception*, Paris, Vrin, 2015).

3. *Log. Unters.*, I. Unters., § 9, Hua XIX/1, p. 44; trad. fr., p. 44.

4. La Sixième Recherche logique reprendra ces analyses de façon beaucoup plus détaillée en s'attachant à préciser le rôle de ces actes de remplissement du point de vue de la connaissance qu'ils rendent possible.

dans le vécu de signification, mais les relations idéales ou objectives entre leurs objets, dont la description phénoménologique des vécus a déjà fait apparaitre l'importance.

B1. Il faut d'abord mettre l'accent sur l'expression elle-même, laquelle, en tant que phénomène physique sensible, doit être distinguée de sa signification. Dans la mesure où elle engage une forme sensible de manifestation, l'expression est toujours tributaire des modalités et des circonstances de sa manifestation : celle-ci peut par exemple prendre une forme graphique ou phonique, selon qu'il s'agira d'un énoncé écrit ou prononcé par quelqu'un ; les modalités d'extériorisation sensible de l'énoncé varieront en fonction des circonstances relatives à son itération et à sa répétition éventuelle.

B2. Pourtant, quelle que soit la façon dont l'expression « triangle isocèle » nous est rendue manifeste, elle prend une signification identique et indépendante des particularités relatives à l'expression en tant que phénomène physique sensible. Un ensemble de signes devient ainsi expressif ou signifiant dès lors qu'il renvoie à une signification idéale, que vise « l'expression *in specie* »[1]. Ainsi que le note Husserl, lorsque nous demandons quelle est la signification d'une expression quelconque, nous ne visons pas le phénomène sensible, le son ou le signe écrit matérialisé de façon différente et particulière à chacune de ses occurrences possibles : c'est la signification idéale, laquelle demeure partout et toujours la même, qui définit à proprement parler ce que l'expression exprime. La signification de l'énoncé « la somme des angles d'un triangle est égale à deux droits » reste la même « quelle que soit la personne qui le formule à titre d'assertion, et quels que soient les circonstances et les moments où elle le fait »[2]. La signification possède ainsi une identité logique insensible aux variations susceptibles d'affecter la manifestation sensible des signes au moyen desquels cette signification est visée. C'est précisément cette signification qui distingue l'expression de signes ou complexes phoniques pouvant prendre, en vertu de leur articulation, l'apparence d'un mot (« Abracadabra ») ou d'une expression (« vert et où »), mais n'ayant aucun sens[3]. L'idéalité de la signification lui donne ainsi une valeur objective permettant à Husserl de la soustraire à la particularité et à la diversité des vécus psychiques à chaque fois singuliers à l'intérieur desquels elle

1. *Log. Unters.*, I. Unters., § 11, Hua XIX/1, p. 49 ; trad. fr., p. 49.
2. *Log. Unters.*, I. Unters., § 11, Hua XIX/1, p. 49 ; trad. fr., p. 49.
3. *Log. Unters.*, I. Unters., § 15, Hua XIX/1, p. 59 ; trad. fr., p. 61.

s'actualise ou auxquels elle se rattache. Elle n'est, comme l'écrit Husserl, « absolument rien de subjectif »[1].

B3. Cette signification doit elle-même être distinguée de l'*objet* que vise l'expression (§ 12), et auquel nous nous rapportons précisément *au moyen* de la signification de cette expression (§ 13). Cet objet, c'est là un point fondamental de la théorie de Husserl, ne saurait donc se confondre avec la signification elle-même, sans quoi il ne serait plus possible de comprendre la signification comme une *intention*, une *visée* (*Meinung*), et d'en faire une modalité intentionnelle à proprement parler de la conscience. La conception intentionnaliste de la signification que défend Husserl soutient que c'est dans la seule mesure où elle nous met en rapport avec un objet que la signification a lieu, s'accomplissant sous la forme d'un acte intentionnel spécifique de la conscience, qui comme tel doit toujours avoir son objet intentionnel, vers lequel est dirigé le vécu. C'est ce qu'affirme Husserl en écrivant que « c'est dans la signification que se constitue le rapport à l'objet »[2].

Aussi, loin que la dimension de référentialité de la signification (le fait qu'elle doive se concevoir comme une visée, donc comme une façon de faire toujours référence à un objet) impose à la théorie phénoménologique d'identifier signification et référence, sens et dénotation – comme ce sera par exemple le cas dans la théorie russellienne de la signification de 1903[3] – elle convainc au contraire Husserl de maintenir une séparation ferme et indépassable entre la signification et l'objet dont elle accomplit la visée[4], au point que Husserl peut écrire : « employer une expression avec sens, et se rapporter par une expression à l'objet (se représenter l'objet), c'est là une seule et même chose »[5]. C'est aussi la raison pour laquelle Husserl refuse, d'une façon qui pourra sembler d'abord paradoxale au lecteur de Frege, la distinction frégéenne entre *Sinn* et *Bedeutung*, sens et signification (cette dernière entendue précisément au sens de « dénotation », conformément à la terminologie retenue dans la traduction française du célèbre article

1. *Log. Unters.*, I. Unters., § 11, Hua XIX/1, p. 50; trad. fr., p. 50.

2. *Log. Unters.*, I. Unters., § 15, Hua XIX/1, p. 59; trad. fr., p. 61; voir aussi un peu plus tôt : « Une expression n'acquiert de rapport avec une réalité objective que du fait qu'elle signifie »; « on est, par conséquent, en droit de dire que l'expression désigne (nomme) l'objet *au moyen* de sa signification » (*Log. Unters.*, I. Unters., § 15, Hua XIX/1 p. 54; trad. fr., p. 55-56).

3. B. Russell, *The principles of mathematics*, New York, Norton, 1990; trad. fr. J.-M. Roy dans B. Russell, *Écrits de logique philosophique*, Paris, Puf, 1989.

4. « Jamais l'objet ne coïncide avec la signification » (*Log. Unters.*, I. Unters., § 12, Hua XIX/1, p. 52; trad. fr., p. 53).

5. *Log. Unters.*, I. Unters., § 15, Hua XIX/1, p. 59; trad. fr., p. 61.

de Frege de 1892 [1]) : la signification, selon Husserl, ne se comprend que depuis la mise en tension du sens et de l'*objet* de l'expression qui le vise. Elle est tributaire d'un acte ou d'une intention (le *Bedeuten*), et constitue précisément ce au moyen de quoi l'objet est visé, et qui ne saurait donc s'y identifier. Husserl la rattache donc au sens (*Sinn*) dont elle constitue un synonyme (§ 15) [2], et la définit toujours à partir de l'opposition entre ce qu'exprime l'expression et l'objet au sujet duquel elle exprime ce qu'elle exprime. Ainsi, en décrivant le mode de fonctionnement de la signification à partir de l'articulation entre sens (l'identité idéale de la signification au sens B 2) et référence (son objet au sens B 3), Husserl insiste sur la relation essentielle qui lie de façon privilégiée la signification à l'expression plutôt qu'à l'objet qu'elle dénote. La signification, en effet, varie en fonction de l'expression, et s'aligne donc sur elle selon Husserl : ainsi les expressions « le vainqueur d'Iéna » et « le vaincu de Waterloo » désignent, en la personne de Napoléon, le même objet; mais elles le signifient - et le visent en le signifiant - de deux façons différentes et irréductibles [3]. C'est donc à cet égard l'expression qui décide de la signification plus que sa dénotation.

Husserl cherche ainsi à prévenir l'erreur qu'il identifie dans l'ouvrage déjà cité de Twardowski [4], où ce dernier croit pouvoir distinguer deux faces de la signification, l'une tournée vers le contenu de la signification et l'autre vers son objet [5]. Il appartient au contraire fondamentalement à l'acte du signifier d'unifier ces deux dimensions du phénomène dans un vécu « intimement homogène » qui ne peut nous rapporter à un objet déterminé qu'*au moyen* d'une signification déterminée, et ne peut inversement signifier qu'en nous rapportant à l'objet visé par cette signification. L'objet auquel se rapporte l'expression, ce sur quoi elle énonce, est donc d'abord et avant tout une « objectité » (*Gegenständlichkeit*) dont le format est toujours prescrit par la signification qui le vise et le détermine comme « son » objet intentionnel, l'objet *de* l'intention qui la

1. G. Frege, « Über Sinn Und Bedeutung », *Zeitschrift für Philosophie Und Philosophische Kritik* 100, 1892, p. 25-50; trad. fr. C. Imbert dans G. Frege, *Écrits logiques et philosophiques*, Paris, Seuil, 1994.

2. *Log. Unters.*, I. Unters., § 15, Hua XIX/1, p. 58; trad. fr., p. 59.

3. *Log. Unters.*, I. Unters., § 12, Hua XIX/1, p. 53; trad. fr., p. 53-54. Voir également l'analyse de ce même dans les *Vorlesungen über Bedeutungslehre*, Hua XXVI, p. 29; trad. fr. J. English, *Leçons sur la théorie de la signification*, Paris, Vrin, 1995, p. 52.

4. K. Twardowski, *Zur Lehre vom Inhalt und Gegenstand der Vorstellungen*, *op. cit.*

5. *Log. Unters.*, I. Unters., § 13, Hua XIX/1, p. 55; trad. fr., p. 57.

constitue[1]. C'est la raison pour laquelle il est indifférent à l'expression de signification « de savoir si l'objet [qu'elle vise] existe ou s'il est fictif, voire même impossible »[2] : son objet est constitué comme objet (ou « objectité ») dès lors qu'elle le vise ou l'« intentionne » au moyen de la signification qu'elle exprime.

LE « FORMAT » DU VISÉ : SIGNIFICATION ET INTUITION

On doit en conclure que le *Bedeuten*, dans la mesure où il s'accomplit toujours comme visée et engage à ce titre un rapport intentionnel à un objet, définit toujours à lui seul un format de donation *a minima* possible pour l'objet qu'il vise, c'est-à-dire en d'autres termes une façon pour l'objet de *pouvoir faire sens*. On ne pourrait pas comprendre de quoi la visée serait visée si elle ne prescrivait pas *a priori* un format de donation intuitive possible de ce qu'elle vise. Viser un objet au moyen d'une signification, c'est le viser d'une façon particulière et déterminée, le prendre en vue *comme tel ou tel*. Pour reprendre l'exemple déjà mentionné, dans les deux expressions dont Husserl souligne la non-équivalence alors même qu'elles visent le même objet, Napoléon est visé *comme* vainqueur *ou* vaincu, ce qui fait évidemment une différence non seulement du point de vue de la signification à l'aide de laquelle l'objet est visé, mais du point de vue de l'objet lui-même. Ce n'est plus tout à fait le même Napoléon qui est pris en vue dans l'un et l'autre cas, bien que l'identité du personnage historique que vise la signification ne varie pas : disons à tout le moins que ce ne sont plus, en Napoléon, les mêmes aspects du personnage historique qui sont visés. On comprend que celui qui voudrait se représenter l'empereur des Français victorieux à Iéna et Austerlitz peinerait à trouver une attestation pleinement satisfaisante de la signification au moyen de laquelle il vise Napoléon si ce dernier lui est présenté dans l'intuition imaginative tel qu'il l'est par exemple dans les descriptions de Tolstoï dans *Guerre et paix*, ou sur le fameux tableau d'Adolph Northen dépeignant la retraite de Russie. Si l'on avait commandé à Northen un portrait du vainqueur d'Iéna, et qu'il avait exécuté cette commande en livrant la *Retraite de Napoléon*, ses commanditaires auraient très certainement été déçus.

1. Voir à ce sujet la note du § 9 de la Première Recherche, dans laquelle Husserl justifie cet élargissement du concept d'objet rendu nécessaire par les exigences référentielles de sa théorie de la signification (*Log. Unters.*, I. Unters. § 9, Hua XIX/1, p. 45; trad. fr., p. 44).

2. *Log. Unters.*, I. Unters., § 15, Hua XIX/1, p. 59; trad. fr., p. 61.

Certes, Husserl ne cesse d'y insister, la signification ne saurait se confondre avec les images susceptibles de l'illustrer (§ 17). Elle vise néanmoins son objet à partir des déterminations de sens qu'elle combine et qui articulent cette visée, c'est-à-dire qu'elle ne le vise qu'en anticipant pour ainsi dire la manière dont celui-ci devrait être donné pour pouvoir répondre à cette visée et la satisfaire. L'hydrogène, élément chimique dont l'isotope est constitué d'un proton et d'un électron se trouve être celui que l'on trouve en plus grande quantité dans l'univers. Ces deux expressions visent ainsi le même élément de la table périodique, mais elles le visent ou le signifient de deux façons différentes et qui ne se recouvrent pas : identifier l'élément chimique le plus répandu dans l'univers ne revient pas à identifier celui dont l'isotope est constitué d'un proton et d'un électron.

Husserl doit donc distinguer deux dimensions différentes dans le rapport à l'objet que la signification permet d'établir, afin d'intégrer dans son analyse cet aspect fondamental de la signification, qui prescrit toujours par avance la façon dont devrait être donné l'objet pour pouvoir s'adapter parfaitement à l'intention de signification qui le vise [1] (§ 14). C'est bien l'objet lui-même (« *der Gegenstand selbst* », c'est-à-dire l'objet en tant que tel, et non un substitut quelconque qui le représenterait et s'y substituerait) [2], qui est intentionnellement visé dans un acte de signification. Mais dans la mesure où la signification le vise toujours d'une façon spécifique, en articulant une « prise » sémantique déterminée sur l'objet qu'elle vise toujours *comme tel ou tel* (« *als der so und so gemeinte* » [3]) ce que cette signification exprime est moins cet objet lui-même que, en un sens plus fondamental (« *eigentlich* »), le « corrélat idéal de cette visée dans l'acte de remplissement de signification qui le constitue » [4]. C'est toujours à partir de la détermination de la possibilité d'un remplissement de la visée que se définit la visée, car c'est toujours à cette condition qu'il est possible de dire précisément *ce qu'elle vise.*

1. Cette discussion, relative à la question de l'*adéquation* de l'intuition à la signification, trouvera un long et très important prolongement dans la Sixième Recherche – notamment dans le chap. V ; voir, dans ce volume, les analyses de Dominique Pradelle consacrée à ces sections. On pourra également consulter sur cette question le chap. V (« La vérité ») de l'ouvrage de J. Benoist, *Entre acte et sens : recherches sur la théorie phénoménologique de la signification*, Paris, Vrin, 2002, ainsi que notre article « *Intentio* et *Adaequatio* : Heidegger, Husserl et la neutralisation de la métaphysique », *Revue de métaphysique et de morale* 87, 2015, p. 329-352.

2. *Log. Unters.*, I. Unters., § 14, Hua XIX/1, p. 56 ; trad. fr., p. 57.

3. *Ibid.*

4. *Ibid.*

L'intuition qui vient répondre à la visée ne présente alors pas seulement l'objet tel qu'il est en lui-même – le *Gegenstand selbst;* elle « remplit » l'intention de signification à proprement parler, ce qui signifie qu'elle donne l'objet précisément tel qu'il est intentionné, « de la *même manière* qu'il est *visé* par la signification »[1].

Husserl donne à ce corrélat idéal de l'intention de signification le nom de « sens remplissant » (*erfüllender Sinn*). Ce dernier joue un rôle absolument fondamental dans la théorie phénoménologique de la signification : il vient préciser la nature des liens qui rattachent l'une à l'autre l'intuition et la signification, et permettra à Husserl de rendre compte dans la Sixième Recherche de la contribution qu'apportent à la perception les actes de signification, ainsi que du rôle qu'ils jouent dans l'établissement des différents degrés de la connaissance. La théorie phénoménologique de la signification met ainsi en évidence le lien puissant et original qui articule l'une à l'autre les deux modalités à la fois irréductibles et complémentaires de l'intentionnalité que sont la signification et l'intuition[2]. Un acte de signification est toujours une intention, et à ce titre son caractère le plus essentiel est simplement de viser un objet, sans pour autant que cet objet lui soit nécessairement donné : l'objet peut faire défaut *ou* être rendu présent par l'intuition remplissante[3]. Mais une intention ne peut être une intention que dans la mesure où elle est pour ainsi dire *en attente* d'un remplissement que seule l'intuition est susceptible de lui procurer[4], et qui, s'il a lieu, lui donne l'objet visé conformément à la façon déterminée selon laquelle elle le vise.

La théorie husserlienne de la signification permet ainsi de concevoir l'intuition comme étant susceptible d'épouser jusqu'aux *formes* de la signification : Husserl le détaillera dans la Sixième Recherche en présentant l'un de ses résultats les plus importants, la doctrine de l'intuition catégoriale[5]. Chose remarquable, la subtilité de cette théorie permet ainsi à Husserl de soutenir *à la fois* la thèse de l'indépendance de la signification par rapport à l'intuition (« une expression peut remplir sa

1. *Log. Unters.*, I. Unters., § 14, Hua XIX/1, p. 56; trad. fr., p. 57-58.

2. Cet aspect essentiel de la théorie husserlienne de la signification a constitué le principe de l'interprétation d'ensemble de la phénoménologie de Husserl mis en avant par les travaux de Jocelyn Benoist (en particulier *Intentionnalité et langage dans les Recherches Logiques de Husserl*, Paris, Puf, 2001 et *Entre acte et sens, op. cit.*).

3. Voir plus haut notre analyse du § 9 de cette Première Recherche.

4. « Pour ainsi dire », car il faut ici prendre garde de ne pas interpréter cette attente en termes psychologiques.

5. *Log. Unters.*, I. Unters., § 14, Hua XIX/1, p. 56; trad. fr., p. 58.

fonction d'être significative, et pourtant sans intuition qui l'illustre »[1]) et celle de leur complémentarité intrinsèque et indépassable. Car même l'absurdité (le *Widersinn* que Husserl analysera plus en détail avec les analyses « grammaticales » de la Quatrième Recherche) ou « l'absence de sens » (« *Sinnlosigkeit* »[2]) d'une expression doit se comprendre non pas comme la pure et simple impossibilité de tout remplissement, mais comme un genre d'impossibilité qui ne peut précisément exister que sur fond d'une attente de remplissement (§ 19) : « il appartient au sens de l'expression absurde de viser des choses objectivement incompatibles »[3]. Par conséquent, c'est encore à travers l'épreuve de son lien intrinsèque avec l'intuition susceptible de la remplir *ou non* que se manifeste le sens de l'expression pour laquelle ce remplissement fait défaut : « L'intuition vient-elle à manquer, il reste attaché à l'expression [...] précisément un acte du même genre que celui qui, autrement, se rapporte à l'intuition et éventuellement transmet la connaissance de son objet »[4].

On peut, sur la base de l'ensemble de ces remarques, mettre en évidence les trois piliers d'angle de cette analyse phénoménologique résolument nouvelle de la signification, qui repose sur trois thèses fondamentales dont l'articulation et la mise en tension constituent l'originalité de l'approche husserlienne. 1/ La signification engage toujours des actes du signifier (*Bedeuten*), lesquels s'accomplissent comme des visées ou des intentions de signification et déploient ainsi une modalité intentionnelle originale et irréductible de la conscience. 2/ Cette caractérisation intentionnelle du signifier ne remet pas pour autant en question l'autonomie des significations dont l'idéalité demeure indépendante des actes psychiques au sein desquels sont exprimées ces significations. 3/ Si les intentions de signification décrivent une modalité de l'intentionnalité propre au signifier (une façon de viser l'objet qui ne le donne pas pour autant et peut aussi bien fonctionner *à vide*, de façon simplement *présomptive*) et qui ne saurait être repliée sur aucune autre, celle-ci est toutefois articulée de façon intrinsèque à l'intuition susceptible de remplir la visée en lui donnant ce qu'elle vise tel qu'elle le vise.

1. *Log. Unters.*, I. Unters., § 19, Hua XIX/1, p. 72; trad. fr., p. 76.
2. *Log. Unters.*, I. Unters., § 19, Hua XIX/1, p. 72; trad. fr., p. 77.
3. *Log. Unters.*, I. Unters., § 19, Hua XIX/1, p. 72; trad. fr., p. 77.
4. *Ibid.*

LES EXPRESSIONS ESSENTIELLEMENT OCCASIONNELLES

La subtilité et la fécondité tout à fait remarquables de cette théorie ne lui évitent toutefois pas de laisser subsister un certain nombre de difficultés, que Husserl n'ignore pas et dont il s'est au contraire efforcé de prendre la mesure. En mettant en avant l'unité idéale de la signification et son irréductibilité à la multiplicité des actes et des vécus expressifs, la conception husserlienne de la signification semble se heurter au cas problématique des expressions que Husserl caractérise comme « essentiellement subjectives et occasionnelles » (§ 26). Husserl rassemble sous ce titre les expressions dont la signification est *intrinsèquement dépendante* de leur contexte d'énonciation, et dont la compréhension engage la prise en considération de « la personne qui s'exprime [et des] circonstances dans lesquelles elle s'exprime »[1]. Une expression « objective » du type de celles que permettent de produire les théories scientifiques, par exemple « le point de fusion du plomb est 327,5° C », est une expression dont la signification a vocation à rester identiquement la même, en toute indépendance à l'égard des conditions relatives à sa formulation. Que cet énoncé ait été formulé par le maître ou son élève, à Lyon ou à Paris, le jour de la naissance de Husserl ou celui de l'armistice de la grande guerre, n'est pas de nature à modifier sa signification. En revanche, « je t'ai dit hier ici même que le point de fusion du plomb est 327,5° C » est un énoncé dont il n'est possible de déterminer complètement la signification qu'en ayant connaissance de la personne qui parle, ainsi que des circonstances spatiales (le lieu) et temporelles (le moment) de son énonciation[2]. Comme le mot *je* qui « nomme, suivant les cas, une personne différente, et […] le fait au moyen d'une signification toujours nouvelle », ce qui constitue la signification des termes indexicaux de cet énoncé (*hier, ici*) « ne peut être tiré que du discours vivant et des données intuitives qui en font partie »[3].

Le problème que fait ressurgir ce dernier type d'expressions que l'on appellerait aujourd'hui « indexicales » est qu'elles donnent lieu à un chevauchement problématique (et potentiellement à une confusion) entre les fonctions indicative et expressive du signe, dont la distinction avait fourni le point de départ sur lequel repose toute l'analyse de Husserl. Il semble en effet avec ces expressions que ce soit d'abord et avant tout la fonction indicative du signe qui lui permette de signifier ce qu'il signifie :

1. *Log. Unters.*, I. Unters., § 26, Hua XIX/1, p. 86 ; trad. fr., p. 93.
2. *Log. Unters.*, I. Unters., § 26, Hua XIX/1, p. 90 ; trad. fr., p. 97.
3. *Log. Unters.*, I. Unters., § 26, Hua XIX/1, p. 87 ; trad. fr., p. 94.

ainsi que le note Husserl à propos par exemple du pronom de la première personne, « je » n'a pas de signification idéale fixe pouvant être déterminée une fois pour toutes, et il semble plutôt *indiquer* que la personne en train de parler ou d'écrire se vise elle-même [1]. Ces significations semblent ainsi fonctionner sur le modèle des démonstratifs comme « ceci », « celui-là », etc., qui agissent comme un doigt pointé vers l'objet qui se trouve sous le regard du locuteur, et ne possèdent pas d'autre signification que cette indication. Ce mode de fonctionnement est d'autant plus problématique qu'il prend en défaut la « fonction de signification universelle » [2] des mots, celle-là même qui permet d'habitude aux locuteurs d'une langue de déterminer la signification de ses énoncés. *Je* est certes universellement compris par les locuteurs francophones comme le pronom permettant à n'importe quelle personne de se désigner elle-même dans le discours. Mais cette signification universelle de *je* ne nous permet nullement de comprendre les énoncés dans lesquels figure ce pronom ; ainsi « je suis content » ne signifie nullement que « toute personne qui en parlant se désigne elle-même est contente ». Le problème est ainsi de comprendre comment, si la signification des expressions de ce type est essentiellement fluctuante et est susceptible de changer à chacune de leurs occurrences (pour des raisons non pas seulement contingentes et accidentelles, mais intrinsèques au type de signification en question), de telles expressions peuvent être compatibles avec la théorie générale que Husserl propose, à laquelle elles font manifestement exception et dont elles menacent l'unité et la cohérence.

Husserl consacre le troisième chapitre de cette Première Recherche au problème que soulèvent ces significations « essentiellement occasionnelles ». Sa stratégie consiste ici à désactiver la charge problématique de cette exception apparente en montrant que les « fluctuations » (*Schwanken*) que ces expressions manifestent concernent moins la signification elle-même que les actes du signifier, de façon à préserver la validité générale de l'analyse phénoménologique du signifier que la Première Recherche propose [3]. Il faut à cet égard, écrit Husserl,

1. *Log. Unters.*, I. Unters., § 26, Hua XIX/1, p. 88 ; trad. fr., p. 94.

2. *Ibid.*

3. Il faudrait évidemment revenir ici beaucoup plus en détail sur le traitement complexe et sinueux que Husserl accorde dans ce troisième chapitre à cette difficulté, qui a donné lieu à de très nombreuses discussions parmi les commentateurs de Husserl depuis les premières générations de lecteurs jusqu'à aujourd'hui. On mentionnera seulement ici à titre indicatif, outre *La voix et le phénomène* de Derrida, qui accordait déjà une importance décisive à ces difficultés, quelques travaux significatifs : A. Gurwitsch, « Outlines of a Theory of "Essentially Occasional Expressions" », *in* J. N. Mohanty (ed.),

distinguer l'analyse idéale de la langue de son analyse réelle (§ 28). L'usage que nous faisons de la langue au moyen de laquelle nous nous exprimons s'éloigne inévitablement de l'idéal d'une langue composée seulement de significations objectives et univoques, et il serait « manifestement vain », comme les jansénistes de Port-Royal affirmaient que Pascal voulait le faire avec le pronom *je*, de vouloir ôter de la langue toutes les expressions occasionnelles qui nous permettent de décrire les aspects subjectifs de notre expérience vécue. Il n'en reste pas moins que la *possibilité* d'une telle langue, permettant de ressaisir au moyen de significations objectives toutes les expressions occasionnelles à l'aide desquelles nous rendons compte de notre expérience subjective, non seulement demeure, mais joue un rôle fondamental en tant que modèle idéal sur lequel se règle le signifier au sens le plus large. Si nous devions sérieusement renoncer à la *possibilité* d'exprimer l'ensemble de ce que nous exprimons à l'aide de significations objectives, susceptibles d'être partagées et comprises par tous indépendamment des circonstances liées à leur expression, si nous devions, en d'autres termes, accepter que les significations elles-mêmes peuvent être fluctuantes, c'est l'acte même de signifier qui perdrait son sens, car nous ne pourrions plus compter sur le fait que ce que nous disons possède *une* signification, visant par là le type d'unité stable et « identiquement la même » sur laquelle se fonde notre façon « normale » et habituelle de signifier[1]. En conséquent, si *de fait* (*faktisch*) il est d'un point de vue pratique impossible d'éliminer de la langue les significations occasionnelles, *en droit* ou « *idéalement* parlant » (ideal *gesprochen*)[2] il serait « absurde » de renoncer à considérer l'unité objective et idéale de la signification comme le modèle général du signifier, valable « aussi bien dans les expressions univoques et objectivement stables que dans

Readings on Edmund Husserl's Logical Investigations, Dordrecht, Springer, 1977, p. 112-127 ; H. Philipse, « The problem of occasional expressions in Edmund Husserl's Logical Investigations », *Journal of the British Society for Phenomenology* 13, 1982, p. 168-185 ; K. Mulligan, B. Smith, « A Husserlian Theory of Indexicality », *Grazer Philosophische Studien* 28, 1986, p. 133-163 ; K. Schuhmann, « Husserl's Theories of Indexicals », *in* F. M. Kirkland and D. P. Chattopadhyaya (eds.), *Phenomenology: East and West*, Dordrecht, Springer, 1993, p. 111-127 ; D. Fisette, « The Horizon of the Self: Husserl on Indexicals », *in* D. Zahavi (ed.), *Self-Awareness, Temporality, and Alterity*, Dordrecht: Kluwer Academic Publishers, 1998, p. 119-135 ; J. Benoist, *Entre acte et sens, op. cit.*, chap. VI ("Les indexicaux") ; P.-J. Renaudie, « Dire et penser "je": la vacuité de la présence à soi du sujet de Husserl à Derrida », *Discipline Filosofiche* 1, 2016, p. 69-92.

1. *Log. Unters.*, I. Unters., Hua XIX/1, § 28, p. 97 ; trad. fr., p. 105.
2. *Log. Unters.*, I. Unters., Hua XIX/1, § 28, p. 95 ; trad. fr., p. 103.

les expressions équivoques et brouillées subjectivement »[1]. Signifier est un acte qui ne peut avoir de sens que dans la mesure où est *a priori* tenue pour acquise la possibilité *idéale* d'une traduction objective des expressions essentiellement occasionnelles garantissant leur éliminabilité de principe.

Il faut donc considérer que ce ne sont pas les significations elles-mêmes qui sont fluctuantes, mais seulement les actes du signifier, « les actes subjectifs qui confèrent la signification aux expressions »[2]. On doit entendre par là que, quelles que soient les variations relatives aux circonstances dans lesquelles s'effectuent les actes expressifs au moyen desquels sont visées des significations à chaque fois différentes (par exemple des couleurs différentes lorsque différentes personnes parlent chacune de leur « couleur préférée »), la signification elle-même reste une signification qui ne saurait être conçue *que* comme une signification identique. Les circonstances du signifier font certes varier les significations, mais ces variations ou ces modifications n'affectent pas l'identité de la signification en tant que telle, et sont simplement relatives aux variations des circonstances du signifi*er*.

Husserl employait un argument du même type un peu plus tôt, à la toute fin du premier chapitre, où le cas des noms propres (§ 16) semblait susceptible de poser problème à la distinction entre signification et objet que sa théorie de la signification maintient comme nous l'avons vu fermement séparés l'un de l'autre. En effet, contrairement aux descriptions définies qui peuvent viser le même objet en le désignant par tel ou tel de ses attributs (le vainqueur d'Iéna / le vaincu de Waterloo), le nom propre semble nommer « directement » l'objet sans viser ce dernier d'une façon particulière et déterminée, comme tel ou tel. Il semble donc dans ce cas qu'il n'y ait aucune différence entre la signification propre du nom propre et l'objet qu'elle vise, dans la mesure où la signification propre n'est porteuse d'aucune détermination spécifique à travers laquelle serait visé l'objet. Cette nouvelle exception à la théorie de Husserl semble là aussi susceptible de la déstabiliser en menaçant de faire apparaitre des cas où la signification doit être purement et simplement identifiée à l'objet et où leur différence ne semble pas pouvoir être maintenue. Mais ici aussi, la stratégie de Husserl consiste à désactiver la portée corrosive de cette possible objection en faisant de la signification propre un simple cas limite des significations communes. C'est seulement « à l'intérieur

1. *Log. Unters.*, I. Unters., Hua XIX/1, § 28, p. 87; trad. fr., p. 104-105.
2. *Ibid.*

de l'unité du genre signification »[1], et dans la seule mesure où ce genre constitue une unité, que quelque chose comme une signification propre peut faire sens. Peu importe que l'objet soit visé au moyen de tel ou tel attribut ou qu'il soit simplement désigné comme l'objet particulier sur lequel est dirigé la visée de signification[2]; ces deux façons de désigner l'objet de la visée ne se distinguent précisément que comme deux façons différentes de le viser dans le discours et d'en faire l'objet *du discours*, ce qui requiert nécessairement que l'objet soit visé *au moyen d'une signification*. Simplement, la « prise » que cette signification propre articule sur l'objet visé est dans le cas du nom propre la plus lâche et la moins déterminée possible, ouvrant à *n'importe quelle* intuition de l'objet en question la possibilité de remplir une telle visée de signification[3].

L'IDÉALITÉ DE LA SIGNIFICATION ET LA RÉFLEXION LOGIQUE

Mais c'est surtout dans le quatrième et dernier chapitre de la Première Recherche que l'analyse husserlienne des fluctuations du signifier peut trouver un éclaircissement. Husserl parachève dans cette section sa théorie générale de la signification en montrant que l'unité idéale de la signification doit se concevoir en relation avec l'unité des actes du signifier, la signification pouvant à cet égard être comprise comme une forme d'idéal-spécifique. Le modèle que Husserl propose alors pour rendre compte de l'identité de la signification est celui de « l'identité de l'espèce » (*Spezies*)[4], appliquant à la signification le paradigme des espèces naturelles ou empiriques dont l'exemple privilégié est celui des couleurs (§ 31-34). De même que différentes bandes de papier mises sous mes yeux peuvent être peintes de la même couleur et « avoir » le même rouge, de même des vécus différents dans lesquels sont effectués des actes du signifier individuellement distincts les uns des autres peuvent viser et exprimer la « même » signification. La réitérabilité *ad libitum* d'une

1. *Log. Unters.*, I. Unters., § 16, Hua XIX/1, p. 65; trad. fr., p. 68 (modifiée).

2. *Log. Unters.*, I. Unters., § 16, Hua XIX/1, p. 64; trad. fr., p. 67.

3. Voir *Log. Unters.*, VI. Unters., § 40, Hua XIX/2, p. 659; trad. fr. *RL* III, p. 161. Sur cette question très précise, voir les analyses de J. Benoist dans le chap. VII d'*Entre acte et sens, op. cit.*, ainsi que G. E. Rosado Haddock, « Husserl and Frege on Strict Proper Names and Indexicals (chap. 7) », in *Against the Current*, Berlin, De Gruyter, 2013, p. 215-234, et A. Gallerand, « Peut-on penser le «sens» du nom propre? », *Revue Philosophique de Louvain* 110, 2012, p. 261-292.

4. *Log. Unters.*, I. Unters., § 31, Hua XIX/1, p. 105; trad. fr., p. 115.

expression de signification dans des vécus psychiques effectués par des personnes distinctes est le meilleur gage de son invariabilité et de son identité idéale, la signification demeurant la même indépendamment de la variété des vécus individuels à l'intérieur desquels elle s'actualise. L'identité de la signification serait ainsi comparable à celle d'une espèce comme le rouge dont l'identité n'est nullement remise en cause par le fait qu'il se présente à chaque fois dans des intuitions différentes et toujours singulières. Seulement, dans le cas de la signification, tel que l'envisage à présent Husserl, « les singularités multiples formant la signification idéalement une sont [...] les moments d'acte correspondant du signifier, les *intentions de signification* » [1].

Cette conception de la signification comme idéal-spécifique suggère ainsi que l'identité de la signification ne repose ni sur la performance singulière de l'acte du signifier, ni sur l'identité objective de l'objet visé, mais qu'elle trouve son site dans l'unité idéale d'une visée ou d'une intention de signification susceptible d'être mise en œuvre dans des vécus singuliers individuellement distincts et réitérée par des personnes différentes. « Le vainqueur d'Iéna », « le vaincu de Waterloo » ..., sont des expressions qui ne prennent une signification une et identique que dans la mesure où celle-ci peut être « identiquement visée » par une multiplicité d'intentions de signification individuelles distinctes; leur signification embrasse ainsi l'ensemble de ces actes individuels et de tous les usages possibles de ces expressions, qui ont toutes en commun de viser la *même* signification.

L'analogie dont s'autorise ici le raisonnement de Husserl est destinée à mettre en évidence l'irréductibilité des significations à des contenus psychologiques appartenant réellement aux vécus psychiques au moyen desquels sont effectués les actes donateurs de sens. Elle vient ainsi couronner l'entreprise de dépsychologisation de l'intentionnalité menée par Husserl dans cette Première Recherche en garantissant le caractère exclusivement *logique* et non psychologique de la signification [2]. Il est toutefois important de noter qu'il ne s'agit pas ici d'une analogie à un seul niveau entre la signification et les espèces naturelles, les rapportant *directement* l'une à l'autre et faisant ainsi de la signification une espèce d'actes au sens le plus fort. S'il y a analogie, celle-ci ne peut s'entendre que comme une analogie entre les modèles d'identité et les types d'identification que les espèces naturelles comme les significations

1. *Log. Unters.*, I. Unters., § 31, Hua XIX/1, p. 105; trad. fr., p. 115.
2. *Log. Unters.*, I. Unters., § 31, Hua XIX/1, p. 105; trad. fr., p. 114.

mettent en jeu. De la même façon que la multiplicité des perceptions particulières du rouge (saisi comme « moment » d'un objet rouge) n'interdit nullement que ces cas à chaque fois singuliers présentant des nuances de couleur différentes dans des conditions d'éclairage et de perception diverses soient justement saisis comme des nuances d'une *même* espèce de couleur – à savoir « du » rouge –, les vécus psychiques individuels dans lesquels le signifier s'accomplit de façon à chaque fois singulière ne compromettent nullement l'identité et l'idéalité de la signification visée à chaque fois comme la même par des intentions de signification différentes, mais qui veulent très précisément dire la même chose.

Cette théorie de l'idéal-spécifique offre ainsi un modèle d'intelligibilité permettant de comprendre que Husserl puisse insister à la fois sur l'autonomie des significations à l'égard des vécus psychiques à l'intérieur desquels elles s'expriment et sur le lien qui les rattache toujours en même temps aux actes du *Bedeuten*, consacrant ainsi le caractère intentionnel de la signification. Elle permet de cette façon aussi à Husserl d'expliciter et de justifier la thèse qui lui avait permis d'éviter le problème soulevé par les expressions essentiellement occasionnelles, thèse selon laquelle les « fluctuations » de la signification relèvent toujours en dernière analyse de fluctuations du signifier lui-même, ne compromettant pas la possibilité idéale de déterminer de façon stable l'identité de toute signification. Mais cette théorie fait aussi surgir un certain nombre d'ambiguïtés, raison pour laquelle l'analogie qu'elle propose doit s'entendre dans un sens suffisamment souple pour ménager une place à une conception alternative sensiblement différente de l'idéalité de la signification. Ainsi, dans le même § 31 où Husserl présente de façon détaillée sa conception de la signification comme espèce d'actes, il analyse la possibilité de reprendre dans le discours le sens de telle ou telle expression et d'en faire l'objet de nouveaux actes d'expression comme une façon de faire apparaitre l'identité de la signification exprimée. Cette identité, comme le remarque Jocelyn Benoist, n'est plus une identité *spécifique* fondée dans les actes du *Bedeuten*, mais plutôt une identité « *syntaxique* », qui fixe le sens d'une expression en tant qu'*objet* du discours et définit ainsi la signification à partir de l'objet signifié et non plus des *actes* de signification [1]. C'est la raison pour laquelle Husserl

1. Voir à ce sujet les analyses de Jocelyn Benoist, qui mettent bien en évidence la tension entre ces deux conceptions; J. Benoist, *Intentionnalité et langage dans les* Recherches Logiques *de Husserl*, *op. cit.*, p. 92; voir également A. Gallerand, *Husserl et le phénomène de la signification*, *op. cit.*, p. 78 *sq.*

introduit en complément de cette analyse, à la toute fin de cette Première Recherche (§ 34), la notion de « réflexion logique » (*logische Reflexion*), laquelle procède par « réflexions progressives sur les *contenus* des actes de pensée que l'on vient d'accomplir » [1], afin de rendre compte de la façon dont nous pouvons identifier la signification en tant que corrélat objectif d'une proposition énonciative. Cette réflexion prétend fournir un équivalent purement discursif et interne à la modalité significative de l'intentionnalité d'une réflexion fondée sur l'intuition et mobilisant de façon plus ou moins explicite cette dernière.

Les remarques que Husserl consacre à cette forme infradiscursive de réflexivité ont pu sembler assez déconcertantes à ses lecteurs, dans la mesure où elles entrent manifestement en tension avec les efforts entrepris quelques pages plus tôt seulement par l'auteur de la Première Recherche pour établir la possibilité d'un traitement de la signification en termes d'*espèce d'actes*, selon le modèle de l'idéal-spécifique. Mais ce qui ressort surtout de l'ensemble ces analyses, et qui permet d'en proposer une lecture plus charitable, c'est peut-être moins les ambiguïtés qui conduiront rapidement Husserl à réviser sa théorie, que la souplesse dont il fait preuve ici dans le traitement des questions susceptibles de soulever d'importantes objections à l'encontre des thèses fondamentales qu'il défend. L'objectif de cette Première Recherche semble ainsi moins de lever toutes les difficultés et de dissiper complètement les tensions que suscite sa conception de la signification que de montrer qu'il est possible de les intégrer à l'intérieur même de cette théorie pour mieux les dépasser. C'est peut-être la raison pour laquelle la conception de la signification très riche – à certains égards même *trop* riche, au point d'ouvrir des pistes qui ne convergent pas toujours et s'avèrent parfois difficiles à unifier de façon parfaitement cohérente – que ces recherches inaugurales ne font qu'esquisser ne cherche pas à en systématiser absolument le traitement, et laisse subsister des divergences entre les modèles d'analyse de l'idéalité de la signification qu'elle propose : il s'agit moins de clôturer le terrain sur lequel se déploient ces recherches que de le *fertiliser*, en frayant des voies nouvelles d'interprétation démontrant par leur fécondité même l'importance philosophique d'une analyse *intentionnelle* du phénomène de la signification.

L'autocritique sévère que Husserl a adressée à sa propre théorie de la signification quelques années seulement après la parution des *Recherches logiques*, dans la préface aux *Prolégomènes* de la seconde édition des

1. *Log. Unters.*, I. Unters., § 34, Hua XIX/1, p. 110 ; trad. fr., p. 119.

Recherches datant de 1913, ne doit donc pas nous laisser unilatéralement penser, comme on le lit souvent sous la plume des commentateurs, que Husserl aurait seulement cherché à masquer les insuffisances de ses analyses dans les sections importantes de la Première Recherche où il discute la légitimité des objections que soulève sa conception, en voulant préserver coûte que coûte et grâce à un « coup de force » désespéré [1] le cadre général de sa théorie. La conception de la signification que défend Husserl présente certes, comme il l'a reconnu lui-même et comme de nombreux commentateurs y ont insisté, un certain nombre de défauts qui constitueront aux yeux de Husserl autant de motifs de modifier en profondeur plusieurs thèses essentielles relatives aux fondements méthodologiques de la description phénoménologique, et seront au principe du fameux « tournant transcendantal » de la phénoménologie [2]. Si l'on s'en tient toutefois à la lecture attentive du texte de 1901, il apparait que l'ambition de Husserl est moins celle de créer une théorie de la signification valant de façon absolument générale et ne souffrant aucune exception que celle, plus modeste mais pleinement en accord avec le caractère « préliminaire » des recherches que Husserl présente dans cet ouvrage, de proposer un cadre d'analyse du phénomène de la signification suffisamment souple pour tolérer certains cas limites en reconnaissant la spécificité des problèmes qu'ils soulèvent. L'objectif est seulement à cet égard d'indiquer les raisons qui justifient un traitement phénoménologique de la signification et d'en esquisser les grandes lignes, en montrant que l'analyse intentionnelle est suffisamment puissante pour apporter un traitement original à l'ensemble des problèmes qu'une étude de la signification soulève, et qui affectent inévitablement *toute* analyse théorique de la signification. Cette théorie de la signification féconde et originale peut ainsi constituer la première pierre d'une analyse descriptive des vécus de conscience capable de se maintenir fermement à distance de l'écueil du psychologisme, de façon à poser les fondements de la phénoménologie nouvelle inaugurée par ce deuxième tome des *Recherches logiques*.

1. Le terme utilisé en allemand par Husserl dans cette seconde préface pour décrire les insuffisances de son analyse des significations occasionnelles en fustigeant la violence avec laquelle elle prétendait pouvoir régler le problème est celui de « *Gewaltstreich* », qui n'est pas directement traduit dans l'édition française (Hua XVIII, p. 13 ; trad. fr., p. XVII).

2. J.-F. Lavigne, *Husserl et la naissance de la phénoménologie (1900-1913)*, Paris, Puf, 2005 ; voir également D. Fisette, « The Horizon of the Self : Husserl on Indexicals », *in* D. Zahavi (ed.), *Self-Awareness, Temporality, and Alterity*, Dordrecht, Kluwer Academic Publishers, 1998, p. 119-135.

PHÉNOMÉNOLOGIE DE L'IDÉALITÉ
OBJETS GÉNÉRAUX ET ABSTRACTION IDÉATRICE

SUR LA DEUXIÈME RECHERCHE

Julien Farges

Le nominalisme engendre peu d'entités
mais soulève des objections à n'en plus finir.
Nelson Goodman

Dans les deux pages, d'une grande densité, qui introduisent le lecteur à la Deuxième Recherche logique, Husserl souligne lui-même la singularité des analyses qui vont y être conduites en leur reconnaissant un caractère seulement *préliminaire* en même temps qu'une portée philosophique *fondamentale*. Si son caractère d'enquête préliminaire est lié au fait que cette Recherche n'entre pas encore dans le détail des actes intentionnels à partir desquels une élucidation proprement phénoménologique de la connaissance est possible, sa portée philosophique vient du fait que c'est à elle, pourtant, qu'il revient d'assurer « le fondement principal de la logique pure », une tâche dont elle s'acquitte « en défendant la légitimité propre des objets spécifiques (ou idéaux) à côté des objets individuels (ou réaux) »[1]. La contribution de la Deuxième Recherche au problème de la connaissance objective s'inscrit donc d'abord dans le sillage des *Prolégomènes à la logique pure* qui, en dégageant l'idée de la logique pure par une critique systématique du psychologisme logique, ont certes montré que la possibilité d'une objectivité de la connaissance supposait la reconnaissance de l'idéalité de ses objets et de ses lois, mais sans avoir

1. *Log. Unters.*, II. Unters., Einleit., Hua XIX/1, p. 112 ; trad. fr. *RL* II/1, p. 126.

pour autant mené à son terme la justification de cette idéalité. C'est ainsi qu'une bonne partie du programme philosophique de la Deuxième Recherche est exposée par Husserl dans le § 51 des *Prolégomènes*, qui énonce la nécessité « d'accéder à la claire compréhension de ce qu'est l'idéal en soi et par rapport au réal, de la manière dont l'idéal se rapporte au réal, [dont] il peut l'habiter et arriver ainsi à la connaissance » [1].

D'un autre côté, les *Prolégomènes* ayant souligné que les propositions ou les contenus de jugements, qui font la teneur proprement logique et objective de la connaissance, sont fondamentalement des significations ou des unités de significations [2], c'est dans le cadre de la Première Recherche que, validant explicitement la définition de la logique pure comme « la science des significations comme telles » [3], Husserl entreprend de rendre compte de l'idéalité de ces significations telle qu'elle se manifeste dans leur identité, par contraste avec la multiplicité variable des expressions susceptibles de les viser. Et, développant une simple indication fournie par le § 29 des *Prolégomènes* [4], c'est alors le modèle de l'idéalité d'une *espèce* par rapport à la pluralité de ses singularisations possibles qu'il convoque – « espèce », non pas au sens qui l'oppose au genre mais au sens de la *species*, terme latin introduit par Cicéron pour traduire l'ἰδέα platonicienne [5], donc au sens où le genre et les espèces sont également des espèces. Selon ce modèle, la signification identique serait à tous les actes qui la visent et à tous les énoncés qui l'expriment ce que le rouge *in specie* est à tous les objets particuliers rouges, à savoir un universel ou un « objet général » s'instanciant dans l'un de leurs moments constitutifs (moment matériel de l'acte intentionnel ou moment chromatique de l'objet) [6]. C'est donc à partir de la question de l'idéalité des significations qu'on peut comprendre pourquoi et comment la tâche d'assurer le fondement de la logique pure en vient, dans la Deuxième Recherche, à coïncider avec celle d'une justification des objets généraux.

1. *Log. Unters.*, *Prolegomena*, § 51, Hua XVIII, p. 191 ; trad. fr. *RL* I, p. 208.
2. Cf. *Log. Unters.*, *Prolegomena*, § 47 Hua XVIII, p. 178-179 ; trad. fr. *RL* I, p. 194-195.
3. *Log. Unters.*, I. Unters., § 29, Hua XIX/1, p. 98 ; trad. fr. *RL* II/1, p. 106.
4. Cf. *Log. Unters.*, *Prolegomena*, § 29, Hua XVIII, p. 109 ; trad. fr. *RL* I, p. 111.
5. *Cf.* Cicéron, *Académiques*, I, VIII, 30 ; *Tusculanes*, I, XXIV, 58. Pour éviter l'ambiguïté du terme « espèce » en français, nous emploierons toujours, dans ce commentaire, le terme latin *species*.
6. *Log. Unters.*, I. Unters., § 31, Hua XIX/1, p. 106 ; trad. fr. *RL* II/1, p. 116. Pour d'autres exposés de cette conception, voir « Besprechung von M. Palágyi », in *Aufsätze und Rezensionen (1890-1910)*, Hua XXII, p. 156-157 ; trad. fr. J. English, « Recension du livre de Melchior Palágyi », dans *Articles sur la logique (1880-1913)*, Paris, Puf, 1995 (désormais : *AL*), p. 216-217 ; *Logik. Vorlesung 1902-1903*, Hua Materialien II, p. 69.

À l'image de l'ouvrage dans son ensemble, cette Recherche déploie son argumentation sur trois plans : le plan *ontologique* est celui de la clarification de l'objectualité et de la généralité des objets idéaux, mais aussi de la nature du rapport qui lie ces *species* à leurs instances, et enfin, par là même, celui où se trouve précisé le sens en lequel on peut parler des significations elles-mêmes comme d'un type d'objets généraux. Le plan *phénoménologique* concerne quant à lui l'identification des actes dans lesquels nous nous rapportons à ces objets généraux plutôt qu'à telle ou telle de leurs instances singulières, des actes constitutifs, par conséquent, d'une véritable conscience de généralité. Le plan *polémique*, enfin, celui de la critique systématique des théories de l'abstraction développées par l'empirisme classique de Locke à Mill dans une perspective globalement nominaliste. Les *Prolégomènes* laissaient déjà entendre qu'une telle confrontation était inévitable : non seulement parce que ces théories ne cherchent à rendre compte de la généralité que sur le fondement d'un refus de reconnaître la consistance idéale d'objets généraux, de sorte qu'elles font « obstacle à la compréhension de tout le logique », mais aussi parce qu'en nommant d'emblée « abstraction idéatrice » l'acte dans lequel nous appréhendons ces objets spécifiques pour eux-mêmes, Husserl s'est mis dans l'obligation de préciser ce qui distingue ce dernier de l'abstraction telle qu'elle est conçue par les empiristes [1]. L'enjeu est alors de taille : pour le dire avec R. Schérer, il s'agit de montrer que « poser l'existence des objets généraux [...], ce n'est pas, en effet, retrouver naïvement et dogmatiquement l'hypostase du général, [mais] c'est arracher la conscience à sa fermeture dans l'événement psychologique » [2].

Cela étant, le lecteur pourrait estimer que la dimension polémique prend, dans cette Deuxième Recherche, une place démesurée puisqu'à en juger par l'agencement extérieur de ses chapitres, ce sont près des neuf dixièmes du texte qui sont occupés par l'examen successif des conceptions de Locke, de Berkeley et Mill, et enfin de Hume. Mais nous verrons ci-dessous que ces confrontations polémiques sont en réalité autant d'occasions, pour Husserl, d'affiner l'ontologie et la phénoménologie des objets généraux qui sont seulement esquissées dans le premier chapitre. Après en avoir restitué la teneur, nous verrons en particulier que la confrontation avec les conceptions empiristes de l'abstraction

1. *Log. Unters.*, *Prolegomena*, resp. § 48 et 29, Hua XVIII, p. 181 et 109; trad. fr. *RL* I, p. 197 et 112.

2. R. Schérer, *La phénoménologie des « Recherches logiques » de Husserl*, Paris, Puf, 1967, p. 187.

fournit le cadre dans lequel l'abstraction idéatrice se trouve déterminée plus précisément comme un acte complexe articulant la sensibilité et la pensée, tandis que l'ontologie des objets généraux se voit complétée par une thèse particulariste, défendant la consistance individuelle des moments qui les instancient. Mais avant cela, il nous faut dire un mot de la méthode générale d'élucidation qui est mise en œuvre dans cette Recherche.

MÉTHODE

En rendant compte de l'identité des significations en termes d'idéalité spécifique, les dernières pages de la Première Recherche étaient conduites à reconnaître en elles « une classe d'objets généraux » [1]. La justification de cette idéalité des significations implique donc non seulement que soit précisé quel type d'objets généraux sont les significations, mais aussi, plus largement, que soit légitimée l'idée même d'objets généraux, par contraste avec les objets individuels donnés dans l'expérience sensible. Or la façon dont la Deuxième Recherche s'acquitte de cette tâche est tout entière commandée par un principe dont la formulation explicite intervient dans le § 7 :

> les questions controversées relatives à l'essence des objets généraux ne doivent pas être séparées de celles qui concernent l'essence des représentations générales. Il est vain d'espérer vouloir établir de façon convaincante la validité (*Geltung*) propre du terme d'« objets généraux » si l'on ne lève pas le doute portant sur le mode possible de représentation de tels objets [2].

Autrement dit, la démarche doit être corrélative : la mise en évidence de l'objectualité (*Gegenständlichkeit*) des *species* ira de pair avec celle des actes dans lesquels nous les visons et en prenons conscience. Et c'est à propos de cette démarche que les premières lignes du § 1 introduisent deux compléments essentiels : d'abord, en indiquant que ces mises en évidence corrélatives doivent être entendues au sens fort de la production d'une évidence venant légitimer la thèse des objets généraux et des représentations générales ; ensuite et surtout, en exposant la méthode de production de cette évidence :

> Nous n'avons qu'à revenir (*zurückzugehen*) aux cas dans lesquels des représentations individuelles ou spécifiques se remplissent intuitivement,

1. *Log. Unters.*, I. Unters., § 31 et 33, Hua XIX/1, p. 106 et 108 ; trad. fr. *RL* II/1, p. 116 et 118.

2. *Log. Unters.*, II. Unters., § 7, Hua XIX/1, p. 128 ; trad. fr. t II/1, p. 144.

pour projeter la clarté la plus complète sur le genre d'objet qu'elles visent à proprement parler [1].

Comme on le voit, il s'agit d'une reprise presque littérale du précepte du « retour aux choses mêmes » tel qu'il permet de ressaisir le caractère distinctif de ce que Husserl nomme, dans l'Introduction du deuxième tome des *Recherches logiques*, « l'analyse phénoménologique » [2]. Et de fait, dans son effort de justification des objets généraux, la Deuxième Recherche présente le grand intérêt de déployer ce précepte sous la forme d'une véritable méthode de clarification, nommée « analyse des concepts » ou « des significations » [3], qu'elle ne se contente pas d'illustrer de façon exemplaire mais dont elle fournit également, de façon concomitante, la théorie.

Comme Husserl l'indique dès le § 2, cette méthode part des noms et des énoncés de notre langage courant qui « réclament une validité pour la *species* » [4] – des noms comme « le rouge » ou « le quatre » et des énoncés comme « quatre est un nombre pair » – et se donne pour tâche d'évaluer la légitimité de cette prétention. Pour ce faire, il faut revenir à leur signification, entendue non pas au sens linguistique mais au sens phénoménologique de l'acte de signifier, c'est-à-dire de l'intention qui constitue les expressions comme telles. Or la Première Recherche ayant établi que cette intention est en elle-même une visée d'objet, ce retour à l'intention n'est que le prélude d'un « retour à l'intuition remplissante » [5] : dans les termes de Husserl au § 14, il s'agit en effet de quitter « la sphère de l'usage seulement symbolique des expressions », d'en « réaliser » (*realisieren*) les intentions en « accomplissant » (*vollziehen*) méthodiquement leur remplissement [6]. Et comme le précise cette fois le § 6, cet accomplissement consiste à « actualiser » (*aktualisieren*) – c'est-à-dire à se donner méthodiquement – le « sens *remplissant* » correspondant aux intentions de significations [7]. Par là,

1. *Log. Unters.*, II. Unters., § 1, Hua XIX/1, p. 113; trad. fr. *RL* II/1, p. 127.

2. Cf. *Log. Unters.*, Einleitung, § 2, Hua XIX/1, p. 9-10; trad. fr. *RL* II/1, p. 6 : « Nous voulons retourner aux "choses elles-mêmes". Par le moyen d'intuitions complètes, nous voulons rendre évident que ce qui est donné ici dans une abstraction actuelle est vraiment et effectivement ce que veulent dire les significations des mots […] ».

3. Cf. *Log. Unters.*, II. Unters., § 2, 6, 31, Hua XIX/1, p. 115, 124, 188; trad. fr. *RL* II/1, p. 129, 140 et 267, 215.

4. *Log. Unters.*, II. Unters., § 2, Hua XIX/1, p. 115; trad. fr. *RL* II/1, p. 129.

5. *Log. Unters.*, II. Unters., § 40, Hua XIX/1, p. 219; trad. fr. *RL* II/1, p. 249.

6. *Log. Unters.*, II. Unters., § 14, Hua XIX/1, p. 145; trad. fr. *RL* II/1, p. 166). Dans le § 19, Husserl précise de façon fugitive que cela revient à « présentifier » (*vergegenwärtigen*) les actes intuitifs correspondants (Hua XIX/1, p.157; trad. fr. *RL* II/1, p. 179-180). Sur cette présentification, *cf.* également § 31 (Hua XIX/1, p. 187; trad. fr. *RL* II/1, p. 214).

7. *Log. Unters.*, II. Unters., § 6, Hua XIX/1, p. 124; trad. fr. *RL* II/1, p. 140.

Husserl renvoie à la notion qu'il a introduite dans le § 14 de la Première Recherche pour désigner le « corrélat idéal [de l'objet intentionnel] dans l'acte de remplissement »[1], c'est-à-dire le contenu intuitif qui est susceptible de remplir adéquatement l'intention au sein d'une conscience d'évidence et qui correspond donc, selon une formule éclairante de J. Benoist, à « ce qui serait perçu pour autant qu'on *verrait ce qu'on dit* »[2]. On peut ainsi considérer que le propre de l'analyse phénoménologique des significations est de convertir en méthode l'ambiguïté fondamentale issue de la rencontre, dans le *meinen*, du registre *intentionnel* de la visée et du registre *sémantique* du vouloir dire : mettre en évidence ce qui est à chaque fois « la visée propre » (*eigentliche Meinung*)[3] de nos intentions de signification, c'est rendre évident aussi bien *ce que nous voulons dire* que *ce que nous visons* – et c'est à vrai dire s'acquitter de l'un par l'autre. C'est la raison pour laquelle Husserl peut caractériser indifféremment l'analyse phénoménologique comme une méthode de « clarification [*Klärung*] des significations » de nos expressions[4] ou comme une méthode d'« élucidation » (*Aufklärung*) du contenu intentionnel de nos vécus[5]. Et dans la mesure où ce qu'on appelle « comprendre une expression » consiste exactement en cet « accomplissement » intuitif de l'intention de signification correspondante[6], on peut considérer que l'analyse phénoménologique des significations consiste à faire de la compréhension une méthode de clarification.

Tel est donc l'arrière-plan méthodologique sur le fond duquel doit s'entendre cette évidence que Husserl ne cesse de revendiquer, au cours de la Deuxième Recherche, à l'appui de sa défense des objets généraux et, corrélativement, des représentations générales au sein desquelles nous en devenons conscients. Ainsi, exemplairement, dans le § 14 :

> Il est donc évident que, quand je dis dans ce sens général *quatre*, comme par exemple dans la proposition : *Quatre est un nombre premier relatif à sept*, c'est précisément la *species* quatre que je vise, c'est *elle* qui est donnée à titre d'objet à ma vue logique, c'est-à-dire que c'est sur elle

1. *Log. Unters.*, I. Unters, § 14, Hua XIX/1, p. 56; trad. fr. *RL* II/1, p. 57.

2. J. Benoist, *Intentionalité et langage dans les* Recherches logiques *de Husserl*, Paris, Puf, 2001, p. 60.

3. C'est une expression récurrente sous la plume de Husserl : cf. *Log. Unters.*, II. Unters., Hua XIX/1, p. 113, 124, 145, 157, 177; trad. fr. *RL* II/1, p. 127, 140, 166, 180, 203.

4. *Log. Unters.*, II. Unters., § 6 et 40, Hua XIX/1, p. 124 et 219; trad. fr. *RL* II/1, p. 140 et 249.

5. *Log. Unters.*, II. Unters., § 6, Hua XIX/1, p. 124; trad. fr. *RL* II/1, p. 140.

6. *Log. Unters.*, II. Unters., § 23, 31 et 33, Hua XIX/1, p. 168, 187 et 191; trad. fr. *RL* II/1, p. 191, 214 et 218-219.

> en tant qu'objet (*subjectum*) et non pas sur une chose quelconque individuelle que je porte un jugement. Je ne porte par conséquent pas non plus un jugement sur un groupe individuel de quatre choses ni sur un moment constitutif quelconque [...]. Mais prendre quelque chose comme objet, en faire le sujet de prédications ou d'attributions, ce n'est là qu'une autre expression pour ce qu'on appelle « représenter » [...]. Notre évidence signifie donc : il y a aussi bien des « représentations générales », à savoir des représentations du spécifique, que des représentations de l'individuel[1].

Cet extrait permet de préciser la portée de cette production méthodique de l'évidence. D'un côté, elle autorise à affirmer que quiconque use de termes généraux ou d'expressions se rapportant à des généralités sans reconnaître la consistance[2] des objets généraux et des représentations générales ne se comprend pas soi-même. D'un autre côté, il est clair que la simple reconnaissance de cette évidence ne dispense pas de la tâche philosophique d'en déployer le contenu, c'est-à-dire de déterminer conceptuellement *ce qui* est ainsi révélé dans l'évidence. Et ces lignes montrent que cela implique de répondre en particulier aux questions suivantes : quel est le sens de l'objet ou de l'objectualité qui permet de rendre compte de la consistance d'une *species* comme *le nombre 4* ? En quoi consiste le mode de conscience selon lequel cet objet général est visé ? cette « vue logique » à laquelle il est donné ? Et comment cette représentation générale se rapporte-t-elle aux représentations des objets individuels ?

Or c'est précisément la tâche dont Husserl s'acquitte dans les deux premiers chapitres de la Deuxième Recherche. Au-delà de la simple invocation de la signification évidente des termes généraux ou des expressions générales, telle qu'elle peut être produite et reproduite méthodiquement par analyse phénoménologique, il s'agit pour lui de développer le contenu et les implications philosophiques de cette évidence sur chacun de ses deux versants corrélatifs, celui des objets et celui des représentations ou des actes intentionnels, de sorte que la thèse des objets généraux (et, par là, celle de l'idéalité spécifique des significations) en reçoive une double justification, ontologique et phénoménologique. Nous examinerons, dans ce qui suit, chacun de ces deux versants.

1. *Log. Unters.*, II. Unters., § 14, Hua XIX/1, p. 145 ; trad. fr. *RL* II/1, p. 165-166.

2. Cf. *Log. Unters.*, II. Unters., § 14, Hua XIX/1, p. 147 ; trad. fr. *RL* II/1, p. 167 : « ce que ces évidences font saisir comme véritablement consistant [*bestehend*] : à savoir précisément les objets généraux ainsi que les représentations générales dans lesquelles de tels objets se constituent pour la conscience ».

JUSTIFICATION ONTOLOGIQUE DES OBJETS GÉNÉRAUX

Sur le versant ontologique, la tâche consiste à montrer que s'il est impossible, comme l'énonce le titre du § 2, d'« éviter de parler d'objets généraux », c'est tout simplement parce qu'il y en a, c'est-à-dire parce que les *species* ont une authentique consistance ontologique en vertu de laquelle ni cette expression d'« objets généraux » ni aucun de nos termes généraux ne sont justement de simples façons de parler[1]. Dans les premières pages de la Deuxième Recherche, cette défense du caractère inéliminable des *species* s'effectue de deux manières que nous allons envisager successivement.

Critique de l'empirisme des ressemblances

C'est tout d'abord l'irréductibilité des idéalités spécifiques qu'il s'agit d'établir, ce dont Husserl s'acquitte dans les § 3 à 5 en ouvrant un premier front polémique contre l'empirisme. Contre les arguments qui reconduisent la généralité indiquée par les noms d'attributs à de simples ressemblances partielles ou exactes, découvertes par comparaison, entre certaines déterminations qualitatives des objets, Husserl maintient que cette généralité est celle d'authentiques *species* idéales, dont il fait valoir successivement l'identité et l'unité idéales.

Dans le § 3, Husserl se confronte à la thèse selon laquelle l'*identité* suggérée par le fait que plusieurs objets peuvent présenter des propriétés semblables, loin d'être un caractère idéal de la propriété en question, se laisserait reconduire à une similitude réale entre ces objets individuels. Ce faisant, c'est avec John Stuart Mill qu'il entre tacitement en discussion, avant que la critique devienne explicite dans le § 5. Mill fait en effet remarquer que la ressemblance parfaite entre deux choses conduit à « une inexacte application du mot *même* »[2] lorsque nous disons par exemple de plusieurs personnes qu'elles éprouvent le même sentiment ou qu'elles portent le même vêtement : nous parlons alors le langage de l'identité alors qu'il est évident que nous avons en vue une pluralité de choses numériquement distinctes bien qu'absolument semblables. Dans un premier temps, Husserl reprend à son compte cette analyse, en dénonçant lui aussi comme une « manière impropre de parler de l'identité » cette façon que nous avons couramment de parler de « *la même* chose » lorsque nous sommes en présence de « produits qui, façonnés d'après le même modèle, se ressemblent d'une manière

1. Cf. *Log. Unters.*, II. Unters., § 8, Hua XIX/1, p. 130 ; trad. fr. *RL* II/1, p. 147.

2. J. S. Mill, *Système de logique déductive et inductive*, I, II, § 11, trad. fr. L. Peisse, Paris, Ladrange, 1866, t. I, p. 77.

parfaite »[1]. Toute la question est de savoir si cette reconduction de l'identité à la *Gleichheit* (similitude ou égalité) est également justifiée lorsqu'il ne s'agit plus d'entités substantielles mais de ce que Husserl, en accord avec ce qu'il nomme « l'ancienne tradition », veut considérer comme des *species*, à savoir non seulement les attributs (dont l'exemple canonique est le rouge), mais aussi les significations (le contenu logique de nos énoncés). Ici, les chemins divergent : contre Mill qui soutient que c'est effectivement le cas[2], Husserl fait remarquer que la similitude de deux choses ne se constate et ne s'énonce toujours que d'un certain point de vue (par exemple la forme ou la couleur), et que ce point de vue nomme précisément l'attribut identique que des choses distinctes ont en commun, la détermination générale sous laquelle elles se rangent à titre d'exemplifications[3]. Cette conception qui fait de l'identité le présupposé de la similitude ou de l'égalité tout en y reconnaissant un concept primitif car inanalysable et, partant, indéfinissable n'est pas neuve sous la plume de Husserl, puisqu'on la trouve exposée dès son cours de logique de 1896[4]. Par rapport à ce dernier, l'intérêt propre de la Deuxième Recherche vient de ce qu'en faisant de l'identité un caractère de l'idéalité de l'attribut en tant que *species*, elle parvient à une définition ontologique de la similitude comme « le rapport entre les objets qui sont subsumés par une seule et même *species* »[5], ce qui conduit à un renversement complet de la conception empiriste : l'identité n'est pas *un effet réal* des ressemblances exactes qu'il peut y avoir entre les choses, mais elle est *la condition idéale* sans laquelle de telles similitudes ne pourraient pas même être constatées ou énoncées.

Le § 4 vient alors compléter cette défense de l'irréductible idéalité du spécifique par la démonstration du caractère intenable de la conception qui prétend y substituer la thèse selon laquelle les noms d'attributs ne seraient qu'un moyen commode de désigner la multiplicité extensionnelle des individus présentant la qualité correspondante (par exemple la couleur rouge ou la forme triangulaire) et constituant, à cet égard, des « groupes

1. *Log. Unters.*, II. Unters., § 3, Hua XIX/1, p. 117; trad. fr. *RL* II/1, p. 132.

2. *Cf.* J. S. Mill, *Système*, I, II, § 11 : « l'égalité [...] n'est qu'un autre nom pour exprimer la parfaite ressemblance communément appelée Identité existant entre les choses considérées dans leur *qualité* » (trad. fr., p. 77); *cf.* également II, II, § 3 : « Les noms des attributs sont, en dernière analyse, les noms des ressemblances de nos sentiments » (trad. fr., p. 202). Cette dernière affirmation est discutée par Husserl au § 5, dans le cadre de l'examen de la controverse entre Mill et Spencer (*Log. Unters.*, II. Unters., Hua XIX/1, p. 122; trad. fr. *RL* II/1, p. 137-138).

3. Cf. *Log. Unters.*, II. Unters., § 3, Hua XIX/1, p. 117-118; trad. fr. *RL* II/1, p. 132.

4. Cf. *Logik. Vorlesung 1896*, Hua Materialien I, p. 114.

5. *Log. Unters.*, II. Unters., § 3, Hua XIX/1, p. 118; trad. fr. *RL* II/1, p. 133.

de similitudes » (*Gleichheitsgruppe*) ou des « sphères de ressemblances » (*Ähnlichkeitskreisen*). La critique husserlienne consiste à montrer que faute de reconnaître la consistance de *species* idéales, cette conception empiriste achoppe sur la question de l'*unité* de cette extension, dont elle ne peut rendre raison alors même qu'elle ne cesse de la présupposer. En effet, c'est toujours une quantité déterminée – fût-elle considérable – de choses individuelles et de moments qualitatifs semblables qui nous est donnée dans l'expérience ; par principe, ce n'est jamais leur totalité, alors même que c'est bien cette totalité idéale qui est impliquée s'il doit être possible de se rapporter à *l'*extension *de* la propriété correspondante (par exemple la triangularité) comme à une unité. Or c'est précisément ce que l'empiriste lui-même ne peut éviter : qu'il s'agisse pour lui d'identifier *comme telle* la moindre occurrence d'une similitude qualitative ou d'en appeler à la simple *possibilité* d'une telle identification, « l'idée de l'unité de l'extension est déjà présupposée » [1]. De nouveau, la conception empiriste se trouve renversée par la mise en évidence de son incapacité à ne pas présupposer l'idéalité spécifique qu'elle cherche précisément à réduire : loin que le phénomène de la ressemblance suffise à structurer de façon immanente une multiplicité empirique dispersée en *une* extension conceptuelle, et donc à fonder le sens unitaire de l'attribut correspondant de telle sorte qu'il serait légitime d'y réduire sa généralité spécifique, c'est plutôt cette généralité qui est requise à titre de condition idéale permettant l'identification de quelque chose comme *un* cercle de ressemblance par opposition à d'autres [2].

Régressions

Si l'on passe du fond à la forme, la solidarité argumentative de ces deux paragraphes s'atteste par le fait que chacun appuie sa démonstration de l'inéliminabilité de la *species* idéale sur la mise en évidence d'une régression à l'infini venant compromettre la reconduction empiriste de la généralité des attributs à des relations de ressemblance entre objets réaux. De façon unanime, les commentateurs traitent ces deux régressions comme n'en faisant qu'une ; étant donné le rôle structural des arguments de régression dans la longue histoire du problème des universaux [3], il

1. *Log. Unters.*, II. Unters., § 4, Hua XIX/1, p. 120 ; trad. fr. *RL* II/1, p. 135.

2. *Log. Unters.*, II. Unters., § 4, Hua XIX/1, p. 120 ; trad. fr. *RL* II/1, 136. On trouve une formulation anticipée de cette thèse dans les *Prolégomènes* : « l'éparpillement [*Zersplitterung*] du concept en une quelconque extension de singularités, en l'absence d'un quelconque concept qui confère à cette extension une unité dans la pensée, est inconcevable » (*Log. Unters.*, *Prolegomena*, § 51, Hua XVIII, p. 191 ; trad. fr. *RL* I, 208).

3. *Cf.* en particulier D. Armstrong, « Infinite Regress Arguments and the Problem of Universals », *Australasian Journal of Philosophy* 52, 1974, p. 191-201.

n'est pas sans intérêt de les examiner de près pour vérifier si c'est bien le cas. Rappelons les termes dans lesquels Husserl les formule :

> Nous ne pouvons qualifier deux choses de semblables sans indiquer le point de vue auquel elles le sont. Le point de vue, ai-je dit – c'est là que réside l'identité. Chaque similitude se rapporte à une *species* à laquelle sont subordonnées les choses comparées ; et cette *species* n'est pas, à son tour, une simple similitude qui s'établirait de part et d'autre, et ne peut pas l'être, car sans cela le *regressus in infinitum* le plus absurde serait inévitable [1].
>
> Tout objet fait partie d'une pluralité de sphères de ressemblances, et [...], dès lors, on doit répondre à la question de savoir ce qui distingue les unes des autres ces sphères de ressemblances elles-mêmes. On voit évidemment que si l'unité de la *species* n'est pas déjà donnée, un *regressus in infinitum* serait inévitable. [...] Les ressemblances sont elles-mêmes comparées et forment des genres et des espèces comme le font leurs membres absolus. Nous devrions donc, à nouveau, revenir aux ressemblances de ces ressemblances, et ainsi de suite *in infinitum* [2].

Remarquons d'abord qu'aucune distinction conceptuelle ne semble associée par Husserl au passage, d'une régression à l'autre, du registre de la similitude parfaite (*Gleichheit*) à celui de simple ressemblance (*Ähnlichkeit*) [3] – deux relations qui, en toute rigueur, devraient être distinguées puisque si elles sont toutes les deux symétriques, la première est transitive alors que la seconde ne l'est pas. Mais c'est que l'essentiel est ici, à ses yeux, que le point de vue sous lequel des choses singulières sont comparées est *toujours* l'indication d'une *species* idéale, *que ces choses soient saisies comme semblables ou simplement comme ressemblantes*. Le rôle des arguments de régression est dès lors de justifier cette thèse par l'absurde, ce dont chacun s'acquitte en montrant qu'en l'absence de cette condition idéale, le moindre constat de similitude ou de ressemblance est compromis par le fait que chacune de ces relations s'y reproduit à l'infini. Il est donc indiscutable qu'il y a non seulement, entre les deux régressions, une identité d'intention mais aussi une analogie structurale. Cependant, cela ne les rend pas identiques pour autant, car une différence formelle persiste.

La régression pointée par Husserl dans le § 3 semble susceptible de deux interprétations selon le sens qu'on donne, dans les lignes que nous avons citées ci-dessus, à la locution « de part et d'autre » (*beiderseits*).

1. *Log. Unters.*, II. Unters., § 3, Hua XIX/1, p. 118 ; trad. fr. *RL* II/1, 132.
2. *Log. Unters.*, II. Unters., § 4, Hua XIX/1, p. 120-121 ; trad. fr. *RL* II/1, p. 136.
3. *Cf.* J. Benoist, « Ressemblance sans égalité : la phénoménologie, l'empirisme et l'invention de l'*a priori* matériel », *Le Temps philosophique* 6, 1999, p. 154.

On peut tout d'abord la comprendre comme renvoyant aux deux choses réputées semblables, la régression venant alors du fait que toute similitude est relative à un point de vue depuis lequel elle s'établit. En effet, si deux choses sont semblables en ce qu'elles présentent « la même » nuance de *rouge*, cette similitude s'établit du point de vue de la couleur; mais si la *couleur*, loin d'être le nom *species* idéale, n'est elle-même qu'une détermination qualitative semblable dans ces deux choses, cette similitude s'établit elle aussi d'un certain point de vue, en l'occurrence le point de vue supérieur de la *qualité visuelle* – laquelle, si elle ne doit être à son tour qu'une similitude, ne l'est de nouveau que d'un point de vue supérieur, celui de la *qualité sensible*, et ainsi de suite [1]. Cependant, on peut aussi comprendre l'adverbe *beiderseits* comme renvoyant d'une part aux deux choses semblables et d'autre part au point de vue auquel elles le sont, l'idée étant qu'il y aurait de nouveau similitude entre la couleur du point de vue de laquelle les choses sont semblables et la nuance particulière de rouge qui est semblable dans les deux choses. Dans ces conditions, on voit aisément que l'objection husserlienne est une reformulation de l'argument du troisième homme, lequel met effectivement en évidence une régression infinie dès lors que la *species* entre elle-même dans la moindre relation de similitude [2]. Mais quelle que soit la lecture qu'on privilégie, on est conduit indéfiniment de similitude en similitude, chaque nouvelle similitude étant censée fonder la précédente, de sorte que la première n'est en réalité jamais fondée. Or ce type de régression n'est manifestement pas celui qui est mis en évidence par Husserl dans le § 4, lequel montre que la pluralité des aspects sous lesquels une chose peut ressembler à d'autres choses oblige à distinguer entre les sphères extensionnelles qui correspondent

1. S'il est clair qu'il y a là une régression, on peut toutefois douter qu'elle soit infinie, puisqu'il semble qu'elle doive bien finir par buter sur l'un de ces concepts ultimes que Husserl nommera bientôt des « concepts régionaux » (cf. *Ideen* III, § 19, Hua V, 98; trad. fr., p. 117) – concepts qui fondent la totalité des similitudes possibles parmi les objets qui relèvent précisément du genre matériel suprême que ces concepts explicitent. En l'occurrence, c'est le concept régional de « propriété chosique » qui semble devoir interrompre la régression : car si c'est bien seulement par leurs propriétés que les choses peuvent être semblables, il paraît toutefois difficile de soutenir que deux choses sont semblables en tant qu'elles ont toutes les deux des propriétés. En d'autres termes : il est douteux qu'« avoir des propriétés chosiques », en tant que propriété de second degré, soit susceptible de fonder une similitude entre les choses comme c'est le cas, au premier degré, des propriétés chosiques elles-mêmes.

2. *Cf.* Platon, *Parménide*, 132e-133a. *Cf.* W. Bröcker, *Platos Gespräche*, Frankfurt a. M., Klostermann, 1985, p. 399-401.

à chacune de ces ressemblances, et donc, faute d'unification idéale, à comparer entre elles ces sphères en leur appliquant derechef le critère de la ressemblance. Contrairement à ce qui se passait dans le § 3, la régression ne vient donc pas ici de ce que toute ressemblance en appelle une autre d'une façon qu'on pourrait appeler « extensive », mais plutôt du fait que la ressemblance se réapplique à elle-même d'une façon qu'on pourrait appeler « intensive » : on est ainsi conduit indéfiniment aux ressemblances que les ressemblances ont entre elles.

Reste que, malgré cette différence formelle, c'est bien dans leur conjonction que ces régressions permettent à Husserl de renverser la conception qui prétend reconduire les généralités spécifiques au jeu des ressemblances singulières entre les choses individuelles : puisqu'elle ne peut indiquer, sans s'exposer à une régression, ni de quelle sphère relève la différence eu égard à laquelle deux objets sont semblables (§ 3), ni ce qui distingue cette sphère comme une sphère de ressemblances possibles par opposition à d'autres (§ 4), cette conception se révèle tout simplement incapable de déterminer *en quoi* il peut bien y avoir la moindre ressemblance entre deux choses [1].

1. De nombreux commentateurs soulignent la parenté de cette réfutation de l'empirisme des ressemblances avec l'argument de régression que Russell opposera en 1912 à la façon dont Berkeley et Hume ont cru pouvoir éliminer les universaux en réduisant les qualités à des relations (*cf.* B. Russell, *Problems of Philosophy*, Oxford, Oxford University Press, 1912, p. 55; trad. fr. F. Rivenc, *Problèmes de philosophie*, Paris, Payot, 1989, p. 119-120). Sur la base des analyses précédentes, nous pouvons commencer par préciser que dans la mesure où l'argument russellien consiste à montrer que la pluralité des relations singulières de ressemblance implique nécessairement que la ressemblance se réapplique récursivement à elle-même, c'est à la *deuxième* régression husserlienne (celle du § 4) qu'il s'identifie plutôt qu'à la première. Mais cette identité formelle ne doit pas masquer pour autant deux divergences qui interdisent de confondre les deux démarches, et d'abord quant au point d'application de la régression : tandis que Husserl montre qu'elle rend impossible la distinction des sphères de ressemblances les unes par rapport aux autres (dans son exemple, la sphère des choses rouges et la sphère des choses triangulaires), Russell montre qu'elle compromet la détermination de chacune de ces sphères prise individuellement (dans son exemple, la sphère des choses blanches). Cette première divergence, qui pourrait sembler superficielle, renvoie en réalité à une deuxième, plus fondamentale : tandis que la régression permet à Russell d'argumenter en faveur de la reconnaissance de la ressemblance elle-même comme universel relationnel (les autres universaux étant ensuite admis indirectement, par un argument *a fortiori*) elle conduit Husserl à disqualifier la ressemblance au profit de *species* idéales comme la rougeur ou la triangularité, c'est-à-dire des universaux non relationnels dont la consistance ontologique fonde la possibilité d'une comparaison des qualités et donc de la reconnaissance des ressemblances.

Éléments d'ontologie des objets généraux

Parallèlement à cette démonstration d'irréductibilité, la justification des idéalités spécifiques coïncide, dans les premières pages de la Deuxième Recherche, avec une clarification de leur statut ontologique : en quel sens peut-on affirmer qu'elles sont des objets ? en quel sens ces objets sont-ils généraux ?

Ce sont principalement les § 2 et 8 qui fournissent ici les précisions déterminantes, dont les lignes du § 14 citées plus haut ne sont que l'écho. Ils montrent que la légitimité de l'application du concept d'« objet » à des *species* comme *le rouge* ou comme *la signification du mot « rouge »* repose en dernière analyse sur le fait que nous pouvons énoncer à leur sujet des vérités dans des jugements évidents. Un tel argument implique indissociablement une définition et un principe. Tout d'abord, la définition purement logique et fonctionnelle de l'objet comme « sujet identique de toutes sortes de prédicats » [1]. Selon cette acception, peut légitimement être considéré comme objet tout ce qui est susceptible de « remplir la fonction de sujet d'attributions ou de prédications possibles » [2]; et comme la forme logique de la prédication est indifférente, en elle-même, au caractère individuel ou général de ce qui y remplit cette fonction [3], rien n'interdit d'affirmer « qu'une *species* devient effectivement objet dans la connaissance » [4]. Mais outre cette définition, l'argument avancé par Husserl implique également le principe selon lequel « si ces vérités [*scil.* celles qui se rapportent aux objets généraux] sont valides, tout ce que présuppose objectivement leur validité doit être [*sein*] » [5]. Comme on le voit, il s'agit là d'un principe authentiquement onto-logique au sens où il pose une corrélation nécessaire entre la vérité de la proposition et l'être de ce qui en est le sujet – un principe qui, comme l'indiquait déjà le § 31 de la Première Recherche, autorise à considérer l'expression d'« objets généraux » comme une « indication » portant sur « la validité

1. *Log. Unters.*, II. Unters., § 2, Hua XIX/1, p. 117; trad. fr. *RL* II/1, p. 131.

2. *Log. Unters.*, II. Unters., § 27, Hua XIX/1, p. 179; trad. fr. *RL* II/1, p. 205.

3. Cf. *Log. Unters.*, II. Unters., § 2 et 8, Hua XIX/1, p. 116 et 131; trad. fr. *RL* II/1, p. 131 et 147.

4. *Log. Unters.*, II. Unters., § 2, Hua XIX/1, p. 116; trad. fr. *RL* II/1, p. 131. C'est pourquoi, après avoir rappelé qu'« objet et sujet prédicable sont des termes équivalents », Husserl affirmera en 1913 que « toute la logique disparaîtrait si le concept d'objet n'était pas compris dans toute l'étendue qu'exige cette équivalence, si donc on n'admettait pas que les "idées" sont elles aussi des objets » (« Entwurf einer Vorrede zur zweiten Auflage der *Logischen Untersuchungen* », Erstes Fragment, Hua XX/1, 282-283; trad. fr. J. English, « Esquisse d'une préface aux *Recherches logiques* », dans *AL*, p. 367).

5. *Log. Unters.*, II. Unters., § 8, Hua XIX/1, p. 130; trad. fr. *RL* II/1, p.146-147.

de certains jugements »[1], mais de jugements qui portent précisément sur des objets généraux dont l'être se trouve par là même attesté. Et comme le montre le § 8 de la Deuxième Recherche, c'est la fonction propre de la notion d'*idéalité* que de nommer « le sens de cet être » par contraste avec la réalité des objets individuels. En d'autres termes, il faut reconnaître que *le concept d'objet est plus large que celui de réalité* et considérer l'objectualité comme « l'unité conceptuelle de l'étant » à l'intérieur de laquelle prend place la « différence catégoriale fondamentale » entre le réal et l'idéal[2], laquelle correspond *in fine* à la différence entre ce qui est temporel et ce qui ne l'est pas[3]. Sur cette base, la Deuxième Recherche fournit deux compléments décisifs.

Le premier concerne la généralité de ces objets généraux et consiste à montrer que la thèse selon laquelle les *species* (et parmi elles les significations) sont des objets généraux n'autorise pas pour autant à aligner la généralité sur la spécificité ou à les considérer comme des notions coextensives. Au contraire, comme le montre le § 2, il faut bien distinguer entre deux couples d'opposés : tandis que la généralité s'oppose à la singularité, la spécificité s'oppose pour sa part à l'individualité[4], de sorte que *la question de la généralité des idéalités spécifiques se ramifie et se pose en réalité à trois niveaux bien distincts.* Il y a d'abord celui auquel la généralité est prise tout simplement comme synonyme de l'idéalité[5]; c'est évidemment en ce sens large de la généralité que Husserl peut évoquer « l'opposition entre objets individuels et objets généraux »[6] et, depuis les derniers paragraphes de la Recherche précédente, considérer les significations comme une classe particulière de ces derniers. Cela dit, à un second niveau, toute signification a une unité en vertu de laquelle elle se distingue de toute autre (par exemple, la signification *la ville de Berlin*, telle qu'elle peut figurer dans une multiplicité d'énoncés distincts, ne se confond pas avec la signification *l'actuelle capitale de l'Allemagne*, bien que leur objet soit le même); et, considérée ainsi comme « signification unitaire », chacune est bel et bien une « singularité spécifique » et non une généralité[7]. On remarquera alors que ce n'est

1. *Log. Unters.*, I. Unters., § 31, Hua XIX/1, p. 106; trad. fr. *RL* II/1, p. 116.
2. *Log. Unters.*, II. Unters., § 8, Hua XIX/1, p. 130; trad. fr. *RL* II/1, p. 147.
3. Cf. *Log. Unters.*, II. Unters., § 8, Hua XIX/1, p. 129; trad. fr. *RL* II/1, p. 145-146.
4. *Log. Unters.*, II. Unters., § 2, Hua XIX/1, p. 115-116; trad. fr. *RL* II/1, p. 130.
5. Au motif probable que tout ce qui est réal a sa localisation *particulière* dans l'espace et dans le temps, sous le titre de laquelle se confondent aisément l'individualité et la singularité.
6. *Log. Unters.*, II. Unters., Einleitung, Hua XIX/1, p. 112; trad. fr. *RL* II/1, p. 126.
7. *Log. Unters.*, II. Unters., § 2, Hua XIX/1, p. 115-116; trad. fr. *RL* II/1, p. 130.

pas là un trait qui revient seulement aux significations : tout comme la signification *le nombre 4*, le nombre 4 lui-même (qui est l'« objet général » visé par cette signification et non lui-même une signification) est une singularité spécifique (subsumée le concept de *nombre* qui est bien, quant à lui, une généralité spécifique). Mais cette précision permet en même temps d'apercevoir un dernier niveau où la notion de généralité vient jouer, un niveau qui ne concerne cette fois que les significations : les deux exemples précédents montrent en effet que les significations, en tant que singularités spécifiques, peuvent se rapporter aussi bien à des objets individuels (la ville de Berlin) qu'à des objets spécifiques ou généraux au premier sens (le nombre 4), et, dans ce dernier cas, être éventuellement nommées des significations générales[1]. En tant que *species* idéale, la signification *le nombre 4* est donc à la fois un objet général (*allgemeiner*), une singularité spécifique et une signification générale (*generelle*).

Le second complément concerne quant à lui le type d'être qu'il s'agit de reconnaître aux idéalités. Dans le § 8, Husserl affirme que « les objets idéaux [...] existent [*existieren*] vraiment »[2] – formule qui oblige donc à *dissocier existence et réalité* puisqu'elle implique que contrairement à celle-ci, celle-là a la même extension que l'objectualité. Comment comprendre , dès lors, cette idée d'une existence intemporelle de l'être idéal ? Il faut souligner avant tout que cette déclaration d'existence est une thèse polémique, dirigée contre les auteurs qui interprètent le caractère par définition non-réal de l'être idéal en le situant « sur le même plan que l'être-pensé du fictif ou de l'absurde »[3]. Comme l'indique la note infrapaginale qui suit cette formule, les *Recherches* se font notamment l'écho, ici, de la discussion critique à laquelle, en 1894, Husserl a soumis la thèse de Twardowski selon laquelle les objets généraux seraient comparables aux objets fictifs ou impossibles dans la mesure où les uns comme les autres seraient donnés dans des représentations indirectes. Et de fait, dans son manuscrit intitulé « Objets intentionnels », c'est en s'appuyant expressément sur la thèse de la coextensivité de l'objectualité (définie au sens logique) et de l'existence que Husserl parvenait à rejeter

1. Cette suggestion est faite par Husserl à la fin du § 33 de la Première Recherche (*Log. Unters.*, I. Unters., Hua XIX/1, p. 108; trad. fr. *RL* II/1, p. 118), où il convoque l'adjectif *generell* pour nommer cette généralité qui revient à la signification en vertu de son objet sans risquer de la confondre avec les sens précédents de la généralité, désignés quant à eux par l'adjectif *allgemein*.

2. *Log. Unters.*, II. Unters., § 8, Hua XIX/1, p. 130; trad. fr. *RL* II/1, p. 146.

3. *Log. Unters.*, II. Unters., § 8, Hua XIX/1, p. 129; trad. fr. *RL* II/1, p. 146.

cette interprétation[1] et à justifier par là même que la géométrie puisse fournir des « démonstrations d'existence » des figures géométriques, au sens d'une existence « simplement représentée », non donnée dans l'intuition sensible[2]. Que cela corresponde au sens en lequel les *Recherches logiques* affirment l'existence des objets idéaux se trouve confirmé par un passage de la « Recension de Palágyi » dans lequel, en 1903, Husserl reformule la conception de l'idéalité de la *species* qu'il a défendue deux ans plus tôt en montrant comment elle permet de se réapproprier la thèse bolzanienne selon laquelle les propositions sont des objets :

> c'est qu'elles ont l'être ou le valoir « idéal » des « objets généraux » (donc le même être que celui qui est établi par exemple dans les « démonstrations d'existence » en mathématiques), mais pas l'être réal des choses ou des moments non autonomes des choses, des singularités temporelles en général[3].

L'intérêt de ces lignes vient du fait qu'elles montrent simultanément qu'une telle réappropriation va de pair avec la mobilisation du registre de la validité (*Geltung*), issu de la philosophie de R. H. Lotze, et que c'est en termes de validité qu'il faut comprendre l'être intemporel de ce qui est idéal[4]. Ainsi, dans le § 39 des *Prolégomènes*, Husserl précisait-il, d'une part, qu'avoir et conserver un être idéal ne consiste pas à être « quelque part dans le vide », mais à « être une unité de validité dans

1. Voir « Intentionale Gegenstände », in *Aufsätze und Rezensionen (1890-1910)*, Hua XXII, 326 (trad. fr. J. English, « Objets intentionnels », dans E. Husserl, K. Twardowski, *Sur les objets intentionnels (1893-1901)*, *op. cit.*, p. 304) : « Souvent le terme d'existence est employé au sens de l'être-là, de l'existence à l'intérieur de l'effectivité réale […]. Les vérités, les propositions, les concepts sont eux aussi des objets; pour eux aussi, il est question, au sens plein et propre, d'existence; mais ils ne sont rien qu'il soit possible de rencontrer dans l'effectivité réale. Sur toute l'étendue où l'expression "il y a un *A*" peut prétendre à un sens et à une vérité, sur toute cette étendue se déploie aussi le domaine du concept d'existence ».

2. Voir « Intentionale Gegenstände », Hua XXII, 327; trad. fr., p. 305.

3. « Besprechung von M. Palágyi », Hua XXII, 157; trad. fr., p. 217.

4. Voir « Besprechung von M. Palágyi », Hua XXII, 156; trad. fr., p. 216; « Entwurf einer Vorrede », Hua XX/1, 297; trad. fr. dans *AL*, p. 378. Sur la question de cet arrière-plan lotzéen, *cf.* notamment H. Peucker, *Von der Psychologie zur Phänomenologie. Husserls Weg in die Phänomenologie der „Logischen Untersuchungen“*, Hamburg, Meiner Verlag, 2002, p. 141 *sq.*; R. Rollinger, « Hermann Lotze on Abstraction and Platonic Ideas » *in* F. Coniglione, R. Poli, R. Rollinger (eds.) *Idealization XI : Historical Studies on Abstraction and Idealization*, Amsterdam-New York, Rodopi, 2004, p. 147-161; D. De Santis, « Note on Husserl's Idealismus in the *Logische Untersuchungen* (*via* Lotze's Interpretation of Plato) », *Research in Phenomenology* 46, 2016, p. 221-256.

l'empire intemporel des idées »[1], ce qui signifie que l'intemporalité (*Unzeitlichkeit*) qui est en question ici ne renvoie pas à une permanence substantielle soustraite au temps, mais plutôt à une validité de tout temps, à une omnitemporalité (*Allzeitlichkeit*). D'autre part, que cette validité omnitemporelle des objets généraux signifie qu'ils possèdent « la valeur de *possibilités idéales* – par rapport à l'existence possible de singularités empiriques subsumées par ces généralités »[2].

On voit aisément que c'est ici que se joue une partie de la réponse à la question de savoir si ou en quel sens on peut parler d'un platonisme des *Recherches logiques*. Il est clair que si le platonisme est un réalisme métaphysique qui défend l'existence des objets généraux ou des *species* en leur attribuant une réalité hors de la pensée (quel que soit le « lieu » de cette réalité), alors la conception husserlienne des objets généraux y demeure totalement étrangère. En effet, dans la mesure où cette conception consiste non seulement à reconnaître, ainsi que Husserl le répétera en 1913, la légitimité de « quelque chose d'objectuel qui *est* et qui pourtant n'est rien de réal »[3], mais aussi à interpréter en termes de validité cet être non réal, les *Recherches logiques* échappent par principe à « l'hypostase métaphysique du général »[4] qui caractérise le platonisme, et avec elle à la séparation (le χωρισμός) qu'elle implique entre ces réalités générales et les réalités individuelles qui les instancient. Est-on justifié pour autant à considérer la conception husserlienne de la consistance ontologique des objets généraux comme un aristotélisme, c'est-à-dire comme une doctrine qui nie la possibilité d'universaux non instanciés et ne les conçoit toujours qu'*in re* ? Rien n'est moins sûr. En effet, qu'il s'agisse d'une propriété (le rouge), d'une signification (la signification du mot « rouge »), ou même de la vérité d'un jugement (« cette pomme est rouge »), si la validité omnitemporelle des *species* signifie qu'elles ont pour extension idéale une infinité de singularisations *possibles*, les esprits (qui perçoivent, signifient ou jugent) avec lesquels elles se trouvent par là même dans un rapport essentiel sont eux-mêmes des esprits *possibles* – ce qui n'implique donc aucune dépendance ontologique des objets généraux relativement à une quelconque instanciation *actuelle*. Dans ces conditions, on peut considérer que l'ontologie husserlienne des objets généraux consiste plutôt à frayer *une voie intermédiaire entre platonisme*

1. *Log. Unters.*, *Prolegomena*, § 39, Hua XVIII, p. 136 ; trad. fr. *RL* I, p. 144.
2. *Log. Unters.*, *Prolegomena*, § 39, Hua XVIII, p. 135 ; trad. fr. *RL* I, p. 143.
3. « Entwurf einer Vorrede », Hua XX/1, p. 282 ; trad. fr. dans *AL*, p. 366.
4. *Log. Unters.*, II. Unters., § 7, Hua XIX/1, p. 127 ; trad. fr. *RL* II/1, p. 143. *Cf.* également *Log. Unters.*, I. Unters., § 31, Hua XIX/1, p. 106 ; trad. fr. *RL* II/1, p. 116.

et aristotélisme en mettant en évidence une relation entre l'idéal et le réal qui aille de pair avec la reconnaissance de l'autonomie ontologique du premier, ou encore de la consistance d'universaux non instanciés [1].

JUSTIFICATION PHÉNOMÉNOLOGIQUE DES OBJETS GÉNÉRAUX

Comme nous l'avons indiqué plus haut, la Deuxième Recherche associe à cette justification ontologique des objets généraux une justification phénoménologique corrélative, renvoyant au fait que ces objets sont donnés dans une authentique conscience de généralité, c'est-à-dire dans des actes irréductibles à ceux qui sont en jeu dans la conscience que nous avons des objets individuels. Établir la consistance propre de ces actes suppose donc de mettre descriptivement en évidence que « les données intentionnelles sont totalement différentes dans un cas et dans l'autre » [2]. Or c'est précisément ce que Husserl tâche de faire dès le premier paragraphe de cette Recherche, en montrant que « l'acte dans lequel nous visons le spécifique est, de fait, essentiellement différent de celui dans lequel nous visons l'individuel » [3], sans que cette différence de nature implique pour autant que ces actes soient sans rapport l'un avec l'autre. En effet, les deux types d'actes correspondent à deux orientations de la visée se déployant en réalité sur une base phénoménale commune au sens où elles présupposent l'une et l'autre l'appréhension en vertu de laquelle un objet pourvu de propriétés apparaît dans notre expérience sensible. Sur cette base, Husserl indique que la différence passe alors entre l'acte dans lequel nous visons cet apparaissant concret lui-même, dans son individualité, et l'acte dans lequel c'est le contenu idéal de ses caractères apparaissants que nous visons, donc non pas « tel moment rouge dans la maison, mais *le* rouge » [4]. Comment comprendre qu'un même moment

1. Cette autonomie est clairement affirmée dans l'extrait des *Prolégomènes* que nous citions plus haut (*Log. Unters., Prolegomena*, § 39, Hua XVIII, p. 135; trad. fr. *RL* I, p. 143-144), mais aussi dans les dernières lignes de la Première Recherche (*Log. Unter.*, I. Unters., § 35, Hua XIX/1, p. 110; trad. fr. *RL* II/1, p. 121). Sur cette conciliation du platonisme et de l'aristotélisme, *cf.* R. Bernet, I. Kern, E. Marbach, *Husserl. Darstellung seines Denkens*, Hamburg, Meiner Verlag, 1996, p. 36 *sq.*; J. Drummond, « The *Logical Investigations*: Paving the Way to a Transcendental Logik », *in* D. Zahavi, F. Stjernfelt (eds.), *One Hundred Years of Phenomenology: Husserl's* Logical Investigations *Revisited*, Dordrecht, Springer, 2002, p. 33-34.

2. *Log. Unters.*, II. Unters., § 4, Hua XIX/1, p. 119; trad. fr. *RL* II/1, p. 134.

3. *Log. Unters.*, II. Unters., § 1, Hua XIX/1, p. 113; trad. fr. *RL* II/1, p. 128.

4. *Ibid.*

qualitatif de l'objet (ici son rouge), puisse être ainsi visé de deux manières différentes ? À l'occasion de la seconde édition des *Recherches*, Husserl a précisé cet exposé en caractérisant la visée de la *species* comme un « acte fondé » : tandis que la visée individuelle s'accomplit lorsque nous « nous tourn[ons] simplement vers » l'objet lui-même tel qu'il apparaît *hic et nunc*, par exemple la maison ou sa couleur, la visée du spécifique comme tel est un mode d'appréhension qui « s'édifie sur l'"intuition" de la maison individuelle ou de son rouge » [1]. En d'autres termes, cette visée suppose toujours la visée individuelle sans pour autant y être réductible. Puisque cette complexité structurale fera l'objet de développements ultérieurs, nous nous contenterons pour l'instant de ces indications fugitives et nous soulignerons deux précisions capitales que Husserl introduit encore à propos de la visée générale.

En premier lieu, Husserl précise qu'elle se distingue de *toute* visée individuelle, ce qui veut dire non seulement de la visée de la chose individuelle (cette pomme rouge) mais aussi de deux autres types de visées qui ont souvent été mobilisées pour rendre compte de la conscience de généralité et auxquelles le passage du § 14 que nous citions plus haut faisait explicitement référence : la visée du *collectivum* formé par plusieurs choses (ce tas de pommes rouges) et la visée d'un caractère ou d'un moment qualitatif (le rouge de cette pomme) [2]. Commençons par cette dernière : que la visée de tel ou tel caractère qualitatif soit un acte de visée individuelle est la contrepartie phénoménologique d'un *principe d'homogénéité ontologique dans la composition méréologique des touts*, formulé dans le même § 14 : « chaque partie est elle-même à son tour individuelle en tant que partie de quelque chose d'individuel » [3]. En d'autres termes : qu'il s'agisse de fragments (parties indépendantes, concrètes) ou de moments (parties dépendantes, abstraites), la réalité individuelle du tout rejaillit sur ses parties, lesquelles ne peuvent donc relever d'un autre mode d'être que le sien. Parmi les nombreuses conséquences qui découlent de ce principe, nous pouvons d'emblée en souligner une, que nous évoquerons de nouveau par la suite : à savoir que si, par opposition au caractère concret de l'apparaissant

1. *Log. Unters.*, II. Unters., § 1, Hua XIX/1, p. 114; trad. fr. *RL* II/1, p. 128.

2. Cf. *supra*, p. 91 : lorsque c'est la *species* que je vise, « c'est sur elle [...] et non pas sur une chose quelconque individuelle que je porte un jugement. Je ne porte par conséquent pas non plus un jugement sur un groupe individuel de quatre choses ni sur un moment constitutif quelconque » (*Log. Unters.*, II. Unters., § 14, Hua XIX/1, p. 145; trad. fr. *RL* II/1, p. 165).

3. *Log. Unters.*, II. Unters., § 14, Hua XIX/1, p. 145; trad. fr. *RL* II/1, p. 165.

spatiotemporel (chose ou moment) dont la visée individuelle sert de base à la visée de la *species* correspondante, cette *species* peut bien être dite « abstraite », il est impossible qu'elle le soit au sens méréologique d'une partie dépendante ou inséparable, d'un moment, car elle ne peut par définition, en tant qu'*idéalité* spécifique, partager l'*individualité* de l'apparaissant qui l'instancie [1].

Si nous nous tournons à présent vers la conscience de pluralité, la mise en évidence du fait qu'elle relève également de la visée individuelle nous renvoie à deux acquis du premier ouvrage de Husserl, publié en 1891, la *Philosophie de l'arithmétique*. Et tout d'abord, au fait que la liaison collective qui constitue les collections comme telles n'implique aucun acte de généralisation mais plutôt « un intérêt unitaire et [...] un acte de remarquer unitaire [qui] détachent et embrassent des contenus différents pour eux-mêmes ». Pour que les contenus individuels soient pensés « en tant qu'ensemble (*Inbegriff*) », il faut donc et il suffit qu'ils soient « pensés simplement "ensemble" ("*zusammen*") » [2], si bien que la collection ou le groupe qui en résulte forme certes une unité de second degré, mais une unité tout aussi individuelle que ses membres constitutifs. Mais qu'en est-il lorsque nous appréhendons immédiatement, « d'un simple coup d'œil », une multiplicité d'objets semblables comme un tout et que nous parlons, par exemple, d'un « tas de pommes rouges » ? Ce cas de figure, évoqué ici par Husserl au début du § 4 [3], renvoie à la deuxième partie de l'ouvrage de 1891 où il est montré que cette appréhension ne consiste absolument pas en une visée du genre commun sous lequel tombent les individus semblables, mais plutôt en l'intuition, à même la multiplicité en

1. Une autre façon d'exprimer cette thèse serait de dire qu'*il n'y a pas de parties idéales*. Dans le cadre de la Deuxième Recherche, c'est principalement à Twardowski que Husserl reproche d'avoir ainsi déterminé l'objet général comme « un "élément" du *concretum* subsumé par lui », c'est-à-dire de « concevoir le concept comme une partie de l'objet individuel, de l'"objet du concept" » (*Log. Unters.*, II. Unters., § 11, Bemerkung, Hua XIX/1, p. 141 ; trad. fr. *RL* II/1, p. 158. *Cf.* également § 40, Hua XIX/1, p. 220 ; trad. fr. *RL* II/1, p. 250). Husserl montre l'absurdité de cette conception en affirmant que si c'est le cas, l'objet général devrait être intuitif *de la même façon* que l'est l'objet individuel qui l'instancie, ce que Twardowski rejette précisément au nom du fait que les objets généraux ne sont pas des objets individuels. Cette incohérence disparaîtra chez Husserl avec la théorie de l'intuition catégoriale, qui permettra de rendre compte de l'intuitivité des objets généraux tout en la distinguant de l'intuitivité des objets individuels et de leurs moments qualitatifs (dont l'appréhension sert pourtant de fondement à la conscience de généralité).

2. *Philosophie der Arithmetik*, Hua XII, resp. 74 et 73 ; trad. fr. J. English, *Philosophie de l'arithmétique*, Paris, Puf, 1992, p. 91 et 90.

3. *Log. Unters.*, II. Unters., § 4, Hua XIX/1, p. 118-119 ; trad. fr. *RL* II/1, p. 133-134.

question, du moment quasi-qualitatif qui lui revient du seul fait que ses composants sont des objets semblables, ou encore du « moment figural » de la similitude sensible. C'est ce dernier qui « donne au tout intuitif de la multiplicité un caractère spécifique qui se fait valoir sans que chaque chose singulière soit comparée à chaque autre » [1] – caractère que nous visons précisément en parlant d'un « tas ». La visée de cette « configuration » [2] de la multiplicité individuelle en question n'a donc rien à voir avec celle la *species* idéale instanciée par les membres de la multiplicité et du point de vue de laquelle ils sont identiques (le genre « pomme » ou *le* rouge comme attribut) : dans le premier cas, on appréhende l'unité *réale* d'une multiplicité sensible configurée selon telle ou telle similitude sensible, et dans le deuxième l'unité *idéale* qui se maintient identique à travers une telle multiplicité.

Mais la Deuxième Recherche n'en reste pas à ces délimitations négatives de la visée qui constitue la conscience de généralité. Dans le § 1, Husserl précise également, *en second lieu*, que le nouveau mode de visée ou d'appréhension qui, dans son irréductibilité à toute visée individuelle, est constitutif de cette conscience de généralité ne donne pas seulement « la *species* en tant qu'objet général » [3]. Ou plutôt, que dans la mesure où il nous donne ainsi la *species*, il nous permet aussi de rendre compte des autres visées qui, bien qu'elles ne visent pas le général lui-même comme une singularité spécifique, impliquent tout de même de façon essentielle la conscience de généralité. Cela concerne d'abord l'appréhension d'« un étant rouge quelconque », qui correspond à une visée dont Husserl dira dans le § 16 qu'elle s'effectue dans « la forme de l'indétermination » [4] : elle n'est autre, en définitive, que celle qui constitue la conscience du cas comme tel, mais, comme le montre la paraphrase « un cas de quelque chose comportant en soi du rouge » [5], elle est inséparable d'une appréhension concomitante de la généralité *du* rouge *in specie*. Cela vaut également de l'appréhension de « ce rouge-ci », puisque, comme Husserl le précisera cette fois dans le § 26, elle correspond à la visée de « ce singulier intuitionné, mais conçu comme porteur de l'attribut » *in specie* [6]. Bref, la mise en évidence de l'acte *sui generis* au sein duquel

1. *Phil. d. Arithm.*, Hua XII, p. 208; trad. fr., p. 255; *cf.* également Hua XII, 203-204; trad. fr., p. 249-250.

2. *Phil. d. Arithm.*, Hua XII, 205; trad. fr., p. 251.

3. *Log. Unters.*, II. Unters., § 1, Hua XIX/1, p. 114; trad. fr. *RL* II/1, p. 129.

4. *Log. Unters.*, II. Unters., § 16, Hua XIX/1, p. 152; trad. fr. *RL* II/1, p. 173.

5. *Log. Unters.*, II. Unters., § 1, Hua XIX/1, p. 114; trad. fr. *RL* II/1, p. 129.

6. *Log. Unters.*, II. Unters., § 26, Hua XIX/1, p. 176; trad. fr. *RL* II/1, p. 201.

nous devenons conscients du général comme tel fournit en même temps les conditions d'une élucidation des subtiles nuances qui distinguent « les différentes modifications de la conscience de généralité »[1]. Mais dans le § 1, Husserl insiste également sur le fait que par là même, c'est aussi la nature du « rapport primitif entre *species* et cas singulier » qui vient au jour, un rapport que nous avons désigné jusqu'à présent en usant du terme contemporain d'« instanciation » tandis que Husserl le décrit ici comme un « être réalisé » (*realisiert sein*) de la *species* dans une multiplicité d'individus (objets ou moments)[2]. Mais dans la mesure où cette « réalisation » est très exactement, comme on vient de le voir, ce qui fait de ces individus autant de « cas » de la *species* en question[3], des cas dont Husserl précise un peu plus loin qu'ils « sont subordonnés » à ou subsumés par (*unterstehen*) cette *species*[4], il ne fait aucun doute que la façon dont il comprend le rapport qui lie l'unité idéale à la multiplicité qu'elle unifie correspond exactement à ce qu'on nomme aujourd'hui couramment l'instanciation, conformément à quoi cette multiplicité peut être définie en retour comme l'extension de la *species*, c'est-à-dire comme la classe des individus dont elle peut être affirmée.

Tout cela étant acquis, il s'agit à présent de tenir compte du fait que depuis les *Prolégomènes*, Husserl caractérise cet acte de visée du général comme une abstraction. Si ce choix peut éventuellement être interprété comme une revendication de continuité avec l'aristotélisme, il ne fait aucun doute qu'il implique en tout cas une confrontation avec l'empirisme moderne. En effet, pour le dire avec Jean Largeault, le propre de ce dernier est d'avoir opéré la « substitution du problème de la formation des idées abstraites au problème de l'existence des idées générales »[5], de sorte que les théories de l'abstraction auxquelles il a donné lieu ont toutes été élaborées pour rendre compte de la signification des termes généraux et des propositions générales tout en niant que nous nous représentions effectivement quelque chose comme des *species* consistantes. Par opposition, toute l'ambition des *Recherches logiques* est de renouer avec le problème de l'existence du général en l'articulant avec le problème des conditions dans lesquelles il peut se donner dans l'évidence à une

1. *Log. Unters.*, II. Unters., § 26, Hua XIX/1, p. 175 ; trad. fr. *RL* II/1, p. 201.

2. *Log. Unters.*, II. Unters., § 1, Hua XIX/1, p. 114 et 115 ; trad. fr. *RL* II/1, p. 129.

3. *Cf.* également *Log. Unters.*, I. Unters., § 31, Hua XIX/1, p. 106 ; trad. fr. *RL* II/1, p. 116 : « chaque bande a son rouge individuel, c'est-à-dire son *cas individuel* de cette *species* de couleur ».

4. *Log. Unters.*, II. Unters., § 3, Hua XIX/1, p. 118 ; trad. fr. *RL* II/1, p. 132.

5. J. Largeault, *Enquête sur le nominalisme*, Paris-Louvain, Nauwelaerts, 1971, p. 176.

conscience qui le vise. Est-il donc possible de conforter cette conception de la consistance corrélative des objets généraux et des représentations générales en la confrontant aux arguments réductionnistes avancés par les différents représentants de la tradition empiriste ?

ABSTRACTION ET SÉPARATION CHEZ LOCKE LE PROBLÈME DU CONCEPTUALISME

Le point de départ de la théorie de l'abstraction de l'empirisme moderne se trouve dans la doctrine des « idées abstraites » de Locke. À son fondement, on trouve d'une part le présupposé ontologique nominaliste qui ne reconnaît d'existence qu'aux individus, et, d'autre part, le constat que loin que nous disposions d'autant de noms propres qu'il y a de choses individuelles, ces dernières sont le plus souvent désignées par des noms communs [1]. Si ces noms ont une signification compréhensible, c'est qu'à chacun d'entre eux correspond pour nous une idée générale, et c'est pour rendre compte de la formation de ces dernières que Locke introduit alors l'abstraction conçue comme une opération de « séparation » exercée par l'esprit sur les idées individuelles qu'il a reçues de l'expérience. En séparant ces dernières « des circonstances de temps, de lieu et de toute autre idée qui peut les déterminer à telle ou telle existence singulière » [2], l'esprit se donne des idées susceptibles de représenter plus d'un individu, et dégage ainsi le commun du propre par soustraction de ce qui singularise ce dernier. En tant qu'idées abstraites, les idées générales (par exemple l'idée de *cheval*) sont ainsi des idées « partielles » [3], qui ne retiennent que certains caractères que l'on retrouve dans plusieurs individus (par exemple Bucéphale, Marengo, Rossinante) et qui sont donc marquées par une certaine indétermination. Ce dernier aspect est particulièrement saillant dans le célèbre exemple de l'idée générale de triangle, conçue par Locke comme la représentation d'un triangle dépourvu de toute détermination géométrique singularisante [4].

1. Voir J. Locke, *An Essay Concerning Human Understanding*, III, 3, § 1, Oxford, Oxford University Press, 1975, p. 409 ; trad. fr. J.-M. Vienne, *Essai sur l'entendement humain. Livres III et IV – Annexes*, Paris, Vrin, 2006, p. 45.

2. J. Locke, *Essay*, *op. cit.*, III, 3, § 6, p. 411 ; trad. fr., p. 48. *Cf.* II, 12, § 1, p. 163-164 ; trad. fr. J.-M. Vienne, *Essai sur l'entendement humain. Livres I et II*, Paris, Vrin, 2001, p. 266.

3. J. Locke, *Essay*, *op. cit.*, III, 3, § 9, p. 412 ; trad. fr., p. 50 *sq.*

4. J. Locke, *Essay*, *op. cit.*, IV, 7, § 9, p. 596 : « il ne doit être ni oblique, ni rectangle, ni équilatéral, ni scalène, mais tous et aucun à la fois » (trad. fr., p. 381).

Certaines des objections élevées par Husserl à l'encontre de cette conception s'inscrivent largement dans le sillage de la célèbre critique à laquelle Berkeley l'a déjà soumise – une critique qui insiste sur l'impossibilité de se représenter un cheval, un triangle ou quoi que ce soit « en général » si par là on entend « dépourvu de toute détermination », et qui concluait à l'impossibilité des idées générales abstraites au sens de l'impossibilité d'obtenir des représentations générales par élimination des traits individualisants[1]. Dans le § 11 de la Deuxième Recherche, Husserl se fait l'écho de cette critique en soulignant que « la triangularité n'est pas elle-même quelque chose qui a la triangularité »[2]. C'est en effet parce que Locke confond, dans son idée générale du triangle, le contenu du concept (l'attribut « triangularité ») et l'objet du concept (toute figure géométrique individuelle possédant cet attribut), que « l'idée générale de *x* » peut devenir pour lui équivalente à « l'idée d'un *x* général » ou indéterminé, c'est-à-dire à l'idée contradictoire d'un *x* particulier n'ayant aucun trait particularisant[3]. Mais loin de se limiter à cette reformulation des arguments de Berkeley, Husserl l'associe à une critique beaucoup plus large qui consiste à dénoncer dans la conception lockienne des idées générales abstraites une forme d'hypostase de la généralité : non plus l'« hypostase métaphysique » dont se rend coupable le réalisme platonicien, mais l'« hypostase psychologique », qui reconnaît aux *species* « une existence réale [...] *dans* la pensée »[4]. Et comme le montre le § 10, ce sont essentiellement les confusions qui grèvent la notion lockienne d'« idée » qui sont ici en cause.

Au-delà du fait qu'elle implique que tout vécu psychique soit considéré indifféremment comme une représentation, ce qui constitue une première confusion[5], l'idée est la notion sous laquelle Locke confond, d'une part, la représentation elle-même (l'apparition d'objet comme

1. G. Berkeley, *A Treatise Concerning the Principles of Human Knowledge*, Introduction, § 10, in *The Works of George Berkeley*, Vol. 1 : Philosophical Works, 1705-1721, Oxford, Clarendon Press, 1994, p. 242 (trad. fr. M. Phillips, *Un Traité concernant les principes de la connaissance humaine*, in *Œuvres I*, Paris, Puf, 1985, p. 304).

2. *Log. Unters.*, II. Unters., § 11, Hua XIX/1, p. 139; trad. fr. *RL* II/1, p. 156-157.

3. Cf. *Log. Unters.*, II. Unters., § 11, Hua XIX/1, p. 140-141 : « sous aucun prétexte nous n'admettons que la représentation générale le triangle soit [...] la représentation d'un triangle qui se trouverait dans tous les triangles, mais sans être à angle aigu ou obtus, etc. » (trad. fr. *RL* II/1, p. 158).

4. *Log. Unters.*, II. Unters., § 7, Hua XIX/1, p. 127; trad. fr. *RL* II/1, p. 143.

5. Cf. *Log. Unters.*, II. Unters., § 10, Hua XIX/1, p. 133 (point 1); *RL* II/1, p. 150. Cette confusion sera de nouveau pointée par Husserl en conclusion de la Cinquième Recherche, comme l'une des équivoques qui affectent le concept de « représentation » : *cf.* V. Unters., § 44, Hua XIX/1, p. 526 (point 11); *RL* II/2, p. 321.

événement mental) et le représenté (l'objet ou les caractères d'objet qui apparaissent) ; d'autre part, la représentation au sens de l'intention qui vise (la signification comme visée d'objet) et la représentation au sens de l'intuition qui remplit (la donation phénoménale des objets visés ou les images intérieures qui illustrent la signification) [1]. Tandis que cette dernière confusion est celle qui conduit Locke à interpréter la conscience de généralité – au sens de la visée de ce que plusieurs individus numériquement distincts ont en commun et qui s'instancie en chacun d'eux – comme la représentation intuitive d'un caractère abstrait particulier (*besondere*) (au sens où il est séparé [*gesonderte*] des caractères propres aux individus en question) [2], la première confusion est celle qui le conduit à interpréter ce caractère lui-même comme une idée partielle, c'est-à-dire à lui attribuer une consistance psychique à titre de composante réelle de la conscience. Sous le titre des « idées générales », Locke psychologise donc le général en réduisant la conscience de généralité à la présence, dans le contenu réel de la conscience, « d'images abstraites issues de la séparation des idées correspondant à des caractères distinctifs d'avec des images concrètes » [3]. Mais il faut encore ajouter que, dans la mesure où elle croit avoir ainsi rendu compte du caractère non-réal de la généralité, cette conception repose dans son ensemble sur l'assimilation de l'opposition entre idéalité et réalité à l'opposition entre intériorité et extériorité à la conscience. À quoi Husserl objecte que puisque le critère de la réalité est l'individuation temporelle, « ce qui est "dans" la conscience compte pour nous comme *réal*, au même titre que ce qui est "en dehors" », de sorte que « l'être psychique est aussi un être réal » [4]. La psychologisation du général opérée par la théorie lockienne des idées générales abstraites est donc bien une hypostase, une conversion réalisante au terme de laquelle l'idéalité spécifique du général se voit reconnaître une existence *réale* dans la conscience, à titre de composante *réelle* de celle-ci. Comme l'indique Husserl lui-même lorsqu'il évoque « l'absurde χωρισμός de l'idée générale de Locke » [5], cette hypostase n'est

1. Cf. *Log. Unters.*, II. Unters., § 10, Hua XIX/1, p. 133 (points 3 et 4) et 134 (point 6) ; *RL* II/1, p. 150 et 151. Cette dernière confusion a été examinée et critiquée en détail dans la Première Recherche : cf. *Log. Unters.*, I. Unters., § 17-18, Hua XIX/1, p. 67-72 ; trad. fr. *RL* II/1, p. 70-76.

2. Cf. *Log. Unters.*, II. Unters., § 10, Hua XIX/1, p. 138 ; trad. fr. *RL* II/1, p. 155.

3. *Log. Unters.*, II. Unters., § 33, Hua XIX/1, p. 190 ; trad. fr. *RL* II/1, p. 218 ; *cf.* § 11, Hua XIX/1, p. 138 ; trad. fr. *RL* II/1, p. 155-156.

4. *Log. Unters.*, II. Unters., resp. § 8 et 11, Hua XIX/1, p. 129 et 139 ; trad. fr. *RL* II/1, p. 145 et 156.

5. *Log. Unters.*, II. Unters., § 21, Hua XIX/1, p. 163 ; trad. fr. *RL* II/1, p. 186, n. 1.

pas sans parenté avec celle qui est accomplie dans le platonisme : dans les deux cas, en effet, réalisation et séparation vont de pair. Mais tandis que la séparation platonicienne commande le réalisme métaphysique que nous avons déjà évoqué plus haut, la séparation opérée par l'abstraction lockienne implique pour sa part un réalisme qui, dans la mesure où les *species* forment une classe de concepts [1], est nommé au moins une fois par Husserl un « réalisme du concept », c'est-à-dire un conceptualisme dont les « excès » sont imputables à son caractère psychologiste [2]. La mise en évidence de l'idéalité comme sens d'être du général comme tel vaut, dans les *Recherches*, comme une réfutation simultanée de ces deux réalismes.

Or malgré la virulence de la critique à laquelle elle est ainsi soumise, il faut remarquer que loin de disparaître du champ théorique et argumentatif de la Deuxième Recherche, la théorie lockienne des idées générales abstraites demeure constamment présente à son arrière-plan.

D'une part, en effet, Husserl souligne à plusieurs reprises le rôle décisif que cette théorie a joué dans l'empirisme moderne, en rappelant que c'est précisément son caractère intenable qui a servi d'argument à Berkeley, Hume et Mill pour « refuser radicalement les objets généraux en tant qu'unités spécifiques [*eigenartige*] de la pensée, et les représentations générales en tant qu'actes de pensée spécifiques » [3], et pour donner ainsi à l'empirisme moderne son orientation nominaliste, qui renvoie la conscience de généralité à « des intuitions individuelles et [à] un jeu de processus conscients et inconscients qui ne nous font pas dépasser la sphère de l'individuel » [4]. Mais l'une des thèses transversales de la Deuxième Recherche est que ce rejet de la théorie des idées générales abstraites s'accomplit néanmoins, chez ces trois philosophes, *dans un cadre théorique qui reconduit le concept d'idée intrinsèquement confus qui*

1. Cf. *Log. Unters.*, I. Unters., § 31, Hua XIX/1, p. 106; trad. fr. *RL* II/1, p. 116.

2. *Log. Unters.*, II. Unters., § 2, Hua XIX/1, p. 115; trad. fr. *RL* II/1, p. 129.

3. *Log. Unters.*, II. Unters., § 7, Hua XIX/1, p. 127; trad. fr. *RL* II/1, p. 144; *cf.* aussi § 2, Hua XIX/1, p. 115; trad. fr. *RL* II/1, p. 129 et § 15, Hua XIX/1, p. 147-148; trad. fr. *RL* II/1, p. 168-169.

4. *Log. Unters.*, II. Unters., § 15, Hua XIX/1, p. 149; trad. fr. *RL* II/1, p. 171. Comme Husserl l'indique expressément un peu plus haut, « l'essentiel du nominalisme » ne réside pas, à ses yeux, dans le rôle qu'il assigne aux noms pour rendre compte de la généralité, ni même *d'abord* dans son ontologie réduite aux individus (puisque Locke, qui défend une telle ontologie, est considéré par Husserl comme un conceptualiste plutôt qu'un nominaliste), mais plutôt dans sa méconnaissance de cette « conscience spécifique » dans laquelle la généralité nous est effectivement donnée, ne serait-ce que lorsque nous comprenons la signification d'un nom ou d'une expression (Hua XIX/1, p. 149; trad. fr. *RL* II/1, p. 170). Sur ce point, *cf.* J. N. Mohanty, *Edmund Husserl's Theory of Meaning*, Den Haag, Martinus Nijhoff, 1976, p. 28.

était celui de Locke. Husserl montre en particulier que la confusion entre les objets visés et les contenus psychiques, solidaire d'une conception de la conscience n'ayant affaire qu'à ses propres contenus, est *le préjugé lockien fondamental qui traverse tout l'empirisme* : c'est sur lui que repose non seulement la conception de l'abstraction comme effet d'une orientation spéciale de l'attention, telle qu'elle est défendue par Berkeley et par Mill [1], mais également la conception qui renvoie l'abstraction à une fonction représentative (au sens de « tenir lieu de »), telle qu'elle est reprise par Berkeley [2] puis développée par Hume [3], et donc aussi la conception qui fait valoir la fonction essentiellement économique de l'idée générale, telle que Hume la développe en l'associant à la fonction représentative – raison pour laquelle il peut être considéré comme « le véritable disciple de la philosophie de Locke » [4]. La discussion critique de chacune de ces conceptions est ainsi une manière de prolonger la réfutation de la théorie lockienne des idées générales.

D'autre part, si Husserl valide et réitère à sa façon la critique de cette théorie déjà instruite par Berkeley et ses successeurs, c'est dans une perspective diamétralement opposée à celle de leur nominalisme, dans lequel il voit le produit d'une réaction excessive, qui consiste à conclure des absurdités de cette théorie lockienne à l'absurdité de *toute* théorie de l'abstraction impliquant une conscience de généralité entendue comme représentation *sui generis* d'objets généraux. *A contrario*, Husserl soutient que rien n'oblige à penser que « prendre au sérieux l'idée de représentation générale exige nécessairement une interprétation aussi absurde » que celle que Locke défend [5], ni donc à admettre d'emblée la conception nominaliste de la conscience de généralité qui s'est constituée contre elle. Comme on le voit, cela revient à reconnaître à Locke, par contraste avec ses successeurs nominalistes, le mérite de n'avoir pas méconnu que la conscience de généralité est bien une représentation du général pour lui-même, malgré l'interprétation erronée qu'il en donne à travers sa théorie des idées abstraites. Dans ces conditions, on peut considérer la longue et tortueuse critique à laquelle Husserl soumet les

1. Cf. *Log. Unters.*, II. Unters., § 22, Hua XIX/1, p. 164 ; trad. fr. *RL* II/1, p. 188.

2. Cf. *Log. Unters.*, II. Unters., § 6, 22, 31, Hua XIX/1, p. 125, 164-165, 187-188 ; trad. fr. *RL* II/1, p. 141-142, 188, 215.

3. Cf. *Log. Unters.*, II. Unters., § 32, Hua XIX/1, p. 190 ; trad. fr. *RL* II/1, p. 217.

4. *Log. Unters.*, II. Unters., § 34, Hua XIX/1, p. 194 ; trad. fr. *RL* II/1, p. 223 ; *cf.* § 24, Hua XIX/1, p. 171 ; trad. fr. *RL* II/1, p. 195-196.

5. *Log. Unters.*, II. Unters., § 15, Hua XIX/1, p. 147 ; trad. fr. *RL* II/1, p. 168 ; *cf.* aussi § 20, Hua XIX/1, p. 160 ; trad. fr. *RL* II/1, p. 183.

conceptions nominalistes de l'abstraction dans les trois derniers quarts de la Deuxième Recherche comme *une discussion latente et continuée avec Locke*, dont l'enjeu n'est autre que la justification, sous le titre d'un conceptualisme « correctement entendu » [1], de la position d'ensemble défendue par les *Recherches* : affirmer l'idéalité du spécifique, c'est en effet tenir à distance le nominalisme en reconnaissant la consistance ontologique des concepts en tant qu'objets généraux, mais sans verser pour autant dans le « réalisme du concept » qui les interprète comme des contenus mentaux [2]. Corrélativement, la justification de cet « idéalisme du concept » suppose que soit établie la consistance de l'idée d'une représentation générale. Et s'il est entendu qu'il faut abandonner l'interprétation que Locke donne de l'abstraction comme séparation, il faut néanmoins maintenir avec lui la thèse de fond selon laquelle il y a bien une « abstraction actuelle par laquelle le général nous est donné "lui-même" » [3]. Or cela implique de montrer contre le nominalisme qu'une telle abstraction, bien qu'elle soit un acte individuel, donc « bien qu'elle existe elle-même dans un maintenant, ne vise cependant rien moins qu'un maintenant, elle vise [...] l'unité idéale intemporelle » [4].

On comprend dès lors le rôle déterminant que joue, dans l'économie argumentative de cette Recherche, la discussion critique des formes variées du nominalisme moderne, alors même que la consistance corrélative des objets généraux et de la conscience de généralité a d'ores et déjà été dégagée et justifiée dans le premier chapitre. Comme Husserl l'indique dans le § 6, loin de tout raffinement scolastique superflu, cette longue confrontation a plutôt, pour la conception ici défendue, la valeur d'une mise à l'épreuve constructive : la révélation des confusions et des erreurs des théories empiristes de l'abstraction fournit non seulement l'occasion de vérifier sa validité, mais aussi de compléter son exposition en précisant de façon polémique la nature de cette abstraction idéatrice qu'elle place au fondement de la conscience de généralité ainsi que les thèses ontologiques qu'elle implique. C'est ce que nous allons nous-même vérifier dans ce qui suit.

1. *Log. Unters.*, II. Unters., § 15, Hua XIX/1, p. 147; trad. fr. *RL* II/1, p. 168-169.
2. *Log. Unters.*, II. Unters., § 2, Hua XIX/1, p. 115; trad. fr. *RL* II/1, p. 129.
3. *Log. Unters.*, II. Unters., § 15, Hua XIX/1, p. 149; trad. fr. *RL* II/1, p. 268, texte de la première édition.
4. *Log. Unters.*, II. Unters., § 14, Hua XIX/1, p. 146; trad. fr. *RL* II/1, p. 166.

LA CRITIQUE DE L'EMPIRISME NOMINALISTE ET SES ENJEUX

Le nominalisme comme psychologisme

Comme nous l'avons indiqué ci-dessus, Husserl situe le centre de gravité du nominalisme moderne non pas tant dans son terminisme que dans sa négation résolue de toute véritable conscience de généralité. À ce titre, malgré leurs différences, les théories de l'abstraction de Berkeley, de Hume et de Mill correspondent à trois façons différentes de s'acquitter de la même tâche de rendre compte de la généralité et des significations générales à partir de nos seules représentations individuelles. Et pour y parvenir, ces théories entreprennent de défendre différemment *une même thèse de fonctionnalité*, en identifiant à chaque fois une fonction de généralité susceptible d'être remplie par nos représentations individuelles ou de leur être associée. Ainsi Berkeley renvoie-t-il la généralité à la seule puissance de l'attention conçue comme « une fonction qui crée une préférence en faveur de certains objets de la conscience » [1] ou de certains moments qualitatifs qui se trouvent détachés par là même. Mill, pour sa part, fait reposer la généralité sur la « fonction associative des signes » [2], c'est-à-dire sur la liaison qui s'instaure par habitude entre un mot et un moment qualitatif ressemblant pouvant être mis en relief dans plusieurs objets par l'attention; ce faisant, il combine la théorie humienne de l'habitude comme fondement de la signification des noms communs avec la théorie berkeleyenne de l'attention. Mais parallèlement, Berkeley et Hume reconduisent également la thèse d'origine lockienne selon laquelle la généralité serait liée à la fonction par laquelle une représentation (*Vorstellung*) singulière peut tenir lieu de plusieurs autres et remplir dès lors, bien que singulière, le rôle de « "représentant" [*Repräsentant*] de la classe » [3].

Or dans la mesure où la *fonction* qui est ainsi mise en avant correspond à chaque fois à un aspect du *fonctionnement* de l'esprit selon des lois psychologiques, Husserl est conduit à rassembler ces trois conceptions dans le reproche de *psychologisme* qu'il adresse au nominalisme dans son ensemble. Au titre d'une théorie de l'abstraction, la généralité y est toujours renvoyée, en effet, à un processus psychique au sens d'une

1. *Log. Unters.*, II. Unters., § 19, Hua XIX/1, p. 158; trad. fr. *RL* II/1, p. 180.
2. *Log. Unters.*, II. Unters., § 15, Hua XIX/1, p. 150; trad. fr. *RL* II/1, p. 172.
3. *Log. Unters.*, II. Unters., § 25, Hua XIX/1, p. 174; trad. fr. *RL* II/1, p. 199; *cf.* aussi § 28 et 32, Hua XIX/1, p. 179 et 190; trad. fr. *RL* II/1, p. 205 et 217.

certaine liaison causale entre différents vécus considérés comme autant de faits dans le contenu réel de la conscience, et le préjugé psychologiste consiste précisément dans la confusion de cette démarche génétique d'« *explication* [Erklärung] psychologique des vécus » avec « l'*élucidation* [Aufklärung] "logique" de leur *contenu* de pensée ou *sens* » [1] dont nous avons vu qu'elle était la méthode propre de la phénoménologie des vécus logiques. Husserl ne récuse donc pas du tout la pertinence intrinsèque d'une approche génétique de l'abstraction, qui en isole les causes et les effets psychologiques; il récuse seulement la prétention d'une telle « psychologie de l'abstraction » à valoir comme sa phénoménologie, c'est-à-dire à avoir une portée « du point de vue de la théorie de la connaissance », c'est-à-dire à rendre compte des conditions de possibilité d'une *connaissance* de la généralité comme telle [2]. En fait, sous le nom de l'abstraction, les deux perspectives ne parlent tout simplement pas de la même chose, car « ce que nous visons » et le type de visée que nous accomplissons « dans l'instant où nous prononçons en lui donnant un sens le nom général » n'a rien à voir avec « ce qui s'y rattache par une relation causale, les conséquences psychologiques que chaque vécu peut entraîner » [3]. C'est ce qui explique qu'il soit possible sans contradiction de saluer la pertinence et la finesse de l'analyse génétique de Hume, de souligner que lui revient « la gloire d'avoir montré le chemin à la théorie psychologique de l'abstraction », tout en la dénonçant comme une « extrême aberration [...] du point de vue de la logique et de la théorie de la connaissance où il s'agit d'examiner d'une manière purement phénoménologique les vécus de la connaissance » [4]. Tout tient donc ici à la différence cardinale entre le contenu réel et le contenu intentionnel de la conscience : faute de l'avoir aperçue, Hume et ses prédécesseurs nominalistes ont été conduits à laisser de côté ce que Husserl nomme, dans la deuxième édition des *Recherches*, « la teneur descriptive de la conscience d'abstraction » ou la « teneur d'essence immanente de la conscience de généralité » [5].

C'est pour étayer cette critique du psychologisme nominaliste que le § 16 met en évidence la distinction, que nous avons déjà évoquée, entre plusieurs formes sous lesquelles la conscience de généralité peut se modifier.

1. *Log. Unters.*, II. Unters., § 6, Hua XIX/1, p. 124; trad. fr. *RL* II/1, p. 140.
2. *Log. Unters.*, II. Unters., resp. § 15 et 6, Hua XIX/1, p. 148 et 125; trad. fr. *RL* II/1, p. 170 et 141. *Cf.* également § 40, Hua XIX/1, p. 218-129; trad. fr. *RL* II/1, p. 249.
3. *Log. Unters.*, II. Unters., § 15, Hua XIX/1, p. 148; trad. fr. *RL* II/1, p. 169-170.
4. *Log. Unters.*, II. Unters., § 34, Hua XIX/1, p. 194; trad. fr. *RL* II/1, p. 222.
5. *Log. Unters.*, II. Unters., § 6, Hua XIX/1, p. 125; trad. fr. *RL* II/1, p. 141.

La démarche husserlienne consiste à montrer qu'à ces modifications correspondent autant de « possibilité[s] logique[s] de propositions d'un certain type », possibilités qui correspondent à « différentes fonctions logiques des significations générales » [1]. Ainsi la généralité de l'expression *un A*, qui commande tous les jugements du type « *x* est un *A* » (lesquels, s'ils sont vrais, déterminent l'extension du concept *A*), relève-t-elle de la « fonction logique du prédicat », qui consiste à signifier la généralité sous la forme logique de l'indétermination, exprimée par l'article indéfini « un ». Par contraste, la généralité de l'expression *tous les A*, qui commande les jugements universels, ne relève pas de la fonction logique de tel ou tel constituant de la proposition judicative mais de « la forme de l'acte lui-même », lequel vise l'extension du concept *A* non pas de façon extensionnelle (par la représentation individuelle de chacune des singularités qui la composent) mais d'un coup, sous la forme logique de la totalité, exprimée par le quantificateur universel « tous ». Enfin, la généralité de l'expression *le A en général* (ou *in specie* : le rouge) se distingue des deux précédentes dans la mesure où elle vise le général pour ainsi dire sous les espèces de la *species*, prise dans son unité idéale, c'est-à-dire sous la forme logique de la « singularité spécifique », dont nous avons rendu compte plus haut en commentant le § 2. Ces analyses montrent d'une part que les modifications conceptuelles de la généralité ne sont pas de nature grammaticale ou linguistique (phonétique), mais strictement logique, et d'autre part que ces modifications logiques correspondent à des modifications proprement significationnelles, à des formes différentes de l'intention ou de la visée de la généralité. C'est pourquoi Husserl peut en conclure qu'aucune de ces formes de la généralité prise en elle-même ni aucune des différences qu'il y a entre elles n'est reconductible à une loi psychologique de l'enchaînement causal des vécus, ce qui justifie qu'on dissocie cette généralité susceptible d'être associée à une fonction psychologique et « la généralité qui appartient au contenu intentionnel des vécus logiques eux-mêmes », ou encore « au contenu de la signification elle-même » [2].

Cette critique générale du nominalisme étant acquise, c'est au contact des formes particulières qu'il prend chez Berkeley et Hume que Husserl va préciser la nature de cette représentation générale ainsi que l'ontologie à laquelle elle s'adosse.

1. *Log. Unters.*, II. Unters., § 16, Hua XIX/1, p. 152 et 151 ; trad. fr. *RL* II/1, p. 174 et 172. Nous condensons, dans les lignes qui suivent, les analyses husserliennes des p. 152-153 ; trad. fr. *RL* II/1, p. 173-175.

2. *Log. Unters.*, II. Unters., resp. § 15 et 16, Hua XIX/1, p. 151 ; trad. fr. *RL* II/1, p. 172.

De l'attention à l'intention

Conscience de généralité et individualité des propriétés

Dans les § 18 à 23, Husserl se penche tout d'abord sur la conception qui prétend rendre compte du pouvoir de généralisation qui est celui de l'abstraction en le faisant reposer sur un acte d'attention, conception qu'on trouve exposée et défendue par Berkeley, avant que Mill s'en empare pour l'articuler à la doctrine humienne de l'association par habitude. Une partie de la séduction qu'elle exerce vient du fait qu'elle permet apparemment de rendre compte de la conscience de généralité en évitant d'attribuer la moindre consistance à des entités générales mais également à des idées générales abstraites au sens de Locke : la généralisation provient seulement du fait que la concentration de l'attention sur un attribut qualitatif d'objet ou sur un objet singulier implique de ne pas tenir compte de tous les caractères qui sont co-donnés et qui contribuent à sa différenciation, d'en faire donc abstraction et de désindividuer par là même l'objet de l'attention [1]. De même que le triangle en général ou que l'homme en général ne sont, dès lors, que cette figure triangulaire ou que cet homme particulier mais considérés « sans faire attention aux qualités particulières » par lesquelles ils se différencient des autres, c'est-à-dire « simplement en tant que triangulaire » ou « en tant qu'homme », de même le rouge n'est-il que ce rouge considéré attentivement, c'est-à-dire indépendamment de tous les autres caractères individualisants auxquels il est associé dans l'objet rouge [2].

1. Cf. *Log. Unters.*, II. Unters., § 18, Hua XIX/1, p. 155-156; trad. fr. *RL* II/1, p. 177. C'est pourquoi, pour un auteur comme Geach, cette conception définit à elle seule l'abstractionnisme : « J'utiliserai le terme "abstractionnisme" pour nommer la doctrine selon laquelle un concept est acquis par un processus qui consiste à isoler dans l'attention l'un des traits donnés dans l'expérience directe – à l'*abstraire* – et à ignorer les autres traits donnés simultanément – à *faire abstraction d*'eux » (P. Geach, *Mental Acts. Their Content and their Objects*, London-New York, Routledge, 1957, p. 18).

2. Berkeley, *A Treatise*, *op. cit.*, Introduction, § 16, p. 249 (trad. fr., p. 311). Remarquons toutefois que, contrairement à ce que laisse entendre Husserl à travers cette analogie, la thèse d'une saisie attentive de l'attribut *in specie* n'est absolument pas imputable à Berkeley, pour deux raisons : d'une part, ce dernier n'affirme jamais que l'abstraction pourrait résulter d'une concentration de l'attention, mais seulement d'un relâchement de celle-ci; d'autre part, il affirme le plus clairement du monde l'impossibilité d'« abstraire l'une de l'autre [...] celles [des] qualités [de l'objet] dont il est impossible qu'elles existent [...] à l'état séparé » (*A Treatise*, Introduction, § 10, p. 242; trad. fr., p. 304). Comme le montre une allusion du § 19, Husserl attribue ici à Berkeley une thèse défendue en réalité par Mill dans le cadre de sa reformulation de la théorie de l'abstraction comme attention (*cf.* Hua XIX/1, p. 158; *RL* II/1, p. 181 et n. 1).

Face à cette conception, Husserl commence par pointer une difficulté : elle fait disparaître la différence entre cette conscience de généralité et les cas où c'est bien sur la singularité individuelle que se concentre l'attention, qu'il s'agisse d'un attribut d'objet ou d'un objet concret. Entre d'autres termes, à expliquer la conscience de généralité en termes de concentration de l'attention, on se rend aveugle à l'évidence du fait que la réciproque n'est pas vraie, que toute concentration de l'attention n'implique pas une conscience de généralité, et l'on se prive par là même du tout moyen de rendre compte de la conscience attentive de la singularité elle-même. Car il est clair que chaque fois que nous détachons un objet de l'arrière-plan avec lequel il est donné afin de le considérer pour lui-même, chaque fois que nous isolons pour lui-même un caractère par lequel l'objet nous frappe particulièrement, nous opérons bien un acte d'attention exclusive; mais il est évident que « cependant nous n'effectuons aucune représentation générale » [1] et qu'il serait absurde de considérer l'objet ou sa propriété comme une généralité abstraite. De même, il est clair que lorsque nous prenons en considération une singularité individuelle, un objet ou une personne que nous nommons par son nom propre, nous ne faisons pas attention au détail des déterminations individualisantes qui les accompagnent, comme les déterminations spatiales et temporelles qui changent à chaque instant; mais cette inattention n'a évidemment rien à voir avec un « ne pas tenir compte » abstractif au sein d'une conscience de généralité, et elle n'implique absolument pas que le nom de la personne en question désignerait en réalité une généralité spécifique [2]. Ces simples remarques permettent d'apercevoir d'emblée la ligne argumentative directrice de la critique que Husserl développe ici, à savoir que *la différence entre conscience d'individualité et conscience de généralité est indépendante des variations d'orientation de l'attention*, de sorte qu'il est fondamentalement erroné de définir l'abstraction généralisante à partir

1. *Log. Unters.*, II. Unters., § 21, Hua XIX/1, p. 162; trad. fr. *RL* II/1, p. 185. Cet argument n'est pas nouveau sous la plume de Husserl, qui en fait déjà usage en 1894 : « Abstraire, dit-on, c'est faire attention pour soi-même; mais, pour séparer un *concretum* absolu de l'arrière-fond qui l'entoure, et pour en faire l'objet d'une connaissance particulière, cet "abstraire" n'est-il pas nécessaire? Si je considère cette boîte, je fais particulièrement attention à elle, et c'est seulement parce que je fais cela que j'en prends particulièrement conscience et qu'elle devient l'objet d'une intuition. Faut-il pour autant l'appeler un *abstractum*? Personne ne le prétendra » (*Psychol. Stud.*, I, § 3, Hua XXII, p. 100; trad. fr. J. English, *Études psychologiques pour la logique élémentaire*, dans *AL*, p. 134).

2. Cf. *Log. Unters.*, II. Unters., § 21, Hua XIX/1, p. 162-163; trad. fr. *RL* II/1, p. 185-186.

de ces dernières. Cette critique de la conception de l'abstraction comme attention exclusive se précise dès lors à travers une double objection.

La première consiste à dénoncer l'illusion selon laquelle un attribut particulier de l'objet, par exemple le rouge de cette pomme (c'est-à-dire l'une de ses parties dépendantes que Husserl nomme « moments » par opposition aux « fragments » qui en sont les parties indépendantes), pourrait être généralisé et devenir « le rouge » par le fait de détourner l'attention des déterminations concomitantes qui, à même l'objet, l'individualisent; au contraire, dans la mesure où cette abstraction ne suspend pas la distinction qui existe entre ce rouge comme moment chromatique de cette pomme et le rouge éventuellement identique de tout autre objet, le § 19 soutient que « l'attention exclusive à un moment caractéristique ne supprime pas son individualité »[1]. Cela revient donc à nier que l'individuation des propriétés objectales soit exclusivement contextuelle, au profit d'une thèse d'individuation ontologique forte que nous avons déjà rencontrée mais qui prend ici toute son importance : la thèse selon laquelle « un *moment constituant de l'objet* [doit] être une chose individuellement singulière exactement au même titre que l'objet tout entier »[2]. Brandi par Husserl dès 1896 contre l'idée que l'attention pourrait constituer la conscience de la généralité[3], ce particularisme des propriétés consiste à soutenir que deux objets numériquement distincts ne peuvent avoir un moment qualitatif numériquement identique *même s'ils se ressemblent exactement*, de sorte qu'on rencontre ici de nouveau l'ambiguïté inévitable de notre usage courant du mot « même » : lorsque nous disons de deux phénomènes qu'ils sont du « même » vert, nous voulons nécessairement dire que « chacun de ces deux phénomènes possède *son* vert ». En effet :

> les deux phénomènes ne [se] sont pas confondus l'un avec l'autre comme s'ils avaient en commun "le même" vert en tant qu'individuellement

1. *Log. Unters.*, II. Unters., § 19, Hua XIX/1, p. 157; trad. fr. *RL* II/1, p. 179.

2. *Log. Unters.*, II. Unters., § 19, Hua XIX/1, p. 158; trad. fr. *RL* II/1, p. 180. *Cf.* aussi § 14, Hua XIX/1, p. 145; trad. fr. *RL* II/1, p. 165; *Prolegomena*, § 39, Hua XVIII, 135; trad. fr. *RL* I, p. 142.

3. Dans la version longue de sa « recension de Cornelius » : « Si le tout est individuel, ici et maintenant, il en va de même aussi pour chaque partie. Aucune puissance au monde, aucune concentration de l'intérêt, aucune abstraction par rapport à des moments qui y sont liés eux aussi, ne transforme la partie en un concept, l'individuel en un général […] Et ce qui vaut pour la partie au sens du fragment, vaut aussi pour la partie au sens du moment abstrait » (« Besprechung von H. Cornelius », in *Aufsätze und Rezensionen (1890-1910)*, Hua XXII, p. 375-376; trad. fr. J. English, « Discussion de H. Cornelius », dans E. Husserl, K. Twardowski, *Sur les objets intentionnels, op. cit.*, p. 375).

> identique ; bien plutôt, le vert de l'un est réalement aussi distinct du vert de l'autre que le sont les ensembles concrets auxquels ils sont inhérents [1].

Bref : d'un moment, nous ne pouvons avoir qu'une conscience individuelle, quelle que soit l'attention que nous mettons en œuvre en le considérant.

Or il faut souligner ici un point tout à fait remarquable : à savoir que *cette thèse particulariste d'une irréductible individualité des propriétés, qui permet à Husserl de réfuter le nominalisme berkeleyen, est une thèse qui est en elle-même indissociable du nominalisme.* Non seulement elle joue un rôle fondamental dans le nominalisme d'Occam [2], mais sous l'impulsion de G. F. Stout puis de D. C. Williams (qui ont baptisé respectivement « particuliers abstraits » et « tropes » ce que Husserl nomme « moments »), elle est devenue une figure déterminante du nominalisme contemporain en métaphysique analytique [3]. Ramenée à son principe, la « théorie des tropes » consiste à déplacer de l'objet vers les propriétés la thèse ontologique traditionnelle du nominalisme selon laquelle il n'existe que des entités singulières ; c'est à partir des tropes qu'elle tente dès lors de rendre compte de la consistance des particuliers concrets – par exemple comme faisceaux de tropes – et des universaux – par exemple comme classes de tropes ressemblants [4]. Ces indications minimales suffisent pour apercevoir qu'une partie de l'intérêt et de la difficulté de la philosophie des universaux élaborée par Husserl dans les *Recherches logiques* vient de ce que *loin de jouer les tropes contre*

1. *Log. Unters.*, II. Unters., § 19, Hua XIX/1, p. 159 ; trad. fr. *RL* II/1, p. 181. *Cf.* aussi § 1, Hua XIX/1, p. 115 : « Ce rouge-ci est le même que ce rouge-là – c'est-à-dire que, au point de vue de la *species*, c'est la même couleur – et pourtant celui-ci est par ailleurs différent de celui-là – c'est-à-dire que, si on le considère individuellement, il est un aspect singulier objectuel différent » (trad. fr. *RL* II/1, p. 129).

2. *Cf.* C. Panaccio, « Langage ordinaire et langage abstrait chez Guillaume d'Occam », *Philosophiques* 1, 1974, p. 37-60 ; « Intuition, abstraction et langage mental dans la théorie occamiste de la connaissance », *Revue de métaphysique et de morale* 97, 1992, p. 61-81.

3. G. F. Stout, « The Nature of Universals and Propositions », in *Proceedings of the British Academy*, London, Oxford University Press, 1921, p. 157-172 ; trad. fr., « La nature des universaux et des propositions », dans E. Garcia, F. Nef (éd.), *Métaphysique contemporaine. Propriétés, mondes possibles et personnes*, Paris, Vrin, 2007, p. 121-142 ; D. C. Williams, « The Elements of Being », *The Review of Metaphysics* 7, 1953, p. 3-18 ; trad. fr., « Des éléments de l'être », dans E. Garcia, F. Nef (éd.), *Métaphysique contemporaine*, *op. cit.*, p. 33-53.

4. *Cf.* par exemple K. Campbell, « The Metaphysic of Abstract Particulars », *Midwest Studies in Philosophy* 6, 1981, p. 477-488 ; *Abstract Particulars*, Oxford, Blackwell, 1990 (trad. fr. du chap. II, « Le problème des universaux », dans C. Panaccio (éd.), *Le Nominalisme : Ontologie, langage et connaissance*, Paris, Vrin, 2012, p. 125-146).

les universaux, elle défend à la fois l'universalisme des species *et le particularisme des propriétés*, et semble donc convoquer celui-ci à contre-emploi en le mettant au service de celui-là [1]. Nous verrons plus loin ce qui justifie un tel usage.

La deuxième objection élevée par Husserl à l'encontre de la conception de l'abstraction comme attention découle logiquement de la précédente et consiste à y dénoncer la confusion, déjà à l'œuvre dans la conception lockienne de l'idée générale, entre « les caractères en tant qu'attributs spécifiques » (le rouge en général) et « les caractères en tant que moments objectifs » (le rouge de cette pomme) [2]. Si l'attention ne possède nullement le pouvoir de suspendre l'individualité des moments attributifs, alors il faut réitérer à l'encontre de Berkeley ce qu'on pouvait déjà faire valoir contre Locke, à savoir que « le moment objectif individuel isolé n'est pas encore l'attribut *in specie* » [3]. Or dans une note de 1897, Husserl nous apprend non seulement qu'il ne pratiquait pas encore lui-même cette distinction dans sa première critique de la théorie de l'attention au sein des *Studien* de 1894, mais surtout qu'elle correspond à la distinction « entre contenus abstraits (comme parties d'intuition) et concepts abstraits » [4]. En d'autres termes, il faut concéder qu'en se portant sur un moment dépendant de l'objet, l'attention opère bel et bien une abstraction, mais il faut distinguer cette abstraction de « l'abstraction vraie et authentique » par laquelle nous entrons en rapport avec une généralité spécifique, c'est-à-dire « l'abstraction idéatrice ou généralisante » [5]. C'est donc dans le cadre de la critique de la théorie empiriste de l'attention que se trouve justifiée la distinction entre ces *deux sens de l'abstraction* – distinction absolument décisive dans les *Recherches logiques*, annoncée dès les *Prolégomènes* et affinée jusque dans la Sixième Recherche [6]. Et la question qui, dans les paragraphes qui nous occupent, sert de fil conducteur au

1. *Cf.* P. Simons, « Zugang zum Idealen : Spezies und Abstraktion », *in* V. Mayer (Hrsg.), *Edmund Husserl, Logische Untersuchungen*, Berlin, Akademie Verlag, 2007, p. 80 *sq.* Nous renvoyons également à notre étude récente qui prend cette difficulté comme fil conducteur : J. Farges, « Entre platonisme et particularisme : la contribution husserlienne au problème des universaux dans les *Recherches logiques* », *Doispontos* 20, 2023, p. 10-21.

2. *Log. Unters.*, II. Unters., § 10, Hua XIX/1, p. 133 ; trad. fr. *RL* II/1, p. 151.

3. *Log. Unters.*, II. Unters., § 10, Hua XIX/1, p. 136 ; trad. fr. *RL* II/1, p. 153.

4. « Bericht über deutsche Schriften zur Logik aus dem Jahre 1894 », in *Aufsätze und Rezensionen (1890-1910)*, Hua XXII, p. 133 ; trad. fr. dans *AL*, p. 179, n. 2.

5. *Log. Unters.*, II. Unters., resp. § 21 et 42, Hua XIX/1, p. 163 et 226 ; trad. fr. *RL* II/1, p. 186 et 257.

6. Cf. *Log. Unters.*, *Prolegomena*, § 46, Hua XVIII, p. 174 ; trad. fr. *RL* I, p. 189 ; VI. Unters., § 52, Hua XIX/2, p. 690 ; trad. fr. *RL* III, p. 196.

déploiement de l'argumentation husserlienne est celle du « rapport entre l'acte d'attention et l'acte de signifier ou de viser » [1], c'est-à-dire la question de l'articulation entre attention et intention.

S'il est possible de considérer que l'attention portée à l'un des moments caractéristiques de l'objet est une abstraction, c'est au sens où ce moment est distingué des autres. Et comme Husserl le précise dans les § 10 et 41, cette orientation de l'attention ne produit aucune *séparation ontologique* par rapport au tout concret dont le moment est dépendant, mais plutôt un *isolement thématique* : le moment est visé « spécialement » au sens où une intention se dirige sur lui, où il devient « l'objet propre d'une représentation intuitive » [2]. Or si, comme nous l'avons souligné plus haut, la concentration de l'attention sur un moment attributif ne s'accompagne pas nécessairement d'une conscience de généralité, c'est bien parce que cette dernière correspond à un autre type d'acte ou d'intention, dont Husserl précise : 1/ qu'il s'effectue sur le fondement d'un donné individuel « pris simultanément en considération » (*mitbeachtet*) ou « présent simultanément à notre conscience [*mitbewusst*], bien qu'il ne soit en aucune façon visé », et 2/ qu'il consiste sur ce fondement à viser « par voie de généralisation, les espèces qui s'y rapportent » [3]. Par conséquent, il est impossible de confondre l'attention qui s'oriente spécialement (*speziell*) sur *ce* rouge avec l'intention dirigée spécifiquement (*spezifisch*) sur *le* rouge dont ce rouge est une instance [4]. Et à supposer qu'on puisse considérer aussi cette dernière intention comme une certaine forme d'attention portée au général qui s'instancie dans le moment individuel,

1. *Log. Unters.*, II. Unters., § 22, Hua XIX/1, p. 164; trad. fr. *RL* II/1, p. 187-188.

2. *Log. Unters.*, II. Unters., § 41, Hua XIX/1, p. 222; trad. fr. *RL* II/1, p. 252. *Cf.* § 10, Hua XIX/1, p. 135-136 : « cette orientation est un acte de visée [...] ce vers quoi s'oriente une intention devient par là même l'objet propre de l'acte. Or, devenir l'objet *propre* de l'acte et devenir l'objet *séparé* de tous les autres objets, ce sont là deux assertions fondamentalement différentes. [...] L'intention ne sépare pas, elle vise, et ce qu'elle vise, elle l'isole *eo ipso*, en tant qu'elle ne vise précisément que *ceci* et rien d'autre » (trad. fr. II/1, p. 152-153).

3. *Log. Unters.*, II. Unters., resp. § 21 et 22, Hua XIX/1, p. 163 et 166; trad. fr. *RL* II/1, p. 186 et 190.

4. *Log. Unters.*, II. Unters., § 10, 21 et 41, Hua XIX/1, p. 135, 162, 163, 222; trad. fr. *RL* II/1, p. 152, 185, 186, 252. Dans chacune de ces pages, la distinction terminologique que nous soulignons ici affleure sans être toutefois exposée pour elle-même de façon aussi claire par Husserl. Elle présente pourtant le double intérêt de corriger le § 33 de la Première Recherche, qui traitait le terme *speziell* comme un synonyme de *spezifisch* (I. Unters., Hua XIX/1, p. 108; trad. fr. *RL* II/1, 118), et d'éviter l'imprécision du gérondif *spezialisierende* qu'on trouve dans le § 1 de la Deuxième Recherche (II. Unters., Hua XIX/1, p. 114; trad. fr. *RL* II/1, 128).

rien ne permet de la confondre avec la prise en vue attentive du moment individuel. Si Berkeley écrase au contraire, dans son concept d'attention, cette différence des intentions, c'est essentiellement en raison de la permanence que nous avons déjà évoquée, chez lui, du préjugé lockien d'une conscience n'ayant affaire qu'à ses propres contenus. En effet, dans la mesure où il conduit le philosophe à « attribu[er], sans s'en apercevoir, *aux contenus* tout ce que les actes, d'après leur simple intention, placent dans l'*objet* » [1], ce préjugé implique d'une part que l'attention par laquelle la conscience sélectionne certains de ses contenus réels pour les considérer spécialement soit prise pour le mode selon lequel elle se rapporte à un objet, de sorte que toute distinction entre « des formes diverses de l'intention objective » [2] (comme la représentation individuelle et la représentation spécifique) se trouve compromise d'entrée de jeu. Mais par là même, d'autre part, ce préjugé rend inévitable la confusion, sous le titre de l'objet de l'attention, entre la présence, dans le contenu de la conscience, du moment individuel non visé qui sert de support à la visée de la *species* correspondante, et la conscience de cette *species* elle-même, visée à titre d'objet idéal.

Le reproche qu'il faut adresser à la théorie berkeleyenne de l'abstraction n'est donc pas de l'avoir fondée sur l'attention mais sur une notion trop étroite de l'attention, qui limite son opérativité aux données intuitives du contenu réel de la conscience. *A contrario*, Husserl soutient que le « concept *unitaire* d'attention » implique de la définir à partir de l'intention plutôt que de l'intuition, c'est-à-dire de reconnaître que son champ d'application « comprend à titre égal les actes d'intuition et de pensée », et donc qu'elle coïncide *in fine* avec le concept de « conscience de quelque chose » [2]. Trois conséquences en découlent. En premier lieu, cela revient à défendre une conception intentionnelle de l'attention, en vertu de laquelle elle est toujours dirigée sur des objets, tels qu'ils se constituent précisément dans la conscience, c'est-à-dire selon des modes du représenter dont les différences sont irréductibles à des

1. *Log. Unters.*, II. Unters., § 22, Hua XIX/1, p. 165; trad. fr. *RL* II/1, p. 188.

2. *Log. Unters.*, II. Unters., § 23, Hua XIX/1, p. 169; trad. fr. *RL* II/1, p. 193.

2. *Log. Unters.*, II. Unters., § 23, Hua XIX/1, p. 168; trad. fr. *RL* II/1, p. 192. Si le domaine de l'attention est ainsi à la mesure de celui de l'intention, la question se pose immédiatement de savoir si l'attention correspond à un acte intentionnel *sui generis* ou bien si elle n'est qu'un mode d'accomplissement vigilant de tout acte intentionnel. Cette question sera au cœur du cours de 1904-1905 que Husserl consacrera à l'attention : cf. *Wahrnehmung und Aufmerksamkeit. Texte aus dem Nachlass (1890-1912)*, Hua XXXVIII (trad. fr. partielle N. Depraz, *Phénoménologie de l'attention*, Paris, Vrin, 2009).

différences concernant le contenu psychique réel. En second lieu, puisque « l'"abstraction" dans laquelle, au lieu de ne considérer que l'intuitif individuel [...], nous appréhendons au contraire un être de pensée » [1] est précisément un mode du représenter parmi d'autres, il est légitime de la décrire comme un acte d'attention :

> Lorsque nous nous occupons d'études théoriques sur *la culture de la Renaissance, la philosophie de l'Antiquité, les étapes de l'évolution des représentations astronomiques, sur les fonctions elliptiques, les courbes du* $n^{ème}$ *degré, les lois d'opérations algébriques, etc.*, nous sommes attentifs à tout cela. [...] Quand notre jugement est de la forme : *tous les A sont B*, notre attention se rapporte à cet état de choses universel, il s'agit pour nous de la totalité et non pas de telle ou telle singularité [2].

Il y a donc un sens à se dire attentif à une généralité, que cette dernière conserve un lien avec un fondement sensible (comme c'est le cas du rouge *in specie*) ou qu'elle soit une généralité purement catégoriale, excluant tout lien de ce type (comme c'est le cas du *tous* comme forme logique de l'universalité dans le jugement *tous les A sont B*) [3]. Mais cela implique réciproquement, en dernier lieu, que l'attention au sens plus étroit d'« une certaine préférence à l'intérieur de la sphère de la conscience » [4] (sens privilégié de façon injustifiée par l'empirisme nominaliste) nomme une simple différence d'accentuation, indépendante par principe du type de conscience en jeu et pouvant donc se produire au sein de chacun de ces types sans déterminer quoi que ce soit du caractère singulier ou général de l'objet qui s'y trouve visé.

Si, au terme de cette discussion critique de la conception de l'abstraction comme attention, on se demande dans quelle mesure elle a pu permettre à Husserl de préciser ou de clarifier sa propre conception de la représentation générale, il nous semble que deux points ressortent avec une particulière acuité. Les analyses précédentes montrent en effet : premièrement, que pour être un mode de conscience en vertu duquel nous nous rapportons à des objets généraux ontologiquement consistants, cette représentation générale n'en implique pas moins *une ontologie particulariste* qui défend la consistance individuelle des moments objectaux ; deuxièmement, qu'elle est *un acte complexe*, qui suppose que

1. *Log. Unters.*, II. Unters., § 23, Hua XIX/1, p. 168 ; trad. fr. *RL* II/1, p. 192.
2. *Log. Unters.*, II. Unters., § 23, Hua XIX/1, p. 167 ; trad. fr. *RL* II/1, p. 191.
3. Pour la clarification de cette distinction, cf. *Log. Unters.*, VI. Unters. § 60, Hua XIX/2, p. 711 *sq.* ; trad. fr. *RL* III, p. 219 *sq.*
4. *Log. Unters.*, II. Unters., § 23, Hua XIX/1, p. 168 ; trad. fr. *RL* II/1, p. 192.

l'individu singulier qui instancie la généralité visée soit lui-même pris en considération mais sans être visé pour autant. Or il est possible de considérer que tout en discutant deux autres versions de la conception nominaliste de l'abstraction selon une progression chronologique qui conduit de Locke à Berkeley puis à Hume, chacun des deux chapitres suivants contribue simultanément à la clarification de l'un de ces deux points. Telle est, du moins, la lecture qu'en proposeront les pages qui suivent.

La critique de la fonction représentative pensée et sensibilité

C'est en effet la complexité structurale de la conscience de généralité qui constitue l'enjeu principal de la discussion à laquelle Husserl soumet une thèse fondamentale sur laquelle tous les philosophes de la tradition empiriste semblent s'accorder, à savoir que cette généralité renverrait à la fonction par laquelle une représentation tient lieu, dans notre esprit, d'une pluralité d'autres. Comme cette fonction consiste, pour la représentation en question, à « représenter » ce dont elle tient lieu (comme un avocat les intérêts de son client ou un ambassadeur son souverain), une ambiguïté lexicale apparaît ici, que Husserl contourne en recourant au registre latinisant de la *Repräsentation* par contraste avec le terme de *Vorstellung* qu'il réserve à la relation intentionnelle de l'esprit à son objet[1]. La théorie ici discutée est donc celle qui soutient que « la généralité de la représentation [*Vorstellung*] résiderait dans la généralité de la représentation [*Repräsentation*] »[2]. Si Locke attribue bien cette fonction, et avec elle une certaine efficacité économique, à ses idées générales séparées par abstraction, le nominalisme de Berkeley et de Hume consiste à « la transpose[r] aux idées singulières présentes dans chaque cas »[3]. Ainsi Berkeley soutient-il que pour le géomètre, la ligne singulière qu'il trace est générale pour autant qu'elle est considérée comme tenant-lieu (*Stellvertreter*) de toutes les lignes singulières possibles, c'est-à-dire de l'extension de la ligne en général, de même que le mot particulier « ligne » devient général en tant qu'il sert de signe pour toutes les lignes possibles qui composent cette extension. Et c'est cette même conception qui est défendue par Hume lorsqu'il affirme que les

1. Les traducteurs français des *Recherches* ont fait le choix de traduire *Repräsentation* par « représentation représentative »; pour éviter les lourdeurs que ce choix implique, nous nous contenterons ici du terme allemand lui-même, suffisamment transparent.
2. *Log. Unters.*, II. Unters., § 27, Hua XIX/1, p. 178; trad. fr. *RL* II/1, p. 204.
3. *Log. Unters.*, II. Unters., § 28, Hua XIX/1, p. 180; trad. fr. *RL* II/1, p. 206.

idées abstraites sont des images singulières dans notre esprit mais dont l'association habituelle avec des noms leur permet de fonctionner, dans nos jugements, comme autant de représentants d'une classe [1].

La critique husserlienne de cette conception prend d'abord la forme d'une objection générale de circularité : car le fait qu'une représentation particulière puisse tenir lieu de toutes les autres n'est pas un privilège qui lui revient en propre, mais une fonction que n'importe quelle autre représentation pourrait remplir au sein de cette extension totale. Or, cela signifie que la thèse de la fonction de *Repräsentation* est en réalité le résultat d'une réflexion sur le fait que toutes les représentations singulières « de la même classe » sont fonctionnellement équivalentes, ce qui suppose que soit déjà donnée la *species* qui détermine et unifie une telle classe en s'instanciant dans chacune des représentations singulières également capables de tenir lieu de toutes les autres [2]. Bien que cette objection, qui n'est pas sans rappeler celle qui a été élevée au § 4 contre l'empirisme des ressemblances [3], suffise à congédier toute théorie de l'abstraction comme *Repräsentation* puisqu'elle montre, pour le dire avec D. Pradelle, que la conscience de généralité est par principe « irréductible à celle d'une totalité extensionnelle d'objets de niveaux inférieurs » [4], Husserl y adjoint toutefois une critique de la façon particulière dont Berkeley a cherché à la défendre, où se fait jour d'après lui une double confusion. En traitant le rapport entre un terme général et sa signification comme le rapport entre un signe et chacun des individus singuliers dont il tient lieu et qu'il suggère à l'esprit [5], Berkeley confond d'abord la signification et l'indication (soit les deux sens du signe sur la distinction desquels s'ouvre la Première Recherche [6]), ce qui lui interdit d'apercevoir le « fait phénoménologique fondamental » que sont « les modes de conscience d'un genre nouveau qui donnent au vécu singulier de l'expression et de la pensée générales tout son caractère distinctif » [7]. Mais comme le montre aussi l'exemple

1. *Cf.* resp. Berkeley, *A Treatise*, *op. cit.*, Introduction, § 12, p. 245; trad. fr., p. 307; D. Hume, *A Treatise of Human Nature*, Oxford, Clarendon Press, 1978, I, I, 7, p. 20; trad. fr. Ph. Baranger et Ph. Saltel, *L'entendement. Traité de la nature humaine*, Livre I et Appendice, Paris, Flammarion, 1995, p. 65; trad. fr. M. Malherbe, *Traité de la nature humaine, Livre I. L'entendement*, Paris, Vrin, 2022, p. 133. Ces deux thèses sont restituées par Husserl respectivement aux § 28 et 32, Hua XIX/1, p. 180-181 et 190; trad. fr. *RL* II/1, p. 207 et 217.

2. *Log. Unters.*, II. Unters., § 29, Hua XIX/1, p. 182; trad. fr. *RL* II/1, p. 209.

3. Cf. *supra*, p. 94.

4. D. Pradelle, *Par-delà la révolution copernicienne. Sujet transcendantal et facultés chez Kant et Husserl*, Paris, Puf, 2012, p. 191.

5. *Log. Unters.*, II. Unters., § 29, Hua XIX/1, p. 183; trad. fr. *RL* II/1, p. 210.

6. Cf. *Log. Unters.*, I. Unters., § 1, Hua XIX/1, p. 30-31; trad. fr. *RL* II/1, p. 27-28.

7. *Log. Unters.*, II. Unters., § 25, Hua XIX/1, p. 174; trad. fr. *RL* II/1, p. 199.

géométrique qu'il convoque à l'appui de sa conception, Berkeley raisonne comme si les propositions géométriques valaient pour la figure tracée et n'avaient de portée générale qu'en vertu du fait que ce tracé tiendrait lieu de toute autre figure ; s'il méconnaît ainsi l'évidence selon laquelle aucun tracé réal ne peut être celui d'une figure géométrique comme telle, c'est parce qu'il confond, dans le sillage de Locke, la représentation intuitive ou l'image qui illustre et remplit la conscience de généralité (ce rond) avec l'objet visé par l'intention générale (le cercle)[1].

Or l'essentiel est ici, aux yeux de Husserl, que dans la mesure où ces confusions reconduisent l'illusion selon laquelle il serait possible de rendre compte de la généralité sans quitter la sphère « des idées singulières servant de représentants », mais plutôt « au moyen d'une agglomération quelconque de ces singularités »[2], elles témoignent d'une méconnaissance du caractère *sémantique* et *logique* de la généralité, c'est-à-dire, par extension, de la nature de la pensée[3]. Soit par exemple la généralité exprimée par le jugement universel *tous les A;* à en croire Berkeley ou Hume, la généralité de ce jugement proviendrait du fait que l'un des individus singuliers qui composent l'extension totale du concept représente effectivement tous les autres en en tenant lieu dans la conscience. Mais Husserl objecte qu'une telle conception est évidemment illusoire car non seulement la totalité en question peut parfaitement être infinie, inaccessible à un dénombrement et donc à un tenir-lieu effectif (par exemple dans le cas de la totalité des nombres pairs), mais à supposer même qu'on soit capable de venir à bout d'une totalité finie et d'épuiser ainsi l'extension du concept *A*, alors « on se représenterait tous les *A*, et cependant *tous les A* ne serait pas représenté, la représentation logique ne serait pas réalisée »[4]. Cette représentation logique n'a donc rien à voir avec une *Repräsentation* par laquelle la conscience se rapporterait à tous les individus de l'extension, de façon distributive ou combinatoire, à partir de l'intuition sensible de l'un d'entre eux; il s'agit au contraire de ce que Husserl nomme dans ces pages un acte de représentation *intellectuelle*, accompli *par la pensée* (*Akt des gedanklichen Vorstellens*)[5].

1. Cette réfutation de l'argument géométrique de Berkeley est conduite par Husserl dans les § 20 et 30 de la Deuxième Recherche : Hua XIX/1, p. 160-161 et 184; trad. fr. *RL* II/1, p. 183-184 et 211-212. La confusion en cause a été d'abord pointée dans le § 10 puis reformulée au § 15 (Hua XIX/1, resp. p. 134 et 148 ; trad. fr. *RL* II/1, p. 151 et 169).

2. *Log. Unters.*, II. Unters., § 30, Hua XIX/1, p. 185 ; trad. fr. *RL* II/1, p. 212.

3. *Cf.* A. D. Smith, « The Critique of Empiricist Accounts of Abstraction », *in* V. Mayer (Hrsg.). *Edmund Husserl, Logische Unterscuchungen, op. cit.*, p. 101.

4. *Log. Unters.*, II. Unters., § 26, Hua XIX/1, p. 177 ; trad. fr. *RL* II/1, p. 203.

5. *Log. Unters.*, II. Unters., § 25, Hua XIX/1, p. 175 ; trad. fr. *RL* II/1, p. 200.

Pour caractériser plus précisément un tel acte, il faut souligner en premier lieu que ce qui vaut ici de la représentation de la totalité vaut également de celle des autres formes logiques de la généralité que nous avons déjà évoquées, comme l'indétermination (*un A*), l'unité idéale (*le A* in specie), etc. Dans chaque cas, ce qui est visé n'est autre que la forme logique, précisément, dans son irréductibilité à un quelconque agencement de singularités. C'est la raison pour laquelle Husserl peut affirmer que « tout le logique est contenu dans ce caractère d'acte » [1]. Mais il faut alors remarquer, en second lieu, que cette dernière formule doit s'entendre au double sens selon lequel cet acte de la pensée permet certes de rendre compte des différentes formes sous lesquelles la généralité logique est appréhendée, mais aussi et surtout de la différence entre cette appréhension logique et celle de l'individualité telle qu'elle s'accomplit dans l'intuition, c'est-à-dire de « la différence entre l'"appréhension intellectuelle" et l'"appréhension sensible" » [2]. En effet, dans la mesure où « nous ne pouvons intuitionner que ceci ou cela [*dies und jenes*] », il est clair que cette intuition sensible est incapable de « nous mettre sous les yeux "ce qui est proprement visé" » lorsque nous nous représentons le *tous* comme tel, le *un* ou le *quelques* comme tels; cette dernière représentation s'accomplit précisément « sur le mode de l'unité de la pensée », c'est-à-dire selon « un mode de visée nouveau par comparaison avec l'intuition du "sens interne" ou "externe" » [3]. Et c'est justement la raison pour laquelle, en dernier lieu, le rapport qu'un tel acte de visée intellectuelle de la généralité entretient avec les singularités individuelles qui en font l'extension et qui nous sont données dans l'intuition sensible, donc le rapport de subsomption, ne peut être lui-même qu'un rapport strictement logique, c'est-à-dire ni réal ni réel. Puisque c'est en vertu de son contenu logique et non en vertu d'une relation réale de *Repräsentation* qu'une généralité comme le *tous* du jugement universel *tous les A sont B* se rapporte aux individus de son extension, cette subsomption est un rapport *idéal* de validité apriorique pour tout *A* singulier; et un tel rapport n'implique aucune inclusion réelle, dans l'acte de visée du général, de la visée intuitive et sensible de ces singularités, fût-ce pour que l'une d'entre elles fonctionne comme tenant-lieu des autres [4].

1. *Ibid.*

2. *Log. Unters.*, II. Unters., § 26, Hua XIX/1, p. 176; trad. fr. *RL* II/1, p. 202.

3. *Log. Unters.*, II. Unters., resp. § 26, Hua XIX/1, p. 177 et 176; trad. fr. *RL* II/1, p. 203 et 201. *Cf.* également VI. Unters., § 43, Hua XIX/2, p. 665 : « Les corrélats objectifs des formes catégoriales ne sont pas des moments "réaux" »; trad. fr. *RL* III, p. 169.

4. Cf. *Log. Unters.*, II. Unters., § 29, Hua XIX/1, p. 183; trad. fr. *RL* II/1, p. 210-211.

Si Husserl parvient ainsi à formuler contre l'empirisme une claire distinction entre les sphères de la pensée et de la sensibilité, il faut insister sur le fait que tout l'intérêt de sa critique de la théorie de la *Repräsentation* est de montrer que cette distinction n'a pas le sens d'une séparation, mais que *la conscience de généralité est précisément le lieu d'une articulation de la pensée et de la sensibilité*. Deux thèses avancées ici par Husserl sont décisives à cet égard – deux thèses qui appellent des compléments qui seront au cœur des analyses de la Sixième Recherche.

C'est d'abord l'apparente séparation de la pensée et de l'intuition qui est tempérée par la considération du fait que si ce que vise la conscience intellectuelle de généralité est irreprésentable par l'intuition sensible, cette intention de généralité a bien pourtant, comme toute intention, son mode propre d'attestation évidente dans une intuition qui soit à sa mesure. Par là se trouve dégagée la nécessité de ne pas en rester à la conception courante qui identifie tout bonnement l'intuition à l'intuition sensible, mais d'envisager « un nouveau concept de l'intuition »[1], qui permette de rendre compte descriptivement de la possibilité d'une donation à la conscience de ce qu'elle vise au titre de la généralité, sous l'une ou l'autre de ses formes logiques – donation dont la compréhension du sens évident de nos expressions générales les plus courantes atteste qu'elle est non seulement possible mais effective. En d'autres termes, il s'agit de renverser la logique de la théorie empiriste de la *Repräsentation* : au lieu d'aligner la pensée sur l'intuition sensible, il faut reconnaître *la possibilité pour l'intention non sensible de la généralité, sous toutes ses formes, de se remplir dans une intuition elle-même non sensible*, donatrice des états de choses généraux ou catégoriaux correspondants – bref : d'*une intuition catégoriale*, dont la pleine justification théorique sera fournie au § 52 de la Sixième Recherche.

Parallèlement à cette réarticulation de la pensée et de l'intuition, Husserl montre que l'intuition sensible individuelle joue un rôle structurant dans la conscience de généralité en tant que « fondation intuitive [*anschauliche Fundierung*] de la signification générale »[2] : c'est sur l'intuition sensible de tel ou tel objet rouge individuel que s'appuie la visée du rouge *in specie*. Comme nous l'avons déjà indiqué plus haut[3], le point déterminant est ici que cette relation de fondation désigne une présupposition sans réductibilité : que la visée du cercle

1. *Log. Unters.*, II. Unters., § 26, Hua XIX/1, p. 178 ; trad. fr. *RL* II/1, p. 203.
2. *Log. Unters.*, II. Unters., § 29, Hua XIX/1, p. 182 ; trad. fr. *RL* II/1, p. 209.
3. Cf. *supra*, p. 104.

s'édifie (et se vérifie) sur celle du tracé de ce rond n'implique pas que la conscience de généralité ne soit autre chose que la visée d'une singularité remplissant une fonction psychologique. Autrement dit, ces intuitions individuelles fondatrices « n'entrent nullement avec leur propre intention intuitive sensible dans le contenu de la pensée » [1] – raison pour laquelle Husserl utilise souvent des termes comme « base » (*Grund*, *Grundlage*), « support » ou « soutien » (*Anhalt*) pour nommer cette fonction qu'on pourrait dire de fondamentation, autant de termes qui maintiennent l'intuition sensible fondatrice dans une certaine extériorité par rapport à la visée générale qui s'édifie sur elle. C'est donc ce concept de *Fundierung* qui permet de rendre compte de la complexité intrinsèque de la conscience de généralité pour autant qu'elle articule le sensible et l'intellectuel sans confondre, comme le font les empiristes, la singularité sensible qui sert de support ou d'illustration pour la conception (le tracé d'une figure, ou tel moment qualitatif de l'objet) et l'objet général qui est visé dans la conception (la figure géométrique idéale ou l'attribut *in specie*) [2]. Par là même, ce concept montre que l'abstraction idéatrice est bien une généralisation, au sens d'un acte opéré *sur* une singularité individuelle fondatrice et non d'une fonction remplie *par* cette dernière selon un mécanisme psychologique. Une fois que cette *Fundierung* aura trouvé sa définition méréologique au § 14 de la Troisième Recherche, c'est dans les § 46, 48 et 52 de la Sixième qu'elle sera de nouveau mobilisée par Husserl pour décrire les actes complexes de visée de la généralité non seulement comme des actes fondés mais comme des actes catégoriaux non synthétiques, dans lesquels la visée de l'acte fondateur n'est pas co-accomplie [3]. Pour l'heure, Husserl se contente de suggérer que la théorie de la *Repräsentation* ne serait recevable, *in fine*, que si elle définissait cette dernière comme une fondation (*Fundierung*) plutôt que comme un tenir-lieu (*Stellvertretung*) : car elle ne nommerait pas, alors, une fonction psychologique réduisant la généralité à un jeu de substitutions horizontales entre des représentations également singulières, mais une fonction proprement phénoménologique qui « rendrait impossible le nominalisme » en articulant verticalement la différence et l'implication

1. *Log. Unters.*, II. Unters., § 25, Hua XIX/1, p. 175 ; trad. fr. *RL* II/1, p. 200.

2. Cf. *Log. Unters.*, II. Unters., § 34, Hua XIX/1, p. 193-194 : « si la conscience du général se ranime toujours à nouveau au contact de l'intuition individuelle, si elle y puise la clarté et l'évidence, cela ne veut pas dire qu'elle soit directement issue de l'intuition singulière » (trad. fr. *RL* II/1, p. 221).

3. Cf. *Log. Unters.*, III. Unters., § 14, Hua XIX/1, p. 267 *sq.* ; trad. fr. *RL* II/2, p. 45 *sq.* ; VI. Unters., § 46, 48 et 52, Hua XIX/2, p. 673 *sq.*, 681 *sq.* et 690 *sq.* ; trad. fr. *RL* III, p. 177 *sq.*, 186 *sq.* et 196 *sq.*

mutuelle de la singularité et de la généralité [1]. C'est pourquoi le résultat de toute cette discussion critique de la *Repräsentation* est qu'il est nécessaire de « lui substitue[r] le concept bien compris et authentique de la représentation [*Vorstellung*] générale en tant qu'acte de la signification générale ou [...] de l'intuition générale » [2].

Critique de la théorie humienne
La consistance des moments abstraits

Comme nous l'avons suggéré plus haut, l'examen critique de la conception humienne des idées abstraites fournit quant à lui le cadre dans lequel Husserl revient, pour l'étayer, sur ce particularisme ontologique qui a émergé au moment de la réfutation de la théorie de l'abstraction comme attention et qui consiste à reconnaître aux moments attributifs des objets singuliers (à leurs propriétés) la même consistance individuelle qu'aux objets dont ils sont les parties dépendantes et inséparables.

Pour comprendre comment s'engage ici la discussion, il faut rappeler tout d'abord que Hume ne prétend pas proposer une théorie nouvelle des idées générales mais seulement « confirmer par certains arguments » [3] la conception berkeleyenne selon laquelle ces idées sont en réalité des idées singulières qui deviennent générales pour autant qu'elles tiennent lieu, dans l'esprit auquel elles les suggèrent par là même, de plusieurs autres. Et l'on considère le plus souvent que cette confirmation consiste à accentuer la dimension nominaliste de l'exposé de Berkeley puisque, en fondant la généralité de l'idée sur celle des noms, qui repose quant à elle sur la ressemblance des choses singulières [4], elle conduit effectivement

1. Cf. *Log. Unters.*, II. Unters., § 27, Hua XIX/1, p. 179; trad. fr. *RL* II/1, p. 205. Une page plus haut, Husserl précise que « la thèse de la fonction représentative de l'image intuitive serait alors applicable en tant que l'image intuitive en soi ne fait que représenter un individu de la *species* en question tout en faisant fonction de support pour la conscience conceptuelle édifiée sur elle de telle sorte que, par son intermédiaire, l'intention dirigée sur la *species* [...] se constitue » (Hua XIX/1, p. 178; trad. fr. *RL* II/1, p. 204).

2. *Log. Unters.*, II. Unters., § 34, Hua XIX/1, p. 193; trad. fr. *RL* II/1, p. 221.

3. Hume, *Treatise*, *op. cit.*, I, I, 7, p. 17; trad. fr. Baranger-Saltel, p. 65; trad. fr. M. Malherbe, p. 130.

4. *Cf.* Hume, *Treatise*, *op. cit.*, I, I, 7, p. 22 et 23 : « Une idée particulière devient générale en étant associée à un terme qui, par suite d'une conjonction coutumière, est en relation avec beaucoup d'autres idées particulières »; « les êtres individuels sont rassemblés et placés sous un terme général au vu de la ressemblance qu'ils soutiennent entre eux » (trad. fr. Baranger-Saltel, p. 68 et 69; trad. fr. M. Malherbe, p. 136 et 138). Hume inverse donc la démarche qui était celle de Locke et de Berkeley : *Cf.* Locke, *Essay*, *op. cit.*, III, 3, § 6, p. 410-411 : « Les noms deviennent généraux en devenant signes d'idées générales » (trad. fr., p. 48); Berkeley, *Treatise*..., Introduction, § 12, p. 245 : « C'est en observant comment les idées deviennent générales que nous pouvons le mieux juger comment les mots le deviennent » (trad. fr., p. 306).

à considérer que « l'universalité est due à la nomination plutôt qu'à l'abstraction » [1], ou du moins que l'abstraction ne serait rien d'autre que nomination. Mais du point de vue de Husserl – et en concordance avec son interprétation du nominalisme que nous avons restituée plus haut – ce geste de Hume consiste avant tout à psychologiser la doctrine de Berkeley en procédant à son « extériorisation » : la fonction de tenant-lieu remplie par les idées singulières n'a plus rien à voir, désormais, avec ce qui serait leur teneur représentative mais se trouve intégralement renvoyée à l'association entre des groupes de ressemblances et des noms, c'est-à-dire des « signes qui s'y rattachent extérieurement », tandis que cette association se trouve elle-même expliquée par des « rapports génétiques », en l'occurrence les mécanismes causaux de l'habitude [2]. Dans ces conditions, une réfutation de la doctrine de Hume est doublement superflue : déjà accomplie avec les objections qui ont été élevées contre la conception berkeleyenne de la *Repräsentation*, elle est en même temps inutile puisque la phénoménologie n'est pas concernée par l'explication génétique de la conscience de généralité mais par son élucidation descriptive [3].

Cela dit, nous avons déjà vu que Husserl soulignait également l'ambivalence des analyses humiennes, dont l'absurdité du point de vue de la théorie phénoménologique de la connaissance n'annule aucunement la pertinence ni la fécondité sur le terrain de l'analyse génétique. Or parmi ces « idées de valeur » contenues dans les développements de Hume, il en est une dont Husserl considère qu'elle est « d'un intérêt tout particulier » [4] non pas seulement pour une explication *psychologique* de la représentation générale mais aussi pour l'élucidation *phénoménologique* de l'abstraction généralisante : il s'agit de la théorie avancée par Hume pour rendre compte de la « distinction de raison » (*distinctio rationis*), c'est-à-dire de la possibilité qu'aurait l'esprit de distinguer entre des choses qui ne sont pas réellement séparables (comme un corps et sa forme, une ligne et sa longueur, une surface et sa couleur). Dans l'empirisme humien, ce type de distinction est rendu précisément impossible par le « principe

1. A. Meinong, *Gesamtausgabe*, Graz, Akademische Druck- und Verlaganstalt, VII, 1978, p. 118, cité par R. Rollinger, *Meinong and Husserl on Abstraction and Universals. From* Hume Studies I *to* Logical Investigations II, Amsterdam, Rodopi, 1993, p. 38.

2. *Log. Unters.*, II. Unters., resp. § 34 et 33, Hua XIX/1, p. 194 et 191 ; trad. fr. *RL* II/1, p. 222 et 219).

3. Cf. *Log. Unters.*, II. Unters., § 32, 35 et 36, Hua XIX/1, p. 189, 196 et 198 ; trad. fr. *RL* II/1, p. 217, 225 et 226.

4. *Log. Unters.*, II. Unters., resp. § 34 et 36, Hua XIX/1, p. 194 et 196; trad. fr. *RL* II/1, p. 222 et 225.

de différence » qui aligne ce qui peut être séparé sur ce qui peut être distingué, et ce qui peut être distingué sur ce qui est différent [1]. Mais s'il est impossible de distinguer d'un objet concret ses moments inséparables comme le sont sa forme, sa couleur, etc., comment comprendre que nous puissions les nommer séparément et donc que des idées générales de ces qualités puissent jamais se former ? Pour sortir de cette difficulté, Hume s'appuie sur le fait que nous sont couramment données dans l'expérience de nombreuses « ressemblances séparées dans ce qui semblait d'abord, et qui est en réalité, inséparable » [2]. Son célèbre exemple est repris par Husserl au § 36 : une même sphère de marbre blanc ressemble à la fois à une sphère de marbre noir et à un cube de marbre blanc ; la distinction de raison consiste dès lors seulement en ce que, sans séparer ni la forme ni la couleur, nous parvenons pourtant, sur le fondement de l'habitude, à prendre préférentiellement l'une ou l'autre en vue pour elle-même à partir des ressemblances qui leur correspondent respectivement selon que l'on rapproche la sphère de marbre blanc de l'autre sphère (ressemblance de forme) ou bien du cube blanc (ressemblance de couleur).

Si cette théorie revêt un intérêt aux yeux de Husserl, ce n'est évidemment pas par sa façon psychologique d'expliquer comment la conscience peut bien être dirigée *exclusivement* vers un caractère singulier pourtant *inséparable* de l'objet concret. Rappelons, à cet égard, que c'est l'intentionnalité elle-même, comme caractère descriptif des vécus, qui fonde pour Husserl une telle possibilité puisque viser consiste précisément à isoler sans séparer [3]. Ce qui est en cause ici, c'est plutôt l'une des interprétations dont la théorie de Hume est susceptible, en l'occurrence celle qui était défendue au tournant du siècle par Hans Cornelius. Selon cette interprétation radicale, la théorie de la *distinctio rationis* conforterait l'indistinction réelle des moments ou des contenus inséparables au point de justifier la thèse selon laquelle les seules parties

1. *Cf.* Hume, *Treatise, op. cit.*, I, I, 7, p. 18 : « les objets différents peuvent être distingués et [...], s'ils peuvent l'être, la pensée et l'imagination peuvent les séparer. Et nous pouvons ajouter ici que ces propositions sont également vraies quand on les *inverse* et que tous les objets séparables peuvent être distingués, et que tous les objets qui peuvent être distingués sont également différents. Car se peut-il que nous puissions séparer ce qui ne peut être distingué ou distinguer n'est pas différent ? » (trad. fr., p. 63). *Cf.* G. Deleuze, *Empirisme et subjectivité. Essai sur la nature humaine selon Hume*, Paris, Puf, 1953, p. 93 ; Y. Michaud, *Hume et la fin de la philosophie*, Paris, Puf, 1983, p. 78 *sq.*

2. Hume, *Treatise*, *op. cit.*, I, I, 7, p. 25 ; trad. fr. Baranger-Saltel, p. 71 ; trad. fr. M. Malherbe, p. 140.

3. Cf. *Log. Unters.*, II. Unters., § 10, Hua XIX/1, p. 135-136 : « L'intention ne sépare pas, elle vise, et ce qu'elle vise, elle l'isole *eo ipso*, en tant qu'elle ne vise précisément que *ceci* et rien d'autre » (trad. fr. *RL* II/1, p. 152-153).

réelles des objets seraient leurs parties indépendantes et séparables, leurs fragments. Par contraste, leurs moments, c'est-à-dire leurs caractères attributifs ou encore leurs propriétés ne seraient que des *fictions*, de purs effets de ressemblance : là où nous croyons appréhender un moment qualitatif comme le rouge d'un objet rouge, il n'y aurait rien d'autre, en réalité, que la ressemblance du particulier concret en question (de l'objet rouge) avec d'autres objets colorés. Comme on le voit, cette « idée paradoxale » [1] vient heurter de front la thèse particulariste que Husserl a fait valoir précédemment lorsqu'il a affirmé, contre la conception de l'abstraction comme attention, l'irréductible individualité des moments abstraits. C'est la raison pour laquelle il accorde une telle importance à cette interprétation de la théorie humienne de la *distinctio rationis*, et c'est la raison pour laquelle nous devons prêter attention aux objections qu'il lui adresse si nous voulons comprendre ce qui rend indispensable, dans sa critique du nominalisme, un tel particularisme traditionnellement associé au nominalisme.

Ces objections sont au nombre de deux, chacune d'entre elles étant déployée, dans le § 37, sur les plans objectif (celui de la chose apparaissante et de ses propriétés) et subjectif (celui de l'apparition de la chose, c'est-à-dire du vécu immanent et de ses composantes sensorielles), que Hume, comme Locke avant lui, commet l'erreur de confondre [2]. Et tandis que la seconde s'appuie sur l'argument *phénoménologique* de l'« évidence relative aux différences entre les objets intentionnels » pour réfuter qu'on puisse jamais confondre l'intuition d'une qualité sensible d'objet avec l'intuition d'une relation de ressemblance, et pour établir ainsi l'inéliminabilité théorique des moments sensoriels comme parties constitutives de l'intuition sensible unitaire dans laquelle une telle qualité nous est donnée [3], la première est de type *ontologique* et fait écho à la discussion de l'empirisme des ressemblances menée au début de la Recherche. C'est pourquoi nous allons la considérer d'un peu plus près. L'argumentation de Husserl consiste d'abord à rappeler que les contenus abstraits ne sont pas seulement des contenus *qualitatifs* mais aussi des contenus *relationnels* (la supériorité de *A* par rapport à *B* est un moment de *A*). Or la ressemblance étant un tel contenu relationnel, la démarche qui prétend éliminer les propriétés en interprétant les qualités comme

1. *Log. Unters.*, II. Unters., § 36, Hua XIX/1, p. 198 ; trad. fr. *RL* II/1, p. 226.

2. Cf. *Log. Unters.*, II. Unters., § 36, Hua XIX/1, p. 198-199 ; trad. fr. *RL* II/1, p. 227-228 ; *cf.* § 10, Hua XIX/1, p. 133 ; trad. fr. *RL* II/1, p. 150.

3. *Log. Unters.*, II. Unters., § 37, Hua XIX/1, p. 203 ; trad. fr. *RL* II/1, p. 232.

des ressemblances est vaine car inévitablement vouée à la régression qui consiste à expliquer à l'infini des ressemblances par d'autres ressemblances [1]. On voit immédiatement – et Husserl ne manque pas de le souligner [2] – que cette régression est formellement identique à celle qui a été mise en évidence au § 4, la différence entre les deux n'étant pour ainsi dire que d'échelle : tandis que cette dernière affectait la tentative d'élimination des *species* au profit des ressemblances singulières entre objets individuels, la présente régression affecte la tentative d'élimination des propriétés singulières de ces objets, c'est-à-dire des instances de *species*. Or cette simple remarque formelle est loin d'être dépourvue de portée philosophique.

En effet, on peut d'abord souligner que cette analogie argumentative fait ressortir avec une netteté toute particulière *la thèse ontologique d'ensemble des* Recherches logiques, *qui défendent donc, de part et d'autre des particuliers concrets (objets) et selon une certaine symétrie argumentative, la consistance des moments (propriétés) contre le fictionnalisme des particuliers abstraits et la consistance des objets généraux* (species) *contre le fictionnalisme des universaux*. Mais on peut également poser la question de savoir si l'on a réellement affaire à deux argumentations parallèles, question à laquelle Husserl répond par la négative dans une remarque tout à fait décisive :

> Naturellement, la conscience évidente de généralité, dans laquelle la *species* est en quelque sorte donnée elle-même, ne pourrait pas se former si l'on soumettait à une interprétation relativiste le cas singulier qui, en tant que donnée intuitive, est présupposé pour l'accomplissement effectif de l'abstraction. Ces arguments parallèles sont donc aussi essentiellement liés [3].

Ces lignes articulent en effet le niveau des *species* et celui des moments en affirmant que l'abstraction qui rend possible la conscience de généralité implique la consistance ontologique des moments, de sorte que si l'on élimine ces contenus abstraits, alors on supprime « *avec eux*, les concepts abstraits » [4]. Mais il faut se garder toutefois d'interpréter cet « avec » en attribuant à Husserl la thèse selon laquelle les *species* seraient

1. Cf. *Log. Unters.*, II. Unters., § 37, Hua XIX/1, p. 200 et 201 ; trad. fr. *RL* II/1, p. 229 et 230.

2. Cf. *Log. Unters.*, II. Unters., § 37, Hua XIX/1, p. 205 ; trad. fr. *RL* II/1, p. 234-235.

3. *Log. Unters.*, II. Unters., § 37, Bermerkungen, Hua XIX/1, p. 205 ; trad. fr. *RL* II/1, p. 235.

4. *Log. Unters.*, II. Unters., § 37, Hua XIX/1, p. 204 ; trad. fr. *RL* II/1, p. 234 (nous soulignons).

elles-mêmes des moments dépendants : nous avons déjà indiqué que c'est là précisément l'erreur que Husserl reproche à Twardowski[1]. Si la suppression des moments implique celle des *species* universelles, ce n'est absolument pas parce que ces dernières seraient elles-mêmes des parties d'objets concrets, mais seulement parce qu'elles ne sont données dans une conscience évidente de généralité que comme les corrélats d'un acte fondé, qui s'édifie sur la donation intuitive (sensible) préalable du moment correspondant. Il s'agit, au fond, de ne pas confondre la *dépendance phénoménologique* de l'abstraction idéatrice, en tant qu'acte fondé, relativement à l'appréhension du moment singulier avec la *dépendance méréologique* de ce dernier, en tant que partie abstraite, relativement à l'objet concret.

Ces analyses montrent ainsi, d'une part, la convergence et l'inséparabilité des perspectives phénoménologique et ontologique dans cette Recherche : dans la mesure où c'est la donation de la *species* comme telle dans une authentique conscience de généralité qui, en définitive, exige à titre de fondement l'appréhension sensible des moments correspondants, on peut dire que l'ontologie riche et complexe, à la fois universaliste et particulariste, qui y est défendue par Husserl est précisément *une ontologie phénoménologique*. D'autre part, ces analyses montrent que cette ontologie s'installe et demeure dans une tension irrésolue entre l'aristotélisme et le platonisme. Car s'il ne fait guère de doute que la thèse selon laquelle c'est sur le fondement d'une appréhension sensible du moment individuel que la visée de la *species* peut se déployer est une reformulation phénoménologique de la conception « aristotélicienne » de l'universel *in re* (dans la multiplicité), il est également certain qu'elle n'implique pas pour autant que l'objectualité ou la validité idéales de cette *species* seraient dépendantes de l'accomplissement *effectif* d'une telle visée : ne remettant pas en cause la possibilité d'universaux non instanciés, elle cohabite donc avec la conception « platonicienne » de l'universel *ante rem* (antérieur à la multiplicité)[2].

Ainsi la réfutation du scepticisme des contenus abstraits, tel qu'il découle d'une lecture radicale de la *distincio rationis* humienne, est-elle littéralement décisive pour la phénoménologie des *Recherches logiques*. Il est vrai qu'une lecture encore plus extrême en est possible,

1. Cf. *supra*, p. 105, n. 2.

2. Voir « Annotationen und Beiblätter aus Handexemplar », Hua XIX/2, p. 819-821. Nous renvoyons également, sur ce point, à notre étude : « Entre platonisme et particularisme : la contribution husserlienne au problème des universaux dans les *Recherches logiques* », art. cit.

évoquée par Husserl dans les § 38 et 39, sous la forme d'un scepticisme qui dénoncerait comme fictives également les parties concrètes, les fragments, et ne reconnaîtrait donc aucune composition réelle dans le monde mais seulement une coexistence d'in-dividus absolus, absolument indécomposables. Cependant, cette conception n'est pas aussi menaçante qu'elle est radicale, et la réfutation husserlienne procède ici par les effets, d'une façon assez proche du mode d'argumentation qui était celui des *Prolégomènes* face aux différentes formes du scepticisme psychologiste : à ce compte-là, en effet, la conscience elle-même devrait être considérée non pas comme un tout dynamique de vécus mais comme « une unité absolue », par principe indivisible et inanalysable. Mais puisqu'il est évident qu'« un tel scepticisme rendrait toute psychologie impossible »[1], il lui est impossible sans se contredire de s'affirmer lui-même comme la théorie qu'il prétend être : il est donc intrinsèquement inconsistant.

CONCLUSIONS

En quoi consiste, au-delà de la multiplicité foisonnante des arguments et des conclusions locales, l'acquis principal de cette vaste confrontation avec chacune des grandes figures de l'empirisme moderne ? À en croire les derniers paragraphes de la Deuxième Recherche, il s'agit avant tout d'une plus grande clarté quant à ce qui distingue non seulement le concret et l'abstrait, mais aussi et surtout plusieurs concepts de l'abstrait et de l'abstraction. Et parmi toutes les distinctions exposées alors par Husserl, où s'exprime un raffinement analytique qu'on pourra peut-être juger excessif, la plus décisive est sans doute celle dont le § 40 rappelle que l'ignorance, au triple niveau des objets, des contenus et des actes, est constitutive de la tradition empiriste et responsable de l'illusion nominaliste : à savoir la distinction entre les moments attributifs des objets et les attributs spécifiques[2]. Et s'il faut affirmer au contraire que des « concepts » ne peuvent pas être abstraits au sens où des « contenus » peuvent l'être, c'est, comme Husserl le soutient depuis 1897, parce qu'ils sont corrélatifs de deux actes également distincts : « le prédicat n'est pas un contenu qui peut être remarqué, mais un *concept* qui peut seulement être représenté »[3]. C'est cette distinction qui, à la faveur

1. *Log. Unters.*, II. Unters., § 39, Hua XIX/1, p. 208 et 209 ; trad. fr. *RL* II/1, p. 238-239.
2. Cf. *Log. Unters.*, II. Unters., § 40, Hua XIX/1, p. 218-219 ; trad. fr. *RL* II/1, p. 249-250.
3. Resp. « Bericht über deutsche Schriften zur Logik aus dem Jahre 1894 », Hua XXII, p. 133 ; trad. fr. dans *AL*, p. 179, n. 2 ; « Besprechung von H. Cornelius », Hua XXII, 375-376 ; trad. fr., p. 375).

d'analyses intentionnelles approfondies, se trouve consolidée en 1900-1901 sous la forme d'*une distinction fondamentale entre deux sens de l'abstraction* – une distinction dont nous avons déjà indiqué qu'elle traverse les *Recherches* mais qui se trouve fixée conceptuellement à la fin de la Deuxième : tandis que le § 41b précise la nature de l'abstraction en tant qu'acte de visée spéciale (et non spécifique) qui, au sein de l'objet concret, isole pour eux-mêmes (sans les séparer pour autant) des contenus abstraits au sens méréologique de la dépendance [1], c'est au § 42c qu'il revient de conclure la Recherche en rassemblant, sous le nom d'« abstraction idéatrice ou généralisante », les « actes par lesquels se forment les "concepts" abstraits » en tant qu'unités spécifiques, qu'il s'agisse d'attributs (*le* rouge) ou de significations (la signification du mot *rouge*) [2].

Si l'empirisme moderne a constamment cru ou prétendu parler de *cette* abstraction alors que ses analyses concernaient en réalité l'autre concept d'abstraction, c'est sans doute parce que dans les deux cas, l'intuition sensible du moment singulier est en jeu; les empiristes ont donc méconnu la différence entre le « simple acte de porter notre regard sur le moment "rouge" » et l'acte dans lequel « nous dirigeons notre regard sur le moment rouge mais nous accomplissons un acte *sui generis* dont l'intention est orientée sur l'"idée", sur le "général" » dont le moment est l'instance [3]. Dans ce dernier cas, l'acte n'est plus simple mais complexe, structuré selon une relation de fondation (*Fundierung*) dont la Deuxième Recherche nous a certes appris qu'elle mettait en jeu l'articulation de la sensibilité et de la pensée mais sans en proposer encore une pleine élucidation. C'est la Sixième Recherche qui s'en acquittera tout en donnant également les moyens de comprendre ce que Husserl ne peut pour l'instant qu'affirmer, à savoir que malgré sa complexité structurale, cet acte d'idéation demeure une appréhension *directe* des unités spécifiques [4].

Sur le terrain proprement phénoménologique, la contribution de la Deuxième Recherche se limite ainsi à la démonstration de l'irréductibilité de l'acte dans lequel nous visons la généralité, un acte sans doute

1. Cf. *Log. Unters.*, II. Unters., § 41, Hua XIX/1, p. 221-222; trad. fr. *RL* II/1, p. 252.

2. *Log. Unters.*, II. Unters., § 42, Hua XIX/1, resp. p. 226 et 225; trad. fr. *RL* II/1, p. 257 et 256.

3. *Ibid.*

4. Cf. *Log. Unters.*, II. Unters., § 42, Hua XIX/1, p. 225 : « C'est ainsi que nous appréhendons l'unité spécifique le rouge *directement*, "en elle-même", *sur la base* d'une intuition singulière de quelque chose de rouge » ; trad. fr. *RL* II/1, p. 256, nous soulignons).

distingué des visées individuelle et collective mais qui n'est pas encore élucidé pour lui-même, et dont le mode de remplissement dans une intuition non sensible, catégoriale, exige encore bien des clarifications. En revanche, le bilan est plus conséquent sur le terrain ontologique, puisque c'est dans cette Recherche que Husserl établit d'une part que *nos représentations générales sont des représentations dont les objets sont eux-mêmes généraux*, et d'autre part que ces derniers *existent* au sens où des *species* existent, c'est-à-dire au sens d'un être idéal qui s'élucide en termes de validité, d'un être non temporel mais qui se rapporte à la singularité spatio-temporelle pour autant qu'il y est multiplement instanciable. Dans la mesure où c'est sur ce modèle ontologique que les *Recherches logiques* rendent compte de l'identité idéale des significations par opposition à la multiplicité des expressions susceptibles de les viser, c'est lui qui sert de socle à ce que Husserl peut alors nommer un « idéalisme » : non pas au sens d'une thèse métaphysique d'idéalité du monde extérieur, ni même au sens transcendantal, mais au sens purement gnoséologique d'un primat de l'idéal, seul à même de justifier la possibilité d'une connaissance objective contre le psychologisme et l'empirisme [1]. Ce qui nous conduit à trois remarques conclusives.

En premier lieu, on peut souligner qu'à travers cet idéalisme, la phénoménologie s'institue comme une philosophie qui reconnaît non seulement qu'il y a des objets idéaux susceptibles d'être visés dans d'authentiques intentions, mais surtout que ces objets peuvent être intuitivement « *donnés* d'une manière évidente tels qu'ils sont saisis » [2], c'est-à-dire qu'il y en a une expérience; en cela, la phénoménologie représente une sorte d'empirisme « à plus forte raison », par opposition auquel les figures variées de l'empirisme traditionnel se rendent également coupables d'élaborer des interprétations, des explications ou des théories qui éliminent (*wegdeuten*, *wegerklären*, *wegtheoretisieren*) [3] une partie du donné au lieu d'en rendre compte. En second lieu, on notera que cet idéalisme des *Recherches* repose sur une ontologie qui, relativement aux objets généraux et aux universaux, devrait pouvoir être nommée un réalisme – si cette appellation n'était pas rendue impossible par la critique que Husserl adresse à toute forme de réalisation (métaphysique

1. Cf. *Log. Unters.*, II. Unters., Einleit., Hua XIX/1, p. 112; trad. fr. *RL* II/1, p. 126.
2. *Log. Unters.*, II. Unters., § 42, Hua XIX/1, p. 225; trad. fr. *RL* II/1, p. 256.
3. Cf. *Log. Unters.*, II. Unters., Einleit., § 5, 16, 37, Hua XIX/1, p. 112, 122, 152, 204; trad. fr. *RL* II/1, p. 126, 138, 174, 233 et 234.

ou psychologique) de l'idéal[1]; en suivant une indication fugitive de Husserl que nous avons déjà relevée, on peut dire que c'est plutôt sur une ontologie conceptualiste que repose cet idéalisme gnoséologique, tout en précisant qu'il s'agit d'un *conceptualisme intentionnel*, qui défend la consistance des objets généraux à titre de corrélats d'actes d'idéation. En troisième et dernier lieu, il faut insister sur le fait que si Husserl ne tardera pas à reconnaître plusieurs défauts qui empêchent ce paradigme de la *species* de rendre véritablement compte de l'idéalité des significations et qui justifieront son abandon à partir de 1908, c'est seulement l'application du paradigme de la *species* à la signification idéale qui se trouve ainsi mise en cause, et non le paradigme lui-même; au contraire, du point de vue des termes dans lesquels le débat millénaire sur les universaux s'est ranimé ces dernières décennies en métaphysique analytique, la façon dont ce paradigme articule la défense de l'existence idéale des universaux avec un particularisme de type tropiste permet de considérer cette « première » phénoménologie husserlienne comme une proposition philosophique originale et consistante, dont la fécondité est loin d'être épuisée.

1. Car toute réalisation est *in fine* une séparation : « L'inséparabilité du général, ou l'impossibilité de le réaliser vaut *a priori* » (§ 11, Hua XIX/1, p. 138-139; trad. fr. *RL* II/1, p. 156). On ne confondra évidemment pas ce concept de réalisation avec celui que Husserl utilise parfois pour nommer l'instanciation de l'idéal, qui est évidemment le contraire d'une séparation : « le moment individuel diffère, mais "dans" chacun c'est la même *species* qui se réalise » (§ 1, Hua XIX/1, p. 114-115; trad. fr. *RL* II/1, p. 129).

LA THÉORIE PURE DES TOUTS ET DES PARTIES

SUR LA TROISIÈME RECHERCHE

SÉBASTIEN RICHARD

La Troisième Recherche logique est consacrée à ce que l'on appelle habituellement la « méréologie », c'est-à-dire la théorie des touts et des parties. En 1913, Husserl déplorait le peu d'attention qu'elle avait reçue [1] :

> J'ai l'impression que cette *Recherche* a été trop peu lue [2].

C'est que la présence de ces considérations méréologiques n'est pas d'emblée évidente dans l'économie d'ensemble de l'ouvrage. Elle peut ainsi apparaître comme un détour dans l'exposé *systématique* de la connaissance. Cependant, les *Recherches logiques* n'ont jamais prétendu être un exposé de cette sorte. Il s'agit bien de « recherches », c'est-à-dire d'une « élucidation » critique des concepts de la connaissance en vue d'un exposé systématique futur.

1. Parmi les élèves directs de Husserl, seul Adolf Reinach semble s'être sérieusement penché sur la Troisième Recherche logique. Dans la première moitié du XXe siècle, il faut citer les deux articles rédigés par Eugénie Ginsberg, membre du Centre philosophique de l'Université de Lvov en Pologne. Le premier date de 1929 et consiste en un exposé et une critique des six théorèmes établis par Husserl au § 14 de sa Troisième Recherche logique (*cf.* E. Ginsberg, « Zur Husserlschen Lehre von Ganzen und den Teilen », *Archiv für systematische Philosophie und Soziologie* 32, 1929, p. 108-120). Le second, paru en polonais, date de 1931 et traite des notions de dépendance et d'indépendance existentielles. *Cf.* E. Ginsberg, « On the Concept of Existential Dependence and Independence » (1931), trad. angl. P. Simons *in* B. Smith (ed.), *Parts and Moments : Studies in Logic and Formal Ontology*, Munich, Philosophia, 1982, p. 265-288.

2. *Log. Unters.*, *Prolegomena*, Vorwort zur ersten Auflage, Hua XVIII, p. XV ; trad. fr. *RL* I, p. XVIII.

La théorie des touts et des parties est avant tout un outil pour effectuer une telle élucidation, mais un outil qui doit lui-même être raffiné. Par là s'expliquent les multiples distinctions méréologiques qu'introduit Husserl tout au long de la troisième *Recherche.* Celles-ci trouvent en fait leur origine dans les recherches sur les notions de tout et de partie inaugurées par Brentano, et ensuite poursuivies par ses élèves (Stumpf, Ehrenfels, Twardowski, Meinong) [1]. À l'image des philosophes de la tradition brentanienne, Husserl fait usage de la méréologie comme d'un « couteau suisse » [2] philosophique [3], l'appliquant en divers endroits de *Recherches logiques* à des domaines aussi variés que l'ontologie, la grammaire pure ou la théorie du jugement. Elle est ainsi « une condition essentielle pour la pleine compréhension des *Recherches* suivantes » [4].

Si les *Recherches logiques* s'inscrivent dans la tradition brentanienne, elles tentent aussi de s'en distancier en adoptant un point de vue proprement phénoménologique sur la connaissance. Or, sur ce point, l'étrangeté de la Troisième Recherche est redoublée, dans la mesure où la perspective n'y est pas purement phénoménologique, mais bien « ontologique » [5]. Husserl l'indique d'emblée dans l'Introduction : la distinction centrale dans cette Troisième Recherche entre « contenus abstraits » et « contenus concrets », initialement établie par Stumpf dans le domaine psychologique, n'est qu'un cas particulier d'une distinction plus large qui est ontologique, et même ontologico-formelle. La théorie pure des touts et des parties est un sous-domaine du « domaine des *objets en général* ». C'est précisément la nature ontologico-formelle de la théorie des touts et des parties qui explique l'usage multiple et varié qu'en fait Husserl.

1. Nous avons exposé plus en détail la genèse de la méréologie et de l'ontologie formelle husserliennes dans S. Richard, *De la forme à l'être. Sur la genèse du projet husserlien d'ontologie formelle*, Paris, Ithaque, 2014. Nous complétons ici certains éléments qui faisaient défaut dans cet ouvrage.

2. A. Delamare, « The Power of Husserl's *Third Logical Investigation :* Formal and Applied Mereology in *Zur Lehre von den Ganzen und Teilen* », *Studia Phænomenologica* 21, 2021, p. 296.

3. Chez Brentano, par exemple, la méréologie est mise au service de la psychologie descriptive, de l'analyse du continu et de la relation entre substance et accident, mais aussi du rapport entre genre et espèce ou des énoncés du type « *S* est *P* ». Pour un exposé synthétique de ces applications brentaniennes de la méréologie, on pourra se reporter à W. Baumgartner et P. Simons, « Brentano's Mereology », *Axiomathes* 1, 1994, p. 55-76.

4. *Log. Unters.*, *Prolegomena*, Vorwort zur ersten Auflage, Hua XVIII, p. XV ; trad. fr. *RL* I, p. XVIII.

5. *Log. Unters.*, VI. Unters., Appendice, § 5, Hua XIX/2, p. 236 ; trad. fr. *RL* III, p. 284.

PREMIÈRE APPROCHE DE LA NOTION HUSSERLIENNE DE PARTIE

La Troisième Recherche se divise en deux chapitres. Le premier constitue une première approche, pour ainsi dire informelle, des différentes notions méréologiques. Le second chapitre est une reprise de ces concepts au sein d'une théorie systématique des touts et des parties. Commençons par analyser le contenu du premier chapitre.

La méréologie est une théorie des touts et des parties, la première notion étant élucidée en fonction de la seconde. Mais qu'entend Husserl précisément par partie ? Il est d'usage au sein de la tradition brentanienne de donner une acception très large à cette notion. Sur ce point, Husserl ne déroge pas à la règle :

> Nous prenons le concept de *partie* dans son sens le *plus large*, qui permet de donner le nom de partie à tout ce qui est discernable « dans » un objet ou, pour parler objectivement, à tout ce qui est « donné » en lui. Est partie tout ce que l'objet « a » au sens « réal », ou mieux, réel, au sens de ce qui le constitue *effectivement*, et il s'agit là de l'objet en lui-même, par conséquent abstraction faite de toutes les relations dans lesquelles il est inséré [1].

À l'image de Twardowski [2], Husserl semble d'abord relativiser l'extension de la notion de partie au domaine mental : serait partie tout ce que nous pouvons discerner au sein d'un objet de notre représentation. Cependant, la deuxième partie de la citation précise que pour que quelque chose soit considéré comme une partie, il faut que ce qui est distingué au sein d'un objet soit un constituant effectif de celui-ci. Cela conduit Husserl à ne pas considérer comme parties d'un objet les « relations » que l'on peut discerner en lui.

Quelles raisons peut-on avancer en faveur d'un tel rejet ? Twardowski, pour sa part, intègre les relations discernables au sein d'un objet à titre des « parties constitutives formelles » [3] de celui-ci, mais cela le conduit à

1. *Log. Unters.*, III. Unters., § 2, Hua XIX/1, p. 228 ; trad. fr. *RL* II/2, p. 9.

2. Twardowski précise qu'il entend la notion de partie « au sens le plus large », comme « tout ce qui, sur un objet de représentation, se laisse différencier, sans faire de différence en se demandant s'il est possible de parler d'une division effective dans le différenciable ou bien seulement d'une division par la pensée » (K. Twardowski, *Zur Lehre vom Inhalt und Gegenstand der Vorstellungen. Eine psychologische Untersuchung* (1894), Munich, Philosophia, 1982, § 9, p. 48-49 ; trad. fr. J. English dans E. Husserl et K. Twardowski, *Sur les objets intentionnels (1893-1901)*, Paris, Vrin, 1993, p. 135).

3. Ces parties sont formelles, parce que pour Twardowski elles structurent l'objet.

un problème de régression à l'infini. Pour comprendre comment celui-ci surgit dans la méréologie de l'auteur de *Sur la théorie du contenu et de l'objet des représentations*, il faut tout d'abord distinguer deux sortes de parties constitutives formelles : celles-ci sont soit des relations entre un tout et ses parties – ce que Twardowski appelle des « parties constitutives primaires » –, soit des relations entre les parties d'un même tout – les « parties constitutives secondaires » [1]. Par exemple, les positions des parties d'un tout les unes par rapport aux autres sont des parties constitutives formelles secondaires de ce tout, mais le fait que ce dernier soit plus grand que chacune de ses parties en est une partie constitutive formelle primaire.

Twardowski distingue ensuite les parties constitutives formelles « au sens propre » des parties constitutives formelles « au sens impropre ». Les parties constitutives formelles secondaires, tout d'abord, sont dites « au sens impropre » lorsque les relations se tiennent entre les parties « en tant que telles ». Considérons les côtés *a*, *b* et *c* d'un triangle. Si nous faisons abstraction du fait qu'il s'agit de trois parties (« matérielles ») distinctes d'un triangle, nous avons simplement trois segments qui coexistent les uns à côté des autres. Nous pouvons constater que la somme des longueurs de deux de ces segments est plus grande que la longueur du troisième. De ce point de vue, la relation d'inégalité triangulaire ($a + b > c$) qui lie ces trois segments ne leur revient pas en tant que tels et est donc impropre. Cette relation pourrait très bien lier ces trois segments si ceux-ci n'étaient pas réunis en un triangle, mais l'inégalité triangulaire serait alors tout à fait accidentelle. À l'inverse, en tant que tels, c'est-à-dire en tant que parties d'un même triangle, les trois côtés doivent nécessairement satisfaire l'inégalité triangulaire en question (c'est une loi de la géométrie euclidienne). Nous avons alors affaire à une partie constitutive formelle secondaire du triangle au sens propre. Quant aux parties constitutives formelles primaires au sens propre, ce sont des relations qui lient le tout en tant que tel à ses parties en tant que telles. De ce point de vue, elles peuvent être vues comme l'« avoir » des parties et, du point de vue des parties, comme le « former » du tout [2]. En termes moins métaphoriques, les parties constitutives primaires au sens propre sont ce en vertu de quoi les parties d'un tout ne font pas que coexister de

1. K. Twardowski, *Zur Lehre vom Inhalt und Gegenstand*, *op. cit.*, § 10, p. 51-52 ; trad. fr., p. 138.

2. K. Twardowski, *Zur Lehre vom Inhalt und Gegenstand*, *op. cit.*, § 10, p. 52 ; trad. fr., p. 139.

manière extérieure les unes aux autres, mais forment effectivement un tout, coexistent en une unité qui les comprend. Elles constituent alors ce que l'on pourrait appeler le « principe d'unité » du tout.

En quoi cette théorie de l'unité des objets donne-t-elle lieu à une régression à l'infini? Tout simplement, parce que si les parties constitutives formelles primaires d'un tout sont responsables de son unité, elles doivent, en tant que parties de ce tout, elles-mêmes pouvoir être unifiées avec les autres parties de celui-ci, ce qui implique une nouvelle partie constitutive primaire du tout, laquelle doit à son tour être unifiée avec les autres parties, et ainsi de suite. Twardowski est bien conscient de cette possibilité [1], mais il semble moins y voir un problème qu'une propriété constitutive de la « nature » même de la relation qui unit des objets en un tout [2].

En évitant de faire des relations discernables au sein d'un tout des parties de celui-ci, Husserl évite le problème de la régression à l'infini qui affecte la plupart des théories de l'unité des touts. Nous verrons en fin de chapitre comment Husserl parvient à proposer une théorie de l'unification des touts qui est exempte de ce défaut. Celle-ci repose sur une distinction fondamentale entre deux types de parties.

MOMENTS ET MORCEAUX D'UN TOUT

Brentano a introduit une série de distinctions méréologiques fondamentales, dont ont hérité la plupart de ses élèves. Celle qui nous intéresse au premier chef est celle entre « parties séparables » et « parties inséparables ». Une partie inséparable d'une autre au sein d'un tout est une partie qui ne peut exister sans que l'autre existe également. Une partie inséparable n'est alors distinguée de celle (ou celles) sans laquelle elle ne peut exister « que conceptuellement » (*bloß distinktionelle*) – c'est une *distinctio rationis* –, alors qu'une partie « effectivement séparable »

1. *Cf.* K. Twardowski, *Zur Lehre vom Inhalt und Gegenstand*, *op. cit.*, § 10, p. 59; trad. fr., p. 146.

2. Ce problème de la régression se retrouve également dans la théorie des complexions de Meinong. Pour ce dernier, pour qu'il y ait un tout, il faut que les parties constituantes d'un tout soient reliées d'une certaine manière. Mais, et c'est ainsi que se résout la difficulté de la régression à l'infini, cette relation n'est pas un constituant du tout. Ce n'est pas une chose qui devrait être unifiée avec les autres constituants du tout, mais est plutôt un « mode d'unification », la manière dont ces constituants sont liés les uns aux autres au sein du tout. De la sorte, la « colle » *R* qui unifie deux objets *a* et *b* n'a pas elle-même besoin d'une colle supplémentaire qui expliquerait comment *a* et *R*, d'une part, et *b* et *R*, d'autre part, sont collés ensemble.

(*wirklich ablösbar*) peut être « détachée » (*abtrennbar*) d'autres parties d'un tout [1].

Husserl reprend cette distinction, mais il l'affine et en précise le vocabulaire. Tout d'abord, la séparabilité est une forme d'« indépendance » (*Selbständigkeit*) et l'inséparabilité une forme de « dépendance » (*Unselbständigkeit*), au sens où une partie séparable est une partie d'un tout qui *peut exister indépendamment* d'autres contenus distingués au sein de ce tout, au contraire d'une partie inséparable. Husserl qualifie les premières de « fragments » *(Stücke)* [2], et les secondes de « moments ».

Considérons une nuance déterminée de rouge recouvrant une certaine surface. Cette nuance de rouge et cette surface sont toutes deux considérées comme des parties d'un même phénomène sensible. Il s'agit de deux parties disjointes, dans la mesure où elles n'ont rien en commun l'une avec l'autre « quant à leur contenu ». Cependant, si elles sont disjointes, ces deux parties sont inséparables l'une de l'autre, ainsi que du tout auquel elles appartiennent : elles sont liées de telle sorte qu'il est impossible de les considérer de manière indépendante. En cela, ce sont des parties dépendantes d'un même tout, des moments du même phénomène visuel. Pour prendre un autre exemple, dû à Sokolowski [3] et issu du domaine de la physique, un corps en mouvement possède des moments de masse, de vitesse, de quantité de mouvement, d'accélération ou de force. Toutes ces parties du corps en mouvement sont des parties interdépendantes : il ne peut y avoir de quantité de mouvement sans une masse et une vitesse ou une accélération sans une force et une masse. Du fait que des moments ne peuvent exister indépendamment d'un tout, ils ne peuvent être eux-mêmes des touts.

Les fragments, en revanche, peuvent être séparés les uns des autres et du tout auquel ils appartiennent. Ils peuvent donc former des touts à part entière, à savoir lorsqu'ils sont séparés du tout dont ils sont des parties. Par exemple, si nous prenons un arbre avec ses branches, son tronc, ses racines ou ses feuilles, nous pouvons considérer chacune de ses parties séparément, comme une entité en elle-même : nous pouvons, au moins dans notre imagination, considérer une certaine partie de cet

1. F. Brentano, *Deskriptive Psychologie*, Hamburg, Felix Meiner, 1982, p. 13 ; trad. fr. A. Dewalque, *Psychologie descriptive*, Paris, Gallimard, 2017, p. 84.

2. Les traducteurs francophones de la Troisième Recherche traduisent parfois « *Stück* » par « morceau ». Nous avons préféré uniformiser la traduction pour éviter les confusions.

3. *Cf.* R. Sokolowski, *Introduction to Phenomenology*, Cambridge, Cambridge University Press, 2000, p. 23.

arbre, par exemple une de ses branches, et faire varier ses autres parties jusqu'à les faire disparaître sans pour autant altérer ou faire disparaître la représentation que nous avons de cette branche. Dans le cas des parties indépendantes, une telle opération de l'esprit n'est en aucun cas possible. Comme nous le verrons, il ne s'agit pourtant là en rien d'une impossibilité d'ordre psychologique, mais d'une nécessité valant en vertu d'une loi d'essence.

LES NOTIONS DE DÉPENDANCE ET D'INDÉPENDANCE

Plutôt qu'à son ancien maître Brentano, c'est à Stumpf (son directeur de thèse) que Husserl emprunte d'abord les notions de dépendance et d'indépendance [1]. La distinction brentanienne est utilisée par cet auteur dans le domaine psychologique. Ce qui l'intéresse, ce sont les *manières* dont des « contenus » (*Inhalte*) peuvent être représentés ensemble. Or, il constate que l'on peut distinguer deux contenus selon la manière dont ceux-ci se présentent au sein d'un contenu plus complexe : les « contenus indépendants » (*selbständige Inhalte*) et les contenus indépendants, ou ce que Stumpf appelle des « contenus partiels » (*Teilinhalte*). Tandis que « les contenus indépendants sont donnés là où les éléments d'un complexe de représentation *peuvent*, selon leur nature, aussi être représentés séparément », les contenus dépendants le sont « là où ce n'est pas le cas » [2]. L'exemple canonique de contenu dépendant est à cet égard celui de l'extension et de la couleur d'une surface visuelle représentée. La couleur et l'extension d'une telle surface sont des contenus partiels, au sens où ils ne se présentent à nous qu'à titre de parties (jamais séparément donc) d'un contenu de représentation plus complexe.

L'autre exemple important de contenu dépendant donné par Stumpf est celui de la sensation d'une note de musique : la qualité et l'intensité de cette note de musique sont des contenus partiels, au sens où nous ne pouvons avoir une sensation de qualité sans une sensation d'intensité, et inversement.

1. Historiquement, Husserl trouve également l'origine de cette distinction chez Berkeley dans sa controverse avec Locke sur l'abstraction. Suivant la terminologie de Stumpf, Husserl formule ainsi la distinction établie par Berkeley : nous pouvons distinguer des contenus qui coexistent dans la conscience en deux classes principales; d'une part, celle des contenus indépendants dans lesquels « on peut se représenter séparément, selon leur nature, les éléments d'un complexe de représentation » et, d'autre part, les contenus dépendants dans lesquels ce n'est pas le cas (*Log. Unters.*, III. Unters., § 2, Hua XIX/1, p. 230; trad. fr. *RL* II/2, p. 11).

2. C. Stumpf, *Über den psychologischen Ursprung der Raumvorstelllung*, Leipzig, Hirzel, 1873, p. 109. Nous soulignons.

Dans la Troisième Recherche, Husserl tente de préciser la signification de ce fait de « pouvoir » ou de « ne pas pouvoir » être représenté séparément, que l'on trouve dans les notions de contenu dépendant et de contenu indépendant. Selon lui, il y a, d'une part, des contenus qui ne sont concevables que « comme parties de touts plus vastes » en ce que nous avons l'évidence que la modification ou la suppression d'au moins un contenu donné avec eux doive les modifier ou les supprimer eux-mêmes et, d'autre part, des contenus qui peuvent être conçus comme isolés en ce qu'il est tout à fait concevable, c'est-à-dire sans aucune incompatibilité, qu'une modification ou une suppression de tous les contenus coexistants avec eux les laisse « intacts » [1].

Toute « chose phénoménale », ainsi que tout fragment de cette chose, est « séparément représentable » en ce dernier sens. Par exemple, un cheval peut être représenté séparément de l'environnement qui nous est donné avec lui, et il en est de même de ses fragments : la tête d'un cheval peut être représentée séparément du cheval pris comme un tout. Mais qu'en est-il des contenus qui ne peuvent être représentés séparément, comme une couleur et une extension? Bien sûr, nous pouvons faire varier ces deux moments indépendamment l'un de l'autre : par exemple, la couleur peut rester la même, alors que l'extension varie, et inversement. Mais, précise Husserl, cette « variabilité indépendante » ne concerne que « les espèces de ces moments à l'intérieur de leurs genres » [2]. Autrement dit, alors que l'espèce de la couleur demeure inchangée, l'extension peut changer spécifiquement à volonté : nous pouvons en changer la forme ou les dimensions, par exemple; et, inversement, nous pouvons maintenir l'espèce de l'extension et faire varier celle de la couleur en passant, par exemple, du rouge au vert. En revanche, si nous remplaçons le genre « extension » par un autre genre, c'est-à-dire si nous éliminons totalement l'extension, alors nous éliminons simultanément la couleur. De même, si nous modifions le genre « couleur », nous n'aurons plus l'extension. Donc, la couleur et l'extension ne sont pas séparément représentables, ce sont des parties dépendantes l'une de l'autre et du tout qu'elles composent. Il en est de même pour l'intensité et la qualité d'un son : bien que l'on puisse les faire varier l'une par rapport à l'autre et inversement, elles ne peuvent, par leur nature même, exister séparément ou indépendamment l'une de l'autre au sein de la représentation.

Lorsque nous disons qu'un contenu est séparable, ou indépendant, cela ne signifie pas qu'il puisse être effectivement détaché, que ce soit dans la sphère phénoménologique (un contenu effectivement vécu ne

1. *Log. Unters.*, III. Unters., § 3, Hua XIX/1, p. 230; trad. fr. *RL* II/2, p. 11.
2. *Log. Unters.*, III. Unters., § 4, Hua XIX/1, p. 231; trad. fr. *RL* II/2, p. 13.

peut être détaché « de tout fusionnement avec des contenus existants ») ou dans la sphère phénoménale (une chose ne peut nous apparaître comme détachée d'un contexte, de l'« arrière-plan objectif qui apparaît en même temps »)[1]. Par « séparabilité », ou « indépendance », d'un contenu, Husserl, qui transforme ici la démonstration empirique d'inséparabilité de Stumpf en définition de son essence, signifie plutôt que

> [...] nous pouvons maintenir ce contenu identique dans notre représentation, malgré une variation illimitée (arbitraire, qui ne soit interdite par aucune loi fondée dans l'*essence* du contenu) des contenus liés et, en général, donnés avec lui; ce qui à son tour veut dire que ce contenu resterait inchangé par la suppression de tout ensemble quelconque de contenus donnés avec lui[2].

Husserl ajoute que cela implique que l'existence d'un contenu séparable, d'après son « essence », n'est en aucune sorte conditionnée par l'existence d'autres contenus ou, encore, qu'*a priori* il pourrait exister si absolument rien n'existait en dehors de lui ou si tout se modifiait de manière arbitraire, c'est-à-dire en dehors de toute loi, autour de lui. C'est donc dans son essence, dans sa nature *a priori*, que se fonde la séparabilité d'un objet individuel. Certes, son existence peut très bien nous être donnée de manière empirique avec celle d'autres objets, mais son essence, elle, n'exige pas d'être « entrelacée » à d'autres essences.

PASSAGE À LA SPHÈRE OBJECTIVE

Husserl opère dans le § 5 de la Troisième Recherche logique une « conversion ontologique »[3] essentielle de la distinction stumpfienne entre dépendance et indépendance[4]. Celle-ci passe de la sphère

1. *Log. Unters.*, III. Unters., § 5, Hua XIX/1, p. 235; trad. fr. *RL* II/2, p. 16-17.
2. *Log. Unters.*, III. Unters., § 5, Hua XIX/1, p. 235; trad. fr. *RL* II/2, p. 17.
3. *Log. Unters.*, III. Unters., § 7, Hua XIX/1, p. 239; trad. fr. *RL* II/2, p. 22.
4. Celle-ci a déjà été amorcée, ainsi que Husserl nous l'apprend lui-même, en 1894, plus précisément dans la première partie de ses « Études psychologiques pour la logique élémentaire » (cf. *Psychol. Stud.*, Hua XXII, p. 92-100; trad. fr. J. English, « Études psychologiques pour la logique élémentaire », dans Husserl, *Articles sur la logique*, Paris, Puf, 1995, p. 123-134). Si l'*amorce* de cette conversion date de 1894, c'est surtout semble-t-il en 1897, dans la recension qu'il fit de ces mêmes « Études », qu'il en prit pleinement conscience. Il y affirme en effet que la différence entre abstrait et concret (parties dépendantes et indépendantes), et celles qui lui sont attachées, ne doit pas être limitée aux contenus, « mais qu'elle est applicable d'une manière générale aux objets, ce qui lui confère une signification métaphysique » (Husserl, « Bericht über die „Psychologische Studien zur elementaren Logik" » (1897), Hua XXII, note *, p. 133; trad. fr. J. English, « Compte rendu des "Études psychologiques pour la logique élémentaire" », dans *Articles sur la logique*, note 1, p. 179).

uniquement phénoménologique (psychique, selon la première édition de la troisième *Recherche*) à la sphère objective, ou plus précisément objectuelle, c'est-à-dire des contenus psychiques à l'objet « pris dans son sens le plus large » [1] :

> Il nous suffit de dire ici objet et partie d'objet à la place de contenu (si nous prenons le terme de contenu comme terme de moindre extension, limité à la sphère phénoménologique), pour obtenir une *distinction objective* qui soit affranchie de tout rapport, d'une part avec les actes d'appréhension et, d'autre part, avec toute espèce de contenus phénoménologiques à appréhender [2].

Par conséquent, Husserl, en soutenant que la distinction dont il est ici question est « objective », c'est-à-dire qu'il n'est nullement nécessaire de faire référence d'une manière quelconque à la conscience pour la définir, affirme qu'elle vaut pour tout objet en général; c'est une distinction ontologico-formelle.

Lorsque nous affirmons que nous ne « pouvons pas penser » un objet indépendamment d'un autre, il ne s'agit en rien d'une « incapacité subjective » de « ne-pas-pouvoir-se-*représenter*-autrement », mais d'une « nécessité idéale objective » de « ne-pas-pouvoir-*être*-autrement ». Corrélativement, à cette nécessité objective est liée une « légalité pure ». Pour Husserl, une existence nécessaire est une existence en vertu d'une loi qui vaut de manière « absolument universelle » [3], n'impliquant donc aucune position d'existence empirique. Il s'agit de ce qu'il appelle une « loi d'essence », c'est-à-dire une loi idéale, une loi *a priori*.

Formulée en termes de loi d'essence, la définition de la notion de dépendance peut s'exprimer de la manière suivante :

> [...] des objets dépendants sont des objets de telles espèces pures auxquels s'applique la loi d'essence, d'après laquelle, si tant est qu'ils existent, c'est seulement comme parties de touts plus vastes d'une certaine espèce correspondante [4].

Un objet dépendant ne peut, en vertu de son essence, être conçu comme quelque chose d'existant par soi ou, ce qui revient au même, il ne peut exister qu'à titre de partie. Ainsi, la coloration d'une feuille de papier est un moment dépendant de cette feuille, c'est-à-dire qu'elle n'est

1. *Log. Unters.*, III. Unters., § 2, Hua XIX/1, p. 228; trad. fr. *RL* II/2, p. 9.
2. *Log. Unters.*, III. Unters., § 5, Hua XIX/1, p. 236-237; trad. fr. *RL* II/2, p. 18.
3. *Log. Unters.*, III. Unters., § 7, Hua XIX/1, p. 240; trad. fr. *RL* II/2, p. 22.
4. *Log. Unters.*, III. Unters., § 7, Hua XIX/1, p. 240; trad. fr. *RL* II/2, p. 23.

pas seulement *de facto* une partie de la feuille de papier, mais *a priori*, en vertu de son essence pure, elle est « prédestinée » à l'être. Pour les objets indépendants, la situation est inverse : certes, ils peuvent exister à titre de parties d'un tout, mais il ne s'agit pas là pour eux d'une « nécessité » [1].

Soulignons que les lois d'essence s'énoncent dans une généralité idéale concernant des « espèces » *(Spezies)*. Donc, si, par exemple, une loi prescrit une connexion à des contenus de l'espèce « couleur » avec des contenus de l'espèce « extension », elle ne prescrit pas à une extension déterminée une connexion avec une couleur déterminée, et inversement [2]. C'est en tant que contenu d'une certaine espèce α qu'un contenu de l'espèce β ne peut exister que comme partie d'un tout plus vaste d'une certaine espèce. Par conséquent, c'est dans les genres, espèces et différences pures que les lois qui définissent les différentes classes de dépendances trouvent leur « fondement », et non dans les objets eux-mêmes.

LA FORMALISATION

Comme nous l'avons vu, Husserl refuse de faire des relations discernables au sein des objets des parties de ceux-ci. C'est là une différence importante avec Twardowski qui considère les relations distinguables au sein d'un objet comme des parties constitutives formelles de cet objet, les autres parties non relationnelles étant des parties constitutives matérielles. Les relations sont considérées par Twardowski comme relevant de la « forme » d'un objet, parce qu'elles sont ce qui structure ses parties matérielles. Étant discernables au sein d'un tout, mais ne pouvant exister de manière séparée de celui-ci, elles sont obtenues par « abstraction », c'est-à-dire par un acte d'attention sur certaines caractéristiques d'un objet représenté et d'un acte d'élimination des autres caractéristiques de cet objet [3].

Pour Husserl, la relation de partie à tout est bien formelle, mais elle n'est pas obtenue par abstraction au sens classique du terme. Dans le troisième chapitre de la Première Recherche, il rejette la conception traditionnelle de l'abstraction comme processus d'attention sélective

1. Remarquons au passage que, pour Husserl, c'est l'idée de dépendance qui semble première par rapport à celle d'indépendance : « la définition positive se trouve sans aucun doute du côté de ce qui est dépendant, la négative du côté de ce qui est indépendant » (*Log. Unters.*, III. Unters., § 7, Hua XIX/1, p. 241 ; trad. fr. *RL* II/2, p. 24).

2. *Log. Unters.*, III. Unters., § 10, Hua XIX/1, p. 250-251 ; trad. fr. *RL* II/2, p. 34.

3. K. Twardowski, « The Essence of Concepts », *in* J. Brandl, J. Woleński (eds.), *On Actions, Products and Other Topics in Philosophy*, Amsterdam, Rodopi, 1999, p. 84-85.

et d'élimination, parce que son résultat n'est que le produit d'un acte mental, et donc une entité qui ne peut être objective. Husserl conçoit plutôt l'abstraction comme une modalité de la visée intentionnelle. Considérons un certain objet rouge. Comment obtenons-nous le concept « rouge » à partir de celui-ci ? Il ne nous suffit pas de simplement viser le *moment* rouge de cet objet, puisque nous n'obtenons par ce moyen que la nuance particulière de rouge dans l'objet, et non *le* rouge comme concept. Saisissons-nous alors plutôt le rouge directement dans son idéalité, sans devoir en passer par la perception d'un moment de rouge ? Pas plus. Une telle conception reviendrait à *hypostasier* l'espèce rouge idéale, ce dont se défend Husserl à plusieurs reprises. La solution à laquelle il souscrit face au problème de l'abstraction consiste, en fait, à dire que nous devons bien d'abord viser le moment de rouge individuel de l'objet, mais celui-ci n'est que le *fondement* d'un nouvel acte de visée dirigé vers le rouge *in specie* :

> [...] nous appréhendons l'unité spécifique le *rouge* directement, « en elle-même », sur la base d'une intuition singulière de quelque chose de rouge. Nous dirigeons notre regard sur le moment rouge, mais nous accomplissons un acte *sui generis* dont l'intention est orientée sur l'« idée », sur le « général » [1].

Pour saisir l'espèce « rouge », nous devons d'abord viser un moment rouge particulier qui doit nous être donné intuitivement (par exemple dans une perception), pour ensuite, sur ce fondement, viser le rouge général lui-même. C'est en répétant cette conversion thématique vers l'idée générale à partir d'une multiplicité de moments singuliers de rouge que nous « prenons conscience » de l'identité du rouge, que l'être général du rouge nous est donné actuellement, qu'il est *saisi dans l'intuition*, et non pensé « d'une manière simplement significative » [2]. C'est cet acte qui, selon Husserl, est traditionnellement entendu sous le nom d'abstraction et qu'il appelle, pour sa part, « abstraction idéatrice ou généralisante ».

L'abstraction idéatrice nous donne, sur la base d'objets individuels, ce que Husserl appelle des « objets généraux » (*allgemeine Gegenstände*). Or si nous le désirons, nous pouvons faire porter l'abstraction sur ces objets généraux eux-mêmes, pour saisir de nouveaux objets plus généraux. Par exemple, nous pouvons prendre les objets généraux « rouge », « bleu », etc., comme fondements d'une nouvelle intuition catégoriale de l'objet général « couleur ». Nous pouvons ainsi engendrer toute une hiérarchie

1. *Log. Unters.*, II. Unters., § 42, Hua XIX/1, p. 223 ; trad. fr. *RL* II/1, p. 256.
2. *Log. Unters.*, VI. Unters., § 52, Hua XIX/2, p. 162 *sq.* ; trad. fr. *RL* III, p. 196 *sq.*

d'espèces et de genres de type traditionnel, entendons aristotélico-porphyrienne.

La relation formelle de partie à tout peut-elle nous être donnée au moyen de cette sorte d'abstraction ? Elle ne peut pas plus l'être que par l'abstraction au sens de l'attention sélective. Elle l'est cependant bien par un processus que Husserl qualifie d'*abstractif*. Celui-ci est « formalisant » (*formalisierend*), et non *généralisant*. Si cette abstraction n'est pas généralisante, c'est que dans les concepts formels nous faisons abstraction « de la particularité des espèces de contenus correspondants »[1]. Ainsi, dans la catégorie formelle de « tout », nous ne tenons absolument pas compte des différentes espèces de touts. Husserl définit ce nouveau type d'abstraction au § 24 de sa Troisième Recherche logique :

> Pour parler plus clairement, cette « abstraction » formalisante est quelque chose de tout autre que ce qu'on envisage habituellement sous le nom d'abstraction, donc une fonction totalement différente de celle qui, par exemple, fait se détacher le « rouge » d'une donnée visuelle concrète, ou le moment générique « couleur » du rouge déjà abstrait. Dans la formalisation nous remplaçons les noms désignant les espèces de contenus dont il s'agit par des expressions indéterminées comme : *une* CERTAINE *espèce de contenus, une certaine* AUTRE *espèce de contenus*, etc. ; et par là s'effectuent en même temps du côté de la signification les substitutions correspondantes d'idées purement catégoriales aux idées matérielles[2].

Contrairement à l'abstraction généralisante, l'abstraction formalisante n'est en rien sensible ; elle est « purement catégoriale »[3]. De ce point de vue, les concepts formels sont de pures formes vides de tout contenu concret.

Prenons un exemple. Soit la proposition « cet arbre est vert ». La méthode de formalisation nous enjoint de substituer des expressions indéterminées aux expressions désignant des espèces de contenus. Nous remplaçons donc les expressions « arbre » et « vert », qui sont des concepts matériels, par des lettres schématiques, ici *S* et *p*. Nous ne devons pas remplacer les expressions *cet* et *est*, car il s'agit de « formes catégoriales » qui sont déjà exemptes de tout contenu. Nous obtenons alors la formalisation suivante : « ce *S* est *p* », c'est-à-dire la « forme

1. *Log. Unters.*, III. Unters., § 24, Hua XIX/1, p. 284 ; trad. fr. *RL* II/2, p. 71.
2. *Log. Unters.*, III. Unters., § 24, Hua XIX/1, p. 285 ; trad. fr. *RL* II/2, p. 71.
3. Cf. *Log. Unters.*, VI. Unters., § 60, Hua XIX/2, p. 183-184 ; trad. fr. *RL* II/2, p. 221.

propositionnelle »[1] de la proposition « cet arbre est vert ». Ce qui caractérise le catégorial formel, c'est la « mise en variables », celle qui fait apparaître la forme, dans son indétermination, indépendamment des contenus considérés dans les propositions particulières.

ONTOLOGIES FORMELLES ET ONTOLOGIES MATÉRIELLES

À la fin des *Prolégomènes*, Husserl distingue deux types de concepts formels : les « catégories de signification » (*Bedeutungskategorien*) et les « catégories objectuelles formelles » (*formalen gegenständlichen Kategorien*)[2]. Il fournit à plusieurs reprises dans son œuvre des listes, plus ou moins variables, de ces catégories :

a) catégories de signification : nom, proposition, prédicat, etc.

b) catégories objectuelles formelles : quelque chose (*Etwas*), ou un quelque chose quelconque (*Eins*), objet (*Gegenstand*), chose (*Ding*), état de choses (*Sachverhalt*), qualité (*Beschaffenheit*), unité, pluralité (*Mehrheit*), relation (*Beziehung*), connexion (*Verknüpfung*), nombre, ordre, nombre ordinal, tout, partie, grandeur (*Größe*), etc.

Tandis que les premières se groupent autour de la catégorie de proposition, les secondes se groupent autour de la catégorie d'objet, mais il s'agit, d'un côté comme de l'autre, de concepts qui sont « *indépendants de la particularité d'une matière de connaissance quelconque*, et auxquels doivent se subordonner tous les concepts et les objets »[3].

Le premier groupe de catégories est étudié en détail dans la Quatrième Recherche logique. Nous ne l'envisagerons donc pas ici. Il convient simplement de souligner que, pour Husserl, le domaine du formel ne se réduit pas au logico-formel, dont relèvent les catégories de signification, mais possède une portée proprement ontologique. Dans sa Troisième Recherche logique, Husserl s'ingénie surtout à distinguer ce domaine ontologico-formel d'un autre domaine d'objets : le domaine ontologico-matériel. Tandis que les concepts appartenant au premier domaine sont des « concepts simplement formels » (*bloß formale Begriffe*), ceux relevant du deuxième sont des « concepts concrets » (*sachhaltige Begriffe*). Il s'agit, entre autres, de concepts tels que « maison », « arbre », « couleur », « son », « espace », « sensation », « sentiment », etc.[4]

1. *Log. Unters.*, III. Unters., § 10, Hua XIX/1, p. 319 ; trad. fr. *RL* II/2, p. 112.

2. *Log. Unters.*, *Prol.*, § 67, p. 244 ; trad. fr. *RL* I, p. 269.

3. *Ibid.*

4. *Log. Unters.*, III. Unters., § 11, Hua XIX/1, p. 252 ; trad. fr. *RL* II/2, p. 35-36 (trad. modifiée).

Ces deux types de concepts d'objet recoupent en fait les deux sortes d'abstractions que nous avons précédemment évoquées : l'abstraction formalisante et l'abstraction généralisante. Par opposition aux concepts formels (logiques ou ontologiques), les concepts matériels « expriment quelque chose de concret [*Sachhaltiges*] » [1], ils ont une « teneur de chose » (*Sachhaltigkeit*).

Par ailleurs, les deux catégories d'objets et les deux types d'abstractions qui permettent de les atteindre correspondent à deux types d'ontologies distinctes :

> Tandis que [les concepts formels] se groupent autour de l'idée vide du quelque chose ou de l'objet en général, et sont reliés à lui par les axiomes ontologiques formels, [les concepts matériels] s'ordonnent autour des différents genres concrets suprêmes (catégories matérielles) dans lesquels sont enracinées des ontologies matérielles [2].

Le processus d'abstraction idéatrice permet d'obtenir des concepts matériels de plus en plus généraux jusqu'à ceux qui sont *les plus généraux* et que Husserl appelle dans ses *Ideen* I les « genres concrets suprêmes », mais aussi « catégories matérielles » ou « régions ontologiques » (*ontologische Regionen*), comme, par exemple, « chose matérielle en général ». À chacune de ces catégories matérielles correspond alors une ontologie matérielle (Husserl parlera d'« ontologie régionale » dans ses *Ideen* I). Quant à l'ontologie formelle, c'est une théorie de l'objet en général dont les catégories sont en quelque sorte « orthogonales » [3] aux catégories matérielles et mises en évidence par formalisation. Néanmoins, la seule mise en variable au sein d'une proposition ne saurait suffire à obtenir une catégorie objectuelle formelle; celle-ci doit permettre, lorsque les concepts en jeu sont uniquement formels, d'atteindre des lois d'un certain type.

Il en va en effet avec la distinction entre ontologie formelle et ontologies matérielles de deux types de légalité *a priori*. Husserl les qualifie d'analytique (formelle) *a priori* et de synthétique (matérielle) *a priori* [4]. Tandis que les lois du premier genre s'ancrent dans les différentes catégories formelles, celles du second genre s'ancrent dans les différentes

1. *Log. Unters.*, III. Unters., § 11, Hua XIX/1, p. 252; trad. fr. *RL* II/2, p. 36.
2. *Log. Unters.*, III. Unters., § 11, Hua XIX/1, p. 252; trad. fr. *RL* II/2, p. 36.
3. J. Sebestik, *Logique et mathématique chez Bernard Bolzano*, Paris, Vrin, 1992, p. 299.
4. *Log. Unters.*, III. Unters., § 11, Hua XIX/1, p. 253; trad. fr. *RL* II/2, p. 36.

catégories matérielles. Mais, outre cela, en quoi diffèrent-elles ? Pour le comprendre, considérons deux propositions. La première :

(1) un tout ne peut exister sans ses parties,

exprime une loi relevant de l'ontologie formelle et est analytique. En revanche, la deuxième :

(2) une couleur ne peut exister sans une chose qui ait cette couleur,

n'est pas analytique, car, dit Husserl, l'existence d'une chose colorée n'est pas incluse « analytiquement » dans le concept de couleur. Néanmoins, elle exprime une « nécessité » et il s'agit d'une loi synthétique *a priori* qui appartient au domaine des ontologies matérielles.

Nous reconnaissons dans le critère d'inclusion du prédicat dans le sujet, la célèbre définition kantienne des jugements analytiques et synthétiques :

> […] ou bien le prédicat B appartient au sujet A comme quelque chose qui est contenu (de manière cachée) dans ce concept A ; ou bien B est entièrement hors du concept A, quoique en connexion avec lui. Dans le premier cas, je nomme le jugement *analytique*, dans l'autre *synthétique* [1].

Nous pouvons alors légitimement nous demander en quoi la conception husserlienne de l'analyticité, et par conséquent du formel, se démarque essentiellement de celle de Kant. Pour le déterminer, examinons plus précisément la définition que donne Husserl des lois analytiques. Selon lui, ce sont :

> […] des propositions absolument générales (et par conséquent exemptes de toute position d'existence, explicite ou implicite, de l'individuel) qui ne contiennent pas d'autres concepts que des concepts formels, et, par conséquent, si nous remontons aux concepts primitifs, pas d'autres catégories que des catégories formelles [2].

Donc, si les « lois analytiques » sont « absolument générales », que leur « vérité est pleinement indépendante de la nature concrète de leurs "objectités" (conçues comme déterminées ou dans une généralité indéterminée), ainsi que de la facticité éventuelle du cas donné et de la

1. I. Kant, *Kritik der reinen Vernunft*, B 10 ; trad. fr. A. J.-L. Delamarre et F. Marty, *Critique de la raison pure*, dans *Œuvres philosophiques*, t. I, Paris, Gallimard, 1980, p. 765. Sur cette filiation kantienne, cf. *Form. u. transz. Logik*, § 3, Hua XVII, p. 333 ; trad. fr., p. 430.

2. *Log. Unters.*, III. Unters., § 12, Hua XIX/1, p. 254 ; trad. fr. *RL* II/2, p. 38.

valeur de la position éventuelle d'existence »[1], c'est qu'elles ne contiennent que des concepts formels. À la différence de Kant, le critère husserlien de l'analyticité est en fait purement syntaxique :

> Dans une proposition analytique, il doit être possible de remplacer chaque matière concrète, en maintenant intégralement la forme logique de la proposition, par la forme vide quelque chose, et d'éliminer toute position d'existence en passant à la forme de jugement correspondant ayant « une généralité inconditionnée » ou le caractère d'une loi[2].

Une proposition analytique est une proposition qui vaut en vertu de sa seule forme ; peu importe le contenu matériel que nous substituons à la place des variables, la proposition qui en résultera sera vraie. C'est en cela qu'une proposition analytique se laisse complètement formaliser.

Husserl distingue au sein des propositions analytiques celles qui sont des « lois », c'est-à-dire dont la généralité est inconditionnée, et celles qui sont des « particularisations » de ces lois, ce qu'il appelle aussi des « nécessités analytiques ». Tandis que les premières sont complètement formalisées, les secondes peuvent l'être et contiennent encore des concepts matériels ou éventuellement des idées posant une « existence individuelle ». Par exemple, la proposition :

(3) si α est une partie de β et β est une partie de γ, alors α est une partie de γ,

est une loi analytique qui exprime la transitivité de la relation de partie à tout ; elle ne contient aucun concept matériel, ni n'implique une position d'existence individuelle. Mais si nous introduisons dans celle-ci des concepts tels que « main », « bras » et « corps », nous obtenons une particularisation de cette loi. Par exemple :

(4) si ma main est une partie de mon bras et mon bras une partie de mon corps, alors ma main est une partie de mon corps.

Une telle nécessité analytique peut toujours être totalement formalisée de manière à en dégager la loi analytique dont elle n'est qu'un cas particulier.

C'est dans la possibilité de formalisation complète des propositions analytiques qu'apparaît le caractère proprement bolzanien, et non

1. *Ibid.*
2. *Log. Unters.*, III. Unters., § 12, Hua XIX/1, p. 256 ; trad. fr. *RL* II/2, p. 39.

kantien, de la conception husserlienne de l'analyticité[1]. Cette dernière repose sur la « variabilité » du contenu particulier des termes de la proposition, ce qui permet, en retour, d'exhiber la forme logique de la proposition. Mais il ne faudrait pas en conclure trop rapidement que le partage entre le synthétique et l'analytique se fasse à partir du seul critère de variabilité, comme c'est le cas chez Bolzano[2], au sens où seraient synthétiques les propositions dans lesquelles aucun composant ne peut subir une variation sans en modifier la valeur de vérité. En effet, pour Husserl, la ligne de partage entre synthétique et analytique repose plutôt sur la différence entre variabilité limitée et variabilité illimitée des constituants de la proposition. Autrement dit, dans une proposition analytique, la substituabilité est celle de *tout* contenu, alors que dans une proposition synthétique la substitution est fondée sur « les genres, espèces, différences purs qui subsument les contenus dépendants complémentaires dont il s'agit »[3]. Ainsi, dans la proposition (4) ci-dessus, nous pouvons substituer à « main », « bras » et « corps » *n'importe quel* contenu sans modifier la vérité de la proposition. En revanche, dans la proposition :

(5) une nuance de rouge ne peut exister sans une chose étendue qui ait cette nuance de rouge,

les substitutions possibles du terme « rouge » sont limitées à la catégorie des couleurs. La généralité maximale que nous pouvons atteindre à partir de la proposition (5) est celle du genre matériel suprême auquel est subsumé le concept « rouge », à savoir le concept « couleur » :

(6) une nuance de couleur ne peut exister sans une chose étendue qui ait cette nuance de couleur.

La vérité de cette proposition – son caractère synthétique *a priori* – est ancrée dans la matérialité des concepts qu'elle lie, c'est sur eux que se fonde la nécessité qu'elle exprime. C'est la raison pour laquelle les lois synthétiques ne peuvent être complètement formalisées. Il est clair

1. J. Benoist, *Phénoménologie, sémantique, ontologie. Husserl et la tradition logique autrichienne*, Paris, Puf, 1997, p. 70. C'est au § 148 de la *Wissenschaftslehre* que Bolzano définit sa nouvelle conception de l'analyticité, basée sur la notion leibnizienne de substituabilité. Les propositions analytiques sont des propositions dans lesquelles nous pouvons faire varier au moins une des représentations (mais pas toutes), sans en modifier la valeur de vérité. *Cf.* J. Proust, *Questions de forme. Logique et proposition analytique de Kant à Carnap*, Paris, Fayard, 1986, p. 103-143.

2. *Cf.* J. Proust, *Questions de forme*, *op. cit.*, p. 141.

3. *Log. Unters.*, III. Unters., §12, Hua XIX/1, p. 252; trad. fr. *RL* II/2, p. 35.

qu'entre les notions de couleur et d'extension, il n'y a pas de relation analytique et que ces concepts ne peuvent être remplacés de manière quelconque dans la proposition (6).

DÉPENDANCE ET INDÉPENDANCE RELATIVES

Jusqu'à présent, nous avons considéré la notion d'indépendance *(Selbständigkeit)* de manière absolue, à savoir comme la non-dépendance *(Unabhängigkeit)* par rapport à *tout* contenu, et la non-indépendance comme son opposé contradictoire, c'est-à-dire la dépendance à l'égard d'*au moins un* contenu. Néanmoins, nous pouvons aussi définir ces notions de manière relative et considérer le cas absolu comme un « cas limite »[1]. Selon Husserl, nous y sommes poussés par les choses elles-mêmes. Par exemple, dans la sphère des données sensibles, un moment d'extension visuelle *e* donné est dépendant, par exemple, d'un moment de couleur donné avec lui. Mais, à l'« intérieur de cette extension *in abstracto* », chacun des fragments e_i (que nous pouvons distinguer en délimitant des frontières arbitraires) de cette extension est relativement indépendant par rapport aux autres et par rapport au tout *e*, puisque nous pouvons maintenir identiques chacun de ces fragments e_i tout en faisant varier le reste de l'extension *e*, voire la faire disparaître. Ces extensions visuelles e_i ne sont cependant pas absolument indépendantes, puisqu'elles dépendent d'autres moments, comme, par exemple, leurs moments de couleur ou de forme[2].

Husserl donne la définition suivante des notions de « contenu relativement dépendant » et de « contenu relativement indépendant » :

> *Un contenu α est relativement dépendant à l'égard d'un contenu β* ou encore à l'égard de l'ensemble total des contenus déterminés par β et par toutes ses parties quand il y a une *loi pure* se fondant sur la particularité des genres de contenus en question, loi d'après laquelle en général un contenu du genre α ne *peut* exister *a priori* que dans ou en connexion avec d'autres contenus de l'ensemble total déterminé par β de genres purs de contenus. Là où une telle loi fait défaut, nous dirons que *α est indépendant relativement à β*[3].

1. *Log. Unters.*, III. Unters., § 13, Hua XIX/1, p. 257 ; trad. fr. *RL* II/2, p. 40.

2. Dans ses « Études psychologiques pour la logique élémentaire » de 1894, Husserl formule cet exemple de manière plus concrète, en l'occurrence dans le cas d'une table noire : ses « parties physiques » sont absolument indépendantes, tandis que les parties de sa surface ne le sont que relativement, à savoir par rapport aux autres parties de cette surface (*Psychol. Stud.*, Hua XXII, p. 9 ; trad. fr., p. 129).

3. *Log. Unters.*, III. Unters., § 13, Hua XIX/1, p. 258 ; trad. fr. *RL* II/2, p. 42.

Cette définition complexe de la notion de dépendance relative (et d'indépendance relative) contient un certain nombre de difficultés et mérite que nous nous y arrêtions. Tout d'abord, deux notions différentes semblent être en jeu, lesquelles sont séparées par la particule disjonctive « ou ». La première correspondrait au texte tronqué suivant : « *Un contenu α est relativement dépendant à l'égard d'un contenu β* [...] quand il y a une *loi pure* se fondant sur la particularité des genres de contenus en question, loi d'après laquelle en général un contenu du genre α ne *peut* exister *a priori* que dans [...] l'ensemble total [de contenus] déterminé par β »[1]. Nous pouvons reformuler cette définition de la manière suivante : un objet de l'espèce α est relativement dépendant d'un objet de l'espèce β si et seulement si un objet de l'espèce α ne peut exister que comme partie propre, c'est-à-dire distincte[2], d'un tout de l'ensemble des touts déterminé par β.

La définition de la deuxième notion correspondrait au texte : « *Un contenu α est relativement dépendant* [...] à l'égard de l'ensemble total des contenus déterminés par β et par toutes ses parties quand il y a une *loi pure* se fondant sur la particularité des genres de contenus en question, loi d'après laquelle en général un contenu du genre α ne *peut* exister *a priori* que [...] en connexion avec d'autres contenus de l'ensemble total déterminé par β de genres purs de contenus ». Husserl appelle une « connexion » la relation de tout à parties dans laquelle les parties sont disjointes à l'intérieur du tout[3]. Donc, selon cette définition, les objets

1. L'expression « dans » est ambiguë en ce qu'il est difficile de déterminer si elle se rapporte directement à β ou aux « autres contenus de l'ensemble total déterminé par β », voire aux deux. Néanmoins, le texte nous semble suggérer qu'elle ne se rapporte qu'à l'ensemble total de contenus déterminé par β. En effet, Husserl a formulé auparavant une autre définition, moins générale, de la notion de dépendance relative, qui semble être la même que celle que nous tentons d'isoler ici, en ce qu'elle ne concerne pas les connexions : « nous appelons *dépendant dans le tout G et relativement à lui*, ou relativement à l'ensemble total de contenus déterminé par G, chacun de ses contenus partiels qui ne peuvent exister que comme partie, et cela, seulement en tant que partie d'une espèce de tout qui soit représentée dans cet ensemble » (*Log. Unters.*, III. Unters., § 13, Hua XIX/1, p. 257 ; trad. fr. *RL* II/2, p. 41).

2. Que l'objet de l'espèce α ne puisse être qu'une partie propre, et non impropre, c'est-à-dire pouvant être identique au tout dont il est une partie, est suggéré par le fait que Husserl précise que sa définition s'applique notamment « à la mise en relation [...] d'un contenu partiel avec un tout plus vaste » (*Log. Unters.*, III. Unters., § 13, p. 258 ; trad. fr. *RL* II/2, p. 42).

3. *Log. Unters.*, III. Unters., § 1, Hua XIX/1, p. 227 ; trad. fr. *RL* II/2, p. 8.

appartenant à l'espèce α ne sont pas des parties de l'ensemble total de contenus déterminés par β (et par toutes ses parties), mais en sont disjoints.

En résumé, un objet de l'espèce α est relativement dépendant d'un objet de l'espèce β si et seulement si, soit il ne peut exister qu'à titre de partie propre d'un tout déterminé par β, soit il ne peut exister qu'avec d'autres parties, disjointes de lui, du tout de l'espèce β. Selon Husserl, cette définition est tout à fait générale en ce qu'elle s'applique non seulement à un objet considéré comme étant une partie d'un tout plus vaste, mais également à deux objets qui ne seraient pas dans une relation de partie à tout, mais qui seraient disjoints.

EXPOSÉ RIGOUREUX DE LA THÉORIE PURE DES TOUTS ET DES PARTIES

Comme nous l'avons mentionné, la différence entre partie dépendante et partie indépendante n'est pas limitée à la sphère psychologique, mais vaut de manière tout à fait générale ; c'est une « différence ontologique universelle »[1]. En d'autres termes, elle s'étend au-delà du seul domaine des contenus de conscience pour atteindre celui des objets en général, c'est-à-dire de l'ontologie formelle.

Les concepts de partie dépendante et de partie indépendante étant de nature ontologico-formelle, il doit être possible d'établir les lois analytiques qui régissent leur usage. Les lois exprimant la transitivité de ces concepts nous en offrent des exemples. Mais une véritable théorie pure (*a priori*) des touts et des parties ne peut en rester à une énonciation de lois éparses. Celles-ci doivent pouvoir être organisées de manière déductive. C'est à la tâche de le montrer qu'est consacré le deuxième chapitre de la Troisième Recherche[2].

Définition du concept de fondation

Le concept central de la méréologie husserlienne n'est pas la relation de partie à tout, ni même celui de partie dépendante, mais bien celui

1. *Log. Unters.*, III. Unters., § 9, Hua XIX/1, p. 248 ; trad. fr. *RL* II/2, p. 31.

2. La théorie pure des touts et des parties n'est pas la seule ontologie formelle évoquée par Husserl (d'autres pourraient porter sur les concepts ontologico-formels de nombre, de grandeur, etc.), mais c'est la seule qu'il ait un tant soit peu développée.

de « fondation » *(Fundierung)*[1]. Husserl semble emprunter celui-ci à Meinong[2]. Voici la définition qu'il en donne :

> *Définitions.* – Si, conformément à une loi d'essence, un α ne peut exister comme tel que dans une unité qui l'embrasse et qui le relie avec un μ, nous disons qu'*un α comme tel a besoin d'être fondé par un μ*, ou encore qu'*un α comme tel a besoin d'être complété par un μ*[3].

Lorsque deux objets ou deux espèces pures satisfont cette définition, nous pouvons dire d'eux qu'ils sont dans un « rapport de fondation » *(Fundierungsverhältnis)* ou de « connexion nécessaire ». Husserl ajoute que l'expression indéterminée « α_0 (c'est-à-dire un cas singulier de l'espèce α) est fondé sur un certain moment » est synonyme de l'expression « α_0 est dépendant ». Pour prendre un exemple[4], nous pouvons dire qu'un homme *en tant que* mari est fondé dans un autre être humain, à savoir sa femme, puisqu'il cesserait d'exister en tant que mari si sa femme venait à disparaître : il serait veuf. Un mari en tant que tel ne peut exister que dans un tout plus grand, à savoir le couple qu'il forme avec sa femme. Mais, *en tant qu'*être humain, son existence ne dépend pas des autres êtres humains.

Il faut remarquer que la définition de la notion de fondation que nous venons d'exposer présuppose celle de tout. Un peu plus loin, Husserl affirme cependant que nous pouvons partout nous passer de cette dernière et, par exemple, définir la fondation de la manière suivante :

> *Un contenu de l'espèce α est fondé dans un contenu de l'espèce β*, quand un α, par essence (c'est-à-dire par une loi, en vertu de son caractère spécifique), ne peut exister sans que n'existe aussi un β[5].

1. Il y a une équivoque terminologique dans la traduction française en ce que Husserl utilise deux mots généralement traduits par « fondation » : *Fundierung* et *Begründung* (on trouvera une occurrence de ce deuxième terme, par exemple, in *Log. Unters.*, III. Unters., § 8, Hua XIX/1, p. 243; trad. fr. *RL* II/2, p. 26). C'est avant tout la *Fundierung* qui nous intéresse ici.

2. Dans un important article de 1899, ce dernier étudie ce qu'il appelle les « objets d'ordre supérieur » (*Gegenstände höherer Ordnung*), comme, par exemple, une totalité composée de quatre noix. Les objets de cette sorte sont dits d'ordre supérieur, parce que, selon Meinong, ils sont « fondés » (*fundiert*) sur des objets d'ordre inférieur – le tout composé de quatre noix est fondé sur chacune des noix. Plus précisément, les objets fondés *dépendent nécessairement* des objets fondateurs. La relation de fondation est une donc relation de « dépendance » (*Unselbstständigkeit*) entre deux objets, que ceux-ci soient deux parties d'un même tout ou que l'un soit une partie de l'autre.

3. *Log. Unters.*, III. Unters., § 14, Hua XIX/1, p. 261 ; trad. fr. *RL* II/2, p. 45.

4. B. Smith and K. Mulligan, « Piece of a Theory », *in* B. Smith (ed.), *Parts and Moments. Studies in Logic and Formal Ontology*, *op. cit.*, p. 42.

5. *Log. Unters.*, III. Unters., § 21, Hua XIX/1, p. 275; trad. fr. *RL* II/2, p. 61.

Or il s'en faut de beaucoup que cette définition soit équivalente à la précédente. En effet, celle-ci implique que la relation de fondation est réflexive[1]. Autrement dit, toute espèce est fondée sur elle-même. Certains interprètes[2] ont ainsi suggéré qu'il fallait distinguer deux relations différentes de fondation dans le texte de Husserl, la première, qui est irréflexive et qu'ils appellent la « fondation forte », et la deuxième, qui est réflexive et qu'ils appellent la « fondation faible ».

Ce n'est pas là la seule obscurité du texte. On peut notamment se demander pourquoi Husserl introduit ici la notion de fondation en lieu et place de celle de partie dépendante. La raison n'en est pas parfaitement claire. La première notion semble plus générale, dans la mesure où elle ne présuppose pas celle de partie. Cependant, Husserl ne précise pas explicitement la relation entre ces deux concepts et mobilise même celui de partie dépendante dans plusieurs des théorèmes de sa théorie des touts et des parties. Pour clarifier, et en nous appuyant sur ce que nous avons dit précédemment, on pourrait d'abord affirmer qu'un α est une partie dépendante lorsqu'il existe un objet dont l'objet de l'espèce α est une partie dépendante. Ensuite, un α est une partie dépendante d'un β lorsque cet α est fondé sur un β ou sur une partie propre d'un β disjointe de l'objet de l'espèce α. De la sorte, une partie dépendante d'un tout de l'espèce β n'est pas nécessairement fondée sur un β.

Les six théorèmes portant sur le concept de fondation

Si la notion de fondation est définie, quelle est la notion primitive de la théorie pure des touts et des parties ? Husserl ne le précise pas, mais il s'agit clairement de la relation « (est une) partie de ». Bien qu'il mentionne que cette dernière soit transitive, il ne donne pas explicitement les axiomes qui en régissent l'usage[3]. Le statut des autres notions méréologiques est, quant à lui, obscurci par le fait, d'une part, que certaines notions mobilisées par Husserl dans sa théorie des touts et des parties, telles celles de dépendance et d'indépendance relatives, de parties dépendante et indépendante, ont été définies avant le § 14, donc avant ce qui semble

1. Ceci, car un α ne peut certainement pas exister, par essence, s'il n'existe pas.

2. P. Simons, « The Formalisation of Husserl's Theory of Wholes and Parts », *in* B. Smith (ed.), *Parts and Moments*, *op. cit.*, p. 123-124, et K. Fine, « Part-Whole », *in* B. Smith, D. W. Smith (eds.), *The Cambridge Companion to Husserl*, Cambridge, Cambridge University Press, 1995, p. 470.

3. La théorie de la relation « (est) une partie de » est ce que l'on appelle aujourd'hui la « méréologie extensionnelle classique ». Elle a été axiomatisée par le logicien polonais Stanisław Leśniewski en 1916, puis a connu de nombreuses variations et extensions. Pour un panorama, *cf.* P. Simons, *Parts. A Study in Ontology*, Oxford, Clarendon Press, 1987.

être l'exposé rigoureux de cette théorie des touts et des parties. D'autre part, certaines notions, telle celle de moment, ne seront définies de manière « exacte » qu'après le § 14[1]. Néanmoins, la « détermination exacte » des concepts de fragment et de moment est établie en fonction des notions d'indépendance et de dépendance relatives. Donc, les définitions de ce deuxième ensemble de concepts semblent devoir jouir du statut d'exactitude.

D'un point de vue contemporain, Husserl fait donc preuve d'une certaine indolence dans l'exposition axiomatico-déductive de sa théorie pure des touts et des parties. Faut-il en conclure qu'il considérait que cette théorie ne pouvait être exposée sous une forme rigoureuse? Certainement pas, comme le révèle le passage suivant :

> Pour mener réellement à bonne fin la théorie pure que nous envisageons ici, il faudrait définir tous les concepts avec une exactitude mathématique et en déduire les théorèmes par des *argumenta in forma*, c'est-à-dire mathématiquement[2].

En fait, l'ambition de Husserl dans cette section centrale de la Troisième Recherche qu'est le § 14 n'est pas d'exposer la théorie pure et des parties de façon systématique et rigoureuse, mais de montrer simplement la « possibilité » d'une telle formulation, Husserl laissant ainsi à d'autres le soin d'effectuer après lui ce qui lui semble une entreprise « technique » de moindre importance[3].

Le statut de la Troisième Recherche est donc clair : il ne s'agit que d'une esquisse « pour une théorie future des touts et des parties ». Cette dernière n'étant obtenue qu'une fois que le passage à une théorie « mathématiquement exacte » aura été effectué :

1. Cf. *Log. Unters.*, III. Unters., § 17, Hua XIX/1, p. 266; trad. fr. *RL* II/2, p. 51.

2. *Log. Unters.*, III. Unters., § 24, Hua XIX/1, p. 288; trad. fr. *RL* II/2, p. 74.

3. Depuis la publication des *Recherches logiques*, plusieurs tentatives d'exposé de la méréologie husserlienne répondant au canon de rigueur de la logique mathématique contemporaine ont été proposées. *Cf.* G. T. Null, « First-Order Axiom System for Part-Whole and Foundation Relations », *in* L. Embree (ed.), *Phenomenological Essays in Memory of Aron Gurwitsch*, Lanham, University Press of America, 1984 p. 463-484; K. Fine, « Part-Whole », in *The Cambridge Companion to Husserl*, *op. cit.*, p. 463-485. Nous discutons en détail les reconstructions de Fine et Null dans S. Richard, *Genèse historique et logique du projet d'ontologie formelle. De l'ontologie traditionnelle à la métaphysique analytique contemporaine*, Thèse soutenue à l'Université libre de Bruxelles, sous la direction de M. Peeters, 2011, p. 353-369. L'annexe D.3 de ce travail contient un exposé axiomatico-déductif complet de ces reconstructions.

> De toute manière, le passage progressif des formations conceptuelles et des théories vagues aux concepts et aux théories mathématiquement exacts est, ici comme partout, la condition préliminaire d'une vision pleinement évidente des rapports aprioriques et le postulat incontestable de la science [1].

Les analyses méréologiques husserliennes présentées dans la Troisième Recherche visent avant tout à l'élucidation des notions de fondation, des principes qui gouvernent leur usage et de leurs relations à la nécessité et à l'unité [2].

Ces précisions sur le statut de la méréologie husserlienne étant données, examinons les six théorèmes portant sur la relation de fondation qu'elle contient. Voici le premier :

> Théorème 1. – Si un α comme tel a besoin d'être fondé par un μ, chaque tout ayant comme partie un α mais non un μ a aussi besoin du même fondement [3].

L'idée exprimée par ce théorème est que si une partie d'espèce α d'un tout *c* ne peut exister sans un μ qui n'est pas lui-même une partie du tout *c*, alors c ne peut remplir à lui seul le besoin de complétion existentielle de la partie d'espèce α et doit donc aussi être fondé par un μ. Selon Husserl, ce théorème est « axiomatiquement évident », ce qui veut dire qu'il peut être aisément dérivé de la première définition de la notion de fondation, moyennant la transitivité de la relation « (est une) partie de ».

Soit le deuxième théorème :

> Théorème 2. – Un tout qui renferme comme partie un moment dépendant, sans le complément postulé par lui, est également dépendant et il l'est relativement à n'importe quel tout indépendant d'ordre supérieur, dans lequel ce moment dépendant est à son tour contenu [4].

Remarquons que la conclusion de ce théorème est la conjonction de deux propositions, à savoir, d'une part, que le tout dont il est question est (absolument) dépendant et, d'autre part, qu'il est dépendant de n'importe quel tout indépendant d'ordre supérieur dans lequel le moment est à son tour contenu.

1. *Log. Unters.*, III. Unters., § 24, Hua XIX/1, p. 288; trad. fr. *RL* II/2, p. 75.
2. K. Fine, « Part-Whole », art. cit., p. 463.
3. *Log. Unters.*, III. Unters., § 14, Hua XIX/1, p. 262; trad. fr. *RL* II/2, p. 46.
4. *Ibid.*

Illustrons ce théorème au moyen d'un exemple, donné par Simons[1], que nous formulons quelque peu différemment dans le cadre de la théorie des catégories sémantiques[2]. Cet exemple relève de la sphère des significations, mais le théorème dont il est ici question nous semble pouvoir s'y appliquer, puisque la signification elle-même peut être prise pour objet. Soit le verbe « aimer » en tant qu'expression, c'est-à-dire en tant que signe signifiant. Celui-ci relève de la catégorie sémantique des foncteurs propositionnels à deux arguments nominaux (S/NN), c'est-à-dire qu'une fois pourvu de deux noms (N), par exemple « Phèdre » et « Hippolyte », il constituera une proposition (S), à savoir « Phèdre aime Hippolyte ». Donc, l'expression « aime », en tant qu'elle relève de la catégorie des foncteurs propositionnels à deux arguments nominaux, doit être complétée par deux expressions relevant de la catégorie des noms pour former une expression relevant de la catégorie des propositions. Si, maintenant, nous considérons l'expression « aime Hippolyte », il s'agit toujours d'une instance de la catégorie des foncteurs propositionnels, mais à un seul argument nominal (S/N). Elle a donc toujours besoin d'être complétée pour former une proposition. Par conséquent, le tout que forme l'expression « aime Hippolyte » « hérite » en quelque sorte de l'expression « aime », qui est une de ses parties, l'exigence d'être complétée par une expression de la catégorie des noms pour former une proposition. Donc, l'expression « aime Hippolyte » peut être considérée comme un tout qui renferme une partie dépendante, à savoir « aime », sans *tous* les compléments postulés par elle. Pour illustrer la deuxième partie de la conclusion du Théorème 2, il nous suffit de considérer la proposition complète « Phèdre aime Hippolyte ». Cette proposition est un tout indépendant. Le complexe « aime Hippolyte », qui en constitue une partie, contient lui-même le moment « aime » à titre de partie, mais sans le premier complément postulé par ce moment, et ce complexe est donc dépendant de la proposition « Phèdre aime Hippolyte ».

D'après Simons, cet exemple, s'il satisfait bien le deuxième théorème de la théorie pure des touts et des parties, met par contre le premier en défaut. En effet, si nous interprétons α comme signifiant « foncteur

1. P. Simons, « The Formalisation of Husserl's Theory of Wholes and Parts », *in* B. Smith (ed.), *Parts and Moments, op. cit.*, p. 142-143.

2. Ce cadre d'analyse nous semble d'autant plus justifié que c'est Husserl lui-même qui est à l'origine de la notion de catégories sémantiques, qu'il appelle « catégories de signification » *(Bedeutungskategorien)* (*cf.*, en particulier, *Log. Unters.*, IV. Unters., § 10, Hua XIX/1, p. 317-321 ; trad. fr. *RL* II/2, p. 110-115), même s'il ne l'a pas développée sous la forme de la théorie que nous connaissons aujourd'hui.

propositionnel à argument nominal », ou, plus simplement, comme signifiant « prédicat », et β comme signifiant « nom », l'expression « aime Hippolyte », bien qu'elle ait besoin du même fondement qu'un α, à savoir un nom, devrait être une instance d'un tout ayant comme partie un α mais non un μ. Or elle ne l'est pas, puisque précisément elle a un μ comme partie, à savoir le nom « Hippolyte »[1]. Il se peut que Husserl n'ait pas envisagé ce type de « satisfaction multiple », c'est-à-dire qu'un α exige d'être fondé par plusieurs β, du moins dans sa formulation du premier théorème. Cela nous apparaît comme d'autant plus plausible que Husserl semble encore victime du préjugé en faveur de la « forme propositionnelle » traditionnelle, entendons aristotélicienne, en termes de sujet et de prédicat (monadique), c'est-à-dire de la forme « *S* est *p* »[2].

Le troisième théorème de la théorie pure des touts et des parties affirme simplement la transitivité de la relation « (est une) partie indépendante de » :

> Théorème 3. – Si G est une partie indépendante de Γ (donc relativement à Γ), toute partie indépendante g de G est aussi une partie indépendante de Γ[3].

Ce théorème peut aussi se formuler, de manière plus traditionnelle, de la façon suivante : si α est une partie indépendante de β et β une partie indépendante de γ, alors α est une partie indépendante de γ. Husserl démontre ce théorème, moyennant la définition de la notion de fondation et le Théorème 1, en raisonnant par l'absurde. Il montre donc que de la présupposition des deux prémisses et de la négation de la conclusion suit une contradiction.

Le quatrième théorème est formulé de la manière suivante :

> Théorème 4. – Si γ est une partie dépendante du tout G, il est aussi une partie dépendante de n'importe quel autre tout dont G est une partie[4].

Ce théorème exprime la transitivité de la relation « (est une) partie dépendante de ». Sa démonstration utilise à nouveau la définition de la notion de fondation et, implicitement, la propriété de transitivité de la relation de partie à tout.

1. P. Simons, « The Formalisation of Husserl's Theory of Wholes and Parts », art. cit., p. 141.
2. Voir *Log. Unters.*, IV. Unters., § 10, Hua XIX/1, p. 319; trad. fr. *RL* II/2, p. 112.
3. *Log. Unters.*, III. Unters., § 14, Hua XIX/1, p. 262; trad. fr. *RL* II/2, p. 46.
4. *Log. Unters.*, III. Unters., § 14, Hua XIX/1, p. 263; trad. fr. *RL* II/2, p. 47.

Eugénie Ginsberg a affirmé que ce théorème, de même que le deuxième et le sixième, est faux[1]. Pour le montrer, elle utilise à chaque fois le même exemple. Nous l'illustrons uniquement dans le cas de l'argument qu'elle offre à l'encontre du Théorème 4, l'erreur qu'elle commet étant systématiquement la même[2]. Considérons un tout *a* composé de la couleur et de la forme (compris comme des accidents individuels et non comme des propriétés universelles) d'une certaine brique. Celles-ci sont dépendantes de l'extension de la brique, et donc de cette brique elle-même. Si maintenant nous considérons que cette brique est une partie d'un mur *b*, il est clair que la couleur et la forme de la brique *a* ne sont pas dépendantes du mur *b*, contrairement à ce que semble affirmer le Théorème 4. En fait, ce contre-exemple n'en est pas un, car Ginsberg ne fait pas la distinction, opérée par Husserl, entre fondation et dépendance relative. Ainsi, un individu *a* de l'espèce α est fondé sur un individu *b* de l'espèce β si les individus de l'espèce α ne peuvent exister sans être complétés par des individus de l'espèce β, et un individu est relativement dépendant d'un autre s'il est fondé sur quelque chose dans « l'ensemble total déterminé » par ce tout, autrement dit s'il est fondé sur une partie propre ou impropre de ce tout[3]. Par conséquent, ce n'est pas parce qu'un objet est une partie dépendante d'un tout qu'il est fondé sur lui. Pour ce qui concerne l'exemple de Ginsberg, la couleur et la forme de la brique *a* sont fondés sur son extension, et la brique est un fragment du mur, donc sa forme et sa couleur sont des parties dépendantes du mur, mais, par contre, elles ne sont pas fondées sur lui. Ginsberg a donc confondu la notion de dépendance dont il est question dans le Théorème 4 avec la notion de fondation, alors qu'il s'agit de la notion de dépendance relative.

Le cinquième théorème affirme simplement que la dépendance relative entraîne la dépendance absolue, mais que l'indépendance relative n'entraîne pas nécessairement l'indépendance absolue :

> Théorème 5. – Un objet relativement dépendant est aussi dépendant absolument; par contre, un objet indépendant relativement peut être dépendant au sens absolu[4].

1. *Cf.* E. Ginsberg, « Zur Husserlschen Lehre von Ganzen und den Teilen », *Archiv für systematische Philosophie und Soziologie* 32, 1929, p. 108-120.

2. Nous adoptons ici l'exposé qu'en donne Simons dans le cas du Théorème 2 (*cf.* P. Simons, « Editorial Note to Eugenie Ginsberg's "On the Concepts of Existential Dependence and Independence" », *in* B. Smith (ed.), *Parts and Moments*, *op. cit.*, p. 262).

3. P. Simons, « Editorial Note to Eugenie Ginsberg's … », art. cit., p. 262.

4. *Log. Unters.*, III. Unters., § 14, Hua XIX/1, p. 263; trad. fr. *RL* II/2, p. 48.

Ce théorème résulte directement de ce qui a déjà été dit auparavant de ces notions : un objet est absolument dépendant, s'il est relativement dépendant d'*au moins* un autre objet, tandis qu'un objet est absolument indépendant, s'il est relativement indépendant de *tout* autre objet.

Le sixième et dernier théorème est formulé de la manière suivante :

> Théorème 6. – Si α et β sont des parties indépendantes d'un tout G quelconque, ils sont aussi indépendants l'un relativement à l'autre [1].

Husserl démontre ce théorème par l'absurde : si α était relativement dépendant de β, c'est-à-dire que α aurait besoin d'être fondé sur β ou une partie de β, alors α serait fondé sur certaines parties de l'ensemble total déterminé par G, à savoir celles de β, et dans ce cas, α ne serait pas relativement indépendant de G [2].

PRÉCISIONS SUR LES DIFFÉRENTS RAPPORTS ENTRE PARTIES

Dans la suite de la Troisième Recherche logique, Husserl redéfini plus précisément les différentes variétés de rapports *a priori* entre un tout et ses parties, ainsi qu'entre les parties d'un même tout. C'est qu'en effet « chaque partie n'est pas comprise d'égale manière dans le tout, et chaque partie n'est pas enchevêtrée d'une égale manière avec chaque autre dans l'unité du tout » [3]. Ainsi, une main est une partie d'un homme d'une tout autre manière que ne le sont la couleur ou l'étendue.

Husserl semble ici avant tout chercher à conférer une « détermination rigoureuse » [4] à plusieurs distinctions méréologiques d'abord établies par Brentano, puis reprises par ses disciples. Certaines de ces distinctions avaient déjà été abordées par Husserl dans le premier chapitre de sa Troisième Recherche. Il tente manifestement maintenant de les réduire aux concepts dont il a fixé le sens précisément dans le § 14.

Fondation réciproque et fondation unilatérale

Brentano mobilise à plusieurs reprises dans son œuvre une distinction entre deux types de séparabilité (*Ablösbarkeit*) [5]. Nous avons, d'une part, la séparabilité « mutuelle » (*gegenseitig*), c'est-à-dire le fait que deux

1. *Ibid.*
2. Le même raisonnement peut être effectué pour montrer l'indépendance relative de β à l'égard de α.
3. *Log. Unters.*, III. Unters., § 15, Hua XIX/1, p. 264; trad. fr. *RL* II/2, p. 48.
4. *Log. Unters.*, III. Unters., § 17, Hua XIX/1, p. 266; trad. fr. *RL* II/2, p. 51.
5. *Cf.* par exemple F. Brentano, *Deskriptive Psychologie, op. cit.*, p. 12; trad. fr., p. 83.

parties d'un tout soient séparables l'une de l'autre, et, d'autre part, la séparabilité « unilatérale », c'est-à-dire le fait qu'un objet soit séparable d'un autre mais pas l'inverse. Par exemple, faire l'expérience visuelle de quelqu'un qui parle et faire l'expérience auditive de cette même personne sont deux actes mutuellement séparables. En revanche, on ne peut désirer que cette personne se taise sans se la représenter, bien que l'on puisse se la représenter sans désirer qu'elle se taise. De même, soutient Brentano, on ne peut faire l'expérience visuelle de quelque chose, sans faire l'expérience (interne) de cet acte d'expérience visuelle lui-même.

Husserl reformule cette distinction en termes de fondation. Par exemple, si nous considérons la couleur et l'extension dans l'unité de l'objet d'une intuition visuelle, celles-ci sont fondées de manière réciproque, c'est-à-dire l'une sur l'autre, puisqu'aucune couleur ne peut exister sans une certaine étendue, et inversement. En revanche, si nous considérons un « caractère de jugement » et les représentations qui sont à sa base, nous avons un rapport de fondation unilatérale du caractère de jugement, puisque celui-ci n'aurait pu exister sans les représentations sur lesquelles il est basé, mais ces représentations, elles, ne jouent pas nécessairement le rôle de fondement d'un jugement.

Fragments et moments

Dans le § 17 de sa Troisième Recherche, Husserl revient sur la distinction entre « fragments » et « moments », pour en donner une définition rigoureuse :

> Nous nommerons fragment toute partie indépendante relativement à un tout G, moment (partie abstraite) de ce même tout G toute partie dépendante relativement à lui [1].

Nous constatons immédiatement que ces définitions sont construites sur celles, exposées précédemment, de parties dépendante et indépendante relativement à un certain tout.

Les définitions husserliennes sont relativement lâches, en ce qu'elles laissent indéterminées plusieurs relations possibles de dépendance et d'indépendance. En effet, lorsque nous avons affaire à une partie indépendante relativement à un certain tout *a*, la question de savoir si *a* lui-même est considéré comme dépendant ou indépendant relativement à un tout d'ordre supérieur n'entre pas en jeu, et il en est de même de la question de savoir si une partie dépendante pourrait elle-même avoir des

1. *Log. Unters.*, III. Unters., § 17, Hua XIX/1, p. 266; trad. fr. *RL* II/2, p. 51.

parties dépendantes ou indépendantes. Par exemple, si nous considérons un mouvement, sa durée en est une partie dépendante, mais ce n'est pas parce que cette durée est un moment qu'elle ne peut pas avoir des fragments. En l'occurrence, chaque durée plus courte est un fragment de la durée totale et un moment du mouvement total. Ou, pour prendre un autre exemple, les parties d'une étendue peuvent être des fragments, bien qu'une étendue soit toujours une partie dépendante relativement à un tout. En revanche, comme cela a été établi dans le Théorème 4, une partie dépendante relativement à un tout est également une partie dépendante relativement à chaque tout plus vaste qui comprend le premier tout à titre de partie. Autrement dit, le moment d'un tout ne peut jamais être considéré comme un fragment d'un autre tout et, par conséquent, une partie dépendante « considérée relativement » est *eo ipso* abstraite « considérée absolument » [1]. Il ne s'agit pas de dire ici qu'un moment est dépendant de toute chose, mais plutôt que, en tant que partie, il est dépendant de n'importe quel tout dont il est une partie.

Chez Brentano, la distinction entre fragments et moments recouvrait celle entre parties effectivement séparables et parties qui ne peuvent être séparées que conceptuellement. Il n'est dès lors pas étonnant que Husserl qualifie les premiers de « parties concrètes » (*concreta*) et les seconds de « parties abstraites » (*abstracta*) [2]. Un moment est toujours une partie dépendante d'un tout; il ne peut donc exister de manière séparée de l'étendue qu'il recouvre, ni même être représenté indépendamment d'elle. Pourtant, nous parlons bien de ce moment de rouge. C'est que ce moment, s'il ne peut être isolé *realiter*, peut cependant l'être par abstraction, et il ne peut que l'être. À l'inverse le pied d'une table est une partie concrète de cette table, car nous pouvons effectivement le séparer du reste de la table, que ce soit en l'en détachant physiquement ou en nous le représentant de manière isolée. C'est un fragment de la table.

1. *Log. Unters.*, III. Unters., § 17, Hua XIX/1, p. 262; trad. fr. *RL* II/2, p. 52.

2. Cf. *Log. Unters.*, III. Unters., § 17, Hua XIX/1, p. 266 et 268; trad. fr. *RL* II/2, p. 51 et 53. Notons que Husserl parle bien ici de parties abstraites et non de parties formelles. Ceci parce que les moments ne sont pas isolés par *formalisation*, mais par *abstraction* (généralisante) du tout dont ils sont des parties. Les lois qui déterminent qu'un contenu ou un objet de telle espèce ne peut exister sans un contenu ou un objet de telle autre espèce sont des lois synthétiques *a priori*, des lois qui s'ancrent dans des genres matériels, lesquels sont obtenus par abstraction, et non par formalisation. Néanmoins, déterminer si un objet de telle ou telle espèce est une partie abstraite ou une partie matérielle est une question qui relève d'une ontologie matérielle, alors que la *distinction* entre partie abstraite et partie concrète est formelle, et relève donc d'une ontologie formelle (Cf. *Log. Unters.*, III. Unters., § 24, Hua XIX/1, p. 285; trad. fr. *RL* II/2, p. 72).

Parties médiates et immédiates

Considérons un livre. Celui-ci peut être divisé en ses feuilles et sa reliure. Nous pouvons ensuite distinguer les couleurs et les dimensions des feuilles ou l'envers et l'endroit de la reliure. Ces entités ne sont des parties du livre que parce qu'elles sont des parties de parties du livre que nous avons préalablement distinguées, à savoir les feuilles et la reliure. Twardowski qualifiait les feuilles et la reliure de « parties prochaines » du livre et les parties de ces parties de « parties lointaines » du livre[1]. Cette distinction semble suggérer l'existence d'un « ordre » hiérarchique des parties d'un tout. La question qui se pose alors est de savoir si celui-ci est objectif ou arbitraire, dans la mesure où il ne ferait que refléter la manière dont nous avons choisi de diviser un objet.

Husserl reprend cette question twardowskienne. Il commence par distinguer, au sein des rapports de fondation, ceux qui sont « immédiats » (*unmittelbar*) et ceux qui sont « médiats » *(mittelbare)*, selon que deux parties ont entre elles une connexion immédiate ou médiate[2]. D'après Husserl, si un α est immédiatement fondé sur un β et que celui-ci est immédiatement fondé sur un γ, alors un α est médiatement fondé sur un γ. La fondation médiate semble donc être le résultat d'une itération de la fondation immédiate. Husserl souligne que ce rapport médiat ou immédiat de fondation n'est pas lié aux moments existants individuellement, mais concerne le rapport de fondation « quant à sa nature essentielle » : « l'ordre des rapports de médiation et d'immédiateté est fondé selon des lois dans les genres purs »[3].

Du sens des notions de fondations médiate et immédiate, nous pouvons dériver celui des notions de « parties médiates » et « immédiates » d'un tout. Si nous avons une partie *a* d'un certain tout *b* et que cette partie possède elle-même une partie *c*, alors cette dernière sera elle-même une partie du tout *b*, mais une partie « médiate », tandis que la partie *a* pourra être dite partie « comparativement [à la partie *c*] immédiate » du tout *b*[4]. Par exemple, si nous considérons une certaine étendue, celle-ci possède un certain moment d'intensité à titre de partie, mais il ne s'agit que d'une partie médiate de ce tout, car la surface ne possède une certaine intensité que par la médiation d'une autre de ses parties, à savoir un certain

1. K. Twardowski, *Zur Lehre vom Inhalt und Gegenstand*, *op. cit.*, p. 49-50; trad. fr., p. 135-136.

2. *Log. Unters.*, III. Unters., § 16, Hua XIX/1, p. 265; trad. fr. *RL* II/2, p. 50.

3. *Log. Unters.*, III. Unters., § 16, Hua XIX/1, p. 266; trad. fr. *RL* II/2, p. 50.

4. *Log. Unters.*, III. Unters., § 18, Hua XIX/1, p. 268; trad. fr. *RL* II/2, p. 53.

moment de couleur, dont l'intensité est, cette fois, une partie immédiate. Il s'agit, bien sûr, d'une distinction relative, puisque la partie *a* peut à son tour être une partie médiate par rapport à une autre partie du tout.

Husserl transforme cette définition relative en une définition absolue en définissant une « partie médiate absolument » comme une partie pour laquelle il y a dans le tout au moins une partie dont elle est elle-même une partie [1]. Par conséquent, une « partie immédiate absolument » sera une partie qui ne peut être considérée comme partie d'aucune autre partie du tout auquel elle appartient. Selon Husserl, toute partie géométrique d'une étendue est un exemple de partie médiate absolument. En effet, il semble clair, par exemple, que toute partie propre d'un intervalle dense est une partie d'une autre partie propre de cet intervalle.

Husserl reconnaît ce qui pourrait apparaître comme arbitraire dans le caractère (relativement) médiat ou immédiat d'une partie dans cet exemple; celui-ci reposant finalement sur l'ordre d'une division du tout qui est, elle, sans réel « fondement objectif » [2]. Dans la division d'une étendue, les parties sont, du point de vue de la division en tant que telle, homogènes : il n'y a pas de hiérarchie objective de la division [3]. De même, si nous considérons un doigt, il s'agit d'un fragment d'une main qui est elle-même un fragment d'un corps, mais nous ne voyons pas en quoi le caractère médiat de ce fragment de doigt serait nécessaire en vertu de sa seule appartenance à une main. Nous pouvons tout aussi arbitrairement considérer un doigt comme un fragment immédiat d'un corps [4]. Donc, dans le domaine des fragments, la médiateté ou l'immédiateté des parties forme une structure hiérarchique arbitraire qui n'est nullement fondée dans une loi d'essence. En revanche, dans le domaine des moments, le caractère médiat ou immédiat d'une partie relativement à un tout semble relever d'une loi *a priori*. Husserl nous propose, ainsi, de considérer une succession de sons formant une unité, telle une mélodie. Bien sûr, nous pouvons y distinguer plusieurs parties, comme, par exemple, les différents sons que nous pouvons y discerner. Chacun de ces sons aura lui-même des parties, par exemple un moment de qualité ou un moment

1. La définition de Husserl est plus ambiguë que celle que nous donnons, mais cette dernière nous paraît pouvoir légitimement être déduite du texte.

2. *Log. Unters.*, III. Unters., § 19, Hua XIX/1, p. 270; trad. fr. *RL* II/2, p. 55.

3. Une hiérarchie en termes de grandeur de la partie divisée ne nous semble pas plus objective ici, puisqu'il s'agit de la division en parties, en tant que telle.

4. R. Sokolowski, « The Logic of Parts and Wholes in Husserl's Investigations », *in* J. N. Mohanty (ed.), *Readings on Edmund Husserl's* Logical Investigations, La Haye, Nijhoff, 1977, p. 97.

d'intensité, et chacune de ces parties de sons sera également une partie du tout que constitue la mélodie. Selon la définition de Husserl, ces dernières parties seront des parties médiates. Ce caractère médiat est-il arbitraire ? se rapporte-t-il à une préférence subjective d'ordre psychologique ? Husserl ne le pense pas. En effet, selon lui, la qualité d'un son, par exemple celle d'être un *do*, ne surgit qu'une fois que nous avons détaché le son de la mélodie et appartient en propre à celui-ci avant d'appartenir à la mélodie. Ce n'est qu'en tant que qualité d'un certain son appartenant à une mélodie, que ce *do* peut être dit appartenir à la mélodie : il ne lui appartient que médiatement. Donc, dans la sphère des seuls moments, il semble bien y avoir une hiérarchie *a priori* des parties dépendantes relativement à un tout, déterminée par leur caractère médiat ou non.

Du propre aveu de Husserl, il est bien plus difficile de donner un exemple de partie immédiate absolument. Néanmoins, si nous nous limitons à une seule espèce, de tels exemples peuvent plus facilement être proposés. Considérons un tout relativement à l'espèce couleur. La coloration totale de ce tout peut être considérée comme une partie absolument immédiate de la chose colorée, mais tout fragment de ce moment de coloration totale sera, lui, une partie absolument médiate du tout coloré.

DES DIFFÉRENTS CONCEPTS DE TOUTS

Au sein de la tradition brentanienne, les outils méréologiques possèdent deux fonctions complémentaires[1]. La première est une fonction d'*analyse* : il s'agit d'obtenir une connaissance d'un objet, que ce soit un phénomène mental ou une entité physique, en le décomposant en ses parties. La deuxième fonction est *synthétique* : elle consiste à expliquer ce qui fait qu'un objet complexe, comme la conscience ou l'objet de la représentation, possède une unité. Les développements de la fin de la Troisième Recherche relèvent de cette fonction synthétique de la méréologie. Elle aboutit à distinguer plusieurs types de totalités.

Le concept de tout au sens prégnant

Commençons par l'explication de ce que Husserl appelle « le concept de tout au sens prégnant » (*der prägnante Begriff des Ganzen*). Un tout en ce sens n'est pas qu'une simple « collection » d'objets, un « faisceau »

1. *Cf.* A. Dewalque, « Présentation du traducteur », *in* F. Brentano, *Psychologie descriptive*, *op. cit.*, p. 35-43.

(Hume) ou un « ensemble », dont l'unité ne serait que nominale. C'est un tout dont l'unité est, pour ainsi dire, objective. Au premier abord, on pourrait penser que si nous avons affaire à un tout au sens prégnant du terme, c'est parce qu'il est dans l'essence de ce tout de ne pouvoir exister sans ses parties. Autrement dit, ce qui expliquerait l'unité d'un tout au sens prégnant, c'est l'existence d'une relation de fondation entre ce tout et ses parties.

C'est à ce type d'explication de l'unité que mènent les analyses méréologiques « aussi subtiles que bizarres » de Twardowski [1]. Le premier problème qu'elles rencontrent est celui, déjà mentionné, de la régression à l'infini. Husserl évite celui-ci en refusant de faire des relations formelles que l'on peut distinguer au sein d'un tout des parties de celui-ci.

Une deuxième difficulté posée par l'explication twardowskienne de l'unité des objets est qu'elle commet une *petitio principii*. Le principe d'unité, en étant une relation formelle entre un tout et ses parties, présuppose ce que cette relation est censée constituer, à savoir le tout lui-même. Un objet est un tout unitaire qui possède la propriété d'unité. En tant que propriété, elle s'identifie au fait de posséder une certaine partie formelle qui en même temps qu'elle est « eue » par le tout a pour fonction de constituer le support de cette propriété. On a envie de dire que la propriété d'être une totalité unitaire est une conséquence de l'existence d'un tout [2], et non ce qui rend possible ce tout en tant que tel.

Chez Husserl, c'est la relation de fondation qui est censée expliquer l'unité d'un tout au sens prégnant, sans pour autant présupposer ce tout lui-même. Comme nous l'avons vu, l'auteur des *Recherches logiques* s'en est d'abord assuré par la définition même de la relation de fondation : « un *contenu de l'espèce α est fondé dans un contenu de l'espèce β*, quand un α, par essence (c'est-à-dire par une loi, en vertu de son caractère spécifique), ne peut exister sans que n'existe aussi un β » [3]. Ensuite, la relation de fondation qui explique l'unité d'un tout ne peut être une relation « verticale » entre ce tout et ses parties. Il s'agit plutôt d'une relation « horizontale » entre les parties de ce tout. Cela ressort clairement de la définition des touts au sens prégnant :

1. *Log. Unters.*, III. Unters., § 19, Hua XIX/1, p. 280; trad. fr. *RL* II/2, p. 67.

2. M. Rosiak, « Twardowski and Husserl on Wholes and Parts », *in* K. Kijana-Placek, J. Woleński (eds.), *The Lvov-Warsaw School and Contemporary Philosophy*, Dordrecht, Kluwer, 1998, p. 88. Twardowski est conscient de cette difficulté, mais renvoie sa solution à des recherches ultérieures (Twardowski, *Zur Lehre vom Inhalt und Gegenstand*, *op. cit.*, § 10, p. 56; trad. fr., p. 142-143).

3. *Log. Unters.*, III. Unters., § 21, Hua XIX/1, p. 275; trad. fr. *RL* II/2, p. 61.

> Par *tout* [au sens prégnant du terme] nous *entendons* un ensemble de contenus qui admettent une *fondation unitaire*, et cela sans le secours d'autres contenus [1].

Pour qu'un objet soit un tout au sens prégnant, il faut donc que chaque partie (contenu) de ce tout soit reliée avec chaque autre, d'une part, et d'autre part que ces parties ne soient pas reliées par une relation de fondation à d'autres objets que ceux qui constituent le tout. Un tout au sens prégnant est donc analogue à ce que la tradition appelle une substance (une entité qui peut exister par elle-même), mais dans laquelle toute partie que l'on peut y distinguer est reliée aux autres soit directement, soit indirectement, en vertu d'une relation de fondation. Ces relations de fondation sont ancrées dans l'essence des parties qu'elles relient. Dès lors, ce qui fonde l'unité d'un tout, au final, ce sont les lois d'essence qui ont trait aux parties de ce tout et qui leur interdisse d'exister sans d'autres types de parties [2]. La théorie husserlienne de l'unité des objets est de ce point de vue une théorie dépourvue de « colle » ontologique [3].

Selon Husserl, la liaison des parties d'un tout au moyen d'une relation de fondation peut se produire de deux manières. Soit toutes ses parties peuvent être fondées « les unes sur les autres », que ce soit de manière médiate ou immédiate, soit elles peuvent « toutes ensemble » fonder un « nouveau contenu ». Dans le premier cas, les différentes parties se « compénètrent » et, dans le second, elles sont « extérieures les unes aux autres ». Il est également possible d'avoir des cas intermédiaires dans lesquels l'unité de fondation se réalise de telle manière qu'un α fonde avec un β un nouveau contenu, lequel, à son tour, fonde un nouveau contenu avec un γ, etc., « à la manière de l'enchaînement » [4].

Selon cette définition du tout au sens prégnant, il n'est pas nécessaire qu'à chaque tout appartienne une forme d'unité propre, un « moment d'unité » (*Einheitsmoment*) supplémentaire qui relierait toutes ses parties. Dans une surface colorée, par exemple, c'est en vain que nous chercherions un moment d'unité reliant des moments de coloration et d'étendue dans un tout. Tout ce que nous constatons lorsque nous analysons l'essence de ces moments, c'est leur fondation mutuelle et c'est elle qui explique l'unité du tout dont elles sont des parties. Au final, nous pourrions dire que nous avons affaire à un tout au sens propre lorsqu'il n'y a tout simplement pas de sens à parler de l'existence séparée de ses parties.

1. *Log. Unters.*, III. Unters., § 21, Hua XIX/1, p. 275-276; trad. fr. *RL* II/2, p. 61.
2. Cf. *Log. Unters.*, III. Unters., § 23, Hua XIX/1, p. 282; trad. fr. *RL* II/2, p. 69.
3. K. Fine, « Part-Whole », art. cit., p. 464.
4. *Log. Unters.*, III. Unters., § 21, Hua XIX/1, p. 276; trad. fr. *RL* II/2, p. 62.

Nous pouvons nous demander quel est le statut de l'unité dont il est question dans les touts dont l'unité est fondée dans l'ensemble de leurs parties prises ensemble. S'agit-il d'un prédicat « réel » *(reales)*, d'un contenu « positif » auquel correspondrait une partie dans le tout ? Non, cela serait absurde, comme le montrent les problèmes de la régression à l'infini et de la *petitio principii* auxquels conduit la conception twardowskienne de l'unité. Il s'agit plutôt d'un prédicat « catégorial » [1]. En effet, la notion d'unité ou de tout s'applique à tous les cas où nous trouvons une fondation unitaire. Or cette dernière est basée sur l'idée de loi pure, dont la forme est une forme catégoriale, puisqu'une loi n'est rien de matériel [2]. C'est donc dans la mesure où le concept de fondation est un concept catégorial que celui d'unité, ou de tout, qui repose sur lui, est lui-même un concept catégorial.

Les collections

Les « ensembles » (*Inbegriffe*) constituent le deuxième type de totalités envisagé par Husserl. L'unité n'est pas ici intrinsèque aux totalités considérées, mais bien extrinsèque. Il s'agit de collections d'objets simplement rassemblés par la pensée, comme, par exemple, le tout constitué de Napoléon, de la bataille d'Iéna et du pied bot de Talleyrand. Ce n'est pas un tout au sens prégnant, car les parties n'y sont pas dépendantes les unes des autres, mais surtout parce que ces parties ne forment pas toutes ensemble un nouveau contenu. Il n'y a ici aucune unité de fondation.

L'unité de ce que Husserl appelle un ensemble n'étant qu'une « unité d'intention » [3], il ne lui correspond aucune unité autre que « catégoriale ». L'auteur des *Recherches logiques* en veut pour preuve que la « forme d'une collection est pleinement indifférente par rapport à sa matière », c'est-à-dire que sa forme est indifférente à une variation complètement arbitraire de son contenu, alors qu'un tout au sens propre est un contenu qui dépend de la « nature » particulière des contenus qui le fondent [4]. Nous pouvons saisir ce que Husserl veut dire en considérant un ensemble mathématique composé de trois éléments : $\{a, b, c\}$. Que se passe-t-il si nous substituons, par exemple, un objet d à a pour obtenir l'ensemble $\Gamma = \{d, b, c\}$? Certes, le contenu de cet ensemble Γ, c'est-à-dire les objets qui le constituent, a changé, mais sa forme, c'est-à-dire le fait d'être un ensemble constitué

1. *Log. Unters.*, III. Unters., § 22, Hua XIX/1, p. 280 ; trad. fr. *RL* II/2, p. 66.
2. *Log. Unters.*, III. Unters., § 23, Hua XIX/1, p. 284 ; trad. fr. *RL* II/2, p. 70.
3. *Log. Unters.*, III. Unters., § 23, Hua XIX/1, p. 282 ; trad. fr. *RL* II/2, p. 68-69.
4. *Log. Unters.*, III. Unters., § 23, Hua XIX/1, p. 283 ; trad. fr. *RL* II/2, p. 69.

de trois éléments, elle, est demeurée identique. De plus, le contenu qu'il est possible de substituer à *a* (ou aux autres éléments) est totalement indéterminé : *d* peut tout aussi bien désigner Dieu, une table ou un autre ensemble, la forme de Γ n'en restera pas moins identique. Lorsque nous considérons un ensemble mathématique, l'unité qui le caractérise ne dépend en rien de la nature de ses éléments, elle est uniquement catégoriale. Et cela vaut pour tout type d'ensemble obtenu par la simple réunion par la pensée d'une multiplicité d'objets.

Soulignons bien que dans un tout au sens d'un contenu fondé, une telle indifférence à la nature particulière des parties qui le fonde est impossible. En effet, dans les cas de ce genre, « il y a une loi pure qui fait dépendre le genre du contenu fondé des genres, désignés d'une manière déterminée, des contenus fondateurs ». Ainsi, une mélodie en tant que telle n'est pas indifférente au remplacement des parties qui la fondent, par exemple celle d'un son par un contenu d'un autre genre. Une telle substitution annihilerait tout simplement la mélodie. Nous retrouvons ici, dans la différence entre la forme d'un ensemble, qui est une forme purement catégoriale, et la forme d'un tout, qui est l'unité d'une fondation, la différence entre *a priori* formel et *a priori* matériel, entre lois analytiques *a priori* et lois synthétiques *a priori*. Les formes des touts sont régies par des lois synthétiques *a priori* ancrées dans les genres des objets fondants et des objets fondés.

Est-ce à dire que l'idée même de tout ou d'unité est matérielle, et donc non catégoriale ? Certes non : le croire serait commettre une confusion contre laquelle Husserl nous a mis en garde. L'idée de tout ou d'unité, de même que celle de fondation d'ailleurs, n'est rien de matériel. Ce qui l'est, par contre, c'est telle ou telle espèce de tout, et la loi la régissant. Qu'un ensemble de sons forme une unité appelée mélodie est un fait régi par une loi synthétique *a priori* déterminée par la « particularité matérielle » des espèces de contenus en présence. En revanche, l'unité même de cette mélodie, qui est fondée dans l'ensemble des sons qui la composent, est, elle, formelle et, en tant que telle, régie par une loi purement formelle, une loi analytique *a priori*.

Touts extensifs

Les « touts extensifs » sont des touts qui, comme une surface colorée, sont décomposables en fragments[1]. Si nous considérons les deux moitiés d'une même surface colorée, il est clair que les objets obtenus par décomposition ne sont pas fondés l'un dans l'autre (ce sont des fragments). Qu'est-ce qui explique alors que ces deux fragments d'une même surface colorée forment ensemble un tout, à savoir la surface colorée elle-même ? Husserl nous dit que dans les cas de ce genre, des moments d'unité supplémentaires sont *a priori* indispensables. Or « ce qui unit véritablement toute chose, ce sont des rapports de fondation »[2]. Dès lors, l'unité des fragments d'un tout extensif ne peut se réaliser que par une fondation. Mais où se situe-t-elle si les fragments ne sont pas fondés les uns dans les autres ? D'après Husserl, la seule solution à notre disposition consiste à affirmer que ce sont les contenus indépendants eux-mêmes qui fondent ensemble de nouveaux contenus, appelés « contenus constitutifs » eu égard aux membres fondateurs. Contrairement au cas du tout au sens prégnant, il y a donc ici l'intervention d'un nouveau contenu qui « produit » une unité « du fait qu'il est fondé dans l'ensemble des nombreux membres qui, en soi, sont séparés »[3]. Par conséquent, il y a bien une unité en vertu d'une fondation, celle-ci étant incomparablement moins « intime » que celle présente dans les contenus qui sont fondés les uns dans les autres, car elle nécessite plus d'intermédiaires.

1. *Log. Unters.*, III. Unters., § 22, Hua XIX/1, p. 277 ; trad. fr. *RL* II/2, p. 63.
2. *Log. Unters.*, III. Unters., § 22, Hua XIX/1, p. 279 ; trad. fr. *RL* II/2, p. 65.
3. *Log. Unters.*, III. Unters., § 22, Hua XIX/1, p. 279 ; trad. fr. *RL* II/2, p. 65-66.

LES LOIS DE COMPOSITION ET DE TRANSFORMATION DES SIGNIFICATIONS

SUR LA QUATRIÈME RECHERCHE

ALAIN GALLERAND

L'IDÉE D'UNE GRAMMAIRE PURE LOGIQUE

Une grammaire distincte des grammaires empiriques

Après avoir montré, dans la Première Recherche, que les significations sont des unités idéales distinctes des actes de conscience et des objets intentionnels, Husserl entend maintenant exposer leurs formes primitives et les lois qui commandent leurs combinaisons et leurs modifications (« le fait le plus important du domaine de la signification, dit-il, [est] l'existence d'un système de lois [idéales *a priori*] qui la régissent »[1]). Ce travail commence par l'analyse structurelle des catégories de significations les plus élémentaires (substantif, adjectif, relation, verbe, proposition...). Il se poursuit par la formulation des lois selon lesquelles les significations complexes (*Sp*, *S* et *S'*, *S* est *p*, Si *S* est *p*, alors *Q* est *r*...) sont engendrées à partir des unités les plus simples; ainsi que l'étude des lois régissant la transformation de significations non-nominales en significations substantives de même contenu (nominalisation).

1. *Log. Unters.*, IV. Unters., § 6, Hua XIX/1, p. 316; trad. fr. *RL* II/2, p. 101. Il le répétera un peu plus loin : « un des faits les plus fondamentaux du domaine de la signification, à savoir *que les significations sont soumises à des lois* a priori *qui régissent leur combinaison en de nouvelles significations* » (§ 10, Hua XIX/1, p. 325; trad. fr. *RL* II/2, p. 110).

> La tâche d'une science développée des significations serait donc d'étudier la structure des lois d'essence des significations ainsi que les lois, fondées en elles, de l'enchaînement et de la modification des significations [...] [1].

Parce qu'elles concernent le domaine *idéal* des significations, et non des faits empiriques et contingents, ces lois sont « pures » ou *a priori*. Leur exposition systématique est l'objet de la « grammaire pure logique ». L'analyse structurelle des significations relève quant à elle d'une « morphologie pure » qui ne les envisage pas dans leur singularité, mais en dégage les catégories générales (*Sp*, *S* est *p*, *Sp* est *q*...) après les avoir dépouillées de leur contenu matériel concret au moyen d'une formalisation (*S*, *p*). La grammaire pure n'est donc ni une grammaire empirique attachée à la structure d'une langue particulière, ni une psychologie décrivant les opérations mentales par lesquelles le sujet produit ou comprend un discours cohérent. C'est une science *éidétique* qui porte sur l'essence des unités idéales de signification présentes, sous une forme ou une autre, dans toutes les langues.

Une grammaire distincte de la logique pure

La grammaire pure est également distincte de cette autre discipline pure qu'est la logique.

> Ces lois, qui régissent la sphère des complexions de significations [...], ne sont pas encore ce qu'on appelle des lois logiques au sens fort du mot; elles donnent à la logique pure *les formes possibles de signification*, c'est-à-dire les formes *a priori* de significations complexes, ayant une unité de sens, dont ensuite les « lois logiques » au sens fort du mot régissent la *vérité « formelle » ou « l'objectivité »* [2].

Une théorie de la signification, en effet, ne doit pas se limiter aux formations de sens qui ont une validité objective : les noms qui désignent un objet existant (*Le dernier des Mohicans*) et les énoncés qui se rapportent à un état-de-choses véritable (*Les baleines sont des mammifères*). Elle doit également accueillir les significations qui n'ont pas d'objet. En font partie les noms dont l'objet n'a pas d'existence effective (*l'actuel roi de France, une montagne d'or, les habitants de la planète Mars*); ceux dont l'objet est impossible parce que la représentation nominale réunit des éléments contradictoires (*Fer en bois, cercle carré, carré rond*) ou ontologiquement étrangers (*Le nombre 2 est vert, cet arbre est un nombre premier*); ainsi

1. *Log. Unters.*, IV. Unters., § 13, Hua XIX/1, p. 336; trad. fr. *RL* II/2, p. 123.
2. *Log. Unters.*, IV. Unters., Einleitung, Hua XIX/1, p. 302; trad. fr. *RL* II/2, p. 85.

que les propositions auxquelles ne correspond aucun état-de-choses, parce qu'elles sont factuellement fausses (*Les baleines sont des poissons, La planète Mars est habitée*), logiquement contradictoires (*un cercle a plusieurs angles droits*) ou ontologiquement incongrues (*Les nombres pairs sont de couleur verte, les arbres n'ont pas toujours de racines carrées*) [1]. Une théorie générale de la signification doit donc faire abstraction de la validité objective des unités de sens : la référence objective d'un nom (sa capacité à se rapporter à un objet existant) et la valeur de vérité d'un énoncé (sa capacité à décrire les propriétés d'un état-de-choses réel ou idéal [2]) sont ici hors de propos.

> Les lois *a priori* concernant la constitution des formes de signification essentielles laissent entière la question de savoir si les significations susceptibles de figurer dans ces formes sont « objectives » [*gegenständlich*] ou « sans objet » [*gegenstandslos*], et si (quand il s'agit de formes propositionnelles) il en résulte une vérité possible ou non [3].

Carré rond fait partie du domaine des significations, même si « à cette signification existante ne peut correspondre aucun objet existant » [4]. Husserl reprend ici le concept de *représentation sans objet* hérité de Bolzano : les représentations sans objet, dont une théorie de la signification doit reconnaitre « l'existence » en tant que modes de signification, sont dépourvues de référence objective; ce sont des représentations nominales auxquelles ne correspond aucun objet (ou des propositions auxquelles ne correspond aucun état-de-choses véritable) et non des significations qui se rapporteraient à un « objet » (ou un état-de-choses) inexistant (faux ou fictif). Lorsque je déclare « le centaure est une fiction des poètes », le sujet de l'énoncé, signale Bolzano, ne se rapporte pas à un objet inexistant (un centaure imaginaire dans un pays imaginaire peuplé de chimères), mais à la *représentation* du centaure elle-même, représentation à laquelle ne correspond précisément aucun objet. En dépit de l'absence de référence objective, ces significations sont bel et bien porteuses d'un sens parfaitement intelligible (nous comprenons le sens de la phrase « le centaure est une créature imaginaire » même si le sujet est ici dépourvu d'existence). Et si le défaut d'objet ne fait nullement

1. Husserl ne semble cependant pas établir une nette distinction entre ces deux modes d'impossibilité que sont la contradiction logique et l'incongruité ontologique.

2. Selon que l'état-de-choses concerne des éléments réels (l'arbre au bord de la route) ou idéal (la somme de deux nombres entiers).

3. *Log. Unters.*, IV. Unters., § 14, Hua XIX/1, p. 342; trad. fr. *RL* II/2, p. 129.

4. *Log. Unters.*, IV. Unters., § 12, Hua XIX/1, p. 334; trad. fr. *RL* II/2, p. 121.

obstacle à la saisie d'une signification, c'est parce qu'objet et signification sont totalement différents : à une multiplicité de significations peut correspondre un objet unique (*Le vainqueur d'Iéna / Le vaincu de Waterloo*) ; à une signification unique peut correspondre une multiplicité d'objets (*Le président de la République*). Il serait d'ailleurs impossible de se prononcer sur la valeur de vérité d'un énoncé fantaisiste ou hypothétique ou de repérer l'inexistence de l'objet désigné par un nom si nous ne comprenions pas le sens de ces expressions. Le discours faux (erroné, fictif ou mensonger) et les hypothèses provisoires en attente de validation sont, tout autant que les énoncés vrais, porteurs d'un sens. « Y a-t-il des habitants sur Mars ? » ainsi que « Il y a des habitants sur Mars » ont droit de cité dans le domaine idéal des significations tout autant que l'énoncé « Il n'y a pas d'habitants sur Mars ».

Si l'absence de validité objective n'est pas destructrice de sens et génératrice de non-sens, alors il faut distinguer le « non-sens » (*Unsinn*) et le « contre-sens » (*Widersinn*). Le non-sens (*vert est ou*) est une absence de sens; le contre-sens (*les habitants de Mars, le roi de la République française, le célibataire polygame*) est une absence d'objet. La grammaire pure exclut le non-sens : certaines combinaisons de significations (*Vert est ou, un rond ou, un homme est et*) ne sont pas admissibles, car elles ne sont qu'un amas incongru de plusieurs termes mal agencés (chaque terme a une signification mais leur réunion n'en a aucune). En revanche, la grammaire pure tolère le contre-sens (l'absence d'objet), puisque celui-ci « constitue un domaine partiel de ce qui est doué de sens » [1]. Ce contre-sens formel ou d'analytique (*fer en bois, cercle carré*), la logique le rejette au nom des principes de contradiction et du tiers exclu (*A est non A* ou *A est à la fois b et non-b* ou *A qui est b est non-b*). La grammaire pure définit ainsi les conditions de possibilité *syntaxique* du sens : les lois de la morphologie pure des significations

> déterminent ce qu'exige la *simple unité du sens*, c'est-à-dire les formes *a priori* selon lesquelles des significations appartenant aux diverses

1. *Log. Unters.*, IV. Unters., § 12 Hua XIX/1, p. 334; trad. fr. *RL* II/2, p. 121. Il serait bon de distinguer le contre-sens matériel (*fer en bois, cercle carré*) relatif à un domaine ontologique particulier, et le contre-sens formel ou analytique qui fait abstraction des catégories d'objets et considère tout objet possible en général (*a est non-a, a est b et a n'est pas b, si a>b, alors b>a*). La transgression des lois prémunissant du contresens formel nous placerait d'emblée dans le faux avant même d'avoir pris en compte la particularité matérielle de l'objet traité.

catégories de significations se réunissent en une seule signification, au lieu de produire un non-sens chaotique [1].

La logique définit quant à elle les conditions de possibilité *formelle* de l'objet : elle se prononce sur la validité objective des unités de sens que lui propose la grammaire pure en leur appliquant le principe de contradiction.

LES DISTINCTIONS FONDAMENTALES

Une fois distinguée des grammaires empiriques et de la logique pure, la grammaire pure logique se déploie dans deux directions. D'une part, l'étude des lois *a priori* de combinaison des significations simples en significations complexes ; d'autre part, celle des lois *a priori* de modification d'un contenu de sens non-nominal en signification nominale. Ces analyses reposent sur une distinction préalable qui subdivise le monde des significations en deux catégories fondamentales : les « significations indépendantes » et les « significations dépendantes ». Cette distinction est elle-même introduite à partir d'une distinction linguistique plus ordinaire qui sépare les expressions du langage et les significations qui leur reviennent en expressions « simples » et « complexes ». Nous allons nous pencher sur ces distinctions fondamentales entre catégories de significations avant d'envisager la légalité qui commande leurs combinaisons et leurs transformations.

Les distinctions entre expression simple et expression complexe

Quand on se penche sur les expressions du langage, une première distinction s'impose de prime abord entre les expressions simples (*homme, fer, roi, amour*) et les expressions complexes composées de plusieurs expressions simples (*un homme de fer, un roi qui gagne l'amour de ses sujets*) (§ 1). Cette distinction linguistique, qui s'en tient à l'apparence grammaticale des expressions, renvoie à une distinction plus fondamentale dans le domaine des significations. Puisque les expressions, à la différence des signes simplement indicatifs, sont dotées de signification, leur simplicité ou leur complexité renvoie à la simplicité ou la complexité des significations sous-jacentes qui animent ces expressions. Dans une théorie de la signification, la distinction importante est donc celle qui fait

1. *Log. Unters.*, IV. Unters., Einleitung, Hua XIX/1, p. 302 ; trad. fr. *RL* II/2, p. 86.

le partage entre les significations simples, dépourvues d'éléments, et les significations complexes, composées de plusieurs éléments.

> Qu'il y ait réellement des significations simples, c'est ce que nous enseigne l'exemple incontestable du « *quelque chose* » (Etwas). Le vécu de représentation qui se réalise dans la compréhension de ce mot est assurément composé [1], mais dans la signification il n'y a pas l'ombre d'une composition [2].

Sans la distinction entre les significations complexes et les significations simples dont celles-ci sont composées, nous serions entrainés dans une régression à l'infini : il se peut qu'une signification partielle (*roi de France*) extraite d'une signification composée (*Louis XIV a été roi de France*) soit à son tour formée de plusieurs significations (*roi, de, France*) ; mais si nous poursuivions l'analyse nous finirions par tomber nécessairement sur des éléments absolument simples. La « composition nous ramène nécessairement à d'ultimes parties significatives » [3].

Le § 2 avertit aussitôt que la simplicité et la complexité des significations ne sont pas des images-copies de la structure de leur objet (de sa simplicité ou de sa complexité), comme certains l'ont prétendu. Twardowski, par exemple, défendait l'idée d'une « analogie de composition entre les parties de l'objet et les parties constitutives du contenu de représentation » [4]. Husserl récuse ce point de vue : une signification simple n'est pas le reflet de la simplicité de son objet, pas plus qu'une signification complexe n'est le reflet de sa complexité. Une fois de plus, il s'appuie ici sur les analyses de Bolzano qui distinguait, au § 64 de la *Wissenschaftslehre*, la composition de la représentation et celle de l'objet représenté. À une signification (« représentation ») simple ne correspond pas nécessairement un objet simple, et à une signification (« représentation ») complexe un objet complexe. Il y a en effet des significations composées qui désignent des objets simples, comme la signification (représentation) nominale « objet simple » elle-même dans la composition de laquelle entrent deux unités de sens (ce qui fait d'elle une signification complexe, alors que son objet est quelque chose de « simple »). Il y a également des significations

1. Puisqu'il associe au moins deux éléments : la perception d'un phénomène sonore et une représentation intuitive de l'objet signifié.

2. *Log. Unters.*, IV. Unters., § 1, Hua XIX/1, p. 303 ; trad. fr. *RL* II/2, p. 87.

3. *Log. Unters.*, IV. Unters., § 7, Hua XIX/1, p. 319 ; trad. fr. *RL* II/2, p. 104.

4. *Cf.* K. Twardowski, *Zur Lehre vom Inhalt und Gegenstand der Vorstellungen*, § 12, Wien, Alfred Hölder, 1894, p. 69 ; *Sur la théorie du contenu et de l'objet des représentations*, trad. fr. J. English dans E. Husserl, K. Twardowski, *Sur les objets intentionnels (1893-1901)*, Paris, Vrin, 1993, p. 156.

(représentations) simples qui se rapportent à des objets composés, telles que les significations (représentations) nominales suivantes : « galaxie », « constellation », « labyrinthe » ou « nation » qui désignent des objets composés de plusieurs parties. Que l'on songe aussi à des significations aussi simples que « *Etwas* » (quelque chose) et « *Eins* » (une chose) qui peuvent désigner à l'occasion un objet complexe. De plus, quand une signification composée se rapporte à un objet composé, les parties de cette signification ne correspondent pas toujours à des parties (ou des propriétés) de l'objet désigné (et si Twardowski prétend le contraire, c'est que, malmenant la distinction entre la signification et l'objet, il prend la signification pour la représentation intuitive de l'objet signifié). Et inversement, les parties et les propriétés de l'objet ne sont pas toutes représentées dans la signification correspondante qui n'en sélectionne généralement qu'un petit nombre appelé à devenir ses marques distinctives. Comme illustration du premier cas nous pourrions citer la signification (représentation) nominale « pays sans montagne » dans laquelle l'unité de sens « montagne » est bien une composante, alors que la qualité « avoir une montagne » ou « être montagneux » fait précisément défaut à l'objet désigné (si, à l'inverse, comme le fait Twardowski, on tient les éléments de la signification « sans montagnes » comme des éléments de la représentation d'un pays sans montagne et si l'on identifie la signification et l'objet signifié, alors on commettra l'erreur de croire qu'il y a de part et d'autre, dans la signification et dans l'objet tel qu'il est représenté, les mêmes composantes). D'une manière générale, dans toutes les expressions de la forme « S sans p », la signification comporte un élément (p) alors que l'objet est précisément dépourvu de la qualité correspondante. Pour illustrer le deuxième cas, nous pouvons évoquer des noms comme « le vainqueur d'Iéna » ou « le vaincu de Waterloo » dans lesquels l'objet (Napoléon) est chaque fois désigné ou représenté au moyen d'une seule propriété, parmi toutes celles qui reviennent à cet illustre personnage. Pour écarter l'hypothèse d'un parallélisme ontologico-sémantique strict, Bolzano évoquait également les représentations sans objet (notamment les noms réunissant des éléments contradictoires comme « cercle carré »), ainsi que les représentations où intervient un complément de nom : dans la représentation « l'œil de l'homme », « homme » est bien une composante de la représentation nominale alors que l'homme lui-même n'est pas une partie de l'œil. Bolzano en concluait qu'il fallait absolument abandonner l'idée selon laquelle à chaque partie d'une représentation correspondrait une partie de son objet, ainsi que l'idée que toutes les parties de l'objet seraient représentées dans les représentations correspondantes. Husserl fait sienne la thèse de Bolzano quand il affirme à son tour que des significations composées peuvent représenter des objets simples : la similitude photographique à laquelle croyait encore Twardowski avec son concept de la représentation comme image-copie (*Abbild*) est définitivement congédiée.

On aurait également tort de croire que la complexité de l'acte de signifier serait un indice ou le reflet de la complexité de la signification correspondante, comme si la structure de celle-ci reflétait parfaitement celui-là (§ 3). La signification doit être distinguée non seulement de l'objet signifié (puisque plusieurs significations différentes peuvent se rapporter au même objet : « le précepteur d'Alexandre », « l'auteur de *l'Éthique à Nicomaque* »), mais aussi de l'acte subjectif du signifier lui-même. Lorsque plusieurs personnes répètent ou comprennent tour à tour la « même » expression (« l'auteur de *l'Éthique à Nicomaque* »), il n'y a pas autant de significations que d'actes de conscience. Les diverses intentions de signification vécues par les interlocuteurs (ce que les uns *veulent dire* et ce que les autres doivent *comprendre*) se rapportent toutes à la même unité idéale de signification : « l'auteur de *l'Éthique à Nicomaque* ». L'expression conserve toujours le même sens tant que Aristote (l'objet référentiel) y est partout visé en tant que l'auteur de l'*Éthique à Nicomaque*. L'acte du signifier est ainsi un processus complexe, composé de plusieurs actes partiels (production ou perception d'un phénomène physique, intention de signification, remplissement de l'intention) ou se déroulant en plusieurs phases (intention de signification puis remplissement éventuel), sans que la signification correspondante soit également à son tour nécessairement complexe. Le cas du nom propre est à cet égard révélateur du contraste entre la simplicité de la signification et la complexité du signifier. La signification du nom propre (*Eigenbedeutung*) est en effet simple, même si à partir du nom « Schultze » nous pouvons nous représenter explicitement certaines parties de l'objet désigné (tête, torse, chapeau...) ou certaines de ses propriétés (taille, corpulence, couleur des yeux, des cheveux...). Les significations propres ne sont pas des abréviations de descriptions définies : « Schultze » n'est pas équivalent à « un certain homme que je connais, de 1, 90 m, de forte corpulence, qui porte en ce moment un chapeau, etc. ». Un nom propre n'est pas de la forme « un *S* qui est *p*, *q*, *r*... ». Il importe de ne pas confondre ces deux modes de signification : il n'est pas certain

> que cette signification propre soit identique à *la* signification complexe que nous composons progressivement en analysant dans un sens objectif le contenu de la représentation *Schultze*, sous la forme *un A qui est αβγ*... [1].

Quand nous désignons un « objet » par son nom propre (« Schultze »), la signification propre opère directement (sans médiation attributive *αβγ*), globalement (l'objet est visé comme un tout réunissant implicitement toutes ses qualités) et simplement (aucune détermination particulière ne se détache pour servir de marque distinctive de la forme *cet αA*). Ce mode de signification direct, simple et global se distingue du mode indirect (médiat), complexe et partiel qui désigne l'objet à partir de certains attributs sélectionnés comme marques distinctives de la forme *cet αA* ou *cet A qui est αβγ* (« cet homme de grande taille, de forte corpulence, qui porte un chapeau… »). Toutes les déterminations supplémentaires qui s'ajoutent à la représentation propre au fur et à mesure que notre connaissance s'enrichit ou que l'expérience réveille dans notre mémoire d'anciens souvenirs, sont autant de nouvelles significations, et non des composantes sémantiques implicitement incluses dans la signification propre [2]. Ces nouvelles déterminations ne sont que des suppléments qui viennent compléter et enrichir de l'extérieur un noyau de sens primitif et propre qui demeure identique. Le même objet

> peut être représenté d'une manière très différente avec un fonds variable de caractères déterminants [*Schultze, un homme de grande taille, un aimable voisin, exerçant la profession d'avocats, père de deux enfants*…] – tandis que cette variation et la complexion de ce fonds ne concernent pourtant pas la signification [propre] elle-même [3].

En d'autres termes, le contenu représentatif avec lequel l'objet nommé « proprement » (désigné au moyen d'un nom propre) est chaque fois donné à la conscience, en vertu des circonstances de l'acte de désignation et des associations d'idées motivées *hic et nunc*, peut varier indéfiniment autour d'une signification propre qui conserve partout et toujours son unité et sa simplicité. La prétendue complexité du nom propre n'est donc pas à mettre au compte de la signification elle-même mais plutôt de l'acte du signifier lorsque de nouvelles déterminations viennent s'associer spontanément à notre représentation propre dans le courant de

1. *Log. Unters.*, IV. Unters., § 3, Hua XIX/1, p. 306; trad. fr. *RL* II/2, p. 89.
2. Composantes qu'une analyse du nom propre pourrait mettre à jour : « Schultze : cet homme que je connais, qui est l'époux de…, le père de…, qui exerce telle profession… ».
3. *Log. Unters.*, IV. Unters., § X, Hua XIX/1, p. 307; trad. fr. *RL* II/2, p. 91.

conscience (ou que nous désignons par là un individu que nous pensons aussi, à l'occasion, en tant que ceci ou cela [1]).

Cette première distinction entre significations simples et complexes conduit Husserl à évoquer une autre distinction, plus importante, dans le domaine des significations.

Expression indépendante et expression dépendante

Un autre fait remarquable s'impose à nous si l'on se penche sur la structure des expressions complexes (§ 4). Celles-ci se présentent comme des complexions de mots articulées : « un homme de fer », « un roi qui gagne l'amour de ses sujets ». Or, dans ces formations, certaines composantes ont des propriétés singulières qui les distinguent des autres. Alors que certaines parties d'une expression complexe (*homme, fer, roi, l'amour, sujets*) sont elles-mêmes des « expressions complètes » qui se suffisent à elles-mêmes et peuvent subsister en dehors des complexions de mots où elles sont insérées, d'autres parties (*un, de, qui, ses*) sont des « expressions incomplètes » qui ont besoin d'un complément de sens. Si on les retire des complexions de mots pour les envisager isolément, elles sont comme accompagnées d'un point de suspension ou d'une place vide qui attend d'être remplie. L'importance de cette distinction n'avait pas échappé à Brentano : dans une série de cours des années 1870 publiés depuis sous le titre *La doctrine du jugement correct*, il avait attiré l'attention de ses auditeurs (au nombre desquels figuraient Husserl et Anton Marty) sur ces faits de langage. Attardons-nous un instant sur la doctrine brentanienne dont l'influence a été décisive sur l'auteur des *Recherches Logiques*. La *Sprachtheorie* de Brentano repose sur deux grands principes : premièrement, le langage a pour but d'exprimer les phénomènes psychiques vécus pas la conscience : nos représentations sont exprimées par des noms, nos jugements par des énoncés [2], nos désirs par des requêtes, nos interrogations par des questions, nos volontés par des ordres… Deuxièmement, les phénomènes psychiques exprimés donnent au discours correspondant toute sa *signification* ou son *contenu de sens :* la signification du nom réside dans l'acte de représentation, celle de l'énoncé dans l'acte de jugement, etc. La signification du nom réside plus précisément dans le « contenu » de l'acte de représentation, c'est-à-dire les marques distinctives sélectionnées pour représenter l'objet (« le

1. « Je vous présente mon associé / mon mari / mon voisin : M. Schultze ».

2. Pour être l'expression d'un jugement, un énoncé doit comporter un nom et un signe d'affirmation ou de négation.

fondateur de la logique » / « le professeur d'Alexandre le Grand »). Or, les éléments du langage n'ont pas tous une signification :

> Il existe aussi des instruments déictiques qui ne sont en eux-mêmes l'expression d'aucun phénomène psychique […] [1]

Tel est le cas des articles, particules, prépositions, conjonctions, adverbes… (« de », « à », « vraiment », « ne… pas… », « seulement », etc.). Ces éléments linguistiques, en eux-mêmes et par eux-mêmes, n'ont pas de sens à proprement parler :

> C'est seulement en liaison avec d'autres mots qu'ils parviennent à exprimer un phénomène psychique; par exemple, *aucune* pierre n'est vivante, il *m'*a frappé. Ces termes sont en soi dénués de sens, mais ils font supposer l'existence d'une cohérence du discours; ils sont simplement cosignifiants [2].

Les expressions pleinement signifiantes qui sont l'expression achevée d'un phénomène psychique sont les expressions « catégorématiques » ou « autosémantiques » (noms, énoncés…). Celles qui ne signifient rien en elles-mêmes et par elles-mêmes parce qu'elles ne sont pas l'expression achevée et parfaite d'un phénomène psychique, celles qui ne reçoivent donc un sens qu'en liaison avec d'autres mots, sont les expressions « syncatégorématiques » ou « synsémantiques ». Prises isolément, ces dernières laissent tout au plus deviner la possibilité d'un discours articulé en attente d'un complément, mais elles ne livrent aucune signification déterminée. Les éléments de langage qui interviennent dans l'opération de prédication pour lui donner son caractère universel ou particulier, affirmatif ou négatif (« est », « n'est pas », « un », « tous », « quelques », « le », « les »…) sont les paradigmes de l'expression syncatégorématique.

> En eux-mêmes, ces signes [d'affirmation et de négation] sont dénués de signification, ils sont syncatégorématiques, mais en liaison avec un nom ils expriment un jugement [3].

En participant ainsi à l'expression achevée d'un phénomène psychique complet, ces éléments de langage, en association avec un nom et un attribut [4], acquièrent une signification. Dans l'énoncé « A

1. F. Brentano, *Die Lehre vom richtigen Urteil*, F. Mayer-Hillebrand (Hrsg.), Bern, Francke Verlag, 1956, B, § 16, p. 24; *La doctrine du jugement correct*, trad. fr. M. de Launay et J.-C. Gens, Paris, Gallimard, 2003, p. 217.
2. F. Brentano, *Die Lehre vom richtigen Urteil*, *op. cit.*, B, § 16, p. 24; trad. fr., p. 217.
3. F. Brentano, *Die Lehre vom richtigen Urteil*, *op. cit.*, D, § 27, p. 74; trad. fr., p. 277.
4. Attribut dont peut se passer le jugement existentiel.

est » ou « A n'est pas », il y a donc un signe (nom) pour désigner l'objet du jugement « et un signe permettant de reconnaitre si ce dernier doit être reconnu ou rejeté »[1]. L'énoncé est ainsi, dans sa structure primitive essentielle, l'articulation *syntaxique* d'un signe catégorématique et d'un signe syncatégorématique.

Husserl reprend à son compte une partie des analyses de Brentano. Il retient la distinction entre signe catégorématique et signe syncatégorématique qu'il va intégrer dans une théorie générale de la signification, mais il refuse de réduire celle-ci à un contenu psychique d'un acte subjectif de représentation et – nous le verrons bientôt – de décrire les syncatégorèmes comme des signes dépourvus de sens. Les distinctions que Brentano avait établies sur les plans linguistique et psychologique, sont étendues au domaine (idéal) de la signification. Dans la mesure où l'expression, à la différence des signes indicatifs, n'est un signe significatif qu'en vertu de l'intention de signification qui l'anime et de l'unité de sens qui l'habite, la distinction entre expressions « catégorématiques » et « syncatégorématiques » renvoie à une distinction plus profonde entre *significations* catégorématiques et syncatégorématiques. Les premières constituent en elles-mêmes et par elles-mêmes des unités de sens autonomes, indépendantes (*selbständig*); les secondes sont des « significations dépendantes », en attente d'un complément de sens, qui ont besoin de s'inscrire dans un contexte sémantique plus large. Dans la définition qu'en donne Husserl au § 7 se révèle l'influence de Brentano :

> Nous appellerons *indépendante* une signification quand elle peut constituer *la signification pleine et entière d'un acte concret de signification* [un vécu psychique, c'est-à-dire *a minima* une représentation], et l'appellerons dépendante quand ce n'est pas le cas[2].

C'est-à-dire quand elle ne devient une signification déterminée « qu'en connexion avec certaines autres significations qui la complètent »[3]. « Homme », « roi », « le fondateur de l'éthique », « un fils qui a offensé son père » sont des signes linguistiques catégorématiques; « du père », « pour », « néanmoins », « ne ... pas » sont des signes syncatégorématiques. Cette distinction s'inscrit dans le prolongement de la théorie pure du tout et des parties exposée dans la Troisième Recherche : elle n'est rien de moins que l'application au domaine des significations de la distinction générale entre « objets indépendants » et « objets dépendants ».

1. F. Brentano, *Die Lehre vom richtigen Urteil, op. cit.*, D, § 27, p. 74; trad. fr., p. 277.
2. *Log. Unters.*, IV. Unters., § 7, Hua XIX/1, p. 320-321; trad. fr. *RL* II/2, p. 105.
3. *Ibid.*

Cette distinction héritée de l'analyse brentanienne du langage soulève cependant plusieurs questions. Tout d'abord, on peut se demander si les composantes d'une expression complexe ont toutes une signification; ou bien s'il existe des éléments dépourvus de sens. Deux hypothèses s'affrontent. On connait la première : pour Brentano et son disciple Anton Marty, les syncatégorèmes n'acquièrent un sens qu'en association à d'autres éléments. Ils sont « co-signifiants », ce qui veut dire ici, tant qu'ils demeurent seuls, non-signifiants. Pour Bolzano, en revanche, les composantes d'une représentation complexe sont à leur tour des représentations plus petites, donc des éléments dotés de sens. Tous les mots du langage (aussi bien le « et », le « ou », le « ne...pas » que les substantifs, les verbes et les adjectifs) désignent une représentation particulière qui leur donne un contenu de sens (*Wissenschaftslehre*, § 57)[1]. Aucun élément, dans les représentations pensées et exprimées comme dans les représentations en soi qui leur confèrent leur contenu sémantique idéal, n'est donc insignifiant ou plutôt non-signifiant. Les articulations de l'expression (la façon dont les composantes verbales sont connectées et agencées dans le discours) reflètent les articulations de la signification (la façon dont les unités de signification ou « représentations » sont associées et combinées à l'intérieur d'une signification plus complexe). Husserl écarte la thèse brentanienne et retient la thèse bolzanienne : il n'y a pas d'éléments non significatifs dans les significations complexes; toutes les composantes d'une proposition ou d'une représentation composée sont à leur tour des significations. Car s'il y avait des composantes non-signifiantes, les significations ne pourraient pas recevoir une expression linguistique dans laquelle se refléteraient et leur forme et leur contenu. Les éléments d'une expression complexe sont tous l'expression d'une signification; et tous les éléments d'une signification peuvent recevoir leur expression dans une formation verbale. Je vois un arbre sur le bord de la route, je le pense comme arbre-sur-le-bord-de-la-route et, exprimant ma pensée, je dis « cet arbre sur le bord de la route ». Dans l'expression « cet arbre sur le bord de la route », toutes les composantes grammaticales renvoient à des éléments catégoriaux de significations : non seulement l'arbre et la route, c'est-à-dire un ceci saisi comme arbre

1. Husserl cite le § 57 de la *Wissenschaftslehre* : « chaque mot dans la langue sert à désigner une représentation particulière [une « représentation en soi », c'est-à-dire une unité idéale de signification telle que l'entend Husserl], quelques-uns aussi à désigner des propositions entières »; Bolzano « attribue donc [commente Husserl] une signification propre même à toute conjonction et toute préposition » (*Log. Unters.*, IV. Unters., § 4, Hua XIX/1, p. 311; trad. fr. *RL* II/2, p. 94).

et un cela saisi comme route, mais aussi l'être-au-bord-de-la-route de l'arbre (un objet catégorial).

Le § 5 confirmera la thèse bolzanienne selon laquelle tout élément du discours est une signification (une « représentation »). Les significations dépendantes (« plus grand qu'une maison », « à la belle étoile ») sont des composantes de significations indépendantes (« un immeuble est *plus grand qu'une maison* », « ils ont dormi *à la belle étoile* »). C'est effectivement au sein d'un contexte plus large, par leur insertion à l'intérieur d'une signification indépendante, que les moments de signification dépendants trouvent le complément dont ils ont besoin. Mais, pour autant, on aurait tort d'interpréter cette co-signification comme une *absence* de signification (une non-signification), comme si le complément venait donner un sens à ce qui, avant lui et sans lui, n'en a jamais eu et ne peut en avoir. Les éléments co-signifiants ne sont pas des fragments sonores ou graphiques dépourvus de signification (« *mai*... (son) » ; « *bi*... (zarre) »), au même titre que les lettres, les syllabes et les phonèmes. Détachés de tout contexte, des termes tels que *et* ou *ou* ont bel et bien encore une signification – fût-elle incomplète – ; et c'est pourquoi Husserl les qualifie de *significations* dépendantes [1]. Celles-ci sont donc, dans le domaine de la signification, une parfaite illustration de la théorie husserlienne des objets dépendants : les significations sont bel et bien des « contenus dépendants », *i.e.* « des contenus qui ne peuvent avoir d'existence en eux-mêmes, mais seulement en tant que parties de touts plus vastes » [2].

Husserl n'en a pourtant pas fini avec les difficultés : une nouvelle objection se présente à lui au § 8. Les significations dépendantes ne seraient-elles pas tout simplement des significations se rapportant à un *objet* dépendant ? La dépendance de la signification que l'on met au

1. En soutenant que tous les éléments d'une construction syntaxique ont un sens, Husserl renoue avec une vieille tradition grammaticale : « Aux yeux de certains philosophes, les seuls constituants de l'énoncé sont le nom et le verbe, tandis que tous les autres éléments n'en sont que les étais ou les joints, tout comme les constituants d'un navire, ce sont les planches et les poutres, tandis que le reste, c'est-à-dire l'étoupe, les clous et ce genre de choses, on dit que c'est ce qui assemble et fait tenir le navire. Il faut cependant objecter à cela que la cire et l'étoupe ne sont pas constituées du même matériau que les planches et les poutres, tandis que les conjonctions, les prépositions et les éléments de ce genre sont constitués du même matériau que le nom et le verbe, c'est-à-dire de lettres, de syllabes, d'accents et de sens » Priscien, dans H. Keil (ed.), *Grammatici latini*, II, 551 ; trad. fr. dans M. Baratin, *La naissance de la syntaxe à Rome*, Paris, Minuit, 1989, p. 379.

2. *Log. Unters.*, IV. Unters., § 7, Hua XIX/1, p. 319 ; trad. fr. *RL* II/2, p. 104. Husserl renvoie ici aux § 5-7 de la 3e *Recherche*.

compte d'une singularité structurelle ne serait-elle pas plutôt le reflet de la dépendance ontologique de son objet ? Cette objection s'appuie sur le fait que dans le langage les moments dépendants de l'objet (ses propriétés) sont précisément représentés par des significations adjectives dépendantes (« rouge », « en bois », « rectangulaire ») qui appellent comme complément de signification un sujet auquel elles sont articulées attributivement (*Sp, mon beau miroir*) ou prédicativement (*S est p, cette chaise est en bois, cette nappe est rouge*). Une signification dépendante aurait ainsi pour référent un objet dépendant (une partie ou une propriété d'un objet) ; tandis qu'une signification indépendante se réfèrerait à un objet indépendant (un sujet réunissant plusieurs propriétés et plusieurs parties). Husserl écarte cette hypothèse : non seulement parce que l'expression « un moment dépendant », qui se rapporte à un objet dépendant, a elle-même une signification indépendante, mais aussi et surtout parce que tout moment objectif dépendant peut devenir l'objet (référent) d'une signification indépendante quand celle-ci prend la forme d'un substantif (« rougeur », « rectangularité »). Une signification indépendante appartenant à la catégorie du nom peut en effet désigner aussi bien un objet indépendant (« ma voiture », « cet immeuble, « le nombre 3 ») qu'un objet dépendant (« la couleur de ma voiture », « la hauteur de l'immeuble ») ; preuve qu'une signification ne tire pas son caractère dépendant ou indépendant de l'objet signifié.

La distinction entre significations indépendantes et dépendantes se heurte enfin à une troisième difficulté (§ 9). Les significations dépendantes devraient être inintelligibles en dehors de tout contexte sémantique. Pourtant nous les comprenons aussi quand elles se présentent à nous en dehors de tout contexte : « égal », « en liaison avec », « et », « ou » restent pour nous des expressions signifiantes (et non de simples émissions sonores dépourvues de sens) avant comme après leur insertion dans une phrase. « Les syncatégorèmes sont compris, dit Husserl, même quand ils sont isolés » [1]. Mais comment une expression syncatégorématique isolée peut-elle donc demeurer compréhensible ? Comment peut-elle déjà livrer un sens, fût-il incomplet ? Pour écarter cette ultime difficulté on pourrait répondre que, tant qu'ils ne reçoivent pas de complément, ces éléments de langage ne sont pas encore des significations « authentiques », susceptibles d'être intuitivement illustrées au moyen de la donation d'un cas particulier : ce n'est qu'à l'intérieur de l'expression complète d'un état-de-choses que des termes tels que « égal », « en liaison avec »,

1. *Log. Unters.*, IV. Unters., § 5, Hua XIX/1, p. 315 ; trad. fr. *RL* II/2, p. 99.

« et », « ou » recevraient une signification proprement dite (*3 est* égal *à 2+1* ; « *vous devez entrer* en liaison *avec votre supérieur hiérarchique* », « *il a lu un ouvrage de Kant* et *de Husserl* », « fromage ou *dessert* »). Ces significations « inauthentiques » fonctionneraient alors seulement sur un mode purement symbolique, sans aucun support intuitif. Et tant qu'un remplissement intuitif fait défaut, les expressions dépendantes ne donneraient rien à connaitre : elles pourraient donner tout au plus le présentiment d'un fragment d'expression, l'annonce d'une place vide en attente de complément. Cette première réponse ne satisfait pas Husserl, car elle laisse en suspens la question initiale : comment une compréhension symbolique d'une signification « inauthentique » est-elle précisément possible en dehors de tout contexte ?

> Comment s'expliquer le fait incontestable que des syncatégorèmes isolés, par exemple le mot isolé *et*, soient *compris ?* Dire qu'ils sont dépendants en ce qui concerne leur intention de signification, cela signifie pourtant que de telles intentions ne peuvent exister que dans les contextes catégorématiques [en connexion avec d'autres significations formant une unité indépendante] ; la particule détachée, le *et* isolé, devrait donc être un son vide [1].

Il n'y a que deux manières d'écarter la difficulté. Ou bien on dira que l'expression syncatégorématique détachée a une *autre* signification que celle qui lui revient normalement quand elle est insérée dans un contexte catégorématique : tant qu'il n'est pas intégré dans une colligation concrète de la forme *A* et *B*, le « et » n'a pas d'autre sens que « une certaine particule connue de nous ». Ou bien on dira que l'expression, avant comme après son insertion dans un tout, conserve toujours la *même* signification ; une signification à laquelle vient ensuite s'ajouter un complément quand l'expression dépendante prend place à l'intérieur d'une expression indépendante. Lorsque l'expression syncatégorématique *et* se présente isolément, nous complétons mentalement la signification qui lui revient (celle d'une connexion par conjonction) en lui ajoutant une représentation de la forme « *A* et *B* » : nous complétons la signification conjonctive *et* par une représentation du couple de termes à relier *A,B*. Autrement dit, quand nous rencontrons la signification *et* nous pensons à un état-de-choses de type *A et B*, nous accomplissons intérieurement la totalité de l'expression dont une seule partie verbale (*et*) nous était donnée ; nous faisons vivre en nous un tout (un tout concret tel que « *Pierre* et *Paul* »,

1. *Log. Unters.*, IV. Unters., § 9, Hua XIX/1, p. 324 ; trad. fr. *RL* II/2, p. 109.

ou un tout formel tel que « *A* et *B* ») dont le syncatégorème pourrait être une partie.

Le domaine idéal des significations se répartit donc en deux grandes catégories : les significations indépendantes et les significations dépendantes. Leur articulation syntaxique engendre des formations de plus en plus complexes dont la grammaire pure doit étudier les lois. D'une part les lois combinatoires selon lesquelles les éléments catégorématiques et syncatégorématiques, au lieu d'être une simple juxtaposition de termes (*bleu, blanc, rouge*; *un, deux, trois*) ou un chaos insensé (*vert est ou*), forment un tout intelligible (lois de la composition des significations). D'autre part les lois selon lesquelles les significations peuvent revêtir une autre forme sans changer de contenu (lois de la modification des significations).

LES LOIS DE LA GRAMMAIRE PURE LOGIQUE

Les lois de composition des significations

Nous ne pouvons pas articuler librement les significations les unes aux autres ; nous ne pouvons pas combiner arbitrairement des unités de sens. Les significations s'associent les unes aux autres pour former des unités plus complexes selon certaines modalités ; et les combinaisons possibles ne sont pas toutes admissibles. Certaines connexions produisent du sens (*cet arbre est vert*) ; d'autres ne sont qu'un amas incongru dépourvu de signification (*vert est ou*).

> Les significations sont soumises à des lois *a priori* qui régissent leur combinaison en de nouvelles significations [1].

C'est sur le modèle bolzanien de la composition des « représentations en soi » que Husserl envisage les connexions entre significations :

> « représentation » signifie ici la même chose que « représentation en soi », ce qui correspond à notre concept de signification [2].

On ne peut être plus clair : à l'instar des « représentations en soi » – ces composantes des propositions que Bolzano distinguait des représentations pensées et des représentations exprimées –, les significations sont des unités de sens objectives irréductibles à la multiplicité des actes subjectifs

1. *Log. Unters.*, IV. Unters., § 10, Hua XIX/1, p. 325 ; trad. fr. *RL* II/2, p. 110.
2. *Log. Unters.*, IV. Unters., § 4, Hua XIX/1, p. 311 ; trad. fr. *RL* II/2, note (I), p. 94.

de la conscience, fugaces et contingents. Pour décrire comment ces unités entrent dans la composition de formations de sens plus complexes, Husserl reprend le principe de compositionnalité (*Zusammengesetztheit*) des représentations que Bolzano formulait ainsi :

> À peu près sur chaque représentation pensée, nous distinguons certaines parties qu'elle consiste précisément à lier [1].

La représentation désignée par l'expression « créature terrestre » ou « une créature qui habite la terre » se décompose en plusieurs parties : une/créature/qui/habite/la/terre. Les parties ou composantes d'une représentation complexe sont à leur tour des représentations relativement plus simples, et, en dernière analyse, des représentations absolument simples qui ne contiennent plus aucune partie et qui n'admettent donc plus de décomposition supplémentaire (§ 61). Ce qui vaut pour les représentations subjectives (pensées) vaut aussi pour les représentations en soi (objectives) qui sont saisies ou pensées dans ces représentations subjectives auxquelles elles donnent un « contenu » de sens objectif ou une « matière » logique : les représentations en soi sont composées de parties qui sont à leur tour des représentations en soi relativement plus simples ou absolument simples (dans lesquelles n'entrent plus aucune autre représentation à titre de partie). Si Bolzano définit le « contenu » d'une représentation comme l'ensemble de ses composantes (la somme de ses représentations partielles plus simples), indépendamment de l'ordre dans lequel elles sont reliées (les représentations « un fils savant d'un père ignorant » et « un fils ignorant d'un père savant » ont le même « contenu »), les représentations composées ne sont pas pour autant une succession aléatoire d'éléments ou une simple juxtaposition de représentations (R1 / R2 / R3, …) :

> Les parties constitutives en lesquelles consiste une représentation apparaissent souvent dans une certaine *succession*, pas tout à fait arbitraire, dont le changement produit aussi une autre représentation [2].

On peut difficilement tenir pour équivalentes les expressions « le fils d'un père » et « le père d'un fils » : le déplacement opéré (le complément

1. B. Bolzano, *Wissenschaftslehre*, § 56, Sulzbach, Heinroth, 1837, p. 244; *Bernard Bolzano-Gesamtausgabe*, Reihe I : *Schriften*, Bd. 11, Zweiter Teil : *Wissenschaftslehre*, § 4690, J. Berg (Hrsg.), Stuttgart-Bad Cannstatt, Frommann-Holzboog, 1987, p. 55; *Théorie de la science*, trad. fr. partielle J. English, Paris, Gallimard, 2011, p. 158.

2. B. Bolzano, *Wissenschaftslehre*, *op. cit.*, § 58, p. 255-256, BB-GA, Bd. 11, II, p. 66; trad. fr., p. 170.

devient le nom et le nom le complément) produit manifestement un contenu sémantique ou logique différent, preuve que ce dernier ne se définit pas seulement par la somme des parties (le / d'un /fils / père) mais par leur ordre de succession (le *S* d'un *S'* / le *S'*d'un *S*) et leur mode de connexion (S *et* S'/S *ou* S').

> Puisque, par ce contenu, n'est comprise que la *somme* des parties constitutives en lesquelles consiste la représentation, mais pas la *manière dont* ces parties sont liées entre elles, une représentation n'est pas alors entièrement déterminée encore par la simple indication de son contenu [la simple énumération de ses parties], mais il peut parfois résulter d'un seul contenu donné deux représentations différentes et même plus. Ainsi les deux représentations : « un fils instruit d'un père sans instruction » et « un fils sans instruction d'un père instruit » ont visiblement le même contenu, et elles sont pourtant très différentes [1].

Les éléments de la méréologie bolzanienne se retrouvent, pour l'essentiel, dans l'analyse husserlienne : « nous suivons ici Bolzano » répète Husserl, comme pour rappeler que sa théorie de la signification relève moins d'une psychologie descriptive ou d'une théorie du langage que d'une sémantique objective [2]. De même que les expressions composées (« un homme de fer ») se décomposent en expressions partielles (« un » / « homme » / « de » / « fer »), les significations complexes s'articulent en significations partielles. Et si nous poursuivons l'analyse, nous finirons par tomber sur des éléments ultimes, des unités de sens absolument simples indécomposables.

> En continuant à décomposer la signification, nous devrons finalement aboutir partout à des significations simples en tant qu'éléments [3].

Husserl résume ici l'argumentation de Bolzano en faveur de l'existence de représentations en soi absolument simples (§ 61 [4]). Une de ces significations (représentations) simples est par exemple « quelque chose » (*Etwas*), si l'on prend garde de ne pas confondre la simplicité de la signification visée par le mot « Etwas » avec la complexité de l'acte d'expression où fusionnent un phénomène sonore, une intention de signification et éventuellement un remplissement de signification (une

1. B. Bolzano, *Wissenschaftslehre*, *op. cit.*, § 56, p. 244, BB-GA, Bd. 11, ii, p. 55; trad. fr., p. 159.
2. *Log. Unters.*, IV. Unters., § 2, Hua XIX/1, p. 304; trad. fr. *RL* II/2, p. 88, note 1.
3. *Log. Unters.*, IV. Unters., § 1, Hua XIX/1, p. 303; trad. fr. *RL* II/2, p. 87.
4. B. Bolzano, *Wissenschaftslehre*, § 61, p. 263-265, BB-GA, Bd. 11, II, p. 73-75; trad. fr., p. 176-177.

intuition donatrice d'un ceci-là particulier). La signification visée par le mot « Etwas » est également simple par opposition à d'autres significations plus complexes où le quelque chose indexicalement visé reçoit une détermination catégoriale (« ceci est un outil », « cela est une fleur »).

À la méréologie bolzanienne de la représentation en soi, Husserl associe cependant des éléments étrangers empruntés cette fois à l'école de Brentano. La distinction entre significations dépendantes et indépendantes, défendue par Brentano et reprise par Anton Marty, introduit en effet dans la théorie phénoménologique de la signification une dimension *syntaxique* absente de la sémantique bolzanienne où les différences grammaticales s'effaçaient au profit de constructions sémantiques bâties sur des éléments représentationnels interchangeables. À la différence des représentations en soi grammaticalement équivalentes, les significations indépendantes et dépendantes ne peuvent être mises sur le même plan. Les éléments entrant dans la composition des significations complexes exercent en effet des fonctions différentes selon la catégorie à laquelle ils appartiennent (connecteurs ou termes à connecter : nom, adjectif, verbe...). Cette dimension syntaxique dont l'importance n'avait pas échappé à l'école de Brentano, apparait aussi dans l'idée que la signification d'un tout est irréductible à la réunion des significations de ses parties[1], et donc que le tout n'est pas simplement l'addition d'éléments préexistants. Telle est précisément pour Marty l'essence même de la « syntaxe » comprise comme l'union de plusieurs composantes de discours dont la signification globale est irréductible à la somme des significations élémentaires de ses composantes. Il avait lui-même mis en garde contre l'erreur d'interprétation consistant à réduire le tout à la somme de parties qui subsisteraient en dehors de lui :

> Ce serait une mésinterprétation d'interpréter cette remarque que j'ai faite comme si je croyais qu'il y eut partout une construction de la signification globale à partir de significations partielles de telle sorte que ces dernières puissent exister aussi pour elles-mêmes – comme des pierres de construction, ou des murs de fondations ou autre chose de ce genre[2].

1. Une proposition « *S* est *p* » n'est pas la simple somme de trois représentations (*S* + est + *p*), mais un certain mode d'articulation du *S* et du *p* *via* la copule qui produit quelque chose de plus que la simple juxtaposition et addition d'un sujet, d'un attribut et d'une copule : un « état-de-choses ».

2. A. Marty, *Untersuchungen zur Grundlegung der allgemeinen Grammatik und Sprachphilosophie*, Halle am Saale, M. Niemeyer, 1908, p. 211.

Et comme si la signification du tout n'était donc rien d'autre que l'addition de significations partielles. Avertissement dont Husserl ne semble avoir tenu compte que tardivement dans une note de 1913 ajoutée dans la seconde édition :

> On ne doit pas, comme l'a fait Marty, prendre au pied de la lettre cette manière de s'exprimer [à propos des combinaisons de significations] et lui substituer l'idée d'une constitution de la signification globale à partir de significations partielles comme à partir des « éléments » qui pourraient aussi exister pour eux-mêmes. Que cette idée soit absurde, c'est là précisément le thème de ma théorie des significations dépendantes [1].

La méréologie husserlienne envisage donc chaque signification complexe comme un tout composé de plusieurs parties, tantôt indépendantes tantôt dépendantes selon leur capacité à s'affranchir de leur environnement sémantique ou au contraire leur inséparabilité. Cette méréologie n'est nullement redevable des lois psychologiques : les combinaisons de significations ne dépendent pas des capacités de l'esprit humain, comme si celui-ci pouvait construire arbitrairement du sens en associant dans n'importe quel ordre n'importe quelles significations élémentaires. Autrement dit, la morphologie des significations n'est pas une discipline empirique fondée sur des faits psycho-linguistiques contingents (les capacités combinatoires de notre esprit ainsi que les usages propres à chaque langue) : c'est une science pure ou *a priori* qui porte sur des unités sémantiques idéales, dont les possibilités combinatoires répondent à une légalité également idéale fondée sur les catégories générales de significations. C'est précisément ce que le § 10 va établir en opérant un détour par la formalisation de la signification propositionnelle :

> L'expression « cet arbre est vert » possède une unité de signification. Si nous passons, en formalisant, de cette signification donnée à la forme de signification pure correspondante, à la « forme propositionnelle », nous obtenons « ce *S* est *p* » [...]. Il est dès lors clair que la matérialisation, pour ainsi dire, de cette forme, sa particularisation en propositions déterminées, est possible d'une infinité de manières, que cependant nous ne sommes pas ici pleinement libres, mais que nous devons nous tenir à l'intérieur de limites déterminées. On ne peut substituer à la variable *S* pas plus qu'à *p* n'importe quelle signification. Nous pouvons sans doute, dans le cadre de cette forme, remplacer notre exemple : cet arbre est vert, par cet or, ce nombre algébrique *n*, ce corbeau bleu, etc. est

1. *Log. Unters.*, IV. Unters., § 5, Hua XIX/1, p. 316; trad. fr. *RL* II/2, p. 100, note 1.

> vert, bref, nous pouvons placer ici n'importe quelle matière nominale, en prenant ce mot dans un sens large, et pareillement, nous pouvons, bien entendu, mettre à la place de *p* n'importe quelle matière adjective : nous obtenons alors toujours une signification douée d'unité de sens, à savoir une proposition indépendante de la forme prédonnée. Mais, dès que nous ne respectons pas les catégories des matières de signification, l'unité de sens disparaît. Là où il y a une matière nominale, on peut mettre la matière nominale que l'on veut, mais non pas une matière adjective, ou relationnelle, ni une matière propositionnelle tout entière; mais là où il y a une matière de l'une de ces catégories, on peut toujours la remplacer par une nouvelle matière de la même catégorie et non d'une autre. Cela s'applique à n'importe quel genre de significations, quelque compliquée que puisse être leur forme [1].

Les catégories de significations (nominale, adjective, relationnelle, verbale, propositionnelle) font peser une lourde contrainte sur les combinaisons syntaxiques auxquelles elles imposent leur légalité d'essence [2]. En vertu de la catégorie à laquelle elle appartient, chaque signification singulière concrète (« matérielle ») peut ou non entrer en connexion avec d'autres significations, à l'intérieur de la forme propositionnelle *S est p*, pour former une unité de sens (une proposition catégorique d'un contenu déterminé où les variables S et p ont été remplacées par des termes concrets). Autrement dit, les places du sujet et du prédicat ne peuvent être occupées par n'importe quelle signification; on ne peut donner aux variables *S* et *p* n'importe quel contenu matériel. Là où il y a une signification de la forme *S* ne peut intervenir qu'une signification nominale [3]; là où il y a une signification de la forme *p* ne peut intervenir qu'une signification adjective; là où il y a donc une signification propositionnelle de la forme *S est p* ne peuvent être associées, dans cet ordre (*S* puis *p*) et de cette manière (au moyen de la copule *est*), qu'une signification nominale et une signification adjective. La composition des significations obéit donc à un principe d'homogénéité catégoriale qui repose sur l'essence des catégories de significations comme types d'unités idéales et ne doit rien aux sciences humaines empiriques telles que la

1. *Log. Unters.*, IV. Unters., § 10, Hua XIX/1, p. 327; trad. fr. *RL* II/2, p. 112.

2. « Cette impossibilité [de combiner certaines significations] ne tient pas à la particularité singulière des significations à combiner, mais bien aux genres *essentiels* sous lesquels elles se rangent, c'est-à-dire aux *catégories de la signification* » (*Log. Unters.*, IV. Unters., § 10, Hua XIX/1, p. 326; trad. fr. *RL* II/2, p. 112).

3. « Là où il y a une matière nominale, on peut mettre la matière nominale que l'on veut, mais non pas une matière adjective ou relationnelle, ni une matière propositionnelle tout entière » (*Log. Unters.*, IV. Unters., § 10, Hua XIX/1, p. 327; trad. fr. *RL* II/2, p. 113).

psychologie ou la linguistique. Les constructions sémantiques obtenues en respectant ces frontières catégoriales peuvent certes être fausses (*Socrate est immortel; ce corbeau bleu est vert*) ou incongrues (*ce nombre algébrique est vert; ce corbeau est impair*), mais elles n'en demeurent pas moins signifiantes et intelligibles. Alors que la transgression des limites catégoriales ne produit que du non-sens quand un sujet vient prendre la place d'un prédicat (*Socrate est Platon / S est S'*), quand un prédicat vient prendre la place du sujet et le sujet celle du prédicat (*Mortel est Socrate / p est S*[1]), quand un adjectif ou une relation vient prendre la place du sujet (*ce étourdi est vert; plus intense est rond*), ou enfin quand un sujet vient prendre la place d'un verbe (*Socrate Platon mortel / S S' p*). Nous avons-là des séries de mots où chaque élément conserve encore un sens mais dont la réunion ne produit pas de nouvelle signification.

> Quand on substitue librement les unes aux autres des matières à l'intérieur de leur catégorie, il peut en résulter des significations (des propositions entières ou des membres possibles de propositions) fausses, absurdes ou risibles, mais il doit nécessairement en résulter des significations unitaires ou des expressions grammaticales dont le sens peut être réalisé comme unité de sens. Dès que nous transgressons les frontières des catégories, il n'en est plus de même. Nous pouvons sans doute juxtaposer les mots *ce étourdi est vert; plus intense est rond; cette maison est égale;* nous pouvons, dans un énoncé relationnel de la forme *a est semblable à b*, substituer *cheval* à « semblable », mais nous n'obtenons toujours ainsi qu'une série de mots, où chaque mot comme tel a bien un sens, ou renvoie à un ensemble complet de sens, mais en principe nous n'obtenons pas une unité de sens se suffisant à elle-même[2].

La loi catégoriale de composition des significations doit aussi tenir compte du mode de connexion (catégoriale / *est*, conjonctive / *et*, disjonctive / *ou*, hypothétique / *si…*, *alors…*). Dans la forme propositionnelle qui unit un sujet et un prédicat, on ne peut associer au moyen de la copule deux sujets (*S est S'*) ou deux prédicats (*p est p'*) ni prédiquer un sujet d'un prédicat (*p est S*), mais ces associations restent

1. À condition de prendre *p est S* non pas comme une simple inversion du sujet et du prédicat mais comme un échange anormal de leurs fonctions (où *p* devient un sujet dont *S* est prédiqué, comme si Socrate était une propriété revenant au sujet « mortel »). Des significations verbales peuvent sans doute prendre la place d'une signification nominale (« manger est bon pour la santé », « fumer tue »); mais l'inverse n'est pas vrai : une signification nominale ne peut prendre la place d'une signification verbale (à la place de « Socrate enseigne la philosophie », je ne peux pas dire : « Socrate école la philosophie », en substituant « école » à « enseigne »).

2. *Log. Unters.*, IV. Unters., § 10, Hua XIX/1, p. 327-328; trad. fr. *RL* II/2, p. 113.

possibles dans une connexion conjonctive (*S et S'*, *p et p'*) ou disjonctive (*S ou S'*; *p et p'*). Les types de connexion, comme les possibilités de substitution intra-propositionnelle, sont également soumis aux lois d'essence des catégories de significations :

> À chacune des deux significations nominales *M* et *N* se rapporte la forme de connexion primitive *M et N*, avec cette loi que le résultat de la connexion est, à son tour, une signification de la même catégorie. Nous avons la même loi quand nous prenons comme significations nominales celles d'autres catégories, par exemple des significations propositionnelles ou adjectives. Deux propositions quelconques, reliées dans la forme *M et N*, donnent à nouveau une proposition, deux adjectifs un nouvel adjectif [...]. À leur tour, les formes de connexion primitives *Si M est, N est aussi* et *M ou N* correspondent à deux propositions quelconques, M, N, de telle sorte que le résultat est de nouveau une proposition. À une signification nominale quelconque *S* et à une quelconque signification adjective *p*, correspond la forme primitive *Sp* (par exemple maison rouge); le résultat est, en vertu d'une loi, une nouvelle signification de la catégorie signification nominale [1].

Partout règne donc la loi d'homogénéité catégoriale : ce sont les catégories de signification, selon leur essence et leur structure, et non l'arbitraire de l'esprit humain ou la contingence des règles grammaticales d'une langue particulière, qui décident des possibilités combinatoires.

> Nous ne sommes pas libres d'enchaîner comme nous le voulons des significations à d'autres significations. [...] Nous ne pouvons pas, dans une unité de connexion douée d'un sens, mélanger arbitrairement les éléments. C'est seulement de certaines manières prédéterminées que les significations se combinent les unes avec les autres [2].

La grammaire pure ou la morphologie pure des significations est alors le système de toutes les connexions possibles de significations (*Sp*, *S* est *p*, Si *S* est *p* alors *S* est *q*...). Système régi par un ensemble de lois pures ou idéales, c'est-à-dire *a priori* (non empiriques) et nécessaires (non-contingentes), qui reposent entièrement sur les catégories de significations comme types d'unités idéales. Toute conscience qui entend produire un discours sensé doit ainsi respecter cette légalité idéale qui découle de l'essence des significations en tant qu'unités idéales, réparties, selon leurs différences spécifiques, en différentes catégories. Sont prioritairement concernées les « significations dépendantes » sur lesquelles Brentano

1. *Log. Unters.*, IV. Unters., § 13, Hua XIX/1, p. 338-339; trad. fr. *RL* II/2, p. 125-126.
2. *Log. Unters.*, IV. Unters., § 10, Hua XIX/1, p. 326; trad. fr. *RL* II/2, p. 111.

avait attiré l'attention de ses étudiants. Les compléments de signification que requiert un syncatégorème ne peuvent être arbitrairement choisis : il y a des lois idéales (pures) qui déterminent *a priori*, pour chaque type de signification, comment une signification peut être complétée (avec quel autre type de signification elle peut être associée et selon quelle forme de connexion). Si une combinaison est sémantiquement ou syntaxiquement irréalisable, cela ne tient pas à une incapacité subjective factuelle, mais à une impossibilité idéale. Cela ne traduit pas une « contrainte [subjective] imposée par notre organisation mentale » [1], mais une nécessité d'essence objective qui découle de la nature même de la signification et de sa répartition en différentes catégories.

> L'impossibilité [de certaines combinaisons] est au contraire objective idéale, fondée dans la "nature", dans l'essence pure du domaine de la signification [2].

Outre les lois de la composition, le domaine des significations est régi par une autre loi idéale qui concerne cette fois leur modification.

Les lois de modification des significations

La grammaire pure doit également rendre compte d'un autre phénomène sémantique inhérent à « la structure grammaticale de toute langue » [3]. Les significations admettent certaines transformations qui ne doivent rien au hasard ou aux initiatives contingentes des locuteurs :

> Il y a dans le domaine de la signification des lois *a priori* selon lesquelles des significations, tout en conservant un noyau essentiel, doivent se transformer de diverses manières en de nouvelles significations [4].

Ces transformations ne concernent pas le contenu de la signification qui demeure identique mais seulement sa forme ou sa catégorie. Elles interviennent lorsque des significations non nominales (adjective, relationnelle, verbale, propositionnelle) prennent une forme nominale. Ces « nominalisations » peuvent concerner une proposition tout entière (*P* est vraie), un adjectif (*vert* est une couleur), un verbe (*le parler* patois tend à disparaitre), ou une relation (> est une relation de supériorité).

1. *Ibid.*
2. *Ibid.*
3. *Log. Unters.*, IV. Unters., § 11, Hua XIX/1, p. 330; trad. fr. *RL* II/2, p. 116.
4. *Log. Unters.*, IV. Unters., § 11, Hua XIX/1, p 332.; trad. fr. *RL* II/2, p. 118. Husserl évoque « les lois *a priori* de l'enchainement et de la *transformation* des significations » (*Log. Unters.*, IV. Unters., § 12, Hua XIX/1, p 336.; trad. fr. *RL* II/2, p. 122)

Un verbe nominalisé peut venir occuper la place du sujet dans un énoncé (« manger est bon pour la santé », « manger trop de gras est nocif »). Il ne fonctionne alors plus sous un régime verbal ordinaire comme représentation d'une action à la voix passive ou d'une passion à la fois passive, mais sous un nouveau régime « substantif » et il représente alors le substrat d'une propriété. En prenant la forme d'un substantif, la signification non nominale devient un « objet-sur-quoi », un substrat sur lequel il est possible de prédiquer. Ces modifications obéissent à cette loi grammaticale : n'importe quelle signification, de quelque catégorie que ce soit (verbe, adjectif, relation, proposition, et même syncatégorème [1]), peut prendre la place d'une signification substantive à l'intérieur d'un ensemble catégorématique, à condition d'avoir subi un changement de forme, *i. e.* d'avoir reçu une forme nominale ou substantive.

Cette transformation passe aussi par l'utilisation de guillemets. L'unité de signification placée entre guillemets abandonne alors son régime référentiel normal pour devenir auto-référentielle : par cette « transformation de n'importe quelle signification en représentation directe se rapportant à elle » [2], « la signification est dirigée sur cette signification [*i. e.* sur elle-même] comme sur son objet » [3]. Phénomène bien connu que Frege appelle « référence oblique » ou « indirecte ». Dans l'énoncé : « "chien" est un mot masculin », le nom placé entre guillemets ne désigne plus une espèce d'animal ; il se désigne désormais lui-même ; il est auto-référentiel. Quand j'affirme : « "La terre est ronde" est un énoncé vrai », l'énoncé placé entre guillemets qui occupe la position de sujet à l'intérieur de l'énoncé global ne désigne plus le fait que la terre-est-ronde (l'état-de-chose objectif lui-même) ; il se désigne lui-même comme cet énoncé énonçant « la terre est ronde ».

> Ce n'est pas sur *le fait* que la terre est ronde, mais sur la *proposition énonciative* [donc sur une certaine catégorie de signification] que l'on porte un jugement, et cette proposition figure elle-même, anormalement, comme étant son propre *nom* [4].

Il ne s'agit pas d'une anomalie grammaticale, puisque la grammaire tolère parfaitement ce type de modification, mais plutôt d'une rupture du régime de signification habituel, et plus exactement d'une modification

1. Comme dans l'énoncé suivant : « *et* est une conjonction de coordination ».
2. *Log. Unters.*, IV. Unters., § 11, Hua XIX/1, p. 332 ; trad. fr. *RL* II/2, p. 118.
3. *Log. Unters.*, IV. Unters., § 11, Hua XIX/1, p. 331 ; trad. fr. *RL* II/2, p. 117. Phénomène bien connu que Frege appelle « référence oblique » ou « indirecte ».
4. *Log. Unters.*, IV. Unters., § 11, Hua XIX/1, p. 331 ; trad. fr. *RL* II/2, p. 116-117.

de sa référence : l'usage des guillemets signale que la signification qui normalement n'est jamais auto-référentielle (puisque la signification et l'objet de l'expression sont deux choses différentes) devient exceptionnellement auto-référentielle. Ce procédé par lequel « toute expression peut se présenter comme son propre nom » [1] (se désigner elle-même), permet l'analyse grammaticale et toutes sortes de métalangage. Grâce à lui, il devient possible de définir chaque signification à partir de la catégorie à laquelle elle appartient : « maison » est un nom, « haut » un adjectif, « être » un verbe, « si » une particule », « est » une signification dépendante, « et » une conjonction, etc. « Les mots qui se trouvent ici à la place du sujet » ont une « signification [qui] n'est plus la même que celle qui leur est propre dans le contexte normal » [2], c'est-à-dire dans un contexte non modifié. Les prédicats associés à des expressions nominales modifiées placées entre guillemets ne sont pas des prédicats déterminatifs (« le ciel est bleu ») mais des prédicats modificatifs (« "bleu" est un *adjectif*; « l'énoncé "*la terre est ronde*" est *vrai* »).

Le § 13 peut alors dresser un bilan de cette présentation de la grammaire pure. À la différence des sciences humaines empiriques (psychologie, grammaire, linguistique), elle est une science pure ou *a priori* qui ne porte pas sur des faits contingents mais sur des unités idéales régies par une légalité idéale. À la différence de la « logique pure », elle inclut le contre-sens et fait abstraction de la validité objective des significations dont elle dégage les lois d'essence : leur répartition en différentes catégories, la structure formelle qui revient à chacune d'elles (morphologie), et enfin leurs modes de composition et de modification [3]. La multiplicité des formes de significations possibles est ainsi ramenée à un système *a priori* de lois fondamentales [4] qui déterminent ce qui peut ou non exister comme signification, à la manière des lois d'existence de l'arithmétique où une infinité de nombres est dérivée à partir des premiers entiers naturels au moyen de quelques règles opératoires fondamentales.

> Le domaine de la signification est régi par un système de lois *a priori* d'après lequel toutes les formes possibles d'organisations concrètes

1. *Ibid.*
2. *Log. Unters.*, IV. Unters., § 11, Hua XIX/1, p. 333; trad. fr. *RL* II/2, p. 116.
3. La loi morphologique fondamentale semble être la suivante : toute forme concrète de signification, ou bien est une proposition, ou bien s'intègre comme composante à l'intérieur de propositions.
4. « Toutes les significations possibles en général sont subordonnées à une typologie rigoureuse de structures catégoriales préfigurées *a priori* dans l'idée générale de signification » (*Log. Unters.*, IV. Unters., § 13, Hua XIX/1, p. 341 ; trad. fr. *RL* II/2, p. 128).

> dépendent systématiquement d'un petit nombre de formes primitives [signification nominale de la forme *S*, signification adjective de la forme *p*, proposition de la forme *S est p*] déterminées par des lois d'existence, et dont elles peuvent, par suite, être dérivées par construction pure [1].

On obtient ainsi, par emboîtement des formes les unes dans les autres, des formations de sens de plus en plus complexes, comme en témoignent ces complications de la connexion conjonctive de propositions : (*M* et *N*) et *P*; (*M* et *N*) et (*P* et *Q*), {(*M* et *N*) et *P*}et *Q*, etc.

LES DIFFICULTÉS DE LA GRAMMAIRE PURE LOGIQUE

La grammaire pure husserlienne soulève cependant quelques difficultés.

Une grammaire universelle est-elle possible ?

Le § 14 confirme le caractère pur ou *a priori* d'une théorie générale de la signification qui porte sur des unités idéales distinctes des actes psychiques qu'étudie la psychologie, des objets visés par eux que décrit l'ontologie, et des langues historiquement constituées qui intéressent la linguistique. Loin de s'attacher à une structure linguistique particulière, la grammaire pure entend dévoiler l'armature (*Gerüst*) logique idéale commune à toutes les langues. Il s'agit donc d'une sorte de « grammaire universelle », purement rationnelle, telle que l'envisageaient déjà les grammairiens des XVIIe et XVIIIe siècles. Ainsi, chaque langue (latine, française, allemande, chinoise...) exprimerait-elle à sa façon les catégories universelles de signification. Husserl prend l'exemple de la proposition et de ses différentes formes : il ne fait pour lui aucun doute que l'on pourrait trouver dans toutes les langues « la » proposition existentielle, « la » proposition catégorique, « la » prémisse hypothétique, « le » pluriel, « les » modalités du « possible », et du « probable », le « ne pas », etc., comme autant d'universaux logico-sémantiques présents sous différents vêtements linguistiques. Mais cette superstructure syntaxique panlinguistique existe-t-elle véritablement ou n'est-elle qu'une hypostase métaphysique ? Retrouve-t-on partout et toujours les mêmes catégories de significations auxquelles chaque langue, en fonction de son histoire et de ses besoins, aurait donné une forme grammaticale particulière ? Les formations historiques contingentes que sont les

1. *Log. Unters.*, IV. Unters., § 13, Hua XIX/1, p. 341 ; trad. fr. *RL* II/2, p. 128.

langues parlées manipulent-elles les mêmes catégories de sens selon une même légalité syntaxique ? Gérard Granel a émis de sérieuses réserves à l'endroit du concept husserlien d'idéalité logique auquel il oppose celui de « matérialité logique »[1]. Les catégories et les structures « logiques » de la pensée et du langage ne sont pas des universaux transcendant la multiplicité des langues, mais plutôt des configurations langagières, chaque fois singulières et immanentes, que le discours (*logos*) construit selon ses propres ressources linguistiques, et qu'il fixe dans des tournures grammaticales particulières qui ne sont pas toujours transposables dans les autres langues. Sa démonstration s'appuie notamment sur une comparaison entre un texte de Wittgenstein (le § 549 des *Études préparatoires à la 2e partie des Recherches philosophiques*[2]) et sa traduction française :

> Ich schaue auf ein Tier im Käfig. Man fragt mich : "Was siehst du ?" Ich antworte : "Einen Hasen." - Ich schaue in die Landschaft ; plötzlich laüft ein Hase vorbei. Ich rufe aus : "Ein Hase !". Beides, die Meldung und den Ausruf, kann man den Ausdruck der Wahrnehmung und der Seherlebnisses nennen. Aber der Ausruf ist es in andrem Sinn, als die Meldung ; er entring sich uns. Es verhält sich zum Erlebniss ähnlich, wie der Schrei zum Schmerz[3].

Wittgenstein distingue ici deux modes d'expression de la perception visuelle, l'exclamation (*Ausruf*) et le compte rendu (*Meldung*), correspondant à deux types d'expérience que la langue allemande, au moyen de ses propres ressources linguistiques, parvient à traduire. Le simple compte rendu se caractérise en effet par une « prise » du sujet sur son objet, une maîtrise de l'observateur sur la chose observée ; et cela est heureusement exprimé par l'accusatif : *Einen Hasen*. Ravalé au rang de

1. *Cf.* G. Granel, « Les langues sont des terminaux logiques », dans *Écrits logiques et politiques*, Paris, Galilée, 1990 ; A. Gallerand, « La nature de la logicité chez Husserl, Saussure et Granel : idéalité ou matérialité ? », *Noesis* 21, 2013, p. 43-71.

2. *Cf.* L. Wittgenstein, *Letzte Schriften über die Philosophie der Psychologie. Last writings on the Philosophy of Psychology.* Vol. 1 *Vorstudien zum zweiten Teil der « Philosophische Untersuchungen ». Preliminary Studies for Part II of the « Philosophical Investigation »* [1948-1949] ; vol. 2 *Das Innere und das Äussere. The Inner and Outer* [1948-1951], G. H. Von Wright, H. Nyman (eds.), Oxford, Basil Blackwell, 1992 ; trad. fr. G. Granel, vol. 1, *Études préparatoires à la deuxième partie des Recherches philosophiques*, Mauvezin, T.E.R., 1985 ; vol. 2, *L'intérieur et l'extérieur. Derniers écrits sur la philosophie de la psychologie*, Mauvezin, T.E.R., 2000.

3. « Je regarde un animal en cage. On me demande : "Que vois-tu ? " Je réponds : "Un lièvre." - Je contemple le paysage ; soudain un lièvre passe en courant. Je m'écrie : "Un lièvre !" ».

complément d'objet direct, à la merci d'un regard scrutateur qui l'enferme aussitôt dans une catégorie et le tient sous son regard, l'animal est comme capté par l'expérience sensible et chosifié par l'acte de nomination. En revanche, la tournure exclamative nominative traduit plutôt une surprise au cours de laquelle le sujet a perdu le contrôle de l'objet perçu : l'objet inattendu nous sur-prend dans sa furtive apparition et nous échappe aussitôt après; l'acte de nomination qui dit ce nouveau type d'expérience est plus une exclamation involontairement arrachée par l'émotion qu'une catégorisation réfléchie. Ce changement de régime est cette fois traduit par l'emploi du nominatif : *Ein Hase!* Ce que dit le nominatif, c'est que l'objet perçu demeure un sujet vivant imprévu qui impose sa présence et se dérobe encore par bien des aspects inaperçus. Ce que dit l'accusatif, c'est qu'il est devenu un objet dont l'observateur a la pleine maîtrise (il projette sur lui un regard susceptible de se prolonger en un examen attentif). La différence entre ces deux modes d'expérience - d'un côté la prise en vue active d'un objet par l'observateur, et, d'un autre côté le surgissement inattendu d'un sujet - est également exprimée par le jeu de constructions du verbe *schauen*. Dans un cas (*Ich schaue* auf *ein Tier*), le regard se pose (*auf*) sur un objet qui ne peut lui échapper; dans l'autre cas (*Ich schaue* in *die Landschaft*), il ne saisit rien de particulier, il erre sans se fixer quelque part et ignore ce qu'il croisera par surprise. Or, cette distinction entre deux régimes d'expérience que la langue allemande a su exprimer dans ses « tours de langage », a totalement disparu de la traduction française qui, ne disposant pas des mêmes ressources, impose aux deux expériences la même tournure : Je réponds : « *Un lièvre* »; je m'écrie : « *Un lièvre* ! ». Le point d'exclamation, à lui tout seul, doit alors rendre compte très imparfaitement de la dimension affective de la surprise, sans bénéficier des déclinaisons grammaticales par lesquelles l'allemand fait varier les différents registres de l'expérience. Et si les significations présentes en allemand ne sont pas transposables en français, c'est qu'au-delà des multiples systèmes linguistiques il n'y a pas une idéalité logique transcendante, un moment de sens universel et objectif à partir duquel pourrait s'opérer le passage (traduction/*traducere*) d'une langue à l'autre. Chaque langue, en fonction de ses ressources lexicales conceptuelles et de ses possibilités syntaxiques, construit ses propres unités sémantiques et ses propres configurations « logiques ». La conclusion de Granel est sans appel : le lieu de la logicité « est (et n'est que) le langage »[1]; « logique » et « logos » ne font qu'un. L'idéalité logique chère à Husserl n'existe pas : partout règne une logicité « matériale » des langues humaines; une logicité doublement singularisée par les possibilités lexicales et syntaxiques et par l'usage qu'en font ensuite les locuteurs dans leurs actes de parole.

C'est à une conclusion analogue qu'était déjà parvenu Anton Marty[2]. Ce disciple de Brentano défend l'idée que les langues naturelles ne sont pas le fruit d'une construction logique concertée mais plutôt l'expression des besoins d'une communauté, comme en témoignent les significations métaphoriques et métonymiques (« cœur endurci », « trois-mâts ») dont se nourrit la communication humaine. Ces expressions linguistiques suscitent chez l'interlocuteur une représentation (que Marty, à la suite de W. von Humboldt, appelle une « forme linguistique interne[3] ») qui ne constitue pas la véritable et définitive signification de l'expression, mais renvoie à celle-ci par une association d'idées fondée sur l'habitude[4]. Quand nous rencontrons l'expression « trois-mâts » nous devons comprendre un « navire » (et non la représentation de trois mâts) ; quand on nous parle d'un « cœur endurci » nous devons nous représenter une personne dépourvue d'empathie (et non un organe cardiaque solidifié par congélation). Celui qui utilise ce genre d'expressions « suscite d'abord [chez l'interlocuteur] une représentation qui n'est pas visée à proprement parler, mais qui, en qualité de moyen terme de l'association, se borne à conduire à la représentation visée »[5], laquelle constitue la signification de l'expression. Il en va de même pour des périphrases telles que « la labourée » (pour désigner la terre), « celui qui soutient et qui aide » (pour désigner le frère), ou encore « la ville lumière » (pour désigner Paris).

> [...] si une langue quelconque a nommé le cheval « le rapide », le serpent « le rampant », l'éléphant « celui qui a deux dents » [c'est ainsi que le sanskrit désigne le pachyderme], et l'or « le brillant ». Le concept

1. G. Granel, « Ludwig Wittgenstein ou Le refus de la couronne », dans *Écrits logiques et politiques*, *op. cit.*, p. 17.

2. *Cf.* A. Marty, « Über das Verhältnis von Grammatik und Logik », in *Symbolae Pragenses*, 1893, p. 98-126. Reproduit dans A. Marty, *Gesammelte Schriften*, t. II, vol. 2, Halle, Niemeyer, 1920, p. 58-99 ; trad. fr. D. Seron, « Sur le rapport entre la grammaire et la logique », dans *À l'école de Brentano*, Paris, Vrin, 2007, p. 385-421.

3. « Interne » désigne ici ce qui dans la « forme » de l'expression (par opposition à son « contenu » de signification) ne relève pas de la perception externe (les sons articulés perceptibles quand on prononce un mot) mais de la perception interne (la représentation ou l'image mentale que la forme externe suggère à l'auditeur).

4. *Cf.* A. Marty, « Über das Verhältnis », *op. cit.*, *GS* II/2, p. 67 *sq.* ; trad. fr., p. 393 *sq.*

5. A. Marty, « Über das Verhältnis », *op. cit.*, *GS* II/2, p. 69 ; trad. fr., p. 394.

> proprement visé n'était pas la représentation du rapide ou du brillant, mais un concept plus complexe pour lequel ces représentations plus simples formaient simplement un substitut et un intermédiaire [...] [1].

Dans certains cas, le caractère métaphorique ou métonymique de l'expression passe même totalement inaperçu : en dehors des linguistes avertis, peu de gens savent que le mot « compagnon » est issu de la représentation du partage du pain. Et même quand ce caractère est bien connu, nous n'accomplissons pas nécessairement la métaphore ou la métonymie de façon explicite quand nous utilisons ou comprenons ce genre d'expression :

> Souvent, en disant « filer un mauvais coton », « glacer d'effroi », « donner un coup de main à quelqu'un », « le débit de la parole », « le flux des pensées », etc., nous ne pensons plus à la signification originelle des mots [2].

La formation d'un grand nombre de significations ne repose donc pas sur des lois logiques rationnelles, universelles et *a priori*, comme le postule Husserl, mais plutôt sur les lois psychologiques empiriques de l'association d'idées ainsi que sur des habitudes et des besoins historiquement contingents. En d'autres termes, dans ses « formes linguistiques internes », le langage est donc autant une affaire d'imagination que de raison.

> [...] dans tous les cas où le besoin s'en faisait sentir, [...] [on a] choisi un signe dont on s'attendait à ce qu'il suscite spontanément la signification, soit par ressemblance avec ce qui était désigné, soit en vertu d'une association instituée par accident et par habitude. Mais parce qu'il n'y avait qu'un petit nombre de tels signes, on fut conduit inéluctablement, en vue d'en tirer les ressources suffisantes pour désigner l'ensemble de loin plus vaste et en continuelle croissance des contenus à exprimer, à mettre à profit non seulement la force associative immédiate de ces contenus [association entre un son et une représentation, un signifiant et un signifié], mais aussi, avec audace et inventivité, leur force associative médiate [association entre une représentation, initialement suscitée immédiatement par le son, et une autre représentation dans le contenu de laquelle réside la véritable signification de l'expression] aussi loin qu'elle offrait toujours des chances de se conserver [3].

1. A. Marty, « Über das Verhältnis », *op. cit.*, *GS* II/2, note 2, p. 79 ; trad. fr., p. 403.
2. *Ibid.*
3. A. Marty, « Über das Verhältnis », *GS* II/2, p. 71 ; trad. fr., p. 396.

Et ces lois psychologiques répondent elles-mêmes à des besoins pragmatiques de communication et de compréhension mutuelle :

> Celui qui a reconnu cette véritable origine du phénomène [le but de la forme linguistique interne est de servir de lien associatif entre le son et la signification] voit donc aussi immédiatement qu'en fait de loi générale sur la nature de ce phénomène, *la* seule chose qu'on puisse énoncer est que toute représentation qui est plus facilement et plus commodément reproductible que le contenu à exprimer peut être choisie comme forme interne, pour peu qu'elle soit de nature à procurer de quelque manière que ce soit, même encore très indirectement, la pensée au contenu à exprimer, que ce soit en général ou en certaines circonstances spéciales, et même les plus spéciales où la communication a lieu [1].

Même les formes syntaxiques, que Husserl envisage comme soumises à un système de lois logiques idéales *a priori*, n'échappent pas à la règle. Les moyens de désignation syntaxiques sont bien souvent fondés sur des procédés métaphoriques et métonymiques qui relèvent plus de l'association d'idées et de l'imagination (donc des lois psychologiques et de l'habitude) que d'opérations rationnelles et de lois logiques [2].

> Jusqu'ici, nous avons eu principalement en vue des exemples de formes internes dans le domaine des noms simples. Seulement, on trouve également quelque chose d'analogue dans le cas des parties du discours qui servent à former des noms composés, à exprimer des jugements et la connexion judicative, etc., bref dans le cas des moyens de désignation qui apparaissent avec la syntaxe au sens le plus large du terme. Et, par syntaxe, j'entends tous les cas où une unification de signes […] possède une signification qui ne forme pas la simple somme des significations des éléments, et où intervient un mode de signification qui n'est pas un mode autonome, mais un simple co-signifier.

Les éléments syncatégorématiques qui interviennent dans la syntaxe au sens large (là où plusieurs significations connectées forment un tout dont la signification est irréductible à la somme des significations des différentes parties) sont bien souvent des « formes linguistiques internes » ; en l'occurrence, des formes internes syntaxiques ou encore des représentations syntaxiques auxiliaires. Et Marty de citer quelques exemples :

1. A. Marty, « Über das Verhältnis », *GS* II/2, p. 73 ; trad. fr., p. 396-397.

2. *Cf.* A. Marty, *Ursprung der Sprache*, Würzburg, A. Stuber's Buchhandlung, 1876, p. 114.

> [...] tout le monde peut encore remarquer ou comprendre aisément que l'allemand *haben*, en tant que signe pour le passé [et donc élément de construction « syntaxique » de certains verbes composés], était originellement identique au verbe utilisé pour la possession, que le français *-ment*, comme finale adverbiale, est issu du latin *mente*, que l'allemand *mittels* se rattache à *Mittel*, *kraft* à *Kraft*, *weil* à *Weile*, que la conjonction allemande *während* se rattache au participe de *währen* [...] [1].

Ces éléments fonctionnent encore comme des représentations syntaxiques auxiliaires (des formes internes du langage), même quand la signification antérieure du signe employé est tombée dans l'oubli ou n'attire plus guère l'attention.

Que le monde des significations doive autant à l'empirique qu'à l'apriorique, qu'il repose autant sur des processus psychologiques particuliers et contingents (associations, habitudes, imagination) que sur des lois logiques universelles et nécessaires, Husserl lui-même ne l'admettait-il pas quand il affirmait :

> Si nous recherchons les motifs pour lesquels, dans notre langue, certains enchaînements sont permis et d'autres interdits, nous serons en effet renvoyés, pour une partie très importante, à des habitudes contingentes de la langue, et, d'une manière générale, à des faits de l'évolution linguistique qui s'accomplissent différemment selon les communautés linguistiques [2].
> L'empirique est déterminé en partie aussi [...] par les déterminations du peuple et de son histoire, de l'individu et de son expérience individuelle de la vie [3].

Faut-il voir là un désaveu du logicisme husserlien, culminant au § 13 de la Quatrième Recherche, qui envisageait les lois de formation et d'articulation des significations sur le modèle des lois formelles de formation et d'enchaînement des nombres en arithmétique ? De même qu'il existe certaines formes de synthèses par lesquelles de nouveaux nombres sont engendrés à partir de deux nombres prédonnés (a + b, ab, etc.), il y aurait également dans le domaine des significations « des lois analogues », c'est-à-dire des lois *a priori*, fondées sur l'essence des catégories générales de significations (signification nominale, adjective, propositionnelle), régissant la formation de nouvelles significations à partir de la connexion (prédicative, conjonctive, disjonctive, hypothétique...) de significations plus simples ; autrement dit des « lois

1. A. Marty, « Über das Verhältnis », *GS* II/2, p. 93 ; trad. fr., p. 415.
2. *Log. Unters.*, IV. Unters., § 12, Hua XIX/1, p. 335-336 ; trad. fr. *RL* II/2, p. 122.
3. *Log. Unters.*, IV. Unters., § 14, Hua XIX/1, p. 345 ; trad. fr. *RL* II/2, p. 132.

de construction formelle ». Car il s'agit bien d'obtenir *in fine* « une vue d'ensemble systématique de la multiplicité illimitée d'autres formes [de significations] que l'on peut *dériver des premières* [les formes de significations primitives], *par complication ou modification continue* » [1] : *M, N, M et N, si M est, N est aussi, M ou N; S, p, Sp, S est p; (M et N) et p, (M et N) et (P et Q)*... À l'instar des nombres de l'arithmétique, toutes les formes possibles de significations complexes dépendraient systématiquement d'un petit nombre de formes primitives dont elles peuvent être déduites ou dérivées par construction pure.

Syntaxe et sémantique

Une deuxième difficulté a été mise en évidence par Yehoshua Bar-Hillel dans un article particulièrement sévère pour la grammaire pure husserlienne [2]. Il reproche à Husserl d'en être resté à des considérations purement *syntaxiques* sans jamais vraiment aborder également les questions proprement *sémantiques*. La différence entre le niveau syntaxique de la « bonne formation » des significations complexes et le niveau sémantique de leur « signifiance » aurait totalement échappé à l'auteur des *Recherches logiques* :

> Le fondement de toute théorie des catégories syntaxiques est le fait linguistique que dans tous les langages naturels il y a des séquences de (un ou plusieurs) mots qui sont mutuellement interchangeables dans tous les contextes bien formés *salva beneformatione* – c'est-à-dire que la bonne-formation (la grammaticalité, la correction syntaxique) est préservée dans l'échange – et qu'il y a d'innombrables autres séquences qui ne se trouvent pas dans cette relation les unes avec les autres. Toute théorie des catégories sémantiques repose sur un fait similaire, en remplaçant cette fois « bien formé » par « signifiant » [*meaningful*] ou « sémantiquement correct », et « *beneformatione* » par « *significatione* » [3].

Il y a en effet deux niveaux de non-sens qui restent malheureusement indifférenciés chez Husserl : la malformation syntaxique d'une part, l'incongruité sémantique d'autre part. Bar-Hillel illustre cette distinction au moyen d'un exemple emprunté à Chomsky. L'expression anglaise « *Colorless green ideas sleep furiously* » est syntaxiquement bien formée : chaque catégorie de signification – adjectif, nom, verbe, adverbe – est

1. *Log. Unters.*, IV. Unters., § 13, Hua XIX/1, p. 338; trad. fr. *RL* II/2, p. 125.
2. Y. Bar-Hillel, « Synctactical and semantical categories », in *The Encyclopedia of Philosophy*, London-New York, MacMillan, 1967, vol. 8.
3. Y. Bar-Hillel, « Synctactical and semantical categories », *op. cit.*, p. 57.

à sa place; et les frontières catégoriales ne sont pas transgressées. Pourtant, d'un point de vue sémantique, cette formule est dépourvue de signification. C'est pourquoi il est nécessaire de distinguer, d'une part, les règles de composition *syntaxiques* (qui, selon le principe d'homogénéité catégoriale, permettent qu'un adjectif – *Clear* ideas – soit remplacé par un autre adjectif – *Colorless green* ideas –), et, d'autre part, les règles de composition *sémantiques* qui interdisent certaines substitutions chaque fois que l'association de certains adjectifs à certains noms engendre une incongruité. C'est ainsi que « *Colorless green ideas sleep furiously* » est syntaxiquement correct (adjectif/nom/verbe/adverbe), mais sémantiquement incongru (*Colorless green ideas*). Il ne suffit donc pas de séparer le non-sens et le contre-sens, comme Husserl l'a fait avec raison, il faut aussi envisager pour le non-sens deux types d'impossibilité : l'une, syntaxique, qui est la malformation, l'autre, proprement sémantique, qui est l'incongruité de constructions bien formées. La grammaire pure logique husserlienne semble bien se préoccuper de la bonne formation syntaxique sans se soucier de la cohérence sémantique :

> Quand on substitue librement les unes aux autres des matières à l'intérieur de leur catégorie, il peut en résulter des significations (des propositions entières ou des membres possibles de propositions) fausses, absurdes ou risibles, mais il doit nécessairement en résulter des significations unitaires ou des expressions grammaticales dont le sens peut être réalisé comme unité de sens [1].

Cette incongruité que Husserl aurait dû envisager pour elle-même s'il avait abordé les questions proprement sémantiques, relève d'un nouveau type d'impossibilité qui n'est ni l'incohérence logique (violation des principes de contradiction et du tiers exclu : *un carré rond*), ni la malformation syntaxique (violation des règles syntaxiques de bonne formation : *un rond ou; un homme et est*), mais une incohérence ou plutôt une incongruité ontologique définie comme violation des frontières ontologiques, confusion des catégories d'être, ou encore erreur dans l'usage des catégories ontologiques (une idée ne peut être dite colorée car un phénomène psychique, à la différence des objets physiques, est sans couleur). Les exemples proposés au § 10 relèvent à la fois de la malformation syntaxique et de l'incongruité sémantique, sans que Husserl distingue nettement ces deux types d'incohérence : *ce étourdi est vert* (une signification adjective est illégitimement en position du sujet – faute syntaxique – et reçoit comme prédicat une qualité de couleur – faute ontologique –) ; *plus intense est rond* (une signification

1. *Log. Unters.*, IV. Unters., § 10, Hua XIX/1, p. 327 ; trad. fr. *RL* II/2, p. 113.

relationnelle dépendante est en position de sujet – faute syntaxique – et reçoit comme prédicat une qualité de forme – faute ontologique –) ; *cette maison est égale* (la signification relationnelle dépendante est privée de son complément – faute syntaxique – et la chose matérielle en position de sujet se voit attribuée un prédicat relationnel qui convient plutôt à des quantités – faute ontologique –). Sans doute aurait-il fallu compléter la grammaire pure logique husserlienne par une théorie des types logiques à la manière de Frege et Russell. On ne peut pas combiner n'importe quelle signification nominale avec n'importe quelle signification adjective ou relationnelle. Autrement dit, n'importe quel argument ne peut pas saturer n'importe quelle fonction propositionnelle. Frege et Russell l'ont compris dès 1902 [1]. Les concepts et leurs objets, tout comme les fonctions propositionnelles et leurs arguments, appartiennent à deux types logiques différents ; et c'est pourquoi ce que l'on prédique de l'un ne peut être prédiqué de l'autre. Un ensemble ne peut avoir les mêmes propriétés que ses éléments, et les éléments ne peuvent pas avoir les mêmes propriétés que l'ensemble auquel ils appartiennent. L'ensemble des fondateurs de Rome n'est pas lui-même un fondateur de Rome ; de leur côté, Romulus et Remus ne possèdent pas comme propriété la cardinalité (2) qui caractérise l'ensemble des fondateurs de Rome [2]. Cette théorie des types interdit par exemple l'attribution d'une couleur à un nombre ou un ensemble, ainsi que l'attribution d'une figure à une vertu (« la vertu est triangulaire ») ou d'une vertu à une figure (« le triangle est vertueux ») [3]. Mais Husserl lui-même avait peut-être entrevu ces questions en distinguant l'ontologie formelle, qui a pour objet le *quelque chose en général* gouverné par le seul principe de contradiction, et les ontologies matérielles qui portent sur des catégories ou des régions particulières de l'être : en associant un adjectif et un nom désignant l'un et l'autre des objets ontologiquement différents (nombre et couleur, vertu et figure), les incongruités sémantiques semblent bien relever d'une transgression des frontières catégoriales ou ontologiques.

1. G. Frege, *Correspondance avec Bertrand Russell*, trad. fr. C. Webern, Paris, E.P.E.L., 1994.

2. *Cf.* B. Russell, « Les paradoxes de la logique », *Revue de métaphysique et de morale* 14, 1906, p. 627-650 (dans Poincaré, Russell, Zermelo et Peano, *Textes de la discussion (1906-1912) sur les fondements des mathématiques*, textes réunis par G. Heinzmann, Paris, Blanchard, 1986, p. 121-144) ; « Mathematical Logic as based on the Theory of Types », *American Journal of Mathematics* 30, 1908, p. 222-262 (Poincaré, Russell, Zermelo et Peano, *Textes de la discussion*, *op. cit.*, p. 200-223) ; trad. fr. dans F. Rivenc, P. de Rouilhan (éd.), *Logique et fondements des mathématiques*, Paris, Payot, 1992, p. 309-334.

3. L'expression « cercle vicieux » est métaphorique.

CLARIFICATION DES CONCEPTS FONDAMENTAUX DE LA PHÉNOMÉNOLOGIE NAISSANTE

SUR LA CINQUIÈME RECHERCHE

CLAUDIA SERBAN

INTRODUCTION
LA PLACE ET LA FONCTION DE LA CINQUIÈME RECHERCHE

Il n'est sans doute pas excessif de comparer les *Recherches logiques* à la *Critique de la raison pure*, ne serait-ce que du point de vue de leur sort éditorial : il s'agit, dans les deux cas, d'une publication qui accomplit incontestablement une « percée » [1], mais qui suscite aussi de nombreuses critiques et des malentendus (« une pluie de mésinterprétations » [2], dira Husserl), ce qui donne lieu à une deuxième édition sensiblement remaniée. Néanmoins, alors que la deuxième édition de la *Critique* kantienne comprend une « Réfutation de l'idéalisme », c'est depuis la position nouvellement acquise d'un idéalisme transcendantal que Husserl réédite les *Recherches* en 1913, tout en essayant de ne pas les résorber dans ce dernier. En lisant les *Recherches* – surtout dans la version proposée par la traduction française –, nous avons donc affaire à un texte qui a été décanté, stabilisé, arrêté conceptuellement en 1913, et dont il est impossible de dissimuler ou d'oublier le caractère de palimpseste dû à un effort de réécriture qui, à certains endroits décisifs – c'est le cas pour la Cinquième Recherche, qui nous occupe ici –, a été

1. Selon l'expression récurrente de Husserl à propos des *Recherches logiques*. Voir par exemple l'Esquisse de Préface de 1913 (« Entwurf einer Vorrede », § 12, p. 338; trad. fr. dans *AL*, p. 405).

2. « Entwurf einer Vorrede », § 1, p. 111; trad. fr. dans *AL*, p. 358.

proprement massif. Un commentaire de cette dernière se doit donc de prêter attention à la fois à ses propositions initiales, formulées en 1901, et aux importants remaniements effectués en 1913 au prisme d'une nouvelle autocompréhension de la phénoménologie qui en change rétrospectivement le sens et la portée. C'est en effet l'une des difficultés particulières de cette Recherche que d'occuper, avec les autres, « une place transitoire dans l'œuvre » [1], et d'appartenir, de manière parfois plus marquée que les autres, à deux époques et donc à deux moments distincts de l'évolution de la pensée de Husserl [2].

Une autre difficulté préliminaire provient du fait d'appartenir à un ensemble plus vaste : celui de six Recherches précédées par les *Prolégomènes à la logique pure*, et d'y occuper une position qui relève de la séquence finale de l'ensemble, bien qu'elle ne soit pas terminale. Comme on le sait, l'articulation des deux tomes des *Recherches* (*Prolégomènes* d'une part, les six *Recherches* de l'autre) pose elle-même problème, car elle exige de comprendre en quoi l'intérêt porté à la « logique pure » requiert des « Recherches pour la phénoménologie et la théorie de la connaissance » [3] – et, plus généralement, comment et pourquoi la phénoménologie émerge et se définit dans un travail qui orchestre de manière si complexe la confrontation et l'articulation entre logique et

1. D. Fisette, « La percée des *Recherches logiques* et la phénoménologie. Une introduction », dans D. Fisette et S. Lapointe (éd.), *Aux origines de la phénoménologie. Husserl et le contexte des* Recherches logiques, Paris- Québec, Vrin-Presses de l'université Laval, 2003, p. 9-22, p. 9.

2. Dans la Préface de la deuxième édition, Husserl reconnaît ainsi « l'impossibilité d'élever l'ancien ouvrage entièrement au niveau des *Ideen* I » et décrit la nouvelle édition comme le résultat d'un compromis avec soi : « Il ne restait par conséquent qu'à prendre un parti moyen, et ainsi, il est vrai, à me sacrifier moi-même en quelque sorte » (*Vorwort zur zweiten Auflage*, Hua XVIII, p. 10; trad. fr. *RL* I, p. XIII). L'Esquisse de Préface de 1913 s'exprime elle aussi dans des termes semblables au sujet de la première édition : « j'ai laissé paraître ces recherches sous la forme où elles étaient parvenues, dans leur état imparfait qui me causait à moi-même tant de peine, dans leur état profondément inégal et défectueux » (« Entwurf einer Vorrede », § 1, p. 110; trad. fr. dans *AL*, p. 357). S'appuyant sur de tels passages où Husserl déplore le caractère doublement inabouti de son entreprise, Jean-François Lavigne estime que « l'édition remaniée [qui est celle que nous lisons en traduction française] ne correspond en réalité à *aucun état historique déterminé* de la pensée husserlienne; ce n'est qu'un moyen terme composite qui n'a jamais existé, un compromis bâtard entre l'état originel effectif du projet husserlien [...] et la phénoménologie transcendantale constitutive » (*Husserl et la naissance de la phénoménologie (1900-1913)*, Paris, Puf, 2005, p. 186-187).

3. À ce propos, nous pouvons noter avec Jocelyn Benoist que « le lieu originaire de la phénoménologie est [...] clairement épistémique » (« Phénoménologie et ontologie dans les *Recherches logiques* », dans E. Husserl, *La représentation vide*, suivi de *Les* Recherches logiques, *une œuvre de percée*, Paris, Puf, 2003, p. 111-124, p. 112).

psychologie (tâche à laquelle, d'ailleurs, Husserl s'était attelé dès 1891, dans sa *Philosophie de l'arithmétique* dont le sous-titre est, il ne faut pas l'oublier, *Recherches logiques et psychologiques* [1]).

Avant de cerner l'objet propre à la Cinquième Recherche et son orientation spécifique, il nous faut donc préciser rapidement sa place parmi les six Recherches, et donc au sein du second tome des *Recherches* – à propos duquel Husserl a maintes fois déploré, on le sait, le fait qu'il ait reçu si peu d'attention à sa parution par rapport au premier. Dans la Préface de la deuxième édition, Husserl souligne qu'il a livré au public une « *série de Recherches* reliées systématiquement, mais non pas, à proprement parler, un livre ou un ouvrage au sens littéraire du mot ». Cette unité systématique de l'ensemble découle à ses yeux d'un « mouvement ascendant continu d'un niveau inférieur à un niveau plus élevé » [2], et lors duquel les nouveaux résultats retentissent sur les précédents. Il ne s'agirait toutefois pas d'une progression linéaire, puisque, selon l'indication donnée dès 1901 à la fin de l'Introduction du tome 2, « la recherche se meut en quelque sorte en zigzag », du fait de « l'interdépendance intime » des résultats [3]. Dans cette optique, la situation de la Cinquième Recherche en position avant-terminale suggère le rôle important qui lui revient au sein de l'ensemble – rôle confirmé d'ailleurs par sa longueur, qui reflète un degré d'élaboration et de complexité supérieur à celui des Recherches précédentes.

Par ailleurs, Husserl a souvent laissé entendre que les Cinquième et Sixième Recherches formaient un ensemble à part. Si la dernière Recherche a été décrite à de multiples reprises comme étant incontestablement « la plus importante du point de vue phénoménologique » [4], ou « la plus étendue, la plus mûre en fait, et aussi la plus riche en résultats de tout le

1. Une étape intermédiaire importante dans ce projet est représentée par les *Études psychologiques pour la logique élémentaire* de 1894 (*Psychol. Stud.*, Hua XXII, p. 92-123; trad. fr. *AL*, p. 123-163), que Husserl considérait comme une première esquisse des *Recherches logiques*, et en particulier de la IIIe et de la Ve. Voir à ce propos E. Ströker, « Einleitung », *in* E. Husserl, *V. Logische Untersuchung*, Hambourg, Meiner, 1988, p. XVI; J.-F. Courtine, « Histoire et destin phénoménologique de l'*intentio* » (1995), repris dans *La cause de la phénoménologie*, Paris, Puf, 2007, p. 13-36, p. 26 *sq.*; M. Gyemant, « Psychologie et antipsychologisme chez Husserl. L'année 1894 », dans *Id.* (éd.), *Psychologie et psychologisme*, Paris, Vrin, 2015, p. 161-176.

2. *Vorwort zur zweiten Auflage*, Hua XVIII, p. 11; trad. fr. *RL* I, p. XIV.

3. *Log. Unters.*, II. Band, *Einleitung*, § 6, Hua XIX/1, p. 22-23; trad. fr. *RL* II/1, p. 19.

4. *Vorwort zur zweiten Auflage*, Hua XVIII, p. 15; trad. fr. *RL* I, p. XIX. Et selon l'Esquisse de Préface à la seconde édition, les Recherches I, II, V et VI seraient « les recherches spécifiquement phénoménologiques » (« Entwurf einer Vorrede », § 6, 132; trad. fr. dans *AL*, p. 382).

livre »[1], elle forme, avec la Cinquième Recherche, la séquence de ce que Husserl a désigné au § 68 de la *Krisis* comme les « recherches orientées subjectivement », qui renferment « ce qu'il y [a] de décisivement nouveau » dans l'œuvre et expriment « le sens le plus intime de celle-ci »[2]. Dans le même esprit, Husserl affirmait déjà dans la « Présentation des *Recherches logiques* par l'auteur » parue dans le *Vierteljahrsschrift für wissenschaftliche Philosophie* en 1901 que les deux dernières Recherches étaient « les deux Recherches phénoménologiques principales »[3], et l'Esquisse de Préface de 1913 estime également que « la Cinquième Recherche et surtout la Sixième Recherche » sont « les recherches qui sont *les plus importantes* pour la phénoménologie et la théorie de la connaissance »[4].

L'Introduction de la Cinquième Recherche témoigne en effet du fait que nous avons à faire à un tournant au sein de l'ensemble : rappelant les résultats de la Deuxième Recherche qui a « élucidé le sens de l'idéalité de l'espèce », ainsi que « le sens même de l'idéalité des significations qui importe à la logique pure », Husserl affirme la nécessité de poser « de nouvelles questions », qui concernent « le genre des vécus psychiques dans lesquels le genre suprême de la signification prend son origine (*die Gattung von psychischen Erlebnissen, in welchen die oberste Gattung Bedeutung ihren Ursprung nimmt*) »[5]. Ainsi, un problème redoutable émerge dès la première page de la Cinquième Recherche : si les *Recherches* précédentes, dans la continuité du combat contre le psychologisme mené dans les *Prolégomènes à la logique pure*, ont œuvré à établir l'idéalité de la signification, comment comprendre ce « passage de l'ontologique au phénoménologique »[6] et le fait que l'on doive se tourner à présent vers les vécus psychiques, pour soutenir, qui plus est, que c'est en eux que s'origine la signification ? Le fait de vouloir tenir ensemble la thèse de l'idéalité de la signification et l'orientation désormais subjective[7], commandée

1. « Présentation des *Recherches logiques* par l'auteur », *Vierteljahrsschrift für wissenschaftliche Philosophie*, 1901, p. 261 ; trad. fr. *AL*, p. 207.

2. *Krisis*, § 68, Hua VI, p. 237 ; trad. fr., p. 263.

3. « Présentation des *Recherches logiques* par l'auteur », *Vierteljahrsschrift für wissenschaftliche Philosophie*, 1901, p. 261 ; trad. fr. *AL*, p. 206.

4. « Entwurf einer Vorrede », *§ 8, p. 323;* trad. *fr. dans AL, p. 388.*

5. *Log. Unters.*, V. Unters., *Einleitung*, Hua XIX/1, p. 352 ; trad. fr. *RL* II/2, p. 141.

6. Selon l'expression de René Schérer, au début de son commentaire de la Recherche V (*La phénoménologie des « Recherches logiques » de Husserl*, Paris, Puf, 1967, p. 253).

7. Cette tension entre analyse idéale ou logique et analyse phénoménologique ou (selon la première édition) psychologique s'illustre déjà dans l'Introduction du tome 2 des *Recherches*. Husserl y soutient qu'« il appartient au logicien de dégager [...] les caractères

par l'intérêt pour les actes [1], que la Cinquième Recherche souhaite imprimer à la progression de l'ensemble, ne nous renferme-t-il pas dans une contradiction insurmontable qui mine la cohérence et la solidité du projet global [2] ?

Indubitablement, c'est ainsi qu'a été perçu de prime abord le revirement dont témoigne, au sein des *Recherches*, le changement d'orientation annoncé et accompli par la cinquième d'entre elles. Husserl le rappelle, par

d'actes dans lesquels s'accomplissent les opérations de représentation, de jugement, de connaissance », et ce (selon la formulation de 1901) « bien que ce soit l'analyse idéale et non l'analyse phénoménologique des vécus concrets qui fasse partie du domaine originairement propre de la logique pure », car l'analyse phénoménologique est tout de même « indispensable pour l'avancement de la recherche purement logique ». La réécriture de l'Introduction en 1913 cherchera à atténuer légèrement la tension : si en 1901, Husserl affirme, à l'appui de sa thèse, que « toute donnée logique [...] doit nécessairement se présenter dans une réalisation subjective (*in subjektiver Realisation*) », en 1913, il n'est plus question de « réalisation subjective », mais seulement de « plénitude concrète » (*Log. Unters.*, II. Band, *Einleitung*, § 2, Hua XIX/1, p. 9; trad. fr. *RL* II/1, p. 5).

1. Il a été souvent proposé dans l'exégèse de ressaisir la position « amphibolique » de Husserl dans les *Recherches logiques* à la lumière du double héritage dans lequel il s'inscrit : celui de la psychologie de Brentano et celui d'une théorie du sens idéal inspirée par la *Wissenschaftslehre* de Bolzano et par Lotze : voir par exemple J. Benoist, *Entre acte et sens. La théorie phénoménologique de la signification*, Paris, Vrin, 2002, p. 10 et 26 *sq.* Comme le souligne aussi Maria Gyemant, le défi est de « transposer la position logique de Bolzano [...] sur le terrain des actes, c'est-à-dire sur un terrain par excellence psychologique » (« Psychologie et antipsychologisme chez Husserl. L'année 1894 », *op. cit.*, p. 175). Ou, pour le dire encore dans les termes de Denis Seron, il s'agit de tenir ensemble un antipsychologisme épistémologique et un psychologisme ontologique, ou d'articuler l'antipsychologisme des *Prolégomènes* au projet de « fondation phénoménologique de la logique » (« Objectivité et subjectivité dans la critique husserlienne du relativisme », *op. cit.*, p. 177-201, p. 177). Husserl explicite sa dette (mais aussi sa position critique) à l'égard de Bolzano et Lotze dans l'Esquisse de Préface de 1913 (« Entwurf einer Vorrede », § 6, 8 et 9) Voir aussi l'éclaircissement présent au § 10 des *Ideen* III (*Ideen III*, § 10, Hua V, p. 57-59; trad. fr., p. 68-71). Sur le rapport au dernier, voir D. Fisette, « Logique et psychologie dans la phénoménologie de Husserl. La dette à l'endroit de Lotze », dans D. Pradelle, P.-J. Renaudie (éd.), *Intentionnalité, sens, antipsychologisme. Hommage à Robert Brisart*, Hildesheim, Olms, 2022, p. 115-133.

2. Dans l'Esquisse de Préface de 1913, Husserl exprime dans les termes suivants la difficulté de la position qui était la sienne dans les *Recherches* orientées subjectivement : « les psychologistes prennent *eo ipso* les recherches en question pour de la psychologie, mais pour de la psychologie falsifiée d'une manière scolastique : car il est partout question d'éléments idéaux, *a priori*. Mais les idéalistes [...] sont déçus dans leur attente de constructions transcendantales qui viendraient se plaquer d'en haut; au lieu de cela, il est partout question de vécus, d'actes, d'intentions, de remplissements, etc. – donc, pour eux aussi, de quelque chose de psychologique. Ils parlent tout le temps d'une "retombée dans le psychologisme" » (« Entwurf einer Vorrede », § 2, p. 115; trad. fr. dans *AL*, p. 363).

exemple, dans *Logique formelle et logique transcendantale* [1]; Heidegger, qui raconte dans « Mon chemin de pensée et la phénoménologie » comment il a succombé au « charme magique » (*Zauber*) des *Recherches* [2], y fait lui aussi référence dans son cours de 1920, *Phénoménologie de l'intuition et de l'expression* [3]; et Levinas estime encore nécessaire de défendre Husserl contre ce reproche en 1931 [4]. Il est dès lors d'autant plus important de prêter attention à la manière dont Husserl justifie, en 1901, ce revirement. L'Introduction de la Cinquième Recherche soulève, nous l'avons rappelé, la question de « l'origine du concept de signification et de ses variétés essentielles » [5], tout en annonçant, de façon quelque peu surprenante, que « la présente Recherche ne s'occupera pas encore » de cette tâche, car il convient d'abord de se « livrer à une recherche [...] [6] beaucoup plus générale » : il s'agit de l'enquête sur les « actes » ou, en l'occurrence, les « vécus du signifier ». C'est ainsi à une élucidation du concept controversé d'acte que devra s'atteler la Cinquième Recherche, car cette élucidation est une « importante condition préliminaire à la solution des tâches indiquées » [7]. Autrement dit, le véritable rôle de la

1. « Déjà après la parution des *Logische Untersuchungen*, on a élevé le reproche que les études phénoménologiques qui s'imposaient là sous le titre de "clarification" des concepts fondamentaux de la logique et que le second tome tentait de mettre en relief en les développant plus largement signifiaient une rechute dans le psychologisme » (*Form. u. transz. Log.*, § 56, Hua XVII, p. 207; trad. fr., p. 136). Husserl affirme au même endroit que « les études "phénoménologiques" du second tome [...] frayaient le chemin à une phénoménologie transcendantale » – affirmation qui illustre l'auto-interprétation continuiste et téléologique qu'il a de son propre itinéraire de pensée. Voir à ce propos J.-F. Lavigne, *Husserl et la naissance de la phénoménologie, op. cit.*, p. 105 *sq.*

2. M. Heidegger, *Zur Sache des Denkens*, GA 14, p. 93; trad. fr. J. Lauxerois et C. Roëls, *Questions III et IV*, Paris, Gallimard, 1990, p. 326.

3. « [...] on voyait en général à l'époque [...] dans le second volume des *Recherches*, qui est vraiment important et positif, une "rechute" dans le psychologisme combattu dans le premier volume » (*Phänomenologie der Anschauung und des Ausdrucks*, GA 59, p. 162; trad. fr. G. Fagniez, *Phénoménologie de l'intuition et de l'expression. Théorie de la formation des concepts philosophiques*, Paris, Gallimard, 2014, p. 189).

4. Levinas écrit ainsi : « Certains critiques ont cru pouvoir accuser Husserl de retomber dans le psychologisme. Bien au contraire, c'était une nouvelle ontologie de la conscience que le deuxième volume des "Log. Unt." élaborait pour remplacer l'ontologie naturaliste, et c'est cette ontologie qu'on a prise pour du psychologisme » (*Théorie de l'intuition dans la phénoménologie de Husserl*, Paris, Vrin, 1931, rééd. 2001, p. 33).

5. *Log. Unters.*, V. Unters., *Einleitung*, Hua XIX/1, p. 352; trad. fr. *RL* II/2, 141.

6. Qualifiée de « phénoménologique » en 1913, cette recherche est dite « relev[er] de la psychologie descriptive » en 1901. Nous reviendrons plus loin sur les rapports entre phénoménologie et psychologie descriptive.

7. *Log. Unters.*, V. Unters., *Einleitung*, Hua XIX/1, p. 353; trad. fr. *RL* II/2, p. 142.

Cinquième Recherche est de préparer le terrain pour la Sixième; et par cette fonction méthodologique et propédeutique, elle est proprement fondamentale, voire « la plus fondamentale »[1]. En outre, l'effort de clarification qui s'y déploie implique aussi que c'est le vocabulaire même de la phénoménologie naissante, ou son outillage conceptuel, qui s'y met en place et s'y affine : c'est pourquoi Husserl peut indiquer d'entrée de jeu que « la discrimination entre les phénomènes entremêlés qui sont [...] à la base des équivoques constitue une partie essentielle de [la] tâche » de cette Recherche[2].

Cette visée de clarification conceptuelle et de dissolution d'équivoques terminologiques est l'une des spécificités de la Cinquième Recherche et lui donne parfois un air proprement « scolastique »[3]. Il s'agit pourtant d'une tâche incontournable, que Husserl rattachera en 1925, dans son cours *Psychologie phénoménologique*, à la nécessité « de maîtriser après-coup par la réflexion cette vie de la pensée qui se déroule de façon cachée, et de la fixer dans des concepts descriptifs fidèles »[4]. Il ne faut pas oublier, en outre, que l'objectif de Husserl n'est pas simplement de décanter une conceptualité[5] (en l'occurrence, celle de la psychologie descriptive), mais aussi de la rendre plus opératoire tout en la transposant sur un autre terrain, dont le degré d'éloignement par rapport au sol psychologique initial sera, de 1901 à 1913, diversement évalué. Cela veut dire aussi que c'est en grande partie dans la Cinquième Recherche, au moyen, notamment, d'une discussion serrée avec Brentano, que se décide la

1. Selon l'appréciation d'Elisabeth Ströker dans son Introduction à l'édition séparée de la Cinquième Recherche (version de 1901) qu'elle a éditée en 1988 : « Hat Husserl die VI. Untersuchung zwar zu Recht als die in phänomenologischer Beziehung wichtigste bewertet, so kann hingegen, und zwar speziell im Hinblick auf ihre methodische Funktion, die V. Untersuchung als die fundamentalste angesehen werden » (« Einleitung », p. XXVII).

2. *Log. Unters.*, V. Unters., *Einleitung*, Hua XIX/1, p. 354; trad. fr. *RL* II/2, p. 143.

3. Comme le remarque J. Benoist (*Phénoménologie, sémantique, ontologie. Husserl et la tradition autrichienne*, Paris, Puf, 1997, p. 244) à propos de la discussion que la Cinquième Recherche engage avec Brentano et sur laquelle nous reviendrons plus loin.

4. *Phänom. Psychol.*, § 3, Hua IX, p. 21; trad. fr., p. 26.

5. Dans une lettre à Willliam Ernest Hocking de septembre 1903, Husserl ressaisit son entreprise dans les termes suivants : « Dans mes *R[echerches] L[ogiques]*, j'ai fait éclater comme avec des cartouches de dynamite des roches anciennes et mal façonnées de la théorie de la connaissance [*uralt ungefüges Gestein der Erkenntnislehre*]. Il y a beaucoup de débris et de cailloux bruts, mais bien des choses qui étaient cachées ont été mises au jour, pour ce qui concerne à la fois les problèmes et les résultats » (*Briefwechsel*, Hua Dok. III/3, p. 149). Ce passage figure en exergue de D. Zahavi, F. Stjernfelt (eds.), *One Hundred Years of Phenomenology. Husserl's* Logical Investigations *Revisited*, Dordrecht, Springer, 2002.

position de la phénoménologie naissante par rapport à la psychologie descriptive – position dont les coordonnées évoluent sensiblement entre les deux éditions [1].

LES TROIS SENS DE LA CONSCIENCE

Le travail d'élucidation conceptuelle dans lequel s'engage la Cinquième Recherche est enclenché au premier chapitre en s'attaquant à ce qui se présente comme le concept suprême de la psychologie, à savoir la *conscience*, en vue de « délimiter le concept d'acte psychique » (« … quant à son essence phénoménologique », ajoute Husserl en 1913 [2]). C'est ainsi que Husserl est amené à distinguer trois concepts de conscience [3], qu'il analyse tour à tour : la conscience comme faisceau ou flux unitaire des vécus, la conscience comme perception interne, la conscience intentionnelle.

Le « faisceau » des vécus et son unité interne

Au premier sens, la conscience désigne l'« unité phénoménologique [réelle, ajoute Husserl en 1913] des vécus du moi » (selon l'intitulé du § 2), ou la « composante [*Bestand*] phénoménologique du moi » [4].

1. Husserl a souvent insisté sur ce qui était à ses yeux l'imperfection de la Cinquième Recherche dans l'édition de 1901. C'est le cas déjà dans la « Présentation des *Recherches logiques* par l'auteur », parue dans le *Vierteljahrsschrift für wissenschaftliche Philosophie* en 1901, où il affirme que la Cinquième Recherche « doit, sur de nombreux points importants, être poursuivie et améliorée » (p. 262 ; trad. fr. *AL*, p. 207). Voir aussi la Préface à la deuxième édition, où il justifie ainsi les amples remaniements que la Cinquième Recherche a subis en 1913 : « La Cinquième Recherche, *Des vécus intentionnels et de leurs "contenus"*, a dû subir de profondes modifications. Avec elle, je me suis attaqué à des problèmes cardinaux de la phénoménologie (en particulier de la théorie phénoménologique du jugement) à propos desquels un degré considérablement supérieur de clarté et d'évidence pouvait être atteint, sans qu'il fût nécessaire de modifier la structure et le contenu essentiel de cette Recherche » (*Vorwort zur zweiten Auflage*, p. 14-15 ; trad. fr. *RL* I, XVIII-XIX)).

2. *Log. Unters.*, V. Unters., § 1, Hua XIX/1, p. 355 ; trad. fr. *RL* II/2, p. 145.

3. Parmi les travaux consacrés à cette distinction, voir en particulier Q. Smith, « On Husserl's Theory of Consciousness in the *Fifth Logical Investigation* », *Philosophy and Phenomenological Research* 37, 1977, p. 482-497 ; D. Lorca, « Husserl's Theory of Consciousness in the *Fifth Logical Investigation* », *Journal of the British Society for Phenomenology* 30, 1999, p. 151-165 ; D. Zahavi, « The Three Concepts of Consciousness in *Logische Untersuchungen* », *Husserl Studies* 18, 2002, p. 51-64.

4. *Log. Unters.*, V. Unters., § 2 et 1, Hua XIX/1, p. 356 ; trad. fr. *RL* II/2, p. 146, 145).

Le « “faisceau [*Bündel*]” »[1] ou « tissu [*Verwebung*] des vécus »[2] qui composent le « moi » : voici, en somme, le premier concept de conscience qu'il s'agit de discuter. Le point de départ de l'analyse est bel et bien le concept psychologique de vécu, qui désigne des « processus réaux [*die realen Vorkommnisse*] » ou, dans le vocabulaire de Wilhelm Wundt, le père de la psychologie expérimentale[3], des « événements [*Ereignisse*] »[4] qui sont sans doute d'un autre type que les événements du monde physique, mais n'appartiennent pas moins, avec eux, à une même réalité. Dès lors, toute la question est de savoir si la « recherche pour la phénoménologie et la théorie de la connaissance » qui se déploie dans la Cinquième Recherche cautionne et reprend cette acception du vécu[5].

1. R. Bernet souligne que le recours à ce terme « est une allusion à Hume, que les contemporains de Husserl, familiers de la traduction allemande du *Treatise* par Th. Lipps, reconnurent sans aucun doute immédiatement comme telle » (*La vie du sujet. Recherches sur l'interprétation de Husserl dans la phénoménologie*, Paris, Puf, 1994, p. 301 n. 2). J. Benoist relève lui aussi « la langue, extraordinairement humienne, de ce début de la Cinquième Recherche » (*Phénoménologie, sémantique, ontologie, op. cit.*, p. 256).

2. Au § 1 de la Cinquième Recherche, l'explicitation du premier concept de conscience varie sensiblement entre les deux éditions. En 1901, Husserl parle de « l'ensemble des données phénoménologiques du mois spirituel » et précise, entre parenthèses : « conscience = *le moi phénoménologique* en tant que “faisceau (*Bündel*)” ou entrelacement des vécus psychiques ». En 1913, il est question de l'« ensemble de composantes (*gesamte Bestand*) phénoménologiques réelles (*reelle*) du moi empirique, c'est-à-dire comme tissu des vécus psychiques dans l'unité du flux des vécus » (*Log. Unters.*, V. Unters., § 1, Hua XIX/1, p. 356 ; trad. fr. *RL* II/2, p. 344 et 145). Remarquons que c'est seulement en 1913 que Husserl introduit le vocabulaire du flux des vécus (*Erlebnisstrom*), et qu'il rattache la considération de ce dernier au moi *empirique*.

3. Voir la contribution d'A. Dewalque, « Deux théories de l'analyse psychique : Wundt et Brentano », dans Ch.-É. Niveleau (éd.), *Vers une philosophie scientifique. Le programme de Brentano*, Paris, Demopolis, 2014, p. 95-114.

4. *Log. Unters.*, V. Unters., § 2, Hua XIX/1, p. 357 ; trad. fr. *RL* II/2, p. 146.

5. Cela ne fait pas de doute pour D. Seron : « La conception empiriste de l'ego dans la première édition de la Cinquième Recherche s'inscrit clairement dans la tradition humienne du *bundle of ideas*, à laquelle on peut rattacher de nombreuses tentatives critiques analogues comme celles de James, de Mach ou de Russell » (« La critique de la psychologie de Natorp dans la Cinquième Recherche logique de Husserl », *Philosophiques* 36, 2, p. 533-558, p. 545). Pour J.-F. Lavigne également, la première édition des *Recherches* adopte sans conteste une « compréhension de l'être du vécu comme réalité empirique », fortement tributaire de Wundt, ce qui veut dire, plus loin, que « *la position ontologique fondamentale de la “phénoménologie” des* Recherches logiques *est* […] *l'attitude naturelle.* Leur théorie de la connaissance est par conséquent encore un psychologisme; mais un psychologisme minimal, simplement *ontologique* ». Partant, J.-F. Lavigne estime que « du point de vue de leur projet épistémologique général, les *Recherches logiques* sont un échec. L'échec résulte principalement du présupposé ontologique *naturaliste* qui sous-tend encore la conception husserlienne du vécu intentionnel, comme fait psychique » (*Husserl et la naissance de la phénoménologie, op. cit.*, p. 121, 128 et 143).

En 1913, Husserl ajoute à cet endroit un éclaircissement qui suggère que la prise de distance par rapport au concept de vécu propre à la psychologie de son temps n'était pas parfaitement nette en 1901 :

> Indiquons aussitôt que ce concept de vécu peut être pris dans un sens purement phénoménologique, c'est-à-dire de telle sorte que toute relation avec l'existence empirique réale [*reale*] (avec des hommes ou des animaux de la nature) soit exclue [*ausgeschaltet*] : le vécu au sens psychologique descriptif (phénoménologique empirique) devient alors un vécu au sens de la phénoménologie pure [1].

Dans tous les cas, ce qui importe au plus haut degré, c'est d'éclaircir la structure du vécu en distinguant l'objet et le « contenu ». Voici donc une première équivoque importante à lever : « On confond souvent ces deux choses, la sensation de couleur et la coloration objective de l'objet » [2]. En procédant à leur distinction, Husserl dénonce la « fausseté phénoménologique » [3] du monisme phénoménal qui, dans l'analyse de la sensation, amalgame le moment sensoriel subjectif et les qualités perçues de l'objet [4]. De façon significative, dans la version de 1913, c'est l'adjectif « subjectif », qui qualifie le « moment couleur » en 1901, que Husserl remplace par « phénoménologique ». Cela permet de comprendre pourquoi, de manière plutôt surprenante, le concept de phénomène élaboré dans la Cinquième Recherche désigne le vécu comme

1. *Log. Unters.*, V. Unters., § 2, Hua XIX/1, p. 357; trad. fr. *RL* II/2, p. 146-147). Ici, Husserl renvoie aussitôt, en note, à la deuxième section des *Ideen* I. Et l'analyse de l'exemple d'une perception de couleur montre encore que plusieurs ajustements conceptuels décisifs, bien récurrents dans la Cinquième Recherche, se sont produits entre 1901 et 1913 : ainsi, en décrivant « le moment sensoriel couleur », il remplace l'adjectif *real* par *reel* (nous aurons à revenir sur cette distinction) et, de « psychologique », la « vision concrète [*konkretes Sehen*] » devient « phénoménologique » (*Log. Unters.*, V. Unters., § 2, Hua XIX/1, p. 358; trad. fr. *RL* II/2, p. 147).

2. *Log. Unters.*, V. Unters., § 2, Hua XIX/1, p. 359; trad. fr. *RL* II/2, p. 148.

3. Husserl insiste en effet dès l'édition de 1901 : « L'affirmation que la différence entre le contenu dont nous avons conscience dans la perception et l'objet extérieur perçu en elle serait une simple différence dans notre manière de voir qui envisagerait le *même phénomène*, tantôt dans son contexte subjectif (par rapport aux phénomènes se rapportant au moi), et tantôt dans son contexte objectif (par rapport aux choses elles-mêmes), cette affirmation est fausse phénoménologiquement » (*Log. Unters.*, V. Unters., § 2, Hua XIX/1, p. 359; trad. fr. *RL* II/2, p. 147).

4. Nous renvoyons à ce propos à l'analyse de V. Palette, qui rappelle que la thèse du monisme phénoménal, « qui fait de la sensation un *datum* neutre, ni subjectif ni objectif », « est commune à Paul Natorp et à Ernst Mach » (*Le donné en question dans la phénoménologie et le néokantisme. Des critiques du positivisme au débat avec Kant*, Dordrecht, Springer, 2018, p. 76 *sq.*).

lieu (subjectif) de l'apparaître plutôt que l'objet apparaissant. Husserl commence par poser le problème dans les termes suivants :

> On ne saurait assez fortement insister sur l'équivoque qui nous permet de donner le nom de *phénomène* [Erscheinung], non seulement *au vécu en lequel réside l'apparaître de l'objet* [das Erlebnis, in dem das Erscheinen des Objektes besteht] (par exemple au vécu concret de la perception, dans lequel l'objet est présumé être présent lui-même, mais aussi à *l'objet apparaissant comme tel* [das erscheinende Objekt als solches]. L'illusion entretenue par cette équivoque disparaît dès qu'on cherche à se rendre compte sur le plan phénoménologique de ce qui, de l'objet apparaissant comme tel, est réellement donné dans le vécu de l'apparition [*im Erlebnis der Erscheinung reell vorfindlich sei*] [1].

C'est ainsi l'équivocité du phénomène lui-même qui vient redoubler celle qui affecte la structure du vécu, et leur résolution se fait selon des lignes strictement parallèles : elle consiste dans la nette distinction du moment subjectif et du moment objectif de l'apparaître comme de l'acte. Et c'est le versant subjectif des deux qui désigne, de prime abord en tout cas, le site propre du phénomène et, par conséquent, le domaine de la phénoménologie :

> L'apparition de la chose (le vécu) n'est pas la chose apparaissant (ce qui est présumé se trouver « en face de nous » dans son ipséité corporelle [*in leibhaftiger Selbstheit*]). Nous vivons les phénomènes comme appartenant à la trame de la conscience [*Bewußtseinszusammenhang*], tandis que les choses nous apparaissent comme appartenant au monde phénoménal. Les phénomènes eux-mêmes ne nous apparaissent pas, ils sont vécus [*Die Erscheinungen selbst erscheinen nicht, sie werden erlebt*] [2].

C'est en effet l'un des gestes décisifs de la Cinquième Recherche que de définir implicitement la phénoménologie comme science de l'apparaître plutôt que de l'apparaissant. Mais cette définition repose essentiellement sur l'identification du phénomène au vécu et donc sur son inscription dans « la trame de la conscience ». Décrite de prime abord comme un « faisceau de vécus », la conscience devient ainsi le lieu de l'apparaître avant même que son intentionnalité (sa relation intrinsèque à l'objet) ait été posée et explicitée. La *Sache* de la phénoménologie naissante, la « chose » à laquelle il s'agit de retourner, c'est le vécu, et ce dernier est identifié au phénomène même avant d'être reconnu comme intentionnel.

1. *Log. Unters.*, V. Unters., § 2, Hua XIX/1, p. 359; trad. fr. *RL* II/2, p. 148-149.
2. *Log. Unters.*, V. Unters., § 2, Hua XIX/1, p. 359-360; trad. fr. *RL* II/2, p. 149.

Quel est dès lors le site de l'objet, si celui-ci est, par opposition au vécu, extérieur à la conscience? Husserl affirme explicitement qu'il appartient au monde phénoménal, et c'est seulement dans une note de 1913 (qui n'est pas indiquée comme telle dans la traduction française, ce qui arrive malencontreusement pour certains ajouts ou remaniements de la deuxième édition) qu'il précise, au sujet de ce dernier, qu'il « n'[en] est question ici qu'en tant qu'*en tant* qu'il apparaît, tandis que toute question concernant son existence ou sa non-existence – comme celle du moi empirique apparaissant en lui – doit demeurer exclue, si l'on veut que toutes ces réflexions valent à titre de réflexions purement phénoménologiques et non pas psychologiques descriptives »[1]. La marque de la deuxième édition des *Recherches* est très prégnante ici, dans l'insistance appuyée sur l'exclusion de toute thèse d'existence qui désactive certains présupposés ontologiques et métaphysiques tacites de l'édition de 1901, ainsi que dans la manière de creuser l'écart[2] entre phénoménologie et psychologie descriptive[3], que la version inaugurale des *Recherches* identifiait sans reste[4]. Ce qui intéressait alors Husserl, c'était surtout de distinguer soigneusement une relation que l'on pourrait qualifier de « réale » (selon le sens technique de l'adjectif *reale*), car elle concerne le rapport entre des entités existantes (« les choses physiques et psychiques (les corps et

1. *Log. Unters.*, V. Unters., § 2, Hua XIX/1, p. 360; trad. fr. *RL* II/2, p. 149.

2. Cet écart commence à se creuser, comme l'indique Husserl dans la Préface de la deuxième édition (ainsi que dans l'Esquisse de Préface de 1913), dès 1903, à l'occasion du compte rendu de l'article de T. Elsenhans, « Le rapport de la logique à la psychologie » (1896), compte rendu publié dans l'*Archiv für systematische Philosophie* (Hua XXII, p. 203-208; trad. fr. *AL*, p. 276-282). Pour une discussion détaillée de ce moment charnière, nous renvoyons à J.-F. Lavigne, *Husserl et la naissance de la phénoménologie*, *op. cit.*, p. 147 *sq.*

3. La réécriture de l'Introduction au tome 2 des *Recherches* en 1913 fera état de ce remaniement important : « si le mot de psychologie garde son sens ancien, la phénoménologie n'est justement *pas* psychologie descriptive », pour autant que la « description pure n'est pas une description empirique ». L'édition de 1901 affirmait, au contraire : « La phénoménologie est psychologie descriptive. Par conséquent, la critique de la connaissance est, pour l'essentiel, psychologie, ou du moins ne doit-elle être édifiée que sur le sol de la psychologie ». Et Husserl essayait de contourner à cet endroit l'objection d'une rechute dans le psychologisme dans les termes suivants : « La nécessité d'une *telle fondation* psychologique de la logique pure, à savoir d'une logique strictement descriptive, ne peut nous faire douter de l'indépendance réciproque des deux *sciences*, logique et psychologie » (*Log. Unters.*, II. Band, *Einleitung*, § 6, Hua XIX/1, p. 23-24; trad. fr. *RL* II/1, p. 19-20 et 263-264).

4. Voir aussi la « Présentation des *Recherches logiques* par l'auteur » dans le *Vierteljahrsschrift für wissenschaftliche Philosophie* 24, 1900, p. 512; trad. fr. *AL*, p. 204, où la phénoménologie est identifiée à la psychologie descriptive par opposition avec la psychologie génétique.

les personnes, *Körper und Persone)* »), et une relation « réelle » (*reelle*), qui est interne à la conscience. Nous avons donc affaire, d'une part, à la relation entre l'objet phénoménal et le sujet phénoménal (« moi comme personne empirique, comme chose », précise Husserl pour caractériser ce dernier), qui sont deux types d'apparaissants, et d'autre part, à la relation (interne à la conscience et à ce titre phénoménologique, car c'est à son niveau que se joue l'apparaître) entre un contenu et la trame unitaire des vécus. En même temps, c'est en ce point de l'analyse du vécu qu'émerge pour la première fois la prise en compte de son caractère intentionnel car, outre les deux types de relation qui viennent d'être distingués, une troisième relation entre en jeu, qui sera tout aussi importante d'un point de vue phénoménologique : « *la relation entre le phénomène de la chose en tant que vécu et la chose qui apparaît* [die Beziehung zwischen der Dingerscheinung als Erlebnis und dem erscheinenden Ding] »[1]. Cette relation suppose elle aussi la distinction de ses termes, car le vécu « n'est pas lui-même ce qui est "en lui" intentionnellement présent » : il s'agit ainsi d'affirmer encore une fois, contre le monisme neutre, que l'objet phénoménal, l'objet apparaissant, ne s'identifie pas au « contenu » de conscience. Par conséquent, « les prédicats du phénomène ne sont pas en même temps les prédicats de ce qui apparaît en lui »[2], et il faut reconnaître également la différence fondamentale qui existe entre les composantes « réelles » et les composantes « intentionnelles » du vécu. Avec ces distinctions qui ne cesseront de s'affiner par la suite, la base de l'échafaudage conceptuel de la Cinquième Recherche est posée.

C'est, en particulier, le fait que le vécu pris au sens phénoménologique possède un contenu intentionnel qui distingue celui-ci (selon le § 3) du vécu au sens populaire. Quand, selon l'exemple de Husserl, « quelqu'un dit : "J'ai vécu les guerres de 1866 et 1870" », ce qui est dit ainsi avoir été vécu est entièrement extérieur au vécu lui-même : cette acception du

1. *Log. Unters.*, V. Unters., § 2, Hua XIX/1, p. 360; trad. fr. *RL* II/2, p. 149.

2. *Log. Unters.*, V. Unters., § 2, Hua XIX/1, p. 360; trad. fr. *RL* II/2, p. 150. Anticipant sur son propos ultérieur, Husserl mentionne aussi « *la relation objectivante à l'objet apparaissant* que nous attribuons *à la complexion de sensations vécue* dans le phénomène » – à savoir ce qu'il appellera par la suite, de manière fluctuante, interprétation (*Deutung*), appréhension (*Auffassung*) ou aperception (*Apperzeption*) –, et il fait cette précision fondamentale : « c'est dans ce caractère phénoménologique de l'appréhension [ou, selon l'édition de 1901 : dans cette appréhension interprétative, *deutender Auffassung der Empfindungen*] qui charge de sens des sensations que consiste ce que nous appelons l'apparaître de l'objet [*in diesem phänomenologischen Charakter beseelender Auffassung der Empfindungen bestehe das, was wir Erscheinen des Gegenstandes nennen*] » (*Log. Unters.*, V. Unters., § 2, Hua XIX/1, p. 360-361 ; trad. fr. *RL* II/2, p. 150).

vécu n'illustre aucunement la relation intentionnelle, pour autant que les guerres ne sont pas l'objet intentionnel de l'acte mais des « événements extérieurs » (*äußere Vorgänge*)[1]. Au sens phénoménologique, en revanche, le vécu renvoie essentiellement à son contenu immanent réel, qui appartient à la conscience, comme à son objet intentionnel; et chaque vécu se rattache, non pas à l'individu empirique en tant que sujet d'expérience appartenant au monde, mais à « l'unité de conscience réelle » (*die reelle Bewusstseinseinheit*), dont il est une « partie réelle »[2]. Le concept phénoménologique de vécu se prête donc naturellement, pour ainsi dire, à une description méréologique, en tant qu'il fait partie d'un tout de vécus, d'une totalité qui s'identifie précisément à la trame de la conscience.

À cet égard, l'une des avancées les plus radicales de la Cinquième Recherche de 1901 est de considérer que la compréhension phénoménologique du vécu peut se passer de la référence à un « principe égologique », pour autant que le moi « n'est pas quelque chose de spécifique qui planerait au-dessus des multiples vécus, mais il est simplement identique à l'unité propre de leur connexion [*das Ich nichts Eigenartiges ist, das über den mannigfaltigen Erlebnissen schwebte, sondern dass es einfach mit ihrer eigenen Verknüpfungseinheit identisch ist*] »[3]. Le problème du moi subit ainsi ce qu'on pourrait appeler une dissolution (ou du moins une limitation) méréologique : il renvoie simplement à l'unité d'une multiplicité. Pour cette raison, Husserl souligne dès le titre du § 4 que l'appartenance au moi « n'est pas un mode de relation phénoménologique particulier » (*keine phänomenologisch eigentümliche Beziehungsart*) qui serait propre aux vécus, et ce qu'il appellera, en 1913, « le moi phénoménologiquement réduit »[4] (ou, dans l'édition de 1901,

1. *Log. Unters.*, V. Unters., § 3, Hua XIX/1, p. 360; trad. fr. *RL* II/2, p. 151.

2. *Log. Unters.*, V. Unters., § 3, Hua XIX/1, p. 363; trad. fr. *RL* II/2, p. 152.

3. *Log. Unters.*, V. Unters., § 4, Hua XIX/1, p. 363-364; trad. fr. *RL* II/2, p. 153.

4. Il est bien connu que la méthode de la réduction phénoménologique commence à être théorisée par Husserl seulement quelques années après la première édition des *Recherches logiques* (« quatre ans après la conclusion des *Recherches* », selon le témoignage du § 70 de la *Krisis* (Hua VI, p. 246; trad. fr., p. 274)). Cependant, une démarche que nous pourrions appeler protoréductive s'illustre bel et bien dans la première version du § 4 de la Cinquième Recherche, comme le montre le passage suivant : « Si nous séparons le moi corporel [*Ichleib*] du moi empirique, et qu'ensuite nous limitons le moi purement psychique à son contenu phénoménologique, il se réduit à l'unité de la conscience, donc à la complexion réale [*reale*] des vécus » (*Log. Unters.*, V. Unters., § 4, Hua XIX/1, p. 363; trad. fr. *RL* II/2, p. 153). En même temps, il est difficile de ne pas remarquer que Husserl a omis de remplacer ici *reale* par *reelle*, car avec le contenu phénoménologique de la conscience nous avons bel et bien affaire à la complexion réelle des vécus…

« le moi actuel ou la conscience ») n'a pas de teneur propre ici : il n'est pas autre chose que la « totalité unifiée de[s] contenus » (*einheitliche Inhaltsgesamtheit*) de la conscience. Cette unification n'a pas besoin de se faire *d'en haut*, par le moi, mais se fait toujours déjà *d'en bas* ou de façon interne au vécu, car « dans la nature des contenus et dans les lois qui les régissent sont fondées certaines formes de connexion ». C'est pourquoi, insiste Husserl, il n'est pas « besoin, par surcroît, d'un principe égologique [*Ichprinzip*] propre supportant tous les contenus [de la conscience] et les unifiant tous une deuxième fois » [1].

Dans l'édition de 1913, Husserl désavoue ouvertement [2], en note, son ancienne opposition à la théorie (néokantienne) du moi pur [3], et supprime la fin du § 4, qui s'attelait à distinguer « le moi phénoménologique de l'instant, le moi phénoménologique dans la durée, et le moi en tant qu'objet permanent, en tant que ce qui demeure dans le changement », dont l'unité n'est plus phénoménologique mais « consiste dans une légalité causale » [4]. L'analyse de 1901 laissait toutefois en suspens la question de savoir si le moi empirique possède l'« unité d'une chose au sens métaphysique » et s'il est donc lui-même une chose psychique, pour se contenter de souligner l'unité propre au moi phénoménologique.

La perception interne, le moi empirique et le moi pur

Le deuxième sens de la conscience identifié par Husserl au premier chapitre de la Recherche V est « la conscience "interne" en tant que perception interne » (§ 5), cette dernière étant considérée en tant qu'elle

1. *Log. Unters.*, V. Unters., § 4, Hua XIX/1, p. 364 ; trad. fr. *RL* II/2, p. 153.

2. Le revirement de Husserl en 1913 a été fameusement critiqué par Sartre dans son étude de 1936, *La transcendance de l'ego*, où il défend la position husserlienne de 1901, considérant que la « thèse classique de d'un Je transcendantal » est « incompatible avec la définition que donne Husserl de la conscience ». Sartre va jusqu'à écrire que le Je transcendantal, qui « n'a [...] pas de raison d'être », serait « la mort de la conscience » (Paris, Vrin, 2003, p. 20 et 23). Pour une discussion critique précoce de la proposition de Sartre, et qui revient également sur l'évolution de la position de Husserl, voir A. Gurwitsch, « A Non-egological Conception of Consciousness », *Philosophy and Phenomenological Research* 1, 1940, p. 325-338.

3. Si l'on suit l'interprétation lancée par l'étude classique d'Eduard Marbach, cette opposition provient essentiellement d'une conception empiriste de la conscience : le concept d'*ego* des *Recherches logiques* de 1901 serait ainsi (exclusivement) celui de l'*ego* empirique, dont les vécus pris dans leur complexion réelle, abstraction faite du corps, représentent le contenu phénoménologique (*Das Problem des Ich in der Phänomenologie Husserls*, La Haye, M. Nijhoff, 1974, p. 5 *sq.*, p. 8).

4. *Log. Unters.*, V. Unters., § 4, Hua XIX/1, p. 364 ; trad. fr. *RL* II/2, p. 344-345.

« doit accompagner les vécus présents actuellement[1] ». Pour la définir de manière plus précise, Husserl part du constat que « *toute* perception est caractérisée par son intention d'appréhender son objet comme présent lui-même exactement tel qu'il est en tant qu'existant et que visé [*als selbst gegenwärtigen, genau so, wie er ist, daseienden und gemeinten zu efrassen*] » (la version de 1913 reformule : « comme présent dans son ipséité corporelle [*als in leibhafter Selbstheit gegenwärtigen*] »[2]. La perception peut être dite adéquate quand cette intention est remplie, « quand l'objet est réellement là tel qu'il est "présent corporellement", c'est-à-dire lui-même présent dans l'acte de percevoir et ne faisant qu'un avec lui »[3]. Ainsi, c'est l'essence même de la perception qui explique que seule la perception interne – perception dont l'objet est un vécu lui-même immanent à la conscience, et non un objet extérieur ou transcendant – peut être une perception adéquate ou évidente. Husserl estime néanmoins qu'il serait hâtif d'identifier sans reste, à l'instar de Brentano[4], perception interne et perception adéquate : toute perception interne n'est pas adéquate, mais l'adéquation est un idéal de la perception qui ne se réalise que sur le terrain de la perception interne. Le critère de l'adéquation opère ainsi un partage plus fondamental que celui exprimé par l'opposition entre perception interne et perception externe. Sur ce point, Husserl renvoie à l'important Appendice sur la perception interne et la perception externe – texte qui figure à la fin de la Sixième Recherche (et clôt, de fait, l'ensemble des *Recherches*) mais qui, par les questions qu'il aborde, se rattache directement à la Cinquième Recherche ; c'est pourquoi il convient d'en dire un mot ici.

1. L'adverbe est une adjonction de l'édition de 1913.

2. *Log. Unters.*, V. Unters., § 5, Hua XIX/1, p. 365 ; trad. fr. *RL* II/2, p. 154.

3. *Log. Unters.*, V. Unters., § 5, Hua XIX/1, p. 365 ; trad. fr. *RL* II/2, p. 345. En 1913, Husserl reformule : « quand en elle l'objet lui-même est effectivement, et au sens le plus strict de ce mot, présent "en chair et en os", est appréhendé totalement tel qu'il est [*wenn der Gegenstand in ihr selbst wirklich und in strengstem Sinne "leibhaftig" gegenwärtig, als das, was er ist, restlos erfasst*], quand par conséquent il est lui-même réellement inclus dans l'acte de percevoir [*im Wahrnehmen selbst reell beschlossen ist*] » (*Log. Unters.*, V. Unters., § 5, Hua XIX/1, p. 365 ; trad. fr. *RL* II/2, p. 154). Dans le même sens, voir, au sein de la Sixième Recherche, le § 14b), qui insiste sur le fait que le « seul sens intelligible » qui peut revenir à « l'objet tel qu'il est en soi » est relatif au « remplissement de l'intention perceptive » (*Log. Unters.*, VI. Unters., § 14b), Hua XIX/2, p. 589 ; trad. fr. *RL* III, p. 75). Cela confirme encore une fois que, selon l'expression de J. Benoist, « l'objet "lui-même" ne se tient aucunement dans un "ailleurs" métaphysique, mais dans l'idéal d'une adéquation complète » (*Phénoménologie, sémantique, ontologie*, *op. cit.*, p. 297).

4. *Cf.* F. Brentano, *Psychologie du point de vue empirique*, *op. cit.*, livre III, chap. I, § 3.

PERCEPTION INTERNE ET PERCEPTION EXTERNE

Que l'Appendice placé à la fin de la Sixième Recherche ait un apport fondamental pour le débat lancé au chapitre II de la Cinquième Recherche, cela est manifeste dès son intitulé : « Perception externe et perception interne. Phénomènes physiques et phénomènes psychiques ». La distinction entre les deux types de perception, rappelle Husserl, est traditionnellement « *déterminée par la distinction entre les objets de la perception* », donc « sur la base d'une différence présupposée entre les choses corporelles et les choses spirituelles » [1]. Mais si tel est le cas, cette distinction présuppose celle entre phénomènes physiques et phénomènes psychiques plus qu'elle ne la fonde. Et elle a ainsi également l'inconvénient de ne pas s'appuyer sur des caractères internes à la perception, alors que « le *critère de l'évidence* nous fournit déjà un critère *descriptif* qui distingue ces perceptions les unes des autres indépendamment de toute présupposition à l'égard des réalités métaphysiques » [2]. Semblablement, on peut aussi tâcher de reconsidérer les deux types de phénomènes « d'un point de vue *purement descriptif*, abstraction faite de toute transcendance », en faisant valoir ainsi le fait que « les *phénomènes*, dans leur diversité descriptive », sont « les vrais points de départ comme les objets à expliquer » [3] :

> Les phénomènes [*Phänomene*] physiques ne sont plus, dès lors, définis comme étant les phénomènes [*Erscheinungen*] provenant de l'action exercée par les corps [*Körper*] sur notre âme par l'entremise des organes des sens; ni les phénomènes psychiques comme étant les phénomènes [*Phänomene*] découverts dans la perception des activités de notre âme [*die Erscheinungen, welche wir in der Wahrnehmung der Betätigungen unserer Seele vorfinden*]. D'un côté comme de l'autre, c'est maintenant le seul caractère descriptif des phénomènes tels qu'ils sont vécus qui est déterminant. [4]

1. *Log. Unters.*, VI. Unters., Beilage, § 1 et 2, Hua XIX/2, p. 752 et 754; trad. fr. *RL* III, p. 270 et 272.

2. *Log. Unters.*, VI. Unters., Beilage, § 2, Hua XIX/2, p. 755; trad. fr. *RL* III, p. 273.

3. *Log. Unters.*, VI. Unters., Beilage, § 2, Hua XIX/2, p. 755 et 757; trad. fr. *RL* III, p. 273 et 275. Une telle affirmation préfigure le vœu, formulé dans l'Esquisse de Préface de 1913, que « la philosophie signifie non pas une mystique spéculative étrangère aux choses (*sachfremd*), mais rien d'autre que la radicalisation ultime de la science *rigoureuse* » (« Entwurf einer Vorrede », § 5, p. 123; trad. fr. dans *AL*, p. 372). Husserl y insiste également sur le fait que sa phénoménologie a résulté « de la contrainte même des choses » (« Entwurf einer Vorrede », § 12, p. 337; trad. fr. dans *AL*, p. 404).

4. *Log. Unters.*, VI. Unters., Beilage, § 2, Hua XIX/2, p. 756-757; trad. fr. *RL* III, p. 275.

Husserl crédite Brentano d'avoir inauguré, dans sa *Psychologie du point de vue empirique*, une telle approche descriptive, libre de présuppositions métaphysiques [1] et attentive à la spécificité du vécu, des deux types de phénomène et de perception. Mais il relève en même temps « l'imperfection des analyses phénoménologiques » de son maître, en estimant que les concepts brentaniens « sont demeurés équivoques » [2]. C'est donc à nouveau à la dissolution d'équivoques importantes par un nouvel effort de clarification conceptuelle qu'il convient de se consacrer.

Tout d'abord, Husserl conteste le « parallélisme rigoureux » [3] établi par Brentano entre perception externe et perception interne d'une part, phénomènes physiques et phénomènes psychiques de l'autre [4], ainsi que le fait de considérer que la perception interne comme une perception toujours évidente. Le partage des deux ordres est moins net aux yeux de Husserl, car « la plupart des perceptions d'états psychiques ne peuvent être évidentes étant donné qu'ils sont perçus comme localisés dans le corps ». Ainsi, souligne Husserl, « je perçois que *la peur me serre la gorge*, que *la douleur fore ma dent*, que *le chagrin me ronge le cœur* dans le même sens que je perçois que *le vent secoue les arbres*, que *cette boîte est carrée et peinte en brun*, etc. ». La suite de ce passage insistait en 1901 qu'« un phénomène psychique peut être l'objet d'une fausse perception » et n'a donc pas d'évidence intrinsèque. En 1913, Husserl réécrit entièrement la fin de l'alinéa, en soulignant plutôt que « même des phénomènes psychiques peuvent être perçus comme des transcendances [*transzendent wahrgenommen sein können*] » et que « tous les phénomènes psychiques appréhendés dans l'attitude naturelle et du point de vue de la science empirique sont objet d'une perception transcendante. Pour qu'un vécu soit donné dans sa pureté, l'attitude purement phénoménologique est exigée, qui inhibe [*inhibiert*] toute position transcendante » [5].

Les deux types de perception, externe comme interne, témoignent donc d'une intrication entre percevoir et interpréter (*deuten*) ce qui est perçu (« percevoir comme », pourrions-nous dire), ou entre perception et *aperception* (selon le vocabulaire auquel Husserl donnera sa

1. Voir à ce propos, au début de la *Psychologie du point de vue empirique*, la manière dont Brentano justifie la définition de la psychologie comme science des phénomènes psychiques au détriment de sa définition classique comme science de l'âme (livre I, chap. I, § 1-2).

2. *Log. Unters.*, VI. Unters., Beilage, § 3, Hua XIX/2, p. 760; trad. fr. *RL* III, p. 279.

3. *Log. Unters.*, VI. Unters., Beilage, § 4, Hua XIX/2, p. 760; trad. fr. *RL* III, p. 279.

4. Voir par exemple F. Brentano, *Psychologie du point de vue empirique*, *op. cit.*, livre II, chap. I, § 6.

5. *Log. Unters.*, VI. Unters., Beilage, § 4, Hua XIX/2, p. 761; trad. fr. *RL* III, p. 280, 297.

préférence en 1913). Cette dimension « sémantique » [1] ou herméneutique de l'intentionnalité perceptive est cruciale, pour autant que c'est l'interprétation (*Deutung*) [2] ou l'aperception « *qui constitue ce que nous appelons le phénomène* » (Erscheinen) :

> La *maison* m'apparaît – qu'est-ce à dire d'autre, sinon : j'aperçois [« j'interprète (*interpretiere*) », écrivait Husserl en 1901] sur un certain mode les contenus sensoriels vécus effectivement. J'entends un *orgue de Barbarie* – j'interprète (*deute*) les sons ressentis précisément *comme les sons d'un orgue de Barbarie*. De même, je perçois par aperception [« par interprétation », selon la formulation de 1901] mes phénomènes psychiques, le bonheur qui « me » fait frissonner, la peine dans mon cœur, etc. Ils s'appellent « phénomènes » [*Erscheinungen*], ou mieux contenus phénoménaux, précisément en tant que contenus de l'aperception [« de l'interprétation perceptive (*perzeptive Interpretation*) », écrivait Husserl en 1901] [3].

1. J.-F. Courtine, « Intention et signification excédentaire », dans *La cause de la phénoménologie*, *op. cit.*, p. 75-93, p. 89.

2. La présence et l'importance de ce terme dans la première édition des *Recherches*, et le fait qu'il n'ait pas été entièrement gommé par la suite, ont pu fournir l'un des arguments pour soutenir que Husserl y développe un « modèle linguistique » de l'intentionnalité. Voir à ce propos J. Benoist, *Intentionnalité et langage dans les* Recherches logiques *de Husserl*, Paris, Puf, 2001, p. 115. Dans le même esprit, J.-F. Courtine parlait déjà, dans son article de 1995, d'une « théorie [...] phénoménologico-sémantique de l'intentionnalité », en insistant sur le fait que *Deuten* et *Auffassen* en sont « les termes clefs, tout à fait étrangers à Brentano et à Twardowski » (« Histoire et destin phénoménologique de l'*intentio* », repris dans *La cause de la phénoménologie*, *op. cit.*, p. 34). Pour une prise de position nuancée dans ce débat, voir la mise au point de V. Palette, qui souligne qu'« au-delà de la nature de l'acte d'appréhension des sensations, c'est finalement la nature (conceptuelle ou non conceptuelle) de la perception elle-même qui fait problème », et que le texte des *Recherches* alimente (ici comme souvent) les deux lectures. V. Palette entend trancher ce différend en soulignant que « donner un sens objectif à la sensation, ce n'est pas lui donner une signification, à savoir un sens idéal (pour ainsi dire noématique avant l'heure), mais lui donner une direction vers l'objet. Autrement dit, appréhender une sensation, c'est tout simplement faire en sorte que la sensation en question renvoie à l'objet, qu'elle l'esquisse, le présente et symbolise ses facettes non-données » (*Le donné en question*, *op. cit.*, p. 88 *sq.* et 98). Voir, dans le même sens, les réserves de J. Farges qui, après s'être demandé : « Ce concept d'interprétation (*Deutung*) autorise-t-il à considérer qu'on a affaire ici à une conception herméneutique de l'intentionnalité, c'est-à-dire du rapport à l'objet, quelles que soient ses modalités ? », relève « un usage analogique du concept de sens conformément auquel la dimension sémantique semble s'autonomiser par rapport à la dimension linguistique » (« Husserl : la phénoménologie comme philosophie du sens », *Philosophie* 155, 4, 2022, p. 18-37).

3. *Log. Unters.*, VI. Unters., Beilage, § 4, Hua XIX/2, p. 762 ; trad. fr. *RL* III, p. 281.

La dernière phrase de cet extrait trahit cependant une certaine hésitation terminologique quant au sens du terme phénomène : sont-ce les contenus des vécus (perceptifs ou affectifs) évoqués qui fournissent sa signification la plus prégnante ? Husserl ressent aussitôt le besoin d'une clarification conceptuelle, en soulignant que « le terme de *phénomène* est [...] chargé d'équivoques qui [...] s'avèrent extrêmement préjudiciables », et il propose de distinguer les acceptions suivantes : (1) le « vécu concret de l'intuition » (donc l'acte perceptif) ; (2) « l'objet intuitionné (phénoménal), en tant qu'il est celui qui apparaît *hic et nunc* » [1]. Reconnaître que l'objet phénoménal fournit l'une des acceptions légitimes du concept de phénomène, c'est infléchir de manière notable la position inaugurale de la Cinquième Recherche, qui, comme nous l'avons vu, privilégie au chapitre I le versant subjectif du phénomène, à savoir le vécu. On peut considérer que c'est la mise en avant plus nette de l'intentionnalité du vécu qui invite à opérer un tel remaniement, mais Husserl ne s'appuie pas, dans ce nouveau contexte, sur l'intentionnalité pour soutenir que le phénomène serait à la fois le vécu intentionnel et l'objet intentionnel. Il préfère souligner en revanche que c'est à tort que l'on distingue une troisième acception du phénomène, consistant dans les « composantes réelles » du vécu concret. Ainsi, c'est encore l'amalgame moniste entre les qualités phénoménales de choses et les sensations en tant que contenus de conscience qui se trouve repoussé, d'une façon qui reste cependant tâtonnante : « les qualités phénoménales des choses ne sont pas elles-mêmes des sensations, mais apparaissent seulement comme étant de même espèce [Husserl rectifie en 1913 : « analogues »] aux sensations » [2]. Cet énigmatique rapport d'analogie [3] entre les

1. *Log. Unters.*, VI. Unters., Beilage, § 5, Hua XIX/2, p. 763 ; trad. fr. *RL* III, p. 281, 282.

2. *Log. Unters.*, VI. Unters., Beilage, § 5, Hua XIX/2, p. 764 ; trad. fr. *RL* III, p. 282.

3. Voir à ce propos les interrogations de Levinas dans « Intentionnalité et sensation » (1965) (*En découvrant l'existence avec Husserl et Heidegger*, Paris, Vrin, 1982, p. 145-162, p. 149-150). Une tentative développée et convaincante de réponse à cette difficulté a été proposée par V. Palette, qui souligne que « l'appréhension doit s'inscrire dans le cadre formé par le complexe phénoménal donné », et que ce dernier « est à concevoir comme [...] intrinsèquement structuré ». Autrement dit, « les sensations doivent être conçues comme figurales pour pouvoir assumer la double fonction de contenu figuratif (ou d'esquisse) et de signe, fonction que leur confère la théorie phénoménologique de la perception ». Ainsi, « si on peut hésiter entre une poupée et une femme, on ne saurait par exemple apercevoir un chat ou un poisson ». Au bout du compte, c'est une « conception gestaltiste de la sensation, opératoire dans les *Recherches logiques* », qui permet à Husserl de « penser l'acte d'appréhension comme une interprétation sans signification, une *Deutung* sans *Bedeutung* » (*Le donné en question*, *op. cit.*, p. 95, 96 et 98). Comme le notait aussi Levinas, « l'aperception, l'interprétation ou l'appréhension avec lesquelles Husserl

sensations et les qualités sensibles des choses, ou entre l'apparaître et l'apparaissant, sur lequel Husserl insiste dans la suite du texte, est censé être éclairé précisément par la fonction, déjà évoquée, de l'aperception : selon la formulation de 1913 [1], « seule une aperception objective de cette complexion constitue intentionnellement le sens de perception, donc la chose phénoménale » [2]. Il est clair, en tout cas, qu'en 1913, comme le montre un passage entièrement réécrit dans la deuxième édition, Husserl a plutôt tendance à identifier « le concept originaire de phénomène » à la deuxième acception, à savoir au « concept de ce qui apparaît », tout en définissant la phénoménologie comme « la théorie [*Lehre*] des vécus en général » [3], ce qui est davantage en accord avec la manière qu'avait la première édition des *Recherches* de considérer « comme phénomènes finalement tout le psychique en général, tous *les vécus* dans l'unité des vécus du moi [*alles Psychische überhaupt, alle Erlebnisse in der Erlebniseinheit des Ich als Phänomene*] » [4].

Après ces mises au point conceptuelles, la suite de l'Appendice s'engage dans une discussion critique extrêmement serrée avec Brentano [5]. Il s'agit tout d'abord de rappeler que le critère de l'évidence ne peut pas être au cœur du partage entre perceptions internes et perceptions externes, car dans les deux cas il peut y avoir des perceptions évidentes ou dépourvues d'évidence. Dès lors, il est inexact de soutenir, à l'instar de Brentano, que la perception interne est « proprement la seule perception au sens propre du mot » [6]. Toute perception peut être adéquate (par le remplissement de l'intention qui la caractérise) ou inadéquate (« dont l'intention ne

semble identifier l'œuvre de l'intentionnalité ne sont pas des jugements. Le jugement est une espèce d'intentionnalité et non pas l'intentionnalité une forme du jugement » (« La ruine de la représentation » (1959), *En découvrant l'existence avec Husserl et Heidegger*, *op. cit.*, p. 151).

1. En 1901, Husserl s'exprime de manière assez proche, en soutenant que l'aperception objectivante (*vergegenständliche*) de la complexion de sensations constitue « l'essence du phénomène perceptif » (*Log. Unters.*, VI. Unters., Beilage, § 5, Hua XIX/2, p. 765 ; trad. fr. *RL* III, p. 298).

2. *Log. Unters.*, VI. Unters., Beilage, § 5, Hua XIX/2, p. 765 ; trad. fr. *RL* III, p. 283.

3. *Log. Unters.*, VI. Unters., Beilage, § 5, Hua XIX/2, p. 765 ; trad. fr. *RL* III, p. 283. La suite du passage insiste longuement sur l'orientation eidétique de la phénoménologie.

4. *Log. Unters.*, VI. Unters., Beilage, § 5, Hua XIX/2, p. 766 ; trad. fr. *RL* III, p. 299.

5. Cette discussion permet de mesurer au mieux la dette et la distance de Husserl à l'égard de Brentano. Comme il l'exprimera de manière rétrospective dans son cours de 1925, *Psychologie phénoménologique* : « Les *Recherches logiques* découlent complètement des suggestions de Brentano, ce qui va de soi puisque j'étais un disciple immédiat de Brentano. Et pourtant, un tournant s'accomplit dans ces recherches qui, grâce à une méthode essentiellement nouvelle, transformèrent l'idée de la psychologie descriptive de façon essentielle » (*Phänom. Psychol.*, § 3, Hua IX, p. 33-34 ; trad. fr., p. 37).

6. *Log. Unters.*, VI. Unters., Beilage, § 6, Hua XIX/2, p. 769 ; trad. fr. *RL* III, p. 287.

trouve dans le contenu présent qu'un remplissement partiel, analogique, imparfait », écrit Husserl en 1901 [1]). Et ce partage se fait selon un critère interne à la perception, et non selon le statut de son objet : dans le cas de la perception adéquate, le contenu de la perception et l'objet de la perception se recoupent (par exemple, lorsque je perçois mon malaise au moment du décollage de mon avion), alors que dans le cas de la perception inadéquate, « le contenu et l'objet se séparent » (par exemple, lorsque le contenu de ma perception est fourni par des sensations sonores et son objet est le son d'un piano dans le hall de l'aéroport). Encore une fois, Husserl caractérise la relation qui existe entre le contenu et l'objet de la perception à même leur différence comme un rapport d'analogie : « par exemple, la couleur d'un corps est analogue à la couleur sentie » [2].

Sans nous dire plus sur ce qui fonde ce rapport d'analogie, Husserl estime que « c'est dans *cette* division [entre perception adéquate et perception inadéquate, selon la relation entre l'objet et le contenu de la perception] que réside, *du point de vue de la théorie de la connaissance*, l'essence de la différence que l'on a cherchée entre la perception interne et la perception externe » [3]. L'identité entre le contenu et l'objet de la perception dans le cas de la perception adéquate implique que « l'intention selon tous ses moments est remplie », et donc que l'objet est intégralement donné. Or cela n'arrive que dans la perception interne : Husserl donne ainsi raison expressément au doute cartésien, qui récuse « la vérité de la perception inadéquate qui ne donne qu'une esquisse » (par exemple, la perception du livre posé sur ma table de travail), et réserve l'évidence à la perception de nos propres vécus. Cependant, toute perception interne n'est pas évidente : comme Husserl l'a déjà souligné, la localisation corporelle de certaines perceptions trouble l'adéquation potentielle entre l'objet et le contenu de la perception : « Ainsi, dans la perception d'un mal de dents, un vécu réel est perçu, et pourtant cette perception est souvent trompeuse : la douleur apparaît comme lancinante dans la dent saine. La raison de l'illusion est claire. L'objet perçu n'est pas la douleur telle qu'elle est vécue, mais la douleur telle qu'elle est interprétée d'une manière transcendante, c'est-à-dire en l'occurrence

1. La réécriture de 1913 paraît ici moins claire : « dont l'intention ne trouve pas son remplissement dans le contenu présent mais constitue bien plutôt à travers lui, en tant qu'elle ne cesse d'être unilatérale et présomptive (*präsumptive*), un être transcendant donné "en personne" » (*Log. Unters.*, VI. Unters., Beilage, § 6, Hua XIX/2, p. 769 ; trad. fr. *RL* III, p. 287).

2. *Log. Unters.*, VI. Unters., Beilage, § 6, Hua XIX/2, p. 769 ; trad. fr. *RL* III, p. 288.

3. *Log. Unters.*, VI. Unters., Beilage, § 6, Hua XIX/2, p. 770 ; trad. fr. *RL* III, p. 288.

telle qu'elle est attribuée à la dent »[1]. En revanche, dans le cas d'une perception interne sans localisation corporelle, les vécus ne sont pas transcendés par une interprétation ou « dans l'aperception » : nous les « acceptons simplement », nous les « accueillons dans leur pureté », écrit Husserl respectivement en 1901 et en 1913.

La mise en avant du critère de l'adéquation préside ainsi au remaniement du partage brentanien entre phénomènes psychiques et phénomènes physiques et, partant, entre perceptions internes et perceptions externes. Plus encore, Husserl récuse l'identification sans reste entre la conscience et l'intentionnalité en rapatriant les sensations ou les contenus sensoriels dans la sphère des vécus. Il s'agit toutefois de vécus susceptibles de faire l'objet d'une perception transcendante, inadéquate, pour autant que le contenu sensoriel y est, encore une fois, transcendé dans l'interprétation ou dans l'aperception[2], ou appréhendé comme quelque chose de particulier[3] : la sensation de douleur est appréhendée, interprétée ou aperçue comme un mal de dents; la sensation de couleur est appréhendée, interprétée ou aperçue comme le rouge de la pomme, ou encore comme la rougeur présente sur un corps qui est le visage d'un autre être humain[4]. Ainsi, « des aperceptions transcendantes », selon l'expression qu'utilise Husserl en 1913, se produisent également sur le terrain de la perception interne et expliquent la possibilité de son inadéquation : car c'est pour cette raison que « parmi les perceptions internes tout comme parmi les perceptions externes il y en a où l'objet perçu, au sens qui lui a été assigné par la perception, n'existe pas »[5].

1. *Log. Unters.*, VI. Unters., Beilage, § 6, Hua XIX/2, p. 770-771; trad. fr. *RL* III, p. 288-289.

2. Husserl évite ainsi, à la différence de Stumpf, de réduire l'immanence réelle de la conscience aux contenus sensoriels, et rejette aussi ce faisant « l'amalgame positiviste entre le fait de sentir (*empfinden*) et l'acte de percevoir (*wahrnehmen*) » (V. Palette, *Le donné en question, op. cit.*, p. 82). Il apparaît ainsi, selon l'heureuse formulation de V. Palette, que « l'intentionnalité a [...] au moins autant besoin de la sensation que la sensation de l'intentionnalité » (*Le donné en question, op. cit.*, p. 97).

3. Cela veut dire aussi, plus généralement, que la sensation « est incapable, à elle seule, de se rapporter à l'objet perçu » : « Afin de fonctionner comme "contenu présentatif" (*präsentierender Inhalt*) [...], la sensation doit être appréhendée » (V. Palette, *Le donné en question, op. cit.*, p. 85).

4. Husserl mentionne expressément dans ce contexte, dans la version de 1913 de l'Appendice, ce « qu'il arrive lorsque nous appréhendons comme "homme" une corporéité propre ou étrangère » (*Log. Unters.*, VI. Unters., Beilage, § 7, Hua XIX/2, p. 772; trad. fr. *RL* III, p. 290).

5. *Log. Unters.*, VI. Unters., Beilage, § 7, Hua XIX/2, p. 772-773; trad. fr. *RL* III, p. 290. La formulation de 1901 était ici plus radicale, mais aussi plus équivoque : « *On peut ainsi percevoir parmi ses propres vécus des vécus qui n'existent pas du tout* » (*Log. Unters.*, VI. Unters., Beilage, § 7, Hua XIX/2, p. 773; trad. fr. *RL* III, p. 300).

Après ces mises au point, Husserl revient, dans un ultime effort de clarification, sur les équivoques du phénomène qui font que ce même terme peut désigner tantôt les vécus comme lieux de l'apparaître, tantôt les objets qui apparaissent. Des deux côtés, une distinction supplémentaire doit être faite, car d'une part, les vécus embrassent à la fois les actes et les non-actes (les contenus sensoriels qui sont les « supports de l'appréhension » ou de l'aperception), et d'autre part, les objets phénoménaux comprennent les objets psychiques comme les objets physiques. Husserl estime que « chez Brentano, ces deux classifications interfèrent en fait », pour autant qu'« il confond sous le titre de phénomène physique les contenus sentis et les objets extérieurs phénoménaux ou leurs propriétés phénoménales » [1]. Encore une fois, le tort majeur de Brentano est d'amalgamer ce qui relève de l'apparaître et ce qui relève de l'apparaissant du fait d'avoir exclu les sensations de la sphère du vécu [2] : les rangeant parmi les phénomènes physiques, il s'est trompé sur leur manière d'être, qu'il a rabattue sur celle des choses phénoménales [3]. Or, objecte Husserl en s'appuyant sur un exemple précis,

> Les contenus sentis (vécus) de couleur, de formes, etc., que nous avons quand nous intuitionnons le tableau de Böcklin intitulé « *Champs Elyséens* », et qui, animés par le caractère d'acte de la représentation imaginative [*durch den Aktcharakter der Verbildlichung beseelt*] se transforment en conscience de l'objet-image, sont des composantes réelles de cette conscience. Et, par suite, ils n'existent pas seulement à titre simplement phénoménal et intentionnel [...], mais effectivement [*wirklich*] [4].

La relation intentionnelle ne serait pas possible si les contenus sensoriels n'appartenaient pas déjà à la conscience : ils sont les supports de l'appréhension et rendent possible, avec celle-ci, la conscience de l'objet. Les sensations relèvent ainsi pleinement du domaine du vécu.

1. *Log. Unters.*, VI. Unters., Beilage, § 6, Hua XIX/2, p. 774 ; trad. fr. *RL* III, p. 291-292.

2. Voir à ce propos la manière dont Brentano délimite les phénomènes psychiques et les phénomènes physiques au chap. I (§ 2-3) du livre II de la *Psychologie du point de vue empirique*.

3. Dans l'Esquisse de Préface de 1913, Husserl reproche à Brentano de n'avoir « jamais dépassé le préjugé naturaliste » et estime que, pour cette raison, il « fut bien loin d'avoir l'idée d'une phénoménologie pure » (« Entwurf einer Vorrede », § 12, p. 339 ; trad. fr. dans *AL*, p. 407). Ce même reproche se retrouve en 1925 dans le cours *Psychologie phénoménologique* (*Phänom. Psychol.*, Hua IX, p. 37 ; trad. fr., p. 39).

4. *Log. Unters.*, VI. Unters., Beilage, § 8, Hua XIX/2, p. 775 ; trad. fr. *RL* III, p. 292-293, trad. modifiée). Husserl poursuit, et c'est sur cette phrase que se clôt l'ensemble des *Recherches* : « On ne devra naturellement pas oublier que *effectivement* (wirklich) n'a pas le même sens que *existant hors de la conscience* mais équivaut à *n'ayant pas seulement une existence présomptive* ».

MOI PUR, MOI EMPIRIQUE

Nous pouvons revenir à présent à la discussion de la conscience entendue au sens de la perception interne que propose le premier chapitre de la Cinquième Recherche. Husserl y reproche à Brentano de rabattre le premier sens de la conscience (le faisceau ou le flux des vécus) sur le second, autrement dit, d'identifier le vécu à ce qui est perçu intérieurement (et même toujours adéquatement, selon Brentano[1]) : il s'agit là d'une « équivoque qui pousse à concevoir la conscience comme une sorte de savoir ». Cette équivoque, qui entraîne par ailleurs inéluctablement une régression à l'infini, est à dissiper en faisant valoir tout d'abord le fait que « la nécessité d'admettre l'action continue de la perception interne ne peut être démontrée empiriquement » (ou : « phénoménologiquement », rectifiera Husserl en 1913)[2]. Ainsi, la supposition brentanienne d'une « intention secondaire »[3] qui se dirigerait à chaque fois sur le vécu lui-même, en redoublant l'orientation primaire vers l'objet, apparaît comme infondée. Néanmoins, au § 6, Husserl n'hésite pas à affirmer l'« origine du premier concept de conscience dans le second », ou son primat méthodologique, pour autant que seule la perception interne garantit l'accès au vécu et, en tant que perception potentiellement adéquate, est une ressource inestimable de certitude absolue. Car « ce qui est perçu adéquatement […] constitue dès lors pour la théorie de la connaissance le domaine premier et absolument certain de ce qui appartient au moi à l'instant correspondant (*was im betreffenden Augenblick zum Ich gehört*) »[4]. Autrement dit, c'est le champ même de l'évidence phénoménologique correspondant aux vécus du

1. Voir *Psychologie du point de vue empirique*, livre II, chap. III, § 2 : tout « acte psychique est donné comme objet d'une connaissance interne concomitante », et « c'est à cette seule circonstance que la perception interne doit l'infaillibilité et l'évidence immédiate qui lui sont propres » (*Psychologie vom empirischen Standpunkt*, *op. cit.*, p. 196 ; trad. fr., p. 152).

2. *Log. Unters.*, V. Unters., § 5, Hua XIX/1, p. 367 ; trad. fr. *RL* II/2, p. 155.

3. Comme le redit encore Brentano, « tout acte psychique inclut la conscience évidente de soi-même », qualifiée de « conscience seconde » (*Psychologie du point de vue empirique*, *op. cit.*, livre III, chap. I, § 3).

4. *Log. Unters.*, V. Unters., § 6, Hua XIX/1, p. 368. La note de la traduction française, p. 346, rend de manière inexacte le texte de la première édition. Husserl reformule en 1913 : « Ce qui est perçu adéquatement […] constitue dès lors pour la théorie de la connaissance le domaine premier et absolument certain de ce que nous donne, au moment où elle a lieu, la réduction du moi phénoménal empirique à son contenu saisissable d'une manière purement phénoménologique » (*Log. Unters.*, V. Unters., § 6, Hua XIX/1, p. 68 ; trad. fr. *RL* II/2, p. 157). Nous avons ici l'un des passages qui témoignent de l'introduction ultérieure du vocabulaire de la réduction dans l'édition de 1913.

moi (et d'un moi temporel) qu'il s'agit ici de circonscrire, et ce dès 1901, dans un vocabulaire qui n'est pas encore celui de la rétention (adopté dans l'édition de 1913), mais qui met déjà l'accent sur la « conscience subjective du temps » et insiste sur l'évidence propre au souvenir.

Cependant, un gouffre paraît séparer ici les deux éditions des *Recherches*, comme le suggère déjà la mise en garde de Husserl dans une note de 1913, où il estime que « la première édition ne tient pas compte de ce fait que le moi empirique est une transcendance au même titre que la chose physique » et, surtout, méconnaît la nécessité d'admettre « un moi pur comme résidu (*Residuum*) » [1]. En 1901, comme le montre la première version de la fin du § 6 (entièrement réécrite en 1913), la prise en compte de la conscience du temps permettait de passer du vécu singulier et ponctuel perçu dans la perception interne au « moi permanent », et invitait donc à se placer sur le terrain de la psychologie pour réfléchir, dans le sillage de Brentano, à la « délimitation réciproque de la psychologie et de la science de la nature physique » [2]. C'était précisément l'objet du § 7, qu'en 1913, Husserl a choisi de retrancher purement et simplement (sans pour autant modifier la numérotation des paragraphes ultérieurs, ce qui produit une curieuse lacune). On y voit en effet que le partage épistémologique en question repose essentiellement, pour le Husserl de 1901, sur la distinction entre les « moi » empiriques et les choses physiques qui, bien qu'elles nous soient données « en tant qu'unités intentionnelles », ne se réduisent pas (« pas plus que [...] les autres "moi" », précise le texte) à « de simples représentations » : « elles se trouvent devant nous, elles sont objets » (*sie stehen vor uns, sie sind Gegenstände*) et appartiennent au « monde physique » [3]. Nous avons ici l'un des plaidoyers les plus poussés de la première édition des *Recherches* en faveur d'un certain type de réalisme [4] – ou, en tout cas, contre un certain idéalisme que Husserl

1. *Log. Unters.*, V. Unters., § 6, Hua XIX/1, p. 368 ; trad. fr. *RL* II/2, p.157.

2. *Log. Unters.*, V. Unters., § 7, Hua XIX/1, p. 370 ; trad. fr. *RL* II/2, p. 346.

3. *Log. Unters.*, V. Unters., § 7, Hua XIX/1, p. 370 ; trad. fr. *RL* II/2, p. 347.

4. L'interprétation réaliste des *Recherches* a surgi très tôt dans l'exégèse. La première monographie de langue française consacrée à la phénoménologie, à savoir la thèse de J. Héring, *Phénoménologie et philosophie religieuse*, attribue aux *Recherches logiques* un « réalisme purement descriptif », non métaphysique (J. Héring, *Phénoménologie et philosophie religieuse*, Strasbourg, Imprimerie alsacienne, 1925, p. 63). Mais c'est surtout l'autorité de Levinas qui a consacré cette lecture : « L'attitude des "*Log. Unt.*" est réaliste. Bien que toute conscience s'y trouve comprise comme conscience de quelque chose – ce "quelque chose" est concevable en dehors de la conscience. Dès lors, l'analyse immanente de la conscience ne rencontre que des données hylétiques (sensations – *Empfindungen* – dans la terminologie des "*Log. Unt.*"), et les actes, les intentions, tandis que les corrélatifs de ces actes n'appartiennent pas à la conscience, mais au monde des objets »

désigne comme « la théorie de Berkeley-Hume » et qu'il décrit comme un « phénoménalisme ». Le défaut massif de ce dernier, dans sa tendance de « rédui[re] les corps phénoménaux à des idées », est de cultiver l'équivoque déjà repérée qui conduit à l'amalgame moniste du vécu et de l'objet, par le fait d'« identifie[r] la complexion vécue des sensations et la complexion des caractères objectifs » [1]. Or, insiste Husserl, le corps ou la réalité physique ne se laisse pas résorber dans la perception interne, car ses propriétés, comme la spatialité tridimensionnelle, sont radicalement hétérogènes par rapport au vécu. Autrement dit, si la connaissance du physique et la connaissance du psychique ne se recoupent pas, c'est du fait qu'avec leurs objets, « il s'agit effectivement de réalités séparées, tout au moins relativement indépendantes les unes des autres (*getrennte, oder wenigstens relativ gegeneinander selbstständige Realitäten*) », à savoir les vécus « et les non-vécus représentés dans les vécus ». C'est dans ces termes minimaux que la version des *Recherches* de 1901 se propose d'asseoir « sur des bases purement phénoménologiques » la « séparation des deux sciences », en s'appuyant uniquement sur la « différence phénoménologique fondamentale [...] entre le contenu descriptif et l'objet intentionnel [...] d'une part et, d'autre part, les "actes" en général », différence que Husserl situe au « *fondement de la théorie de la connaissance* » [2]. Et c'est sur la base de ce critère qui demande de faire « abstraction de toute présomption métaphysique » que « l'exigence d'une psychologie sans âme » (la psychologie purement descriptive, absoute de ses dettes métaphysiques, que revendiquait déjà Brentano [3]) se

(Levinas, *Théorie de l'intuition dans la phénoménologie de Husserl*, *op. cit.*, p. 87). Plus proches de nous, les travaux de R. Cobb-Stevens ont défendu, à l'instar de J. N. Findlay (« Phenomenology, Realism and Logic », *Journal of the British Society for Phenomenology* 3, 1972, p. 235-243), le réalisme des *Recherches* (voir par exemple « "Aristotelian" Themes in Husserl's *Logical Investigations* », in *One Hundred Years of Phenomenology. Husserl's* Logical Investigations *Revisited*, *op. cit.*, p. 79-92). Indéniablement, le texte des *Recherches* oscille entre une position de neutralité métaphysique (revendiquée expressément dans l'Introduction du tome 2) qui entend désactiver l'alternative de l'idéalisme et du réalisme, et des avancées ponctuelles qui semblent alimenter chacune de ces deux positions. Pour J.-F. Lavigne, la position des *Recherches* se laisse décrire par une formule oxymorique comme un « réalisme idéaliste » : un réalisme qui n'a pas de portée métaphysique, parce qu'il est adossé, par la thèse de la « dépendance fonctionnelle » de l'objet à l'égard de l'acte, à un « psychologisme ontologique ». Dans cette perspective, « *l'idéalisme husserlien prend, historiquement, ses racines dans le psychologisme ontologique des* Recherches logiques » (*Husserl et la naissance de la phénoménologie*, *op. cit.*, p. 215, 220-221 et 224).

1. *Log. Unters.*, V. Unters., § 7, Hua XIX/1, p. 371 ; trad. fr. *RL* II/2, p. 348.
2. *Log. Unters.*, V. Unters., § 7, Hua XIX/1, p. 371 ; trad. fr. *RL* II/2, p. 349.
3. Voir *Psychologie du point de vue empirique*, livre I, chap. I, § 2.

redouble de celle d'une « science de la nature sans corps », qui s'abstient de statuer « sur la nature métaphysique du physique »[1]. Un parallélisme subsiste ainsi, au final, entre les deux types de science.

Évacuant toute cette discussion du texte des *Recherches*, la réécriture de la fin du § 6 en 1913 ménage tout autrement la transition vers le § 8, qui traite du « moi pur et de l'avoir conscience (*das reine Ich und die Bewußtheit*) ». La prise en compte du « temps appartenant de façon immanente au flux de la conscience » conduit à identifier « le contenu phénoménologique du moi, du moi empirique au sens du sujet psychique », délimité par la « réduction phénoménologique », à l'« unité du "flux des vécus" [*Erlebnisstrom*] comme réalité [*real*] fermée sur elle-même et qui ne cesse de se développer dans le temps », et Husserl va jusqu'à affirmer que le « moi phénoménologique » ainsi dégagé « constitu[e] intentionnellement le moi empirique »[2]. Il n'est plus du tout question, ainsi, de se prononcer sur « ce qui constitue réellement [*reell*] l'âme ou le moi permanent [*die Seele oder das bleibende Ich*] »[3].

Si, à la fin du § 4, Husserl avait déjà affirmé la redondance d'un « principe égologique » (*Ichprinzip*) censé assurer l'unité de la conscience comprise comme faisceau ou flux des vécus, c'est seulement au § 8 qu'il engage une discussion directe avec Natorp et avec la reprise de la thèse kantienne d'un « moi pur » compris comme le « moi de l'"aperception pure" »[4]. La thèse de Natorp, dans l'*Introduction à la psychologie* (1888) que cite longuement Husserl, est que la « relation au moi » est constitutive de la conscience. Plus précisément, pour Natorp, le moi est le « *centre subjectif de référence* [das subjektive Beziehungszentrum] pour tous les contenus dont j'ai conscience » tout en s'en distinguant radicalement, car « il ne peut lui-même devenir contenu » et donc, il échappe à toute

1. *Log. Unters.*, V. Unters., § 7, Hua XIX/1, p. 371 ; trad. fr. *RL* II/2, p. 349. La neutralité métaphysique que les *Recherches* clament dès l'Introduction du tome 2 a donné lieu à des compréhensions divergentes. Voir J. Benoist, *Phénoménologie, sémantique, ontologie*, chap. VII et VIII, et D. Zahavi, « À propos de la neutralité métaphysique des *Recherches logiques* », *Revue philosophique de Louvain* 99, 4, 2001, p. 716-736. Pour une récusation de la thèse d'une neutralité métaphysique des *Recherches*, voir J.-F. Lavigne, « La prétendue "neutralité métaphysique" des *Recherches logiques* : quelques leçons d'une lecture fidèle de la première théorie "phénoménologique" de la connaissance », dans E. Husserl, *La représentation vide, suivi de* Les Recherches logiques, *une œuvre de percée, op. cit.*, p. 183-201, ici p. 200 : « les *Recherches* comportent bien une détermination présupposée du sens d'être des vécus intentionnels. En ce sens, elles ne sont pas métaphysiquement neutres. Ce sens d'être est la réalité empirique du fait » ; et p. 201 : « La position ontologique fondamentale de la "phénoménologie" des *Recherches logiques* est bien l'attitude naturelle. Et la théorie de la connaissance qu'elles élaborent garde donc un sens psychologiste ; mais d'un psychologisme minimal – simplement ontologique ».

2. *Log. Unters.*, V. Unters., § 6, Hua XIX/1, p. 370 ; trad. fr. *RL* II/2, p. 158, trad. modif.

3. *Log. Unters.*, V. Unters., § 6, Hua XIX/1, p. 370 ; trad. fr. *RL* II/2, p. 346.

4. *Log. Unters.*, V. Unters., § 8, Hua XIX/1, p. 372 ; trad. fr. *RL* II/2, p. 159.

description. Or la réserve de Husserl à l'égard de cette thèse est double. D'une part, dans le sillage de son refus d'un *Ichprinzip*, il affirme : « je dois reconnaître, à vrai dire, que je ne puis absolument pas arriver à découvrir ce moi primitif[1], en tant que centre de référence nécessaire[2]. La seule chose que je sois en mesure de remarquer, c'est le moi empirique et sa relation empirique aux vécus propres ou aux objets extérieurs »[3]. Il devient ainsi manifeste que pour la phénoménologie des *Recherches logiques* de 1901, il n'y a pas d'autre moi que le moi empirique[4]; et s'il y avait un moi pur, celui-ci devrait pouvoir devenir lui-même objet pour la conscience et être perçu. L'« analyse phénoménologique » du moi empirique ne peut que le confirmer : celle-ci a mis de côté le « moi corporel (*Ich-körper*) », qui « apparaît comme une chose physique au même titre que toute autre chose », pour dégager le « moi spirituel » (*geistiges Ich*) et réduire ce dernier au « donné actuel » (*auf das aktuell gegebene reduziert*)[5], qui consiste dans « la complexion [...] de vécus psychiques[6] ». Husserl propose ici une analogie suggestive, en notant que « cette complexion se rapporte, par rapport au moi psychique, de

1. Dans une note de l'édition de 1913, Husserl ajoute : « Depuis lors, j'ai appris à le trouver ou plutôt appris qu'il ne fallait pas se laisser retenir, dans l'appréhension pure du donné, par la crainte de tomber dans les excès de la métaphysique du moi ». Et l'*addendum* à la deuxième édition précise, à la fin du § 8, que « la prise de position adoptée ici [...] concernant la question du moi pur, *demeure inessentielle pour les recherches de ce volume* », laissant entendre que Husserl aurait retranché également ces analyses si la seconde édition de l'*Einleitung in die Psychologie* de Natorp ne s'était pas donné la peine de les discuter.

2. Au § 12, Husserl réaffirme ce point, en soutenant que dans l'effectuation d'un acte, par exemple « dans un jeu de notre imagination, dans la lecture d'un conte, dans la réalisation d'une démonstration mathématique, etc., le moi, comme point de référence de l'acte effectué, n'apparaît absolument pas (*so ist von dem Ich als Beziehungspunkt des vollzogenen Aktes nichts zu merken*) ». Et il précise un peu plus loin : « Dans la *description*, la relation au moi vivant (*erlebende Ich*) ne peut être éludée; mais à chaque fois, le vécu lui-même ne consiste pas en une complexion qui contiendrait la représentation du moi comme vécu partiel » (*Log. Unters.*, V. Unters., § 12, Hua XIX/1, p. 390; trad. fr. *RL* II/2, p. 178 et 179-180). Seule une « réflexion objectivante » (*objektivierende Reflexion*) fait apparaître le moi, lorsque l'acte est lui-même pris pour objet au lieu que l'on vive simplement en lui.

3. *Log. Unters.*, V. Unters., § 8, Hua XIX/1, p. 374; trad. fr. *RL* II/2, p.161.

4. Les commentateurs de Husserl ont amplement souligné le rôle de l'intérêt pour la *Fremderfahrung* dans la réintroduction ultérieure de l'*Ichprinzip*. Comme l'écrit par exemple R. Bernet : « Ce Je pur finira par [...] apparaître [à Husserl] dès qu'il se tournera vers l'analyse d'autres formes de la conscience intentionnelle, comme l'intropathie »; autrement dit, c'est « l'analyse de l'*intersubjectivité*, donc de la diversité des flux de conscience, qui rendit nécessaire la conception égologique de l'unité de la conscience » (*La vie du sujet*, *op. cit.*, p. 302 et 303). Voir aussi D. Zahavi, « The Three Concepts of Consciousness », art. cit., p. 61 *sq.*

5. Ou « donné phénoménologique actuel », selon la version de 1913.

6. En 1913, Husserl précise qu'il s'agit de « la complexion de vécus saisissables dans la réflexion ».

manière analogue que la “face tombant sous la perception” d'une chose extérieure perçue par rapport à la chose totale »[1] : autrement dit, nous sommes devant un même type d'entrelacement de l'actuel et de l'inactuel, ou de relation méréologique de renvoi entre la partie et le tout.

L'édition de 1913 insistera de manière encore plus appuyée sur le fait que le moi - le moi empirique, qui est à la fois moi corporel et personne spirituelle - doit pouvoir devenir objet intentionnel[2]. En 1901, l'enjeu est surtout de mettre en avant, pour la première fois, « la spécificité des vécus intentionnels », et d'étayer la certitude que « l'être-objet du point de vue phénoménologique consiste en certains actes dans lesquels quelque chose apparaît ou est pensé comme objet » (*das Gegenstandsein, phänomenologisch gesprochen, in gewissen Akten liegt, in welchen etwas als Gegenstand erscheint oder gedacht ist*)[3]. Or ces actes, loin d'être confinés dans l'inobjectivable et d'échapper à toute description, comme l'estimait Natorp[4], peuvent eux-mêmes devenir objets pour la conscience. C'est pourquoi « le moi est aussi bien perçu que n'importe quelle chose extérieure » : même si cette perception ne parvient pas à embrasser son objet dans son intégralité, « ce qui est essentiel à l'acte de perception, c'est d'être une appréhension présumant l'objet, mais non une intuition adéquate »[5]. Par ailleurs, en soutenant que toute la richesse et la variété de la conscience proviennent de son contenu, Natorp méconnaît les différences qui existent entre des modalités de la relation intentionnelle[6] aussi diverses que « perception, imagination, souvenir ou attente, représentation ou prédication conceptuelle, etc. »[7]. Il convient ainsi de se livrer enfin à l'exploration du riche domaine de l'intentionnalité.

1. *Log. Unters.*, V. Unters., § 8, Hua XIX/1, p. 374; trad. fr. *RL* II/2, p. 161.

2. L'édition de 1901 se contente ici de soutenir que les vécus intentionnels appartiennent eux aussi à la « complexion des vécus » et « constituent [...] le noyau phénoménologique essentiel du moi phénoménal » (*Log. Unters.*, V. Unters., § 8, Hua XIX/1, p. 374; trad. fr. *RL* II/2, p. 162), ménageant ainsi la transition vers l'examen de l'intentionnalité.

3. *Log. Unters.*, V. Unters., § 8, Hua XIX/1, p. 375; trad. fr. *RL* II/2, p. 162.

4. Pour une discussion plus détaillée de ce débat, nous renvoyons à la contribution de D. Seron, « La critique de la psychologie de Natorp dans la Ve *Recherche logique* de Husserl », art. cit.

5. *Log. Unters.*, V. Unters., § 8, Hua XIX/1, p. 375; trad. fr. *RL* II/2, p. 163.

6. Pour souligner leur importance, Husserl écrit dans l'Esquisse de Préface de 1913 : « Je vois les *différences phénoménologiques, en particulier les différences de l'intentionnalité*, aussi bien que je vois la différence de ce blanc et de ce rouge en tant que pures données de couleur. Si quelqu'un ne pouvait pas voir les différences de ce genre, on dirait qu'il est aveugle; si quelqu'un ne voit pas les différences de l'autre genre, je ne peux pas m'en empêcher, je dois dire encore une fois qu'il est aveugle, quoi qu'il s'agisse là d'un aveuglement pris dans un sens très large » (« Entwurf einer Vorrede », p. 355, § 12; trad. fr. dans *AL*, p. 402).

7. *Log. Unters.*, V. Unters., § 8, Hua XIX/1, p. 375; trad. fr. *RL* II/2, p. 162.

L'INTENTIONNALITÉ

C'est au chapitre II de la Cinquième Recherche que Husserl entame l'examen de la troisième acception de la conscience, qui met l'intentionnalité au centre de la discussion : il s'agit, selon l'intitulé de ce chapitre (le plus long de cette Recherche et, partant, absolument décisif pour les analyses qui suivront) dans l'édition de 1901, de « la conscience en tant qu'acte psychique (*psychischer Akt*) », et selon la formulation de 1913, de « la conscience en tant que vécu intentionnel (*intentionales Erlebnis*) » [1]. Le débat avec Brentano est fondamental ici également, car l'intentionnalité est au cœur de la définition que donne des « phénomènes psychiques » la psychologie descriptive du maître viennois de Husserl. Or l'une des avancées décisives des *Recherches* est de considérer que cette définition a besoin d'être corrigée [2] ; et avec elle, c'est le partage même du psychique et du physique qui se trouve remanié :

> On pourrait démontrer qu'en aucune façon tous les phénomènes psychiques au sens d'une définition possible de la psychologie ne sont tels que les entend Brentano, c'est-à-dire des actes psychiques, et que par ailleurs sous le titre employé de manière équivoque par Brentano, de « phénomènes physiques », on trouve une bonne part de phénomènes véritablement psychiques [3].

Comme nous avons déjà pu le voir en discutant l'Appendice situé à la fin de la Sixième Recherche, ce qui brouille le partage brentanien des deux types de phénomène n'est rien d'autre que la sensation, qui, si elle ne satisfait pas le critère fondamental du psychique qu'est l'intentionnalité, ne saurait pour autant être rangée du côté des phénomènes physiques.

1. *Log. Unters.*, V. Unters., § 8, Hua XIX/1, p. 377 ; trad. fr. *RL* II/2, p. 162. La traduction française omet d'indiquer que le titre du chapitre a changé d'une édition à l'autre. Indéniablement, entre 1901 et 1913, Husserl a développé une nette réserve à l'égard du vocabulaire des actes. Au § 84 des *Ideen I*, il évoque ainsi « les erreurs d'interprétation constantes qu'a connues ce concept d'acte » et considère qu'il s'impose de « ne plus employer sans précautions comme équivalentes les expressions d'"acte" et de "vécu intentionnel" » (*Ideen I*, § 84, Hua III/1, 170 ; trad. fr., p. 254). Voir à ce propos l'analyse de J. Benoist dans *Les limites de l'intentionnalité. Recherches phénoménologiques et analytiques*, Paris, Vrin, 2005, chap. I.

2. Comme le souligne R. Schérer dans son commentaire de la Cinquième Recherche, la contribution essentielle de celle-ci « ne réside pas dans la découverte de l'intentionnalité, mais dans une modification de ce concept brentanien, propre à le structurer en fonction des fins de la logique et de la connaissance » (*La phénoménologie des « Recherches logiques » de Husserl, op. cit.*, p. 273-274).

3. *Log. Unters.*, V. Unters., § 9, Hua XIX/2, p. 378 ; trad. fr. RL II/1, p. 166. Husserl renvoie, ici encore, à l'Appendice qui figure à la fin de la Sixième Recherche et où, comme nous l'avons vu, la discussion avec Brentano est particulièrement serrée.

Certes, selon la fiction heuristique que propose Husserl, « un [...] être qui serait simple complexe de sensations » (*bloßer Empfindungskomplex*) ne mériterait sans doute pas « le nom d'être psychique »[1], car il serait dépourvu d'actes psychiques au sens prégnant, c'est-à-dire de vécus intentionnels. Mais la sensation n'appartient pas moins à la trame du psychique ou au domaine du vécu, et l'un des objectifs importants de la Cinquième Recherche sera de préciser son statut et sa fonction, en dissipant du même coup « certaines équivoques trompeuses qui rendent insoutenables les concepts du phénomène selon Brentano »[2].

Husserl reconnaît toutefois à l'auteur de la *Psychologie du point de vue empirique* l'immense mérite d'avoir saisi le « mode de la relation de la conscience à son contenu » comme relation intentionnelle, en soulignant l'in-existence intentionnelle de l'objet de l'acte[3], ou le fait que tout vécu intentionnel possède son « orientation vers un objet »[4], et en reconnaissant également qu'« il existe des variétés spécifiques de la relation intentionnelle »[5], selon les types différents d'actes où s'illustre la conscience de l'objet. La mise en avant de la multimodalité de l'intentionnalité, qui soutient chez Brentano la classification des phénomènes psychiques en représentations, jugements et sentiments[6], est proprement fondamentale aux yeux de Husserl : il apparaît ainsi que la relation intentionnelle s'accomplit de diverses manières qui reflètent la variété irréductible des actes psychiques à même « l'unité du genre descriptif "intention" »[7]. Sur ce point, la phénoménologie des *Recherches logiques* emboîte résolument le pas de la psychologie descriptive : elle reconnaît à son tour, dans la relation intentionnelle, une « détermination d'essence » (*Wesensbestimmtheit*) des actes psychiques. Dans une brève addition de 1913, insérée à même le texte du § 10, Husserl ajoute que « l'idée générique purement phénoménologique de *vécu intentionnel* ou d'acte » se dégage par « l'idéation effectuée sur des cas singuliers exemplaires de tels vécus » (c'est ainsi que, par exemple, « l'idée générique » de perception pourra être dégagée à partir de cas concrets de perception), et insiste en

1. *Log. Unters.*, V. Unters., § 9, Hua XIX/2, p. 379 ; trad. fr. *RL* II/1, p. 167.
2. *Log. Unters.*, V. Unters., § 10, Hua XIX/1, p. 380 ; trad. fr. *RL* II/2, p. 168.
3. Husserl cite ici longuement le premier chapitre (§ 5) du livre II de la *Psychologie* de 1874 (*Psychologie vom empirischen Standpunkt*, *op. cit.*, p. 124 ; trad. fr., p. 101).
4. Comme le précise Husserl, « dans la perception quelque chose est perçu, dans l'imagination quelque chose est imaginé, dans l'énonciation quelque chose est énoncé, dans l'amour quelque chose est aimé, dans la haine quelque chose est haï, dans le désir quelque chose est désiré, etc. » (*Log. Unters.*, V. Unters., § 10, Hua XIX/1, p. 380 ; trad. fr. *RL* II/2, p. 168).
5. *Log. Unters.*, V. Unters., § 10, Hua XIX/1, p. 381 ; trad. fr. *RL* II/2, p. 169.
6. *Cf.* F. Brentano, *Psychologie du point de vue empirique*, *op. cit.*, livre II, chap. VI, § 3.
7. *Log. Unters.*, V. Unters., § 10, Hua XIX/1, p. 381 ; trad. fr. *RL* II/2, p. 170.

note sur le parallélisme et l'affinité qui existe entre l'idée « purement phénoménologique » et l'idée « psychologique » du vécu : « Selon qu'on exclut ou qu'on inclut l'aperception psychologique, les mêmes analyses acquièrent une signification tantôt purement phénoménologique, tantôt psychologique » [1]. Cette précision est importante pour comprendre qu'en renonçant à identifier la phénoménologie à la psychologie descriptive, Husserl n'entend pas dissocier et opposer les deux, mais pose déjà les jalons de la thèse de leur intime parenté, que l'on retrouvera sous sa plume jusque dans la *Krisis* [2].

Dès la fin du § 10, Husserl rappelle également la deuxième caractéristique fondamentale que Brentano attribue aux phénomènes psychiques et qui fera l'objet d'une longue discussion dans la suite de la Cinquième Recherche : à savoir, la thèse selon laquelle les phénomènes psychiques sont des représentations ou reposent sur des représentations. Tout en signalant d'entrée de jeu que cette thèse est rendue obscure par les équivoques qui grèvent le terme de représentation [3], Husserl préfère repousser son élucidation pour se consacrer de prime abord à « l'examen du concept d'acte psychique » (ou d'acte tout court, selon l'édition de 1913) [4]. Il s'agit là, pour commencer, d'un choix terminologique qui revient à renoncer au concept brentanien de « phénomène psychique », concept « entaché d'ambiguïtés très préjudiciables » [5] que nous avons déjà pu relever. Husserl met en garde également contre les formulations de Brentano qui peuvent suggérer « *deux interprétations erronées* » de la relation intentionnelle : d'une part, celle selon laquelle il s'agirait d'une relation entre la conscience et la chose, et d'autre part, celle selon laquelle nous aurions affaire à un rapport entre deux choses qui seraient toutes deux présentes dans la conscience. Selon les précisions terminologiques que Husserl apporte en 1913, l'intentionnalité n'exprime ni un rapport réal

1. *Log. Unters.*, V. Unters., § 10, Hua XIX/1, p. 382; trad. fr. *RL II/2*, p. 171.

2. Voir *Krisis*, Hua VI, § 58, p. 210; trad. fr., p. 232.

3. Husserl y faisait déjà référence dans l'Introduction au tome 2 des *Recherches*, en esquissant la démarche de la Cinquième Recherche dans ces termes : « À la série de ces recherches préliminaires appartient aussi la question fondamentale des actes, ou encore des significations idéales qui entrent en ligne de compte pour la logique sous le titre de *représentation*. L'élucidation et la différenciation des nombreuses acceptions qu'a prises le mot représentation, source d'une confusion totale en psychologie, dans la théorie de la connaissance et en logique, constitue une tâche importante. Des analyses analogues concernent le concept de *jugement* et précisément de jugement dans le sens où l'entend la logique ». Et il précisait aussitôt : « Naturellement, il s'agit rien moins là que d'une théorie psychologique, mais au contraire d'une phénoménologie des vécus de représentation et de jugement, délimitée par des intérêts propres à la critique de la connaissance » (*Log. Unters.*, II. Band, *Einleitung*, § 5, Hua XIX/1, p. 20-21; trad. fr. *RL* II/1, p. 15-16).

4. *Log. Unters.*, V. Unters., § 10, Hua XIX/1, p. 383; trad. fr. *RL* II/2, p. 172.

5. *Log. Unters.*, V. Unters., § 11, Hua XIX/1, p. 384; trad. fr. *RL* II/2, p. 173.

(*real*) entre des choses, ni un rapport réel (*reell*) [1] entre des composantes du vécu. Mais c'est surtout cette deuxième mésinterprétation qu'il s'impose de dissiper : l'objet intentionnel n'est pas une composante immanente réelle du vécu, bref, ce n'est pas un objet immanent. Il est particulièrement décisif d'éclaircir ce point :

> Il n'y a pas deux choses [...] qui soient présentes [*präsent*] dans le vécu [ou : psychiquement, selon l'édition de 1901], nous ne vivons pas l'objet et, à côté de lui, le vécu [ou : l'acte, selon l'édition de 1901] intentionnel, mais c'est une seule chose qui est présente, le vécu intentionnel, dont le caractère descriptif essentiel est précisément l'intention relative à l'objet [*die bezügliche Intention*] [2].

L'objet intentionnel n'est pas une composante réelle (*reel*) de l'acte, il n'est pas donné à l'intérieur de la conscience. Seul le vécu est présent dans la conscience, et l'intentionnalité – la relation à l'objet – en est une propriété essentielle. Husserl renchérit en ce sens :

> Si ce vécu est présent (*präsent*) [dans sa plénitude psychique concrète, précisait l'édition de 1901], alors, *eo ipso* [conformément, je le souligne, à l'essence propre de ce vécu, ajoute Husserl en 1913], la « relation intentionnelle à un objet » est réalisée, et *eo ipso* un objet est « présent intentionnellement » [*intentional gegenwärtig*] ; car les deux expressions veulent dire exactement la même chose. Et naturellement un tel vécu peut se trouver dans la conscience avec cette intention qui est la sienne, sans que l'objet existe en quoi que ce soit, ou même peut-être puisse jamais exister ; l'objet est visé, cela signifie que l'acte de le viser est un vécu ; mais l'objet est alors seulement présumé et, en vérité, il n'est rien [*er ist dann bloß vermeint und in Wahrheit nichts*] [3].

Nous voyons ici que le double refus de faire de l'objet intentionnel un objet immanent présent dans l'acte ou un objet transcendant exerçant une action réelle sur la conscience remanie profondément le sens et la spécificité de la relation intentionnelle : celle-ci ne consiste, dans sa plus grande généralité, que dans la pure visée de l'objet. Il est très significatif, dès lors, que le premier exemple d'objet intentionnel fourni

1. Comme cela a été souvent relevé par les commentateurs de Husserl, l'édition de 1901 n'a pas encore un usage arrêté et rigoureux de la distinction entre les deux adjectifs, *real* et *reel*, et d'assez nombreux remaniements ponctuels effectués par Husserl en 1913 portent sur ces termes.

2. *Log. Unters.*, V. Unters., § 11, Hua XIX/1, p. 386 ; trad. fr. *RL* II/2, p. 174-175.

3. *Log. Unters.*, V. Unters., § 11, Hua XIX/1, p. 386 ; trad. fr. *RL* II/2, p. 175.

par Husserl soit celui du corrélat d'une représentation imaginative, donc un objet fictif : le dieu Jupiter. De problème [1], l'objet inexistant devient ainsi un paradigme, car il illustre éminemment la thèse, précédemment avancée, selon laquelle l'objet de l'acte intentionnel est simplement visé ou « présumé », et « n'est rien ». La représentation du dieu Jupiter ne contient pas le dieu Jupiter comme l'une de ses composantes réelles : Jupiter n'est pas l'« objet immanent » de l'acte de représentation, il n'a pas une « existence mentale » [2]. Qui plus est, en l'occurrence, cet objet n'a pas d'existence tout court, et c'est précisément en tant qu'objet inexistant qu'il permet d'éclaircir au mieux le statut du corrélat intentionnel de l'acte. Il n'est nullement nécessaire que l'objet existe pour que je puisse le viser : l'intentionnalité est une relation qui peut se passer entièrement de l'existence de l'objet. Et si, comme le souligne Husserl, « par ailleurs, l'objet visé existe, la situation n'a pas nécessairement changé » [3]; car ce qui compte, ce n'est pas son existence, mais bel et bien sa visée [4], qui accomplit déjà le degré zéro de sa donation :

> Pour la conscience, le donné est une chose essentiellement la même [*für das Bewußtsein ist das Gegebene ein wesentlich Gleiches*] que l'objet représenté existe ou qu'il soit imaginé [*fingiert*] et même peut-être absurde [*widersinnig*]. Je ne me représente pas *Jupiter* autrement que

1. Voir à ce propos le fameux § 67 de la *Wissenschaftslehre* de Bolzano, ainsi que le § 3 de *La théorie de l'objet* de Meinong. Rappelons aussi que Husserl prend position, dans l'Esquisse de Préface de 1913, par rapport à Bolzano comme par rapport au projet meinongien d'une « théorie de l'objet » (« Entwurf einer Vorrede », § 6, 7 et 9).

2. Comme le note J. Benoist, « ce n'est pas parce qu'il n'existe pas *extra mentem* au sens d'une existence réelle, physique qu'il gagnerait *eo ipso* le droit à une existence mentale » (*Phénoménologie, sémantique, ontologie, op. cit.*, p. 290).

3. « du point de vue psychique », précisait Husserl en 1901. En 1913, il rectifie : « du point de vue phénoménologique ». *Log. Unters.*, V. Unters., § 11, Hua XIX/1, p. 387; trad. fr. *RL* II/2, p. 175-176.

4. Il reviendra à la Sixième Recherche d'insister sur la situation phénoménologique de « *légitimation de l'objet* » qui se produit par le *remplissement* intuitif de la visée. Voir à ce propos J. Benoist, *Intentionnalité et langage dans les* Recherches logiques *de Husserl*, *op. cit.*, p. 126. Dans le cadre de la Cinquième Recherche, nous pouvons identifier, en revanche, une « primauté du statut signitif de l'objet sur son statut intuitif » (R. Brisart, « La théorie de l'objet dans les *Recherches logiques* de Husserl », dans E. Husserl, *La représentation vide, suivi de* Les Recherches logiques, *op. cit.*, p. 125-139, ici p. 135).

> *Bismarck*, la *tour de Babel* autrement que la *cathédrale de Cologne*[1], un *chiliogone régulier* autrement qu'un *milliėdre régulier*[2].

La donation de l'objet ne dépend pas de son existence, ni d'une quelconque action de l'objet sur le moi (ou affection)[3] : c'est ainsi que Husserl entend repousser le schéma causal de la représentation sans pour autant céder à la tentation d'immanentiser l'objet, de le loger dans la conscience. Sa mise en garde revient donc aussi à distinguer soigneusement l'objet intentionnel du contenu réel ou immanent de l'acte :

> [...] les contenus véritablement immanents, qui appartiennent à la composition réelle des vécus intentionnels [*zum reellen Bestande der intentionalen Erlebnisse*], ne sont pas intentionnels : ils constituent l'acte [*sie bauen den Akt auf*], ils rendent l'intention possible en tant que points d'appui nécessaires, mais ils ne sont pas eux-mêmes intentionnés,

1. La difficulté, relevée par D. Zahavi, est alors de savoir si la phénoménologie des *Recherches logiques* donne les moyens de distinguer de manière satisfaisante les perceptions des hallucinations. Voir à ce propos son commentaire des § 1-21 de la Recherche V publié sous le titre « Intentionalität und Bewusstsein », *in* V. Mayer (Hrsg.), *Edmund Husserl. Logische Untersuchungen*, Berlin, Akademie Verlag, 2008, p. 139-157, p. 154.

2. *Log. Unters.*, V. Unters., § 11, Hua XIX/1, p. 387 ; trad. fr. *RL* II/2, p. 176. À la fin de ce passage décisif, qui n'a pas subi de remaniement entre les deux éditions des *Recherches*, figure une note que Husserl complète toutefois en 1913. Si, en 1901, il était simplement question de signaler qu'abstraction pouvait être faite « des caractères positionnels éventuels qui constituent notre conviction de l'existence de ce que nous nous représentons », la deuxième édition insiste sur la démarche réductive de la phénoménologie, qui distingue celle-ci de la psychologie : « On doit se convaincre à nouveau de ce que toute présupposition d'une réalité naturelle (*Naturwirklichkeit*) avec des hommes et d'autres êtres animés peut être exclue des considérations auxquelles nous nous sommes livrés, de sorte que ces considérations doivent être comprises comme des réflexions sur des possibilités *idéales*. [...] Le vécu est alors un vécu *purement* phénoménologique, pour autant que son aperception psychologique est bien aussi en même temps mise entre parenthèses » (*Log. Unters.*, V. Unters., § 11, Hua XIX/, p. 387 ; trad. fr. *RL* II/2, p.176). Rappelons aussi l'insistance de l'Introduction au tome 2 des *Recherches* sur l'« absence de présuppositions métaphysiques », dont notamment la présupposition d'existence : « les analyses qui se rattachent à ces questions ont leur sens et leur valeur pour la théorie de la connaissance, indépendamment du fait de savoir s'il y a réellement des langues et un commerce réciproque entre les hommes auquel elles doivent servir, ou si tout cela existe seulement dans l'imagination et en possibilité [*in der Einbildung und Möglichkeit*] » (*Log. Unters.*, II. Band, *Einleitung*, § 7, Hua XIX/1, p. 28 ; trad. fr. *RL* II/1, p. 24).

3. Nous pouvons rappeler à ce propos l'interprétation de la « percée » des *Recherches logiques* par J.-L. Marion : « La percée phénoménologique ne consiste ni dans l'élargissement de l'intuition, ni dans l'autonomie de la signification, mais dans la primauté seule inconditionnée de la donation du phénomène » ; autrement dit, il s'agit de « l'élargissement du concept de réalité ou d'objectité aux dimensions de la donation » (*Réduction et donation*, Paris, Puf, 2004, p. 53 et 60).

> ils ne sont pas les objets qui sont représentés dans l'acte. Je ne vois pas des sensations de couleur mais des objets colorés, je n'entends pas des sensations auditives mais la chanson de la cantatrice, etc. [1]

Husserl ne s'explique pas ici sur la manière dont les contenus réels immanents de l'acte « rendent possible (*ermöglichen*) » la relation intentionnelle à l'objet, mais se contente de renvoyer à l'Appendice présent à la fin du chapitre.

L'objet intentionnel n'est ni l« image » d'un objet extérieur à l'acte, ni un « objet immanent »

L'Appendice aux § 11 et 20, situé à la fin du chapitre II, reçoit en 1913 un titre censé préciser son objet : « Contribution à la critique de la "théorie des images" et de la théorie des objets "immanents" des actes ». Les deux versants de la critique annoncée, qui vise fondamentalement l'élève polonais de Brentano et condisciple de Husserl, Kasimir Twardowski [2], sont manifestement liés : la « théorie des images (*Bildertheorie*) » est censée préciser la manière dont l'objet visé par l'acte se trouve « dans » la conscience et revient donc à adopter un modèle dépictif de la représentation. La lacune fondamentale de cette théorie provient aux yeux de Husserl du fait que le statut même de l'image n'est pas élucidé. Or une telle élucidation montre que le fait d'être une image n'est pas un « caractère interne » ou un « "prédicat réal" » et ne s'établit pas sur la base des propriétés intrinsèques d'une chose, « comme si un objet pouvait, de même qu'il est, par exemple, rouge et sphérique, être aussi image (*bildlich*) » [3]. Mais le caractère d'image ne résulte pas non plus de la relation externe entre deux objets : « La ressemblance entre deux objets, quelque grande qu'elle puisse être, ne fait cependant pas de l'un de ceux-ci l'image de l'autre ». La proposition de Husserl est forte et radicale : c'est

1. *Log. Unters.*, V. Unters., § 11, Hua XIX/1, p. 387 ; trad. fr. *RL* II/2, p. 176.

2. La controverse avec Twardowski a été engagée par Husserl en 1894, dès la publication de l'étude *Sur la théorie du contenu et de l'objet des représentations* par son compagnon d'études. Voir le texte « Objets intentionnels » (1894), dans E. Husserl, K. Twardowski, *Sur les objets intentionnels (1893-1901)*, trad. fr. J. English, Paris, Vrin, 1993, p. 279-326. Pour une discussion de la critique husserlienne de Twardowski, nous renvoyons à la Présentation de Jacques English qui ouvre ce volume. Voir également l'analyse de J. Benoist dans *Représentations sans objet*, chap. VI, ainsi que celle de D. Fisette : « Représentations. Husserl critique de Twardowski », dans D. Fisette et S. Lapointe (éd.), *Aux origines de la phénoménologie. Husserl et le contexte des* Recherches logiques, Paris-Québec, Vrin-Presses de l'université Laval, 2003, p. 61-91.

3. *Log. Unters.*, V. Unters., Beilage zu den § 11 und 20, Hua XIX/1, p. 436 ; trad. fr. *RL* II/2, 228.

la conscience d'image qui fait l'image, « l'image comme telle se constitue dans une conscience intentionnelle particulière (*sich das Bild als solches in einem eigenartigen intentionalen Bewußtsein konstituiert*) » [1], et sa qualité d'image dépend essentiellement de la qualité d'acte du vécu en question. Ainsi, un tableau (ou, pour donner un autre exemple, un reflet) « n'est image que pour un spectateur réceptif (*für den disponierten Zuschauer*) qui peut seul lui conférer par son aperception imaginative (ici fondée dans une perception) *valeur* ou *signification* d'image, de même que l'image mentale (*das Phantasiebild*) n'est image que dans l'acte de représentation imaginante (*nur Bild im phantasierenden Vorstellen*), c'est-à-dire en vertu du caractère intentionnel spécifique de la représentation imaginative » [2]. C'est donc la manière qu'a la conscience de viser quelque chose d'autre à travers l'image qui donne à celle-ci le statut qui lui est propre : l'articulation fondamentale entre *Bildobjekt* (l'objet qui fonctionne en tant qu'image) et *Bildsujet* (l'objet visé à travers l'image) est effectuée par la conscience imaginative, et elle n'illustre qu'une des modalités possibles de la relation intentionnelle.

Dès lors, souscrire au modèle dépictif de l'intentionnalité ou parler d'« images internes » pour exprimer le statut des objets que nous nous représentons, comme s'il y avait un dédoublement des objets qui se produirait de façon généralisée, s'avère complètement inadéquat [3]. Car là où l'on pense trouver un nouvel ou deuxième objet, on n'a affaire en réalité qu'à une modalité *sui generis* de l'acte intentionnel. Le dédoublement de l'objet de l'acte en objet transcendant et objet immanent (ce dernier étant conçu comme une image ou comme un signe [4]) a ainsi l'inconvénient

1. *Log. Unters.*, V. Unters., Beilage zu den § 11 und 20, Hua XIX/1, p. 436; trad. fr. *RL* II/2, p. 229.

2. *Log. Unters.*, V. Unters., Beilage zu den § 11 und 20, Hua XIX/1, p. 437; trad. fr. *RL* II/2, p. 356. En 1913, Husserl réécrit ainsi ce passage important : « le tableau n'est une image que pour une conscience constituante d'image (*ist nur Bild für ein bildkonstituierendes Bewußtsein*), c'est-à-dire qui seule confère à un objet primaire et lui apparaissant dans la perception la "*valeur*" ou la "*signification*" d'une image au moyen de son aperception imaginative (fondée dans ce cas sur une perception) » (*Log. Unters.*, V. Unters., Beilage zu den § 11 und 20, Hua XIX/1, p. 437; trad. fr. *RL* II/2, p. 229).

3. J. Benoist souligne à quel point « l'opposition de Husserl au représentationnalisme » est la « conséquence logique de sa libération d'un sens nouveau, universel et non mental, du phénomène » : autrement dit, elle fait fond sur « la démentalisation et la désintériorisation préalable du concept de "conscience" » (*Phénoménologie, sémantique, ontologie*, *op. cit.*, p. 274 et 277).

4. Car, comme le note Husserl, « cette explication s'applique manifestement *mutatis mutandis* à la théorie de la représentation [*Repräsentationstheorie*] entendue au sens large de *théorie des signes* [Zeichentheorie] », pour autant que « l'être-signe n'est pas non plus

de masquer la diversité et la richesse des modalités de la relation intentionnelle[1] ou, dans les termes de Husserl, « la grande quantité de modes de représentation essentiellement différents [*die Fülle der wesentlich verschiedenen Vorstellungsweisen*] qu'une analyse [purement phénoménologique, ajoute Husserl en 1913][2] est capable de déceler »[3]. À ce niveau, l'équivoque identifiée est redoutable, car elle affecte le terme même d'immanence[4], et Husserl entend la lever en montrant l'absurdité de la position d'un objet immanent distinct de l'objet proprement dit :

> Que je me représente Dieu ou un ange, un être intelligible en soi ou une chose physique ou un carré rond, etc., ce qui, par là, est nommé, le transcendant, est justement ce qui est visé, donc (simplement en d'autres termes) est objet intentionnel ; peu importe en l'occurrence que cet objet existe, soit fictif [*fingiert*] ou absurde [*absurd*]. Quand on dit que l'objet est « simplement intentionnel », cela ne signifie naturellement pas : *il existe*, quoique seulement dans *l'intentio* (donc comme composante réelle de celle-ci), ni : il existe dans celle-ci quelque ombre de l'objet ; mais cela veut dire : ce qui existe c'est l'intention [*Intention*], la « *visée* » [Meinen] d'un objet de telle sorte, mais *non* l'objet. Si, par contre, l'objet intentionnel existe, ce n'est pas seulement l'intention, l'acte de visée qui existe, mais *aussi* ce qui est visé[5].

un prédicat réal [*reales*] » (*Log. Unters.*, V. Unters., Beilage zu den § 11 und 20, Hua XIX/1, p. 438 ; trad. fr. *RL* II/2, p. 230, trad. modif.).

1. Pour Roman Ingarden, le refus du dédoublement de l'objet prépare chez Husserl la voie de l'assomption d'une position de plus en plus nettement idéaliste, alors que la distinction entre l'objet purement intentionnel d'une part, et l'objet réel qui peut devenir objet intentionnel de l'autre, s'impose comme incontournable pour résister à cette tendance. Voir à ce propos *Das litterarische Kunstwerk* (1931), § 19 et 20 (*L'Œuvre d'art littéraire*, trad. fr. P. Secrétan, Lausanne, L'Âge d'homme, 1983). Voir également l'Introduction de P. Limido-Heulot et les textes (dont notamment une lettre à Husserl de 1918) composant le volume R. Ingarden, *Husserl, la controverse idéalisme – réalisme*, Paris, Vrin, 2001.

2. La traduction française ne signale pas que ce passage a été retouché dans la deuxième édition.

3. *Log. Unters.*, V. Unters., Beilage zu den § 11 und 20, Hua XIX/1, p. 437 ; trad. fr. *RL* II/2, p. 230-231.

4. C'est sur le compte de cette *Äquivokation der Rede von der Immanenz* que Husserl met « des erreurs qui se perpétuent à travers les siècles », comme « l'argument ontologique de saint Anselme » (*Log. Unters.*, V. Unters., Beilage zu den § 11 und 20, Hua XIX/1, p. 439 ; trad. fr. *RL* II/2, p. 231).

5. *Log. Unters.*, V. Unters., Beilage zu den § 11 und 20, Hua XIX/1, p. 437 ; trad. fr. *RL* II/2, p. 231.

Bien qu'il soit resté inchangé entre les deux éditions des *Recherches* (mise à part une note ajoutée en 1913 pour préciser que le *Meinen*, le fait de viser quelque chose, n'a pas le sens d'un *Merken*, faire attention à quelque chose), ce passage célèbre demeure très difficile. Car il entend, d'une part, poser un signe d'équivalence entre tous les types de corrélats intentionnels, qu'il s'agisse d'objets empiriques ou suprasensibles, d'objets idéaux ou de fictions : tous ces types d'objets [1] – les objets qui existent comme ceux qui n'existent pas empiriquement – peuvent être à titre égal les corrélats légitimes d'un acte intentionnel. Encore une fois, l'existence ou l'inexistence de l'objet n'affecte en rien la capacité qu'a la conscience de le viser et d'en faire le corrélat de ses actes : c'est là une forte revendication de ce que l'on a pu appeler « la puissance ontologique de l'intentionnalité » [2]. Mais cela ne veut pas dire, d'autre part, qu'en tant qu'il est visé, le corrélat intentionnel acquiert une certaine forme d'existence ou une consistance ontologique particulière (un *esse diminutum*, dirait-on dans le vocabulaire scolastique) qui signerait en définitive sa psychologisation. L'immanence de la conscience ne contient pas de telles entités objectives [3] qui remplaceraient ou redoubleraient les objets effectivement existants : elle ne contient que des vécus, et la structure de visée propre aux vécus intentionnels assure la relation à un objet sans que cet objet soit, à même la visée ou à côté de la visée, quelque chose « à part » dans la conscience. Comme Husserl l'a déjà souligné, l'objet intentionnel n'est en vérité « rien », ce qui veut dire qu'il n'a aucune consistance en dehors de la visée qui en fait le corrélat du vécu [4].

1. Rappelons ici la manière dont le § 8 de la Deuxième Recherche souligne la spécificité des objets idéaux à la fois par rapport aux objets empiriques et par rapport aux produits de l'imagination : « Naturellement, il n'est pas dans notre intention de placer l'*être de l'idéal* sur le même plan que l'*être-pensé du fictif ou de l'absurde*. Ce dernier n'existe absolument pas [...]. Les objets idéaux, par contre, existent vraiment », et c'est leur régime temporel – leur omnitemporalité – qui les distingue des objets de la réalité empirique (*Log. Unters.*, II. Unters., § 8, Hua XIX/1, p. 129-130 ; trad. fr. *RL* II/1, p. 146).

2. J. Benoist, *Phénoménologie, sémantique, ontologie*, *op. cit.*, p. 283.

3. Husserl le soulignait déjà au § 10 de la Recherche II, dans un passage qu'il a considérablement remanié en 1913, mais qui, dans les deux versions, insiste sur le fait que les objets de la perception externe ne sont pas des objets de « "perception interne" possible » (*Log. Unters.*, II. Unters., § 10, Hua XIX/1, p. 134 ; trad. fr. *RL* II/1, p. 151 et 267-268).

4. La Deuxième Recherche anticipait déjà, au § 23, cette thèse importante : « Égaré par la confusion entre objet et contenu psychique, on oublie que les objets dont nous devenons "conscients" ne sont pas simplement présents dans la conscience comme dans une boîte [*nicht im Bewußtsein als wie in einer Schachtel einfach da sind*], de telle sorte qu'on n'ait qu'à les y trouver et à les saisir [*so dass man sie darin bloß vorfinden und nach ihnen greifen könnte*] ; mais que c'est dans des formes diverses de l'intention objective qu'ils se

La transcendance de l'objet de l'acte – le fait qu'il ne soit pas logé dans l'immanence de la conscience – est simplement « fonctionnelle »[1] et n'a pas la signification d'une autonomie ontologique. C'est en effet l'un des « paradoxes » de l'objet intentionnel » (pour reprendre l'intitulé du § 70 de la *Krisis*) que d'exiger de dissocier si rigoureusement la référentialité du vécu et la consistance ontologique de l'objet visé. Et quand l'objet de l'acte intentionnel se trouve être un objet existant empiriquement, cet objet effectif n'est pas l'original dont l'objet intentionnel serait un double ou une copie : il s'agit d'un seul et même objet, qui accomplit alors de la façon la plus prégnante la coïncidence du visé et du donné. C'est seulement à cette condition qu'il est possible de soutenir que l'intentionnalité nous donne les « choses mêmes », quel que soit par ailleurs leur statut ontologique.

Le sens phénoménologique de l'aperception

Arrêter de parler d'objets immanents, et donc montrer la caducité de ce legs de Brentano repris encore par Twardowski[2], c'est, aux yeux de Husserl, contribuer à lever l'une des « équivoques » les plus tenaces qui égarent « toute la théorie de la connaissance contemporaine [toute la psychologie et la théorie de la connaissance contemporaines, précise-t-il en 1913] »[3]. Ce souci de rigueur et de précision terminologique, omniprésent au sein de la Cinquième Recherche, lui fait également préférer les expressions d'« acte » et (surtout) de « vécu intentionnel » à celle de « phénomène psychique », même si, souligne-t-il, « ces expressions ne

constituent comme ce qu'ils sont et valent pour nous [*sie sich in verschiedenen Formen gegenständlicher Intention als das, was sie uns sind und gelten, allererst* konstituieren] » (*Log. Unters.*, II. Unters., § 23, Hua XIX/1, p. 169; trad. fr. *RL* II/1, p. 193). Ce passage est l'un des appuis importants des interprétations qui lisent dans la théorie de l'intentionnalité développée dans les *Recherches logiques* une doctrine proto-idéaliste de la *constitution* et prennent vigoureusement le contre-pied d'une lecture réaliste. Voir en ce sens les travaux de D. Zahavi, dont « Constitution and Ontology : Some Remarks on Husserl's Ontological Position in the *Logical Investigations* », *Husserl Studies* 9, 1992, p. 111-124. Rappelons toutefois la mise en garde de Husserl dans la célèbre lettre à William Hocking du 25 janvier 1903 : « "des objets se constituent" dans un acte veut toujours dire la propriété qu'a l'acte de rendre l'objet représenté : non pas "constitue" au sens propre ! » (*Briefwechsel*, Hua Dok. III/3, p. 132; nous reprenons ici la traduction de J. Benoist, *Phénoménologie, sémantique, ontologie, op. cit.*, p. 294, note 3).

1. Selon l'expression de J.-F. Lavigne, *Husserl et la naissance de la phénoménologie (1900-1913)*, p. 133 et 139 *sq.*

2. Cette position est aussi celle d'Anton Marty, auquel Husserl répond dans sa Correspondance. Voir le long projet de lettre à Marty du 7 juillet 1901, Hua Dok. III/1, p. 75-83 et Hua XXII, p. 419-426; trad. fr. *OE*, p. 381-389.

3. *Log. Unters.*, V. Unters., § 11, Hua XIX/1, p. 388; trad. fr. *RL* II/2, p. 177.

sont pas non plus tout à fait irréprochables ». Notamment, c'est l'un des inconvénients majeurs du concept d'acte que de se rattacher « au sens littéral primitif d'*actus* » : or « cette *idée d'activité doit demeurer absolument exclue* ». Sur ce point, Husserl exprime son profond accord avec les réserves formulées par Natorp dans son *Introduction à la psychologie* (1888) : « Nous aussi nous repoussons la "mythologie des activités"; nous définissons les "actes" non pas comme des activités psychiques, mais comme des vécus intentionnels » [1].

Cette alliance ponctuelle avec Natorp n'est cependant pas vouée à durer, car Husserl s'apprête aussitôt à défendre, au début du § 14, contre l'auteur de l'*Einleitung* [2], la distinction entre l'acte de conscience et l'objet de l'acte, et à soutenir que l'acte a bel et bien une teneur spécifique, irréductible à l'objet. La variété intrinsèque de la vie de conscience ne provient pas seulement de la diversité de ses corrélats, mais tout autant des actes eux-mêmes : car « des personnes différentes [*verschiedene Leute*] peuvent ressentir [*empfinden*] la même chose et cependant percevoir [*wahrnehmen*] des choses tout à fait différentes. Nous-mêmes "*interprétons*" [3] des contenus sensoriels identiques, tantôt d'une manière, tantôt d'une autre » (pensons par exemple au célèbre canard-lapin). Ou, selon la réécriture sensiblement différente de ce passage en 1913 : « Des actes différents [*verschiedene Akte*] peuvent percevoir la même chose et cependant ressentir des choses tout à fait différentes. [...] De même inversement : "nous appréhendons" des contenus sensoriels identiques tantôt de telle manière, tantôt de telle autre » [4]. Le remplacement (partiel [5]) du vocabulaire de l'« interprétation » (*Deutung*) des contenus

1. *Log. Unters.*, V. Unters., § 13, Hua XIX/1, p. 393 ; trad. fr. *RL* II/2, p. 182. Husserl rappelle ce point important au § 30 : « nous n'avons pas défini le concept d'acte comme une sorte d'activité, mais [...] nous avons voulu employer le mot simplement comme une abréviation pour l'expression de *vécu intentionnel* » (*Log. Unters.*, V. Unters., § 30, Hua XIX/1, p. 469 ; trad. fr. *RL* II/2, p. 262).

2. Rappelons que la cible de Natorp dans son *Einleitung in die Psychologie* était Brentano lui-même, et que Natorp tentera de se défendre des accusations de Husserl dans son *Allgemeine Psychologie* de 1912.

3. La traduction française ne rend pas ici les guillemets et les italiques de la première édition (*Log. Unters.*, V. Unters., § 14, Hua XIX/1, p. 395 ; trad. fr. *RL* II/2, p. 352).

4. *Log. Unters.*, V. Unters., § 14, Hua XIX/2, p. 395 ; trad. fr. *RL* II/2, p. 184.

5. L'*Auffassung* et la *Deutung* des contenus sensoriels peuvent cohabiter paisiblement dans le texte de 1913 pour autant que l'appréhension véhicule elle aussi un modèle herméneutique de la constitution ou de la saisie de l'objet. Voir à ce propos l'analyse de D. Lohmar, « Die Entwicklung des husserlschen Konstitutionsmodells von Auffassung und Inhalt », *Studia Universitatis Babeş-Bolyai, Philosophia* 54, 2009, p. 3-19, en particulier p. 5-9.

sensoriels par celui de l'« appréhension » (*Auffassung*) se confirme un peu plus loin, à propos du passage où Husserl écrit de manière décisive dans l'édition de 1901 : « l'interprétation elle-même ne peut jamais se réduire à un afflux de nouvelles sensations, elle est un caractère d'acte, un "mode de conscience" » [1]. Après s'être appuyé de prime abord sur des exemples de perception sonore (entendre l'*adagio* du violoniste ou le gazouillement des oiseaux), Husserl étaye la distinction entre contenu vécu et objet perçu par l'analyse d'un exemple de perception visuelle :

> Je vois une chose, par exemple cette boîte, je ne vois pas mes sensations. Je ne cesse de voir cette *seule et même* boîte, de quelque manière je la tourne et je l'oriente. [...] À chaque nouvelle orientation de la boîte, j'ai un *nouveau* contenu de conscience [...]. Ainsi des contenus très différents sont vécus, et pourtant c'est le même objet qui est perçu. Ainsi, par suite, généralement parlant, le contenu vécu n'est pas lui-même l'objet perçu [2].

Dès lors, conclut Husserl, « je ne puis rien trouver de plus évident que la différence [...] entre contenus et actes [3], plus particulièrement entre les contenus de perception au sens de sensations présentatives [4] et les actes de perception au sens de l'intention appréhensive » (*auffassenden Intention*) [5].

Le travail descriptif se poursuit pour illustrer et justifier cette distinction et, avec elle, la teneur spécifique des caractères (ou des types) d'acte, en tant qu'ils sont irréductibles aux contenus des actes. Husserl relance ici, en y renvoyant expressément, l'analyse développée dans ses *Études psychologiques* de 1894. La différence qui se manifeste dans l'interprétation ou l'appréhension des données sensorielles, et qui fait la spécificité du caractère d'acte en tant qu'il ne se laisse pas résorber dans le contenu, est en effet particulièrement prégnante si nous « imaginons, par exemple, que certaines figures ou arabesques aient tout d'abord exercé une action purement esthétique, et que tout à coup nous ayons la révélation

1. *Log. Unters.*, V. Unters., § 14, Hua XIX/1, p. 395 ; trad. fr. *RL* II/2, p. 184-185.

2. *Log. Unters.*, V. Unters., § 14, Hua XIX/1, p. 396 ; trad. fr. *RL* II/2, p. 185. Husserl ajoute à cet endroit en 1913 : « Il faut remarquer à ce sujet que l'être véritable ou le non-être [*wirkliches Sein oder Nichtsein*] de l'objet est sans importance pour l'essence propre du vécu perceptif, et par suite que le vécu est perception *de* cet objet apparaissant de telle ou telle manière, présumé tel ou tel ».

3. Cette première formulation de la distinction énoncée par la phrase est omise par la traduction française.

4. Husserl écrit « *präsentierende Empfindungen* » en 1901 et « *darstellende Empfindungen* » en 1913.

5. *Log. Unters.*, V. Unters., § 14, Hua XIX/1, p. 397 ; trad. fr. *RL* II/2, p. 186, trad. modif.

[*das Verständnis*] qu'il s'agit de symboles ou de signes verbaux »[1]. Les contenus sensoriels sont alors perçus (ou, dira Husserl, *aperçus*) différemment : à travers la configuration sensible, c'est le sens qui sera désormais visé et perçu. La différence entre les deux types d'aperception des mêmes données sensibles se manifeste aussi lorsqu'un « complexe phonétique » qui était entendu dans sa pure sonorité, comme simple *Wortlaut* ou *flatus vocis*, est saisi avec la signification dont il est porteur, autrement dit comme une « expression »[2]. Là encore, la différence entre les perceptions en question ne se fonde pas dans le contenu sensoriel : « la modification réside dans les caractères d'acte », autrement dit, c'est l'infléchissement de la modalité de la visée qui est déterminant[3]. Cela requiert, aux yeux de Husserl, de compléter et de renouveler la « théorie moderne de l'aperception » pour la rendre conforme à « l'état de choses *phénoménologique* » :

> L'aperception est, pour nous, ce surplus [*Überschuss*] qui consiste dans le vécu lui-même, dans son contenu descriptif, par opposition à l'existence brute de la sensation [*im Erlebnis selbst, in seinem deskriptiven Inhalt gegenüber dem rohen Dasein der Empfindung*] ; c'est le caractère d'acte qui anime [*beseelt*] pour ainsi dire la sensation et qui fait en sorte que nous percevons tel ou tel *objet* [*dieses oder jenes* Gegenständliche], que, par exemple, nous voyons cet arbre, nous entendons cette sonnerie, nous sentons le parfum de telle fleur, etc[4].

Une fois brisée l'identification moniste entre ce qui est vécu (l'acte de conscience et la sensation qu'il « anime » « interprète » ou « aperçoit ») et ce qui apparaît (l'objet perçu), reste en effet la question de savoir comment l'acte peut atteindre l'objet. La réponse de Husserl à ce problème fait ressortir la nécessaire complémentarité et synergie entre l'aperception (synonyme, nous l'avons vu, d'appréhension et d'interprétation des contenus sensoriels) et la sensation, synergie qui se

1. Ces exemples sont déjà présents dans les *Études psychologiques pour la logique élémentaire* de 1894 (*Psychol. Stud.*, Hua XXII, p. 115 ; trad. fr. *AL*, p. 153).

2. Ou, dira Husserl à la toute fin de la Cinquième Recherche, où cet exemple revient, « en tant que nom compris [*als verstandenem Namen*] » (*Log. Unters.*, V. Unters., § 45, Hua XIX/1, p. 529 ; trad. fr. *RL* II/2, p. 324).

3. *Log. Unters.*, V. Unters., § 14, Hua XIX/1, p. 398 ; trad. fr. *RL* II/2, p. 187. Et Husserl ajoute aussitôt, pour faire ressortir la portée de cette thèse : « Toutes les différences logiques et toute forme catégoriale résident dans les actes logiques au sens d'intentions ». Par ailleurs, la réécriture de la phrase en 1913 ressaisit le rôle déterminant des intentions en termes de *constitution* : « Toutes les différences logiques et surtout toutes les différences de forme catégoriale se constituent [*konstituieren sich*] dans les actes logiques au sens d'intentions » (*ibid.*).

4. *Log. Unters.*, V. Unters., § 14, Hua XIX/1, p. 398 ; trad. fr. *RL* II/2, p. 188.

trouve donc au cœur de l'intentionnalité. En outre, dans le cas particulier des actes imaginatifs (*Akten der Phantasie und der Imagination*)[1] qui s'étayent sur des contenus sensoriels (pour reprendre l'exemple de Husserl : le centaure dépeint par un tableau), une double aperception, perceptive et imageante (*verbildlichende*), est possible, selon que l'on vise le tableau lui-même ou l'objet représenté. C'est ainsi que Husserl entend, plus généralement, poser à nouveaux frais, et sur une « base phénoménologique convenablement établie » (*eine gehörig vorbereitete phänomenologische Unterlage*)[2], la question controversée du rapport entre perception et imagination, en resituant la différence entre les deux au niveau des caractères d'acte ou des modalités de l'intention. La variété du vécu ou de l'apparaître ne se laisse donc pas rabattre sur la variété de l'apparaissant, et Natorp a tort, encore une fois, de soutenir dans l'*Einleitung in die Psychologie* que « toute la richesse, toute la variété de la conscience dépend bien plutôt du contenu », et que « la conscience d'une *simple sensation* ne se distingue en rien spécifiquement en tant que conscience de la conscience d'un *monde* »[3]. Les caractères d'acte produisent des différences entre les vécus tout autant que les contenus sensoriels appréhendés : c'est pourquoi Husserl peut rétorquer à Natorp que « le vécu c'est la visée du monde, le monde c'est l'objet intentionné » (*Erlebnis ist das die Welt meinen, die Welt selbst ist der intendierte Gegenstand*). Ce refus de la résorption du monde dans le vécu n'équivaut pas à une prise de position métaphysique sur l'être du monde : au terme de ce travail d'élucidation phénoménologique, nous débouchons plutôt, insiste Husserl, sur « une distinction qui, précédant toute métaphysique, se trouve au *seuil* de la théorie de la connaissance » (*eine Unterscheidung, die vor aller Metaphysik und an der* Pforte *der Erkenntnistheorie steht*)[4], ou une différenciation qui demande de distinguer non seulement l'acte, son contenu et son objet, mais aussi plusieurs modalités *sui generis* de l'acte lui-même.

Le statut des sentiments

Y a-t-il, dès lors, une unité de la classe des actes ou des vécus ? Tous les vécus, c'est-à-dire tous les actes de conscience, se caractérisent-ils par l'intentionnalité, comme le soutenait Brentano en faisant du rapport intentionnel à l'objet la marque des phénomènes psychiques ?

1. « *Akten der schlichten und der abbildenden Imagination* », reformule Husserl en 1913 (*Log. Unters.*, V. Unters., § 14, Hua XIX/1, p. 399 ; trad. fr. *RL* II/2, 188).
2. *Log. Unters.*, V. Unters., § 14, Hua XIX/1, p. 399 ; trad. fr. *RL* II/2, p. 189.
3. *Einleitung in die Psychologie nach kritischer Methode*, Freiburg, Mohr, 1888, p. 19.
4. *Log. Unters.*, V. Unters., § 14, Hua XIX/1, p. 401 ; trad. fr. *RL* II/2, p. 190.

En formulant ces interrogations, Husserl s'engage, au § 15, dans la controverse soulevée par le statut des sentiments (*Gefühle*) [1]. Les sentiments sont-ils des vécus intentionnels, ou le sont-ils sans exception ? C'est ce que défend Brentano, auquel Husserl entend donner raison et qui conteste la thèse selon laquelle les sentiments seraient « de simples états et non des intentions actives » (*bloße Zustände, nicht aktive Intentionen*) [2]. L'intentionnalité des sentiments serait cependant une intentionnalité médiate, fondée sur l'intentionnalité d'une représentation : pour devenir le corrélat d'un sentiment (comme le plaisir esthétique), l'objet (fût-il existant ou fictif : fût-il, par exemple, un paysage perçu ou remémoré, ou un centaure imaginé [3]) doit d'abord être représenté (perçu, remémoré ou imaginé, en l'occurrence).

Tous les sentiments ne répondent cependant pas à cette caractérisation, car il y a aussi des « sensations affectives » (*sinnliche Gefühle* : littéralement, des sentiments sensibles au sens de sensoriels) qui ne présentent pas une telle relation à l'objet : c'est le cas, par exemple, pour la douleur résultant d'une brûlure. Husserl estime cependant qu'une telle sensation est « analogue » aux autres sensations, qui « jouent [...] le rôle de contenus figuratifs [*präsentierende Inhalte*] pour des actes de perception », pour autant qu'elles font l'objet d'une « interprétation » (*Deutung*) ou d'une « appréhension » (*Auffassung*) objective [4]. Cela veut dire, encore une fois, que les sensations « ne sont [...] pas elles-mêmes des

1. Les difficultés de la position adoptée par Husserl en 1901 à l'égard des sentiments ont souvent été soulignées par les commentateurs. Voir par exemple R. Bernet, *La vie du sujet*, *op. cit.*, p. 311*sq*.

2. « ... et non des actes ni des intentions », corrige Husserl en 1913. La traduction française ne signale pas cette modification. *Log. Unters.*, V. Unters., § 15, Hua XIX/1, p. 402 ; trad. fr. *RL* II/2, p. 192, trad. modifiée. Voir aussi F. Brentano, *Psychologie du point de vue empirique*, livre II, chap. VI, § 3. Brentano affirme par ailleurs, au chapitre 8 du livre II, l'unité de la classe des phénomènes psychiques comprenant les sentiments et les actes volitifs.

3. Dans l'édition de 1913, Husserl ajoute un alinéa à la fin du § 15a) pour écarter encore plus résolument la compréhension du rapport intentionnel comme rapport causal. C'est alors l'insistance sur la légitimité de l'objet fictif en tant que corrélat intentionnel qui lui permet de contester que la relation intentionnelle résulterait de l'affection de l'objet, ainsi que de souligner que l'objet intentionnel ne doit jamais être compris « comme objet existant véritablement hors de moi » (*Log. Unters.*, V. Unters., § 15, Hua XIX/1, p. 405 ; trad. fr. *RL* II/2, p. 195). Comme le note D. Pradelle, « jamais [...] l'être de l'objet ne pourra être autre chose que celui d'une unité de sens intentionnelle visée par la conscience, jamais cette unité ne se dédoublera d'un substrat ontologique réel qui affecterait du dehors de la conscience » (*Par-delà la révolution copernicienne. Sujet transcendantal et facultés chez Kant et Husserl*, Paris, Puf, 2012, p. 82).

4. *Log. Unters.*, V. Unters., § 15, Hua XIX/1, p. 406 ; trad. fr. *RL* II/2, p. 197.

actes, mais avec elles des actes se constituent », en tant qu'elles sont un « point d'appui [*Anhalt*] pour une interprétation [*Deutung*] empirique et objective » (appréhension [*Auffassung*], rectifiera Husserl en 1913)[1], alors que « les *intentions d'acte* » sont « ces moments dépendants qui, seuls, confèrent aux actes leurs propriétés essentielles en tant qu'actes »[2]. C'est ainsi que Husserl entend lever pour sa part l'équivoque qui existe entre sensations non intentionnelles et sentiments intentionnels, là où Brentano choisissait de ranger les sensations du côté des phénomènes physiques pour identifier les sentiments intentionnels seuls à des phénomènes psychiques.

Le « contenu » intentionnel

Le travail d'élucidation phénoménologique de la structure de l'acte intentionnel se poursuit, au § 16, avec la distinction entre le contenu réel et le contenu intentionnel de l'acte. La clarification de cette distinction fait en même temps ressortir l'évolution importante qui s'est produite, entre les deux éditions des *Recherches*, quant à la compréhension du sens même de la phénoménologie. En 1901, en effet, Husserl identifiait le contenu phénoménologique de l'acte au seul contenu réel, autrement dit – selon une description qui reflète encore son approche méréologique du vécu – à la « totalité intégrale [*Gesamtinbegriff*] de ses parties, [...] en d'autres termes la totalité intégrale des *vécus* partiels [*Teilerlebnisse*] dont il se compose réellement » (par exemple, dans le cas d'une perception, la sensation et la visée ou l'appréhension qui anime celle-ci). Cette conception, souligne Husserl dans une note de bas de page ajoutée en 1913, était « conforme au fait que le point de départ naturel de nos recherches se trouvait dans l'attitude psychologique ». Et il poursuit, en opérant un infléchissement décisif, avant de renvoyer aux analyses portant sur la noèse et le noème développées dans les *Ideen* I[3] :

> Mais si l'on réfléchit à nouveau sur les recherches déjà effectuées [...], il devient de plus en plus visible que la description de l'objectité [*Gegenständlichkeit*] intentionnelle comme telle [...] représente une autre direction pour des descriptions à effectuer d'une manière purement intuitive et adéquate, par opposition à celles des composantes

1. *Log. Unters.*, V. Unters., § 15, Hua XIX/1, p. 407 ; trad. fr. *RL* II/2, p. 197.
2. *Log. Unters.*, V. Unters., § 15, Hua XIX/1, p. 410 ; trad. fr. *RL* II/2, p. 201.
3. *Ideen* I, troisième section, chap. III et IV. La distinction entre noèse et noème représente une nouvelle élaboration de la différenciation entre la qualité et la matière de l'acte dans la Cinquième Recherche, dont il sera question un peu plus loin. Voir à ce propos *Ideen* I, § 133, Hua III/1, p. 274 ; trad. fr. Lavigne, p. 392.

réelles des actes, et que cette orientation, elle aussi, doit être appelée phénoménologique [1].

Ainsi, ce qui, en 1901, valait comme l'analyse phénoménologique de l'acte, à savoir la mise au jour de ses composantes réelles, s'identifie désormais à la seule analyse descriptive ou psychologique : c'est pourquoi, dans l'important éclaircissement proposé au § 129 des *Ideen* I, Husserl insiste sur la nécessité de dépasser « le caractère unilatéral de l'orientation noétique » [2] des analyses inaugurales des *Recherches.* Ce sera en outre l'une des particularités de l'édition de 1913 que de ne plus consentir (nous l'avons déjà souligné) à identifier la phénoménologie à la psychologie descriptive et, partant, d'insister sur ce qui distingue les deux, comme le montre le long ajout inséré au milieu du § 15 :

> Opérons maintenant la conversion de l'attitude psychologique relevant de la science empirique à l'attitude phénoménologique relevant de la science idéale. Nous excluons toutes les aperceptions et les positions d'existence de la science empirique, nous prenons ce qui est saisi par l'expérience interne, ou appréhendé de quelque autre manière par intuition interne dans la simple imagination, selon sa pure réalité de vécu et comme simple base exemplaire pour des idéations [*nach seinem reinen Erlebnisbestand und als bloßen exemplarischen Untergrund für Ideationen*]; nous en dégageons par l'intuition, idéativement, des essences générales et des rapports d'essence - des espèces idéales de vécus à différents degrés de généralité et des connaissances d'essence ayant validité idéale, qui s'appliquent par conséquent *a priori*, c'est-à-dire dans une généralité inconditionnée, aux vécus possibles *idealiter* des espèces correspondantes. Nous parvenons alors aux évidences de la phénoménologie pure [...], dont la description relève par suite entièrement d'une science idéale [3].

C'est une compréhension de la phénoménologie comme science idéale du vécu qui se dégage de ce passage et qui permet au Husserl de 1913 de corriger la conception encore trop psychologisante qu'il en avait en 1901. Chaque type de vécu - la perception ou le sentiment tout autant que le jugement - se prête à une telle approche eidétique qui désactive sa particularité psychologique et révèle les lois idéales de son fonctionnement. Mais indépendamment de cet infléchissement produit par l'idéation sur le vécu, l'objectif général d'un travail d'élucidation et de distinction conceptuelle, en vue de lever les équivoques qui affectent la psychologie des actes et, partant, la théorie de la connaissance, demeure

1. *Log. Unters.*, V. Unters., § 16, Hua XIX/1, p. 411 ; trad. fr. *RL* II/2, p. 202.
2. *Ideen* I, § 129, Hua III/1, p. 267 ; trad. fr. Lavigne, p. 384.
3. *Log. Unters.*, V. Unters., § 16, Hua XIX/1, p. 412 ; trad. fr. *RL* II/2, p. 203.

inchangé et se poursuit dans la suite du chapitre II par la clarification absolument décisive (et annoncée dès le titre de la Recherche V) du concept même de contenu intentionnel. Ce dernier peut avoir, comme le montre Husserl, trois acceptions : il peut désigner, soit l'objet intentionnel de l'acte, soit la matière de l'acte (par opposition avec sa qualité), soit, enfin, l'« essence » intentionnelle de l'acte, qui est une façon de désigner l'ensemble formé par la matière et la qualité.

Au § 17, c'est d'abord la première acception du contenu intentionnel, à savoir l'objet intentionnel, qui est examinée. Les analyses précédentes ont déjà amplement montré qu'il est possible de viser un même objet diversement, par des actes différents : ainsi, « *l'objet qui* est visé » doit être distingué de « *l'objet tel qu'il est visé* » (so wie er intendiert ist)[1]. Mais l'essentiel est à présent de faire un pas de plus pour mettre au jour la possible complexité du corrélat intentionnel d'un acte : il faut en effet distinguer « entre *l'objectité* [Gegenständlichkeit] *sur laquelle se dirige un acte pris dans sa totalité et les objets sur lesquels se dirigent les différents actes partiels* »[2]. Si un acte est complexe (composé de plusieurs actes partiels), alors son objet intentionnel aura lui-même une certaine complexité sans que cela porte atteinte à son unité. Pour illustrer cette distinction par un travail descriptif, Husserl prend l'exemple de différents actes complexes dont le corrélat intentionnel est un *état de choses* (Sachverhalt)[3] – en l'occurrence, le fait qu'un couteau se trouve sur une table. Cet état de choses peut être visé par l'expression nominale (*Name*) « le couteau sur la table », qui se dirige différemment vers les deux objets, le couteau et la table[4], ou bien par le jugement « le couteau se trouve sur la table », dont l'objet complet est « *l'état de choses* jugé »[5], état de choses

1. *Log. Unters.*, V. Unters., § 17, Hua XIX/1, p. 414; trad. fr. *RL* II/2, p. 205.

2. *Log. Unters.*, V. Unters., § 17, Hua XIX/1, p. 415; trad. fr. *RL* II/2, p. 206.

3. Husserl emprunte ce terme décisif à son autre maître, Carl Stumpf. Voir J.-F. Courtine, « L'objet de la logique », dans J. Benoist (dir.), *Husserl*, Paris, Cerf, 2008, p. 53-83, p. 74, et J. Benoist, *Représentations sans objet, op. cit.*, p. 177. Pour une confrontation plus générale entre le projet de Stumpf et celui de Husserl, voir D. Fisette, « Phenomenology and Descriptive Psychology : Brentano, Stumpf, Husserl », *in* D. Zahavi (ed.), *Oxford Handbook of the History of Phenomenology*, Oxford, Oxford University Press, 2018, p. 88-104.

4. Comme le souligne J.-F. Courtine, l'« ontologie des *Sachverhalte* » rompt avec l'ontologie traditionnelle, « essentiellement définie comme ontologie de la relation substance – accident, sujet – prédicat » : cette dernière devient en effet « comme un cas particulier d'une relation beaucoup plus générale entre tout et parties, moments dépendants et moments non dépendants ». C'est pourquoi la méréologie est une « pièce essentielle de l'ontologie formelle » (« L'objet de la logique », p. 75 et 76). Rappelons aussi que la Troisième Recherche rend hommage à Stumpf dès les premières lignes de son Introduction (*Log. Unters.*, III. Unters., Hua XIX/1, p. 227 ; trad. fr. *RL* II/2, p. 5).

5. *Log. Unters.*, V. Unters., § 17, Hua XIX/1, p. 416; trad. fr. *RL* II/2, p. 207.

qui pourrait aussi faire l'objet d'un souhait, d'un doute, d'une question ou d'un autre type d'acte.

C'est ainsi que la réflexion sur la complexité possible des objets intentionnels conduit Husserl à mettre en avant la distinction entre actes simples et actes complexes (§ 18). Les actes complexes sont en effet composés d'actes partiels qui se trouvent dans des relations bien particulières, dont Husserl souligne notamment la relation de fondation (*Fundierung*) [1]. L'exemple paradigmatique est celui de la prédication ou du jugement, déjà examiné au paragraphe précédent : la position (l'attribution ou la non-attribution) du prédicat se fonde sur la position du sujet (il faut d'abord poser, dans un acte spécifique, le sujet de la proposition « le couteau est sur la table », à savoir le couteau, pour pouvoir ensuite lui attribuer la propriété de se trouver sur la table). Et la relation de fondation peut continuer lorsque, par exemple, un nouvel acte (affectif, volitif, interrogatif…) se greffe sur l'acte total, par exemple la joie ou le doute par rapport à l'état de choses exprimé dans le jugement. Alors, le jugement, lui-même un acte complexe recelant des relations de fondation entre des actes partiels, fonctionne à son tour comme un acte fondateur. Husserl estime, en tout cas, que « le mode de l'entrelacement de la fondation d'actes par d'autres actes sous-jacents » comprend « des différences remarquables dont la recherche systématique n'a pour ainsi dire pas encore été abordée jusqu'à présent » (*von deren systematischer Erforschung bisher kaum noch die dürftigsten Anfänge zu finden sind*) [2]. La prise en compte des rapports de fondation qui régissent les actes partiels entrant dans la composition d'un acte complexe permet notamment de préciser l'analyse du « rapport phénoménologique entre le mot [*Wortlaut*] et le sens » (§ 19), déjà examiné au § 14 (et Husserl renvoie aussi, à ce propos, aux § 9 et 10 de la Première Recherche). Cet exemple, auquel Husserl confère manifestement une portée méthodologique décisive [3], nous confronte à « l'unité formée par les actes dans lesquels se

1. Husserl précise, en note, qu'il prend ce terme au « sens strict » (*im strengen Sinne*) qui s'est dégagé de la Recherche III. À ce sujet, nous renvoyons à la mise au point de D. Pradelle dans *Généalogie de la raison. Essai sur l'historicité du sujet transcendantal de Kant à Heidegger*, Paris, Puf, 2013, p. 191 *sq*.

2. *Log. Unters.*, V. Unters., § 18, Hua XIX/2, p. 419 ; trad. fr. *RL* II/2, p. 210.

3. La portée explicative de cet exemple directeur fournit en effet un argument en faveur de la thèse d'un « modèle linguistique » de l'intentionnalité (J. Benoist, *Intentionnalité et langage dans les* Recherches logiques *de Husserl*, *op. cit.*, p. 115). L'on peut cependant aussi considérer que sa priorité méthodologique n'implique pas forcément un primat explicatif. Voir en ce sens le parti pris de V. Mayer et C. Erhard dans leur commentaire de la Cinquième Recherche (« Die Bedeutung objektivierender Akte (V. *Logische Untersuchung*

constitue une expression prise physiquement [*physisch genommen* – en tant que complexe phonique sensible, rectifie Husserl en 1913] et par les actes tout différents dans lesquels se constitue la signification »[1]. Qu'est-ce qui fait que, lorsque nous entendons un mot, l'un ou l'autre type d'acte s'enclenche ? Au § 14, Husserl avait déjà mis en avant la variation qui peut se produire dans l'interprétation ou l'appréhension d'un même contenu sensoriel. Ici, le fait de donner la priorité aux « actes conférant le sens (*sinnverleihende Akte*) » est mis sur le compte de l'attention[2], qui se révèle ainsi comme pourvue d'une « importante fonction qu'elle remplit comme agent de la mise en relief (*als hebender Faktor*) de caractères d'actes dans les actes complexes, fonction grâce à laquelle elle exerce une influence essentielle sur la structure [phénoménologique, ajoute Husserl en 1913] de ces derniers »[3]. Le travail de l'attention contribue donc lui aussi à rendre compte du passage que l'on peut effectuer entre les diverses manières possibles d'appréhender un même contenu sensoriel.

LA QUALITÉ ET LA MATIÈRE DE L'ACTE

Toutes ces considérations relatives aux actes simples et complexes, fondateurs et fondés étaient appelées par la mise au jour de la complexité possible de l'objet intentionnel de l'acte, complexité que reflète la structure de l'acte lui-même. Mais comme nous l'avons vu (à la fin du § 16), la polysémie du contenu intentionnel de l'acte recouvre, outre l'objet intentionnel, la matière de l'acte, telle qu'elle se distingue de la qualité de ce dernier. Le § 20 se penche sur cette distinction, alors que le chapitre III se concentrera notamment sur la matière (et ouvrira aussi

§ 22-45) », in *Edmund Husserl. Logische Untersuchungen*, *op. cit.*, p. 158-187, p. 186). D. Pradelle relève pour sa part la « tension essentielle entre deux principes fondamentaux : le principe de *pluralisme régional de l'analyse intentionnelle*, et l'exigence méthodique d'*universalisation des concepts opératoires* de la phénoménologie » (*Intuition et idéalités. Phénoménologie des objets mathématiques*, Paris, Puf, 2020, p. 58).

1. *Log. Unters.*, V. Unters., § 19, Hua XIX/1, p. 419 ; trad. fr. *RL* II/2, p. 211.

2. C'est aussi le cas à la dernière page de la Cinquième Recherche, dans un passage de la version de 1901 que Husserl réécrira en 1913 en soulignant plutôt le fait que le vécu intentionnel « se rapporte à un objet par un sens d'appréhension [*eben durch einen Auffassungssinn sich auf Gegenständliches beziehendes*] » (*Log. Unters.*, V. Unters., § 45, Hua XIX/1, p. 528 ; trad. fr. *RL* II/2, p. 324).

3. *Log. Unters.*, V. Unters., § 19, Hua XIX/1, p. 425 ; trad. fr. *RL* II/2, p. 217.

un long questionnement sur le sens et le statut de la représentation, qui occupera toute la suite de la Cinquième Recherche[1]). Il s'agit, pour commencer, de « distinguer dans tout acte deux aspects – la qualité qui caractérise l'acte, par exemple, comme représentation ou jugement, et la matière qui lui confère l'orientation déterminée vers un objet (*die bestimmte Richtung auf ein Gegenständliches*) »[2] –, pour faire ressortir ensuite les variations possibles qui peuvent se produire au niveau du mode de la relation à l'objet, soit du côté de la qualité, soit du côté de la matière de l'acte. Dans tous les cas, c'est la matière qui apparaît « *comme étant, dans l'acte, ce qui confère éminemment la relation à une objectité* [Gegenständlichkeit], et lui confère cette relation avec une détermination si parfaite [*in so vollkommener Bestimmtheit*] que, grâce à la matière, ce n'est pas seulement l'objectité en général que vise l'acte, mais aussi le mode selon lequel l'acte la vise, qui est nettement déterminé »[3]. Plus généralement, la matière et la qualité sont des « moments abstraits » de l'acte : un acte qui serait pure matière ou pure qualité est inconcevable. La matière est toujours matière d'un acte d'une certaine qualité, et la qualité d'un acte s'exerce en lien avec une matière qui rend possible la relation à l'objet et donc l'intentionnalité. La reconnaissance de ce lien indissoluble entre matière et qualité au sein de l'acte, ainsi que le fait qu'il s'agit de « deux moments qui s'appellent réciproquement l'un l'autre » (*zwei einander wechselseitig fordernde Momente*), conduit Husserl à insister sur « l'unité formée par les deux éléments », qu'il désigne par le nom d'« essence intentionnelle » (*intentionales Wesen*)[4].

Au chapitre III, c'est le statut de la matière de l'acte que Husserl se donne pour tâche de préciser, pour autant que, encore une fois, c'est elle

1. Et comme le note R. Schérer dans son commentaire de la Cinquième Recherche, « la critique de la notion de représentation [...] forme un des thèmes directeurs de Husserl depuis les *Psychologische Studien* » (*La phénoménologie des « Recherches logiques » de Husserl*, *op. cit.*, p. 279).

2. *Log. Unters.*, V. Unters., § 20, Hua XIX/1, p. 428; trad. fr. *RL* II/2, p. 220.

3. *Log. Unters.*, V. Unters., § 20, Hua XIX/1, p. 429; trad. fr. *RL* II/2, p. 221.

4. *Log. Unters.*, V. Unters., § 21, Hua XIX/1, p. 431; trad. fr. *RL* II/2, p. 223. Au § 21, Husserl insiste sur le fait que l'essence intentionnelle, résultant de la réunification des deux moments abstraits que sont la qualité et la matière, « ne constitue qu'une partie de l'acte complet », ou « *n'épuise pas tout l'acte du point de vue phénoménologique* » (*Log. Unters.*, V. Unters., § 21, Hua XIX/1, p. 431 et 433; trad. fr. *RL* II/2, p. 223 et 225) : c'est ce que montrent les variations qu'un acte peut subir, dans la singularité de son effectuation, tout en restant identique quant à la matière et à la qualité (par exemple, je perçois la fenêtre de ma chambre tous les matins, mais ces actes identiques par la qualité et la matière diffèrent dans leur particularité). Pour autant que l'essence intentionnelle ne reflète pas encore la singularité de l'acte concret, Husserl en parle aussi, dès le titre du § 21, en termes d'« essence significative » (*bedeutungsmässiges Wesen*) de l'acte.

qui, « dans l'acte, confère à celui-ci la *relation déterminée à l'objet* » (*die bestimmte gegenständliche Beziehung*)[1]. Mais en vertu de quoi la matière peut-elle remplir cette fonction ? Pour répondre à cette question cruciale, Husserl emprunte un long détour qui passe par l'examen minutieux de l'une des caractéristiques fondamentales mises en avant par Brentano en vue de délimiter le domaine des phénomènes psychiques : la thèse selon laquelle « *tout vécu intentionnel ou bien est une représentation, ou bien repose sur des représentations qui lui servent de base* »[2]. C'est donc l'attention portée aux relations de fondation (*Fundierung*) entre les actes qui conduit à ressaisir la matière, selon l'intitulé du § 23 (sensiblement réécrit en 1913), comme « acte de "simple représentation" faisant fonction d'acte fondateur » (*als eines fundierenden Aktes "bloßen Vorstellens"*). Ainsi, c'est la possibilité même de la relation intentionnelle à l'objet qui repose sur la matière entendue désormais comme représentation : « un vécu intentionnel n'acquiert, en général, sa relation à un objet que de ce seul fait qu'en lui est présent un vécu d'acte de représentation qui *lui présente l'objet* » (*ein intentionales Erlebnis gewinnt überhaupt seine Beziehung auf ein Gegenständliches nur dadurch, daß in ihm ein Akterlebnis des Vorstellens präsent ist, welches ihm* den Gegenstand vorstellig macht)[3]. Le fait de ressaisir la matière comme représentation revient aussi à situer cette dernière différemment dans le domaine des actes, pour autant que la représentation peut être envisagée tantôt comme qualité, tantôt comme matière : je peux en effet parler de ma représentation du dieu Jupiter, envisagée en tant qu'acte d'une qualité particulière (en l'occurrence, une représentation imaginative), ou faire opérer cette représentation comme matière d'un jugement, par exemple lorsque j'énonce « Jupiter est l'époux de Junon ». La prise en compte de la représentation nous situe donc à un niveau d'indistinction potentielle de la qualité et de la matière, de sorte qu'on comprend à quel point le risque d'équivoque est ici des plus importants : « Tandis que toute autre essence intentionnelle est une complexion de qualité et de matière, l'essence intentionnelle de la représentation est simple matière – ou simple qualité – selon le nom qu'on voudra lui donner »[4].

1. *Log. Unters.*, V. Unters., § 22, Hua XIX/1, p. 442 ; trad. fr. *RL* II/2, p. 233.

2. *Log. Unters.*, V. Unters., § 22, Hua XIX/1, p. 443 ; trad. fr. *RL* II/2, p. 234. Brentano expose et justifie cette thèse au premier chapitre du livre II de la *Psychologie du point de vue empirique*.

3. *Log. Unters.*, V. Unters., § 23, Hua XIX/1, p. 443 ; trad. fr. *RL* II/2, p. 234.

4. *Log. Unters.*, V. Unters., § 23, Hua XIX/1, p. 446 ; trad. fr. *RL* II/2, p. 236.

L'« étrange proposition » (*merkwürdiger Satz*)[1] de Brentano fait émerger ainsi de nombreuses difficultés dont l'examen minutieux occupera la suite de la Cinquième Recherche. Comme Husserl l'avoue lui-même au début du § 25 : « Certains demanderont ici avec étonnement : à quoi bon tant de complications pour aplanir des difficultés que nous nous sommes nous-mêmes créées »[2]. La question épineuse posée au paragraphe précédent était celle de savoir ce qui différencie divers genres d'intention, ou encore diverses représentations (par exemple, la représentation *Pape* de la représentation *Empereur*), en tant que « *significations* de représentation » (Vorstellungs*bedeutungen*)[3], étant donné que « *des objets qui ne sont rien dans la représentation ne peuvent non plus créer une différence entre représentation et représentation* »[4]. Husserl estime qu'on ne peut pas résoudre cette difficulté sans rétablir la « distinction essentielle entre la qualité de l'acte et la matière »[5] et que, par conséquent, « les complications ne sont [...] nullement inutiles ». En effet, on ne peut répondre à la question précédemment posée en soutenant simplement que la différence entre les deux représentations repose sur leur « "contenu" » : « seul peut se contenter de "truismes" [*Selbstverständlichkeiten*] de ce genre, estime Husserl, celui qui ne s'est jamais clairement rendu compte des différences phénoménologiques [...] qui s'imposent dans ce domaine[6], ni surtout de la distinction fondamentale entre le contenu en tant qu'objet et le contenu en tant que signification [la version de 1913 rectifie : en tant que matière (sens d'appréhension ou signification)] »[7]. L'équivoque fondamentale qui affecte le sens même du contenu de l'acte se trouve donc au cœur de la discussion. Et la solution qui semble s'imposer pour la résoudre passe par l'éclaircissement du statut de la représentation en tant qu'acte *sui generis* comportant une qualité et une matière :

> le caractère qualitatif qui, en lui-même, fait de la représentation une représentation, [...] n'a dans son essence *interne* aucune relation à un

1. *Log. Unters.*, V. Unters., § 23, Hua XIX/1, p. 443; trad. fr. *RL* II/2, p. 234.
2. *Log. Unters.*, V. Unters., § 25, Hua XIX/1, p. 450; trad. fr. *RL* II/2, p. 240.
3. *Log. Unters.*, V. Unters., § 24, Hua XIX/1, p. 449; trad. fr. *RL* II/2, p. 240.
4. *Log. Unters.*, V. Unters., § 25, Hua XIX/1, p. 450; trad. fr. *RL* II/2, p. 241.
5. *Log. Unters.*, V. Unters., § 24, Hua XIX/1, p. 449; trad. fr. *RL* II/2, p. 240.
6. Dans l'Esquisse de Préface de 1913, Husserl insistera précisément que « l'affaire du philosophe, ce n'est pas de tout confondre ensemble [*zusammenwerfen*], mais c'est de rechercher et de fixer des démarcations eidétiques » (« Entwurf einer Vorrede », § 7, p. 322; trad. fr. dans *AL*, p. 386-387).
7. *Log. Unters.*, V. Unters., § 25, Hua XIX/1, p. 450; trad. fr. *RL* II/2, p. 241.

objet. Mais toutefois *dans cette essence est fondée* une relation ayant valeur de loi idéale, loi qui fait qu'un tel caractère ne peut exister sans une « matière » complémentaire avec laquelle seule la relation à l'objet s'introduit dans l'essence intentionnelle complète et, par suite, dans le vécu intentionnel concret lui-même [1].

Mais cette tentative de montrer que la représentation comporte à titre égal une qualité et une matière ne dissout pas le paradoxe en son entier : car ou bien il faut admettre que « la représentation apparaît, dans la série des vécus intentionnels, comme une exception surprenante », ou bien il devient difficile de maintenir la thèse de Brentano, qui suppose incontestablement un « privilège accordé aux représentations » et aboutit à une « complication de tous les actes qui ne sont pas eux-mêmes des représentations » [2].

Pour surmonter cette difficulté, Husserl fait appel, au § 27, au « témoignage de l'expérience interne [ou : de l'intuition directe (*direkte Intuition*), selon la réécriture de l'intitulé en 1913] » [3], et se propose d'« évaluer une à une des illusions issues de l'interprétation des données de la perception interne » (1901) ou de « l'intuition d'essence phénoménologique » (1913) [4]. C'est ainsi à l'équivoque ultime de la représentation qu'il faut se confronter, afin d'apporter la clarté ultimement requise à la fois au niveau de la structure interne des actes

1. *Log. Unters.*, V. Unters., § 25, Hua XIX/1, p. 452 ; trad. fr. *RL* II/2, p. 243-244.

2. *Log. Unters.*, V. Unters., § 26, Hua XIX/1, p. 453 et 454 ; trad. fr. *RL* II/2, p. 244, 245.

3. Husserl insère aussi dans ce paragraphe, au moment de la réédition des *Recherches*, la mise au point méthodologique suivante, qui fait écho à des thèses importantes des *Ideen I* : « Des déterminations d'état de choses phénoménologiques [*Feststellungen phänomenologischer Sachverhalte*] ne peuvent, en aucun cas, avoir les fondements de leur connaissance dans l'*expérience psychologique*, ni non plus dans la *perception interne* au sens naturel du mot, mais seulement dans l'*intuition phénoménologique d'essence idéatrice* [*nur in der* ideierenden phänomenologischen Wesenserschauung]. Celle-ci prend sans doute son point de départ dans les exemples fournis par l'intuition interne ; mais, d'une part, il n'est pas nécessaire que cette intuition interne soit précisément une perception interne actuelle ni quelque autre expérience interne (un souvenir), au contraire, n'importe quelle imagination interne, forgeant ses fictions en toute liberté, peut tout aussi bien lui servir, pourvu seulement qu'elle soit d'une clarté intuitive suffisante ; et elle lui servira même de préférence aux autres. D'autre part, l'intuition phénoménologique, comme nous l'avons déjà souligné à différentes reprises, exclut d'avance toute aperception psychologique et scientifique et toute position d'existence réelle, toute position de la nature psychophysique avec des choses réelles, des corps, des hommes [*wirklichen Dingen, Leibern, Menschen*], y compris le moi-sujet empirique propre et, en général, tout ce qui est transcendant à la conscience pure » (*Log. Unters.*, V. Unters., § 27, Hua XIX/1, p. 456 ; trad. fr. *RL* II/2, p. 247).

4. *Log. Unters.*, V. Unters., § 27, Hua XIX/1, p. 455 ; trad. fr. *RL* II/2, p. 247.

et au niveau des relations de fondation entre des actes. Pour ce faire, Husserl emprunte un chemin précis, qui revient à montrer comment la perception et l'imagination se distinguent quant à leur qualité et quant à leur matière, et ce qui advient au niveau de la qualité et de la matière lorsqu'une perception s'avère être une illusion. C'est le sens de l'analyse du célèbre exemple du musée de figures de cire (*Panoptikum*). Lorsque nous cessons d'être le « jouet de l'illusion » qui nous avait fait percevoir « une dame, et non un mannequin » à l'entrée du *Panoptikum*, la « matière servant de base à la perception » est-elle un « élément commun abstrait [...] donn[é] de part et d'autre d'une manière différente, avec une qualité d'acte différente », ou bien « à son tour, une qualité d'acte, à savoir celle d'un acte de simple représentation servant de fondement »[1] ? Aux yeux de Husserl, il paraît évident que « l'analyse descriptive ne semble nullement donner raison à la conception qui, aux yeux de bien des gens [dont Brentano, il faut le souligner[2]], paraît presque aller de soi, que toute perception serait une complexion dans laquelle un moment du *belief*, qui constituerait le qualitatif de l'acte perceptif, s'édifierait sur un *acte complet*, donc doté d'une qualité propre de "représentation perceptive" »[3]. La représentation qui sert de base à ces deux actes différents selon la qualité que sont la perception et l'imagination (ou la fiction perceptive, dans le cas de la perception d'un personnage), par exemple la vue d'un comédien sur scène qui est saisi tantôt comme Monsieur un tel, dont le nom figure dans la distribution de la pièce, tantôt comme *Othello et donc comme membre d'un monde imaginaire*, ne saurait être un acte à part entière : elle n'est qu'un moment dépendant de l'acte, sa matière.

REPRÉSENTATION ET JUGEMENT

L'étude de la « classe d'actes qui intéresse particulièrement le logicien, celle des *jugements* », vient affiner, à partir du § 28, cette compréhension de la représentation comme la matière de l'acte. La question est de savoir « *si ce qui*, dans l'acte du jugement, constitue *la matière*, par conséquent, *ce qui détermine le jugement comme portant sur cet état de*

1. *Log. Unters.*, V. Unters., § 27, Hua XIX/1, p. 459 ; trad. fr. *RL* II/2, p. 250.

2. Pour Brentano, en effet, « toute perception est un jugement » et « tout jugement [a] pour condition une représentation » (*Psychologie vom empirischen Standpunkt*, 50 et 38 ; trad. fr, p. 229 et 221).

3. *Log. Unters.*, V. Unters., § 27, Hua XIX/1, p. 461 ; trad. fr. *RL* II/2, p. 252.

choses, réside dans un acte de représentation fondateur »[1]. Ici encore, l'« analyse descriptive » ne permet pas de repérer, dans le jugement, une dualité « dans la qualité de l'acte », ou la coexistence d'un acte de jugement avec un acte de représentation : la représentation sur laquelle repose l'acte de juger n'est que sa matière – une composante de l'acte, donc, et non un acte à part entière inscrit dans une complexion qui serait comme un emboîtement d'actes différents. Même lorsque le jugement[2] est compris, comme c'est le cas chez Brentano (mais aussi chez Marty, voire chez Frege[3]), sur le modèle de l'« approbation » (*Anerkennung*) ou de l'« assentiment » (*Zustimmung*) donné à la représentation d'un état de choses (§ 29), une fois le jugement formé, la représentation, qui pouvait fonctionner au préalable comme un acte à part entière, devient « un moment abstrait » du nouvel acte[4]. Ce n'est donc pas en tant que classe de vécus à part entière, mais en tant que moment de l'acte qui s'identifie à sa matière, que la représentation jouit du privilège d'assurer l'intentionnalité de l'acte, c'est-à-dire sa relation à un objet. Husserl ne conteste pas que dans tout vécu intentionnel, il y a « une composante ou un aspect inhérent qui amène la chose à l'état de chose représentée (*die das Vorstelligwerden der Sache besorgt*) »[5]. Simplement, cette composante, qui est précisément la matière (comme la vue du comédien en tant que soubassement d'un acte de fiction perceptive, pour reprendre

1. *Log. Unters.*, V. Unters., § 28, Hua XIX/1, p. 462 ; trad. fr. *RL* II/2, p. 253-254.

2. L'intérêt de Husserl pour la théorie du jugement se maintient jusqu'au bout de son itinéraire philosophique, comme le montrent ses nombreux cours de logique et ses dernières « études logiques » éditées par Ludwig Landgrebe sous le titre *Expérience et jugement*. Voir U. Melle, « La théorie husserlienne du jugement », *Revue philosophique de Louvain* 99, 2001, p. 683-714.

3. Voir R. Cobb-Stevens, « Husserl's Theory of Judgment : A Critique of Brentano and Frege », *in* D. Fisette (ed.), *Husserl's* Logical Investigations *Reconsidered*, Dordrecht, Springer, 2003, p. 151-161. Pour une exploration plus poussée du rapport de Husserl à Frege, nous renvoyons également volume collectif édité par R. Brisart : *Husserl et Frege. Les ambiguïtés de l'antipsychologisme*, Paris, Vrin, 2002.

4. *Log. Unters.*, V. Unters., § 29, Hua XIX/1, p. 464 ; trad. fr. *RL* II/2, p. 255. Le § 30 montre que la compréhension des mots et des propositions qui entrent dans la composition d'expressions plus complexes ne nous confronte pas non plus à un « emboîtement réel » d'actes, mais simplement, une fois de plus, à la relation de fondation entre « *deux actes de même matière et de qualité différente* » (*Log. Unters.*, V. Unters., § 30, Hua XIX/1, p. 470 ; trad. fr. *RL* II/2, p. 263).

5. *Log. Unters.*, V. Unters., § 31, Hua XIX/1, p. 471 ; trad. fr. *RL* II/2, p. 264.

notre exemple), n'est pas elle-même un acte et ne nous met pas devant un emboîtement d'actes complets [1].

Les trois derniers chapitres (IV, V et VI) de la Cinquième Recherche n'abandonnent toutefois pas la tâche de l'élucidation du concept de représentation et de clarification des conditions auxquelles la thèse de Brentano (selon laquelle, encore une fois, tout vécu intentionnel, ou bien est une représentation, ou bien a une représentation pour base) garde sa validité, et affichent par ailleurs l'objectif d'une contribution à la théorie du jugement. Au début du chapitre IV (§ 32), la redoutable équivoque de la représentation semble avoir été levée : tous les développements antérieurs ont fait ressortir le fait que le terme de représentation possède un double sens (que Brentano n'avait pas relevé), selon qu'il désigne la qualité d'un acte *sui generis* ou la matière de tout acte. Husserl propose d'entériner cette distinction conceptuelle en réservant le terme de *Vorstellung* pour la représentation en tant qu'acte à part entière (par exemple, la perception d'Othello sur scène ou sa représentation dans l'imagination) et en choisissant de désigner la représentation au sens de la matière de l'acte (par exemple, la vue ou l'image sur laquelle cette perception ou cet acte d'imagination s'édifient) par le néologisme latin *Repräsentation*, que la traduction française rend par le syntagme « représentation représentative ». Il devient ainsi possible d'établir que c'est au sens de matière, donc au sens de *Repräsentation*, que la représentation se trouve, comme le soutient Brentano, « à la base de tout acte » [2], alors qu'au sens de *Vorstellung*, la représentation comporte, comme tous les actes, une qualité et une matière représentative (*Repräsentation*). Ainsi, une fois effectuée cette distinction conceptuelle et levée l'équivoque de la représentation, la « pseudo-évidence » de la thèse de Brentano peut se transformer en une « évidence authentique » [3].

1. Notons que Husserl réécrit sensiblement, en 1913, les dernières lignes du chap. III, consacré à la matière de l'acte. En 1901, il n'exclut pas « la possibilité qu'à l'occasion des contenus se présentent pour eux-mêmes, c'est-à-dire en dehors des vécus intentionnels » (*Log. Unters.*, V. Unters., § 31, Hua XIX/1, p. 473, note; trad. fr. *RL* II/2, p. 265), alors que la version de 1913 insiste sur le fait que « la matière ne peut être donnée isolément (*isoliert kann die Materie nicht vorkommen*) » (*Log. Unters.*, V. Unters., § 31, Hua XIX/1, p. 472; trad. fr. *RL* II/2, p. 265), et renvoie en note au § 109 des *Ideen I*, qui traite de la modification de neutralité et fait ressortir de nouvelles différences au niveau de la qualité d'acte.

2. *Log. Unters.*, V. Unters., § 32, Hua XIX/1, p. 474-475; trad. fr. *RL* II/2, p. 267.

3. *Log. Unters.*, V. Unters., § 32, Hua XIX/1, p. 475 et 476; trad. fr. *RL* II/2, p. 268.

Actes nominaux, actes positionnels

L'enquête ne s'arrête pas là, cependant, car Husserl relève que la *Vorstellung* elle-même, donc la représentation entendue comme acte, est tout aussi plurivoque. Ne peut-on pas envisager dès lors de mettre au jour un « nouveau concept de représentation » (§ 33) qui permette à son tour de valider la thèse de Brentano ? Ce concept, dont l'élaboration est l'un des apports fondamentaux de la Cinquième Recherche, est celui d'acte nominal. La mise en place de ce concept part des *noms* en tant qu'ils sont des « expressions de représentations (*Ausdrücken von Vorstellungen*) », et elle prend en vue la distinction, « qui est de la plus haute importance du point de vue descriptif », entre les « *représentations de jugements* » (Vorstellungen von Urteilen) et les « représentations des *états de choses* [Sachverhalten] correspondants »[1]. Cette distinction exprime une relation de fondation entre des actes qui sont de simples représentations (comme la perception, le souvenir, l'attente, l'imagination ...) et ces actes complexes que sont les jugements. La donation de l'état de choses sur lequel porte le jugement a lieu en effet à travers une représentation qui jouit désormais du statut d'un acte fondateur. Il n'y a pas ici un emboîtement d'actes, comme celui que Husserl critiquait au chapitre précédent, car l'acte de représentation fondateur n'« embrasse » (*umspanne*) pas toute la matière de l'acte fondé. Mais la relation de fondation entre le jugement et la représentation se laisse calquer sur celle entre l'énoncé et le nom : « Un jugement a au moins une représentation pour base, de même que tout énoncé pleinement exprimé comporte au moins un "nom" »[2]. L'étude de la structure du jugement permet donc de se réapproprier la thèse de Brentano en soutenant que « *dans toute complexion d'actes, les actes fondateurs en dernière instance* [die letztfundierenden Akte in jeder Aktkomplexion] sont nécessairement des représentations »[3], au sens d'actes nominaux (par exemple, la représentation d'Othello en tant qu'elle correspond au nom propre « Othello », ou la représentation d'une feuille en tant qu'elle correspond au nom commun « feuille »).

Comme c'est souvent le cas dans la Cinquième Recherche, chaque nouvelle avancée semble devoir se payer de nouvelles difficultés. Quelle est, en effet, l'unité générique du concept de représentation fraîchement acquis ? Notamment, y a-t-il une unité au niveau de la qualité qui le définit comme acte *sui generis*, alors qu'il semble embrasser à la fois des actes « symboliques [ou : non intuitifs, rectifie Husserl en 1913] » et des

1. *Log. Unters.*, V. Unters., § 33, Hua XIX/1, p. 478 ; trad. fr. *RL* II/2, p. 270.
2. *Log. Unters.*, V. Unters., § 33, Hua XIX/1, p. 479 ; trad. fr. *RL* II/2, p. 272.
3. *Log. Unters.*, V. Unters., § 33, Hua XIX/1, p. 480 ; trad. fr. *RL* II/2, p. 272.

actes « intuitifs » – donc des « *intentions* de signification nominales » aussi bien que « les remplissements de signification correspondants » [1] ? Il est manifeste que le domaine des actes nominaux n'est pas homogène et qu'il faut distinguer entre « *les actes qui confèrent à ce qui est nommé la valeur d'un existant* [die dem Genannten den Wert eines Seienden zuerteilen] et ceux qui *ne le font pas* » [2] : par exemple, la perception d'une feuille se distingue à cet égard de la représentation imaginative d'Othello. Cette différence, que Husserl exprime en parlant d'actes positionnels et d'actes non positionnels, est proprement fondamentale et s'étend « au *domaine tout entier* de la représentation », qui est plus vaste que celui des actes nominaux. Elle fait ressortir en effet une « *différence au sein de la qualité d'acte* », dont la prise en compte permet à Husserl de formuler le principe selon lequel « *à tout acte positionnel appartient* [...] *en général un acte non positionnel possible de la même matière et inversement* » [3]. Une dualité irréductible traverse donc le domaine des actes nominaux [4], ainsi que celui des actes de représentation en général.

La mise en avant du critère décisif de la positionnalité demande cependant de situer de manière plus précise les actes nominaux positionnels par rapport aux jugements (§ 35). Le fait qu'un acte nominal soit dit positionnel ne revient-il pas à l'assimiler tacitement à un jugement ? Pour reprendre l'exemple de Husserl, parler du « facteur en train de passer » (acte nominal positionnel) ou affirmer « le facteur passe » (jugement prédicatif) ne revient-il pas au même ? N'avons-nous pas affaire à un même jugement, implicite dans un cas, explicite dans l'autre ? Une telle manière de relativiser la portée de la distinction – fondamentale en logique – entre noms et énoncés ne reçoit pas l'approbation de Husserl, qui vient plutôt en appui de la conception classique de leur différence en

1. *Log. Unters.*, V. Unters., § 34, Hua XIX/1, p. 481 et 480; trad. fr. *RL* II/2, p. 273.

2. *Log. Unters.*, V. Unters., § 34, Hua XIX/1, p. 482; trad. fr. *RL* II/2, p. 275.

3. *Log. Unters.*, V. Unters., § 34, Hua XIX/1, p. 483; trad. fr. *RL* II/2, p. 276.

4. Au début du § 38, Husserl en donne un aperçu plus développé : « Dans le cadre des actes nominaux, nous avons distingué entre les actes positionnels et les actes non positionnels. Les premiers sont, dans une certaine mesure, des visées d'existence [*Seinsmeinungen*] [...]. Les autres laissent en suspens l'existence de leur objet [*das Sein ihres Gegenstandes dahingestellt*] ; l'objet considéré objectivement peut exister, mais, en eux-mêmes, il n'est pas visé selon le mode existentiel [*in der Seinsweise*], ou bien il *n'a pas valeur* d'objet réel (gilt *er nicht als wirklicher*), il est bien plutôt "simplement représenté" [*bloß vorgestellt*]. Dans ce cas s'applique la loi d'après laquelle, à chaque acte nominal positionnel, correspond un acte non positionnel, une telle "simple représentation" de la même matière, et réciproquement; cette correspondance devant naturellement être comprise au sens d'une possibilité idéale » (*Log. Unters.*, V. Unters., § 38, Hua XIX/1, p. 499; trad. fr. *RL* II/2, p. 292).

soutenant que « des actes nominaux et des jugements complets ne peuvent jamais avoir la même essence intentionnelle » et que, par conséquent, « *ce qui est donné dans le nom comme condensation* [Niederschlag] *d'un jugement n'est pas un jugement, mais une modification qui s'en distingue très nettement* »[1]. Dans la version de 1913 du § 35, Husserl développe sensiblement son argumentation afin de préciser la nature de cette modification : celle-ci, souligne-t-il, ne doit pas être comprise « *dans un sens empirico-psychologique ou biologique, mais exprim[e] une relation d'essence* sui generis *fondée dans le contenu phénoménologique des actes* »[2]. Là où la première édition des *Recherches* s'en tenait à une caractérisation négative, en soutenant que la correspondance entre un nom positionnel et un jugement ne concerne pas la « genèse causale » ou la « coexistence », Husserl précise en 1913 que la relation d'essence qui existe entre les actes est « régie par une loi idéale » et relève du « domaine de l'idéalité phénoménologique ». Ce dernier est conçu, de façon très significative, par analogie avec « le domaine des idéalités arithmétiques et géométriques » dont relève la légalité propre aux « nombres et [aux] types purs des constructions géométriques » et qui appartient également à « la sphère apriorique des idées pures »[3]. Cette analogie[4] révèle ici à quel point la longue réflexion que Husserl a menée sur le statut des idéalités mathématiques et la défense de plus en plus appuyée de leur autonomie à l'égard de la psychologie a été déterminante pour délimiter le lieu propre de la phénoménologie, ainsi que sa situation d'extériorité de plus en plus marquée par rapport au domaine de la psychologie.

L'examen de la relation entre actes nominaux et jugements ne s'arrête toutefois pas là, pour autant que Husserl fait droit, au § 36, à une autre considération qui semble inviter à nuancer leur nette distinction : à savoir, le fait que des énoncés peuvent remplir la fonction de noms et donc

1. *Log. Unters.*, V. Unters., § 35, Hua XIX/1, p. 485, 487 ; trad. fr. *RL* II/2, p. 278, 279.

2. *Log. Unters.*, V. Unters., § 35, Hua XIX/1, p. 488 ; trad. fr. *RL* II/2, p. 280. La traduction française n'indique pas que tout l'alinéa dont est issu cet extrait est un ajout de l'édition de 1913.

3. *Log. Unters.*, V. Unters., § 35, Hua XIX/1, p. 489 ; trad. fr. *RL* II/2, p. 282.

4. Cette analogie est reprise dans la suite du § 36 (version de 1913), lorsque Husserl précise, au sujet de la relation entre actes à plusieurs rayons et actes à rayon unique, que « dans chaque mode de conscience plurale est fondée la possibilité (en tant que possibilité d'essence "idéale") d'une conversion en un mode d'intention unique, dans lequel l'état de choses est, au sens fort, "objectivé" ou "représenté". (De même qu'*a priori*, dans l'essence idéale d'une figure géométrique, est fondée la possibilité que l'on "puisse" la déplacer dans l'espace, que l'on puisse lui faire subir une transformation en certaines autres figures, etc.) » (*Log. Unters.*, V. Unters., § 36, Hua XIX/1, p. 492 ; trad. fr. *RL* II/2, p. 285).

de sujets, comme dans l'exemple de prédication « *qu'enfin la pluie soit survenue, réjouira les agriculteurs* » [1]. Husserl insiste que la proposition-sujet est ici un nom : sa fonction n'est pas d'énoncer (comme lorsque nous disons « *enfin la pluie est survenue* »), mais de représenter un état de choses, là où la fonction du jugement, ressaisie dans un vocabulaire kantien (qui montre que Husserl n'emboîte pas le pas de Brentano, mais reste attaché à la compréhension traditionnelle du jugement), est de « "*relie[r]*" » des représentations dans une « "*unité de conscience*" » particulière [2]. Le jugement véritable est donc l'œuvre d'une « *conscience synthétique* » : il est ainsi – selon une précision terminologique apportée en 1913 – un acte à plusieurs rayons (*mehrstrahlig*), car il relie plusieurs représentations, là où, dans l'acte nominal, s'illustre une thèse à rayon unique [3]. C'est ainsi que la positionnalité propre aux actes nominaux ou aux représentations se trouve distinguée de celle qui s'exerce dans les jugements : une représentation positionnelle est un acte « thétique » à rayon unique. Partant, la mise en avant de la positionnalité n'abolit pas la distinction entre représentations et jugements (ainsi qu'entre nommer et énoncer [4]), et laisse transparaître par ailleurs une différence cardinale qui traverse le domaine des représentations.

Les actes objectivants

Au début du chapitre V, Husserl relance la question de l'unité du genre « représentation » et affirme la nécessité de délimiter un « *nouveau concept de représentation, plus large et encore plus significatif que le précédent* [qui était celui d'acte nominal], concept par lequel le principe de la fondation de tout acte dans des représentations recevra une interprétation nouvelle et particulièrement importante » [5] : il s'agit du concept d'*acte objectivant*, et nous comprenons qu'en élaborant ce concept [6], Husserl n'a pas perdu

1. *Log. Unters.*, V. Unters., § 36, Hua XIX/1, p. 490; trad. fr. *RL* II/2, p. 283.

2. Dans la *Psychologie du point de vue empirique*, Brentano s'emploie à montrer qu'« il est faux que la liaison du sujet et du prédicat ou toute autre combinaison de ce genre appartienne à l'essence du jugement » (livre II, chap. VII, § 5).

3. *Log. Unters.*, V. Unters., § 36, Hua XIX/1, p. 490; trad. fr. *RL* II/2, p. 284 et 285.

4. Pour un traitement plus développé de cette distinction, voir la contribution de R. Rollinger : « Names, Statements, and their corresponding Acts in Husserl's *Logical Investigations* », in *Husserl's* Logical Investigations *Reconsidered*, *op. cit.*, p. 133-150.

5. *Log. Unters.*, V. Unters., § 37, Hua XIX/1, p. 498; trad. fr. *RL* II/2, 291.

6. À son propos, la première édition des *Recherches* renvoyait, dans un bref alinéa qui se trouvera supprimé en 1913, à la Sixième Recherche et plus particulièrement au § 50. Le concept d'acte objectivant fournit en effet l'une des articulations fondamentales entre les deux dernières *Recherches*.

de vue la visée d'une discussion critique et, *in fine*, d'une réhabilitation de la thèse de Brentano selon laquelle tout vécu intentionnel est une représentation ou repose sur une représentation. Si le critère de la positionnalité scindait en deux le domaine de la représentation (et des actes nominaux), la « *modification* » qui, en désactivant la visée d'existence propre aux actes positionnels, « transforme tout acte nominal positionnel en une simple représentation de la même matière »[1], permet de faire ressortir et de rétablir son unité. C'est ainsi que se trouve déterminé « *le concept le plus large que puisse signifier le terme de représentation au sein de l'ensemble de la classe des vécus intentionnels* »[2], à savoir le concept d'acte objectivant. Et c'est au sein des actes objectivants qu'opèrent les deux divisions cardinales mises en avant par les analyses précédentes : la différenciation qualitative entre actes positionnels (que Husserl ressaisit ici comme « actes du *belief*, au sens de Mill et de Brentano ») et actes non positionnels, et la différenciation matérielle entre actes nominaux et actes propositionnels[3]. Ainsi, les actes objectivants embrassent à la fois les perceptions, les représentations et les jugements, et la croyance n'en est pas une composante indispensable[4]. Dans l'édition de 1913, Husserl s'attarde plus longuement[5] sur la distinction entre actes nominaux et actes propositionnels en soulignant que « l'opposition décisive qui s'impose est celle entre les actes *synthétiques, formant une unité dans leur multiple rayonnement*, et les actes *formés d'un seul rayon*, positionnels par *thèse unique* »[6]. Il précise aussi que la synthèse qui s'opère dans les actes à plusieurs rayons n'est pas *seulement* prédicative, mais peut être aussi conjonctive (ou collective), comme lorsque l'on se représente une collection d'objets reliés par des liens particuliers (par exemple, les trois tables dans l'histoire de Boucle d'or, ou les arbres d'un jardin). Et quel que soit le type de synthèse concerné, Husserl estime qu'« en *toutes* est possible

1. *Log. Unters.*, V. Unters., § 38, Hua XIX/1, p. 499 ; trad. fr. *RL* II/2, p. 292.

2. *Log. Unters.*, V. Unters., § 38, Hua XIX/1, p. 500 ; trad. fr. *RL* II/2, p. 293.

3. Le potentiel unificateur du concept d'acte objectivant est ressaisi par Levinas dans les termes suivants : « Pour la première fois, le jugement et la perception sont rapprochés et mis sur le même plan, en laissant ainsi deviner que la vérité doit être identique dans ces actes, que la justification du jugement a quelque chose peut-être de la justification de la perception » (*Théorie de l'intuition dans la phénoménologie de Husserl*, *op. cit.*, p. 100).

4. Voir à ce propos la mise au point de P.-J. Renaudie dans *Husserl et les catégories. Langage, pensée et perception*, Paris, Vrin, 2015, chap. IV (« Percevoir, représenter, juger »), p. 140 *sq.*

5. À la place de ce développement, la version de 1901 avançait la distinction correspondante entre matière nominale et matière propositionnelle (*Log. Unters.*, V. Unters., § 38, Hua XIX/1, p. 503, note ; trad. fr. *RL* II/2, p. 364-365).

6. *Log. Unters.*, V. Unters., § 38, Hua XIX/1, p. 501 ; trad. fr. *RL* II/2, p. 294.

l'*opération* fondamentale *de la nominalisation*, de *la transformation de la multiplicité de rayons* [Vielstrahligkeit] *synthétique* [...] *en une unique orientation intentionnelle* [Einstrahligkeit] *"nominale" conservant la matière correspondante qui renvoie à la matière originaire* »[1] : nous pourrions reprendre ici son exemple et convertir le jugement « le facteur passe » dans l'expression nominale « le facteur en train de passer ». Husserl énonce également un peu plus loin une modification analogue, celle de « tout jugement [...] en un acte nominal correspondant », et donne l'exemple de la transformation du jugement « 2 × 2 est égal à 5 » dans l'expression nominale « que 2 × 2 est égal à 5 »[2]. Le formalisme assumé de cette perspective sur les vécus est ouvertement avoué lorsque Husserl remarque que « l'examen général des articulations possibles et des formations synthétiques » qui transparaissent dans l'analyse des actes relève des « lois de la *grammaire pure logique* »[3] dont il a été question dans la Quatrième Recherche.

Modification qualitative et modification imaginative

La « simple représentation » (*bloße Vorstellung*) s'obtient, nous l'avons vu, par la modification qualitative des actes positionnels, qu'il s'agisse d'un jugement ou d'un « *belief* nominal » (d'un acte nominal positionnel). Cette modification qualitative, ou conversion du vécu en « simple représentation », peut s'appliquer, qui plus est, « à tout vécu intentionnel en général » : ainsi, « au souhait [correspond] la simple représentation de ce souhait, à la haine la simple représentation de cette haine »[4], et ainsi de suite. Plus loin encore, « une représentation s'y rapportant » (*eine auf ihn bezügliche Vorstellung*) correspond non seulement « à tout acte possible », mais aussi « à tout objet possible » (*zu jedem möglichen Objekt*) : « À tout objet correspond donc la représentation de l'objet, à la maison la représentation de la maison, à la représentation la représentation de la représentation, au jugement la représentation du jugement, etc. ». Cette loi (idéale, on sous-entend) est formulée tout en prêtant attention à ne pas confondre la représentation des objets et la représentation des actes : c'est pourquoi il faut insister, encore une fois, que « la représentation du jugement [...] n'est pas la représentation de l'état de choses jugé »[5].

1. *Log. Unters.*, V. Unters., § 38, Hua XIX/1, p. 502 ; trad. fr. *RL* II/2, 295.
2. *Log. Unters.*, V. Unters., § 38, Hua XIX/1, p. 504 ; trad. fr. *RL* II/2, 297.
3. *Log. Unters.*, V. Unters., § 38, Hua XIX/1, p. 503 ; trad. fr. *RL* II/2, 296.
4. *Log. Unters.*, V. Unters., § 39, Hua XIX/1, p. 505 ; trad. fr. *RL* II/2, 298.
5. *Log. Unters.*, V. Unters., § 39, Hua XIX/1, p. 506 ; trad. fr. *RL* II/2, 299.

Il s'impose également de ne pas confondre la conversion d'un acte en « simple représentation », en tant que modification qualitative qui suspend *d'un coup* le caractère positionnel d'un acte[1] (et que Husserl repensera dans les *Ideen* I en termes de modification de neutralité[2]), et l'opération que la version de 1913 des *Recherches* appelle, pour plus de précision terminologique, « objectivation représentative » (*vorstellende Objektivierung*) et qui, elle, est réitérable *à l'infini* (comme lorsque je me représente la tasse, puis la représentation de la tasse, puis la représentation de la représentation de la tasse, et ainsi de suite).

La compréhension de la modification qualitative comme suspension du caractère positionnel de l'acte qui se rattache au *belief* pourrait donner l'impression que nous avons affaire simplement à une conversion d'« actes de *croyance* » (fürwahrhaltende) en « *actes d'imagination* » (einbildende Akte)[3]. Cette modification, à laquelle Husserl semble attacher tant de prix, serait-elle une simple transposition des actes positionnels dans le registre de l'imagination ? C'est ce que le § 40 s'emploie à réfuter. La réticence de Husserl s'enracine, de manière prévisible, dans sa sensibilité accrue aux équivoques de l'imagination, qui font qu'une entreprise de clarification terminologique, comme celle qui meut l'intégralité de la Cinquième Recherche, ne peut pas envisager de recourir sans réserves à ce terme : celui-ci « renvoie à une appréhension imaginative[4], à une conception de notre fantaisie [*Phantasieauffassung*] ou, au sens propre, à l'appréhension d'images [*bildliche*], mais nous ne pouvons dire pourtant, en aucune façon, *que tous les actes non positionnels soient imaginants* [imaginierende], *que tous les actes positionnels soient non imaginants* »[5].

1. Par exemple, je perçois ma tasse de thé bleue en désactivant la visée qui la pose en tant que chose existante, ou je me souviens du moulin de Collioure sans plus considérer le souvenir comme la représentation de quelque chose qui a été perçu, mais en l'assimilant à une image librement forgée ou vue en rêve. Husserl donne également l'exemple de « la contemplation d'un tableau, que nous laissons agir sur nous d'une manière simplement esthétique, sans prendre aucunement position sur l'existence ou la non-existence (*ohne jede Stellungnahme über Sein und Nichtsein*) de ce qui est représenté » (*Log. Unters.*, V. Unters., § 39, Hua XIX/1, p. 507 ; trad. fr. *RL* II/2, p. 301).

2. Voir encore une fois le § 109 des *Ideen* I. L'édition de 1913 de la Cinquième Recherche y renvoie d'ailleurs à nouveau expressément en note (*Log. Unters.*, V. Unters., § 39, Hua XIX/1, p. 508 ; trad. fr. *RL* II/2, p. 302).

3. *Log. Unters.*, V. Unters., § 40, Hua XIX/1, p. 509 ; trad. fr. *RL* II/2, p. 303.

4. Husserl écrit « *bildliche Auffassung* » en 1901 et « *imaginative Auffassung* » en 1913 (voir *Log. Unters.*, V. Unters., § 40, Hua XIX/1, p. 510). Comme le notent les traducteurs français, cette substitution terminologique est fréquente dans la deuxième édition des *Recherches* (trad. fr. *RL* II/2, p. 366).

5. *Log. Unters.*, V. Unters., § 40, Hua XIX/1, p. 510-511 ; trad. fr. *RL* II/2, p. 305.

C'est tout d'abord la cohabitation ou l'intrication qui se produit dans certains cas entre perception et imagination qui fait que les actes imaginatifs n'ont pas une situation univoque par rapport au critère de la positionnalité. L'exemple privilégié de Husserl demeure celui de la contemplation esthétique : la perception d'un tableau mêle inévitablement une appréhension perceptive, qui contient une visée d'existence orientée vers le tableau pris dans sa matérialité, et une appréhension imaginative, qui considère l'objet dépeint comme produit d'une libre fiction sans lui attribuer une quelconque consistance ontologique. Par ailleurs, il est manifeste que le fait de suspendre le caractère positionnel d'un jugement – en le transformant par exemple en une interrogation – ne revient pas à le convertir en un acte d'imagination. Dès lors, la modification qualitative qui désactive la positionnalité et la modification imaginative qui nous fait passer dans le registre de l'imagination ne se recoupent pas, même si, dans les deux cas, il s'agit de modifications qui laissent intacte la matière de l'acte et affectent uniquement sa qualité. Car la qualité de l'acte peut être modifiée, dans la transposition imaginative, sans que la positionnalité soit intégralement suspendue, comme le montre encore une fois l'exemple de la fiction perceptive. Husserl insiste en outre, à la fin du § 40, sur le fait que le jugement, communément associé en logique au caractère de *belief*, ne recouvre pas toute la sphère des actes positionnels, pour autant que ceux-ci ne sont pas seulement propositionnels, mais aussi nominaux. Cependant, la clarification ultime du concept de jugement n'est pas du ressort d'une théorie phénoménologique de la connaissance : « Comme *jugement* est un terme logique [1], seul l'intérêt logique et la tradition logique ont à décider quel concept doit lui donner sa signification » [2].

1. Et Husserl note ensuite au passage qu'« un concept aussi fondamental que celui de la signification (idéale) d'un énoncé […] constitue […] l'unité ultime à laquelle se rapporte nécessairement tout ce qui est logique » (*Log. Unters.*, V. Unters., § 40, Hua XIX/1, p. 513 ; trad. fr. *RL* II/2, p. 307).

2. *Ibid.* Husserl ajoute un peu plus loin, avant d'évoquer rapidement, et sans prendre position par rapport à elle, la conception bolzanienne de la *Vorstellung an sich* : « Il en est du terme de *représentation* comme du terme de *jugement*. Les besoins propres de la logique doivent décider de ce qu'elle doit entendre sous ce terme » (*Log. Unters.*, V. Unters., § 40, Hua XIX/1, p. 513 ; trad. fr. *RL* II/2, p. 307).

L'acte objectivant, sens fondamental de la représentation et acte fondamental qui fournit sa matière à tout acte intentionnel

La fin du chapitre V propose un premier moment de conclusion après ces analyses ardues qui ont visé à apporter une clarté, dans la terminologie comme dans la compréhension, dans le domaine des actes intentionnels en général et des représentations en particulier. Nous l'avons vu, c'est en élaborant le concept d'acte objectivant que Husserl entend ressaisir la fonction fondamentale des actes de représentation, et il s'agit à présent de souligner qu'« aucun acte, ou bien plutôt, aucune qualité d'acte qui n'est pas elle-même de l'espèce des qualités objectivantes, ne peut s'approprier sa matière si ce n'est au moyen d'un acte objectivant », car « *toute matière* [...] *est matière d'un acte objectivant* ». Partant, « les actes objectivants ont précisément la fonction spécifique de fournir avant tout, à tous les actes, la représentation de l'objectité [*allen übrigen Akten die Gegenständlichkeit zuallererst vorstellig zu machen*] à laquelle ils se rapportent dans les modes nouveaux qui sont les leurs » [1], et s'érigent ainsi en « gardiens de l'intentionnalité » [2]. Dès lors, c'est sous la forme suivante que la thèse de Brentano, que les équivoques tenaces de la représentation avaient tellement fragilisée, peut être rétablie : « *Tout vécu intentionnel ou bien est un acte objectivant ou bien a un tel acte pour* "*base* (Grundlage)" » [3]. Le dernier paragraphe du chapitre (§ 43) insiste également sur la nécessité d'adopter cette nouvelle terminologie, en détaillant une fois de plus les équivoques engendrées inévitablement par la formulation brentanienne qui, faute d'avoir distingué, parmi les représentations au sens d'actes objectivants et ultimement fondateurs, les actes simples (nominaux) et les actes complexes, ne peut que mêler « *deux*

1. *Log. Unters.*, V. Unters., § 41, Hua XIX/1, p. 514-515; trad. fr. *RL* II/2, p. 308309.

2. Selon l'expression de J. Benoist dans *Les limites de l'intentionnalité*, *op. cit.*, p. 79.

3. *Log. Unters.*, V. Unters., § 41, Hua XIX/1, p. 514; trad. fr. *RL* II/2, p. 309. L'importance de cette thèse a été amplement soulignée par Levinas, en accord avec la lecture réaliste qu'il fait des *Recherches* : « Il semble que, dans l'attitude réaliste des *Logische Untersuchungen*, les actes objectivants atteignent l'être, qui existe indépendamment de la conscience, et laissent aux actes non objectivants la fonction de se rapporter à ces objets, sans contribuer en quoi que ce soit à leur constitution réelle ». Levinas voit en outre dans le « primat des actes objectivants » un « primat de la conscience théorique », et estime que « la notion d'*acte objectivant* est empruntée à la sphère de l'assertion et entache ainsi d'intellectualisme l'intuitivisme husserlien » (Levinas, *Théorie de l'intuition dans la phénoménologie de Husserl*, *op. cit.*, p. 97, 98 et 99; voir aussi p. 223 : « La proposition qu'à la base de tous les actes il y a une représentation est donc d'une plus grande portée qu'on ne le croirait, pour l'esprit de la philosophie de Husserl, et pour le caractère intellectualiste de l'intuition »).

espèces radicalement différentes de fondation » (zwei grundverschiedene Fundierungsarten) : la fondation d'actes non objectivants (comme les actes affectifs ou volitifs [1]) dans les actes objectivants, et la fondation d'actes objectivants complexes dans des actes objectivants simples (par exemple, la fondation d'un jugement prédicatif dans les actes nominaux par lesquels le sujet et le prédicat sont représentés). En fin de compte, l'acte objectivant qui est proprement et ultimement fondateur est l'acte simple, donc l'acte nominal : « tout acte objectivant qui sert d'ultime fondement est un acte nominal » (*jeder letztfundierende objektivierende Akt ein nominaler ist*) [2].

Ainsi, le critère de la simplicité de l'acte objectivant revêt lui aussi une importance cruciale. Le § 42 lui est consacré et s'efforce d'élucider la structure des actes complexes, pour autant qu'ils sont tous des actes fondés : comment cette complexité s'enracine-t-elle au niveau de la qualité et au niveau de la matière de l'acte ? La réponse à cette question paraît simple : « tout acte composé est *eo ipso* complexe qualitativement », et il comporte « une répartition de la matière en fonction des actes partiels » [3]. Mais au niveau de la qualité comme de la matière, l'acte composé dévoile sa dépendance à l'égard d'un acte objectivant fondateur : car « une matière est absolument irréalisable si ce n'est en tant que matière d'un acte objectivant » (*eine Materie überhaupt nicht realisierbar ist, es sei denn als Materie eines objektivierenden Aktes*), et « des qualités d'un autre genre sont, en conséquence, toujours fondées dans des qualités objectivantes » [4]. De cette manière, l'attention portée aux lois idéales qui régissent le fonctionnement des actes complexes confirme le statut nécessairement fondateur des actes objectivants, et contribue à montrer

1. Dans les *Ideen* I, Husserl rompt résolument avec la position inaugurale des *Recherches logiques* en réintégrant les actes affectifs et volitifs parmi les actes objectivants. Voir le § 117 : « *tous les actes en général – y compris les actes affectifs et volitifs – sont des actes "objectivants", qui "constituent" originairement des objets* » (*Ideen I*, § 117, Hua III/1, p. 244 ; trad. Lavigne, p. 352).

2. *Log. Unters.*, V. Unters., § 43, Hua XIX/1, p. 519 ; trad. fr. *RL* II/2, p. 314. Autrement dit, « la source originaire consiste toujours en ce que toute matière simple, donc ne refermant plus aucun fondement matériel, est une matière nominale » (*ibid.*). Cette thèse a pu être elle aussi mobilisée à l'appui d'un modèle linguistique de l'intentionnalité. Voir par exemple le commentaire de René Schérer, pour qui le rôle ultimement fondateur des actes nominaux est une preuve du fait que « c'est [...] sur la couche du langage que se constitue l'unité de la vie intentionnelle » (*La phénoménologie des « Recherches logiques » de Husserl*, p. 284).

3. *Log. Unters.*, V. Unters., § 42, Hua XIX/1, p. 515 ; trad. fr. *RL* II/2, p. 310.

4. *Log. Unters.*, V. Unters., § 42, Hua XIX/1, p. 516 ; trad. fr. *RL* II/2, p. 310.

que les actes objectivants ultimement fondateurs sont des actes simples, c'est-à-dire des actes nominaux[1].

Bilan des équivoques de la représentation

Si le chapitre V paraît livrer la conclusion finale de l'enquête menée par la Cinquième Recherche au sujet du sens et du statut de la *Vorstellung*, Husserl ressent le besoin de proposer au chapitre suivant une vue synoptique de la polysémie où s'originent toutes les équivoques affectant les termes de représentation et de contenu de représentation. C'est ainsi que le § 44 identifie « une quadruple, voire une quintuple équivoque du terme de représentation », et va jusqu'à énumérer treize (!) niveaux possibles de confusion[2]. Le premier sens (1) de la représentation (*Vorstellung*) est la *matière*, donc la représentation représentative (*Repräsentation*); vient ensuite (2) la représentation comme *bloße Vorstellung*, « simple représentation » (en tant que « modification qualitative d'une forme quelconque de *belief* », précise Husserl en 1913[3]), puis (3) la représentation comme *acte nominal*, et enfin (4) la représentation comme *acte objectivant*, qui embrasse à la fois les actes nominaux positionnels (ainsi que les actes de *belief* propositionnel : les jugements représentant des états de choses, donc) et les actes de « simple représentation » qui résultent par la modification qualitative de ces derniers. Ainsi, finalement, puisque l'acception (4) regroupe les acceptions (2) et (3)[4], la distinction cardinale demeure celle entre la représentation comme matière de l'acte et la représentation comme acte objectivant.

Cependant, dans la suite du § 44, Husserl recense d'« autres équivoques », en continuant son énumération, et estime que les « analyses phénoménologiques [...] constituent les conditions indispensables pour

1. Si Husserl précise aussitôt que « la réciproque n'est pas vraie; tous les actes nominaux ne sont pas simples », c'est pour autant qu'il a montré précédemment (au § 38) que l'opération de nominalisation permet d'obtenir des actes nominaux à partir d'actes propositionnels qui sont des actes complexes.

2. Qui plus est, l'énumération de 1901 est légèrement modifiée en 1913 : les acceptions 1 et 2, qui étaient regroupées, se trouvent distinguées, et à la place de l'acception 8, Husserl distingue deux acceptions, 7 et 8. Nous reprenons ici l'énumération de 1913, qui nous paraît plus claire. Pour une discussion de cet ultime effort de clarification phénoménologique de la représentation dans la Cinquième Recherche, nous renvoyons à l'analyse de Jocelyn Benoist dans *Les limites de l'intentionnalité*, chap. III, p. 76 *sq.* en particulier.

3. *Log. Unters.*, V. Unters., § 44, Hua XIX/1, p. 521; trad. fr. *RL* II/2, p. 316.

4. Une confusion est présente dans la traduction française, qui aurait dû corriger, conformément au texte de 1913 qui a été privilégié, p. 316 : « les représentations dans le deuxième et troisième sens exposé plus haut sont impliquées dans cette classe ».

la résolution de ces équivoques » : (5) l'opposition entre représenter et concevoir (*sich Denken*) en tant qu'elle recouvre celle entre intuition (*Anschauung*) et concept, et selon laquelle « *se représenter quelque chose* veut dire [...] : *se procurer* (sich verschaffen) *une intuition correspondante de ce qui a été simplement pensé* »[1]; (6) la représentation comme imagination par opposition avec la perception; (7) la représentation-image (selon la précédente acception) envisagée cette fois-ci comme chose physique, donc en tant que *Bildobjekt*, dans la terminologie de Husserl (comme le tableau, la photographie...); (8) la représentation-image comme signe, représentant ou substitut de la chose (Husserl donne l'exemple du symbole algébrique). Ensuite, toujours en lien avec l'acception (6), Husserl évoque également (9) la différence présente, non plus au niveau des actes mais au niveau des contenus, entre *sensations* (Empfindungen) et *images* (Phantasmen), ainsi que la confusion de niveaux qui produit un amalgame entre l'acte et son objet (10), par exemple lorsque l'on dit « Le monde est ma représentation ». Une autre confusion (11) découle du fait de « qualifier de représentations tous les contenus de conscience ». Enfin, Husserl insiste sur la particularité des (12) « concepts spécifiquement logiques de la représentation », comme le concept de « représentation en soi » proposé par Bolzano; et tout en suggérant que cette longue énumération d'équivoques demeure ouverte, il tient à mentionner, pour finir (13), « l'emploi du terme de représentation dans le sens *d'opinion* (Meinung) »[2].

Au terme de ce long effort de clarification conceptuelle, avant de clore la Cinquième Recherche, Husserl se tourne une nouvelle fois de manière critique vers Twardowski, pour dénoncer l'insuffisance de « la simple distinction entre contenu et objet de la représentation », et même entre « acte, contenu et objet »[3], ainsi que pour déplorer que son condisciple ait été « victime de son psychologisme ». La minutieuse analyse de la structure des actes menée tout au long de cette Recherche a fait ressortir en effet une articulation beaucoup plus fine et plus complexe, attentive à la différence fondamentale entre contenu réel et contenu intentionnel, différence dont la prise en compte permet de ne pas résorber « la *signification* en tant

1. *Log. Unters.*, V. Unters., § 44, Hua XIX/1, p. 521-522; trad. fr. *RL* II/2, p. 316-317.

2. *Log. Unters.*, V. Unters., § 44, Hua XIX/1, p. 526-527; trad. fr. *RL* II/2, p. 321-322.

3. Si ces distinctions sont insuffisantes, elles manifestent incontestablement un progrès par rapport à la position moniste selon laquelle « il n'y a pas de différence entre représenter et contenu représenté », position qui avait été critiquée dès le § 2 et sur laquelle Husserl revient dans la Remarque qui figure à la fin du § 45 et clôt, de ce fait, la Cinquième Recherche (*Log. Unters.*, V. Unters., § 45, Hua XIX/1, p. 528; trad. fr. *RL* II/2, p. 323).

qu'unité idéale »[1] dans l'immanence réelle de la conscience. La mise en avant de cet enjeu montre que contre toute apparence, le combat contre le psychologisme est loin d'avoir été abandonné dans la Cinquième Recherche, et que la laborieuse entreprise de clarification de la structure interne des actes et des relations de fondation entre les actes s'est encore trouvée au service de ce combat.

Dans l'Introduction de la Sixième Recherche, Husserl s'exprimera dans ces termes au sujet de la Cinquième Recherche, qui s'est attelée si patiemment à dissiper les équivoques tenaces entourant le contenu et l'objet de l'acte, mais aussi le phénomène et la représentation : « La recherche précédente, qui paraissait tout d'abord se perdre dans des questions lointaines de psychologie descriptive, a contribué à nous faire progresser considérablement dans l'élucidation de la connaissance », et ce notamment par « la détermination du caractère phénoménologique spécifique des actes ». Mais ces analyses restent, comme le rappelle Husserl, propédeutiques ou préliminaires, et ne sauraient donc être prises pour des résultats définitifs[2]. S'il reviendra tout d'abord à la Sixième Recherche d'avancer sur le chemin qui a été ainsi tracé et déblayé[3], c'est jusque dans les *Ideen I* que l'on retrouvera les traces et les indices d'une nouvelle mise en chantier des deux dernières *Recherches logiques*.

1. *Log. Unters.*, V. Unters., § 45, Hua XIX/1, p. 527 et 528; trad. fr. *RL* II/2, p. 323.

2. « Toutefois, les concepts spécifiquement logiques de représentation et le concept de jugement ne s'en trouvaient pas pour autant élucidés d'une manière définitive. Sur ce point, et en général, nous avons encore un long chemin à parcourir. Nous en sommes toujours aux commencements » (*Log. Unters.*, VI. Unters., Einleitung, Hua XIX/2, p. 537-538; trad. fr. *RL* III, p. 11-12). Rappelons aussi l'affirmation célèbre maintes fois réitérée par Husserl, depuis la Préface de la deuxième édition de 1913 : « Les *Recherches logiques* furent pour moi un ouvrage inaugural (*ein Werk des Durchbruchs*) et, par conséquent, non pas une fin, mais un commencement » (*Vorwort zur zweiten Auflage*, Hua XVIII, 8; trad. fr. *RL* I, p. XI).

3. Nous pouvons reprendre ici l'image éloquente de Levinas qui, dans « La ruine de la représentation » (1959), estime que « les *Logische Untersuchungen* [...] définissent si mal la phénoménologie, mais [...] la prouvent si bien, car elles la prouvent, comme en prouve le mouvement – en marchant » (*En découvrant l'existence avec Husserl et Heidegger*, *op. cit.*, p. 128).

DE L'INTENTIONNALITÉ À LA CONNAISSANCE LE PROCESSUS DE REMPLISSEMENT

SUR LA SIXIÈME RECHERCHE (§1-35)

JEAN-BAPTISTE FOURNIER

INTRODUCTION
QUESTION TRANSCENDANTALE ET DESCRIPTION PHÉNOMÉNOLOGIQUE

Dans son cours de 1907 sur « l'idée de la phénoménologie », quelques années après la publication des *Recherches logiques*, Husserl affirme que la tâche principale de la philosophie – celle qui répond le plus adéquatement aux exigences de « l'attitude philosophique » [1] – n'est autre que la critique de la connaissance, et que cette dernière ne peut s'accomplir que comme phénoménologie. Seule, en effet, la méthode d'investigation mise en place en 1901, et tout particulièrement dans la Sixième Recherche logique, permet de poser adéquatement le problème déjà soulevé par Descartes, approfondi par les empiristes et repris par Kant sous le titre de problème « transcendantal » – le problème auquel reconduisent toutes les questions de philosophie théorique : le problème de l'accès, à partir des vécus, à une objectivité (*Gegenständlichkeit*) authentique.

On ne peut aucunement rabattre sans réserve le problème ainsi posé sur le propos de Husserl dans la Sixième Recherche, dans la mesure où l'auteur du cours de 1907 assume résolument la dimension transcendantale de la phénoménologie et en reformule les thèses et concepts majeurs en termes de réduction, de transcendance et d'immanence. Au contraire,

1. E. Husserl, *Die Idee der Phänomenologie : 5 Vorlesungen*, Hua II, p. 17 ; trad. fr., p. 37.

dans le texte de 1901, et ce dès l'introduction, Husserl pose le problème de la connaissance dans le cadre de l'analyse intentionnelle dont les Recherches précédentes ont construit les outils, donc dans les strictes limites de la description des actes dans lesquels s'élabore la connaissance :

> Toute pensée, principalement toute pensée et connaissance théorique, s'accomplit [*vollzieht*] dans certains « actes » qui se présentent en connexion avec le discours qui l'exprime. C'est dans ces actes que se trouve la source de toutes les unités douées de validité qui se proposent au sujet pensant à titre d'objets de pensée et de connaissance, ou de principes explicatifs et lois de ces objets ou de leurs théories et de leurs sciences [1].

L'élucidation phénoménologique de la connaissance ne passera donc pas par une « déduction transcendantale » des catégories par lesquelles l'objet est pensé et connu, donc par l'élucidation, une fois pour toutes, du rapport entre le sujet transcendantal et l'objet transcendantal, mais, à un niveau plus originaire encore, par la description des actes à travers lesquels une « intention de signification » reçoit un « remplissement de signification », en d'autres termes par la description des actes capables de « poser » un objet – actes « objectivants » – et des synthèses à travers lesquels l'objet initialement posé, rapporté à une intuition, gagne en plénitude et accède au statut d'objet au sens prégnant – celui d'objet *connu*. La première partie de la Sixième Recherche logique est entièrement consacrée à l'étude minutieuse de ces synthèses de remplissements qui constituent la « source ultime des formations de connaissance » [2], mais aussi le lieu où se constituent, au sens plein du terme, des objets [3].

1. *Log. Unters.*, VI. Unters., Einleitung, Hua XIX/2, p. 1 ; trad. fr. *RL* III, p. 11.
2. *Krisis*, Hua VI, p. 100 ; trad. fr. p. 113.
3. Il n'est pas anodin que Husserl n'emploie précisément pas, dans la Sixième Recherche, le vocabulaire de la constitution auquel il assimilera, dans le dernier chapitre des *Ideen* I, la phénoménologie de la raison en laquelle culmine la phénoménologie transcendantale. Pourtant, ce qui sera alors défini comme « le problème de la constitution » concerne bien la possibilité de saisir les « configurations » dans lesquelles un objet d'un type donné peut se donner. Or, si Husserl parle, au §152, de « configurations *de conscience* » dans lesquelles se constitue une « effectivité [*Wirklichkeit*] » (*Ideen* I, Hua III, p. 319 ; trad. fr., p. 450), la première formulation du problème au §150 demeure plus ouverte, et rejoint le problème des synthèses de remplissement tel que posé dans la Sixième Recherche : « Il est clair que le *problème de la constitution* ne signifie là rien d'autre que la possibilité de s'assurer la supervision intuitive et la saisie théorique des séries d'apparitions réglées qui coappartiennent *nécessairement* à l'unité d'un apparaissant – en dépit des infinités qu'elles impliquent [...] ; la possibilité de les analyser et décrire dans leur spécificité *eidétique ;* et de voir en toute évidence l'opération, *réglée par une loi*, de la corrélation entre l'apparaissant déterminé, en tant qu'unité, et les multiplicités infinies déterminées des apparitions, *la*

Aussi faut-il reconnaître deux choses : premièrement, que le propos de Husserl ne peut être assimilé ici à celui de la philosophie transcendantale proprement dite, celle de Kant ou des néo-kantiens par exemple, parce qu'il se situe à un niveau phénoménologiquement plus profond, celui où précisément s'élaborent les notions de concept, d'objet, d'intuition, qui constituent le point de départ du discours transcendantal, et parce que Husserl refuse de s'engager dans une quelconque forme d'idéalisme qui romprait avec la neutralité métaphysique revendiquée dès les premières pages de l'ouvrage [1] ; mais deuxièmement, que ce problème auquel Husserl

dépouillant ainsi de tout caractère énigmatique. » (*Ideen* I, Hua III, p. 315-316 ; trad. fr., p. 446). On remarquera en outre que parler de constitution n'implique pas nécessairement d'admettre une quelconque forme d'idéalisme transcendantal. Ainsi, dans *Der logische Aufbau der Welt*, Carnap propose sous le titre de « théorie de la constitution » un système dans lequel les conditions de constitution d'un objet peuvent être déterminées sans recours à un « sujet » ou une « conscience » constituante. Voir à ce sujet les § 64 et 65 selon lesquels « le vécu est sans sujet », ainsi que le §175 sur la neutralité du système de constitution par rapport à l'opposition entre réalisme, idéalisme et phénoménalisme (R. Carnap, *Der logische Aufbau der Welt*, Berlin, Meiner, 1991, p. 65-67 ; trad. fr. T. Rivain, *La construction logique du monde*, Paris, Vrin, 2001, p. 140 et 286). Voir aussi nos analyses dans *Carnap et la question transcendantale* (Paris, Vrin, 2021) ainsi que le volume collectif J. Farges, J.B. Fournier, D. Pradelle (éd.), *Edifier un monde : la notion d'Aufbau chez Carnap et en phénoménologie*, Paris, Sorbonne Université Presses, 2022.

1. On peut cependant argumenter qu'en son essence, la philosophie transcendantale, au moins dans son versant phénoménologique, n'est pas indétachable de l'idéalisme dans lequel elle trouve son expression canonique. En effet, à s'en tenir aux définitions effectivement proposées par Kant du transcendantal, on ne peut que constater la grande liberté qu'offre ce concept. Dans la *Critique de la raison pure*, en effet, le transcendantal n'est de prime abord défini qu'en tant que *méthode*, question ou, pourrait-on dire, perspective philosophique : est transcendantale la philosophie qui s'intéresse à la connaissance en tant qu'elle peut être *a priori* (I. Kant, *Kritik der reinen Vernunft*, Einleitung, VII, B 25 ; trad. fr. A. J.-L. Delamarre, F. Marty, *Critique de la raison pure*, dans *Œuvres philosophiques*, Paris, Gallimard, t. I, 1980, p. 777). Or, ne peut être connu *a priori* que ce qui est déjà contenu, d'une certaine manière, dans les choses, si bien que la philosophie transcendantale se définit ultimement comme la discipline dont la tâche consiste à dévoiler *ce qui, dans ce qui nous est donné, est a priori*. À ce premier niveau de définition du transcendantal s'ajoute un second, à savoir la *thèse* kantienne ou l'interprétation que Kant donne de cet *a priori*, lequel constitue les *conditions de possibilité* de la connaissance, et plus précisément les conditions *subjectives*. Mais il est essentiel de voir (et c'est, comme nous l'avons déjà noté, ce que fera Husserl) que le transcendantal en tant que tel peut être détaché de cette thèse. Or, le texte kantien lui-même nous donne les outils pour opérer cette distinction. Car qu'est-ce, au fond, que l'*a priori*, ou plutôt, comment une connaissance ou une donnée peut-elle se manifester comme étant *a priori* ? La réponse est donnée dès les premières pages de la *Critique* : l'*a priori* se manifeste par la stricte universalité et par la nécessité (*Ibid.*, B 3 ; trad. fr., p. 759). Ces marques purement formelles sont les *seuls* critères de l'*a priori* et se réduisent toutes deux à une seule : l'absence stricte d'exception. Aussi le temps, par exemple, est-il donné *a priori* dans les phénomènes car aucun phénomène ne peut être proprement saisi en dehors du temps ; de même les catégories de la quantité sont-elles *a*

répond moins *contre* la philosophie transcendantale qu'à un *autre niveau* qu'elle ou, pourrions-nous dire, à un niveau *pré-* ou *infra-transcendantal* – ce problème n'en est pas moins celui même qu'il conviendrait de nommer « la question transcendantale ». Si cette dernière peut se définir, comme l'affirmera Husserl dans la *Krisis*, comme la « question-en-retour sur l'ultime source de toutes les formations de connaissance »[1], alors il serait possible de décrire cette première moitié de la Sixième Recherche comme apportant *une réponse non (ou pré-) transcendantale à la question transcendantale*[2].

Car même en l'absence de thématisation du transcendantal en tant que tel, le problème posé ici par Husserl peut être lu comme une refonte, sur le fondement de la découverte de l'intentionnalité et au fil directeur de la pure description des vécus, du problème kantien de l'articulation de la pensée et de l'intuition comme condition de possibilité de la connaissance. Il est donc nécessaire, pour bien saisir l'objet de cette recherche, d'insister sur la distinction entre connaissance et simple pensée : là où l'élucidation de cette dernière concerne seulement les questions de cohérence logique et de rectitude grammaticale, le passage à la connaissance suppose de rendre compte du remplissement de l'intention de signification par la donnée évidente, laquelle n'est autre que le « se-donner » ou l'« auto-donnée » (*Selbstgegebenheit*) de la chose même. L'« élucidation phénoménologique de la connaissance » exige donc, à partir du terrain dégagé par l'analyse intentionnelle des actes conférant la signification, que soit accompli le passage aux remplissements de signification et que puisse être clarifiée l'unité entre intention et remplissement, et corrélativement aux actes dans lesquels s'accomplit la synthèse grâce à laquelle l'objet initialement posé gagne en plénitude.

priori parce qu'aucun objet ne peut être pensé qui ne puisse être saisi comme unité, ou comme pluralité, ou comme totalité ; de même le principe de causalité est-il *a priori* parce qu'aucun objet ne peut être pensé qui ne dépende quant à son existence d'un autre. La thèse transcendantale kantienne consiste à interpréter ces représentations (le temps, les catégories de la quantité, le principe de causalité, etc.) comme les conditions subjectives de la connaissance; mais à proprement parler, le transcendantalisme peut se réduire *au simple constat de leur présence universelle dans les phénomènes, seule marque tangible de leur apriorité.*

1. *Log. Unters.*, VI. Unters., Einleitung, Hua XIX/2, p. 1 ; trad. fr. *RL* III, p. 11.

2. En un sens, nous nous situons ici dans le prolongement de l'interprétation des *Recherches logiques* par Jocelyn Benoist, dans la mesure où ce dernier insiste sur l'ambiguïté de la position de Husserl, à la fois conscient de la portée ontologique des thèses ici développées et résolument fidèle à l'exigence de neutralité métaphysique mise au jour dès l'Introduction des *Recherches*. Voir à ce sujet J. Benoist, *Phénoménologie, sémantique, ontologie*, Paris, Puf, 1997, et en particulier les deux chapitres sur « Le statut métaphysique des *Recherches logiques* », p. 197 *sq*.

Tout comme la plénitude, la connaissance possède donc ses degrés, et c'est à l'aune du cas idéal d'une intention à laquelle viendrait correspondre exactement la donnée en personne de la chose que ces derniers pourront être mesurés. La perception, ou plus précisément le « jugement de perception », fournit donc ici un modèle pour la connaissance, et le choix de ce paradigme entraîne des conséquences majeures [1], jusque dans la formulation des thèses relatives à l'intuition catégoriale. Comme dans le cas de la perception, toute connaissance reposera sur une synthèse d'identification de l'objet visé et de l'objet donné, donc sur le dégagement préalable de l'objet par des actes *objectivants*, tous les autres actes constituant la sphère des significations se trouvant ainsi *de facto* exclus de la connaissance. Mais le paradigme de la perception aura également une conséquence dont la phénoménologie postérieure ne cessera de prendre la mesure : l'élargissement de la notion de sens au-delà de la sphère linguistique. Comme Husserl le précisera au §124 des *Ideen* I : les concepts de *Bedeuten* et de *Bedeutung* (signifier et signification) se trouvent élargis à toute la sphère des actes objectivants, positionnels, mais si ces notions de signifier et de signification ont un rapport initial à la sphère linguistique, à la sphère des significations idéales, il faut ici neutraliser ce rapport [2]. Plus précisément, ce qui se passe dans la Sixième Recherche logique pourrait bien être l'inverse : *pour rendre compte de la signification au sens linguistique*, celle dont il était initialement question, il ne faut pas la résoudre seulement dans la sphère logique, mais dépasser cette dernière pour dégager un sens bien plus large de *Bedeutung* ou de *Sinn*, dont les sens logique et linguistique apparaîtront comme dépendants.

C'est en mesurant la portée de cet élargissement de la notion de *sens* que Husserl accomplira, dans les six années suivant la publication des *Recherches logiques*, le « tournant transcendantal » dans lequel plusieurs de ses premiers lecteurs et étudiants ne se reconnaîtront pas. Notre hypothèse de lecture ne consistera aucunement à ramener l'élucidation

1. Ici encore, ce paradigme de la perception exercera une fonction nodale dans l'élaboration de la phénoménologie transcendantale. C'est notamment à partir de lui que, dans la dernière partie des *Ideen* I, Husserl construira le problème de la constitution, tout d'abord parce que les « strates de la constitution » se dévoilent à partir de la perception (*Ideen* I, § 151, Hua III p. 316 ; trad. fr., p. 447) et parce que l'extension de la phénoménologie à d'autres sphères matériales se fait par « transposition » du schéma perceptif à d'autres régions (*Ideen* I, § 152, p. 318 ; trad. fr., p. 449). Pour une discussion du paradigme perceptif au prisme du rappel de la « règle méthodologique » phénoménologique consistant à « refuser les tentations de l'analogie », voir D. Pradelle, *Intuition et idéalités. Phénoménologie des objets mathématiques*, Paris, Puf, 2021, par exemple p. 22.

2. *Ideen* I, §124, Hua III, p. 256 ; trad. fr., p. 366-367.

phénoménologique de la connaissance accomplie dans la Sixième Recherche à sa reformulation postérieure en termes transcendantaux, mais il s'agira bien plutôt de faire apparaître la description des synthèses de remplissement comme le *terrain phénoménologiquement neutre sur le fondement ou à partir duquel un idéalisme transcendantal pourra s'édifier* – ce qui explique la continuité que Husserl lui-même voyait, et tenta d'expliciter dans la réécriture en 1913 des *Recherches*, entre son œuvre de « percée » et les développements ultérieurs de la phénoménologie [1]. Car le seul fait qu'il ait été possible de réintégrer les thèses de la phénoménologie descriptive dans un cadre transcendantal révèle un aspect essentiel du projet phénoménologique, que Husserl ne cessera d'approfondir par la suite mais qui se joue précisément dans la première partie de la Sixième Recherche : sa *capacité à embrasser tout en la dépassant la philosophie transcendantale* et à apporter, « par-delà la révolution copernicienne » [2], une réponse purement descriptive au modèle kantien.

ÉCART ET RECOUVREMENT : L'UNITÉ DU REMPLISSEMENT (CHAPITRE 1, §1-7)

Si la connaissance repose sur une synthèse entre pensée et intuition, il importe dans un premier temps de déterminer, par-delà le transcendantal, à quel niveau se produit l'unification de ces deux termes, et plus précisément des actes à travers lesquels l'objet est, respectivement, pensé et donné. Car le point essentiel est ici que l'unité du remplissement relève d'actes spécifiques de niveau supérieur, et n'est aucunement *incluse* dans l'acte conférant la signification ou dans l'acte d'intuition eux-mêmes.

1. Si certains commentateurs (parmi lesquels J. Benoist mais plus lointainement déjà les premiers disciples de Husserl comme Adolf Reinach) ont insisté à juste titre sur le réalisme des *Recherches logiques* en soulignant la radicalité du tournant transcendantal ultérieur accompli par Husserl, nous cherchons ici à mettre au jour une certaine continuité entre ces deux versants de la phénoménologie. Il ne s'agit cependant ni de négliger la différence entre la neutralité métaphysique affichée des *Recherches* et l'idéalisme transcendantal des *Ideen* ou même du cours de 1907 sur l'*Idée de la phénoménologie*, ni encore de soumettre la lecture des *Recherches* à une forme de téléologie selon laquelle leur sens ne se déploierait véritablement que rétrospectivement, à la lumière des œuvres ultérieures. Il s'agit au contraire pour nous de montrer que les analyses du remplissement dans la première partie de la Sixième Recherche élaborent un sol métaphysiquement neutre et non transcendantal, sur lequel cependant une phénoménologie transcendantale pourra s'élaborer, parce que, précisément, ces analyses se situent à un niveau *pré-transcendantal*, à la limite de ce qui, plus tard, sera réinterprété comme problème transcendantal.

2. Cette formule est empruntée au titre de l'ouvrage de D. Pradelle, *Par-delà la révolution copernicienne*, *op. cit.*, 2012.

Ce n'est pas l'intuition qui confère la signification, et il serait de même vain de chercher quelque partie de la signification *dans* l'intuition[1] : il y a bien deux actes différents, qu'il importe de distinguer fermement, précisément pour que leur recouvrement, lorsqu'il a effectivement lieu, ne paraisse pas aller de soi mais permette de s'élever au niveau de la connaissance. Si l'objet simplement pensé ou à l'inverse simplement perçu doit pouvoir s'élever à la dignité d'objet connu, il faut bien que ce passage repose sur des actes de niveau supérieur conférant un nouveau type d'unité dans laquelle le sens plein du concept d'«objet » serait atteint. Le premier chapitre, intitulé « Intention de signification et remplissement de signification », a pour principal objectif, sur le fondement des acquis de la Première Recherche, de mettre au jour ce niveau spécifique où, dans l'écart même entre l'expression et l'intuition et dans le recouvrement de cet écart, l'objet s'élève à la connaissance.

Le premier temps de l'argumentation de Husserl (§ 2) consiste à isoler les actes dans lesquels s'édifie un sens, les actes « porteurs de signification », qui sont ceux qui peuvent recevoir un remplissement et ainsi, porter leur objet à la connaissance. Or, la difficulté vient de ce que la possibilité que nous avons d'exprimer tous nos actes peut nous induire à négliger la spécificité de ceux qui *portent* la signification : que je puisse exprimer un souhait ou une interrogation, en posant cet acte comme un objet et en l'attribuant prédicativement à un sujet à travers l'expression « je souhaite que » ou « je demande si », ou encore « X ou Y souhaite que », etc., cela ne signifie aucunement que les actes seraient tous, en tant qu'actes, porteurs de signification. Au contraire, exprimer un acte de la sorte suppose que soit instauré un écart : l'écart dans lequel s'élabore la signification, l'écart dans lequel l'acte n'est plus vécu mais posé comme objet – l'écart, en d'autres termes, qui signale la présence d'une *strate d'actes qui sont eux-mêmes signifiants ou porteurs de signification*. L'expression d'un acte ne surgit pas pour ainsi dire de l'acte lui-même sans rien de plus, mais il faut au contraire qu'intervienne un acte supplémentaire, à travers lequel le premier acte est posé comme objet et visé à travers un certain sens.

On retrouvera cet écart partout où quelque chose de vécu se trouve exprimé, comme dans le cas où nous portons à l'expression ce que nous avons sous les yeux – où nous exprimons, donc, notre perception (§ 4). Le cas est cependant différent, dans la mesure où, dans ce cas, notre jugement ne porte pas sur l'acte même de percevoir (« je perçois un merle

1. *Log. Unters.*, VI. Unters., § 5, Hua XIX/2, p. 22; trad. fr. *RL* III, p. 36.

noir »), mais sur *l'objet perçu* (« il y a un merle noir » ou « ce merle est noir »). Un tel jugement est effectué *sur la base* de la perception mais ne la prend pas elle-même, en tant qu'acte, comme objet. L'acte donateur de sens s'appuie sur l'acte de perception dans lequel l'objet se trouve de prime abord donné, mais ne colle pas à lui ou, pour le dire autrement, ne se réduit pas à lui. Le passage par le cas simple de l'expression « directe » d'un acte ayant montré que la signification provenait d'actes spécifiques, on peut s'attendre à ce qu'*a fortiori*, dans le cas de l'expression d'une perception, la signification ne provienne pas de la perception elle-même ou de l'intuition. Intuition et signification relèvent de sphères d'actes différentes, et leur articulation constitue de manière très classique *le* problème de la connaissance [1], problème qui, à partir de 1907, sera ramené à la question transcendantale.

Or, il est effectivement clair que l'expression d'une perception ne peut *provenir* de l'intuition elle-même. Si je dis « un merle s'envole » parce que j'ai vu un merle s'envoler, j'édifie certes un acte porteur de signification *sur la base* de ma perception, mais de manière malgré tout logiquement indépendante de cette dernière [2] : j'aurais pu dire « cet oiseau est noir » ou « c'est un oiseau » ou « il y a quelque chose dehors », mais j'aurais aussi pu dire « un merle s'envole » dans une autre situation, dans un autre lieu ou tout simplement d'un autre point de vue, ou j'aurais même pu imaginer la scène – ou encore formuler mon énoncé sans qu'aucune perception ne soit là pour le soutenir, situation d'ailleurs similaire à celle dans laquelle se trouve placé l'interlocuteur qui, entendant cette phrase, en comprend le sens sans pour autant voir nécessairement le merle s'envoler. Le détour par le cas des déictiques et des noms propres (§ 5) qui, eux aussi, et malgré les apparences, supposent qu'un écart soit instauré entre intuition et signification, ne fait que confirmer ce constat : il n'y a rien dans la signification, pas même une de ses parties comme le déictique « ce », qui provienne directement de la perception, mais à chaque fois, et à tous les niveaux du sens, un acte spécifique est requis pour porter la signification :

> Il ne faut pas seulement, en général, distinguer entre perception et signification de l'énoncé d'une perception, mais reconnaître qu'il ne se trouve même aucune partie de cette signification dans la perception elle-même. La perception qui donne l'objet et l'énoncé qui le pense et l'exprime au moyen du jugement ou plutôt au moyen des « actes de

1. *Log. Unters.*, VI. Unters., § 3, Hua XIX/2, p. 13; trad. fr. *RL* III, p. 27.
2. *Log. Unters.*, VI. Unters., § 4, Hua XIX/2, p. 14-15; trad. fr. *RL* III, p. 28-29.

> pensée » combinés en l'unité du jugement, doivent être totalement distingués, *bien que*, dans le cas présent du jugement perceptif, ils aient entre eux la relation la plus intime, qu'ils se trouvent dans le rapport du recouvrement, de l'unité de remplissement [1].

Ainsi, s'il faut remonter en-deçà de l'unité du remplissement, ce n'est pas seulement pour affermir la distinction entre la perception et la signification de l'énoncé de perception, mais pour mieux saisir l'unité qui, sur fond de cette différence, peut se faire jour. Or, ce recouvrement (*Deckung*) prend ici deux formes qu'il importe de distinguer, une forme statique et une forme dynamique.

Phénoménologiquement, la première forme à apparaître est la forme statique, à savoir le recouvrement de l'objet perçu par son « vêtement » (*Kleid*) [2] linguistique, le nom en tant que ce dernier nomme l'objet et vient se « poser sur lui » (*legt sich auf ihm*) d'une manière « pour ainsi dire sensible » (*sozusagen fühlbar*), comme s'il lui appartenait en propre. Le nom me paraît donc appartenir à la chose, faire partie de la perception elle-même, mais ce n'est précisément pas le cas : il vient se poser sur elle, mais l'unité de ce recouvrement est tellement intime que le complexe phonique et la chose perçue finissent par se confondre, comme lorsqu'un musicien « entend un do » et ne peut détacher les deux termes de cette relation que sont la pure et simple perception du son et sa reconnaissance *comme* do [3].

Ce qui se passe ici est donc « fondé sur l'acte perceptif » [4] au point de sembler en provenir, mais il s'agit bien d'un acte de niveau supérieur, à savoir l'acte à travers lequel l'objet est reconnu *comme* tel ou tel objet, saisi par tel ou tel concept, classé – en d'autres termes, connu. Entendre « do » lorsque j'entends un do, poser le vêtement linguistique « encrier » sur l'encrier perçu, apposer sur l'objet perçu une expression animée de sens, c'est déjà connaître. De même, désigner un objet comme « rouge » revient à reconnaître en lui un « moment » rouge pouvant appartenir

1. *Log. Unters.*, VI. Unters., § 5, Hua XIX/2, p. 21; trad. fr. *RL* III, p. 36. Nous soulignons

2. *Log. Unters.*, VI. Unters., § 6, Hua XIX/2, p. 25; trad. fr. *RL* III, p. 39.

3. Phénoménologiquement, ce qu'on appelle l'oreille absolue se manifeste par l'immédiateté avec laquelle le nom de la note entendue vient s'adjoindre au son. Le musicien entend le nom « do » avec la note, précisément parce qu'il reconnaît immédiatement la note *comme* do. Or, dans ce cas aussi, le nom « do » possède une « généralité » qui lui permet de s'appliquer à une multiplicité infinie mais définie d'intuitions possibles : le do peut être celui d'un violoncelle ou d'un piano, il peut être *forte* ou *piano*, aigu ou grave, il n'en est pas moins reconnu comme do.

4. *Log. Unters.*, VI. Unters., § 6, Hua XIX/2, p. 25; trad. fr. *RL* III, p. 40.

également à d'autres objets dans d'autres intuitions. « Nommer rouge et connaître comme rouge sont, au fond, des expressions de signification identique »[1] : elles désignent toutes deux l'acte dans lequel le nom animé de sens et l'intuition viennent fusionner intentionnellement. C'est à travers cet acte, donc à travers la connaissance, que le mot possède une « généralité » (*Allgemeinheit*), c'est-à-dire qu'il peut se rapporter à (ou qu'il « englobe » (*umspannt*)) une « multiplicité bien délimitée idéalement d'intuitions possibles » : connaître le rouge ne signifie pas autre chose que pouvoir délimiter, parmi les intuitions possibles, la sphère de celles qui peuvent servir de fondement à un acte consistant à reconnaître un de leurs moments comme rouge[2]. Tel est le sens que l'on doit prêter à ce qu'on appelle ordinairement « l'extension » d'un nom : le mot « rouge » pose pour ainsi dire avec lui la possibilité de connaître comme rouges « tous les objets rouges pouvant se présenter dans des intuitions éventuelles »[3], mais cette extension apparaît sur le mode de la *prétention* (Prätention), et dans le cas de certains mots comme les noms imaginaires ou absurdes, cette prétention demeure vide[4]. L'acte dans lequel le mot et la chose viennent se recouvrir suppose donc que les deux termes se donnent indépendamment l'un de l'autre : le mot avec la sphère dont il prétend contenir la possibilité d'un côté, et de l'autre une intuition dont aucune partie, avons-nous vu, n'est en elle-même porteuse d'une signification. Aussi, à ce premier niveau d'analyse, la connaissance peut-elle se définir comme reconnaissance, et plus précisément reconnaissance de *X* comme tel ou tel.

PROCESSUS DYNAMIQUE DU REMPLISSEMENT ET STRUCTURE D'HORIZON (CHAPITRE I, § 8-12)

Ce que montre le cas du recouvrement *statique* entre la signification et l'intuition (ici : le mot et la perception), c'est donc en un certain sens le caractère premier de l'acte signifiant en tant qu'il constitue ce à partir de quoi l'intuition peut être animée de sens[5], ce à partir de quoi le perçu peut

1. *Log. Unters.*, VI. Unters., § 7, Hua XIX/2, p. 28 ; trad. fr. *RL* III, p. 43.
2. *Log. Unters.*, VI. Unters., § 7, Hua XIX/2, p. 29 ; trad. fr. *RL* III, p. 44.
3. *Log. Unters.*, VI. Unters., § 7, Hua XIX/2, p. 29 ; trad. fr. *RL* III, p. 44.
4. *Log. Unters.*, VI. Unters., § 7, Hua XIX/2, p. 30 ; trad. fr. *RL* III, p. 45.
5. Remarquons que le fait que l'acte signifiant soit premier en ce sens n'empêche aucunement que, du point de vue de la connaissance, l'acte intuitif soit premier dans la mesure où toute plénitude vient de lui. Il y a au contraire une forme de symétrie : l'intention vise toujours plus que ce qui est donné et la donnée est toujours en surplus par rapport à l'intention. Ce dépassement réciproque constitue pour ainsi dire le moteur

être connu – c'est-à-dire reconnu, nommé. L'intuition ne signifie pas : elle doit donc être d'emblée abordée à partir de la sphère des intuitions possibles posée par le nom comme étant la sienne, au moins à titre de possibilité. Dans le régime de la connaissance, le sens est et doit être premier, et si, dans le cas du recouvrement statique, le mot semble venir se poser sur la chose, il n'en demeure pas moins vrai que, si on s'intéresse au processus *dynamique* du recouvrement ou du *remplissement*, c'est au contraire l'intuition qui vient « remplir » la signification. L'intérêt de ce cas est qu'il donne lieu à une *conscience de remplissement* [1], laquelle peut faire l'objet d'une description phénoménologique, et que Husserl prend soin de distinguer de l'*attente* (*Erwartung*). Certes, « intention n'est pas attente » [2] et il est faux de dire en général que l'intention vide appelle son remplissement sur le mode de l'attente, comme le cas de l'unité statique du remplissement le montre clairement ; mais il n'en demeure pas moins que, « lorsque la perception devient fluente et s'étend en une série continue de perceptions faisant partie de la multiplicité des perceptions qui se rapportent à un seul et même objet » [3], une certaine forme d'attente surgit : non pas une attente à proprement parler (comme lorsque j'attends la résolution d'un accord de septième de dominante dans un contexte de musique tonale), mais une structure d'attente suscitée, du point de vue subjectif, par le jeu des intentions laissées vides par les remplissements partiels ou, du point de vue objectif, par les aspects de la chose qui, non encore donnés en personne, étaient cependant « indirectement impliqués » par la face présente (c'est-à-dire : *se présentant* à nous). Les intentions partielles fusionnant en une « intention totale », ou corrélativement les moments ou aspects de la chose fusionnant dans la chose même, cette structure d'attente apparaît comme constitutive de la perception, même si elle ne prend pas toujours ni nécessairement la forme d'une attente au sens propre.

Reste que cet écart entre l'intention partielle et l'intention totale, ou entre la chose et ses moments, cet écart que la série continue des perceptions peut idéalement combler, cet écart constitutif de ce que nous appelons « perception » est intimement lié à l'écart déjà mis au jour entre intention et intuition et à sa résorption dans l'unité du remplissement, car, comme le montrera la suite de la Sixième Recherche, le contenu non intuitif de la perception qui se manifeste dans le surplus de l'intention

du processus (dynamique) de remplissement et place l'*objet* dans une situation de tension interne, entre d'un côté la survisée intentionnelle et de l'autre l'excès de donation.

1. *Log. Unters.*, VI. Unters., § 8, Hua XIX/2, p. 32 ; trad. fr. *RL* III, p. 47.
2. *Log. Unters.*, VI. Unters., § 10, Hua XIX/2, p. 40 ; trad. fr. *RL* III, p. 56.
3. *Log. Unters.*, VI. Unters., § 10, Hua XIX/2, p. 41 ; trad. fr. *RL* III, p. 57.

totale par rapport aux esquisses, consiste précisément, lui aussi, en un ensemble d'intentions purement signitives et encore « vides ».

La structure d'horizon qui se signale dans l'expérience de l'attente ainsi comprise vient de ce que *la conscience vise toujours plus que ce qui est effectivement donné*; et ce qu'elle vise n'est rien d'autre que la chose même, dont les objets intentionnels partiels ne sont que les moments et qui se définit comme le corrélat du fusionnement idéal des intentions partielles :

> D'après notre conception, toute perception et toute imagination sont un tissu d'intentions partielles fusionnées en l'unité d'une intention totale. Le corrélat de cette dernière est *la chose*, tandis que les corrélats de ces intentions partielles sont *des parties et des moments de la chose*. C'est seulement ainsi que l'on peut comprendre comment la conscience peut aller au-delà de ce qui est véritablement vécu. Elle peut, pour ainsi dire, viser au-delà, et la visée peut se remplir [1].

Entre l'intention et la donation s'instaure donc une dynamique, en vertu de laquelle la conscience vise toujours au-delà de ce qui est donné, dépasse pour ainsi dire les remplissements partiels pour ouvrir la possibilité de nouveaux remplissements; mais c'est toujours la chose qui fonctionne ici comme le principe de fusionnement ou de synthèse. Dans la dynamique du remplissement peuvent en effet se présenter des concordances (*Übereinstimmungen*) partielles ou des conflits (*Widerstreite*), dans lesquels respectivement s'élabore et se défait la connaissance, mais la chose constitue le fond de concordance ou le « terrain » [2] sur lequel des actes de confirmation ou de déception peuvent s'édifier. Il ne peut y avoir de connaissance qu'au fil directeur de la chose, parce qu'il ne peut y avoir concordance ou conflit entre perceptions ou entre intentions que si elles se rapportent à la même chose : « Une intention ne se déçoit sur le mode du conflit que par ce fait qu'elle est une partie d'une intention plus vaste, dont la partie complémentaire se remplit » [3], et cela vaut aussi bien pour les conflits « totaux » ou les concordances « totales » (je vise la chose comme rouge et elle est en fait verte) que pour les conflits ou concordances partiels, dans lesquels certains moments se confirment tandis que d'autres entrent en conflit.

Ainsi, ce qui sert de fondement au processus dynamique dans lequel la chose se constitue dans une suite d'actes concordants ou discordants, ce n'est pas autre chose que la chose elle-même. S'opère donc dans ces pages un renversement autant qu'un dépassement du transcendantal, au

1. *Log. Unters.*, VI. Unters., § 10, Hua XIX/2, p. 41 ; trad. fr. *RL* III, p. 57.
2. *Log. Unters.*, VI. Unters., § 11, Hua XIX/2, p. 42 ; trad. fr. *RL* III, p. 59.
3. *Log. Unters.*, VI. Unters., § 11, Hua XIX/2, p.43 ; trad. fr. *RL* III, p. 59.

sens de sa « désubjectivation » mise au jour par Dominique Pradelle[1]. Chez Kant, l'unité de l'expérience était fondée dans un principe subjectif (l'aperception transcendantale) qui servait de terrain ou d'arrière-plan à toute synthèse; chez Husserl au contraire, c'est la chose même qui devient, en tant que visée, le « fil directeur de sa constitution », ou plutôt, dans la Sixième Recherche, le terrain sur lequel s'édifient des actes plus ou moins concordants et la garantie de toute concordance, puisque la connaissance doit converger idéalement vers la chose même[2].

CONNAÎTRE ET POSER UN OBJET (CHAPITRE II)

Aussi faut-il souligner d'emblée que la synthèse d'identification sur laquelle repose le processus de la connaissance est une synthèse *spécifique* qui caractérise les intentions objectivantes et qui ne vaut pas pour tous les actes en général. Il s'agit donc des actes qui, littéralement, constituent un objet en tant qu'objet – en un sens de l'objectivité qu'on trouve déjà d'une certaine manière chez Kant[3]. Mais toutes les intentions ne visent pas leur objet sur ce mode : seules le font les intentions fondamentales sur la base desquelles d'autres intentions peuvent s'édifier, en vertu de la relation

1. D. Pradelle, *Par-delà la révolution copernicienne*, *op. cit.*, p. 272 *sq.*

2. Dans la dernière partie des *Ideen I*, Husserl nomme « raison » le principe de concordance dont l'« être » est le corrélat. « La compréhension eidétique générale de la raison [...] doit *ipso facto* assurer l'élucidation générale des corrélations eidétiques qui relient l'*idée d'être-véritablement* avec les idées de vérité, de raison, de conscience. Une évidence générique ne tarde pas, ainsi, à se faire jour : ce ne sont pas simplement « objet véritablement existant » et « objet posable rationnellement » qui sont des corrélats équivalents, mais encore objet « véritablement existant » et objet posable dans une thèse rationnelle originelle et parfaite. » (*Ideen* I, § 142, Hua III, p. 295-296; trad. fr., p. 420). La raison ne fonctionne donc pas comme un principe auquel l'expérience viendrait se plier, mais comme le corrélat de l'être même de la chose en tant que cette dernière vient sans cesse se présenter de manière *concordante* et tendant téléologiquement vers une donation adéquate.

3. Si, en effet, la validité de la « Déduction » des catégories, dans laquelle se joue la dimension transcendantale de la *Critique de la raison pure*, repose ultimement sur le fait que « connaissance objective » ne désigne pas autre chose que la connaissance qui se rapporte à des *objets* et que donc tout ce qui possède une valeur constitutive pour les objets vaut comme condition transcendantale de la connaissance, alors le propos de Husserl revêt ici encore une dimension *pré-* ou *infra-transcendantale*, dans la mesure où ce qui est établi ici est précisément le lien entre la connaissance et les actes objectivants, en tant qu'actes *posant* des objets. Sur cette formulation de la notion kantienne d'objectivité en tant que ce qui se rapporte à une unité, voir J. Benoist, *Kant et les limites de la synthèse*, *op. cit.*, p. 31. On peut tracer cette conception de l'objectivité jusqu'à Carnap, pour qui l'objet ne possède plus aucune transcendance par rapport aux vécus dans lesquels il se donne, mais se constitue comme l'*unité* à laquelle ces vécus se rapportent (de manière immanente). Voir nos analyses dans *Carnap et la question transcendantale*, *op. cit.*, chap. VII : « Du phénoménalisme carnapien », p. 269 *sq.*

de fondation mise au jour dans la Troisième Recherche. Ainsi, lorsque je souhaite quelque chose, mon souhait repose sur la constitution préalable de son objet : cette dernière consiste en un recouvrement d'intentions purement signitives (lorsque, par exemple, j'entends simplement parler de l'objet) ou imaginatives, ou le plus souvent à la fois signitives et imaginatives par des remplissements correspondants. L'objet désiré se constitue d'abord comme objet, il est reconnu comme tel ou tel, c'est-à-dire qu'il est reconnu comme ce qui avait été visé sous tel nom ou de telle ou telle manière. Mais la satisfaction du souhait n'est pas, quant à elle, un simple remplissement par identification : elle fait intervenir l'affection, le plaisir procuré par la possession de l'objet, et en cela elle s'édifie *sur* l'acte objectivant sans pour autant se réduire à lui. *Dans la satisfaction du souhait, l'objet visé ne se remplit pas, ou en tout cas pas sur le mode de l'identification* – c'est-à-dire de la connaissance. Il y a donc dans le souhait une strate d'intentions objectivantes, mais le souhait lui-même se caractérise par l'adjonction d'autres strates qui n'obéissent pas aux lois des intentions objectivantes.

Aussi peut-on caractériser en général les intentions objectivantes par le type de remplissement qu'elles appellent : « nous pourrions *définir* pratiquement les actes objectivants comme étant ceux dont la synthèse de remplissement a le caractère de l'identification » [1]. En d'autres termes, c'est à partir de la possibilité d'une synthèse d'identification dans laquelle à chaque « esquisse » de l'acte d'intention vient correspondre une « esquisse » de l'acte de remplissement [2] que les intentions et remplissements en question se trouvent qualifiés comme *objectivants*. Le caractère objectivant est donc inséparable de la possibilité de la connaissance puisque c'est parce que précisément la synthèse d'identification qui caractérise la connaissance est possible que les actes en question reçoivent ce caractère. Apparaît donc ici la source ou le fondement non transcendantal d'un résultat essentiel de la philosophie transcendantale : l'assimilation de la connaissance à la constitution d'objets.

De là, Husserl approfondit le rapport entre intentions et remplissements en se demandant si le mode de remplissement ne permet pas aussi de distinguer entre les différents types d'intentions objectivantes, à savoir les intentions signitives et imaginatives ainsi que les perceptions [3]. Bien sûr, les intentions signitives ont un rapport à l'intuition dans la mesure où elles reposent sur la perception d'un *signe*, mais cela ne signifie pas qu'elles

1. *Log. Unters.*, VI. Unters., § 13, Hua XIX/2, p. 52; trad. fr. *RL* III, p. 69.
2. *Log. Unters.*, VI. Unters., § 13, Hua XIX/2, p. 50-51 ; trad. fr. *RL* III, p. 68.
3. *Log. Unters.*, VI. Unters., § 14, Hua XIX/2, p. 53; trad. fr. *RL* III, p. 71.

ont un *contenu* intuitif, et Husserl utilise précisément la distinction entre le signe et l'image pour distinguer les intentions proprement intuitives des simples intuitions significatives (§ 14). Or, ce qui distingue l'image du signe n'est pas la ressemblance entre la représentation d'un côté et l'objet de l'autre, car un signe peut très bien être ressemblant à ce dont il est le signe, de même qu'une image peut ne pas être ressemblante. Ce qui distingue le signe de l'image est l'intention à travers laquelle ils sont respectivement visés, mais c'est dans le *remplissement* de ces intentions que la différence se manifeste, donc dans le type de synthèse à travers laquelle l'intention peut trouver un remplissement intuitif. La synthèse imaginative (*imaginative Synthesis*)[1] se caractérise par l'identification *par ressemblance* de l'image avec l'objet dont elle est l'image et qui est *donné* dans l'acte remplissant ; alors que lorsque l'intention est signitive, l'éventuelle ressemblance entre le signe et l'objet signifié ne vaut pas remplissement de l'intention. Au contraire, il est essentiel à la visée comme signe que l'intention signitive puisse se remplir sans qu'aucune ressemblance n'existe entre l'objet et la représentation.

De la même manière, on distinguera la *perception* de la simple *imagination (Imagination)* « par le fait qu'en elle, l'objet apparaît "lui-même", et non pas simplement "en image" »[2], si bien que le remplissement perceptif consiste, d'une certaine manière, en ce que la chose « se confirme par elle-même », d'une manière que Husserl qualifie de *sachliche*, « chosique » ou « chosale ». La chose, en d'autres termes, ne recourt à rien d'autre qu'elle-même pour se confirmer, elle se confirme en se donnant, mais cela ne signifie pas, cependant, qu'elle se donne purement et simplement. Le § 14b apporte ici une précision cruciale à ce qui avait été noté à la fin du premier chapitre sur le processus dynamique du remplissement : *la chose est toujours au-delà de ce qu'elle donne d'elle-même*, si bien que la perception se caractérise par le fait que, derrière la visée globale de la chose comme unité, de multiples intentions partielles se remplissent dans un flux continu et toujours inachevé, où des intentions « purement perceptives » s'articulent à des intentions imaginatives et signitives. La chose, en d'autres termes, ne se donne jamais que « par esquisses », de manière perspective, dans des actes de visée partiels trouvant chacun leur remplissement mais ouvrant d'autres aspects ou d'autres faces de la chose sur le mode de la simple visée, dans un flux continu toujours unifié par un « acte global » qui appréhende l'objet lui-même. Aussi la perception de la chose même comme corrélat

1. *Log. Unters.*, VI. Unters., § 14, Hua XIX/2, p. 55 ; trad. fr. *RL* III, p. 73.
2. *Log. Unters.*, VI. Unters., § 14, Hua XIX/2, p. 56 ; trad. fr. *RL* III, p. 74.

de cet acte global, le remplissement pur et simple de la visée de la chose, n'est-il jamais qu'une prétention, prétention qui est essentielle puisque c'est en elle que le flux continu du remplissement trouve son unité. Mais dans la perception, le « contenu purement perceptif »[1] est en réalité toujours assorti de visées partielles non remplies rattachées à l'objet à travers l'acte de visée global. Le remplissement perceptif est donc, comme tout remplissement, une identification, mais il se caractérise par le fait que l'identification n'y est jamais que partielle et possède une structure d'horizon :

> Tout remplissement est une identification. L'intention vient *toujours* à coïncider avec l'acte qui lui procure la *plénitude* (*Fülle*), c'est-à-dire que l'objet visé en elle est le même que celui qui est visé dans l'acte remplissant[2].

La « plénitude » en question n'est donc jamais gagnée mais toujours prise dans un processus dynamique. La suite de la Sixième Recherche consistera en une description plus fine de ce processus dans lequel sont atteints progressivement les différents « degrés de la connaissance » (*Erkenntnisstufen*) et reviendra à ce qu'il conviendrait d'appeler les « éléments intentionnels » qui en constituent le nœud : car l'identification de l'intuition remplissante avec l'intention signitive exige que quelque chose, dans l'essence intentionnelle de ces actes, soit commun et puisse être *reconnu*. Cette reconnaissance est, au niveau phénoménologique, le fondement ultime des formations de connaissance.

L'INTUITION, SOURCE ULTIME DE TOUTE PLÉNITUDE, ET LA PROGRESSION DE LA CONNAISSANCE VERS L'IDÉAL DE L'ADÉQUATION (CHAPITRE III, § 16-21)

Si l'élucidation phénoménologique de la connaissance a mis au jour le caractère fondamental – en-deçà de la relation du sujet à l'objet ou de la pensée à l'intuition et donc en deçà du niveau transcendantal – du processus de remplissement, et si ce dernier a pu être défini comme un certain type de synthèse d'identification, c'est en se tournant vers la *matière* des actes ainsi mis en jeu que nous pourrons rendre compte de la progression de la connaissance vers l'idéal d'une adéquation parfaite

1. *Log. Unters.*, VI. Unters., § 14, Hua XIX/2, p. 57 ; trad. fr. *RL* III, p. 76.
2. *Log. Unters.*, VI. Unters., § 14, Hua XIX/2, p. 59 ; trad. fr. *RL* III, p. 78.

de la visée et du donné [1]. En effet, l'identification des *objets* suppose qu'au sein des actes qui les visent, et qui peuvent par ailleurs présenter entre eux des différences essentielles, par exemple quant à la qualité, quelque chose de commun puisse servir de support à l'identification. La connaissance, c'est-à-dire la reconnaissance de ce qui est donné *comme* ce qui était visé selon tel ou tel sens, suppose qu'au sein d'actes par ailleurs distincts, les matières respectives de ces actes viennent coïncider. *La coïncidence des matières est donc le fondement de l'identification des objets.* Mais la phénoménologie de la connaissance doit également prendre en compte précisément ce qui, dans les actes en question, ne coïncide pas, ce qui, dans ces actes, déborde leur matière mais aussi plus généralement leur essence intentionnelle, car c'est dans ce reste non identique que s'articulent les différents *degrés* de la connaissance.

> Si le connaître comporte des degrés de perfection, et ce, à matière identique, on ne peut attribuer à la matière ces différences de perfection, ni par conséquent la détermination de l'essence propre de la connaissance par rapport à n'importe quelle identification [2].

Si donc la matière est le support de l'identification, toute identification n'est pas une connaissance, et l'essence de cette dernière tient aux types d'actes qui entrent en jeu et qui, sur le fondement de leurs matières, mènent à la plénitude de la « chose même ».

Mais l'essentiel tient précisément dans ce caractère progressif du remplissement : l'idéal d'une « présentation adéquate de l'objet de la connaissance lui-même » [3] oriente le processus de remplissement. Dans la pure et simple identification, l'intention d'abord vide viendrait coïncider avec un donné qui ne contiendrait ni plus ni moins que ce qui était d'emblée visé, tandis que « la synthèse de remplissement manifeste une inégalité des membres réunis » [4] : il y a toujours plus dans le remplissement que dans l'intention vide, puisque c'est de la chose même ou du « soi-même » (*das „selbst"*) qu'il s'agit. Si donc le problème de la connaissance est bien déjà posé par Husserl dans des termes qui préparent le futur « tournant transcendantal » ou qui en fournissent le soubassement descriptif, cette affirmation évacue pour le moins toute

1. L'idéal de l'adéquation en tant que tel, qui fait l'objet du cinquième chapitre de la sixième *Recherche*, est traité par Dominique Pradelle dans le prochain chapitre. Voir *infra*, p. 329 *sq*.

2. *Log. Unters.*, VI. Unters., § 16, Hua XIX/2, p. 64-65 ; trad. fr. *RL* III, p. 85.

3. *Log. Unters.*, VI. Unters., § 16, Hua XIX/2, p. 66 ; trad. fr. *RL* III, p. 86.

4. *Log. Unters.*, VI. Unters., § 16, Hua XIX/2, p. 65 ; trad. fr. *RL* III, p. 86.

tentative d'interpréter les *Recherches* dans le sens d'un *idéalisme*. Certes, c'est bien l'intention qui *anime* la perception, mais il y a malgré tout dans l'intuition remplissante une plénitude, une richesse phénoménologique qui déborde toujours l'intention vide. Le remplissement n'est certes possible qu'à partir d'une intention sur laquelle l'intuition puisse venir coïncider, mais c'est la « chose même » qui, par sa richesse, vient en dernière instance déborder l'intention, la reformater et l'orienter vers l'idéal d'une coïncidence parfaite.

C'est dans la perception que ce privilège du remplissement et la différence entre le remplissement à proprement parler et la simple identification se manifeste le plus clairement : lorsque je perçois un objet, de nouvelles images se succèdent sans cesse et forment autant d'esquisses de la chose complète. Il faut pourtant bien distinguer deux niveaux différents : prise en elle-même, chaque esquisse possède le même degré de plénitude que la précédente, certaines de ses déterminations ont gagné en richesse, d'autres ont perdu, « les gains et les pertes [s'équilibrant] à chaque progression »[1]. En ce sens, la nouvelle esquisse n'est pas le remplissement *de* la précédente, mais le remplissement d'une intention partielle avec laquelle elle vient coïncider tout en la débordant. C'est au niveau de la « synthèse totale » des perceptions successives qu'apparaît ce qui caractérise le remplissement authentique : « l'accroissement de plénitude de connaissance »[2], mais le caractère asymptotique de cet accroissement signale l'écart irréductible existant entre l'intention et son remplissement, et le surplus dans lequel le remplissement est toujours par rapport à l'intention vide.

Or, ce qui confère ce privilège au remplissement n'est autre que sa dimension intuitive : le remplissement authentique est un remplissement *intuitif*. Mais le concept d'intuition ainsi mobilisé requiert certains éclaircissements. Il faut tout d'abord, pour le définir de manière adéquate, se défaire de l'opposition traditionnelle entre « pensée » (ou concept) et « intuition correspondante »[3], dans la mesure où « l'intuition » dans laquelle un concept trouve son éclaircissement n'est pas de part en part intuitive. Une intention purement signitive peut même, dans une certaine mesure, remplir cette fonction de clarification. Il y a bien nécessairement, au fondement de « l'intuition » (au sens large) correspondant à un concept, un acte proprement intuitif, mais ce dernier n'est pas en lui-

1. *Log. Unters.*, VI. Unters., § 16, Hua XIX/2, p. 67 ; trad. fr. *RL* III, p. 87.
2. *Ibid.*
3. *Log. Unters.*, VI. Unters., § 17, Hua XIX/2, p. 68 ; trad. fr. *RL* III, p. 89.

même, ou à lui seul, ce qui clarifie ainsi la pensée. L'intuition dont il s'agira ici et qui constitue ce qui confère sa plénitude à la connaissance, est l'intuition authentique, *le noyau purement intuitif* de l'intuition au sens large. En outre, on aurait tort de réduire l'intuition à la fonction d'illustration d'un concept. En effet, si une intuition peut venir remplir une intention signitive et en fournir effectivement une « illustration intuitive », il est également possible que l'intuition vienne accroître la plénitude d'une intention *déjà intuitive*. L'intuition ne doit donc pas être pensée par opposition à la discursivité de la pensée, comme dans le modèle kantien, mais il faut au contraire mettre au jour ce qui confère à cette intuition son intuitivité et comprendre que la distinction entre l'intuitif et le non-intuitif se retrouve à différentes strates constitutives de ce qu'on appelle traditionnellement, et notamment dans la tradition transcendantale, « intuition ». Il s'agit bien ici d'aller pour ainsi dire au-delà du transcendantal, et de radicaliser certaines notions kantiennes plutôt que de les éliminer. Aussi, pour parvenir aux « sources ultimes des formations de connaissance », ne faut-il pas s'en tenir à l'articulation des concepts aux phénomènes (ce qui, en un sens, caractérise l'objet propre de la philosophie transcendantale), mais se tourner vers les phénomènes mêmes pour déterminer ce qui constitue *leur propre fond d'intuitivité ou de phénoménalité*. Déterminer ce qui, dans l'intuition, est véritablement intuitif et ce qui, dans le phénomène, est véritablement phénoménal[1], telle est, par-delà ou au fondement même du transcendantal, la tâche de la phénoménologie.

Ainsi, sous une première strate, superficielle, dans laquelle l'intuition vient correspondre au concept, nous avons décrit un processus plus profond et transversal par rapport à l'opposition entre sensibilité et entendement : le processus du remplissement. Tout remplissement n'est pas intuitif, comme le prouve l'exemple des mathématiques où des intentions signitives peuvent venir remplir d'autres intentions signitives ; à l'inverse tout remplissement ne suppose pas nécessairement une intention d'abord vide qui viendrait ensuite recevoir un certain degré de plénitude, mais une intention intuitive peut aussi venir simplement enrichir une autre intention intuitive et la faire gagner en plénitude. Mais il y a bien, derrière cette deuxième strate, quelque chose dans les actes remplissants eux-mêmes qui détermine leur *authenticité*, c'est-à-dire leur capacité à présenter la chose même, directement, donc à conférer une

1. C'est dans l'Appendice à la Sixième Recherche que Husserl tirera toutes les conséquences des présentes analyses. Voir *infra*, p. 329 *sq*.

plénitude aux actes impliqués, les élevant au niveau de la connaissance au sens prégnant du terme. Pour déterminer le niveau exact où se gagne la plénitude et qui n'est autre que le sol phénoménal ultime sur lequel s'édifie la connaissance, il faut donc approfondir encore la description et pénétrer dans une troisième strate, plus profonde, dans laquelle peut être isolé le *contenu purement intuitif* des actes intuitifs. Dans cette sphère proprement phénoménologique, puisqu'il y va de la phénoménalité même des phénomènes, la philosophie transcendantale se dissout dans la pure description phénoménologique, mais cette dernière en apparaît alors comme le fondement ou l'arrière-plan – un niveau, pourrait-on dire, pré- ou infra-transcendantal.

Le cas des remplissements médiats, que Husserl aborde à partir du § 18, permet de souligner un fait essentiel : les chaînes de remplissements peuvent ne pas reposer directement sur des intuitions authentiques, elles n'en reviennent pas moins ultimement à elles. Plus précisément : les chaînes de remplissements médiats sont téléologiquement orientées par l'intuition directe de la chose même. C'est ce qui se produit dans le cas des représentations médiates : lorsque je considère l'image d'une image, la présentification de la première image constitue le remplissement « prochain » ou « le plus proche », « le plus immédiat » (*nächste*) [1] de l'image d'image, mais elle ne constitue pas son remplissement *ultime*, lequel doit être cherché dans la présentification de la *chose même* dont la première image est l'image. Ce cas est foncièrement différent du cas de la représentation *de* représentation, dans laquelle ce qui est visé, l'objet, est la représentation elle-même, si bien que le remplissement de la représentation de représentation est bien la représentation représentée ; dans le cas de la représentation médiate comme pour l'image d'image, l'objet visé, dans l'image directe ou dans l'image au carré, *est la chose même*, et le remplissement authentique d'une image d'image n'est donc pas autre chose que la donnée de l'objet en personne, tandis que la présentification de l'image directe (l'image de degré un) ne fournit à l'image d'image qu'un remplissement *médiat*.

La description des remplissements d'objets mathématiques vient confirmer ce point : les chaînes de définitions ne sont pas vides de contenu, elles ne se réduisent pas à de simples tautologies, mais chaque chaînon constitue le remplissement du chaînon précédent [2]. Il s'agit d'un

1. *Log. Unters.*, VI. Unters., § 18, Hua XIX/2, p. 70 ; trad. fr. *RL* III, p. 91.

2. Dans son ouvrage sur la phénoménologie des objets mathématiques, où il déconstruit notamment le modèle perceptif et l'idée d'objet dans leur application aux objets

remplissement d'intentions signitives par d'autres intentions signitives, et en ce sens-là il s'agit d'un remplissement inauthentique médiat, dont la progression est déterminée ou « prescrite »[1] par le contenu même des représentations, mais *ces remplissements convergent vers et sont orientés par le remplissement ultime, authentique*, dans lequel la chose même vient seule, par sa présence, conférer une plénitude à la chaîne des remplissements médiats. *La plénitude, en d'autres termes, vient toujours ultimement et uniquement de l'intuition* : « une simple intention signitive est absolument dépourvue de plénitude, et au contraire toute plénitude consiste dans la présentification actuelle de déterminations

mathématiques, D. Pradelle insiste sur la complexité du rapport entre le remplissement intuitif et la visée signitive dans le cas des idéalités. La prise en compte de l'historicité des objets mathématiques constitue d'ailleurs l'un des enjeux majeurs de la substitution du modèle du remplissement à celui de la donation de l'objet. L'intuition mathématique, en d'autres termes, ne peut pas être la pure et simple donation immédiate de l'objet, mais constitue un mode de remplissement partiellement composé d'intentions elles-mêmes signitives (D. Pradelle, *Intuition et idéalités : phénoménologie des objets mathématiques*, Paris, Puf, 2021, notamment la section p. 409 *sq.* : « Spécificité du remplissement catégorial : contre la méthode de réflexion transcendantale, l'écriture mathématique comme fil conducteur transcendantal »). Déjà Helmholtz, dans « Die Tatsachen in der Wahrnehmung », notait l'importance de se défaire du « vieux concept d'intuition » pour faire une place à un concept proprement scientifique d'intuition, dans lequel des procédés constructifs et d'autres données non intuitives entreraient en compte. Selon lui, les « espaces mathématiques » ne peuvent évidemment pas faire l'objet d'une intuition au sens de ce que Helmholtz nomme « le vieux concept d'intuition », dont Kant, tout comme Euclide, serait encore tributaire. Dans cette entente traditionnelle, on reconnaîtrait « quelque chose comme donné par intuition seulement si sa représentation vient à la conscience en même temps que l'impression sensible, sans réflexion et sans effort », de sorte que « ce qui manque à [l'intuition des espaces non euclidiens], c'est cette facilité, cette rapidité, cette évidence éclair avec laquelle nous percevons par exemple la forme d'une pièce dans laquelle nous entrons pour la première fois, la disposition et la forme des objets qui s'y trouvent, etc. ». La recherche de cette pseudo-évidence, dont on a vu les potentiels dangers ou la dimension égarante puisque la force de l'habitude peut y faire passer des données de l'expérience pour des données nécessaires, doit être abandonnée au profit d'une intuition *construite*, médiatisée par une élaboration scientifique : « Comme preuve de l'intuitionnabilité je demande seulement que l'on soit capable d'indiquer précisément et sans ambiguïté, pour chaque sorte d'observation, les impressions sensorielles naissantes, en utilisant si nécessaire la connaissance scientifique de leurs lois, d'où résulterait que la chose en question ou la relation à l'intuitionner serait effectivement disponible. La tâche consistant à se représenter les relations spatiales dans les espaces métamathématiques exige, de fait, quelque exercice dans la compréhension des méthodes analytiques, des constructions perspectives et des phénomènes optiques. » (H. v. Helmholtz, « Die Tatsachen in der Wahrnehmung », *in Schriften zur Erkenntnistheorie*, Berlin, Springer, 1921, p. 123 ; trad. fr. C. Bouriau, « Les faits dans la perception », dans J.-B. Fournier (éd.), *Théorie de la connaissance*, Paris, Vrin, 2022, p. 171).

1. *Log. Unters.*, VI. Unters., § 18, Hua XIX/2, p. 70 ; trad. fr. *RL* III, p. 91.

qui ressortissent à l'objet lui-même »[1]. Aussi peut-on affirmer que le remplissement se caractérise pour ainsi dire par le transfert de « quelque chose de la plénitude de l'objet même »[2], de sorte que *tout* remplissement se ramène plus ou moins directement, plus ou moins médiatement, à des remplissements immédiats, dans lesquels la chose même, dans l'intuition, se donne en personne. C'est donc au remplissement des intentions immédiates que se consacrera la suite des analyses de ce chapitre.

Husserl commence, au § 21, par affirmer qu'« à chaque intention intuitive appartient – au sens d'une possibilité idéale – une intention signitive s'adaptant exactement à elle quant à sa matière »[3]. Remarquons tout d'abord que l'inverse n'est pas vrai, ou plutôt n'est vrai qu'en un autre sens de la « possibilité idéale » en question : une intention signitive vise l'objet à vide et appelle pour ainsi dire un remplissement, mais ce dernier peut se présenter aussi bien qu'il peut ne pas le faire. L'intention signitive est littéralement « en manque d'objet » au sens où « il n'y a rien de l'objet qui vive en elle »[4], mais il est tout autant possible que jamais un objet ne vienne se donner qui lui corresponde ou qu'il ne vienne lui correspondre que de manière incomplète, sur le mode de la déception ou du conflit. Aussi la possibilité d'un remplissement est-elle bien une possibilité idéale de l'intention signitive, mais à titre de simple *prétention*. Au contraire, dire comme le fait Husserl qu'à chaque intention intuitive correspond une intention signitive s'adaptant parfaitement à elle, c'est dire que *par principe, l'objet ou, en général, le donné, peut toujours être connu*. Quel que soit l'objet intuitionné, il est toujours possible de le viser exactement comme il est donné, même si cette possibilité demeure bien sûr idéale – ce qui signifie que tout objet donné peut faire l'objet d'un recouvrement parfait entre intention signitive et intention intuitive, donc d'une connaissance au sens éminent. On peut *toujours* en droit viser l'objet exactement comme il est, c'est-à-dire le viser de telle sorte que l'intention signitive puisse être parfaitement remplie par lui, dans un accord parfait (rappelons que « stimmen » se dit aussi, dans le vocabulaire musical, de voix qui s'accordent entre elles et forment une harmonie) qui lui confère le plus haut degré de plénitude, celui de l'adéquation parfaite. *L'objet, en d'autres termes, peut en droit être connu et donc venir remplir parfaitement une intention vide qui le viserait parfaitement tout entier.* Qu'est-ce à

1. *Log. Unters.*, VI. Unters., § 20, Hua XIX/2, p. 73 ; trad. fr. *RL* III, p. 95.
2. *Log. Unters.*, VI. Unters., § 20, Hua XIX/2, p. 74 ; trad. fr. *RL* III, p. 95.
3. *Log. Unters.*, VI. Unters., § 21, Hua XIX/2, p. 76 ; trad. fr. *RL* III, p. 98.
4. *Ibid.*

dire, sinon que l'intuition constitue le fil directeur et le principe de toute connaissance, ou, comme l'énoncera le « principe de tous les principes » des *Ideen* I, que « toute intuition donatrice originaire est une source de droit pour la connaissance » au sens où « tout ce qui s'offre à nous dans l'intuition de façon originaire (dans sa réalité corporelle pour ainsi dire) doit être simplement reçu pour ce qu'il se donne, mais sans non plus outrepasser les limites dans lesquelles il se donne alors » [1].

Mais cela implique, à titre de condition, que l'intention signitive pure soit *absolument vide* et que la plénitude vienne toujours et seulement de l'intuition, fût-ce de manière médiate, en vertu de la transitivité de l'apport de plénitude soulignée plus haut. Entre l'intention signitive vide et l'idéal de plénitude qui « serait atteint dans une représentation qui enfermerait dans son contenu phénoménologique son objet plein et entier » [2] s'échelonnent alors tous les degrés (*Stufen*) de la connaissance.

LE CONTENU INTUITIF OU LE NIVEAU ULTIME DE FONDATION DE LA CONNAISSANCE (CHAPITRE III, § 22-29)

Or, on peut ramener les différences de degré de plénitude au fait que les actes ne sont jamais (sauf idéalement) entièrement intuitifs mais comportent un certain « contenu intuitif » et un certain « contenu signitif » (§ 22). Le contenu intuitif à proprement parler (le contenu « purement intuitif ») ne désigne pas l'acte intuitif dans son ensemble mais *ce qui, au sein de cet acte*, lui confère son intuitivité : l'adresse, pourrait-on dire pour paraphraser Jocelyn Benoist, du phénomène [3], le lieu où l'objet se « présente » (*darstellt*). Ainsi, dans l'acte intuitif complet de perception, le moment proprement intuitif ou « intuitivement représentatif » est la sensation, dans laquelle ce qui apparaît se présente soi-même (*selbstdarstellt*) : elle est *ce qui constitue la phénoménalité du phénomène*, tout comme l'image sensible dans le cas de l'acte complet d'imagination. Or, un acte intuitif complet ne contient jamais seulement

1. *Ideen I*, §24, p. 43-44; trad. fr., p. 78.

2. *Log. Unters.*, VI. Unters., § 21, Hua XIX/2, p. 77; trad. fr. *RL* III, p. 99.

3. J. Benoist, *L'adresse du réel*, Paris, Vrin, 2017. J. Benoist a toujours attaché une importance particulière à la détermination du niveau où se manifeste ce qui, à proprement parler, fait la réalité du réel. En un sens, son analyse des « anticipations de la perception » dans la *Critique de la raison pure*, menée dans *Kant et les limites de la synthèse*, *op. cit.* (voir par exemple p. 229 *sq.*) allait déjà dans ce sens, tout comme, bien plus tard et avec un arrière-plan philosophique très différent, dans *Le bruit du sensible*, Paris, Cerf, 2013. Nul doute que ces pages de la Sixième Recherche croisent ce questionnement.

de tels contenus purement intuitifs, mais possède, dans son contenu même et en faisant abstraction de la qualité d'acte, également une part de « contenus signitifs », qui correspondent à tout ce qui, en même temps que le contenu proprement phénoménal, est co-visé dans l'acte complet. De là une représentation schématique des degrés de la connaissance (§ 23) à partir des parts respectives qu'occupent, au sein des actes, contenus signitif et intuitif : la somme de ces contenus équivaut au contenu total de l'acte = 1, de telle sorte que « s + i = 1 » (*s* désignant le contenu signitif, *i* le contenu intuitif).

Mais alors, les cas où s = 0 (actes purement intuitifs) ou i = 0 (pures visées signitives) apparaissent comme des cas-limites. La distinction, dont l'élucidation phénoménologique de la connaissance était partie comme d'une distinction claire et nette entre acte intuitif et acte signitif, s'avère au contraire reposer elle-même sur une distinction *continue* entre les différents degrés de la connaissance, où les actes apparaissent comme toujours plus ou moins intuitifs, toujours plus ou moins signitifs. Loin donc d'admettre, dans la lignée de la pensée transcendantale, une distinction radicale entre pensée et intuition, Husserl ne se contente pas de ramener cette distinction à la distinction plus profonde entre intention et remplissement, mais ramène ultimement les degrés de plénitude et de connaissance à une distinction continue[1] entre des actes possédant un contenu plus ou moins intuitif, plus ou moins signitif. Par-delà le transcendantal, donc, et dans une couche archéologique plus profonde encore, la source ultime des formations de connaissance a été déplacée, et cette dernière se trouve ultimement fondée dans le contenu même des actes.

Au sein du contenu intuitif à proprement parler, il faut également noter que les contenus perceptifs et imaginatifs s'échelonnent également par degrés et se complètent. Ainsi, la perception, par exemple, n'est jamais pure au double sens où elle comporte une part de visées purement signitives *et*, au sein même de son contenu intuitif, une part d'imagination. Lorsque je perçois une chose, je vise toujours plus que ce que j'en perçois effectivement, et dans ce que je « vois » intuitivement, mon imagination supplée à ce qui n'entre pas dans le pur contenu présentatif dans lequel

1. Dans *Carnap et la question transcendantale*, *op. cit.*, nous montrons, à la lumière de l'*Aufbau* de Carnap et du problème qu'y pose la hiérarchisation de sphères d'objets distinctes dans un flux de vécus purement immanent, que la question transcendantale revient d'une certaine manière à rendre compte de l'introduction d'une discontinuité dans une continuité fondamentale. Voir en particulier le chapitre « Le phénoménalisme carnapien », p. 269 *sq*.

la chose même n'est pas *re*présentée mais directement présentée en personne – le contenu *purement perceptif*.

Aussi peut-on rendre compte, dorénavant, du processus *dynamique* de remplissement (§ 24) : ce processus s'avère finalement fondé sur les rapports internes entre les différents types de représentation (intuitive, perceptive, imaginative, signitive, etc.) et dans les rapports que ces représentations entretiennent avec les « moments » de l'objet lui-même. L'objet constitue ainsi le *guide* ou le fil directeur de la synthèse progressive du remplissement, puisque c'est en lui que s'articulent ultimement les différents moments corrélés aux différents moments de l'acte lui-même. Aussi le remplissement commence-t-il par un « premier apport en plénitude [1] dans lequel l'objet vient se présenter pour la première fois, de manière encore grossière, et la « progression continue du remplissement » apporte ensuite une plénitude « toujours plus riche » aux actes. Le caractère progressif de ce processus ne provient pas des représentations elles-mêmes, mais de leur articulation dans un acte global qui vise l'objet et articule les différents actes partiels en un mouvement ascendant et pour ainsi dire téléologique, orienté vers l'objet tel que présenté, pour la première fois, dans le premier « apport en plénitude ».

Il faut donc, à côté des concepts, acquis dans la Cinquième Recherche, de qualité et de matière d'un acte, accorder une place au nouveau concept de contenu représentatif[2], en distinguant contenu significativement représentatif, contenu intuitivement représentatif et contenu mixte. Le rôle de l'acte dans le processus de remplissement dépend donc ultimement du type de contenu qu'il comporte et qui explique qu'à matière égale (puisque c'est la matière qui sert de fondement à l'identification), des actes différents puissent jouer un rôle de remplissement différent et recevoir une plénitude plus ou moins grande.

De là une conséquence générale sur la nature des actes intentionnels dans lesquels se fonde la connaissance : « Tout acte objectivant concrètement complet a trois composantes : la qualité, la matière et le contenu représentatif. Suivant que ce contenu remplit la fonction de représentant purement signitif ou purement intuitif, ou de l'un et de l'autre à la fois, l'acte sera purement signitif, purement intuitif ou mixte » [3]. Cette distinction peut en outre être transposée au niveau noétique de

1. *Log. Unters.*, VI. Unters., § 24, Hua XIX/2, p. 84; trad. fr. *RL* III, p. 108.

2. *Log. Unters.*, VI. Unters., § 25, Hua XIX/2, p.90; trad. fr. *RL* III, p. 114. Voir sur ce point les analyses de Claudia Serban dans le présent ouvrage, *supra*, p. 265 *sq*.

3. *Log. Unters.*, VI. Unters., § 25, Hua XIX/2, p. 90; trad. fr. *RL* III, p. 114

l'*appréhension* (*Auffassung*), et on distinguera alors entre la *forme de l'appréhension*, la matière ou le *sens* d'appréhension (« le sens d'après lequel sera appréhendé le contenu représentatif » [1]) et le contenu appréhendé, lequel se distingue fermement de l'*objet* de l'appréhension, qui ne se donne pas phénoménologiquement. C'est sur la base de cette distinction que les *différents modes d'appréhension* peuvent être distingués, et plus précisément sur le type d'unité que la forme de l'appréhension introduit entre la matière ou sens d'appréhension et le contenu représentatif. Or, il y a ici une « différence phénoménologique irréductible » [2], au-delà de laquelle il est impossible de remonter et dont on ne peut rendre raison : « la représentation signitive établit, entre la matière et le représentant, une relation extérieure contingente, tandis que la représentation intuitive établit une relation essentielle, interne » [3]. Certes, dans la représentation signitive, il y a bien une unité entre le signe et sa signification, au sens où la signification « ne peut pas être, en quelque sorte, suspendue en l'air » ; il y a bien, en d'autres termes, une relation qui s'établit entre la matière et le contenu qui lui sert de support, mais il n'y a rien dans la composition du contenu lui-même qui implique que ce dernier soit appréhendé selon tel ou tel sens. Il doit y avoir unité entre matière et contenu pour que le signe puisse être appréhendé comme signe, mais cette unité demeure extérieure et ne trouve aucun fondement dans le contenu *spécifique* de l'appréhension. Par contraste, la représentation intuitive se caractérise phénoménologiquement par l'unité *interne* entre matière et contenu d'appréhension, ce qui signifie que le contenu se présente de telle manière que nous ne pouvons pas l'appréhender selon n'importe quel sens : « le contenu à appréhender nous fixe des limites par une certaine sphère de ressemblances et de similitudes, donc par son contenu spécifique » [4]. Aussi a-t-on mis au jour la caractéristique ultime de l'intuition : *l'acte intuitif se caractérise par une certaine forme d'appréhension* dans laquelle l'unité entre le sens d'appréhension et le contenu appréhendé est une unité interne et nécessaire, fondée dans le contenu représentatif lui-même, lequel impose ou « motive » la matière d'appréhension.

Husserl peut ainsi tirer toutes les conséquences de ses analyses quant à l'élucidation phénoménologique de la connaissance. Le premier apport des descriptions phénoménologiques tient dans la détermination plus

1. *Log. Unters.*, VI. Unters., § 26, Hua XIX/2, p. 91 ; trad. fr. *RL* III, p. 116.
2. *Log. Unters.*, VI. Unters., § 26, Hua XIX/2, p. 93 ; trad. fr. *RL* III, p. 118.
3. *Log. Unters.*, VI. Unters., § 26, Hua XIX/2, p. 92 ; trad. fr. *RL* III, p. 117.
4. *Log. Unters.*, VI. Unters., § 26, Hua XIX/2, p. 92 ; trad. fr. *RL* III, p. 117.

précise du rapport entre l'acte et l'objet (§27). Au-delà du problème transcendantal du rapport de la connaissance à son objet, il s'agit, *au sein même des actes*, de déterminer le niveau exact où se détermine ce rapport. Ainsi, la *qualité* des actes détermine un certain rapport à leur objet, mais ces modes de position ou de croyance sont eux-mêmes fondés dans le type de représentation dont l'acte est porteur. « L'ultime fondement de tous les actes, ce sont des *Vorstellungen* au sens de *Repräsentationen* » [1] : la représentation n'est pas seulement le corrélat de l'acte, ce que l'acte pose de telle ou telle manière (*Vorstellung*), mais elle est ce par quoi un certain contenu est appréhendé et vient à se présenter. C'est cette *Repräsentation* qui constitue le fond phénoménologique propre de l'acte, ce dans quoi s'établit son rapport à l'objet, et cela selon les trois dimensions déjà indiquées : la forme d'appréhension (qui détermine si l'objet est appréhendé de manière signitive ou intuitive, dans une représentation signitive, intuitive ou mixte), la matière ou le sens d'appréhension (un même objet pouvant être représenté « avec tel ou tel sens ») et les contenus appréhendés (l'objet étant représenté au moyen de tel signe ou de tel contenu présentatif).

C'est en prenant en compte *toutes* ces dimensions, et en prêtant en particulier attention aux contenus appréhendés, et à la part qu'y jouent les contenus purement intuitifs, que pourra être définie *l'essence cognitive* d'un acte [2], par opposition à son essence intentionnelle. L'essence intentionnelle caractérise ce qui « ne saurait faire défaut à une intention de ce genre » [3], en d'autres termes la qualité et la matière, qui sont essentielles à tout acte intentionnel; au contraire, la plénitude, fondée comme nous l'avons vu dans le contenu intuitif, peut aussi bien se trouver adjointe à l'intention que ne pas l'être, puisqu'une intention signitive se caractérise précisément par le fait d'être « vide », c'est-à-dire sans aucune plénitude. L'élucidation phénoménologique de la connaissance aura donc ultimement fait apparaître *l'écart* entre l'essence intentionnelle d'un acte objectivant et son essence cognitive, écart dans lequel se jouent les degrés de la connaissance, et qui repose sur la prise en compte ou la mise entre parenthèses de la plénitude, qui trouve son fondement ultime dans les contenus intuitifs.

Les différents degrés de plénitude, atteints progressivement dans le processus de remplissement (dans lequel « nous apprenons à connaître

1. *Log. Unters.*, VI. Unters., § 27, Hua XIX/2, p. 94; trad. fr. *RL* III, p. 119.
2. *Log. Unters.*, VI. Unters., § 28, Hua XIX/2, p. 96; trad. fr. *RL* III, p. 122.
3. *Log. Unters.*, VI. Unters., § 28, Hua XIX/2, p. 96; trad. fr. *RL* III, p. 121.

toujours mieux l'objet au moyen d'un contenu présentatif qui ressemble toujours plus à l'objet et l'appréhende d'une manière toujours plus vivante ou plus complète » [1]), se distinguent donc à partir d'un cas idéal : celui de la représentation intuitive *adéquate*, à savoir celui dans lequel les contenus intuitifs ne seraient plus enchevêtrés avec des intentions signitives, mais dans lequel, au contraire, « à chaque composante de l'objet tel qu'il est visé dans cette représentation correspondrait une composante représentative du contenu intuitif » [2]. Faute d'atteindre ce degré idéal d'adéquation, la représentation intuitive sera incomplète et ne présentera qu'une *esquisse* de l'objet. Or, que les intuitions puissent être lacunaires, c'est une conséquence du fait, déjà souligné, que les actes intuitifs ne sont pas nécessairement simples, mais peuvent être composés. Et Husserl de souligner que les actes peuvent être dits « composés » en deux sens distincts : 1) l'acte peut être composé d'intentions partielles, mais qui se rapportent aux parties ou faces singulières de l'objet et sont unifiées par une unique intention totale, visant l'objet lui-même dans son ensemble et y rapportant toutes les intentions partielles; 2) L'acte total peut au contraire rassembler de manière synthétique des actes partiels *qui sont déjà en eux-mêmes des représentations complètes* du même objet, comme lorsque nous opérons la synthèse continue de multiples perceptions du même objet (lesquelles le représentent chacune à une position variable) et les fusionnons en une perception « multilatérale ». L'identité de l'objet n'est plus ici donnée de manière « objectivement simple », mais résulte d'une synthèse continue.

Aussi y a-t-il deux types d'intuitions composées : l'intuition « objectivement simple », dans laquelle les différents moments de la chose visés par les actes partiels sont fondus dans la même intention totale, et l'intuition « synthétique complète », dans laquelle l'unité de la chose se construit dans une esquisse en perpétuel changement. Mais ces deux modes de composition s'articulent l'un à l'autre, de sorte que, dans le cas de la perception d'une chose extérieure, par exemple, on ne peut prétendre avoir une intuition pure complète dans laquelle toutes les parties de la chose viendraient se donner adéquatement, mais l'adéquation est approchée asymptotiquement par la multiplication des points de vue sur la chose, lesquels viennent fusionner synthétiquement.

On retrouve une distinction similaire – et c'est là un des résultats majeurs de la première partie de la Sixième Recherche – si on s'intéresse

1. *Log. Unters.*, VI. Unters., § 29, Hua XIX/2, p. 97; trad. fr. *RL* III, p. 122.
2. *Log. Unters.*, VI. Unters., § 29, Hua XIX/2, p. 97; trad. fr. *RL* III, p. 123.

à l'idéal d'adéquation dans la fonction de remplissement, dans la mesure où ce qui est vrai du rapport entre les différentes intuitions l'est également des actes intuitifs qui viennent conférer la plénitude à des intentions signitives. Ainsi, le remplissement peut atteindre la perfection (autrement dit : l'objet peut être rendu intuitif de manière adéquate) de deux manières différentes : 1) En un premier sens, toutes les parties de la signification peuvent recevoir un remplissement au moyen des parties correspondantes de l'intuition remplissante, si bien qu'à chaque terme ou moment de la signification vient correspondre un moment ou une partie de l'intuition correspondante ; 2) Mais cette intuition peut être en elle-même objectivement lacunaire, au sens où elle peut ne pas présenter l'objet de manière complète, mais de manière inadéquate. *Il peut donc y avoir adéquation de l'intuition à l'intention significative sans qu'il y ait adéquation de l'intuition à l'objet.* Je peux avoir un remplissement adéquat de l'intention « une maison verte » si m'est donnée une maison qui est effectivement verte (auquel cas chaque moment de la signification trouve son remplissement), mais cela n'implique pas que j'aie pour autant une représentation complète, adéquate, d'une maison verte. Ma représentation intuitive peut au contraire très bien être seulement partielle ou lacunaire sans que cela affecte le caractère complet de la correspondance entre l'intuition et l'intention signitive.

CONSÉQUENCES POUR LA THÉORIE DE LA CONNAISSANCE (1) : FONDATION DE LA POSSIBILITÉ DANS LA CONCILIABILITÉ (CHAPITRE IV)

Le modèle du remplissement développé par Husserl dans la première partie de la Sixième Recherche sera le fondement de la théorie de l'évidence qui, à partir de lui, viendra fournir le fondement de l'élucidation phénoménologique de la connaissance. Dans l'article suivant, consacré à la deuxième partie de cette Recherche, Dominique Pradelle montre comment, de l'adéquation à l'évidence puis de l'intuition sensible à l'intuition catégoriale, s'élabore la théorie husserlienne de la connaissance dans son constant dépassement du modèle transcendantal. Nous nous contenterons pour l'instant de tirer deux conclusions, avec Husserl, des analyses précédentes.

Tout d'abord, dans le chapitre consacré à la « possibilité et l'impossibilité » (chap. IV), Husserl accomplit un des objectifs des *Recherches* : fonder phénoménologiquement la logique en redéfinissant le concept de possibilité [1]. Ici encore, il s'agit de dépasser autant que de désubjectiver le transcendantal : la possibilité n'est pas une catégorie qui trouverait sa source ultime dans la « faculté » subjective qu'est l'entendement, elle n'est pas non plus comme dans les théories psychologistes liée à la seule possibilité subjective d'effectuer tel ou tel acte, mais elle est une *détermination de la signification elle-même*. Le critère de la possibilité a été déplacé : dire qu'une signification est « possible » ou, ce qui revient au même, « réelle » (*reale*) [2], c'est dire qu'elle peut être remplie ou, en d'autres termes, qu'une intuition complète peut venir lui correspondre adéquatement au double sens précisé ci-dessus :

> Nous définirons la possibilité d'une signification en disant qu'il lui correspond in specie dans la sphère des actes objectivants une essence adéquate, c'est-à-dire une essence dont la matière est identique à la sienne ; ou, ce qui revient au même, qu'elle a un sens remplissant ou bien aussi qu'il y a in specie une intuition complète dont la matière est identique à la sienne [3].

Qu'*il y ait* une telle intuition complète ne signifie pas qu'il faille attendre que cette représentation soit effectivement donnée pour qu'on puisse dire que la signification est possible (sinon précisément, on ne parlerait pas de possibilité mais de réalité empirique), mais il s'agit bien sûr d'un « il y a » *idéal*. Qu'une signification soit possible, cela signifie donc qu'on *peut* idéalement la remplir adéquatement, donc qu'elle correspond à un objet *connaissable*. Nous avions vu qu'à toute intuition correspondait idéalement une intention la recouvrant adéquatement, donc que toute intuition était source de droit de connaissance – nous voyons ici que toute signification *possible* possède aussi dans la sphère des intuitions une intuition correspondante dont la matière est exactement identique à la sienne. Il n'y a donc pas d'intuition qui ne puisse être source

1. Notons qu'il s'agit ici de la possibilité au sens logique, non pas au sens de la « phénoménologie de la possibilité » développée, à partir notamment de Heidegger, par C. Serban, en particulier dans *Phénoménologie de la possibilité : Husserl et Heidegger*, Paris, Puf, 2016. C. Serban y analyse les développements de Husserl dans la Sixième Recherche, mais autour de la distinction entre noyau (*Kern*) et champ (*Feld*) ou « halo », donc en tant que le possible est toujours partiellement déterminé par le donné, et que l'espace de jeu ainsi délimité motive à son tour les donations actuelles futures. Le concept logique de possibilité ouvert ici par Husserl se situe donc d'une certaine manière à côté ou en deçà de ce concept proprement phénoménologique. Voir C. Serban, *Phénoménologie de la possibilité*, *op. cit.*, p. 75 *sq.*

2. *Log. Unters.*, VI. Unters., § 30, Hua XIX/2, p. 103 ; trad. fr. *RL* III, p. 129.

3. *Log. Unters.*, VI. Unters., § 30, Hua XIX/2, p. 102-103 ; trad. fr. *RL* III, p. 129.

de connaissance – il y a au contraire des significations impossibles, qui ne sauraient recevoir de remplissement.

Or, si la différence entre signification possible et signification impossible doit être cherchée du côté du remplissement, c'est qu'elle se fonde ultimement dans une différence *phénoménologique*, immanente aux contenus mêmes, et qui n'est autre que la différence entre contenus *conciliables* et *inconciliables*. La conciliabilité des contenus, dont « la possibilité des significations complexes [est] le corrélat »[1] s'entend ici également en un sens idéal : non seulement deux contenus peuvent être compatibles même s'ils n'ont jamais été saisis ensemble, mais la réunion de deux contenus ne démontre pas seulement que ces contenus singuliers sont compatibles, mais qu'« une infinité idéale d'autres contenus » sont également compatibles, à savoir, précise Husserl, « tous les couples de ceux qui sont identiques et semblables quant à leur genre »[2]. En d'autres termes, la compatibilité vaut pour les *essences*, et pas seulement pour les objets singuliers : si je vois un ballon rouge, c'est l'essence idéale de la rondeur et l'essence idéale de la couleur qui s'avèrent compatibles, et non pas seulement les « singularités dispersées » en question. Ce qui est atteint ici n'est rien de moins que le concept phénoménologique d'*a priori*. La possibilité d'une signification dépend de la conciliabilité des contenus, qui seule lui confère idéalement, dans la sphère des intuitions, une intuition complète correspondante, mais cette conciliabilité, quoique fondée sur l'expérience, relève de lois d'*essence*. Il faut un fait pour établir la conciliabilité des contenus, mais leur conciliabilité n'en est pas moins *essentielle*, *a priori*, et donc logiquement indépendante du fait qui la vérifie.

Le problème de l'inconciliabilité est plus complexe : dire que deux contenus sont inconciliables, c'est-à-dire poser qu'aucune intuition unitaire n'en est possible, n'est-ce pas ramener l'impossibilité *objective* à une simple incapacité subjective ? Ce n'est pas parce que je ne parviens pas à penser une surface à la fois intégralement rouge et verte que le rouge et le vert *sont*, en eux-mêmes, incompatibles. « Le fait de l'échec ne prouve pas sa nécessité »[3]. On peut cependant, par variation éidétique, éliminer tout ce qui, dans cet échec, relève des conditions empiriques ou de l'individualité des contenus, et effectuer le constat suivant : il y a bien un *conflit*, lequel résiste à la variation ; c'est un conflit *idéal et objectif*,

1. *Log. Unters.*, VI. Unters., § 31, Hua XIX/2, p. 106 ; trad. fr. *RL* III, p. 133.
2. *Log. Unters.*, VI. Unters., § 31, Hua XIX/2, p. 105 ; trad. fr. *RL* III, p. 132.
3. *Log. Unters.*, VI. Unters., § 32, Hua XIX/2, p. 107 ; trad. fr. *RL* III, p. 134.

qui concerne l'essence du rouge et du vert, l'essence de la couleur, et non pas cet objet individuel que je prends en considération ni les efforts subjectifs que je fais, vainement, pour résoudre le conflit. Mais ce conflit n'est aucunement pourtant *absolu* : il n'y a conflit – ou, comme le précisera le § 33, compatibilité – que sur fond d'une intention globale, sur fond d'un tout qui réunit les contenus qui peuvent être conciliables ou inconciliables.

> [Le rapport de conflit] met en relation des espèces de contenu tout à fait déterminées, et cela dans le cadre de groupements tout à fait déterminés de contenus. Des couleurs ne se contredisent pas de façon générale, mais seulement dans certains contextes [...]. Un contenu d'une espèce *q* n'est jamais incompatible purement et simplement avec un contenu d'une espèce *p*, mais, quand on parle de leur incompatibilité, on se réfère toujours à une combinaison de contenus d'une espèce déterminée [...] qui contient *p* et à laquelle *q doit* aussi venir s'intégrer [1].

Aussi doit-on reconnaître que la relation d'incompatibilité est toujours doublement relative : elle est d'abord relative verticalement, au sens où un conflit *à un certain niveau* (par exemple entre des couleurs) suppose qu'un objet puisse être donné, à un autre niveau, sans conflit (la surface sur laquelle des couleurs différentes sont incompatibles) ; et elle l'est *contextuellement*, au sens où c'est seulement *dans un certain contexte* que les contenus *p* et *q* sont incompatibles, qui dans un autre contexte seraient parfaitement compatibles.

Il faut donc, contre une certaine interprétation de la philosophie transcendantale telle que Husserl, en 1901, la conçoit encore, reconnaître que la source de la compatibilité et de l'incompatibilité des contenus n'est pas subjective [2]. Certes, c'est dans le cadre d'une *intention* globale

1. *Log. Unters.*, VI. Unters., § 32, Hua XIX/2, p. 108 ; trad. fr. *RL* III, p. 135.

2. La naissance de la phénoménologie transcendantale sera donc liée à la découverte par Husserl, sous l'influence notamment des néo-kantiens, de la possibilité d'accomplir une révolution anticopernicienne au sein même de la philosophie transcendantale. En effet, si comme nous l'avons vu les développements de la Sixième Recherche se situent à la limite du transcendantal, la fidélité aux conclusions de cette Recherche et à l'anti-relativisme subjectif qui s'y fait jour dans le sillage de Bolzano imposeront à Husserl de repenser le transcendantal à partir de l'objet. Ainsi, le tournant transcendantal n'est pas seulement un tournant objectiviste ou anti-copernicien au sein de la philosophie transcendantale, mais implique une réinterprétation de cette dernière dans son ensemble comme pensée de l'objet. La lecture de la *Critique de la raison pure* menée par J. Benoist s'ancre résolument dans cette tradition, le sujet transcendantal se définissant, selon l'auteur, comme « sujet de l'objet » : « Le suje transcendantal se découvre ainsi comme

seulement que les contenus peuvent présenter entre eux des conflits, mais cette intention ne fait que fournir le terrain sur lequel, *objectivement*, les contenus entrent en conflit. Aussi les axiomes fixés au § 34 n'ont-ils aucunement une valeur purement subjective, mais bien objective : qu'« unité et conflit s'excluent, par exemple, réciproquement » [1], n'est pas une limitation de notre subjectivité humaine mais bien une loi phénoménologique objective, qui n'est pas vraie relativement à certains sujets mais *par rapport à certains contextes*, à savoir seulement lorsqu'il s'agit d'unité et de conflit *à un même niveau* ou relativement à une même intention globale. La loi logique qui en dérive, selon laquelle « tout "ne pas" exprime un conflit » [2] possède donc exactement la même objectivité, Husserl répondant ainsi au problème déjà posé dans les *Prolégomènes*.

CONSÉQUENCES POUR LA THÉORIE DE LA CONNAISSANCE (2) : LA DÉSUBJECTIVATION DE LA DISTINCTION ENTRE SENS INTERNE ET SENS EXTERNE (APPENDICE)

Un autre aspect de la désubjectivation de la connaissance est développé par Husserl dans l'Appendice aux *Recherches logiques*, lequel revêt une importance toute particulière pour la phénoménologie en général, y compris dans sa forme postérieure, transcendantale [3]. Cet appendice concerne la « perception externe et la perception interne, les phénomènes physiques et les phénomènes psychiques » et constitue la pointe du dépassement par Husserl du modèle transcendantal. Plus

ce qui pense l'objet transcendantal – c'est-à-dire ce qui pense ce en quoi il est déjà inscrit que cela soit à penser et qui laisse comme tel une « place » (logique) pour ce qui le pense. « Sujet des catégories, c'est-à-dire « sujet de l'objet », sujet sur mesure pour l'objet, et logiquement pur artefact de l'objet. Il est à craindre qu'en suivant Kant sur le terrain de la constitution catégoriale de la transcendance, nous ayons perdu le sujet » (J. Benoist, *Kant et les limites de la synthèse, op. cit.*, p. 90).

1. *Log. Unters.*, VI. Unters., § 34, Hua XIX/2, p. 112 ; trad. fr. *RL* III, p. 139.
2. *Log. Unters.*, VI. Unters., § 34, Hua XIX/2, p. 112 ; trad. fr. *RL* III, p. 140.
3. Comme le remarque Claudia Serban dans le passage qu'elle consacre à cet Appendice dans le présent volume, ces pages annexées à la Sixième Recherche se rapportent quant à leur objet au passage de la Cinquième Recherche sur le sens interne et le sens externe. Sans rentrer dans les détails des analyses de Husserl se rapportant à cette question, nous avons cependant choisi d'y revenir dans le contexte de la Sixième Recherche afin de souligner l'importance de ce texte pour la compréhension de l'objectivité de la notion husserlienne de phénomène, dans laquelle se joue le sens même de la phénoménologie et du tournant transcendantal que lui infligera Husserl et dont nous cherchons ici à déterminer l'arrière-plan. Voir *supra*, p. 235 *sq*.

précisément, l'objectif de Husserl est de dépasser la distinction kantienne du sens interne et du sens externe fondée sur les formes pures de l'intuition supposées données *a priori* et subjectivement, en ramenant la différence entre l'interne et l'externe à une différence *descriptive* entre les vécus. Mais, s'il est nécessaire de convoquer ici les outils de la psychologie brentanienne et en particulier la distinction entre les phénomènes physiques, dont la donation est toujours inadéquate, et les phénomènes psychiques qui posséderaient la propriété phénoménologique de se donner adéquatement, Husserl se refuse à négliger le parallélisme, que la philosophie transcendantale avait au moins le mérite de souligner[1], entre les phénomènes externes et internes, et insiste, contre Brentano, sur la transcendance de ces derniers. La différence entre le sens interne et le sens externe n'est certes pas subjective, repose ultimement sur une différence descriptive *objective* entre deux types de phénomènes, mais cette différence n'est pas réductible à la différence entre perception adéquate et perception inadéquate, les phénomènes internes et externes possédant chacun un certain rapport à la transcendance. C'est à travers l'élucidation de la notion même de phénomène et du rapport des phénomènes en général à la transcendance et à l'aperception que la phénoménologie pourra reconstruire, en deçà du transcendantal, ce qui, chez Kant, se présentait comme une différence entre deux modes d'intuition.

Les deux premières sections de cet appendice rappellent les présupposés de la théorie classique, d'origine lockienne, du rapport entre l'interne et l'externe, pour démontrer l'apport de la psychologie de Brentano : le critère de l'évidence, mis en avant par ce dernier comme le fondement de la psychologie empirique puisque seul capable d'en délimiter le domaine (les phénomènes psychiques), possède le mérite d'être un « critère descriptif qui distingue ces perceptions les unes des autres indépendamment de toute présupposition à l'égard des réalités

1. Rappelons que les néo-kantiens ne cesseront de rappeler la transcendance des objets du sens interne, et que la critique adressée par Natorp à Husserl amènera ce dernier à approfondir toujours davantage l'inadéquation irréductible dans laquelle les vécus se donnent à la conscience. *Cf.* P. Natorp, « Husserls *Ideen zu einer reinen Phänomenologie* », *Die Geisteswissenschaften* I, 1914, p. 420-426 et p. 448-451, puis *Logos* VII, 1917-1918, p. 224-246; trad. fr. J. Servois, « Les *Idées directrices pour une phénoménologie* de Husserl », *Philosophie* 74, 2002, p. 15-39, notamment p. 233-234 et p. 236; trad. fr., p. 25-26 et p. 28; *cf.* P. Natorp, *Die logischen Grundlagen der exakten Wissenschaften*, Leipzig-Berlin, Teubner, 1910, p. 16 *sq.* Husserl y reviendra en particulier au § 9 des *Méditations cartésiennes* (*Cart. Medit.*, Hua I, § 9, p. 61; trad. fr., p. 65).

métaphysiques »[1], chez Locke, ou, pourrait-on ajouter, à l'égard des formes subjectives pures de l'intuition, chez Kant. Inutile, donc, de supposer une distinction entre âme et corps, il faut et il suffit de considérer la différence entre les phénomènes « sensibles » se rapportant aux objets « externes » (mais l'externalité de ces objets n'est précisément pas présupposée mais au contraire dérivée du caractère des phénomènes qui s'y rapportent) et les phénomènes « comme représentation, jugement, supposition, souhait, espérance, etc. » qui possèdent « le caractère de l'*Inexistenz* intentionnelle »[2].

Mais s'il faut bien reconnaître que les phénomènes psychiques se caractérisent, en apparence au moins, par une évidence propre de l'ordre de « l'indubitabilité »[3], il ne faudrait pas en déduire qu'ils se rapportent à des objets eux-mêmes dépourvus de transcendance ou qu'ils s'y rapportent avec une évidence *adéquate*[4]. Je perçois la douleur « dans le même sens » que je perçois l'arbre[5], c'est-à-dire que dans les deux cas, il faut reconnaître que le vécu « tel qu'il est » ne correspond pas au vécu tel qu'il est appréhendé, ou plus radicalement, que le vécu n'existe pas dans le même sens que la réalité, qu'elle soit physique ou psychique, à laquelle il se rapporte. Aussi faut-il déplacer radicalement, en lui conférant un sens strictement phénoménologique, la distinction entre l'interne et l'externe : cette dernière est à rechercher dans la différence entre une attitude, naturelle, tournée vers le phénomène appréhendé, dans toute

1. *Log. Unters.*, VI. Unters., Hua XIX/2, p. 225 ; trad. fr. *RL* III, p. 273.

2. *Log. Unters.*, VI. Unters., Hua XIX/2, p. 226-227 ; trad. fr. *RL* III, p. 274.

3. *Log. Unters.*, VI. Unters., Hua XIX/2, p. 231 ; trad. fr. *RL* III, p. 279.

4. Cette distinction, entre évidence apodictique et évidence adéquate, sera clarifiée dans le § 6 des Maditations cartésiennes : les phénomènes peuvent posséder des degrés de perfection, ils n'en demeurent pas moins apodictiquement évidents. Ainsi, « Nous disposons [...] d'une infinité sans limites d'*expériences* ou d'évidences pré-scientifiques, plus ou moins parfaites. Imperfection veut dire ici, en règle générale, inachèvement, partialité, relative obscurité, confusion dans l'autodonation des choses ou des états de choses, adhérence de l'expérience à des *éléments de visées préalables et de visées concomitantes incomplets.* Le perfectionnement s'accomplit alors comme une progression qui synthétise des expériences concordantes dans lesquelles ces visées concomitantes parviennent à une expérience effective qui sera remplie. L'idée correspondante de perfection serait celle d'*évidence adéquate*, ce qui laissera pendante la question de savoir si cette dernière ne serait pas fondamentalement située à l'infini. Bien que cette idée guide elle aussi constamment l'intention du savant, c'est cependant [...] un autre type de perfection de l'évidence qui revêt à ses yeux une dignité supérieure : celle de l'apodicticité ; *elle peut se présenter dans des évidences inadéquates.* » (*Cart. Medit.*, Hua I, § 6, p. 55 ; trad. fr., p. 57-58. Nous soulignons).

5. *Log. Unters.*, VI. Unters., Hua XIX/2, p. 232 ; trad. fr. *RL* III, p. 280.

sa transcendance, et une attitude, « purement phénoménologique », qui « inhibe toute position transcendante » et qui ne considère le vécu que comme il se donne.

Il faut, de ce point de vue, préciser que les « phénomènes » qui constituent l'objet de la phénoménologie doivent être compris en un sens *objectif*: les vécus concrets d'intuition sont des phénomènes, lesquels sont indifférents à l'existence ou à la non-existence de l'objet intuitionné; les objets intuitionnés sont aussi, en un autre sens, des phénomènes; mais les composantes réelles de l'intuition ne sont pas, quant à elles, des phénomènes : la couleur est une qualité phénoménale, mais la sensation de couleur n'en est pas. La couleur, comme la chose dans sa globalité, est *transcendante* par rapport à la sensation de couleur : elle est *extérieure* (*äusserliche*[1]) en ce sens, mais d'une extériorité d'une tout autre nature que l'extériorité, spatiale, du « sens externe » des classiques et de la philosophie transcendantale kantienne. De même devra-t-on distinguer strictement entre le fait que la chose extérieure est « perçue » et le fait que les sensations qui composent cette perception ne sont pas à proprement parler perçues, mais simplement *vécues*[2]. L'indubitabilité et l'évidence concernent (et concernent en réalité *seulement*) *ce sens précis* de l'internalité, qui n'est autre que l'immanence. Je ne peux douter du vécu que je vis, et qui se donne de manière *adéquate*, mais je peux bien douter de ce qui, en lui, apparaît et se donne par esquisses[3]. Mais cette différence entre objets immanents qui se donneraient avec le caractère de l'adéquation, et les objets transcendants qui ne posséderaient pas ce caractère ne doit pas plus être confondue avec l'opposition entre l'interne et l'externe qu'avec l'opposition brentanienne entre les phénomènes psychiques et les phénomènes physiques : si par « phénomènes psychiques » on entend de véritables *phénomènes* (au sens objectif) et non pas les vécus concrets réduits dans lesquels le rapport à la transcendance aurait été biffé, alors ces phénomènes possèdent par rapport aux vécus la *même* transcendance que les phénomènes physiques. La distinction classique entre l'interne et l'externe n'est pas donnée à travers la forme subjective *a priori* de l'intuition qu'est l'espace, mais bien *constituée* sur la base des vécus concrets que décrit la phénoménologie. La reconnaissance du caractère *constitué* de l'espace amènera Husserl, dans le strict prolongement de ce texte, à infliger à

1. *Log. Unters.*, VI. Unters., Hua XIX/2, p. 235; trad. fr. *RL* III, p. 283.
2. *Log. Unters.*, VI. Unters., Hua XIX/2, p. 237; trad. fr. *RL* III, p. 285.
3. *Log. Unters.*, VI. Unters., Hua XIX/2, p. 242; trad. fr. *RL* III, p. 290.

la phénoménologie un tournant transcendantal, mais le dépassement, dans les *Recherches logiques* et en particulier dans la première moitié de la sixième, du modèle transcendantal kantien imposera des limites à ce tournant : le transcendantal phénoménologique, s'il doit être cohérent avec la méthode mise en place en 1901, devra être anticopernicien, et la « source ultime des formations de connaissance » ne devra pas être cherchée du côté des facultés du sujet, mais des *phénomènes* en tant que phénomènes *objectifs.*

THÉORIE PHÉNOMÉNOLOGIQUE DE L'ÉVIDENCE ET DE LA VÉRITÉ

SUR LA SIXIÈME RECHERCHE (§ 36-70)

DOMINIQUE PRADELLE

aber im Licht sind die gleichen Geheimnisse
und Reichtümer wie im Dämmer *
Hugo von Hofmannsthal, *Vorrede zu St.-J. Perse »Anabasis«*

Car voir c'est comprendre
Maupassant, *L'Inutile beauté*, « Un cas de divorce »

La Sixième Recherche a pour fin d'apporter les précisions nécessaires à une « élucidation phénoménologique de la connaissance »[1] entendue sur ses deux versants, subjectif (l'acte de connaître ou le vécu de l'évidence) et objectal (la chose connue : objet ou vérité propositionnelle). L'objet de la Sixième Recherche est de mettre en lumière l'*a priori* de corrélation qui relie l'être et l'évidence, c'est-à-dire l'objet connu pris au sens large (de nature sensible ou non, propositionnelle ou non) et l'acte de connaissance : quelles sont les conditions de possibilité *a priori* de l'accès subjectif à l'objet ou à la vérité ? Ces conditions dépendent-elles de la nature de l'esprit connaissant ou du seul objet connu ? Peuvent-elles être énoncées dans une *généralité formelle*, indépendante du type auquel appartient l'objet, ou sont-elles essentiellement fonction de chaque catégorie d'objets ? Est-il donc possible d'élaborer un *concept formel*

* « Mais dans la lumière il y a les mêmes secrets et les mêmes richesses que dans la pénombre ».

1. Husserl, *Log. Unters.*, VI. Unters., Titel, Hua XIX/2, p. 531 ; trad. fr. *RL* III, p. 9.

d'évidence qui transcende les différences entre types d'objet, ou chacun d'eux appelle-t-il un concept régional d'évidence, conduisant ainsi à la thèse de la *pluralité des modes d'évidence possibles* ?

La première chose est de ressaisir l'articulation de la Sixième Recherche avec les précédentes. La Première Recherche a établi l'idéalité de la signification et dégagé en sa spécificité l'acte intentionnel du signifier (*Bedeuten*) comme orientation sur les significations idéales ; récusant toute réductibilité de la visée d'une essence (le rouge en général) à une pluralité de visées de contenus individuels (les nuances de rouge), la Deuxième a donné raison à la conception intensionnelle des essences contre l'extensionnelle ; réfléchissant sur l'ensemble des relations méréologiques, la Troisième a dégagé le concept central de *fondation* (*Fundierung*), qui doit permettre la mise en évidence des différentes strates de sens des objets et des niveaux d'actes corrélatifs ; la Quatrième l'applique à la grammaire pure afin de déterminer les lois syntaxiques d'enchaînement des catégories de signification qui, préservant contre le non-sens et le contre-sens, assurent la production d'un sens unitaire ; enfin la Cinquième analyse la notion de donnée consciente (*Bewußtheit*) et, distinguant entre vécus intentionnels et non intentionnels, fonde la relation à l'objet et prépare le terrain aux futures analyses de constitution transcendantale.

La Sixième Recherche intègre ces éléments à une *théorie phénoménologique de la connaissance*, celle-ci étant définie en termes de *remplissement d'une intention vide*, passage de l'intention à l'intuition, de la simple pensée de la signification à l'intuition donatrice de ce qui est pensé [1].

De la Première Recherche, la Sixième reprend les notions de signification et d'acte de signifier pour les articuler à la perception au sein des actes de reconnaître comme… et de classer : les actes de perception et de visée signifiante fusionnent dans l'acte de connaître quelque chose comme étant ceci ou cela [2]. De la Deuxième, elle retient l'irréductibilité de la visée d'une essence à la visée extensionnelle de multiples objets individuels : la visée signifiante ne trouve guère son remplissement dans la perception d'objet individuel, mais seulement *sur le fondement* d'une telle perception, en fusionnant avec elle au sein de l'acte de connaître [3]. De la Troisième, elle reprend le concept de fondation, qui permet

1. *Log. Unters.*, VI. Unters., § 8-10, Hua XIX/2, p. 566-574 ; trad. fr. *RL* III, p. 47-57.

2. *Log. Unters.*, VI. Unters., § 6-7, Hua XIX/2, p. 558-565, note 559 et p. 562-563 ; trad. fr. *RL* III, p. 38-47, note 39 et p. 42-43.

3. *Log. Unters.*, VI. Unters., Einleitung et § 4-5, 6 et 17, Hua XIX/2, p. 541, 550-555, 559-560 et 599-600 ; trad. fr. *RL* III, p. 16, 28-34, 39-40 et 88-89.

d'opposer les actes de perception sensible (simples et d'un seul tenant) aux actes d'entendement (fondés et stratifiés), mais aussi de distinguer les intuitions d'essence sensible, mixte et purement catégoriale [1] : il y a un double élargissement de l'intuition – d'abord à l'intuition d'essence (ce qui conduit au-delà de la rectriction kantienne de la généralité à la sphère discursive) puis, au-delà des essences matériales, à celle des essences purement formelles [2]. De la Quatrième, elle retient l'existence des lois de la grammaire pure : une fois replacées au sein de la connaissance, celles-ci se convertissent en lois de la validité qui régissent la possibilité, pour un tout propositionnel, d'être adéquat à une intuition remplissante [3]. Enfin, de la Cinquième elle reprend l'extension des concepts de signification et de signifier à tous les actes objectivants rapportés à des objets individuels, afin d'analyser les formes du remplissement au sein de la sphère sensible [4].

Husserl subordonne ainsi les analyses des précédentes Recherches à la possibilité de la connaissance, en les insérant dans la dynamique articulant intention vide, expression, compréhension de sens et remplissement intuitif; les thèses antérieures sont ainsi *intégrées à une théorie de l'évidence et de la vérité*, entendues en un sens large allant de la sphère perceptive (antéprédicative) au champ purement catégorial [5]. Cette théorie constituant le noyau central à partir duquel on peut comprendre les thèses de la Sixième Recherche, il convient d'en interroger le sens en les confrontant à celles des *Prolégomènes à la logique pure*.

DES PROLÉGOMÈNES À LA SIXIÈME RECHERCHE

Au § 44a d'*Être et temps*, Heidegger note que

> les présentations courantes de la théorie *phénoménologique* de la vérité se restreignent à ce qui est dit dans les *Prolégomènes*, dont la fonction est *critique*, et en soulignent le rapport avec la doctrine bolzanienne de la proposition. Quant aux interprétations phénoménologiques *positives* [*die* positiven *phänomenologischen Interpretationen*], qui s'avèrent

1. *Log. Unters.*, VI. Unters., Einleitung et § 46 et 60, Hua XIX/2, p. 541, 673-675 et 712-713; trad. fr. *RL* III, p. 16, 178-180 et 220-221.

2. *Log. Unters.*, VI. Unters., Einleitung et § 66, Hua XIX/2, p. 540 et 731-732; trad. fr. *RL* III, p. 15 et 241-242.

3. *Log. Unters.*, VI. Unters., § 63, Hua XIX/2, p. 723-724; trad. fr. *RL* III, p. 232-233.

4. *Log. Unters.*, VI. Unters., § 14, Hua XIX/2, p. 586-592; trad. fr. *RL* III, p. 71-78.

5. *Log. Unters.*, VI. Unters., § 38-39, Hua XIX/2, p. 651 et 654-655; trad. fr. *RL* III, p. 150 et 154. *Cf.* R. Bernet, « Intention und Erfüllung, Evidenz und Wahrheit (VI. Logische Untersuchung, §1–39, 67–70) », *in* V. Mayer (Hrsg.), *Edmund Husserl. Logische Untersuchungen*, Berlin, Akademie Verlag, 2008, p. 189-190.

fondamentalement différentes de la théorie de Bolzano [*von Bolzanos Theorie grundverschieden sind*], elles les laissent de côté [1].

Qu'en est-il? L'interprétation phénoménologique que la Sixième Recherche livre de la vérité entre-t-elle en contradiction avec la conception bolzanienne exposée dans les *Prolégomènes*? *L'analyse phénoménologique de la vérité, menée à partir de l'évidence prise comme vécu subjectif de la vérité*, est-elle incompatible avec la *conception antipsychologiste et quasi platonicienne* qu'en donne le tome introductif, ou en constitue-t-elle le *complément nécessaire*? Y a-t-il une voie conduisant du platonisme des *Prolégomènes* à l'élucidation phénoménologique de la connaissance et des formes de l'évidence? Ou bien les *Prolégomènes* exposaient-ils autre chose qu'une conception platonico-bolzanienne de la vérité en soi, pour accorder *déjà* une place aux problèmes d'évidence [2]? On le voit: pour donner une interprétation correcte de la perspective centrale de la Sixième Recherche, il faut élucider le rapport entre les conceptions de la vérité qu'exposent respectivement les *Prolégomènes* et le chapitre V de la Sixième Recherche (« Évidence et vérité »).

Que les *Prolégomènes* excluent toute problématique subjective de l'évidence pour se concentrer sur la réfutation du psychologisme et l'affirmation du caractère idéal et en soi de la vérité, c'est ce que semblent de prime abord confirmer deux thèses.

1/ S'opposant à l'interprétation psychologiste des principes de la logique, la première exclut la question des conditions de l'évidence hors du contenu de signification des principes logiques: « Nous nions que les principes purement logiques [*die rein logischen Sätze*] énoncent eux-mêmes la moindre chose sur l'évidence et ses conditions [*über die Evidenz und ihre Bedingungen das Geringste aussagen*] » [3]. Loin de comporter, en son contenu de signification explicite, une référence à l'évidence subjective

1. Heidegger, *Sein und Zeit*, § 44a, Fußnote, Tübingen, Niemeyer, 1927, p. 219, GA 2, p. 289; trad. fr. E. Martineau, *Être et temps*, Paris, Authentica, 1985, p. 162-163.

2. Accordant toute son attention, dans « Husserl's Arguments against Logical Psychologism (*Prolegomena*, §17–61) » (*in* V. Mayer (Hrsg.), *Edmund Husserl*, *op. cit.*, p. 27-42), à la réfutation husserlienne du psychologisme, Robert Hanna n'envisage pas la question de la cohérence entre les *Prolégomènes* et la Sixième Recherche; R. Bernet la mentionne en revanche dans « Intention und Erfüllung… », *op. cit.*, p. 200.

3. Husserl, *Log. Unters.*, *Prolegomena*, § 50, Hua XVIII, p. 186; trad. fr. *RL* I, p. 202) – de même § 23, Hua XVIII, p. 80; trad. fr. *RL* I, p. 77. Nous traduisons ici *Sätze* par *principes* et non par *propositions*, vu que *principe de contradiction* et *principe du tiers exclu* se disent en allemand *Satz vom Widerpruch* et *Satz vom ausgeschlossenen Dritten* (et non *Prinzip*); au § 50 il est question du sens du principe de contradiction, et non des propositions logiques en général. Correcte selon la lettre, la traduction par *propositions* fausse le sens.

de la vérité et de la fausseté de propositions contradictoires, le principe de contradiction porte exclusivement sur le rapport d'exclusion objectif et idéal entre la validité d'une proposition et celle de sa contradictoire : une proposition et sa contradictoire ne sauraient être toutes deux vraies.

Qu'est-ce qui motive une telle exclusion de tout sens subjectif référé à l'évidence ? C'est l'interprétation psychologiste que donne Stuart Mill du principe de contradiction.

En règle générale, *le psychologisme est un réductionnisme* qui ramène au plan psychique le sens idéal de formations logiques : il replie le concept logique de représentation (*Vorstellung*) sur le concept psychologique d'acte de se représenter (*Vorstellen*), celui de jugement (*Urteil*) sur l'acte psychique de juger (*Urteilen*), celui de forme de raisonnement (*Schlußform*), en tant que structure déductive idéale, sur une manière subjective de raisonner (un vécu de raisonnement, *Erlebnis des Schließens*), enfin celui de principe logique (*logischer Grundsatz*), en tant que « loi qui vaut pour des *contenus de jugement* [*Gesetz für* Urteilsinhalte], en d'autres termes pour les *significations idéales* » que sont les propositions, sur une « loi pour des actes de jugements » (*Gesetz für Urteilsakte*) [1]. En particulier, Stuart Mill entend le principe de contradiction comme énonçant l'incompatibilité réale, en une même conscience, d'actes de croyance opposés : deux actes de jugement contradictoires ne sauraient coexister dans un même esprit [2]. Or ce que visent les logiciens en parlant du principe de contradiction, ce n'est nullement une loi psychologique régissant les actes de croyance et posant l'incompatibilité réale d'actes opposés (*reale* Unverträglichkeit *der Urteilsakte*) dans une même conscience, mais la loi logique idéale du « *ne-pas-être-conjointement-vraies* » des propositions correspondantes (Nichtzusammenwahrsein *der Sätze*) [3].

Par extension, le sens idéal des principes logiques n'enveloppe aucune loi qui relèverait du versant psychique et régirait les actes de juger, donc rien qui concerne les vécus subjectifs d'évidence [4].

2/ La seconde thèse affirme le caractère absolu et en soi de la vérité, niant toute relativité de cette dernière à la constitution spécifique des êtres qui portent les jugements :

1. *Log. Unters., Prolegomena*, § 47, Hua XVIII, p. 177-180 ; trad. fr. *RL* I, p. 192-196.

2. *Log. Unters., Prolegomena*, § 25, Hua XVIII, p. 89-91 ; trad. fr. *RL* I, p. 88-91.

3. *Log. Unters., Prolegomena*, § 25-27, Hua XVIII, p. 91, 93 et 98 ; trad. fr. *RL* I, p. 90, 93-94 et 99). *Cf.* Heidegger, *Logik. Die Frage nach der Wahrheit* (désormais *Logik*), § 7, hrsg. v. W. Biemel, Frankfurt am Main, Klostermann, 1995, 2ᵉ éd., GA 21, p. 45-46. Heidegger a noté en marge : il ne s'agit pas de *Ko-existenz* effective (coexistence d'états psychiques), mais de *Kon-sistenz* idéale (cohérence de propositions).

4. Heidegger, *Logik*, § 7, GA 21, p. 49.

> Ce qui est vrai est vrai absolument, est vrai « en soi » [*Was wahr ist, ist absolut, ist „an sich" wahr*] ; la vérité est identiquement une [*Wahrheit ist identische eine*], que ce soient des êtres humains ou non, des anges ou des dieux qui l'appréhendent en jugeant. C'est de la vérité prise en ce sens d'unité idéale [*Wahrheit in dieser idealen Einheit*], s'opposant à la multiplicité réale des races, individus et vécus, que parlent les lois logiques [...] [1].

Qu'est-ce qui motive une telle thèse ?

Il s'agit cette fois de *récuser l'anthropologisme*, à titre de *particularisation du relativisme spécifique* (*spezifischer Relativismus*). Ce dernier désigne la thèse de la relativité de la vérité à l'espèce des êtres qui jugent ou à la constitution psychique qui caractérise leur espèce : serait vrai, pour toute espèce d'êtres jugeants, « ce qui doit valoir pour vrai d'après leur constitution, d'après les lois de la pensée auxquelles ils obéissent » (*nach ihrer Konstitution, nach ihren Denkgesetzen*) [2]. De la sorte, si Dieu, les anges et les hommes se caractérisent par un type distinct d'intuition et d'entendement, ce qui est vrai pour l'un ne le sera pas pour les autres : ainsi, un être capable d'intuitionner des groupes tridimensionnels (notamment des distributions de signes) aussi bien que nous le faisons pour les groupes bidimensionnels pourrait disposer ses calculs en trois dimensions et aurait de tout autres méthodes de calcul que les êtres humains [3]. De même, en attribuant à l'entendement humain certains « modes fonctionnels » (*Funktionsweisen*) ou « formes originaires » (*ursprüngliche Formen*) qui lui appartiennent en propre et le distinguent de toute autre forme d'entendement, la doctrine kantienne des catégories finit par l'identifier à une « disposition innée (universellement humaine) » (*angeborene (allgemein menschliche) Anlage*) [4] ou à une « faculté de l'âme » (*Seelenvermögen*) – qui est un « concept mythique », un artefact conceptuel [5]. Enfin, dans l'évolutionnisme moderne que représentent Mach et Avenarius, on trouve un « principe d'évolution ou d'adaptation » progressive des idées et méthodes aux domaines d'objets à connaître, de sorte que les structures de l'entendement s'avèrent plastiques et varient au cours de ce processus d'adaptation [6].

1. Husserl, *Log. Unters., Prolegomena*, § 36, Hua XVIII, p. 125 ; trad. fr. *RL* I, p. 130.
2. *Log. Unters., Prolegomena*, § 36, Hua XVIII, p. 124 ; trad. fr. *RL* I, p. 129) ; Heidegger, *Logik*, § 7, GA 21, p. 44-45 ; R. Hanna, « Husserl's Arguments... », *op. cit.*, p. 33.
3. *Log. Unters., Prolegomena*, § 42, note, Hua XVIII, 1 p. 67 ; trad. fr. *RL* I, p. 181.
4. *Log. Unters., Prolegomena*, § 38, Hua XVIII, p. 130 ; trad. fr. *RL* I, p. 137.
5. *Log. Unters., Prolegomena*, § 58, Hua XVIII, p. 216-217 ; trad. fr. *RL* I, p. 237.
6. *Log. Unters., Prolegomena*, § 53, Hua XVIII, p. 197-199 ; trad. fr. *RL* I, p. 213-215.

Contre ces thèses relativistes, Husserl pose le principe d'*irrelativité subjective de la vérité* : cette dernière se caractérise par l'idéalité, c'est-à-dire un statut omnisubjectif d'identité pour quiconque, quelle qu'en soit la constitution psychique.

Cela implique une opposition entre *idéalité logique du contenu* de jugement et *réalité psychique des actes* de juger : le contenu judicatif « 2×2 = 4 » est idéal en ce qu'il « est toujours le même, quel que soit celui qui le porte » (*dasselbe ist, wer immer es fällt*), et s'oppose tant à la multiplicité des actes réals de jugement qu'à la pluralité des espèces d'êtres jugeants, qui sont des faits [1].

Mais cela entraîne une seconde opposition, cette fois entre la *temporalité des actes de découverte* des vérités et le *caractère éternel ou supratemporel des vérités* : « la vérité est "éternelle" [„*ewig*"], ou mieux : elle est une Idée et, comme telle, supratemporelle » (*eine Idee und, als solche, überzeitlich*) ; si l'acte de découverte de la loi de l'attraction universelle par Newton est un vécu, c'est-à-dire une « singularité réale » qui est apparue à une certaine date et prend place dans le temps, la formule de la gravitation possède en revanche une « validité absolue, pour tout temps » (*unbedingte Geltung für alle Zeit*) [2].

Ce qui constitue le fil conducteur de la critique husserlienne du psychologisme, c'est donc le *concept de l'idéal* (*Begriff des Idealen*) entendu au triple sens de ce qui possède une *identité absolue*, une *constance absolue* et l'*être spécifique de la généralité* (*dreifache Bedeutung des* Selbigen, Bleibenden *und* Allgemeinen) [3]. Heidegger montre que cette détermination du concept de l'idéal a sa provenance dans l'interprétation que donne Lotze du monde platonicien des Idées comme résidant dans la « validité des vérités » (*Geltung von Wahrheiten*), qui est éternelle (*ewig*), supratemporelle (*überzeitlich*), indépendante à la fois de l'esprit (*unabhängig vom Geiste*) et des choses [4]; on pourrait tout aussi bien affirmer qu'elle trouve son origine en toute forme de réalisme qui

1. *Log. Unters.*, *Prolegomena*, § 36, Hua XVIII, p. 126 ; trad. fr. *RL* I, p. 132). Heidegger, *Logik*, § 7, GA 21, p. 46.

2. *Log. Unters.*, *Prolegomena*, § 39, Hua XVIII, p. 134 ; trad. fr. *RL* I, p. 141-142.

3. Heidegger, *Logik*, § 8, GA 21, p. 58.

4. Heidegger, *Logik*, § 9, GA 21, p. 65-66 et 70-71. *Cf.* R. H. Lotze, *Logik*, Leipzig, 1843, Drittes Buch : *Vom Erkennen* [*De la connaissance*], Zweites Kap., „Die Ideenwelt", § 314318, hrsg. v. G. Misch, Leipzig, 1912, p. 33-42, neu hrsg. v. G. Gabriel, Hamburg, Meiner, 1989, p. 507-516 ; trad. fr. A. Dewalque dans Bauch, Cohen, Hönigswald, Lotze, Natorp et Windelband, *Sur la théorie platonicienne des Idées*, Paris, Vrin, 2021, p. 111-121. H. Sluga a mis en évidence l'ascendance lotzienne du réalisme de Frege dans « Frege and the Rise of Analytical Philosophy », *Inquiry* 18, 1975, p. 471-487 ; « Frege as a Rationalist », *in* M. Schirn (Hrsg.), *Studien zu Frege*, Stuttgart, Frommann-Holzboog, 1976, p. 27-47 ; « Frege's Alleged Realism », *Inquiry* 20, 1977, p. 227-242.

admet le caractère atemporel et asubjectif des vérités, qu'il s'agisse du *De veritate* de Thomas d'Aquin, de la *Wissenschaftslehre* de Bolzano ou des analyses logiques de Frege [1].

Ce caractère en soi de la vérité soulève cependant une question centrale.

En effet, on entend bien que la vérité soit affranchie de toute dépendance vis-à-vis de la nature des sujets connaissants, ainsi que de toute temporalité particulière :

> Ce contenu objectif de la science [...] est complètement indépendant de la subjectivité des chercheurs [*von der Subjektivität des Forschenden [...] völlig unabhängig*], des propriétés de la nature humaine en général, il est précisément vérité *objective* [2].

Cependant cette *omnisubjectivité* et cette *omnitemporalité de principe ou de droit* équivalent-elles à l'indépendance vis-à-vis de *toute* subjectivité et *toute* temporalité en général, c'est-à-dire à l'*asubjectivité* et à l'*atemporalité* ? Le concept d'*en soi* pris au *sens logique ou épistémologique* de la validité pour quiconque et en tout temps enveloppe-t-il celui d'*en soi* pris cette fois au *sens ontologique* de l'indépendance radicale vis-à-vis de toute subjectivité comme de toute temporalité ? Faut-il donc *exclure toute problématique subjective* pour adopter un *réalisme de la vérité* qui poserait cette dernière comme étant douée d'un être indépendant de toute accessibilité à un sujet pensant en général, et subsistant de toute éternité en un ciel intelligible ? Ou se restreindre à un *réalisme de la validité* qui, tout en posant la validité omnisubjective et omnitemporelle

1. Thomas d'Aquin, *Quaestiones disputatae de veritate*, cura Fratrum Praedicatorum, introd. et éd. A. Dondaine, 3 vol., Roma, Edizione di San Tommaso, 1970-76 (*Sancti Thomae de Aquino Opera omnia iussu Leonis* XIII *P. M. edita*, 22); *Première question disputée. La vérité (De Veritate)*, texte latin, introd., trad. fr. et notes C. Brouwer et M. Peeters, Paris, Vrin, 2002 : Art. II, Solutio, p. 68-69, et Solution des arguments, *ad* arg. 4, p. 70-71 ; Art. IV, Arguments, arg. 3, p. 80-81, arg. 6, p. 82-83, Responsio, *ad arg.* 3, p. 88-89. *Cf.* Heidegger, *Geschichte der Philosophie von Thomas von Aquin bis Kant*, § 13b, hrsg. v. H. Vetter, Frankfurt am Main, Klostermann, 2006, GA 23, p. 60-64 ; trad. fr. F. Jaran et S. Camilleri, *Histoire de la philosophie de Thomas d'Aquin à Kant*, Paris, Seuil, 2023, p. 81-86 ; B. Bolzano, *Wissenschaftslehre*, § 19 et 25b, Sulzbach, Heinroth, 1837, p. 76-77 et 112 ; *Bernard Bolzano-Gesamtausgabe*, Reihe I : *Schriften*, Bd. 11, Erster Teil, *Wissenschaftslehre*, §§ 1-45, hrsg. v. J. Berg, Stuttgart-Bad Cannstatt, Frommann, 1985, p. 103-104 et 137-138 (trad. fr. part. J. English, *Théorie de la science*, Paris, Gallimard, 2011, p. 95-96 et 105) ; G. Frege, « Der Gedanke. Eine logische Untersuchung », *Beiträge zur Philosophie des deutschen Idealismus* 1, 1918-1919, p. 69 et 74-77 ; trad. fr. C. Imbert, « La pensée », dans *Écrits logiques et philosophiques*, Paris, Seuil, 1971, p. 184 et 190-195.

2. *Log. Unters.*, *Prolegomena*, § 42, Hua XVIII, p. 166 ; trad. fr. *RL* I, p. 175).

de jure de la vérité, les suspend à son accessibilité à quelque sujet et à sa découvrabilité dans le temps ?

C'est dans cette alternative entre les versions ontologique et épistémologique du réalisme, entre asubjectivité et omnisubjectivité, atemporalité et omnitemporalité, que réside l'enjeu central de l'élucidation du rapport entre les *Prolégomènes* et la Sixième Recherche : là où la première optique exclut toute perspective phénoménologique au nom du respect du statut asubjectif de la vérité, la seconde conduit en revanche vers une *phénoménologie de la vérité.*

CONDITIONS RÉALES *VS* IDÉALES PSYCHOLOGIQUES *VS* NOÉTIQUES DE L'ÉVIDENCE

La question des conditions de possibilité d'une science, c'est-à-dire d'un ensemble déductif de vérités, peut être vue comme une généralisation de la question transcendantale kantienne.

La réponse kantienne tient dans la révolution copernicienne, à savoir le fait que les structures *a priori* de l'objet connu se règlent sur celles du sujet connaissant, ou que « les conditions de possibilité de l'expérience sont en même temps les conditions de possibilité des objets de l'expérience » [1]. Or, le terme d'*expérience* (*Erfahrung*) désignant pour Kant une relation à l'objet possédant une validité objective, c'est-à-dire intersubjective (pour quiconque) et omnitemporelle (en tout temps) [2], ses conditions de possibilité sont *eo ipso* celles des caractères intersubjectif et omnitemporel de la validité : les conditions de la validité objective déterminent ainsi les caractères *a priori* de l'objet connaissable [3].

Husserl semble entériner cette thèse kantienne en écrivant, au § 62 de la Sixième Recherche, que « *les conditions idéales de la possibilité d'une intuition catégoriale en général sont corrélativement celles de la possibilité des objets d'une intuition catégoriale, et de la possibilité d'objets*

1. Kant, *Kritik der reinen Vernunft*, Transz. Anal., Von dem obersten Grundsatze aller synth. Urteile, A 158 / B 197 (*Critique de la raison pure*, trad. fr. A. Delamarre et F. Marty, Paris, Folio-Gallimard, 1980, p. 204-205).

2. Kant, *Prolegomena zu jeder künftigen Metaphysik*, § 19, Ak. IV, p. 298 ; trad. fr. L. Guillermit, *Prolégomènes à toute métaphysique future qui pourra se présenter comme science*, Paris, Vrin, 1993, p. 82.

3. La validité objective appartenant aux seules qualités premières et non aux qualités secondes, l'objet est déterminé comme grandeur ; vu qu'elle suppose une identité constante servant de support aux changements, l'objet est déterminé comme substance ; vu qu'elle repose sur des lois causales, l'objet est déterminé comme causalement conditionné, etc.

catégoriaux absolument parlant »[1] : dans le sillage de la révolution copernicienne, les conditions de possibilité de l'acte subjectif d'intuition catégoriale détermineraient *eo ipso* celles des objets catégoriaux eux-mêmes.

Une telle interprétation kantienne est-elle cependant tenable ?

Elle oublie au contraire une chose essentielle : c'est qu'il s'agit ici des conditions *idéales* de possibilité de l'intuition catégoriale.

Les conditions de possibilité d'une théorie admettent en effet plusieurs subdivisions.

Elles peuvent d'abord être objectives ou subjectives. Les premières désignent les conditions de l'unité objective de la théorie, à savoir les lois de la déductivité qui régissent les « enchaînements d'antécédente à conséquente »[2]; vu qu'il s'agit ici des conditions de l'évidence, ces lois sont hors de cause. Quant aux secondes, sous le titre de « conditions *subjectives* de possibilité », c'est-à-dire de l'évidence immédiate et de la connaissance médiate, elles abritent une équivoque : il faut en effet distinguer entre les *conditions réales* et les *conditions noétiques* de toute connaissance. Celles-là sont fondées dans l'idiosyncrasie du sujet qui juge ou dans l'espèce à laquelle il appartient et le type de constitution psychique qui la caractérise (humain, angélique, divin) ; or, qu'elles soient individuelles ou spécifiques, il s'agit toujours de conditions empiriques, impliquant une *matter of fact*. Tout autres sont cependant les conditions noétiques : ce sont des « conditions idéales [*ideale Bedingungen*], qui s'enracinent dans la forme de la subjectivité en général et la relation de celle-ci à la connaisssance [*in der Form der Subjektivität überhaupt und in deren Beziehung zur Erkenntnis wurzeln*] », et sont « fondées dans l'Idée de connaissance comme telle, et ce *a priori* », sans aucune considération de la spécificité de la connaissance humaine et de son conditionnement psychologique[3]. Que sont dès lors ces conditions noétiques, si elles ne définissent pas les « lois de l'entendement humain », mais les « lois de tout entendement en général » (*Gesetze jedes [...] Verstandes überhaupt*)[4] ?

De telles conditions idéales ne peuvent être dégagées qu'en partant du contenu objectif de la connaissance pour régresser vers les actes

1. Husserl, *Log. Unters.*, VI. Unters., § 62, Hua XIX/2, p. 189 ; trad. fr. *RL* III, p. 227.

2. *Log. Unters.*, *Prolegomena*, § 32, Hua XVIII, p. 111 ; trad. fr. *RL* I, p. 123. Les traducteurs traduisent par *enchaînements de cause à effet*, ce qui est ici un lourd contresens.

3. *Log. Unters.*, *Prolegomena*, § 32 et 65A, Hua XVIII, p. 119 et 240 ; trad. fr. *RL* I, p. 122-123 et 262.

4. *Log. Unters.*, VI. Unters., § 64, Hua XIX/2, p. 725 ; trad. fr. *RL* III, p. 235.

d'évidence que *doit pouvoir* accomplir un sujet pensant pour accéder à un tel contenu :

> il est évident *a priori* que des sujets pensants en général [*denkende Subjekte überhaupt*] doivent par exemple être capables [*befähigt*] d'accomplir toutes les espèces d'actes par lesquels se réalise une connaissance théorique [1].

Prenons pour exemple les lois de la grammaire pure, qui régissent les modes d'enchaînement de significations partielles engendrant une signification consistante. Du sujet, leur connaissance requiert qu'il accomplisse certains actes d'évidence formelle en faisant varier la catégorie de signification à laquelle appartiennent les matériaux syntaxiques qui composent une proposition : si l'on remplace tel substantif par un adjectif, tel adjectif par un substantif, une relation ou une forme syntaxique, ces variations mettront alors en évidence les limites de la substituabilité des termes *salva significatione* [2]. En conséquence, de telles lois doivent pouvoir être connues de tout sujet pensant en général, sans spécification.

Loin de toute *matter of fact* anthropologique liée à la constitution psychique de l'être humain, les lois et conditions noétiques désignent donc la *nécessité d'une capacité de penser inhérente à l'*« essence idéale de l'entendement en général » (*ideales Wesen des Verstandes überhaupt*) ou *à un entendement de constitution indéterminée* ; ce sont les types d'actes nécessaires à l'obtention de l'évidence d'un contenu idéal déterminé, et ils s'avèrent nécessaires pour *tout* sujet, quel qu'il soit [3]. La méthode doit ainsi consister à partir des lois idéales et des contenus idéaux objectifs, puis à opérer une réflexion sur les actes afin de déterminer les modalités subjectives de pensée qui en permettent l'atteinte.

C'est là, sur le plan de la connaissance, une particularisation de la loi universelle selon laquelle *l'être même définit ses possibles modes de*

1. *Log. Unters., Prolegomena*, § 32, Hua XVIII, p. 240 ; trad. fr. *RL* I, p. 262.

2. *Log. Unters.*, VI. Unters., § 64-65, Hua XIX/2, p. 725-726 et 730 ; trad. fr. *RL* III, p. 235-236 et 240.

3. *Log. Unters.*, VI. Unters., § 64, Hua XIX/2, p. 726-727 ; trad. fr. *RL* III, p. 236-237. C'est Reinach qui, dans le sillage de Husserl, a poussé le plus loin cette désubjectivation de l'*a priori* (au sens de l'indépendance vis-à-vis de toute constitution subjective) qui permet, en termes lévinassiens, de déterminer l'*a priori* de l'évidence comme étant du « subjectif plus objectif que toute objectivité » (A. Reinach, *Einleitung in die Philosophie* [*Introduction à la philosophie*], § 4, „Urteil und Erkenntnis", in *Sämtliche Werke. Textkritische Ausgabe* 1, hrsg. v. K. Schuhmann et B. Smith, München-Hamden-Wien, Philosophia, 1989, p. 434-435) ; E. Levinas, « La ruine de la représentation », dans *En découvrant l'existence avec Husserl et Heidegger*, Paris, Vrin, 1982, p. 131 et 133.

donnée : « du sens de l'être en général est en effet inséparable sa corrélation avec le *pouvoir*-être-perçu, -intuitionné, -signifié, -connu » (*von Sinne des Seins überhaupt die Korrelation zum Wahrgenommen-, Angeschaut-, Bedeutet-, Erkannt-werden*-können *unabtrennbar ist*)[1]. Tout tient ici dans le sens du mot *pouvoir* (*können*) : que le sujet puisse accéder à l'évidence de lois syntaxiques d'enchaînement sensé de significations partielles, de lois logiques de la non-contradiction ou de l'implication analytique de formes propositionnelles, etc., cela ne tient nullement aux capacités (spécifiques, finies, indéfinies, infinies) du sujet pensant, mais seulement aux actes de pensée que prescrivent au *sujet quelconque*, au *sujet sans qualité*, les lois objectives-idéales en question[2].

Les lois ou conditions noétiques de la pensée ne sont donc que les *modalités du devenir-évident* (*de l'évidentiabilité*, si l'on peut risquer ce néologisme) *des lois objectives-idéales*; les lois idéales de l'évidence sont le miroir en creux noétique de nécessités appartenant à l'être même. L'évidence doit ainsi être pensée comme la manière qu'a nécessairement l'être de se rendre évident à une pensée quelconque.

LE PROBLÈME DU RAPPORT ENTRE LE VÉCU RÉAL ET L'ÊTRE IDÉAL L'ÉVIDENCE COMME « VÉCU DE LA VÉRITÉ » ET L'OBJECTION HEIDEGGÉRIENNE DE ΜΕΤΑΒΑΣΙΣ ΕΙΣ ἌΛΛΟ ΓΕΝΟΣ

Abîme et pont entre le réal et l'idéal

Comme l'écrit Heidegger, ce sont les § 36-39 de la Sixième Recherche qui exposent la véritable doctrine phénoménologique de la vérité : une théorie d'*orientation subjective* qui cherche à déterminer l'essence des actes de connaissance et d'évidence, à la fois dans leur relation avec les contenus idéaux qu'ils atteignent et dans leur différence avec les autres types d'actes. Si le psychologisme a été récusé sur le fondement du concept de l'idéal comme ce qui possède l'être du général, l'identité et la constance absolues, ce concept fournit « le fil conducteur pour la détermination de l'être de la vérité comme étant un être idéal » (*Bestimmung des Seins der Wahrheit als eines idealen Seins*)[3]. Or, s'il existe une opposition

1. Husserl, *Log. Unters.*, VI. Unters., § 65, Hua XIX/2, p. 730; trad. fr. *RL* III, p. 240.
2. *Log. Unters.*, III. Unters., § 7, Hua XIX/1, p. 242-243; trad. fr. *RL* II/2, p. 21-22. *Prolegomena*, § 27, Hua XVIII, p. 98-99; trad. fr. *RL* I, p. 99-100.
3. Heidegger, *Logik*, § 8, GA 21, p. 58.

radicale entre l'identité une et atemporelle de toute vérité et le caractère intratemporel des multiples actes subjectifs qui l'atteignent, comment penser alors le *rapport entre l'idéal et le réal*, le versant des contenus idéaux et la sphère phénoménologique des actes, l'être absolu de la vérité et la multiplicité temporelle des actes d'évidence? Si le contenu propositionnel est quelque chose d'idéal (*Ideales*), doué d'identité omnitemporelle et intersubjective, absolument invariable et valable pour quiconque, comment un tel contenu peut-il entrer en relation avec l'acte réal de penser (*das reale Denken*) pour valoir comme quelque chose d'effectivement pensé (*Gedachtes*) ? « Qu'en est-il de cet acte de penser ce qui est pensé » (*Denken des Gedachten*) ? « De quelle espèce est la relation de l'idéal au réal » (*Beziehung des Idealen zum Realen*) ? Quel est « l'être de cette unité étante du réal et de l'idéal » (*Sein dieser seienden Einheit des Realen-Idealen*) ? N'y a-t-il pas, entre l'idéal et le réal, la signification et l'acte de penser, un abîme (*Kluft*) tel qu'on ne peut l'enjamber qu'en érigeant un pont (*Brücke*) entre ces deux domaines hétérogènes [1] ? Or comment est-ce possible, si l'idéalité logique n'a rien à voir avec la réalité des actes psychiques [2] ?

Loin d'être éludée, cette question centrale trouve dans les *Prolégomènes* sa réponse expresse :

> L'évidence n'est au contraire rien d'autre que le « vécu » de la vérité [„*Erlebnis*" *der Wahrheit*]. La vérité est vécue, cela n'a naturellement pas d'autre sens que celui où l'on entend en général qu'un être idéal peut, dans l'acte réal, être un vécu [*ein Ideales im realen Akt Erlebnis sein kann*]. En d'autres termes, *la vérité est une Idée dont un cas particulier, dans le jugement évident, est un vécu actuel* [eine Idee, deren Einzelfall im evidenten Urteil aktuelles Erlebnis ist] [3].

Il faut ici s'arrêter afin de penser adéquatement le rapport entre vérité et évidence, être idéal et actes subjectifs, car la définition de l'évidence comme étant « un "vécu" de la vérité » se retrouve *expressis verbis* au § 39 de la Sixième Recherche [4]. Ainsi, loin qu'il y ait contradiction entre l'antipsychologisme et l'objectivisme sémantique des *Prolégomènes* et la théorie phénoménologique de la vérité de la Sixième Recherche, il existe au contraire entre eux une parfaite cohérence; encore convient-il d'en préciser les termes.

1. Heidegger, *Logik*, § 10, GA 21, p. 90-91.
2. Husserl, *Log. Unters.*, *Prolegomena*, § 23, Hua XVIII, p. 80; trad. fr. *RL* I, p. 77.
3. *Log. Unters.*, *Prolegomena*, § 51, Hua XVIII, p. 193; trad. fr. *RL* I, p. 209-210.
4. *Log. Unters.*, VI. Unters., § 39, Hua XIX/2, p. 652; trad. fr. *RL* III, p. 151.

À cette fin, prenons pour fil conducteur l'objection qu'adresse Heidegger à la doctrine husserlienne de l'évidence.

Cette réponse de Husserl, écrit-il, réside dans un rapport de *participation* de l'acte de penser au contenu idéal pensé, ou de *particularisation* de ce dernier dans le premier : l'« être-vécu du contenu propositionnel dans l'acte de juger » (*Erlebtwerden des Satzgehaltes im Urteilen*) est la « réalisation de l'idéal » (*Realisierung des Idealen*) [1], tout comme une table singulière réalise l'Idée générale de table. Or cette conception du rapport entre contenu idéal et acte d'évidence en termes de particularisation ou de participation est « fondamentalement erronée » (*grundverkehrt*) [2], car en posant que le vécu subjectif est un cas particulier d'un contenu idéal, elle opère une confusion des genres : à savoir de la sphère noématique des contenus idéaux et de la sphère noétique des actes de penser. Le pont édifié par Husserl entre les sphères idéale et subjective serait donc un *artefact* conceptuel inadéquat : ce qui, dans sa terminologie ultérieure, est élucidé comme « *a priori* de corrélation » ou « structure noético-noématique » [3], serait ici défiguré par la conceptualité platonicienne de la μέθεξις ou par celle (aristotélicienne ou empiriste) de la particularisation.

La théorie husserlienne du rapport entre vérité et évidence s'expose-t-elle à une critique si dirimante ? Peut-on croire qu'un philosophe qui a ultérieurement reconnu que l'*a priori* de corrélation entre l'être et ses modes de donnée avait été son problème philosophique central [4] ait pu auparavant verser dans une telle confusion entre la sphère des actes et celle des objets idéaux ?

La thèse centrale énoncée dans la suite du § 51, jointe au § 39 de la Sixième recherche qui en est l'éclaircissement, invalide en réalité l'objection heideggérienne :

> Le *vécu de la concordance* entre la visée et ce qu'elle vise qui est présent lui-même [Erlebnis der Zusammenstimmung *zwischen der Meinung und dem selbst Gegenwärtigen, das sie meint*], entre le *sens* actuel *de l'énoncé* et l'*état de choses* donné lui-même [*zwischen dem aktuellen* Sinn der Aussage *und dem selbst gegebenen* Sachverhalt], est l'évidence [*Evidenz*],

1. Heidegger, *Logik*, § 8, GA 21, p. 58.

2. Heidegger, *Logik*, § 8, GA 21, p. 59.

3. Husserl, *Krisis*, § 41, 46 et 48, Hua VI, p. 154, 161 et 168-170 (trad. fr., p. 172, 180 et 187-189) ; *Ideen* I, § 91, 93, 145, Hua III/1, p. 211, 215, 333 et 335 ; trad. fr. P. Ricœur, p. 317, 322, 483 et 486 ; trad. J.-F. Lavigne, Paris, Gallimard, 2018, p. 280, 285, 425 et 428.

4. *Krisis*, § 48, Hua VI, 169-170, Fußnote ; trad. fr., p. 189.

> et l'*Idée* de cette concordance [Idee *dieser Zusammenstimmung*] est la vérité [*Wahrheit*] [1].

Les concepts d'évidence et de vérité sont ici nettement distingués : le second désigne l'Idée générale de concordance, tandis que le premier désigne le vécu de la concordance, c'est-à-dire l'être-donné de cette dernière à la conscience; la vérité relève donc de la sphère idéale-objective, tandis que l'évidence désigne l'acte subjectif par lequel on prend conscience de la vérité. Est donc écartée la μετάβασις εἰς ἄλλο γένος que Heidegger attribue à Husserl en se fondant sur le premier passage cité du § 51.

Simplement, le concept même de concordance possède un double sens qui a son origine dans la pensée de Saint Thomas.

Le premier concept de concordance : entre la visée et le visé

D'un côté, elle se définit comme un rapport entre les sphères noétique et objectale : c'est la concordance entre la visée et ce qui, à la fois, est visé et se donne comme présent – ou, en d'autres termes, le remplissement de l'acte de viser un objet par la donnée de cet objet tel qu'il était visé. Par exemple, je puis désigner dans une intention vide la ville de Cologne par le nom *Cologne*, sans l'avoir sous les yeux; mais si je me rends à Cologne et que j'ai la ville sous les yeux, la perception de la ville remplit la visée initialement vide [2]. Le § 39 de la Sixième Recherche redéfinit ce sens de la concordance de deux manières : ou comme une évidence subjective consistant en l'« unité de recouvrement entre les essences cognitives des actes qui se recouvrent », à savoir l'acte de visée vide et l'acte d'évidence perceptive de l'objet; ou comme une vérité objective, à savoir comme la « rectitude de l'intention (en particulier la rectitude du jugement), en tant que son être-adéquat à l'objet vrai » [3], c'est-à-dire comme adéquation de la visée du sens objectal à l'objet donné.

On est là, *mutatis mutandis*, dans le sillage direct de la pensée de Thomas d'Aquin.

Dans le *De veritate*, ce dernier affirme en effet que la connaissance requiert l'« assimilation du connaissant à la chose connue » (*assimilatio cognoscentis ad rem cognitam*), selon le paradigme de l'assimilation de la vue à l'« espèce de la couleur » (*speciem coloris*); puis, que cette connaissance n'est possible que sur le fondement de la vérité, qui consiste

1. *Log. Unters., Prolegomena*, § 51, Hua XVIII, p. 193; trad. fr. *RL* I, p. 210.
2. *Log. Unters.*, VI. Unters., § 40, Hua XIX/2, p. 659; trad. fr. *RL* III, p. 161.
3. *Log. Unters.*, VI. Unters., § 39, Hua XIX/2, p. 652, 653; trad. fr. *RL* III, p. 151, 152.

en ce que « l'étant concorde avec l'intellect » (*ut ens intellectui concordet*), c'est-à-dire que les choses sont « adéquates à l'intellect divin » ou « aptes par nature à être adéquates à l'intellect humain » (*aptae natae sunt adaequari intellectui humano*) [1]. En d'autres termes, l'évidence actuelle de la chose pensée requiert l'acte intellectuel de se rendre semblable à celle-ci, donc une tension de l'intellect vers la chose qui a pour terme l'assimilation complète de l'intellect à celle-ci; mais cette évidence subjective a son fondement dans la vérité, qui est un rapport, *allant en sens inverse*, de convenance de l'étant à l'intellect ou d'aptitude de la chose à se rendre adéquate à l'intellect. Les rapports d'évidence et de vérité sont par conséquent exactement inverses : l'évidence subjective est en effet une assimilation de l'intellect à la chose, tandis que la vérité est une adéquation de la chose à l'intellect ou une aptitude à se rendre connaissable par celui-ci.

Husserl reprend ici cette double définition, mais en en éliminant le réalisme théologique qui pose que l'étant est créé apte à convenir à l'âme connaissante : la vérité est désormais concordance entre la visée subjective et l'objet donné (rendu présent), à condition cependant d'entendre que la première se situe dans une subordination téléologique au second ou y trouve son *terminus ad quem*; et l'évidence est le vécu de cette concordance, c'est-à-dire l'être-donné de la vérité à la conscience.

Une telle définition conjointe de l'évidence et de la vérité s'expose cependant à la critique de fond énoncée par Frege : la vérité n'admet pas de degré, mais doit être vérité *totale*, donc adéquation ou convenance parfaite; or le rapport d'adéquation totale est une identité parfaite entre les deux termes, ce qui suppose que l'acte de visée se rende strictement égal à l'objet donné et, partant, supprime la distinction d'essence qui sépare la représentation subjective et l'objet – ce qui est impossible [2]. Elle s'expose aussi à la critique heideggérienne : le vécu de la vérité serait une exemplification subjective de la vérité comme Idée, ce qui conduirait à confondre le versant subjectif des actes et le versant objectal des corrélats idéaux.

Le second concept de concordance : entre sens et état de choses

Aussi la seconde définition de la concordance échappe-t-elle à ces critiques en évitant toute confusion entre les faces subjective et objective :

1. Thomas d'Aquin, *De Veritate*, Art. I, Responsio et Art. III, Responsio, l. 164-187 et l. 67-72 (éd. et trad. fr., p. 52-55 et 76-77).

2. G. Frege, « Der Gedanke », art. cit., p. 60; trad. fr., p. 172.

elle est en effet définie comme l'*accord, au sein de la sphère objective-idéale de la signification, entre un sens propositionnel et l'état de choses correspondant.*

Si j'énonce que « ce papier est blanc » en ayant sous les yeux une feuille de papier blanc, alors, sur le fondement de la perception, le sens propositionnel énoncé se vérifie ou se remplit, de façon à se convertir en état de choses véritablement donné (le fait que ce papier soit effectivement blanc [1]) ; il y a alors (comme l'énonce le § 39 de la Sixième Recherche) « *pleine concordance entre le visé et le donné comme tel* » (volle Übereinstimmung zwischen Gemeintem und Gegebenem als solchem) [2], concordance qui demeure *interne au domaine du sens ou des contenus idéaux*; entre le contenu idéal visé et le même contenu comme donné il n'y a nulle différence ontologique, mais seulement l'écart qui sépare une proposition simplement énoncée et comprise de la même proposition vérifiée et douée de validité. Si j'énonce une proposition en me concentrant sur son seul sens, elle est alors visée et comprise en sa signification idéale; mais si je l'énonce en la vérifiant ou en la fondant (sur la perception, l'expérimentation, la démonstration, etc.), l'état de choses correspondant est alors donné.

Il n'y a donc cette fois nul enjambement du fossé qui sépare les faces noétique et objectale, le vécu réal et le contenu idéal, mais la vérité est un *strict rapport d'égalité entre le sens propositionnel* qui est tantôt *seulement visé*, tantôt *de surcroît donné* : partant, l'état de choses n'est pas une référence incommensurable avec le sens propositionnel, mais se confond au contraire avec le sens propositionnel attesté; entre les deux la différence n'est que de modalité, non de contenu. Ce n'est pas au niveau de la vérité, mais de l'évidence que l'on passe à la corrélation entre les versants noétique et noématique, puisque celle-ci est le vécu (la perception) de l'égalité entre le visé et le donné.

Cette seconde définition de la concordance se situe aussi dans le sillage de la thèse thomasienne sur la vérité. Mais au lieu de se référer à la définition de la vérité comme adéquation, elle se rapporte cette fois à la *fonction discursive ou déclarative de la vérité.*

Saint Thomas cite en effet des formules de Saint Hilaire et Saint Augustin : « le vrai est ce qui déclare et manifeste l'être » (*Verum est declarativum et manifestivum esse*) et « la vérité est ce par quoi est montré

1. Husserl, *Log. Unters.*, VI. Unters., § 40, Hua XIX/2, p. 659; trad. fr. *RL* III, p. 162.
2. *Log. Unters.*, VI. Unters., § 39, Hua XIX/2, p. 651-652; trad. fr. *RL* III, p. 151.

ce sui est » (*Veritas est qua ostenditur id quod est*)[1]. La fonction de la proposition déclarative est de *faire voir* ou de manifester l'étant tel qu'il est, et ce en affirmant ou en niant qu'un prédicat se trouve en lui, ou encore en composant (liant) ou en divisant (séparant) le sujet et le prédicat de la proposition ; et le jugement de l'intellect (*iudicium intellectus*), à savoir l'acte de lier ou de séparer le sujet et le prédicat, est « quelque chose qui lui est propre et ne se trouve pas à l'extérieur, dans la chose » (*quoddam proprium ei, quod non invenitur extra in re*) mais qui, s'il correspond à ce qu'est l'étant, le manifeste alors en ce qu'il est[2]. En tant que créé par Dieu dont l'intellect le mesure, l'étant est ainsi la mesure pour notre intellect qui « est mesuré et ne mesure pas les choses naturelles » (*mensuratus et non mensurans res quidem naturales*) : c'est le patron sur lequel doit se régler l'acte de prédication et qui est la mesure de sa vérité. Insistons-y : le rapport entre le jugement prédicatif et la chose extérieure n'est nullement d'*identité*, mais seulement d'*égalité* (*aequalitas*). Or « l'égalité est entre choses différentes » (*aequalitas diversorum est*) : la raison de vérité (*ratio veritatis*), à savoir la liaison ou la séparation entre sujet et prédicat, ne se trouve pas dans l'étant lui-même ; mais il y a en ce dernier « quelque chose qui lui correspond » (*aliquid ei correspondens*), et c'est cette correspondance entre la liaison prédicative et l'inhérence d'une propriété au substrat (ou, à l'inverse, entre la séparation prédicative et la non-inhérence d'une propriété) qui constitue comme telle la vérité, en tant que « ressemblance à la chose existante » (*similitudinem rei existentis*)[3].

Que reprend et que modifie Husserl dans ces thèses thomasiennes ?

Pour l'essentiel, la doctrine de la vérité prédicative est *exclusivement reformulée sur le versant noématique des corrélats intentionnels*, en excluant la face noétique des actes : c'est un *rapport intranoématique entre le visé et le donné*, le sens propositionnel compris et le même sens vérifié, l'état de choses présumé et attesté. En d'autres termes, la vérité ne se définit plus comme adéquation de l'intention subjective à l'objet connu, mais comme justesse discursive du sens propositionnel vis-à-vis de l'état de choses donné[4].

Partant, là où Saint Thomas excluait que la vérité fût une identité parfaite entre discours et chose pour ne poser entre eux qu'un rapport de correspondance sur fond de différence ontologique, Husserl identifie

1. Thomas d'Aquin, *De Veritate*, Art. I, Responsio, l. 195-199 ; trad. fr., p. 54-55.
2. *De Veritate*, Art. III, Responsio, l. 24-50 ; trad. fr., p. 74-75.
3. *De Veritate*, Art. III, Responsio, l. 29-39 ; trad. fr., p. 74-75.
4. Heidegger a insisté sur ce point au § 44a de *Sein und Zeit*, p. 217 ; trad. fr., p. 162.

l'adéquation à une *identité* (Identität) ou à une parfaite « unité de recouvrement » (*Deckungseinheit*) entre le visé et le donné[1] : l'état de choses présumé est exactement le même que celui qui se donne dans l'évidence, sans qu'il y ait entre eux le moindre écart. C'est donc en réalité le concept de *remplissement* (*Erfüllung*) qui constitue le maître mot de toute cette élucidation, bien que le terme (étrangement) n'apparaisse pas dans ce contexte : un sens propositionnel complet peut trouver son remplissement sur le fondement d'une perception (dans le cas de « ce papier est blanc »), d'une démonstration (dans le cas du théorème de Pythagore ou de l'incommensurabilité de √2) ou d'une expérimentation (dans le cas de la formule de la chute des corps) ; il se convertit alors en état de choses donné. Ainsi Husserl identifie-t-il, au § 8, l'adéquation à l'« unité de remplissement » (*Erfüllungseinheit*)[2].

ÉVIDENCE, VÉRITÉ ET ADÉQUATION : LE SENS PHÉNOMÉNOLOGIQUE DE L'*ADAEQUATIO*

On saisit ainsi l'enjeu central qui préside à la classification des concepts d'évidence et de vérité qui est présentée au § 39 de la Sixième Recherche : c'est de faire une distinction nette entre ce qui relève du rapport entre divers actes (versant noétique), de la corrélation entre les actes et leur corrélat (structure noético-noématique) et du rapport entre objet présumé et attesté (versant noématique ou objectal).

Au terme du § 39, Husserl semble brouiller la terminologie au sujet de l'opposition entre les concepts de vérité (*Wahrheit*) et d'être (*Sein*) en décidant d'appliquer le premier au « *versant des actes* mêmes » (Seite der Akte *selbst*), c'est-à-dire à la sphère subjective, et le second aux « *corrélats objectaux* qui leur appartiennent » (*auf die zugehörigen* gegenständlichen Korrelate), c'est-à-dire à la sphère noématique[3].

Pourquoi s'agit-il d'un brouillage des distinctions ?

1. Husserl, *Log. Unters.*, VI. Unters., § 39, Hua XIX/2, p. 651-652 ; trad. fr. *RL* III, p. 151.

2. *Log. Unters.*, VI. Unters., § 8, Hua XIX/2, p. 566-568 ; trad. fr. *RL* III, p. 47-50.

3. VI. Unters., *Log. Unters.*, § 39, Hua XIX/2, p. 655 ; trad. fr. *RL* III, p. 154. C'est pourquoi R. Bernet (« Intention und Erfüllung… », *op. cit.*, p. 203) parle ici d'« équivalence rigoureuse » entre les concepts d'évidence et de vérité, rapportés tous deux à la face subjective de l'acte de connaissance.

Distinction entre face noétique des actes et face noématique des corrélats

Parce que la taxinomie des concepts d'évidence et de vérité se fait au fil conducteur des différents concepts de vérité distingués par Bolzano au § 24 de la *Doctrine de la science* [1]. Mettant de côté le concept impropre de la vérité exprimé par l'assimilation du « vrai » au « véritable » (*wirklich*) pour parler par exemple du « vrai Dieu », Bolzano retient quatre concepts philosophiques de vérité. Le premier est la signification *objective abstraite* (abstrakte objektive *Bedeutung*) du terme : la vérité est alors une « *propriété* des *propositions* » (Beschaffenheit *von* Sätzen) consistant à énoncer les choses telles qu'elles sont effectivement; il s'agit de l'adéquation du sens propositionnel aux états de choses effectifs. La deuxième est la signification *objective concrète* (konkrete objektive *Bedeutung*) : la vérité désigne alors « la proposition elle-même » à laquelle échoit la vérité prise au premier sens. La troisième est la signification *subjective* (*subjektive* Bedeutung), qui désigne le « jugement » (*Urteil*), c'est-à-dire la vérité connue (*erkannte*) ou pensée (*gedachte*) qui possède une existence effective dans l'esprit qui porte un tel jugement, et dont la vérité en soi correspondante (à savoir la proposition en soi qui est vraie) constitue la matière ou l'étoffe (*Stoff*) [2]; en termes husserliens, c'est l'acte d'évidence qui a pour objet une vérité prise au deuxième sens. Enfin, la quatrième est la signification *collective* (kollektive *Bedeutung*) : la vérité prise au sens d'un « *ensemble de plusieurs vérités* », qu'elles soient du reste entendues comme vérités objectives concrètes ou subjectives : en termes husserliens, il s'agit respectivement d'une *théorie* (un ensemble cohérent de propositions vraies) et de l'évidence subjective de sa validité.

Cette énumération des acceptions bolzaniennes de la vérité permet de cerner l'enjeu des distinctions que fait Husserl au § 39[3].

Le plus décisif est de *faire le départ entre la face noétique des actes et le versant noématique des corrélats intentionnels* : le concept d'évidence (*Evidenz*), à titre de « vécu de la vérité », relève de la première et désigne l'acte par lequel est appréhendé un état de choses – dans la terminologie ultérieure de Husserl, c'est l'« *autodonation* » (Selbstgebung) ou

1. B. Bolzano, *Wissenschaftslehre*, *op. cit.*, § 24, p. 108-111, *BB-GA* I/11, I. Teil, p. 133-136; trad. fr., p. 103, qui traduit le résumé que donne F. Kambartel *in* Bolzano, *Grundlegung der Logik. Wissenschaftslehre I/II*, Hamburg, F. Meiner, 1978, p. 29-30.

2. B. Bolzano, *Wissenschaftslehre*, *op. cit.*, § 25, p. 112, *BB-GA* I/11, I. Teil, p. 137; trad. fr., p. 104-105.

3. *Cf.* J. Benoist, « Phénoménologie et logique : Husserl à la croisée des chemins », *Cahiers philosophiques* 81, 1999, p. 7-27; *Intentionnalité et langage dans les* Recherches logiques, Paris, Puf, 2001, p. 140 *sq*.

l'« *intentionnalité de l'autodonation* » (Intentionalität der Selbstgebung)[1] : la modalité en laquelle s'atteste une proposition vraie ou un état de choses. Quant au concept de vérité, il est certes équivalent à l'*adéquation*, mais celle-ci peut s'entendre sur le versant subjectif (noétique), objectal (noématique) ou corrélationnel (noético-noématique) :

1/ le concept *objectal* de vérité désigne l'identité entre le visé et le donné, l'état de choses présumé et attesté, le sens propositionnel simplement compris (la proposition « ce papier est blanc ») et ce même sens légitimé dans l'évidence (l'état de choses, vérifié sur fond de perception, que ce papier est bien blanc)[2]; il s'agit d'une *adéquation intranoématique*, interne au domaine du sens propositionnel idéal.

2/ Le concept *noétique* dénote en revanche un recouvrement (*Deckung*) entre les essences respectives des actes qui se recouvrent : à savoir l'essence intentionnelle de l'acte de juger, au sens de la visée du sens propositionnel, et celle de l'acte de juger évident, au sens de l'évidence donatrice de l'état de choses correspondant[3]; il s'agit donc cette fois d'un *rapport d'adéquation intranoétique* entre la visée présomptive et l'évidence, la compréhension du sens et la vérification du fait – rapport qui est en stricte correspondance avec les deux termes de l'adéquation objectale.

3/ Le *concept noético-noématique ou corrélationnel* désigne enfin la rectitude (*Richtigkeit*) de la visée, c'est-à-dire son « adéquation à l'objet vrai » (*Adäquatsein an den wahren Gegenstand*) : la visée du sens propositionnel nous fait connaître l'état de choses lui-même, c'est-à-dire que l'intention noétique et présomptive trouve son remplissement dans l'évidence donatrice de l'état de choses et se réalise ainsi en connaissance attestée de ce dernier[4]; il s'agit cette fois de l'adéquation entre la pensée et l'être, l'acte subjectif et le corrélat objectal.

En conclusion, si, dans le sillage de Thomas d'Aquin, l'on définit la vérité comme adéquation, il est cependant fondamental de préciser

1. Husserl, *Form. u. transz.*, § 59 et 60, Hua XVII, p. 165 et 168; trad. fr., p. 213 et 217.

2. *Log. Unters.*, VI. Unters., § 39, alinéas n° 1 et 3, Hua XIX/2, p. 651et 652; trad. fr. *RL* III, p. 151 et 152. C'est le sens de l'adéquation que reprend Heidegger au § 44a de *Sein und Zeit*, p. 217; trad. fr., p. 162.

3. *Log. Unters.*, VI. Unters., § 39, alinéa n° 2, Hua XIX/2, p. 652; trad. fr. *RL* III, p. 151. C'est sur ce concept d'adéquation qu'insistent R. Bernet (*Conscience et existence. Perspectives phénoménologiques*, Paris, Puf, 2004, chap. II, p. 55-74, not. p. 58 *sq.*) et P.-J. Renaudie (« Intentio et Adaequatio : Heidegger, Husserl et le neutralisation de la métaphysique », *Revue de Métaphysique et de Morale* 87, 2015, p. 333-334).

4. *Log. Unters.*, VI. Unters., § 39, alinéa n° 4, Hua XIX/2, p. 653; trad. fr. *RL* III, p. 152. Nous tentons de clarifier les choses au maximum; en réalité, dans cet alinéa, Husserl passe sans crier gare du sens corrélationnel (n° 3) au sens objectal (n° 1) de l'adéquation.

sur quel versant se trouvent les termes qui entrent dans ce rapport. L'*adaequatio* se laisse ainsi décomposer en trois concepts bien distincts : *identité intranoématique* entre le visé et le donné, *recouvrement noétique* entre la visée et l'évidence, et *ajustement noético-noématique* de la visée à l'objet donné [1].

*Le problème de la hiérarchie entre les concepts d'adéquation le concept thomiste d'*adequatio *est-il réellement secondaire ?*

Entre ces trois concepts, existe-t-il une hiérarchie ? L'un est-il primitif et les autres dérivés, ou sont-ils cooriginaires ? L'un d'eux occupe-t-il le premier rang ou sont-ils d'égale importance ?

Prima facie, il semble que les deux premiers sens soient fondamentaux et marginalisent le troisième. L'adéquation au sens primordial désignerait toujours un rapport de congruence parfaite, que ce soit entre des corrélats noématiques (le visé et le donné, le sens propositionnel et l'état de choses) ou entre des fonctions noétiques (la visée et l'évidence, la simple compréhension du sens et la vérification de l'état de choses).

En témoigne le § 37, où Husserl décrit en ces termes la réalisation de la « véritable [*echte*] *adaequatio rei et intellectus* » : « *le* [corrélat] *objectal est* VÉRITABLEMENT "PRÉSENT" ou "DONNÉ" *exactement tel qu'il est visé* » (das Gegenständliche ist genau als das, als welches es intendiert ist, WIRKLICH „GEGENWÄRTIG" oder „GEGEBEN") [2]. Le concept phénoménologique d'adéquation serait donc d'abord interne à la sphère objectale : ce serait l'identité ou la synthèse de recouvrement parfaite entre visé et donné, état de choses présumé et vérifié. En miroir, il en découlerait une adéquation dans la sphère des actes intentionnels : à savoir le remplissement de la visée, par congruence entre la visée du corrélat objectal et son évidence donatrice [3]. Husserl semble congédier par là toute adéquation conçue comme un ajustement de la visée de sens à l'objet rendu évident, c'est-à-dire comme un rapport entre les sphères *hétérogènes* des actes et des corrélats objectaux. En replaçant l'adéquation au sein d'un domaine *homogène* (que ce soit celui des corrélats ou celui des actes), il éviterait les difficultés propres au concept thomasien d'« égalité entre des choses différentes » et se soustrairait ainsi à la critique frégéenne de l'adéquation – selon laquelle une coïncidence entre un acte de conscience et un objet extérieur (à la conscience) est par principe impossible, puisqu'il existe entre les deux une différence ontologique qui en interdit le recouvrement [4].

1. *Cf.* R. Bernet, « Intention und Erfüllung… », *op. cit.*, p. 203-204.
2. *Log. Unters.*, VI. Unters., § 37, Hua XIX/2, p. 647 ; trad. fr. *RL* III, p. 146.
3. *Log. Unters.*, VI. Unters., § 8, Hua XIX/2, p. 566-567 ; trad. fr. *RL* III, p. 47-48.
4. G. Frege, « Der Gedanke », *op. cit.*, p. 60 ; trad. fr., p. 172.

En effet, si l'adéquation se réalise dans un domaine homogène (que ce soit celui des actes ou des corrélats objectaux), il peut alors parfaitement y avoir une parfaite congruence entre les termes mis en rapport. Le sens corrélationnel de l'adéquation s'avérerait par conséquent secondaire, voire problématique, puisqu'il s'expose au risque de μετάβασις εἰς ἄλλο γένος.

Pourtant, malgré cela, le sens classique de l'*adaequatio* comme ajustement de la visée subjective du sens à l'objet donné demeure présent et continue de jouer un rôle fondateur. Il suffit en effet d'analyser les deux premiers sens phénoménologiques de l'adéquation : *jamais on ne pourra en exclure la référence implicite au sens corrélationnel de l'*adaequatio.

S'agissant de l'adéquation objectale entre le visé et le donné : si la justesse (*Richtigkeit*) de l'énoncé consiste en ce qu'il « se "dirige" [„*richtet*" *sich*] sur la chose même » et « dit qu'il en est ainsi, et il en est effectivement ainsi » [1], tant l'orientation de la proposition sur l'objet que la correspondance entre ce qu'elle énonce (le sens propositionnel) et l'état de choses effectif n'ont de sens que pour un acte subjectif qui se dirige sur l'objet et mesure la correspondance entre la proposition et l'état de choses; jamais on ne pourra évacuer toute référence aux actes de visée et d'évidence. S'agissant à présent de l'adéquation noétique entre l'acte de visée et l'acte de connaître : on ne peut dire qu'il y a un recouvrement parfait de ces deux actes que du point de vue de leur « essence cognitive » (*erkenntnismäßiges Wesen*) [2], c'est-à-dire de leur fonction intentionnelle ou de leur orientation respective sur l'objet visé et le même objet comme donné; jamais, symétriquement, on ne pourra évacuer toute référence aux corrélats intentionnels. Les sens objectal et noétique de l'adéquation en présupposent donc implicitement le sens corrélationnel et trouvent en lui leur fondement : c'est seulement parce qu'il y a corrélation entre l'acte de viser et le corrélat visé, ainsi qu'entre l'acte de donner et le corrélat donné, qu'il peut y avoir identité entre le visé et le donné, et congruence entre la visée et l'évidence donatrice.

*Le fondement implicite des divers sens phénoménologiques de l'adéquation réside donc dans l'*a priori *de corrélation entre l'objet et ses modes de visée et de donnée, c'est-à-dire dans la structure intentionnelle de la conscience.* C'est pourquoi le concept fondamental de la Sixième Recherche est celui d'*évidence*, entendu comme « vécu de la vérité »,

1. Husserl, *Log. Unters.*, VI. Unters., § 39, alinéa n° 4, Hua XIX/2, 653; trad. fr. *RL* III, 152. C'est encore plus évident au § 44a de *Sein und Zeit* : si la fonction de la proposition déclarative consiste en un « acte de faire voir l'étant » (*Aufzeigen des Seienden*) ou en son « être-découvrant » (*Entdeckend-sein*), reste la question de savoir *à qui* l'énoncé fait voir ou découvre l'étant.

2. *Log. Unters.*, VI. Unters., § 39, alinéa n° 2, Hua XIX/2, p. 652; trad. fr. *RL* III, p. 151.

« *synthèse de remplissement* » (Erfüllungssynthesis) ou autodonation de l'objectal[1]. Pourquoi cela ?

C'est que faute du concept de l'évidence comme autodonnée de la vérité ou de l'adéquation comme ajustement de la visée à l'objet, on est exposé au danger d'une séparation insurmontable entre l'évidence (réduite à un sentiment subjectif) et l'objet (conçu comme référence extérieure à la conscience).

Telle est la situation que décrit Descartes dans la Première Méditation, par l'argument du Dieu trompeur : s'il existe un Dieu omnipotent, il pourrait opérer une déconnexion systématique entre ma représentation interne et l'objet extérieur, mon sentiment d'évidence subjectif et l'état de choses effectif, et faire en sorte que je croie voir une terre et un ciel même s'ils n'existent pas, ou que j'aie un sentiment de certitude en jugeant que deux et deux font cinq[2]. Au Livre III de la *Recherche*, Malebranche a exposé cette difficulté de la déconnexion entre la perception et l'objet perçu : les idées qui représentent quelque chose qui est situé hors de l'âme et leur ressemble se réduisent-elles à de simples « modifications de l'âme » ? Non, car l'âme finie ne saurait contenir en elle toutes les idées des choses extérieures, comme si elle était un monde intelligible complet ; il faut donc que ces idées ne soient pas situées dans l'âme mais que nous les percevions en Dieu, qui contient en soi tous les archétypes des choses et garantit la correspondance entre idées intelligibles et choses[3]. Ainsi, seule une lumière divine extérieure à l'âme et assurant l'adéquation entre idées et choses peut garantir la vérité des idées que nous percevons.

1. *Log. Unters.*, *Prolegomena*, § 51, Hua XVIII, p. 193 ; trad. fr. *RL* I, p. 209) et VI. Unters., § 39, Hua XIX/2, p. 652 ; trad. fr. *RL* III, p. 151 ; VI. Unters., § 38, Hua XIX/2, p. 651 ; trad. fr. *RL* III, p. 150 ; cf. *Form. u. transz. Logik*, § 59 et 60, Hua XVII, p. 165 et 168 ; trad. fr., p. 213 et 217.

2. Descartes, *Meditationes de prima philosophia*, Medit. I, éd. Adam et Tannery, VII, 21 / IX, 16 (*Œuvres complètes*, IV-1 : *Méditations métaphysiques – Objections et réponses* (I-VI), éd. J.-M. Beyssade et D. Kambouchner, Paris, Gallimard, 2018, p. 110-111). *Cf.* les notes des éditeurs (t. IV-2, p. 931-932), qui renvoient à : M. Gueroult, *Descartes selon l'ordre des raisons*, I, Paris, Montaigne, 1968, p. 42-49 ; H. Gouhier, *La pensée métaphysique des Descartes*, Paris, Vrin, 1962 ; M. D. Wilson, *Descartes*, London, Routledge, 1978, p. 120-123 ; J.-L. Marion, *Sur la Théologie blanche de Descartes*, Paris, Puf, 1981, p. 161-227 ; E. Scribano, *Angeli e beati. Modelli di coscienza da Tommaso a Spinoza*, Roma-Bari, Laterza, 2006, p. 161-193 ; D. Kambouchner, *Les Méditations métaphysiques de Descartes. Introduction générale. Première Méditation*, Paris, Puf, 2005, p. 307-328 ; H. Blumenberg, *La légitimité des temps modernes*, « L'inéluctabilité d'un Dieu trompeur », trad. fr. M. Sagnol, J.L. Schlegel, D. Trierweiler, Paris, Gallimard, 1999, p. 202-229.

3. N. Malebranche, *De la recherche de la vérité*, Livre III, chap. V-VI, Paris, 6e éd., 1712, p. 433-439 (éd. J.-C. Bardout, Paris, Vrin, 2006, p. 450-455).

Le problème de Husserl consiste à *passer du problème cartésien du Dieu trompeur à l'articulation malebranchienne entre évidence et vérité, mais ce sans pour autant recourir à un fondement théologique.*

La position à dépasser est la *théorie affective ou occasionaliste de l'évidence* : si celle-ci se réduit à un sentiment intérieur de certitude éprouvé *à l'occasion* de la perception d'un objet ou d'un état de choses, et qui lui est donc associé de façon *contingente*, jamais elle ne pourra garantir le rapport nécessaire à la vérité ; car il demeure possible qu'un sujet ait l'évidence intellectuelle d'un état de choses U, tandis qu'un autre aura l'évidence d'un état de choses U' incompatible avec U [1]. Pour rétablir la connexion nécessaire entre évidence et vérité, deux solutions sont envisageables.

La première est de nature théologique : Dieu garantit la correspondance entre mon sentiment d'évidence et l'état de choses, assurant ainsi la validité objectale de mon évidence interne par une lumière surnaturelle. Si en revanche on évite un tel recours théologique, il faut alors modifier radicalement le concept d'évidence : loin de se réduire à un sentiment intérieur associé de façon contingente à une certaine perception, elle désigne désormais la *manière qu'a nécessairement un état de choses de se donner à la conscience* (*Selbstgebung*) [2]. On ne part donc plus de la sphère interne des représentations pour rejoindre les états de choses mais, à l'inverse, de ces derniers pour régresser vers leur sens objectal et leur mode de validation pour une conscience quelconque : un état de choses possède telle teneur de sens idéale et, pour s'attester, requiert que la conscience accomplisse telle suite d'actes. L'être trace par avance ses modes de validation possibles, qui sont autant de modalités de conversion du sens idéal en objectité idéale. Seule une telle corrélation *a priori* entre l'être et ses modes de donnée garantit la correspondance entre l'adéquation noétique (recouvrement entre la visée et l'évidence donatrice) et l'adéquation objectale (identité entre le visé et le donné).

On le voit : parce qu'elle accorde un primat implicite au sens corrélationnel de l'*adaequatio*, la théorie de l'adéquation exposée dans la Sixième Recherche ouvre la voie vers la thématisation de l'*a priori* de corrélation et, par là, vers l'idéalisme constitutif.

1. Husserl, *Log. Unters.*, *Prolegomena*, § 51, Hua XVIII, p. 194-195 ; trad. fr. *RL* I, p. 211.

2. *Form. u. transz. Logik*, § 59 et 60, Hua XVII, p. 165 et 168 ; trad. fr., p. 213 et 217.

VERS UNE THÉORIE FORMELLE DE L'ÉVIDENCE ET DE LA VÉRITÉ

Ces analyses de l'identité entre le visé et le donné, puis de l'ajustement de la visée à l'objet, adoptent pour paradigme les objectités idéales de structure propositionnelle : le visé désigne le sens propositionnel déclaratif, et le donné, l'état de choses correspondant, attesté dans l'intuition. Est-ce à dire *que la conversion du sens propositionnel simplement compris en état de choses validé serve de paradigme de l'évidence*, dont les traits essentiels seraient ensuite *analogiquement projetés sur toute évidence en général* – celle des objets perceptifs, des tempo-objets, des *res extensae*, des objets culturels, des êtres vivants, des personnes, des idéalités non propositionnelles, etc. ? Les structures propositionnelles du sens fournissent-elles la *région-source où s'élabore la théorie phénoménologique de l'évidence* ? Ou l'évidence est-elle au contraire à entendre prioritairement comme donnée sensible, de sorte que l'apport théorique de Husserl consisterait plutôt à élargir le concept de perception du domaine sensible à la sphère eidétique, puis purement catégoriale (celle des essences formelles) ?

Méthode analogique vs *communauté d'essence*

Prima facie c'est la seconde option qui semble prévaloir, ainsi qu'en attestent ces passages célèbres de l'Introduction à la Sixième Recherche :

> Le remplissement ultime [*letzte Erfüllung*] [...] réside toujours dans une « perception » correspondante [*in einer entsprechenden „Wahrnehmung"*] (ce qui, bien entendu, présuppose un nécessaire élargissement du concept de perception au-delà des limites de la sensibilité [*notwendige Erweiterung des Wahrnehmungsbegriff über die Schranken der Sinnlichkeit hinaus*]).
> Le remplissement intuitif [...] d'actes catégoriaux est toujours fondé dans des actes sensibles. Mais jamais la seule sensibilité ne peut fournir de remplissement à des intentions catégoriales ou, plus précisément, à des intentions incluant des formes catégoriales [...]. De là découle un *élargissement absolument indispensable des concepts, à l'origine sensibles, d'intuition et de perception* [unentbehrliche Erweiterung der ursprünglich sinnlichen Begriffe Anschauung und Wahrnehmung], lequel autorise à parler d'intuition *catégoriale*, et spécialement d'intuition *générale* [*von*

> kategorialer *Anschauung, und speziell von* allgemeiner *Anschauung zu sprechen*] [1].

La chose paraît d'emblée entendue ! Le concept d'intuition et de perception qui à l'origine est obvie, c'est celui de l'intuition de singularités sensibles ; et c'est seulement par élargissement et transposition de ce sens initial au domaine des essences, puis des essences purement formelles, que l'on obtient les concepts d'intuition eidétique et d'intuition purement catégoriale. Le procédé de Husserl consisterait ainsi en une *extension* et une *généralisation du concept primitif d'intuition sensible à la sphère eidétique*, ainsi qu'en une *transposition analogique de ses traits essentiels aux concepts dérivés d'intuition générale et catégoriale.* On partirait de la région-source du sensible et de son mode d'accessibilité original pour accéder, par transposition analogique, à celui de régions supérieures.

Nous allons pourtant mettre en question cette prétendue évidence, ainsi que la nature analogique du procédé mis en œuvre.

Certes, Husserl déclare expressément adopter une telle démarche généralisante et analogique. Cependant il ne faut pas confondre l'ordre de la découverte et celui qui appartient aux choses mêmes : si Husserl a *de facto* pris pour fil conducteur paradigmatique l'intuition sensible pour accéder aux formes supérieures de l'intuition d'essence, cela ne suffit pas pour en inférer que ces dernières devraient être pensées comme des variantes analogues de l'intuition de singularité sensible ; au contraire, les analyses du remplissement intuitif des actes signitifs sont censées *valoir dans une généralité formelle indifférente à la distinction entre objets individuels et généraux.* Ainsi, à propos de l'identité entre objet visé et donné qui advient dans l'évidence ultime, énonce-t-il cette incise apparemment anodine, mais en réalité absolument décisive :

> peu importe, du reste, qu'il s'agisse d'un objet individuel ou d'un objet général, d'un objet au sens étroit ou d'un état de choses [*gleichgültig, ob es sich um einen individuellen oder allgemeinen Gegenstand, um einen Gegenstand im engeren Sinn oder um einen Sachverhalt handelt*] (c'est-à-dire du corrélat d'une synthèse d'identification ou de différenciation) [2].

En d'autres termes, le projet fondamental de Husserl est en réalité d'élaborer une *théorie formelle de l'évidence* qui soit capable de dégager les traits et les structures essentiels de toute évidence d'objet possible,

1. *Log. Unters.*, VI. Unters., Einleitung, Hua XIX/2, p. 540 et 541 ; trad. fr. *RL* III, p. 15 et 16.

2. *Log. Unters.*, VI. Unters., § 38, Hua XIX/2, p. 651 ; trad. fr. *RL* III, p. 150.

quel qu'en soit le statut ontologique ou le domaine d'appartenance. Certes, dans l'*ordre de la découverte* Husserl a procédé à un élargissement des concepts d'intuition et d'objet au-delà de la sphère du sensible ; mais dans l'*ordre idéal des relations entre concepts*, il s'agit en revanche de comprendre pourquoi l'appréhension d'une essence ou d'une forme catégoriale peut mériter à l'identique le nom d'intuition, ou pour quelle raison les diverses formes que sont l'intuition sensible, l'intuition eidétique et l'intuition catégoriale peuvent à bon droit être rassemblées sous ce nom générique. La question husserlienne est donc en définitive de style platonicien : y a-t-il un rapport de participation des variantes de l'acte d'évidence à l'Idée unitaire d'intuition, qui justifierait pour les caractériser l'emploi univoque de ce dernier terme ?

C'est ce que montre le § 3 des *Ideen*, où Husserl est plus explicite que dans les *Recherches*. Après avoir souligné que l'*eidos* est une « nouvelle espèce d'objet » qui est « ce que donne l'intuition d'essence » (*das Gegebene der Wesensanschauung*), qui est bien un acte d'intuition, il ajoute en effet ceci :

> Il n'y a pas là une simple analogie extrinsèque [*äußerliche Analogie*], mais au contraire une communauté radicale [d'essence] [*radikale Gemeinsamkeit*]. *L'intuition d'essence est elle aussi précisément une intuition* [Auch Wesensanschauung ist eben Anschauung], de même que l'objet eidétique est précisément un objet. La généralisation des concepts corrélatifs d'« intuition » et d'« objet » n'est pas une trouvaille arbitraire [*beliebiger Einfall*], mais s'avère au contraire impérativement requise par la nature des choses [*durch die Natur der Sachen zwingend gefordert*] [1].

Sur le plan de la démarche méthodique, Husserl reconnaît avoir généralisé le concept d'intuition de l'intuition sensible à celle des essences, mais cela n'a de validité que dans la mesure où c'est fondé dans les choses mêmes : entre les diverses formes d'intuition, il doit en effet exister une communauté eidétique en vertu de laquelle elles participent au même concept générique d'intuition – communauté qu'il reste alors à caractériser de façon formelle, indifférente à la distinction entre les types d'objets (individuels, généraux et formels) et à la distinction corrélative entre les espèces d'intuition.

1. *Ideen* I, § 3, Hua III/1, p. 14 ; trad. fr. Ricœur, p. 21, Lavigne, p. 26. Le passage sonne comme un écho du § 37 de la Sixième Recherche, Hua XIX/2, p. 649 ; trad. fr. *RL* III, p. 148.

Caractérisation formelle de l'intuitivité dans les Ideen I

Dans les *Ideen*, cette caractérisation formelle de l'intuitivité est expresse.

Par opposition à toute désignation signitive ou indirecte (conscience de signe ou d'image de l'objet), l'intuition a le « caractère d'un *acte donateur* » (*Charakter eines* gebenden Aktes) qui manifeste l'objet lui-même. Puis, par opposition à la simple imagination, elle a pour spécificité d'« appréhender l'objet "de façon originaire", dans son ipséité *"en chair et en os"* » („originär", in seiner *leibhaftigen* Selbstheit zu erfassen). Enfin, elle a pour fonction d'amener l'objet sous le regard « avant tout acte de la pensée prédicative » (*vor allem prädikativen Denken*), c'est-à-dire se situe sur un plan antéprédicatif[1]. Reste à déterminer le sens qu'a l'application de ces traits génériques à l'intuition d'essence.

Le premier permet de distinguer cette dernière de la simple compréhension du sens linguistique d'un mot.

À titre d'objet général, l'essence ne se réduit pas à la simple signification d'un terme, mais est la réalisation effective de cette dernière sous forme d'objet; c'est l'« étant eidétique » (*Wesenseiendes*[2]) correspondant à une signification dont la teneur générale, éventuellement concrète, est amenée sous le regard – non seulement, par exemple, le sens du mot « rouge », mais l'invariant eidétique commun à toutes les nuances de rouge. L'intuition d'essence est donc la conversion d'un acte discursif de signifier en ostension de la généralité; en elle s'accomplit le passage de l'« *intention de signification* » au « *remplissement de la signification* » (Bedeutungserfüllung) et, par voie de corrélation, du « concept » ou de la « pensée » à l'intuition correspondante[3]. C'est ce qui explique que le domaine de la signification soit « *beaucoup plus vaste que celui de l'intuition* » (viel umfassender als das der Anschauung)[4]. En effet, à des significations complexes, impliquant une pluralité de caractères conceptuels (pour prendre des exemples célèbres : « carré rond », « le mouvement le plus rapide », « la suite qui converge le plus rapidement »[5]),

1. *Ideen* I, § 3, Hua III/1, p. 14-15; trad. fr. Ricœur, p. 22-23, Lavigne, p. 26-27.

2. *Ideen* III, § 7 et 8, Hua V, p. 26 et 41; (trad. fr. D. Tiffeneau, *La phénoménologie et les fondements des sciences*, Paris, Puf, 1993, p. 33 et 50).

3. *Log. Unters.*, VI. Unters., Einleitung, Hua XIX/2, p. 538-539; trad. fr. *RL* III, p. 13.

4. *Log. Unters.*, VI. Unters., § 63, Hua XIX/2, p. 721; trad. fr. *RL* III, p. 230.

5. Leibniz, *Meditationes de Cognitione, Veritate et Ideis*, Gerhardt Philosophische Schriften, IV, p. 424; trad. fr. P. Schrecker, « Méditations sur la Connaissance, la Vérité et les Idées », dans Leibniz, *Opuscules philosophiques choisis*, 1959, rééd., 2001, p. 20-23; G. Frege, « Über Sinn und Bedeutung », *Zeitschrift für Philosophie und philosophische Kritik* 100, 1892, p. 28; trad. fr. « Sens et dénotation », *op. cit.*, p. 104.

il peut manquer la non-contradiction ou la compatibilité interne qui, seule, garantit la possibilité de l'objet général correspondant. Partant, afin d'assurer le passage de la signification à l'intuition, il faut démontrer la compatibilité des caractères conceptuels qui appartiennent à une signification ; si une telle preuve est donnée, celle-ci n'est pas seulement un objet au sens où même une signification absurde en est un [1], mais acquiert le statut d'essence consistante, d'« essence intuitive noématique *correspondante* » (entsprechendes *intuitives noematisches Wesen*) [2].

Le troisième trait donne une nouvelle précision : cette conversion de l'acte de signifier en acte d'intuitionner fait passer du plan linguistique à un *niveau infralangagier, antéprédicatif.* Réaliser la signification idéale en objet général, c'est certes faire un pas *en avant* en montrant que la signification n'est pas contradictoire, mais se réalise en véritable essence. Mais c'est aussi *rétrocéder d'un pas*, en régressant de la sphère du langage à celle d'une intuition qui précède toute énonciation prédicative (*vor allem prädikativen Denken*) [3] : pour pouvoir expliciter discursivement ce qu'est une essence, il faut en effet la saisir d'abord du regard, le discours devant se régler sur ce que donne l'intuition ; Husserl retrouve ainsi la position d'Aristote, qui assimilait l'évidence à un contact ou un toucher (θιγεῖν) de l'essence [4].

Plus énigmatique, le deuxième trait conduit à la question des rapports entre intuition de l'individuel et du général.

En effet, on saisit certes ce qu'est la différence entre l'imagination et la perception d'un objet individuel : dans le second cas seul la donnée est incarnée (*leibhaftig*), au sens où les propriétés sensibles sont perçues sur fond d'affections sensorielles effectives, tandis que dans le premier tel n'est pas le cas. Mais quel peut bien être l'équivalent d'une telle distinction dans le cas de l'intuition d'essence ? Husserl dit déjà au § 37 de la Sixième Recherche que c'est l'*imagination*, et non la perception, qui se situe au fondement de l'abstraction généralisante : si cette dernière repose sur des intuitions de l'individuel, ces dernières n'impliquent cependant aucune position d'existence effective, mais se situent dans l'ordre de la pure possibilité [5] ; ce n'est donc pas le caractère en chair et

1. *Log. Unters.*, I. Unters., § 31, Hua XIX/1, p. 106 ; trad. fr. *RL* II/1, p. 116.

2. *Ideen* III, § 7, Hua V, p. 26 ; trad. fr., p. 33.

3. *Ideen* I, § 3, Hua III/1, p. 15 ; trad. fr. Ricœur, p. 22, Lavigne, p. 27.

4. Aristote, *Métaphysique*, Θ, 10, 1051b24 ; trad. fr. J. Tricot, Paris, Vrin, 1986, t. II, p. 524.

5. Husserl, *Log. Unters.*, VI. Unters., § 37, Hua XIX/2, p. 649 ; trad. fr. *RL* III, p. 147) ; *Ideen* I, § 3, Hua III/1, p. 15 ; trad. fr. Ricœur, p. 23, Lavigne, p. 28.

en os des intuitions de l'individuel situées au fondement de l'intuition d'essence qui garantissent que celle-ci possède aussi ce même caractère. Dès lors que peut bien signifier ce dernier, appliqué à une intuition de généralité qui se situe pourtant dans la dimension du pur possible? On ne peut en avoir, à notre avis, qu'une compréhension analogique : les diverses représentations individuelles (par exemple, les nuances de rouge) qui se trouvent au fondement de l'intuition d'essence (celle du rouge en général) ont pour celle-ci, par analogie, la même fonction que les esquisses individuelles (perceptions unilatérales, saisies d'un moment de couleur, etc.) vis-à-vis de la perception d'un objet individuel ; dans les deux cas, on retrouve la même *structure de présentation d'une unité à travers une multiplicité*, qui semble être la forme structurelle universelle de toute intuition.

La dynamique entre intention et remplissement

On dispose ainsi des quatre traits eidétiques de toute intuition en général : acte donateur, donnée incarnée, statut antéprédicatif et exposition d'une unité à travers une multiplicité. Ils restent quelque peu diffus dans la Sixième recherche, laquelle en ajoute un qui, sans pour autant disparaître dans les exposés ultérieurs, y est moins présent : la *dialectique dynamique entre intention et remplissement*, visée vide et évidence, qui fait l'objet de paragraphes antérieurs de la Sixième Recherche[1].

C'est peu de dire que le § 37 manque à cet égard de précision.

Husserl y fait une double distinction au sein du concept générique de remplissement. Il faut d'abord distinguer entre remplissement *significatif* (signifikative *Erfüllung*) et objectal : par le premier on passe de la conscience de signe à la compréhension expresse de la signification qu'il vise; par le second, de cette dernière à la donnée de l'objectité correspondante[2]. Ensuite, il faut distinguer entre les sens *extensif* et *intensif* du remplissement : le premier désigne son « intégralité objective » *(objektive Vollständigkeit)*, c'est-à-dire le fait qu'il amène à la donnée la totalité des traits de l'objet, sans reste non intuitif; le second, la perfection (*Vollkommenheit*) de la donnée de l'objet et de chaque trait qui lui appartient[3].

1. *Log. Unters.*, VI. Unters., § 8, 10 et 16-29, Hua XIX/2, p. 566-570, 572-574 et 596-631 ; trad. fr. *RL* III, p. 47-52, 54-57 et 84-127.

2. *Log. Unters.*, VI. Unters., § 37, Hua XIX/2, p. 648 ; trad. fr. *RL* III, p. 146-147.

3. *Log. Unters.*, VI. Unters., § 37, Hua XIX/2, p. 648 ; trad. fr. *RL* III, p. 147.

Rappelons que dans une théorie formelle de l'intuition, ces distinctions doivent valoir indifféremment pour les intuitions sensible et eidétique, voire catégoriale. Est-ce le cas ?

Si la première distinction s'entend aisément pour l'intuition eidétique, est-elle aussi évidente dans le cas de l'intuition sensible ? Qu'est-ce qu'un remplissement significatif dans ce dernier cas ? Si l'appréhension de l'objet est une interprétation (*Deutung*) des données sensorielles qui leur confère un sens d'objet [1], on peut estimer qu'il s'agit alors de la donation de sens (*Sinngebung*) ou de l'appréhension animante qui convertit les données sensorielles (un moment ressenti de blanc) en moments sensibles d'un objet (le blanc perçu à même le papier). Mais que signifie alors le remplissement objectal, puisque les qualités sensibles (le blanc du papier) sont données à même l'objet (le papier blanc), qui est par conséquent lui-même donné ? La distinction entre les deux premières formes de remplissement s'avère donc difficile à transposer de l'intuition eidétique à l'intuition sensible.

Or c'est l'inverse qui semble être le cas pour la seconde distinction : facile à déterminer dans le cas de l'intuition sensible, elle l'est beaucoup moins dans celui de l'intuition d'essence. Le § 10 l'avait exemplifiée par les perceptions temporelles (celle d'une mélodie) et spatiales [2]. Prenons celle-ci : un objet se montre sous des aspects unilatéraux, en perspective et sous un certain angle, de sorte qu'une perception unilatérale vise les autres aspects de la chose et tend vers le remplissement (au sens extensif) ; quant à chaque aspect (couleur, forme, détail de la surface), il se donne plus ou moins parfaitement selon l'angle, la distance et l'éclairage, de sorte que son intuition tend vers un parachèvement (remplissement au sens intensif). Que désignent à présent ces remplissements intensif et extensif dans le cas d'une essence, voire d'un *eidos* purement formel comme la conjonction, le nombre 2, les nombres complexes ou la structure de groupe ? On peut estimer, par voie analogique, que le remplissement extensif équivaut alors à la saisie des caractères conceptuels qui appartiennent à leur concept : pour la conjonction, la définition par les axiomes de la logique du premier ordre ou par la table de vérité ; pour 2, la définition par l'axiomatique de Peano, l'équinuméricité de Frege ou le concept de chaîne de Dedekind, etc. Mais le remplissement intensif : s'agit-il du gain en intelligibilité ? Par exemple, de la supériorité d'une définition des nombres entiers sur les autres ? Difficile à dire…

1. *Log. Unters.*, V. Unters., § 14, A 361 (1e éd.), Hua XIX/1, p. 397 ; trad. fr. *RL* II/2, p. 186 et surtout 353.

2. *Log. Unters.*, VI. Unters., § 10, Hua XIX/2, p. 572-574 ; trad. fr. *RL* III, p. 55-57.

Tirons-en une conclusion essentielle : si l'Idée d'une théorie *formelle* de l'intuition constitue pour une phénoménologie eidétique une exigence de fond, sa réalisation demeure problématique, parce que les différences spécifiques entre les formes d'intuition semblent primer sur le trait générique qui les rassemble.

1/ Le concept générique d'intuition oscille entre *donnée immédiate* et *attestation de la consistance de l'objet* : l'intuition sensible est bien une donnée immédiate; mais en revanche, vu qu'elle doit attester la consistance de l'essence, l'intuition eidétique repose de façon médiate sur une démonstration de cohérence des caractères conceptuels et ne saurait s'identifier à une saisie immédiate. On doit donc renoncer à définir l'intuition en général comme un rapport immédiat à l'objet, une représentation singulière et donatrice de l'objet, pour reconnaître l'écart eidétique qui sépare l'intuition d'essence de celle de l'individuel.

2/ De même, la structure lacunaire et l'exigence de remplissement semblent être des traits d'essence de toute intention, et il y a bien analogie entre l'enrichissement en aspects de la perception de chose et celui de la conception en caractères conceptuels déterminant une essence. Mais dans le second cas, on saisit difficilement quel est l'équivalent du remplissement sous sa forme intensive (perception à la distance idéale, sous un éclairage optimal, etc.), sauf à verser dans des métaphores psychologisantes relatives au sentiment d'évidence que voulait justement éviter Husserl !

3/ Enfin, le caractère antéprédicatif est admissible dans le cas d'une perception sensible, au sens où je puis être affecté par un objet sans l'identifier comme relevant de telle ou telle espèce générale. Or cela semble bien difficile dans le cas d'un objet général : si le remplissement s'effectue alors par l'attestation de la compatibilité des caractères conceptuels, la signification générale présumée doit précéder la signification attestée. Il n'y a donc pas, pour la seconde, d'antécédence du plan antéprédicatif ou infralinguistique vis-à-vis du langage; l'intuition de l'essence n'est pas en deçà du langage, puisque c'est une légitimation de consistance qui repose sur la compréhension du sens idéal.

Plus décisive que l'élargissement des traits de l'intuition sensible à l'intuition de généralité s'avère donc la caractérisation des formes spécifiques que prend l'attestation des différents types d'objets; d'une théorie formelle de l'intuition, on passe ainsi à une *théorie des formes du remplissement* entendu comme attestation rationnelle.

DISTINCTION ENTRE LES INTUITIONS SENSIBLE ET SUPRASENSIBLE : LA RELATION DE FONDATION (*FUNDIERUNG*)

Un double facteur sert de principe structurant à cette typique des actes d'intuition : d'une part la relation de fondation, d'autre part l'analyse réflexive des formes du remplissement.

La relation capitale de fondation

La relation de fondation (*Fundierung*) permet d'opposer les perceptions sensibles et suprasensibles (*übersinnlich* – et non uniquement *catégoriale*, comme l'écrit Husserl au § 46) et peut se résumer par le titre du § 48 : « *Caractérisation des actes catégoriaux comme actes fondés* » (fundierte Akte) – ou plutôt : *caractérisation des intuitions eidétiques ou suprasensibles comme actes fondés*. Il est en effet question ici, non de l'opposition de la perception sensible avec la seule intuition *catégoriale*, mais avec *toutes* les formes d'intuition suprasensible ou d'intuition des essences (intuition d'essence matériale, d'essence mixte et d'essence purement formelle ou catégoriale) [1].

Citons le passage essentiel :

> Dans la perception prise au sens *étroit*, la perception « sensible », est directement appréhendé ou lui-même présent [*direkt erfaßt oder selbst gegenwärtig*] un objet qui, dans l'acte de perception, se constitue de façon simple [*in* schlichter *Weise*]. Ce qui veut dire la chose suivante : l'objet est également un objet *immédiatement donné* [unmittelbar gegebener *Gegenstand*] au sens où, étant *comme tel* perçu *avec ce contenu d'objet déterminé*, il *ne se constitue pas en des actes* de mise en relation, de connexion ou en un autre type d'actes articulés, FONDÉS dans d'autres actes amenant à la perception des objets d'un autre type [sich nicht in *beziehenden, verknüpfenden und sonstwie gegliederten* Akten konstituiert, die in anderen, anderweitige Gegenstände zur Wahrnehmung bringenden Akten FUNDIERT sind]. Dans la perception, les objets sensibles sont là en *une unique couche d'actes* [in einer Aktstufe *da*] ; ils ne sont pas soumis à la nécessité de devoir se constituer grâce à plusieurs rayons [intentionnels] [*vielstrahlig*], en des actes de degré plus élevé [*in Akten höherer Stufe*], qui constituent leurs objets au moyen

1. *Log. Unters.*, VI. Unters., § 46 et 48, Hua XIX/2, p. 673 et 681 ; trad. fr. *RL* III, p. 177 et 186. Si le titre du § 46 est « Analyse phénoménologique de la différence entre perception sensible et perception catégoriale », Husserl nous semble ensuite plus précis en opposant l'objet *réal* et l'objet *idéal* (plutôt que purement catégorial).

> d'autres objets déjà constitués pour eux-mêmes en d'autres actes [*mittels anderer, in anderen Akten für sich bereits konstituierten Gegenstände*]. Or tout acte de perception simple [...] peut jouer le rôle d'acte fondateur [*Grundakt*] pour de nouveaux actes qui tantôt l'incluent, tantôt seulement le présupposent, et qui, dans leur nouveau mode de conscience, *engendrent conjointement une nouvelle conscience d'objectité qui, par essence, présuppose la conscience d'objet originelle* [ein neues, das ursprüngliche wesentlich voraussetzendes Objektivitätsbewußtsein zeitigen]. [...] *D'autre part cependant, la nouvelle objectité a son fondement dans l'ancienne* [gründet die neue Gegenständlichkeit in der alten]; *elle a, avec celle qui nous apparaît dans les actes fondateurs, une relation d'objet à objet* [gegenständliche Beziehung] [1].

La première différence entre les actes sensibles et suprasensibles, à la fois *d'ordre noétique et structurel*, est mise en lumière par une description noétique et réflexive de la teneur intrinsèque des actes.

Si, par opposition aux actes non intuitifs, toute perception est une *saisie directe* de l'objet lui-même, toute perception sensible est une *donnée immédiate* de son objet, ne requérant de la conscience qu'un seul rayon intentionnel ou une seule strate d'actes, tandis que les intuitions eidétiques en requièrent plusieurs.

Certes, vu que tout objet extérieur « se montre sous des aspects différents », la perception d'un objet sensible (cet encrier, ce pommier en fleur, ce vol d'oiseaux) est constituée de composantes (*aus Komponenten*), à savoir d'intuitions partielles qui livrent l'apparence perspective de l'objet sous tel ou tel angle et d'intentions dirigées sur tel ou tel aspect (sa forme, sa couleur, sa texture, etc.); toute perception externe est donc un « tissu d'intentions partielles » (*Gewebe von Partialintentionen*). Mais l'essentiel réside ici dans la métaphore du tissu et de la fusion : loin de se déployer chacune comme un acte indépendant et isolable, ces intentions partielles sont « fusionnées en l'unité d'une intention totale » (*verschmolzen zur Einheit einer Gesamtintention*) qui vise l'objet en son unité, avec la totalité indéfinie de ses aspects [2]. En d'autres termes, si la perception sensible peut être décomposée en une pluralité d'actes partiels et si chaque perception unilatérale est par essence incomplète, cependant, d'une part, en dépit de cette incomplétude, « la chose extérieure nous

1. *Log. Unters.*, VI. Unters., § 46, Hua XIX/2, p. 674; trad. fr. *RL* III, p. 178-179. *Cf.* D. Lohmar, « Kategoriale Anschauung (VI. Logische Untersuchung, § 40–66) », *in* V. Mayer (Hrsg.), *Edmund Husserl. Logische Untersuchungen*, Berlin, Akademie Verlag, 2008, p. 210, 212.

2. *Log. Unters.*, VI. Unters., § 10, Hua XIX/2, p. 574; trad. fr. *RL* III, p. 57.

apparaît d'un seul coup » (*in einem Schlage*) en chacune ; ce n'est pas une simple image de la chose qui nous apparaît en elle, mais la chose elle-même, sous cet angle particulier[1]. D'autre part, la perception prise en sa durée est le « *déroulement continu d'une perception* » (kontinuierlicher Wahrnehmungsverlauf), c'est-à-dire un seul et même acte impliquant un seul rayon intentionnel dirigé sur l'objet et se dilatant (*gedehnt*) le long d'une durée continue – et non un tout noétique hétérogène, résultant de l'articulation ou de la structuration d'actes de type distinct. En vertu de cette *continuité* et de cette *homogénéité*, il y a « *fusion* d'actes partiels en un seul acte » (Verschmelzung *von Partialakten zu einem Akt*), « unité simple, fusion immédiate des intentions partielles »[2].

Par opposition, les perceptions suprasensibles enveloppent la fondation de l'acte global sur des actes intentionnels d'essence et de degré divers qui, bien que possédant une autonomie, entrent dans une articulation réciproque.

Ainsi la formation d'un ensemble d'objets sensibles implique-t-elle à la fois la perception de chaque objet, l'acte syntaxique de conjonction (ceci *et* ceci *et* ceci…) et la synthèse articulée qui convertit la conscience polythétique (chaque rayon intentionnel étant dirigé sur un seul élément) en conscience monothétique orientée sur le nouvel objet *ensemble*. La perception de l'ensemble « laisse se diviser et détacher de soi des parties [*läßt von sich Teile abstücken*] qui, en elles-mêmes, pourraient déjà jouer le rôle de perceptions complètes [*für sich schon als volle Wahrnehmung fungieren könnten*] »[3]. À l'unité simple, la continuité, l'homogénéité et au caractère fusionnel de la perception sensible s'opposent l'*unité plurielle*, la *discontinuité*, l'*hétérogénéité* et le *caractère articulé* de la perception suprasensible, son morcellement pensable en actes autonomes et isolables.

Caractère noétique ou ontologique de la fondation niveaux d'actes ou d'objets ?

Ce concept de fondation est *fondamentalement noétique*, car orienté sur la structure des actes qui est censée se livrer à la réflexion, et est évidemment de provenance brentanienne.

1. *Log. Unters.*, VI. Unters., § 47, Hua XIX/2, p. 676 ; trad. fr. *RL* III, p. 181.

2. *Log. Unters.*, VI. Unters., § 47, Hua XIX/2, p. 677-678 ; trad. fr. *RL* III, p. 183. *Cf.* Heidegger, *Prolegomena zur Geschichte des Zeitbegriffs*, § 6bβ, GA 20, éd. P. Jaeger, Frankfurt-Main, Klostermann, 1994, p. 82 ; trad. fr. A. Boutot, *Prolégomènes à l'histoire du concept de temps*, Paris, Gallimard, 2006, p. 98-99. D. Lohmar, « Kategoriale Anschauung », *op. cit.*, p. 211.

3. *Log. Unters.*, VI. Unters., § 47, Hua XIX/2, p. 678 ; trad. fr. *RL* III, p. 183.

En effet, après avoir distingué, dans sa classification des phénomènes psychiques, trois types hétérogènes d'actes (représentations, jugements et mouvements affectifs, c'est-à-dire prises de position axiologiques), Brentano formule une loi d'articulation structurelle entre ces actes, à savoir la loi de fondation : les phénomènes psychiques « ou bien sont des représentations […], ou bien ont pour fondement des représentations »[1]. En d'autres termes : rien ne peut être jugé ni être objet d'une prise de position affective, qui n'ait préalablement été représenté[2]. Insistons-y : la relation de fondation ordonne hiérarchiquement des classes d'actes, puisque par le terme de représentation (*Vorstellung*) Brentano entend non ce qui est représenté, mais l'acte de se représenter (*Vorstellen*)[3]. Et c'est seulement dans la mesure où tout phénomène psychique se caractérise par l'« in-existence intentionnelle (ou encore mentale) d'un objet » ou « contient en soi quelque chose à titre d'objet »[4] que, par voie de corrélation, cette relation de fondation vaut également pour les objets intentionnels de ces actes psychiques.

Une telle ascendance brentanienne pourrait donc laisser entendre que pour Husserl aussi la relation de fondation vaut *prioritairement sur le plan noétique*, à titre de relation hiérarchique entre les actes de perception sensible et suprasensible – et qu'en conséquence, la distinction entre sensibilité et entendement relève d'une psychologie purement descriptive opérant réflexivement.

De fait, trois arguments plaident en faveur du caractère noétique de la fondation.

D'une part, l'accent est mis sur la structure intentionnelle des actes : simple ou uniradiale pour l'intuition sensible, plurielle ou multiradiale pour les intuitions eidétiques. D'autre part, le caractère fondé des objectités d'entendement de degré supérieur est présenté comme dérivé du caractère fondé de l'intuition qui les donne : « il s'agit d'une sphère d'objectités [*scil.* d'entendement] qui *ne peuvent venir à l'apparition en*

1. F. Brentano, *Psychologie vom empirischen Standpunkt* (1924-28), II. Buch, I. Kap., § 3, Bd. I, Hamburg, Meiner, 1973, p. 120; trad. fr. M. de Gandillac revue par J.F. Courtine, *Psychologie du point de vue empirique*, Paris, 2008, p. 98. *Cf.* II. Buch, IX. Kap., § 2, Bd. II (1971), p. 127; trad. fr., p. 280.

2. F. Brentano, *Psychologie vom empirischen Standpunkt*, *op. cit.*, II. Buch, I. Kap., § 3, Bd. I, p. 112; trad. fr., p. 93.

3. F. Brentano, *Psychologie vom empirischen Standpunkt*, *op. cit.*, II. Buch, I. Kap., § 3, Bd. I, p. 111; trad. fr., p. 92.

4. F. Brentano, *Psychologie vom empirischen Standpunkt*, *op. cit.*, II. Buch, I. Kap., § 3, Bd. I, p. 125; trad. fr., p. 101.

“elles-mêmes” que dans cette espèce d’actes fondés » [1]. Enfin, caractérisant au § 48 les intuitions suprasensibles comme « actes fondés », Husserl le justifie par une description réflexive des diverses manières d’appréhender un objet sensible : ou bien la perception est simple si j’appréhende l’objet sans m’intéresser à l’un de ses aspects ou parties, ou bien elle est complexe et fondée si j’en fais ressortir et en explicite les aspects ou les parties (couleurs, formes, textures, etc.) ou si je les mets en relation entre elles ou avec le tout (comparaison des couleurs, des rapports de position et d’orientation, etc.) ; la différence consiste alors dans la modalité de l’intérêt (dirigé sur le tout ou les parties), ainsi que dans la présence ou non d’actes d’explicitation partiels [2].

Et pourtant, tel n’est pas le cas : loin d’être restrictivement ou prioritairement d’ordre noétique, *la relation de fondation possède d’emblée une portée ontologique* et vaut d’emblée comme *relation d’ordre entre des types d’objectités.*

Qu’est-ce en effet qui permet de caractériser l’intuition suprasensible comme étant stratifiée ou composée de plusieurs rayons intentionnels ? C’est que ses objets respectifs sont soumis à la nécessité de devoir « se constituer grâce à plusieurs rayons [intentionnels], en des actes de degré plus élevé ». Et qu’est-ce qui détermine ces derniers comme des actes de plus haut niveau sur l’échelle de degrés noétiques ? C’est qu’ils « constituent leurs objets au moyen d’autres objets déjà constitués pour eux-mêmes en d’autres actes » [3] : la constitution d’un objet de degré supérieur n’est telle que parce qu’elle présuppose, à titre de matériau fondateur préconstitué, des objets de degré inférieur ; elle se réfère ainsi à la relation que Husserl a ultérieurement caractérisée comme *intentionnalité noématique*, qui consiste en ce qu’« un niveau noématique est “représentation” des données du niveau suivant » [4]. Tel est le cas d’un emboîtement de représentations : un tableau représentant un musée pictural est un tableau de tableaux, qui sont eux-mêmes des tableaux de scènes [5]. Or cette relation se laisse transposer au rapport entre objets sensibles et suprasensibles : si ces derniers trouvent dans les premiers leur fondement, c’est que leur unité comporte une rétro-référence aux objets de niveau inférieur, qu’elle présuppose et sur lesquels elle s’édifie ; ainsi,

1. Husserl, *Log. Unters.*, VI. Unters., § 46, Hua XIX/2, p. 675 ; trad. fr. *RL* III, p. 179.
2. *Log. Unters.*, VI. Unters., § 48, Hua XIX/2, p. 681 ; trad. fr. *RL* III, p. 186.
3. *Log. Unters.*, VI. Unters., § 46, Hua XIX/2, p. 674 ; trad. fr. *RL* III, p. 179.
4. *Ideen* I, § 101, Hua III/1, p. 236-237 ; trad. fr. Ricœur, p. 351, Lavigne, p. 311.
5. On songera au tableau de Willem van Haecht, « Apelles peignant Campaspe » (1630).

un ensemble se réfère à un domaine d'éléments prédonnés susceptibles d'être rassemblés par une propriété commune, de même que le nombre entier se réfère à un ensemble d'objets susceptibles d'être dénombrés ou à un concept dont l'extension a un cardinal déterminé. C'est donc en réalité la relation noématique de fondation entre niveaux d'objets qui sert de fil conducteur à la relation noétique de fondation entre types d'actes intentionnels : la *matière nouvelle* (neue Materie) qui constitue l'« apport nouveau » ou le corrélat intentionnel de l'acte fondé s'avère en effet « FONDÉE *dans les matières des actes fondateurs* » (in den Materien der Grundakte FUNDIERT)[1].

Quelle est donc la portée de la relation de fondation ?

C'est d'*arrimer les objets et actes intellectuels ou suprasensibles à un sol d'objets et d'actes sensibles ultimes*, en posant que tout objet suprasensible est fondé sur des objets de degré inférieur et, en dernière instance, sur des objets sensibles ultimes, de même que tout acte d'entendement l'est sur des actes de degré inférieur et, en dernière instance, sur des actes de perception simple :

> Il réside dans la nature même de la chose qu'en dernière instance tout ce qui est catégorial repose sur de l'intuition sensible [*auf sinnlicher Anschauung beruht*], voire qu'une intuition catégoriale, une évidence de l'entendement [*Verstandeseinsicht*], un acte de pensée au sens suprême qui soit dénué de fondation dans la sensibilité [*ohne fundierende Sinnlichkeit*], soit un contresens [*Widersinn*]. *L'Idée d'un « intellect pur »* [Idee eines „reinen Intellekts"], interprété comme une « faculté » de pure pensée [*„Vermögen" reinen Denkens*] [...] et *complètement détachée* de toute « faculté de la sensibilité » [völlig abgelöst *von jedem Vermögen der Sinnlichkeit*], ne pouvait être conçue qu'*avant* une analyse des éléments de la connaissance en son fonds évidemment irréductible[2].

L'intention est ici fondamentalement *antiplatonicienne* : disparaît toute possibilité d'un intellect ou d'une intuition d'essence qui soit radicalement séparée du sol de la sensibilité ; tout acte donateur d'un objet suprasensible ou d'une essence (matériale, mixte ou formelle) repose sur un acte de degré inférieur et, par itération de ce renvoi rétro-référentiel, se fonde en dernière instance sur le niveau primitif des intuitions d'objets sensibles. Aussi ne peut-il exister ni intuition d'essence qui n'ait son ancrage dans le sol ultime des intuitions sensibles, ni objet général qui n'ait le sien dans celui des objets sensibles individuels. Est

1. *Log. Unters.*, VI. Unters., § 53, Hua XIX/2, p. 696 ; trad. fr. *RL* III, p. 202.
2. *Log. Unters.*, VI. Unters., § 60, Hua XIX/2, p. 712 ; trad. fr. *RL* III, p. 220.

ainsi récusé tout *réalisme naïf* admettant l'être en soi des essences, en dehors de toute procédure de détermination de leur mode de fondation sur le sol des individus ultimes [1]. Cette thèse est *pure de tout présupposé anthropologique inhérent à une théorie des facultés* : ce n'est pas, à la manière kantienne, par une analyse du rapport entre facultés qu'elle se justifie, mais par celle de la relation entre les actes intentionnels (de perception simple et stratifiée), ainsi que de leurs corrélats intentionnels ; aucune nature du sujet percevant n'est ici présupposée.

Demeurent alors deux problèmes d'interprétation.

La relation de fondation : réductibilité ou rétroréférence ?

Comment faut-il entendre cette fondation sur le sol du sensible ? Au sens d'un *principe de réductibilité* qui reconduirait toutes les évidences suprasensibles au sol des perceptions sensibles (et de même pour les objets corrélatifs) ? La formulation qu'en donne Husserl en 1929 semble aller en ce sens : les vérités de degré plus élevé sont réductibles à de « vérités qui se *rapportent directement à leurs choses et sphères chosales* », c'est-à-dire « *à des objets individuels* » [*bezogen (...)* auf individuelle Gegenstände] [2]. Cela peut évoquer deux choses.

D'une part, l'axiome de réductibilité (*Axiom of Reducibility*) de Russell : en interdisant les définitions imprédicatives, la théorie des types ramifiée a en mathématique des effets dévastateurs, empêchant jusqu'à la définition de l'ensemble des entiers naturels ; si, parmi les fonctions, on distingue les fonctions prédicatives (d'un ordre immédiatement supérieur à celui de leurs arguments), l'axiome postule alors qu'étant donné une fonction d'ordre quelconque, il existe une fonction prédicative qui lui est formellement équivalente [3] ; toute classe définissable par une fonction

1. Mais *non tout réalisme en général*, notamment de type *nomologique* : en tant qu'objets possédant une consistance invariante, les essences obéissent en effet à des lois douées de validité universelle.

2. *Form. u. transz. Logik*, § 83, Hua XVII, p. 212 ; trad. fr., p. 276.

3. B. Russell, « Mathematical Logic as based on the Theory of Types », *American Journal of Mathematics* 30, 1908, p. 241-243 ; trad. fr. dans Poincaré, Russell, Zermelo et Peano, *Textes de la discussion (1906-1912) sur les fondements des mathématiques*, Paris, Blanchard, 1986, p. 219-222 : « toute fonction propositionnelle est équivalente, pour toutes ses valeurs, à une fonction prédicative » du même argument (*every propositional function is equivalent, for all its values, to some predicative function*) ; B. Russell, « La théorie des types logiques », *Revue de Métaphysique et de Morale* 18, 1910, p. 289-293 (éd. Heinzmann, 283-287) ; A. N. Whitehead, B. Russell, *Principia Mathematica*, Cambridge, Cambridge University Press, 1910, vol. I, chap. II : The Theory of Logical Types, VI : The Axiom of Reducibility, p. 55-59 ; trad. fr. J.-M. Roy dans *Écrits de logique philosophique*,

propositionnelle d'ordre *n*+1 se laisse donc aussi définir par une fonction propositionnelle d'ordre *n* [1].

D'autre part, la définition par Carnap de la reconductibilité (*Zurückführbarkeit*), qui assure le passage d'un niveau d'objets au niveau inférieur : « *un objet est dit "reconductible" à d'autres* [auf andere „zurückführbar"] si tous les *énoncés qui portent sur cet objet peuvent être traduits en énoncés qui ne portent plus que sur ces autres objets* [übersetzt werden können in Sätze, die nur noch von den anderen Gegenständen sprechen] » [2]; c'est une opération syntaxique de traduction d'un énoncé portant sur des objets d'ordre inférieur, à l'instar de la démarche réductionniste propre à Kronecker, qui reconduit toute l'arithmétique au seul ensemble des entiers naturels [3]. Or cela mène à la *position réductionniste* du second Carnap : le sens d'un énoncé réside dans son critère de vérité, c'est-à-dire dans les énoncés d'observation ou énoncés protocolaires (*Protokollsätze*) qui portent sur du donné immédiat [4].

La thèse de fondation dans le sensible n'implique aucune thèse de réductibilité de ce type : ce qu'elle pose, ce n'est nullement la *réductibilité* des évidences (ainsi que des propositions et objets) d'ordre supérieur à des évidences (propositions et objets) d'ordre inférieur, mais la *rétroréférence* des premières aux secondes. En effet, Husserl vise moins à rendre compte de la méthode descendante de réduction aux niveaux inférieurs que de la démarche *ascendante* de construction d'objets de

Paris, Puf, 1989, p. 294-300; B. Russell, *Introduction to Mathematical Philosophy*, chap. XVII, London, Allen & Unwin, 1919, p. 185-192; trad. fr. F. Rivenc, *Introduction à la philosophie mathématique*, Paris, Payot, 1991, p. 343-352.

1. *Cf.* M. Combès, *Fondements des mathématiques*, Paris, Puf, 1971, p. 36.

2. R. Carnap, *Der logische Aufbau der Welt*, Berlin, Weltkreis Verlag, 1928; rééd., Hamburg, F. Meiner, 1998, § 35, p. 47; trad. fr. T. Rivain, É. Schwartz, *La construction logique du monde*, Paris, Vrin, 2002, p. 102.

3. L. Kronecker, „Über den Zahlbegriff", *Journal für die reine und angewandte Mathematik* 101, repris in *Leopold Kroneckers Werke*, Bd. 3.1, p. 249-274; trad. fr. J. Boniface, « Sur le concept de nombre », *Gazette des mathématiciens* 81, 1999, p. 49-70, reprise in J. Boniface, *Les constructions des nombres réels dans le mouvement d'arithmétisation de l'analyse*, Paris, Ellipses, 2002, p. 152-168, note § 5, p. 158). *Cf.* L. Couturat, *De l'infini mathématique*, Paris, Félix Alcan, 1896; rééd., Paris, Blanchard, 1973, note III, p. 603-616; H. Benis Sinaceur, « Notes introductives à *Continuité et nombres irrationnels* » et « Que sont et à quoi servent les nombres », dans R. Dedekind, *La création des nombres*, Paris, Vrin, 2008, p. 33, 100 et 139.

4. R. Carnap, « Überwindung der Metaphysik durch logische Analyse der Sprache », *Erkenntnis* 2, 1931, § 2, p. 221-222; trad. fr. A. Soulez, « Le dépassement de la métaphysique par l'analyse du langage » dans A. Soulez (éd.), *Manifeste du Cercle de Vienne et autres écrits*, Paris, Puf, 1985, p. 157-158. Le terme *Zurückführung* y est traduit par *procédure de réduction*, au lieu de *reconduction*.

degré supérieur ; or, dans le passage de degré en degré, les objets des actes fondateurs fournissent le « matériau » (*Stoff*) sur le fondement duquel sont « engendrées *comme quelque chose de nouveau* » (neu *erwachsen*) les essences ou les formes catégoriales [1] – loin que l'intuition d'essence et l'essence elle-même soient réductibles à l'intuition de l'individuel et à l'objet individuel, elles leur sont hétérogènes et irréductibles, et constituent un mode d'appréhension et un type d'objets nouveaux [2].

Loin de tout réductionnisme et de tout empirisme, Husserl tente d'effectuer la quadrature du cercle : une paradoxale *conjonction entre platonisme* (thèse d'effectivité des objets généraux) *et antiplatonisme* (thèse de non-séparation de ces objets généraux).

La fondation comme relation d'ordre et l'idéalisation

La fondation est-elle enfin une *relation d'ordre strict*, c'est-à-dire non symétrique ? Si les degrés supérieurs sont expressément fondés sur les degérs inférieurs, n'y a-t-il pas une fondation implicite des inférieurs sur les supérieurs ?

C'est ce qu'affirme Heidegger :

> la perception simple, que l'on caractérise d'ordinaire comme une perception sensible, est déjà en elle-même imprégnée d'intuition catégoriale [*mit kategorialer Anschauung durchsetzt*] [...], et si l'intentionnalité de la saisie perceptive est simple et d'une seule pièce [*einfach und schlicht*], cette simplicité de la perception n'exclut nullement que la structure de l'acte soit d'une haute complexité [*hohe Kompliziertheit*] [3].

Un exemple simple est fourni par la perception d'une maison : ce que je perçois alors, ce n'est pas un pur objet individuel exclusivement déterminé par des aspects sensibles donnés dans des intuitions sensibles ; mais « ce que je vois de prime abord et en général, c'est : voilà une maison » [*das ist ein Haus*], de sorte que cet « en tant que... » (*Als-was*), le « caractère général de maison » (*der allgemeine Charakter von Haus*), pour n'être pas expressément saisi dans la perception simple, y

1. Husserl, *Log. Unters.*, VI. Unters., § 60, Hua XIX/2, p. 711 ; trad. fr. *RL* III, p. 219-220.

2. *Cf.* Heidegger, *Prolegomena...*, § 6dα, GA 20, p. 94 : « cette thèse [...] ne signifie pas qu'en définitive les catégories pourraient être interprétées comme étant quelque chose de sensible ; ce "reposer sur..." [*Beruhen*] signifie au contraire : cela est fondé. » (trad. fr., p. 110).

3. Heidegger, *Prolegomena*, § 6bβ, GA 20, p. 81 ; trad. fr., 98.

est pourtant « conjointement saisi » (*miterfaßt*) comme « ce qui dans une certaine mesure éclaire [*aufklärt*] ce qui est prédonné » et l'amène à la visibilité [1]. L'essence de maison fournirait ainsi l'horizon implicite de compréhensibilité et de visibilité de l'objet apparaissant (les maisons individuelles) ; dans la mesure où la visibilité de l'objet individuel serait inséparable de sa compréhensibilité comme appartenance à un type, la perception sensible impliquerait implicitement une perception suprasensible d'objets généraux. Le rapport de fondation serait ainsi renversé !

Quelle pourrait être la réponse de Husserl ?

Elle pourrait tenir dans l'incise suivante :

> Cette possibilité [d'appréhender un objet sensible de manière simple] qui, comme toutes les possibilités dont il est ici question, doit être interprétée comme étant de part en part idéale [*durchaus als ideale zu interpretieren ist*], le caractérise justement en tant qu'objet sensible [2].

Qu'est-ce à dire ?

Qu'il est en principe possible d'actualiser diverses orientations intentionnelles sur un même objet, et que l'on peut thématiser chacun de ces actes isolément et pour lui-même. Pourquoi une telle possibilité est-elle dite *idéale ?* Parce qu'en régime d'expérience quotidien, *tous ces actes sont entrelacés* : si je perçois un objet sensible comme un tout, je m'intéresse aussi à telle de ses parties ou tel de ses aspects, compare ses différents aspects entre eux, le compare avec les objets avoisinants et l'appréhende en fonction d'un type général. La perception sensible ou simple ne s'identifie donc pas à l'acte de perception courant ou quotidien, ce dernier étant au contraire un mixte d'actes hétérogènes de degrés distincts. Le dégagement de l'acte de perception simple requiert donc la *mise en œuvre d'une méthode analytique* : du mixte d'actes hétérogènes et fusionnés, il faut extraire un acte simple qui est une possibilité idéale au sens où jamais, dans l'expérience concrète, il n'intervient à l'état pur et séparé.

Contrairement à une vision largement popularisée par Merleau-Ponty, puis Marc Richir, la phénoménologie husserlienne est donc tout sauf une méthode consistant à surprendre la conscience dans sa vie irréfléchie et sauvage ; apparentée à la méthode galiléenne qui discerne par une expérience idéalisée les paramètres intervenant dans le phénomène

1. Heidegger, *Prolegomena*, § 6d, GA 20, p. 91 ; trad. fr., 107.
2. Husserl, *Log. Unters.*, VI. Unters., § 48, Hua XIX/2, p. 681 ; trad. fr. *RL* III, p. 186.

physique, elle opère la *ségrégation méthodique et idéalisante* de toutes les composantes impliquées à l'état fusionnel dans la vie concrète de la conscience. *La description phénoménologique est par essence une idéalisation.*

De ce fait, Heidegger est tout à fait fondé à dire que le concept d'objet réal est défini par Husserl d'une manière très particulière, analytique et abstraite, qui « détermine l'analyse de la réalité du monde [*Realität der Welt*] telle que la conduit Husserl » [1] : la teneur réale du monde se déchiffre au niveau le plus bas et fondateur, celui de la perception purement sensible des objets ; le rapport au monde est ainsi *fondé sur l'infrastructure de la sensibilité*, et c'est de manière superstructurelle que sont mis en jeu les actes de compréhension qui constituent de nouvelles couches de l'objet, notamment les prédicats de la signification culturelle. Toute l'ambition du premier Heidegger est au contraire de ressaisir le lien entre être-au-monde et compréhension de l'être, c'est-à-dire la fonction des actes suprasensibles dans le rapport au monde.

FORMES MULTIPLES DU REMPLISSEMENT EIDÉTIQUE : ESSENCES SENSIBLES, MIXTES ET CATÉGORIALES

Dans la Sixième Recherche, les concepts d'intuition catégoriale et d'objet catégorial sont équivoques.

En un sens très large, *catégorial* équivaut à *idéal* ou à *suprasensible :* l'objet catégorial est identifié à tout objet idéal, et l'intuition catégoriale, à la perception suprasensible [2]. Cependant, qui parcourt les exemples que Husserl donne des actes d'intuition catégoriale est frappé par leur caractère hétérogène : saisie d'états de choses déterminés, généralisation, appréhension individuelle indéterminée, dégagement des parties et des moments abstraits d'un objet, acte d'identification de l'objet, saisie de relation [3]. Tous ces actes peuvent-ils être indifféremment réunis sous le concept générique d'*intuition catégoriale* ? Assurément non. Sur ce point, la cartographie des intuitions et objets suprasensibles brossée au § 60, où

1. Heidegger, *Prolegomena*, § 6bβ, GA 20, p. 83 ; trad. fr., 99.

2. Husserl, *Log. Unters.*, VI. Unters., § 46 et 48, Hua XIX/2, p. 673 et 681 *sq.* ; trad. fr. *RL* III, p. 177-178 et 186 *sq.*

3. *Log. Unters.*, VI. Unters., § 47-48, Hua XIX/2, p. 676-677, 678-679, 681 et 683-684 ; trad. fr. *RL* III, p. 180-181, 183, 186 et 189-190.

Husserl fait une analyse couplée des types d'objets généraux et des formes corrélatives d'intuition, permet de préciser et de rectifier les choses [1].

Au sein des objets généraux, il distingue les *concepts purement sensibles* (rein sinnliche Begriffe), les *concepts mixtes ou mêlés à des formes catégoriales* (mit kategorialen Formen vermischte [Begriffe]) et les *concepts purement formels ou catégoriaux* (rein kategoriale Begriffe). Conformément au principe selon lequel à chaque type d'objet correspond un type d'évidence ou de conscience donatrice [2], à ces trois types d'essences correspondent divers modes d'intuition eidétique : *abstraction sensible* (sinnliche Abstraktion), *abstraction purement catégoriale* (rein kategoriale Abstraktion) et, au milieu, un acte d'abstraction qui reste à définir [3]. La classification des types d'essence livre ainsi une cartographie des actes d'intuition eidétique et, ce faisant, explicite à la fois la structure de la conscience d'essence et les instruments eidétiques dont dispose la phénoménologie.

Analysons brièvement ces trois types.

Concepts sensibles (essences matériales) et variation eidétique

Le premier est celui des concepts sensibles, que Husserl nomme plus tard *essences matériales* et dont il donne pour exemples : couleur, maison, jugement, souhait. Cette liste rassemble pêle-mêle des espèces de qualité sensible d'objet externe (la couleur), d'édifice culturel (la maison) et d'actes de conscience (jugement, souhait). Cette transgression de la différence entre types d'objets montre que le type *essence sensible* demeure de nature formelle, indifférente au statut ontologique des objets pris pour base : ce qui le caractérise, c'est de contenir en son extension des objets individuels, quelle qu'en soit la région d'appartenance ontique. Aussi le type d'intuition qui donne ces essences comme objets est-il appelé *abstraction sensible* : c'est l'espèce d'intuition qui, sur le fondement

1. Nous divergeons sur ce point des analyses de Dieter Lohmar, qui prend pour exemple privilégié d'intuition catégoriale l'explicitation des aspects d'un objet perçu (« Kategoriale Anschauung », *op. cit.*, p. 215 *sq.*) ; il ne s'agit pas là pour nous d'un acte purement catégorial, mais seulement d'un acte mêlé à des formes catégoriales. De même pour R. Bernet, qui fait de l'intuition sur fond de variation eidétique le mode de donnée des objets catégoriaux (« Perception, Categorial Intuition and Truth in Husserl's Sixth *Logical Investigation* », *in* J. Sallis, G. Moneta, J. Taminiaux (eds.), *The Collegium Phaenomenologicum. The First Ten Years*, Dordrecht, Kluwer, 1988, p. 36).

2. *Ideen* III, § 7, Hua V, p. 36 ; trad. fr., p. 44. *Cart. Medit.*, § 22, Hua I, p. 90 ; trad. fr., p. 99. *Ideen* I, § 149, Hua III/1, p. 344 ; trad. fr. Ricœur, p. 498, Lavigne, p. 438. *Form. u. transz. Logik*, § 60, Hua XVII, p. 16 ; trad. fr., p. 219.

3. *Log. Unters.*, VI. Unters., § 60, Hua XIX/2, p. 713 ; trad. fr. *RL* III, p. 221.

d'intuitions de l'individuel (par exemple, de nuances de rouge), se dirige sur l'essence générale qui subsume ces contenus individuels (le rouge ou la couleur en général)[1].

Husserl s'attache ici à faire le départ entre intuition de contenu (ou d'objet) sensible individuel et intuition d'essence sensible : excluant de son contenu intentionnel tout ce qui est individuel et sensible[2], cette dernière est un acte fondé sur l'intuition sensible de l'individuel, mais orienté sur une essence pure. Mais l'*aspect méthodique demeure totalement absent* : sont passées sous silence les questions de savoir *comment* l'abstraction sensible donne les essences sensibles, *comment* elle se fonde sur l'acte d'intuition sensible et quel est le *procédé de dérivation* des essences sensibles à partir de contenus sensibles individuels. La réponse à ces questions est fournie par l'analyse ultérieure de la *méthode de variation eidétique* : à partir d'un exemple initial on peut produire des variantes analogues, et celles-ci se recouvrent selon un invariant eidétique qui, à la fois, constitue le cadre de la variation et peut devenir l'objet d'une ressaisie spécifique[3]. Simplement, des variantes ne peuvent être dites analogues que d'un certain point de vue et selon un certain degré, vu qu'à partir d'une nuance de rouge on peut aussi bien produire des variantes de rouge que de vert, ou de multiples couleurs[4]. C'est donc l'orientation préalable sur une certaine signification générale (ici, celle de *rouge* ou de *couleur en général*) qui fixe le degré d'analogie ou la sphère de ressemblance au sein de laquelle doivent se maintenir les variantes. La fonction de la méthode de variation est par conséquent de faire passer du simple *vouloir dire* à l'intuition d'objet général, de la compréhension du concept à l'intuition de l'essence correspondante, de la visée du sens à la saisie de la référence eidétique ; selon le terme employé dans les *Ideen* III, elle réalise la signification conceptuelle en un étant d'ordre eidétique (*Wesenseiendes*)[5].

1. D. Lohmar (« Kategoriale Anschauung », *op. cit.*, p. 218) considère l'intuition d'essence matériale comme une « forme particulière » (*besondere Form*) d'intuition catégoriale ; or, l'intuition d'une essence matériale sur fond de variation eidétique est au contraire une forme d'intuition eidétique tout à fait distincte de l'intuition purement catégoriale.

2. Husserl, *Log. Unters.*, VI. Unters., § 60, Hua XIX/2, p. 713 ; trad. fr. *RL* III, p. 221 ; II. Unters., § 3, Hua XIX/1, p. 117-118 ; trad. fr. *RL* II/1, p. 132-133.

3. *Erfahrung und Urteil*, § 87a, p. 410-412 ; trad. fr., p. 413-415. *Phänomenologische Psychologie*, § 9a, Hua IX, p. 72-74 ; trad. fr., p. 72-74.

4. *Erfahrung und Urteil*, § 92, p. 432-433 ; trad. fr., p. 435 – argument déjà exposé dans la II. Unters., § 3, Hua XIX/1, p. 117-118 ; trad. fr. *RL* II/1, p. 132.

5. *Ideen* III, § 8, Hua V, p. 41 ; trad. fr., p. 50.

Essences mixtes, idéalisation et nominalisation d'acte syntaxique

Le deuxième type est celui des concepts sensibles mêlés à des formes catégoriales, dont les exemples sont : être-coloré, vertu, axiome des parallèles. Il est notable qu'à la différence des autres types, Husserl ne précise pas ici quelle espèce d'abstraction ou d'intuition eidétique donne comme objets ces essences mixtes. Et pour cause, la liste fort hétérogène des exemples renvoie à différents modes d'obtention :

– l'essence *être-coloré* est un mixte des essences de couleur et d'être, obtenu grâce aux actes syntaxiques de prédication, nominalisation et généralisation : voyant une feuille de papier coloré, je peux énoncer que « ce papier est coloré », puis en dériver par nominalisation « l'être-coloré du papier » et enfin, par généralisation abstractive, « l'être-coloré ».

– Le concept de vertu est en revanche une Idée programmatique située à l'infini, à laquelle ne correspond nulle réalisation *in concreto;* il est donc obtenu par *idéalisation*, c'est-à-dire position d'une Idée-limite située à l'horizon d'un procès de parachèvement éthique.

– Quant à l'axiome des parallèles en géométrie euclidienne plane (par un point extérieur à une droite donnée il ne passe qu'une droite parallèle à celle-ci), il combine les deux types d'abstraction : des actes syntaxiques de formation d'énoncé, et la saisie d'essences géométriques (droite, parallélisme). Or comment obtient-on l'essence idéale de droite ? Là encore, ce sont les textes ultérieurs qui donnent la réponse : on obtient l'essence de ligne par passage à la limite dans l'amenuisement de la largeur d'une ligne tracée, et celle de droite, par idéalisation à partir de l'essence morphologique ou perceptive du droit, en pensant un progrès dans la production d'arêtes toujours plus droites, puis en posant la limite idéale qui sert de norme à ce perfectionnement de la *poiêsis* : l'absolument ou le parfaitement droit, qui n'existe qu'en Idée[1] !

Le mode d'intuition eidétique qui livre ces essences mixtes est-il donc univoque ? Nullement, puisqu'il englobe en fait des actes hétérogènes : idéalisation, prédication et nominalisation. Y a-t-il cependant un *invariant qui soit commun à ces actes et permette ainsi de dégager le type d'intuition en question* ?

Prima facie, l'idéalisation géométrique et la nominalisation de structures syntaxiques semblent n'avoir rien en commun.

La première, à l'instar de la géométrie projective de von Staudt, pose un élément situé à l'infini afin de clore un procès asymptotique

1. *Ideen* I, § 74, Hua III/1, p. 154-156; trad. fr. Ricœur, p. 235-237, Lavigne, p. 214-216. *Krisis*, § 9a, Hua VI, p. 22-24; trad. fr., p. 30-31.

d'approximation : si l'on amincit la largeur d'une ligne tracée, on peut poursuivre ainsi à l'infini, et ce n'est que par transgression de l'ordre du perceptible que l'on en vient à poser une ligne sans largeur; de même, si l'on progresse dans la *poiêsis* productrice d'une arête droite, on peut produire du toujours plus parfaitement droit, et ce n'est qu'en transgressant l'ordre de la praxis réale qu'on en vient à poser une ligne parfaitement droite; l'acte consiste donc à poser la norme idéale d'un procès indéfini d'approximation.

Or, l'abstraction qui offre l'être-coloré est d'une tout autre nature. Elle consiste à formuler un énoncé perceptif (ce papier est coloré), à le nominaliser pour le convertir en substantif, puis à le généraliser; on quitte cette fois l'ordre du sensible pour passer à un objet imprégné de la forme catégoriale « être-... ». Qu'y a-t-il là de commun? Uniquement ceci : une idéalité géométrique ne contient en son extension aucune figure sensible ou perceptible, et n'est pas accessible par variation eidétique [1]; de même, la configuration syntaxique *être-coloré* ne contient en son extension aucune couleur perceptible, voire aucun contenu sensible en général [2].

Dans les deux cas, la position du nouvel objet a lieu par *transgression du domaine du sensible et de l'imaginable* : la première fois par objectivation d'une norme située à l'infini, la seconde, par nominalisation d'une proposition prédicative. Là où le mode d'intuition qui livre les essences sensibles demeure ancré dans le règne de l'imagination pure, celui qui donne les essences mixtes s'en affranchit – par passage à l'Idée-limite ou par introduction d'une pure forme catégoriale.

Concepts formels et intuition catégoriale

Le troisième type est celui des concepts purement catégoriaux, dont les exemples sont : unité, pluralité, relation, concept. *Purement catégorial* est ici l'équivalent de *purement formel* : ces essences ne contiennent en soi nulle trace de contenu matérial ou de référence aux choses mondaines; leur mise en évidence requiert un acte de *formalisation* qui fait passer dans le domaine purement analytique du *quelque chose en général* vide de déterminités réales, et dont Husserl avait déjà signalé dans la Troisième Recherche l'irréductibilité aux autres modes d'abstraction ou d'intuition d'essence [3].

1. *Log. Unters.*, VI. Unters., § 43, Hua XIX/2, p. 666; trad. fr. *RL* III, p. 169-170.
2. *Log. Unters.*, VI. Unters., § 41, Hua XIX/2, p. 661-662; trad. fr. *RL* III, p. 165.
3. *Log. Unters.*, III. Unters., § 12 et 24, Hua XIX/1, p. 259 et surtout p. 291 : « cette "*abstraction*" *formalisante* [formalisierende „Abstraktion"] est quelque chose de tout

Ainsi, « l'ÊTRE *n'est absolument rien qui soit perceptible* » (nichts Wahrnehmbares) au triple sens de la perception sensible, de l'abstraction sensible et de l'abstraction idéalisante, puisque « [l]'être n'est rien *dans* l'objet [*nichts* im *Gegenstande*], que ce soit une partie de l'objet ou un moment qui lui soit inhérent », mais « rien non plus *à même* un objet [*nichts* an *einem Gegenstande*] » [1] : n'étant ni une partie concrète, ni un moment abstrait, ce n'est en aucun sens du terme un *aspect* de l'objet, ni une essence (comme le rouge en général) qui subsumerait à titre de contenu singulier un moment de l'objet (cette nuance de rouge des tuiles d'un toit). Dès lors, peut-on véritablement et à bon droit lui assigner le statut d'objet et, par voie de corrélation, élucider un mode d'intuition qui donnerait au regard une telle entité catégoriale comme un *étant* véritable ? Est-il légitime de parler d'une *intuition donatrice d'objet catégorial*, alors que l'objet semble pourtant, de prime abord, n'être nullement donné, ni même donnable ? Dans les termes ultérieurs des *Ideen* I, l'ontologie formelle, en tant que doctrine du vide quelque chose en général, n'est pas une théorie de l'objet à proprement parler, et la région analytique-formelle dont elle traite « *n'est pas une région, mais la forme vide de région en général* » (leere Form von Region überhaupt) [2] ; à tel point que seules les essences matériales (*materiale Wesen*), qui subsument des objets mondains ou des contenus qui leur sont inhérents, sont de « "véritables" essences » (*„eigentliche" Wesen*) tandis que les essences formelles se réduisent à de pures « formes vides » (*Leerform[en]*) [3], et que l'individu, substrat originel dont dérivent toutes les variantes formelles, constitue

autre que ce qu'on envisage habituellement par le terme d'abstraction, donc une fonction totalement différente de celle qui, par exemple, fait se détacher le rouge d'une donnée visuelle concrète, ou le moment générique "couleur" du rouge qui a déjà été abstrait » (trad. fr. *RL* II/2, p. 39 et ici 71). *Cf.* J.-L. Marion, *Réduction et donation*, Paris, Puf, 1989, p. 26 *sq.* ; J. Benoist, *Phénoménologie, sémantique, ontologie. Husserl et la tradition logique autrichienne*, Paris, Puf, 1997, p. 114 *sq.*

1. Husserl, *Log. Unters.*, VI. Unters., § 43, Hua XIX/2, p. 666; trad. fr. *RL* III, p. 169-170. Husserl reste fidèle à cette thèse au § 13 des *Ideen* I, excluant radicalement tout *être-contenu* (Enthaltensein) des catégories ou des essences formelles de la logique dans les singularisations matériales : « les essences formelles logiques (par exemple, les catégories) ne "résident" pas [*nicht so „liegen"*] dans les cas individuels doués de contenu comme le rouge général [réside] dans les différentes nuances de rouge, ou comme "couleur" dans le rouge ou le bleu; et [...] elles n'y sont absolument pas "incluses" [*„darin"*] » (Hua III/1, p. 32; trad. fr. Ricœur, p. 49, Lavigne, p. 47). En insistant sur la fonction de la sensibilité dans l'intuition purement catégoriale, D. Lohmar nous semble de ce point de vue en manquer la spécificité vis-à-vis des autres formes d'intuition eidétique (« Kategoriale Anschauung », *op. cit.*, p. 232).

2. *Ideen* I, § 10, Hua III/1, p. 26; trad. fr. Ricœur, p. 39, Lavigne, p. 40.

3. *Ibid.*

« l'objet originel que requiert la logique pure [*der reinlogisch geforderte Urgegenstand*], l'absolu logique [*das logisch Absolute*] auquel renvoient en retour toutes les variantes logiques » [1]. S'il en est ainsi, comment les formes ontologiques vides (de substrat, de propriété, de relation, d'ensemble, de nombre entier, de groupe, etc.) peuvent-elles prétendre au statut d'objet à part entière, et leur intuition, à celui d'une donnée immédiate d'objet, comparable à la perception sensible ?

ANALYSE DE LA SPÉCIFICITÉ DE L'INTUITION CATÉGORIALE

Pour caractériser l'intuition catégoriale, Husserl met en jeu plusieurs arguments [2].

L'argument paradigmatique

Le premier est d'*ordre paradigmatique* : « [le] prototype [*Prototyp*] pour l'interprétation du rapport entre les actes de signifier et d'intuitionner serait donc celui de la signification [du nom] propre aux intuitions correspondantes ». Si je désigne la ville de Cologne sans l'avoir sous les yeux, je ne fais alors qu'en viser à vide la signification et la dénotation ; mais si je m'y rends et que je l'ai sous les yeux, la perception simple (*schlichte Wahrnehmung*) conduit à l'apparaître, sans le secours

1. *Ideen* I, § 15, Hua III/1, p. 35 ; trad. fr. Ricœur, p. 54, Lavigne, p. 51.

2. Plusieurs analyses de l'intuition catégoriale ont été faites : E. Tugendhat, *Der Wahrheitsbegriff bei Husserl und Heidegger*, Berlin, De Gruyter, 1970, p. 111-136 ; R. Sokolowski, *The formation of Husserls concept of constitution*, Den Haag, M. Nijhoff, 1970, p. 65-71 ; *Husserlian Meditations. How words present things*, Evanston, Northwestern University Press, 1974, § 10-17, et « Husserl's Concept of Categorial Intuition », *Philosophical Topics* 1, (Supplement), 1981, p. 127-141 ; E. Ströker, « Husserls Evidenzprinzip », *Zeitschrift für philosophische Forschung* 3, 1978, p. 3-30, et *Husserls transzendentale Phänomenologie*, Frankfurt-Main, Klostermann, 1987, p. 44-45 et 49 *sq.* ; D. Willard, *Logic and the Objectivity of Knowledge*, Athens, Ohio University Press, 1984, p. 3-41 ; G. E. Rosado-Haddock, « Husserls epistemology and the foundation of platonism in mathematics », *Husserl-Studies* 4, 1987, p. 81-102 ; R. Bernet, « Perception, Categorial Intuition and Truth », art. cit., p. 33-46 ; D. Lohmar, *Phänomenologie der Mathematik*, Dordrecht, Kluwer, 1989, p. 44-69 ; *Erfahrung und kategoriales Denken*, Dordrecht, Kluwer, 1998, p. 178-273, et « Husserl's Concept of Categorical Intuition », *in* D. Zahavi, F. Stjernfelt (eds.), *One Hundred Years of Phenomenology*, Dordrecht, Kluwer, 2002, p. 125-145 ; T. Seebohm, « Kategoriale Anschauung », *Phänomenologische Forschungen* 3, 1990, p. 9-47 ; R. Cobb-Stevens, « Being and Categorical Intuition », *Review of Metaphysics* 44, 1990, p. 43-66 ; K. Bort, « Kategoriale Anschauung », *in* D. Koch, K. Bort (eds.), *Kategorie und Kategorialität*, Würzburg, Königshausen & Neumann, 1990, p. 303-319 .

d'actes fondés, l'objet *Cologne* tel qu'il était visé [1]. Poursuivons l'analogie : de même que la perception sensible donne l'objet individuel qui est la dénotation du nom propre *Cologne*, de même une forme d'intuition spécifique doit en principe donner l'objet catégorial qui est la dénotation du mot *est* – étant entendu que cette intuition sera, cette fois, eidétique et purement catégoriale.

Arrêtons-nous un instant sur l'exemple fourni. Qu'est-ce que le sens du nom propre *Cologne*, et quel est en conséquence l'objet qui lui correspond ? Si, par le mot Cologne, on ne vise que la dénotation individuelle en tant que support = *x* de tous ses prédicats potentiels, la perception sensible est bien l'acte remplissant qui donne l'objet visé. Cependant la vision sensible me donne-t-elle une *connaissance* de la ville ? Cologne est une ville d'Allemagne qui se caractérise par sa situation géographique, sa population, sa fonction et son importance dans la vie économique et politique du pays, etc. ; si l'on vise la ville avec sa teneur de sens plénière, pourvue de ces prédicats de signification culturelle, l'intuition donatrice ne sera plus alors la perception sensible, mais un ensemble d'actes fondés embrassant toutes les procédures de validation qui attestent ces prédicats de signification culturelle [2]. Le schéma paradigmatique s'avère alors bien différent : c'est celui de l'anticipation de prédicats qui doivent pouvoir se valider ; l'intuition possède moins la fonction de la *donation d'objet* que celle de l'*attestation de propriétés présumées*.

La question est alors de savoir quels sont, dans le cas de la forme syntaxique *est*, le sens et les prédicats qui doivent se valider dans l'intuition. Il s'agit de la question heideggérienne du sens de *être*, mais avec une inversion significative par rapport à la *Seinsfrage*. Pour Heidegger en effet, l'être est donné par l'intuition catégoriale, et c'est le sens de l'être qui demeure problématique et se situe à l'horizon de la recherche d'explicitation ; l'intuition catégoriale fournit ainsi le sol de donnée absolue à partir duquel peut être posée la question « que veut dire "être" ? » [3] Tout autre est le problème husserlien, qui suit la voie exactement inverse : ce qui est préalable, c'est la visée ou la compréhension catégoriale

1. Husserl, *Log. Unters.*, VI. Unters., § 40, Hua XIX/2, p. 659 ; trad. fr. *RL* III, p. 161.

2. *Cf.* J.-T. Desanti, « Trajet dans *Les Idéalités mathématiques* » (1984), repris dans *Mathesis, idéalité, historicité*, Lyon, ENS Éditions, 2014, p. 253-257 ; P.-J. Renaudie, « *Intentio* et *Adaequatio*… », art. cit., p. 337-339.

3. Heidegger, « Séminaire de Zähringen », in *Questions III et IV*, Paris, Gallimard, 1990, p. 466 ; rétroversion allemande « Seminar in Zähringen 1973 », in *Seminare*, hrsg. v. C. Ochwadt, 2. Aufl., Frankfurt am Main, Klostermann, 2005, GA 15, p. 378. Cf. P.-J. Renaudie, « *Intentio* et *Adaequatio*… », art. cit., p. 331-332.

du sens de la copule *est;* se pose alors la question du remplissement de cette visée, c'est-à-dire de la conversion de la simple visée présomptive du sens de la copule *est* en intuition donatrice de l'objet catégorial *est*, ou encore de la réalisation de la signification *est* en objectité formelle véritable.

L'argument analytique

Le second argument est *analytique :* la Sixième Recherche reprend l'analyse des parties de la signification propositionnelle qui avait été donnée dans la Quatrième.

Au sein d'une proposition, on peut faire la distinction entre deux espèces de significations. D'une part, les moments de la forme syntaxique ou catégoriale (*et*, *ou*, *est*, *tous les*, *quelque*…), qui constituent la structure syntaxique de la proposition; d'autre part, les « moments soumis à la forme », ceux du matériau syntaxique (*S*, *p*, *neige*, *blanc*…), qui « confèrent à la signification sa référence aux choses » (*Sachbezüglichkeit*) et ont une forme nominale, adjectivale ou relationnelle [1]. La visée des seconds reçoit son remplissement de la perception sensible, de l'abstraction sensible et de l'idéalisation. Qu'en est-il en revanche de la visée des premiers : trouve-t-elle son remplissement dans une intuition des catégories formelles ?

Clarifions cette notion d'intuition catégoriale.

Sa fonction n'est pas simplement de donner les significations syntaxiques comme des objets, au sens où toute signification est un objet idéal; Husserl ne se contente donc pas de répéter ici la thèse déjà énoncée dans la Première Recherche, selon laquelle les significations sont des objets [2]. Il faut au contraire faire ici la distinction entre catégories apophantiques-formelles et ontologiques-formelles : les premières relèvent de la logique apophantique (l'analyse des propositions) et désignent des *significations syntaxiques*, dépourvues de référence aux choses (*et*, *ou*, *est*…) ; les secondes appartiennent en revanche à l'ontologie et sont des *objectités syntaxiques* correspondant aux premières (objet, propriété, relation, élément, ensemble, pluralité…) [3]. La fonction de l'intuition catégoriale est donc de faire passer du plan de l'apophantique

1. Husserl, *Log. Unters.*, IV. Unters., § 10, Hua XIX/1, p. 328; trad. fr. *RL* II/2, p. 114) ; VI. Unters., § 40, Hua XIX/2, p. 658; trad. fr. *RL* III, 1 p. 60.

2. *Log. Unters.*, I. Unters., § 31, Hua XIX/1, p. 106 : « Les significations forment, pourrions-nous également dire, une classe de *concepts* au sens d'"*objets généraux*" [*eine Klasse von* Begriffen *im Sinne von* „allgemeinen Gegenständen"] » (trad. fr. *RL* II/1, p. 116).

3. *Log. Unters.*, IV. Unters., § 14, Hua XIX/1, p. 344; trad. fr. *RL* II/2, p. 131.

formelle à celui de l'ontologie formelle, des catégories syntaxiques aux catégories ontologiques-formelles : c'est-à-dire de la signification syntaxique, prise comme objet de simple compréhension, à l'objectité ou à la dénotation syntaxique corrélative – ou, en termes classiques, de l'idée formelle à l'objet formel de l'idée.

Une fois encore, cette conversion ontologique d'une forme syntaxique est une validation qui fait passer le sens syntaxique au statut d'objet catégorial. Par conséquent, le statut de l'être s'avère d'emblée tranché, interdisant ainsi de poser la question de l'être :

> [Husserl] ne déploie pas la question : que veut dire « être » ? Pour Husserl, il n'y avait pas là l'ombre d'une question possible, vu que pour lui va de soi qu'être veut dire : être-objet [1].

En d'autres termes, la catégorie de l'être se réduit d'emblée à un objet ou à un corrélat de la conscience qui entre en présence dans son horizon intentionnel et est de surcroît doué de constance vis-à-vis des actes subjectifs de saisie, d'omnitemporalité et d'intersubjectivité ; l'être n'est qu'un type d'objet parmi d'autres – à savoir une objectité purement formelle, et à ce titre constituable par les actes donateurs de sens de la conscience pure. Ce qui serait manqué du fait de cette réductibilité, c'est la différence ontologique entre l'être et l'étant et, par là, la possibilité d'interroger en direction du sens spécifique de l'être en tant qu'il diffère de tout être-objet, voire de l'être de l'étant en général [2].

L'argument méréologique

Le troisième argument est *méréologique*, passant de la relation entre tout et parties dans l'ordre de la signification à la même relation dans l'ordre de l'intuition.

La Quatrième Recherche avait énoncé une loi de holisme intuitif : des éléments isolés de forme syntaxique, on ne peut « acquérir de compréhension intuitive [*intuitives Verständnis*], de remplissement de signification, si ce n'est dans le contexte d'un tout plus large de signification » (*im Zusammenhang eines umfassenderen Bedeutungsganzen*) [3]. Si on lit le mot *et* isolément et hors contexte, on comprend le sens de la forme conjonctive, en tant qu'il est applicable à

1. Heidegger, « Séminaire de Zähringen », *op. cit.*, p. 466 ; rétrov. allem., GA 15, p. 378.
2. Heidegger, « Séminaire de Zähringen », *op. cit.*, p. 466-467 ; rétrov. allem., GA 15, p. 378-379.
3. Husserl, *Log. Unters.*, IV. Unters., § 9, Hua XIX/1, p. 323 ; trad. fr. *RL* II/2, p. 108.

des objets quelconques; mais pour passer de cette compréhension du sens syntaxique à l'*intuition de la catégorie syntaxique* correspondante, il faut appliquer cette forme syntaxique à des objets donnés *a* et *b*, c'est-à-dire « accomplir effectivement [*wirklich vollziehen*] quelque acte de colliger »; formant ainsi la représentation de l'ensemble (*Inbegriff*) {*a*, *b*} en prenant *a* et *b* comme éléments, l'intuition de l'objectité catégoriale {a, b} implique à titre de partie celle de la catégorie syntaxique *et*[1].

La légalité qui régit l'intuition catégoriale est donc *méréologique* ou *holiste*: l'intuition d'une objectité catégoriale complexe implique celle des catégories ontologiques-formelles correspondant aux formes syntaxiques élémentaires, et le passage de la signification à l'objet formel n'advient qu'au sein de la formation d'une objectité catégoriale complexe. Ainsi, si je dis que « les roses de ce jardin sont rouges », je prends cette rose *et* cette rose *et* cette rose, etc. et actualise par là, en visant l'ensemble des roses, le sens plénier de la conjonction *et*. Par cette insertion au sein de l'intuition de l'ensemble, la visée du *et* ne change pas de signification, mais reçoit une « *complétion de signification* » (Bedeutungsergänzung)[2] : à savoir l'indication que sa fonction ontologique ne peut s'exercer qu'en opérant la conjonction effective d'objets donnés.

La Sixième Recherche applique à la copule *est* ce *principe du holisme de l'intuition catégoriale.*

Je vois du papier blanc, je constate que ce papier est blanc et, conformément à ce jugement, j'énonce: « ce papier est blanc ». L'argument, là encore, est d'ordre méréologique et passe de l'intuition du tout à celle des parties. Si je dis que « ce papier est blanc » et que je constate qu'il en est véritablement ainsi, je passe alors de la visée du sens propositionnel à l'intuition de l'état de choses « que ce papier est blanc ». Or l'intuition mixte globale de cet état de choses implique les intuitions partielles de chacun de ses moments : la visée des matériaux *papier* et *blanc* trouve son remplissement dans l'intuition eidétique du papier et du blanc en général; quant à celle de la forme syntaxique *est*, elle trouve son remplissement sur le fondement de la perception sensible du papier blanc et par l'accomplissement de la fonction prédicative qui attribue au papier la propriété *blanc*[3].

À titre d'évidence d'une catégorie ontologique-formelle, l'intuition catégoriale a donc un double fondement.

1. D. Lohmar effleure ce point dans le cadre de la question de la fonction de la sensibilité pour l'intuition catégoriale (« Kategoriale Anschauung », *loc. cit.*, p. 231 *sq*).

2. Husserl, *Log. Unters.*, IV. Unters., § 9, Hua XIX/1, p. 324; trad. fr. *RL* II/2, p. 109.

3. *Log. Unters.*, VI. Unters., § 40, Hua XIX/2, p. 659-661; trad. fr. *RL* III, p. 162-163); § 44, Hua XIX/2, p. 668; trad. fr. *RL* III, p. 172), sur l'exemple de *l'or-est-jaune*; § 45, Hua XIX/2, p. 671-672; trad. fr. *RL* III, p. 175-176.

D'une part, le transfert holiste de l'intuitivité de l'état de choses à ses parties ; d'autre part et surtout, l'actualisation effective de la fonction syntaxique qui l'applique à des objets de niveau inférieur : l'intuition catégoriale, c'est avant tout la *mise en contexte d'une forme syntaxique.* Passer de l'intention à la visée, c'est passer de la simple compréhension d'une fonction relationnelle à son application effective pour former des objectités catégoriales de degré supérieur ; par une telle application, la conscience actualise et explicite le rapport de fondation des objectités de degré supérieur sur des objets prédonnés de rang inférieur. Par opposition à une compréhension abstraite et décontextualisée du sens syntaxique, l'intuition catégoriale implique par conséquent la saisie de la relation de fondation des objectités fondées sur les objets fondateurs ; loin d'être un acte d'attention qui isole la forme syntaxique, elle enveloppe le replacement de cette dernière dans l'architectonique des strates ontologiques de l'objectualité[1].

L'argument analogique

Le dernier argument est *analogique*.

La précédente analyse présente en effet un danger : c'est, en assimilant l'intuition catégoriale à l'effectuation d'un acte syntaxique, d'assimiler la catégorie ontologique-formelle à une fonction syntaxique subjective. La catégorie *est* serait ainsi intuitionnée par une réflexion effectuée par la conscience sur son propre acte de prédication, et l'être serait alors un objet de perception interne, à savoir une « composante réale d'un jugement » (*reales Bestandstück eines Urteils*). On reviendrait ainsi à la doctrine de Locke : les catégories seraient des données de la perception interne ou auraient leur origine dans la « *réflexion sur certains actes psychiques* » (durch Reflexion auf gewisse psychische Akte)[2].

Or, c'est là la confusion même que Heidegger reprochait à la théorie de l'évidence des *Prolégomènes :* une confusion entre le plan des actes subjectifs et des corrélats objectaux, entre les versants noétique et noématique. Prendre en vue l'intentionnalité comme structure de la conscience, c'est en effet s'interdire de confondre les actes et leurs corrélats : « L'être-vécu [*Erlebtsein*] n'est pas l'être-

1. *Cf.* P.-J. Renaudie, « *Intentio* et *Adaequatio…* », art. cit., p. 342 *sq.* – qui s'inspire de l'analyse que nous avions faite dans « Qu'est-ce qu'une intuition catégoriale de nombre ? », dans J. Benoist et J.-F. Courtine, Husserl, *La représentation vide suivi de* Les Recherches logiques, une œuvre de percée, Paris, Puf, 2003, p. 174, reprise et complétée dans *Intuition et idéalités*, Paris, Puf, 2020, p. 446-460.

2. Husserl, *Log. Unters.*, VI. Unters., § 44, Hua XIX/2, p. 668 ; trad. fr. *RL* III, p. 171-172.

objectal [*Gegenständlichsein*] »; « *[ce] n'est pas dans la* RÉFLEXION *sur des jugements* [nicht in der REFLEXION auf Urteile], *ou plutôt sur leur remplissement, mais dans les* REMPLISSEMENTS DE JUGEMENT EUX-MÊMES [URTEILSERFÜLLUNGEN], que réside véritablement l'origine des concepts d'état de choses et d'être »[1]. L'origine des catégories ontologiques-formelles ne se trouve pas dans les fonctions syntaxiques vécues par la conscience, mais dans le remplissement de visées syntaxiques qui donne l'objectité syntaxique corrélative. Le Heidegger tardif crédite d'ailleurs Husserl d'avoir affranchi l'être vis-à-vis de l'horizon subjectif kantien : en vertu de la révolution opernicienne kantienne, la chose se règle sur le pouvoir de connaître, et la substantialité de l'objet, sur le pouvoir qu'a le sujet de rapporter une multiplicité d'aspects changeants à un objet permanent – donc, en définitive, à un acte intellectuel de synthèse d'intuitions et de concept; or, en parlant d'intuition catégoriale, c'est-à-dire de vision des catégories formelles, « Husserl parvient à penser le catégorial comme *donné* » et « a libéré l'être de sa fixation dans le jugement »[2]. La catégorie d'être n'est pas une *forme noétique* propre à l'acte de juger, mais une *structure ontologique* atteinte comme corrélat de l'acte de juger, mais qui peut sans doute aussi l'être comme corrélat d'autres actes à caractériser comme tels.

Partant, le recours à l'accomplissement effectif d'un acte syntaxique (analysé précédemment) n'était qu'une échappatoire; car il reste à préciser ce que donne un tel acte à titre de corrélat objectal.

MISE EN QUESTION DE LA VOIE ANALOGIQUE : LA TÂCHE DE CARACTÉRISATION INTRINSÈQUE DE L'INTUITION CATÉGORIALE

Primat des arguments indirects pour caractériser l'intuition catégoriale

Or, c'est justement sur ce point que s'avèrent frustrantes les analyses de Husserl ! Car si la corrélation entre intuition et objet catégorial relève toujours d'un contexte théorique particulier (champ d'objets préexistant, opérations et méthodes disponibles, problèmes à résoudre), jamais Husserl ne prend en compte l'articulation entre ce dernier, l'émergence d'une nouvelle signification catégoriale et l'évidence de

1. *Log. Unters.*, VI. Unters., § 44, Hua XIX/2, p. 669-670; trad. fr. *RL* III, p. 173-174.

2. Heidegger, « Séminaire de Zähringen », *op. cit.*, p. 463 et 465; rétrov. allem., GA 15, p. 375 et 377

l'objet correspondant. Au lieu d'effectuer une description réflexive de l'acte d'intuition purement catégoriale et de ses modalités, ses analyses suivent au contraire des voies indirectes [1].

En premier lieu, une *voie présomptive* qui teinte d'une nuance hypothétique l'argument méréologique. Dans le jugement prédicatif, le *est* est simplement signifié, compris comme sens ; mais si l'on acquiert l'évidence de l'état de choses, alors « il est *lui-même donné* [selbst gegeben] ou, du moins, présumé donné [*vermeintlich gegeben*] dans le *remplissement* qui s'ajuste éventuellement au jugement » [2]. Notons bien la concession : « ou, du moins, présumé donné », qui sonne comme l'aveu que la donnée évidente de l'état de choses *que l'or-est-jaune* enveloppe de façon seulement présomptive l'intuition catégoriale du *est*, sans que l'on puisse pousser plus avant l'analyse du rapport entre intuitions globale et partielle, état de choses et catégorie.

Deuxièmement, une *voie analogique* qui, à la manière de Kant, postule la nécessité d'une possibilité. En effet, de même que Kant, loin de valider l'aperception transcendantale par une évidence directe, prouvait la nécessité de sa possibilité (« le *je pense* doit pouvoir accompagner toutes mes représentations »), de même ici Husserl postule indirectement celle de l'intuition catégoriale : « il faut, en tout cas, qu'il y ait là un acte [*es muß jedenfalls ein Akt da sein*] qui, aux actes catégoriaux de la signification, rende les mêmes services que [*dieselben Dienste leistet wie*] la perception rend à ses éléments matérials » [3].

Qu'est-ce qui commande un tel postulat ? C'est en réalité la « parenté spécifique essentielle de la fonction de remplissement » (*wesentliche Gleichartigkeit der Erfüllungsfunktion*), c'est-à-dire le fait que l'articulation entre intention et remplissement soit une structure formelle de toute intentionnalité, indifférente à la distinction entre domaines d'objets – ce qui rend nécessaire de coiffer par le terme homogène d'*intuition* tout mode de remplissement, et par celui d'*objet* tout corrélat intentionnel [4]. Mais au-delà de cette admission platonicienne d'une forme générique

1. J.-T. Desanti, « Trajet dans *Les Idéalités mathématiques* », *op. cit.*, p. 258-259 : « Mais Husserl n'a jamais pu exhiber une telle intuition [*scil.* catégoriale]. Il lui a donc cherché un "tenant lieu", un représentant. » Nous n'abordons pas ici cette théorie des représentants catégoriaux, qui a ensuite été abandonnée par Husserl ; *cf.* D. Lohmar, « Wo lag der Fehler der kategorialen Repräsentanten ? », *Husserl Studies* 7, 1990, p. 179-197.

2. Husserl, *Log. Unters.*, VI. Unters., § 44, Hua XIX/2, p. 668 ; trad. fr. *RL III*, p. 172.

3. *Log. Unters.*, VI. Unters., § 45, Hua XIX/2, p. 671 ; trad. fr. *RL* III, p. 175. J.-T. Desanti, « Trajet dans *Les Idéalités mathématiques* », *op. cit.*, p. 258 : « Donc *quelque* intuition *devait* remplir les intentions catégoriales ». *Cf.* P.-J. Renaudie, « *Intentio* et *Adaequatio…* », art. cit., p. 334-335.

4. Husserl, *Log. Unters.*, VI. Unters., § 45, Hua XIX/2, p. 671 ; trad. fr. *RL* III, p. 175.

d'intuition qui subsumerait à titre d'espèce l'intuition catégoriale, aucune description ne vient caractériser le mode d'accomplissement de cette dernière. Husserl est ainsi conduit à effectuer une transposition analogique et métaphorique de traits de l'intuition sensible, dont il reste cependant douteux qu'ils s'appliquent *ne varientur* à l'intuition catégoriale : « être placé sous les yeux », « apparaître comme donné », « apparaître *in persona* » [1].

Le souci de l'analogie le conduit même à transposer à la sphère catégoriale la distinction entre perception et imagination [2]. Or, on peut certes admettre qu'il existe des états de choses imaginaires, comme dans la fiction poétique ou romanesque (le fait qu'Ulysse soit hors de lui quand il entend le chant des sirènes), des ensembles d'objets imaginaires (l'ensemble des portes du château de Kafka) ; en revanche, existe-t-il vraiment des objectités logiques imaginaires (conjonction, disjonction) ou des objets mathématiques imaginaires (nombres, ensembles, suites, fonctions…), par opposition à ceux qui seraient réellement perçus ?

En réalité, l'analyse approfondie de cette distinction conduit à mettre en question l'analogie elle-même.

En effet, un objet imaginaire est un objet imaginable, représentable en image ; or le propre des objectités syntaxiques est non seulement de ne pouvoir être perçues par les sens, mais encore de ne pouvoir être peintes ni représentées en image (*im Bilde darstellen*) : si je puis peindre séparément les objets *A* et *B*, puis les réunir en une seule et même image, il n'est en revanche pas possible de peindre la conjonction ou l'*être-ensemble* (Zusammen) de *A* et *B*, mais seulement de poser par la pure pensée leur conjonction et, par nominalisation, de produire l'aperception de l'ensemble {A, B} comme objet catégorial [3]. Parler d'objet catégorial imaginaire, ce serait confondre la perception sensible d'un tas ou d'un essaim et l'intuition catégoriale conjonctive d'un ensemble, ce qui serait une μετάβασις εἰς ἄλλο γένος [4]. Et de fait, Husserl reconnaît que l'Idée de triangle, quand elle est saisie elle-même, est « intuitionnée selon une modalité unique qui n'admet pas de différences entre image et original » (*angeschaut in der einen und einzigen Weise, die keine Unterschiede zwischen Bild und Original zuläßt*) [5] ; et que la conjonction désigne

1. *Log. Unters.*, VI. Unters., § 45, Hua XIX/2, p. 671-672 ; trad. fr. *RL* III, p. 175-176. *Cf.* P.-J. Renaudie, « *Intentio* et *Adaequatio*… », art. cit., p. 346-347, et D. Pradelle, *Intuition et idéalités, op. cit.*, p. 427-466.

2. *Log. Unters.*, VI. Unters., § 45, Hua XIX/2, p. 672 ; trad. fr. *RL* III, p. 177.

3. *Log. Unters.*, VI. Unters., § 51, Hua XIX/2, p. 688-689 ; trad. fr. *RL* III, p. 194.

4. *Log. Unters.*, VI. Unters., § 51, Hua XIX/2, p. 689 ; trad. fr. *RL* III, p. 195.

5. *Log. Unters.*, VI. Unters., § 52, Hua XIX/2, p. 691-692 ; trad. fr. *RL* III, p. 197.

« toujours le même *et* », qui est indifférent à l'application de l'acte de rassemblement à des objets perçus ou des objets fictifs [1].

Analogon de l'imaginaire dans la sphère catégoriale

Quel est donc, dans la sphère catégoriale, l'équivalent analogique de la distinction entre perception et imagination ?

C'est la « différence entre conscience de généralité thétique et neutre » : je puis concevoir indirectement et hypothétiquement l'Idée d'un genre de courbes du troisième degré sans jamais avoir eu d'exemple de courbes de ce type ; cet objet général demeure alors en suspens jusqu'à ce que la construction d'une courbe de ce type vienne en exemplifier l'Idée, ou qu'une démonstration de leur possibilité vienne en attester l'existence idéale [2]. En d'autres termes, la conscience neutre est ici la position, par la pensée pure, d'une signification formelle à titre de possibilité idéale ; celle-ci peut ensuite faire l'objet d'une validation ($\sqrt{2}$, $\sqrt{-1}$) ou d'une réfutation (suite qui converge le moins vite) et se convertir en conscience positionnelle ou non. On le voit donc : l'équivalent catégorial de l'intuition sensible n'en est nullement un *analogon* rigoureux, mais tend au contraire à s'affranchir de son modèle ; ce qu'on appelle intuition catégoriale n'est pas la donnée directe d'un objet formel qui mettrait ce dernier sous les yeux, mais désigne l'*ensemble des procédures de validation* qui, en démontrant la compatibilité idéale des caractères d'un concept posé par hypothèse, attestent l'existence idéale de l'essence correspondante.

Il existe bien, dans la sphère catégoriale, des objets posés de façon *hypothétique* : -1 dans $\mathbb{N}$, a/b irréductible dans $\mathbb{Z}$, $\sqrt{2}$ dans $\mathbb{Q}$, $\sqrt{-1}$ dans R sont de telles notations imaginaires, à savoir des signes d'impossibilité opératoire ; le problème est alors de passer de tels imaginaires mathématiques à des entités bien définies et valides. Or le processus par lequel ces objets présumés acquièrent le statut d'objets véritables est une procédure d'attestation intramathématique : redéfinition du nouvel ensemble de nombres sur le fondement des anciens, détermination de l'ensemble des lois opératoires qui valent pour ces nouveaux nombres, preuve métamathématique de consistance de la théorie arithmétique corrélative, etc. Loin que le passage de la signification présumée à l'objet équivaille à une conversion de la visée vide en intuition plénière et donatrice de l'objet, il advient par un *ensemble de procédures d'attestation intrathéoriques* ; mais comme l'attestation dépend en dernière instance d'une preuve syntaxique de consistance de l'arithmétique élémentaire,

1. *Log. Unters.*, VI. Unters., § 54, Hua XIX/2, p. 697 ; trad. fr. *RL* III, p. 202.
2. *Log. Unters.*, VI. Unters., § 52, Hua XIX/2, p. 692-693 ; trad. fr. *RL* III, p. 198-199.

l'existence idéale de l'objet demeure suspendue et comme en abîme. Comme l'écrit Desanti, « le "remplissement" n'est pas, dans tous les cas, nécessairement l'"intuitif" »[1]. À chaque région d'objets appartiennent ses propres procédures de remplissement ou d'attestation, sans que les facilités de l'analogie permettent de projeter d'emblée sur chacune les traits de la perception sensible; cette dernière peut certes servir de fil conducteur heuristique, mais ne saurait être la région-source livrant les traits eidétiques de toute conscience d'objet. Prolonger sur ce point les analyses husserliennes requiert donc de se livrer à une *métaphorologie critique* qui mette en question la transposabilité, à la sphère catégoriale, les traits d'essence de l'intuition sensible[2].

L'existence de l'intuition catégoriale a été maintes fois mise en question[3]. Mais plutôt que de s'interroger sur celle-ci, il est plus fructueux de tenter de déterminer les traits d'essence du *remplissement catégorial* dans les sphères logique et mathématique, en demeurant au plus près des champs d'objets et des procédures intrathéoriques que requiert leur thématisation[4]; car de même que Wittgenstein écrivait que s'il n'y a pas de phénoménologie, il y a néanmoins des problèmes phénoménologiques[5], de même, s'il n'y a pas d'intuition catégoriale, il existe indubitablement des modes divers de remplissement catégorial.

1. J.-T. Desanti, « Le langage des idéalités », entretien avec M. A. Sinaceur (1991), repris dans *Le philosophe et les pouvoirs*, Paris, Hachette Littératures, 2008, p. 306.

2. Husserl l'a esquissée dans son projet de réécriture de la Sixième Recherche. *Log. Unters.*, Ergänzungsband, Erster Teil, *Entwürfe zur Umarbeitung der VI. Untersuchung und zur Vorrede für die Neuauflage der Logischen Untersuchungen (1913)* [*Esquisses pour la réécriture de la Sixième Recherche et de la Préface en vue de la réédition des Recherches logiques*], Text Nr. 3, § 22, Hua XX/1, p. 106-112, et Beilage I, „Die Bedeutung des definierten Wortes. Mittelbare Vorstellungen bei sukzessiven Zeichenketten" [La signification du terme défini. Représentations médiates dans le cas de chaînes successives de signes], Hua XX/1, p. 231-234. R. Bernet y consacre une réflexion pertinente dans « Intention und Erfüllung, Evidenz und Wahrheit », *op. cit.*, p. 207.

3. G. Soldati, « Rezension von : Dieter Münch, *Intention und Zeichen*, Frankfurt 1993 », *Philosophische Rundschau* 41, 1994, p. 273 : « Le problème est que bien des philosophes doutent qu'il existe quelque chose de tel [que l'intuition catégoriale » (cité par D. Lohmar, « Kategoriale Anschauung », *op. cit.*, p. 210).

4. C'est ce que nous avons tenté de faire dans *Intuition et idéalités. Phénoménologie des objets mathématiques* (Paris, Puf, 2020), qui se veut une réécriture de la Sixième Recherche au double fil conducteur de la stratification ternaire de la logique dégagée par Husserl dans *Formale und transzendentale Logik*, et de problèmes mathématiques et métamathématiques liés à l'axiomatisation et à la refondation de l'arithmétique.

5. L. Wittgenstein, *Betrachtungen über die Farben*, § 248, éd. G. E. M. Anscombe, Oxford, Blackwell, 1977; éd. et trad. fr. É. Rigal, *Remarques sur les couleurs*, Mauvezin, T.E.R., 1984, p. 62.

BIBLIOGRAPHIE

ARISTOTE, *Métaphysique*, trad. fr. J. Tricot, Paris, Vrin, 1986.

ARMSTRONG D., « Infinite Regress Arguments and the Problem of Universals », *Australasian Journal of Philosophy* 52, 1974, p. 191-201.

BAR-HILLEL Y., « Synctactical and semantical categories », in *The Encyclopedia of Philosophy*, London-New York, MacMillan, 1967, vol. 8.

BAUCH, COHEN, HÖNIGSWALD, NOTZE, NATORP et WINDELBAND, *Sur la théorie platonicienne des Idées*, éd. A. Dewalque, Paris, Vrin, 2021.

BENIS SINACEUR H., « Notes introductives à *Continuité et nombres irrationnels* » et « Que sont et à quoi servent les nombres », dans R. Dedekind, *La création des nombres*, Paris, Vrin, 2008.

BENOIST J., *Phénoménologie, sémantique, ontologie. Husserl et la tradition autrichienne*, Paris, Puf, 1997.

– « Ressemblance sans égalité : la phénoménologie, l'empirisme et l'invention de l'*a priori* matériel », *Le Temps philosophique* 6, 1999, p. 151-172.

– « Phénoménologie et logique : Husserl à la croisée des chemins », *Cahiers philosophiques* 81, 1999, p. 7-27.

– *Intentionalité et langage dans les* Recherches Logiques *de Husserl*, Paris, Puf, 2001.

- *Entre acte et sens. Recherches sur la théorie phénoménologique de la signification*, Paris, Vrin, 2002.

– « Phénoménologie et ontologie dans les *Recherches logiques* », dans J. Benoist, J.-F. Courtine (éd.), *E. Husserl, La représentation vide, suivi de Les* Recherches logiques, *une œuvre de percée*, Paris, Puf, 2003, p. 111-124.

BERKELEY G., *A Treatise Concerning the Principles of Human Knowledge*, in *The Works of George Berkeley*, vol. 1 : *Philosophical Works*, 1705-1721, Oxford, Clarendon Press, 1994; trad. fr. M. Phillips, *Un Traité concernant les principes de la connaissance humaine*, dans *Œuvres I*, Paris, Puf, 1985.

BERNET R., *La vie du sujet. Recherches sur l'interprétation de Husserl dans la phénoménologie*, Paris, Puf, 1994.
– *Conscience et existence. Perspectives phénoménologiques*, Paris, Puf, 2004.
– « Intention und Erfüllung, Evidenz und Wahrheit (VI. Logische Untersuchung, §§ 1–39, 67–70) », *in* V. Mayer (Hrsg.), *Edmund Husserl. Logische Untersuchungen*, Berlin, Akademie Verlag, 2008, p. 189-208.
BERNET R., KERN I., MARBACH E., *Husserl. Darstellung seines Denkens*, Hamburg, Meiner Verlag, 1996.
BEYER C., *Von Bolzano zu Husserl. Eine Untersuchung über den Ursprung der phänomenologischen Bedeutungslehre*, Dordrecht, Springer, 1996.
BLUMENBERG H., *La légitimité des temps modernes*, trad. fr. M. Sagnol, J.L. Schlegel, D. Trierweiler, Paris, Gallimard, 1999.
BOLZANO B., *Wissenschaftslehre*, Sulzbach, Heinroth, 1837; *Bernard Bolzano-Gesamtausgabe*, Reihe I : *Schriften*, Bd. 11, Erster Teil, *Wissenschaftslehre*, §§ 1-45, hrsg. v. J. Berg, Stuttgart-Bad Cannstatt, Frommann, 1985; trad. fr. partielle J. English, *Théorie de la science*, Paris, Gallimard, 2011.
BORT K., « Kategoriale Anschauung », *in* D. Koch, K. Bort (Hrsg.), *Kategorie und Kategorialität*, Würzburg, 1990, p. 303-319.
BRENTANO F., *Psychologie vom empirischen Standpunkt*, vol. 2 : *Von der Klassifikation der psychischen Phänomene*, Leipzig, Meiner Verlag, 1925; trad. fr. M. de Gandillac revue par J.-F. Courtine, *Psychologie du point de vue empirique*, Paris, Vrin, 2008.
– *Versuch über die Erkenntnis*, Hamburg, Meiner Verlag, 1970.
– *Wahrheit und Evidenz*, Hamburg, Meiner Verlag, 1974.
– *Deskriptive Psychologie*, Hamburg, Meiner Verlag, 1982; trad. fr. A. Dewalque, *Psychologie descriptive*, Paris, Gallimard, 2017.
– *Logik EL80*, hrsg. v. R. Rollinger, Franz Brentano Archiv Graz, 2010.
– *Die Lehre von richtigen Urteil*, Berlin, Meiner Verlag, 1956; trad. fr. J.-C. Gens, *La doctrine du jugement correct*, Paris, Gallimard, 2003.
BRISART R. (éd.), *Husserl et Frege. Les ambiguïtés de l'antipsychologisme*, Paris, Vrin, 2002.
– « La théorie de l'objet dans les *Recherches logiques* de Husserl », dans J. Benoist, J.-F. Courtine (éd.), *Edmund Husserl, La représentation vide, suivi de* Les Recherches logiques, *une œuvre de percée*, Paris, Puf, 2003, p. 125-139.
BRÖKER W., *Platos Gespräche*, Frankfurt am Main, Klostermann, 1985.
CAMPBELL K., « The Metaphysics of Abstract Particulars », *in* P. A. French, T. E. Uehling, H. K. Wettstein (eds.), *Midwest Studies in Philosophy* 6, 1981, p. 477-488.

– *Abstract Particulars*, Oxford, Blackwell, 1990 ; trad. fr. du premier chap., « Le problème des universaux », dans C. Panaccio (éd.), *Le Nominalisme : Ontologie, langage et connaissance*, Paris, Vrin, 2012, p. 125-146.

CARNAP R., *Der logische Aufbau der Welt*, Berlin, Weltkreis Verlag, 1928 ; trad. fr. T. Rivain, É. Schwartz, *La construction logique du monde*, Paris, Vrin, 2002.

– « Überwindung der Metaphysik durch logische Analyse der Sprache », *Erkenntnis* 2, 1931, p. 219-241 ; trad. fr. A. Soulez, « Le dépassement de la métaphysique par l'analyse du langage » dans A. Soulez (éd.), *Manifeste du Cercle de Vienne et autres écrits*, Paris, Puf, 1985, p. 153-179.

CAVALLIN J., *Content and Object : Husserl, Twardowski and Psychologism*, Dordrecht, Springer, 1997.

COMBÈS M., *Fondements des mathématiques*, Paris, Puf, 1971.

COBB-STEVENS R., « Being and Categorical Intuition », *Review of Metaphysics* 44, 1990, p. 43-66.

– « "Aristotelian" Themes in Husserl's *Logical Investigations* », *in* D. Zahavi, F. Stjernfelt (eds.), *One Hundred Years of Phenomenology. Husserl's* Logical Investigations *Revisited*, Dordrecht, Springer, 2002, p. 79-92.

– « Husserl's Theory of Judgment : A Critique of Brentano and Frege », *in* D. Fisette (ed.), *Husserl's Logical Investigations Reconsidered*, Dordrecht, Springer, 2003.

COURTINE J.-F., « Histoire et destin phénoménologique de l'*intentio* » (1995), repris dans *La cause de la phénoménologie*, Paris, Puf, 2007, p. 13-36.

– « L'objet de la logique », dans J. Benoist (dir.), *Husserl*, Paris, Cerf, 2008, p. 53-83.

COURTINE J.-F. et BENOIST J. (éd.), *Edmund Husserl, La représentation vide, suivi de Les* Recherches Logiques, *une œuvre de percée*, Paris, Puf, 2003.

COUTURAT L., *De l'infini mathématique*, Paris, Félix Alcan, 1896 ; rééd., Paris, Blanchard, 1973.

DERRIDA J., *La voix et le phénomène*, Paris, Puf, 1967.

DE SANTIS D., « Note on Husserl's Idealismus in the *Logische Untersuchungen* (*via* Lotze's Interpretation of Plato) », *Research in Phenomenology* 46, 2016, p. 221-256.

DESANTI J.-T., « Trajet dans *Les Idéalités mathématiques* » (1984), repris dans *Mathesis, idéalité, historicité*, Lyon, ENS Éditions, 2014, p. 247-261.

– « Le langage des idéalités », entretien avec M. A. Sinaceur (1991), repris dans *Le philosophe et les pouvoirs*, Paris, Hachette Littératures, 2008, p. 286-311.

DESCARTES R., *Meditationes de prima philosophia*, trad. fr. du Duc de Luynes, éd. Adam et Tannery, t. VII et IX ; *Œuvres complètes*, IV-1 : *Méditations métaphysiques – Objections et réponses* (I-VI), éd. J.-M. Beyssade, D. Kambouchner, Paris, Gallimard, 2018.

DEWALQUE A., « Deux théories de l'analyse psychique : Wundt et Brentano », dans C.-É. Niveleau (éd.), *Vers une philosophie scientifique. Le programme de Brentano*, Paris, Demopolis, 2014, p. 95-114.

DRUMMOND J., « The *Logical Investigations* : Paving the Way to a Transcendental Logik », *in* D. Zahavi, F. Stjernfelt (eds.), *One Hundred Years of Phenomenology : Husserl's* Logical Investigations *Revisited*, Dordrecht, Springer, 2002, p. 31-40.

FARBER M., *The Foundation of Phenomenology. Edmund Husserl and the Quest for a Rigorous Science of Philosophy*, Cambridge (Mass.), Harvard University Press, 1943.

FARGES J., « Husserl : la phénoménologie comme philosophie du sens », *Philosophie* 155, 2022, p. 18-37.

– « Entre platonisme et particularisme : la contribution husserlienne au problème des universaux dans les *Recherches logiques* », *Doispontos* 20, 2023, p. 10-21.

FINDLAY J. N., « Phenomenology, Realism and Logic », *Journal of the British Society for Phenomenology* 3, 1972, p. 235-243.

FISETTE D., « The Horizon of the Self : Husserl on Indexicals », *in* D. Zahavi (ed.), *Self-Awareness, Temporality, and Alterity*, Dordrecht, Kluwer Academic Publishers, 1998, p. 119-135.

– « La percée des *Recherches logiques* et la phénoménologie. Une introduction », dans D. Fisette, S. Lapointe (éd.), *Aux origines de la phénoménologie. Husserl et le contexte des* Recherches logiques, Paris-Québec, Vrin-Presses de l'Université Laval, 2003, p. 9-22.

– « Représentations. Husserl critique de Twardowski », dans D. Fisette, S. Lapointe (éd.), *Aux origines de la phénoménologie. Husserl et le contexte des* Recherches logiques, Paris-Québec, Vrin-Presses de l'Université Laval, 2003, p. 61-91.

– « Phenomenology and Descriptive Psychology : Brentano, Stumpf, Husserl », *in* D. Zahavi (ed.), *Oxford Handbook of the History of Phenomenology*, Oxford, Oxford University Press, 2018, p. 88-104.

– « Logique et psychologie dans la phénoménologie de Husserl. La dette à l'endroit de Lotze », dans D. Pradelle, P.-J. Renaudie *Intentionnalité, sens, antipsychologisme. Hommage à Robert Brisart*, Hildesheim, Olms, 2022, p. 115-133.

FOURNIER J.-B., *Carnap et la question transcendantale*, Paris, Vrin, 2021.

FREGE G., « Über Sinn und Bedeutung », *Zeitschrift für Philosophie Und Philosophische Kritik* 100, 1892, p. 25-50 ; trad. fr. C. Imbert, *Écrits logiques et philosophiques*, Paris, Seuil, 1971.

– « Der Gedanke. Eine logische Untersuchung », *Beiträge zur Philosophie des deutschen Idealismus* 1 1918-19, p. 58-77 ; trad. fr. C. Imbert, « La pensée », dans *Écrits logiques et philosophiques*, Paris, Seuil, 1971, p. 170-195.

– *Correspondance avec Bertrand Russell*, trad. fr. C. Webern, Paris, E.P.E.L., 1994.

GALLERAND A., *Husserl et le phénomène de la signification*, Paris, Vrin, 2014.

– « La nature de la logicité chez Husserl, Saussure et Granel : idéalité ou matérialité ? », *Noesis* 21, 2013, p. 43-71.

– « Peut-on penser le "sens" du nom propre ? », *Revue Philosophique de Louvain* 2, 2012, p. 261-292.

GEACH P., *Mental Acts. Their Content and their Objects*, London-New York, Routledge, 1957.

GOUHIER H., *La pensée métaphysique de Descartes*, Paris, Vrin, 1962.

GRANEL G., « Les langues sont des terminaux logiques », dans *Écrits logiques et politiques*, Paris, Galilée, 1990.

GUEROULT M., *Descartes selon l'ordre des raisons*, I, Paris, Montaigne, 1968.

GURWITSCH A., « A Non-egological Conception of Consciousness », *Philosophy and Phenomenological Research* 1, 1940, p. 325-338.

– « Outlines of a Theory of "Essentially Occasional Expressions" », *in* J. N. Mohanty (ed.), *Readings on Edmund Husserl's Logical Investigations*, Dordrecht, Springer, 1977, p. 112-127.

GYEMANT M., « Psychologie et antipsychologisme chez Husserl. L'année 1894 », dans M. Gyemant (éd.), *Psychologie et psychologisme*, Paris, Vrin, 2015, p. 161-176.

HANNA R., « Husserl's Arguments against Logical Psychologism (*Prolegomena*, §§ 17–61) », *in* V. Mayer (Hrsg.), *Edmund Husserl. Logische Untersuchungen*, Berlin, Akademie Verlag, 2008, p. 27-42.

HANSEN F.-P., *Geschichte der Logik des 19. Jahrhunderts. Eine kritische Einführung in die Anfänge der Erkenntnis- und Wissenschaftstheorie*, Würzburg, Königshausen & Neumann, 2000.

HEIDEGGER M., *Sein und Zeit*, Tübingen, Niemeyer, 1927 ; trad. fr. E. Martineau, *Être et temps*, Paris, Authentica, 1985.

– *Logik. Die Frage nach der Wahrheit*, GA 21, W. Biemel Hrsg., Frankfurt am Main, Klostermann, 1995.

– *Prolegomena zur Geschichte des Zeitbegriffs*, GA 20, hrsg. v. P. Jaeger, Frankfurt am Main, Klostermann, 1994; trad. fr. A. Boutot, *Prolégomènes à l'histoire du concept de temps*, Paris, Gallimard, 2006.

– « Séminaire de Zähringen », dans *Questions III et IV*, Paris, Gallimard, 1990, p. 459-488.

– *Geschichte der Philosophie von Thomas von Aquin bis Kant*, § 13b, hrsg. v. H. Vetter, Frankfurt am Main, Klostermann, 2006, GA 23; trad. fr. F. Jaran et S. Camilleri, *Histoire de la philosophie de Thomas d'Aquin à Kant*, Paris, Seuil, 2023.

– « Mein Weg in die Phänomenologie », *Zur Sache des Denkens*, GA 14, hrsg. v. F.-W. von Herrmann, Frankfurt am Main, Klostermann, 2007, p. 91-102; trad. fr. J. Lauxerois, C. Roëls, *Questions III et IV*, Paris, Gallimard, 1990, p. 327-337.

– *Phänomenologie der Anschauung und des Ausdrucks*, GA 59, hrsg. v. C. Strube, Frankfurt am Main, Klostermann, 1993, 2007; trad. fr. G. Fagniez, *Phénoménologie de l'intuition et de l'expression. Théorie de la formation des concepts philosophiques*, Paris, Gallimard, 2014.

HELMHOLTZ H. von, *Schriften zur Wissenschaftstheorie*, Berlin, Springer, 1921; trad. fr. J.-B. Fournier *et alii*, *Théorie de la connaissance. L'édition du centenaire 1821-1921*, Paris, Vrin, 2022.

HÉRING J., *Phénoménologie et philosophie religieuse*, Strasbourg, Imprimerie alsacienne, 1925.

HUME D., *A Treatise of Human Nature*, Oxford, Clarendon Press, 1978; trad. fr. Ph. Baranger, Ph. Saltel, *L'entendement. Traité de la nature humaine*, Livre I et Appendice, Paris, GF-Flammarion, 1995; trad. fr. M. Malherbe, *Traité de la nature humaine, Livre I. L'entendement*, Paris, Vrin, 2022.

INGARDEN R., *Das litterarische Kunstwerk. Eine Untersuchung aus dem Grenzgebiet der Ontologie, Logik und Literaturwissenschaft*, Halle, Niemeyer, 1931; trad. fr. P. Secrétan, *L'Œuvre d'art littéraire*, Lausanne, L'Âge d'homme, 1983.

– *Husserl, la controverse idéalisme – réalisme*, trad. fr. P. Limido-Heulot, Paris, Vrin, 2001.

KAMBOUCHNER D., *Les Méditations métaphysiques de Descartes. Introduction générale. Première Méditation*, Paris, Puf, 2005.

KANT I., *Kritik der reinen Vernunft*, Riga, Hartknoch, 1781/1787 (notées respectivement A/B); *Kant's gesammelte Schriften, hrsg. von der Königlich Preussischen Akademie der Wissenschaften, Werke*, vol. III, Berlin, Georg Reimer, 1904; trad. fr. J.-L. Delamarre et F. Marty, *Critique de la raison pure*, dans *Œuvres philosophiques*, vol. 1, Paris, Gallimard, 1980 ; trad. A. Renaut, Paris, GF-Flammarion, 2006.

– *Prolegomena zu jeder künftigen Metaphysik*, Riga, Hartknoch, 1783, Ak. IV, p. 255-383, Hamburg, F. Meiner Verlag, 1993 ; trad. fr. L. Guillermit, *Prolégomènes à toute métaphysique future qui pourra se présenter comme science*, Paris, Vrin, 1993.

KRONECKER L., « Über den Zahlbegriff », *Journal für die reine und angewandte Mathematik* 101, repris in *Leopold Kroneckers Werke*, Bd. 3.1, p. 249-274 ; trad. fr. J. Boniface, « Sur le concept de nombre », *Gazette des mathématiciens* 81, 1999, p. 49-70, reprise dans J. Boniface, *Les constructions des nombres réels dans le mouvement d'arithmétisation de l'analyse*, Paris, Ellipses, 2002, p. 152-168.

KUSCH M., *Psychologism. A Case Study in the Sociology of Philosophical Knowledge*, New York, Routledge, 1995.

LARGEAULT J., *Enquête sur le nominalisme*, Paris-Louvain, Nauwelaerts, 1971.

LAVIGNE J.-F., « La prétendue neutralité des *Recherches Logiques* », dans J.-F. Courtine, J. Benoist (éd.), *La représentation vide. Les* Recherches Logiques, *une œuvre de percée*, Paris, Puf, 2003.

– *Husserl et la naissance de la phénoménologie (1900-1913). Des* Recherches logiques *aux* Ideen : *la genèse de l'idéalisme transcendantal phénoménologique*, Paris, Puf, 2005.

LEIBNIZ G. W., *Meditationes de Cognitione, Veritate et Ideis*, Gerhardt Philosophische Schriften, IV, 422-426 ; éd. et trad. fr. P. Schrecker, « Méditations sur la Connaissance, la Vérité et les Idées », dans Leibniz, *Opuscules philosophiques choisis*, Paris, Vrin, 1959 ; rééd. bilingue, 2001, p. 11-29.

LEVINAS E., *Théorie de l'intuition dans la phénoménologie de Husserl*, Paris, Vrin, 1931 ; rééd., 2001.

– *En découvrant l'existence avec Husserl et Heidegger*, Paris, Vrin, 1982.

LOCKE J., *An Essay Concerning Human Understanding*, Oxford, Oxford University Press, 1975 ; trad. fr. J.-M. Vienne, *Essai sur l'entendement humain*, 2 vol., Paris, Vrin, 2001 et 2006.

LOHMAR D., *Phänomenologie der Mathematik*, Dordrecht, Kluwer, 1989.

– « Wo lag der Fehler der kategorialen Repräsentanten ? », *Husserl Studies* 7, 1990, p. 179-197.

– *Erfahrung und kategoriales Denken*, Dordrecht, Kluwer, 1998.

– « Husserl's Concept of Categorical Intuition », *in* D. Zahavi, F. Stjernfelt (eds.), *One Hundred Years of Phenomenology*, Dordrecht, Kluwer, 2002, p. 125-145.

– « Kategoriale Anschauung (VI. Logische Untersuchung, §§ 40–66) », *in* V. Mayer (Hrsg.), *Edmund Husserl. Logische Untersuchungen*, Berlin, Akademie Verlag, 2008, p. 209-237.

– « Die Entwicklung des husserlschen Konstitutionsmodells von Auffassung und Inhalt », *Studia Universitatis Babeş-Bolyai, Philosophia* 54, 2009, p. 3-19.

LORCA, D., « Husserl's Theory of Consciousness in the *Fifth Logical Investigation* », *Journal of the British Society for Phenomenology* 30, 1999, p. 151-165.

LOTZE R. H., *Logik*, Leipzig, Weismann, 1843, Drittes Buch : *Vom Erkennen* [*De la connaissance*], Zweites Kap., „Die Ideenwelt", hrsg. v. Misch, Leipzig, 1912, p. 31-49 ; hrsg. v. G. Gabriel, Hamburg, Meiner Verlag, 1989, p. 505-523 ; trad. fr. A. Dewalque dans Bauch, Cohen, Hönigswald, Lotze, Natorp et Windelband, *Sur la théorie platonicienne des Idées*, Paris, Vrin, 2021, p. 109-127.

MAJOLINO C., « Structure de l'indice et équivocité du signe. À l'origine du partage *Anzeigen / Ausdrücken* dans les *Recherches logiques* », *Histoire Épistémologie Langage* 32, 2010, p. 75-91.

MALEBRANCHE N., *De la recherche de la vérité*, 6ᵉ éd., Paris, 1712 ; éd. J.-C. Bardout, Paris, Vrin, 2006.

MARBACH E., *Das Problem des Ich in der Phänomenologie Husserls*, La Haye, Martinus Nijhoff, 1974.

MARION J.-L., *Sur la Théologie blanche de Descartes*, Paris, Puf, 1981.

MARTY A., *Untersuchungen zur Grundlegung der allgemeinen Grammatik und Sprachphilosophie*, vol. 1, Halle, Niemeyer, 1908.

- « Über subjectlose Sätze », dans *Vierteljahrsschrift für wissenschaftliche Philosophie*, 1896, repris in *Gesammelte Schriften*, hrsg. v. J. Eisenmeier, A. Kastil, O. Kraus, Halle, Niemeyer, t. II-1, 1918 ; trad. fr. « Les propositions sans sujet », *Revue Philosophique de la France et de l'Étranger* 27, 1989, p. 430.

- « Über das Verhältnis von Grammatik und Logik », in *Symbolae Pragenses*, 1893, p. 98-126. Reproduit dans A. Marty, *Gesammelte Schriften*, t. II, vol. 2, Halle, Max Niemeyer, 1920, p. 58-59. « Sur le rapport entre la grammaire et la logique », trad. fr. D. Seron, dans *À l'école de Brentano*, Paris, Vrin, 2007, p. 385-421.

- *Ursprung der Sprache*, Würzburg, A. Stuber's Buchhandlung, 1876.

MAYER V. (Hrsg.), *Edmund Husserl. Logische Untersuchungen*, Berlin, Akademie Verlag, 2008.

MAYER V., ERHARD C., « Die Bedeutung objektivierender Akte (V. *Logische Untersuchung* §§ 22-45) », *in* V. Mayer (Hrsg.), *Edmund Husserl. Logische Untersuchungen*, Berlin, Akademie Verlag, 2008, p. 158-187.

MEINONG A., *Abhandlungen zur Erkenntnistheorie und Gegenstandstheorie, Alexius Meinong Gesamtausgabe*, t. II, hrsg. v. R. Haller, Graz, Akademische Druck- und Verlagsanstalt, 1971 ; trad. fr. M. de Launay et J.-F. Courtine, *Théorie de l'objet et Présentation personnelle*, Paris, Vrin, 1999.

MILL J. S., *A System of logic : ratiocinative and inductive, being a connected view of the principles of evidence, and the methods of scientific investigation*, London, John W. Parker, 1843 ; trad. fr. L. Peisse, *Système de logique déductive et inductive*, Paris, Ladrange, 1866, 2 vol.

MOHANTY J. N., *Edmund Husserl's Theory of Meaning*, Den Haag, Martinus Nijhoff, 1976.

– *Husserl and Frege*, Bloomington, Indiana University Press, 1982.

MULLIGAN K., *Wittgenstein et la philosophie austro-allemande*, Paris, Vrin, 2012.

MULLIGAN K., SMITH B., « A Husserlian theory of indexicality », *Grazer Philosophische Studien* 28, 1986, p. 133-163.

NATORP P., *Einleitung in die Psychologie nach kritischer Methode*, Mohr, Freiburg, 1888.

PALETTE V., *Le donné en question dans la phénoménologie et le néokantisme. Des critiques du positivisme au débat avec Kant*, Dordrecht, Springer, 2018.

PANACCIO C., « Langage ordinaire et langage abstrait chez Guillaume d'Occam », *Philosophiques* 1, 1974, p. 37-60.

– « Intuition, abstraction et langage mental dans la théorie occamiste de la connaissance », *Revue de métaphysique et de morale* 97, 1992, p. 61-81.

PEUCKER H., *Von der Psychologie zur Phänomenologie. Husserls Weg in die Phänomenologie der „Logischen Untersuchungen"*, Hamburg, Meiner Verlag, 2002.

PHILIPSE H., « The problem of occasional expressions in Edmund Husserl's Logical Investigations », *Journal of the British Society for Phenomenology* 13, 1982, p. 168-185.

PRADELLE D., *Par-delà la révolution copernicienne. Sujet transcendantal et facultés chez Kant et Husserl*, Paris, Puf, 2012.

– *Généalogie de la raison. Essai sur l'historicité du sujet transcendantal de Kant à Heidegger*, Paris, Puf, 2013.

– *Intuition et idéalités. Phénoménologie des objets mathématiques*, Paris, Puf, 2020.

REINACH A., *Einleitung in die Philosophie* [*Introduction à la philosophie*], in *Sämtliche Werke. Textkritische Ausgabe* 1, hrsg. v. K. Schuhmann et B. Smith, München-Hamden-Wien, Philosophia, 1989, p. 369-513.

RENAUDIE P.-J., *Husserl et les catégories : langage, pensée et perception*, Paris, Vrin, 2015.

- « *Intentio* et *Adaequatio* : Heidegger, Husserl et la neutralisation de la métaphysique », *Revue de métaphysique et de morale* 87, 2015, p. 329-352.

- « Dire et penser "je" : la vacuité de la présence à soi du sujet de Husserl à Derrida », *Discipline Filosofiche* 1, 2016, p. 69-92.

RICŒUR P., *À l'école de la phénoménologie*, Paris, Vrin, 1986.

ROLLINGER R., *Meinong and Husserl on Abstraction and Universals. From* Hume Studies *I to* Logical Investigations *II*, Amsterdam, Rodopi, 1993.

- *Husserl's position in the school of Brentano*, Dordrecht, Kluwer Academic Publishers, 1999.

– « Names, Statements, and their corresponding Acts in Husserl's *Logical Investigations* », *in* D. Fisette (ed.), *Husserl's* Logical Investigations *Reconsidered*, Dordrecht, Springer, 2003, p. 133-150.

– « Hermann Lotze on Abstraction and Platonic Ideas » *in* F. Coniglione, R. Poli, R. Rollinger (eds.) *Idealization XI : Historical Studies on Abstraction and Idealization*, Amsterdam-New York, Rodopi, 2004, p. 147-161.

ROSADO HADDOCK G. E., « Husserl and Frege on Strict Proper Names and Indexicals (chap. 7) », in *Against the Current*, Berlin, De Gruyter, 2013, p. 215-234.

– « Husserls epistemology and the foundation of platonism in mathematics », *Husserl Studies* 4, p. 81-102.

RUSSELL B., *The principles of mathematics*, London, Cambridge University Press, 1903 ; rééd., New York, Norton, 1990 ; trad. fr. partielle J.-M. Roy dans *Écrits de logique philosophique*, Paris, Puf, 1989, p. 1-200.

– *Problems of Philosophy*, Oxford, Oxford University Press, 1912 ; trad. fr. F. Rivenc, *Problèmes de philosophie*, Paris, Payot, 1989.

– « Mathematical Logic as based on the Theory of Types », *American Journal of Mathematics* 30, 1908, p. 222-262 ; trad. fr. G. Heinzmann dans Poincaré, Russell, Zermelo et Peano, *Textes de la discussion (1906-1912) sur les fondements des mathématiques*, Paris, Blanchard, 1986, p. 200-223.

– « La théorie des types logiques », *Revue de Métaphysique et de Morale* 18, 1910, p. 263-301.

– « Les paradoxes de la logique », *Revue de métaphysique et de morale* 14, 1906, p. 627-650.

RUSSELL B., WHITEHEAD A. N., *Principia Mathematica*, Cambridge, Cambridge University Press, 1910 ; trad. fr. partielle J.-M. Roy dans *Écrits de logique philosophique*, Paris, Puf, 1989, p. 219-334.

SARTRE J.-P., *La transcendance de l'ego*, Paris, Vrin, 2003.

SCHÉRER R., *La phénoménologie des « Recherches logiques » de Husserl*, Paris, Puf, 1967.

SCHLICK M., « Das Wesen der Wahrheit nach der modernen Logik », in *Philosophische Logik*, Frankfurt am Main, Suhrkamp, 1986, p. 31-109.

SCHULTZ J., « Über die Fundamente der formalen Logik », *Vierteljahresschrift für wissenschaftliche Philosophie und Soziologie* 27, 1903, p. 1-37.

SCHUHMANN K., « Husserl's Theories of Indexicals », *in* F. M. Kirkland, D. P. Chattopadhyaya (eds.), *Phenomenology : East and West*, Dordrecht, Springer Netherlands, 1993, p. 111-127.

SCRIBANO E., *Angeli e beati. Modelli di coscienza da Tommaso a Spinoza*, Roma-Bari, Laterza, 2006.

SEEBOHM T., « Kategoriale Anschauung », *Phänomenologische Forschungen* 3, 1990, p. 9-47.

SERON D., « La critique de la psychologie de Natorp dans la V e *Recherche logique* de Husserl », *Philosophiques* 36, 2009, p. 533-558.

– « Objectivité et subjectivité dans la critique husserlienne du relativisme », dans M. Gyemant (éd.), *Psychologie et psychologisme*, Paris, Vrin, 2015, p. 177-201.

– « Fondation phénoménologique et analyse conceptuelle », dans J. Farges, D. Pradelle (éd.), *Husserl : Phénoménologie et fondements des sciences*, Paris, Hermann, 2019, p. 45-62.

SIMONS J., « Zugang zum Idealen : Spezies und Abstraktion », *in* V. Mayer (Hrsg.). *Edmund Husserl, Logische Untersuchungen*, Berlin, Akademie Verlag, 2007, p. 77-92.

SLUGA H., « Frege and the Rise of Analytical Philosophy », *Inquiry* 18, 1975, p. 471-487.

– « Frege as a Rationalist », *in* M. Schirn (ed.), *Studies on Frege, Problemata*, Stuttgart, Friedrich Frommann, 1976, p. 27-47.

– « Frege's Alleged Realism », *Inquiry* 20, 1977, p. 227-242.

SMITH A. D., « The Critique of Empiricist Accounts of Abstraction », *in* V. Mayer (Hrsg.). *Edmund Husserl. Logische Unterscuchungen*, Berlin, Akademie Verlag, 2007, p. 93-104.

SMITH B., « Logic and formal ontology », *in* J. N. Mohanty, W. McKenna (eds.), *Husserl's Phenomenology : A Textbook*, Lanham, University Press of America, 1989, p. 29-67.

SMITH Q., « On Husserl's Theory of Consciousness in the *Fifth Logical Investigation* », *Philosophy and Phenomenological Research* 37, 1977, p. 482-497.

SOFFER G., *Husserl and the Question of Relativism*, Dordrecht, Springer, 1991.

SOKOLOWSKI R., *The formation of Husserls concept of constitution*, Den Haag, M. Nijhoff, 1970.

– *Husserlian Meditations. How words present things*, Evanston, Northwestern University Press, 1974.
– « Husserl's Concept of Categorial Intuition », *Philosophical Topics* 1, (Supplement), 1981, p. 127-141.
SOLDATI G., « Rezension von : Dieter Münch, *Intention und Zeichen*, Frankfurt 1993 », *Philosophische Rundschau* 41, 1994, p. 273-276.
SPENCER H., *Essays : Scientific, Political, and Speculative*, London, Williams and Norgate, 1891.
STOUT G. F., « The Nature of Universals and Propositions », *Proceedings of the British Academy*, London, Oxford University Press, 1921, p. 157-172 ; trad. fr., « La nature des universaux et des propositions », dans E. Garcia, F. Nef (éd.), *Métaphysique contemporaine. Propriétés, mondes possibles et personnes*, Paris, Vrin, 2007, p. 121-142.
STRÖKER E., « Husserls Evidenzprinzip », *Zeitschrift für philosophische Forschung* 3, 1978, p. 3-30.
– *Husserls transzendentale Phänomenologie*, Frankfurt am Main, V. Klostermann, 1987.
– « Einleitung », *in* E. Husserl, *V. (Fünfte) Logische Untersuchung*, Hamburg, Meiner Verlag, 1988, p. X-XXXIV.
STUMPF C., *Zur Einteilung der Wissenschaften*, Berlin, Verlag der königlichen Akademie der Wissenschaften, 1907 ; trad. fr. D. Fisette, « De la classification des sciences », dans *Renaissance de la philosophie. Quatre articles*, Paris, Vrin, p. 169-254.
SUKALE M., *Comparative Studies in Phenomenology*, The Hague, Nijhoff, 1976.
THOMAS D'AQUIN, *Quaestiones disputatae de veritate*, cura Fratrum Praedicatorum, introd. et éd. A. Dondaine, 3 vol., Roma, Edizione di San Tommaso, 1970-1976 (*Sancti Thomae de Aquino Opera omnia iussu Leonis xiii P. M. edita*, 22) ; *Première question disputée. La vérité (De Veritate)*, texte latin, introd., trad. fr. et notes de C. Brouwer, M. Peeters, Paris, Vrin, 2002.
TUGENDHAT E., *Der Wahrheitsbegriff bei Husserl und Heidegger*, Berlin-Boston, De Gruyter, 1970.
TWARDOWSKI K., *Zur Lehre vom Inhalt und Gegenstand der Vorstellungen : eine psychologische Untersuchung*, Wien, A. Hölder, 1894 ; trad. fr. J. English dans Husserl–Twardowski, *Sur les objets intentionnels (1893-1901)*, Paris, Vrin, 1993.
WILLARD D., *Logic and the Objectivity of Knowledge*, Athens, Ohio University Press, 1984.

WILLIAMS D. C., « The Elements of Being », *The Review of Metaphysics* 7, 1953, p. 3-18; trad. fr., « Des éléments de l'être », dans E. Garcia, F. Nef (éd.), *Métaphysique contemporaine. Propriétés, mondes possibles et personnes*, Paris, Vrin, 2007, p. 33-53.

WILSON M. D., *Descartes*, London, Routledge, 1978.

WITTGENSTEIN L., *Études préparatoires à la 2e partie des Recherches philosophiques*, trad. fr. G. Granel, Mauvezin, T.E.R., 1985.

– *Betrachtungen über die Farben*, éd. G. E. M. Anscombe, Oxford, Blackwell, 1977; éd. et trad. fr. É. Rigal, *Remarques sur les couleurs*, Mauvezin, T.E.R., 1984.

ZAHAVI D., « Constitution and Ontology: Some Remarks on Husserl's Ontological Position in the *Logical Investigations* », *Husserl Studies* 9, 1992, p. 111-124.

– « À propos de la neutralité métaphysique des *Recherches logiques* », *Revue philosophique de Louvain* 99, 2001, p. 716-736.

– « The Three Concepts of Consciousness in *Logische Untersuchungen* », *Husserl Studies* 18, 2002, p. 51-64.

– « Intentionalität und Bewusstsein », in V. Meyer (Hrsg.), *Edmund Husserl. Logische Untersuchungen*, Berlin, Akademie Verlag, 2008, p. 139-157.

ZAHAVI D., STJERNFELT F. (eds.), *One Hundred Years of Phenomenology. Husserl's* Logical Investigations *Revisited*, Dordrecht, Springer, 2002.

LES AUTEURS

Julien Farges est chercheur aux Archives Husserl de Paris (UMR 8547, CNRS / ENS). Ses travaux, qui portent principalement sur la phénoménologie husserlienne, s'attachent en particulier à sa dimension épistémologique (à travers la thématique de la fondation des sciences) et à sa théorie de la signification. Il a publié récemment *Édifier un monde. Autour de la notion d'Aufbau cher Carnap et en phénoménologie* (avec J.B. Fournier et D. Pradelle, Paris, SUP, 2022); « Husserl : la phénoménologie comme philosophie du sens », *Philosophie* 155, 2022, p. 18-37; « Entre platonisme et particularisme : la contribution husserlienne au problème des universaux dans les *Recherches logiques* », *Doispontos* 20, 2023, p. 10-21.

Ancien élève de l'École Normale Supérieure et agrégé de philosophie, Jean-Baptiste Fournier est maître de conférences en histoire de la philosophie allemande contemporaine à l'UFR de philosophie de Sorbonne Université. Il a notamment publié *Carnap et la question transcendantale* (Paris, Vrin, 2021), dirigé la traduction des œuvres épistémologiques de Helmholtz (*Théorie de la connaissance*, Paris, Vrin, 2022) et codirigé des ouvrages collectifs, dont *Les limites du transcendantal*, avec Laura Tavernier (Paris, SUP, 2023) et *Édifier un monde : autour de la notion d'*Aufbau *chez Carnap et en phénoménologie* (2022) avec Julien Farges et Dominique Pradelle. Ses travaux portent sur les limites du transcendantal, la phénoménologie notamment husserlienne, la constitution de l'espace et, en particulier, de l'espace sonore.

Alain Gallerand est Professeur en Classes Préparatoires aux Grandes Écoles au lycée international Jules Guesde de Montpellier, et chargé de cours à l'Université Paul Valéry (Montpellier 3). Ses principaux ouvrages et contributions sont les suivants : *Philosophie du langage et de la logique*, Paris, Ellipses, 2013; *Husserl et le phénomène de la signification*, Paris,

Vrin, 2014; « Approche phénoménologique de l'expérience esthétique », dans M. Bernard, A. Gefen et C. Talon-Hugon (éd.), *Arts et émotions*, Paris, Armand Colin, 2015; *Qu'est-ce-que le transhumanisme?*, Paris, Vrin, 2021; « L'humain dépassé: amélioration et transhumanisme », dans C. Giolito (éd.), *L'humain et ses limites*, Limoges, Lambert-Lucas, 2022.

Ancien élève de l'École Normale Supérieure, Dominique Pradelle est Professeur de philosophie allemande contemporaine à la Faculté des Lettres de Sorbonne Université et directeur des Archives Husserl de Paris (CNRS). Ses travaux portent sur la phénoménologie, la philosophie des mathématiques et l'esthétique musicale. Il a publié *L'archéologie du monde* (Dordrecht, Kluwer, 2000), puis aux Puf dans la collection *Épiméthée*: *Par-delà la révolution copernicienne* (2012), *Généalogie de la raison* (2013), *Intuition et idéalités. Phénoménologie des objets mathématiques* (2020) et *Être et genèse des idéalités. Un ciel sans éternité* (2023). Il a dirigé la traduction d'œuvres de Reinach (*Phénoménologie réaliste*, Vrin, 2012) et de Heidegger (*Pensées directrices*, Seuil, 2019), et codirigé avec F. D. Sebbah *Penser avec Desanti* (Mauvezin, TER, 2010), avec J.-F. Lavigne *Phénoménologie transcendantale: monde, structures et objets de pensée* (Hermann, 2016), avec C. Riquier *Descartes et la phénoménologie* (Hermann, 2018), avec J. Farges, *Husserl. La phénoménologie et les fondements des sciences* (Hermann, 2019), avec J. Farges et J.-B. Fournier *Édifier un monde : autour de la notion d'*Aufbau *chez Carnap et en phénoménologie* (Paris, Presses de la Sorbonne, 2022) et avec P.-J. Renaudie *Intentionnalité, sens, antipsychologisme* (Hildesheim, Olms, 2022).

Pierre-Jean Renaudie est maître de conférences à l'université Lyon 3, où il enseigne la philosophie allemande contemporaine et la phénoménologie, allemande et française. Il a consacré un ouvrage à la théorie husserlienne de la connaissance (*Husserl et les catégories. Langage, pensée et perception*, Vrin, 2015) et co-édité plusieurs volumes s'occupant de questions phénoménologiques (*Phénoménologies de la matière*, Paris, Editions du CNRS, 2021, avec Claude V. Spaak; *Intentionnalité, sens, antipsychologisme*, Hildesheim, Olms, 2022, avec Dominique Pradelle). Ses travaux les plus récents portent sur l'usage des théories narratives dans la philosophie de l'esprit et la phénoménologie contemporaines.

Docteur en philosophie de l'Université libre de Bruxelles, Sébastien Richard enseigne la métaphysique à l'ULB et les mathématiques et la physique en lycée. Il a publié plusieurs ouvrages en métaphysique, phénoménologie et philosophie des sciences, dont *De la forme à l'être* (Ithaque, 2014) et *Histoire philosophique de la physique* (Paris, Vrin, 2022).

Claudia Serban est maîtresse de conférences à l'Université Toulouse 2 Jean Jaurès. Elle est l'auteur de nombreux articles portant sur la phénoménologie allemande et française, ainsi que sur la philosophie allemande classique. Le livre issu de sa thèse de doctorat, intitulé *Phénoménologie de la possibilité : Husserl et Heidegger*, est paru en 2016 aux Presses universitaires de France, dans la collection *Épiméthée*.

Denis Seron est maître de recherches du Fonds national belge de la recherche scientifique (FNRS) et professeur associé à l'université de Liège. Il dirige depuis 2001 le Creph - Centre de recherches phénoménologiques à l'université de Liège. Ses recherches portent principalement sur l'histoire de l'empirisme, la phénoménologie austro-allemande et la philosophie de l'esprit. Ses derniers ouvrages sont *Ce que voir veut dire* (Le Cerf, 2012) et *Apparaître : Essai de philosophie phénoménologique* (Brill, 2017).

TABLE DES MATIÈRES

ABRÉVIATIONS 7

INTRODUCTION
par Jean-Baptiste FOURNIER et Dominique PRADELLE 11

LA CRITIQUE DU PSYCHOLOGISME LOGIQUE DANS LES *PROLÉGOMÈNES À LA LOGIQUE PURE*
par Denis SERON 27

PHÉNOMÉNOLOGIE DE LA SIGNIFICATION : LES INTENTIONS DU SIGNIFIER ET LEUR REMPLISSEMENT
Sur la Première Recherche
par Pierre-Jean RENAUDIE 49

PHÉNOMÉNOLOGIE DE L'IDÉALITÉ : OBJETS GÉNÉRAUX ET ABSTRACTION IDÉATRICE
Sur la Deuxième Recherche
par Julien FARGES 85

LA THÉORIE PURE DES TOUTS ET DES PARTIES
Sur la Troisième Recherche
par Sébastien RICHARD 141

LES LOIS DE COMPOSITION ET DE TRANSFORMATION DES SIGNIFICATIONS
Sur la Quatrième Recherche
par Alain GALLERAND 181

CLARIFICATION DES CONCEPTS FONDAMENTAUX DE LA PHÉNOMÉNOLOGIE NAISSANTE
Sur la Cinquième Recherche
par Claudia SERBAN 219

DE L'INTENTIONNALITÉ À LA CONNAISSANCE : LE PROCESSUS DE REMPLISSEMENT
Sur la Sixième Recherche (§1-35)
par Jean-Baptiste FOURNIER 291

THÉORIE PHÉNOMÉNOLOGIQUE DE L'ÉVIDENCE ET DE LA VÉRITÉ
Sur la Sixième Recherche (§ 36-70)
par Dominique PRADELLE 329

BIBLIOGRAPHIE 389

LES AUTEURS 403

TABLE DES MATIÈRES 407

Achevé d'imprimer en septembre 2025 par *La Manufacture - Imprimeur* – 52200 Langres
Imprimé en France – N° d'imprimeur : 250662 – Dépôt légal :septembre 2025